Das Kulturgutschutzgesetz
und der Kunsthandel –
Eine theoretische ökonomische Analyse
der Auswirkungen der Novellierung des
Kulturgutschutzgesetzes auf die Akteure
am deutschen Sekundärmarkt für Kunst

Europäische Hochschulschriften Recht

European University Studies in Law

Publications Universitaires Européennes de Droit

Band/Volume 6235

Niklas Gebauer

Das Kulturgutschutzgesetz und der Kunsthandel – Eine theoretische ökonomische Analyse der Auswirkungen der Novellierung des Kulturgutschutzgesetzes auf die Akteure am deutschen Sekundärmarkt für Kunst

PETER LANG

Bibliografische Information der Deutschen Nationalbibliothek
Die Deutsche Nationalbibliothek verzeichnet diese Publikation in der Deutschen Nationalbibliografie; detaillierte bibliografische Daten sind im Internet über http://dnb.d-nb.de abrufbar.

Zugl.: Hamburg, Bucerius Law School, Diss., 2020

H 360
ISSN 0531-7312
ISBN 978-3-631-84681-0 (Print)
E-ISBN 978-3-631-85108-1 (E-PDF)
E-ISBN 978-3-631-85109-8 (EPUB)
E-ISBN 978-3-631-85110-4 (MOBI)
DOI 10.3726/b18220

Peter Lang – Berlin · Bern · Bruxelles · New York · Oxford · Warszawa · Wien

Diese Publikation wurde begutachtet.

www.peterlang.com

Vorwort

Die vorliegende Arbeit wurde im Jahr 2020 als Dissertation an der Bucerius Law School – Hochschule für Rechtswissenschaft – angenommen. Das Promotionsverfahren wurde mit der mündlichen Prüfung am 15.10.2020 abgeschlossen. Der Stand der Rechtsprechung wurde bis April 2018 berücksichtigt.

Für die Betreuung der Dissertation gilt meinem Doktorvater Prof. Karsten Thorn großer Dank. Seine überaus konstruktiven fachlichen Anregungen haben diese Dissertation sehr bereichert.

Herrn Prof. Hans-Bernd Schäfer danke ich zudem für die hilfreichen Ratschläge, insbesondere zur kulturökonomischen Analyse des Kulturgutschutzgesetzes und für die Erstellung des Zweitgutachtens.

Schließlich gilt mein herzlicher Dank meiner Familie und meiner Freundin, die mich jederzeit mit ihren Ideen, ihren motivierenden Worten und ihrem Verständnis unterstützten.

Berlin, Dezember 2020
Niklas Gebauer

Inhaltsverzeichnis

Abbildungsverzeichnis ... 17

Tabellenverzeichnis ... 19

Abkürzungsverzeichnis ... 21

§ 1 Einleitung ... 23

I. Einführung ... 23
II. Definition und Ziele der ökonomischen Analyse des Rechts ... 30
III. Forschungsstand ... 34
IV. Methodisches Vorgehen ... 35
V. Thematische Eingrenzung ... 43
VI. Gang der Darstellung ... 46

§ 2 Kulturökonomische Betrachtung des Kunstmarktes ... 49

I. Ökonomische Grundlagen ... 49
1. Kunstmarkt als unvollkommener Markt ... 49
2. Öffentliche Güter vs. private Güter ... 50
3. Neue Institutionenökonomik ... 54
II. Was ist Kunst? ... 56
1. Kunst im verfassungsrechtlichen Kontext ... 57
2. Konstitutive Merkmale von Kunstwerken ... 58
III. Der deutsche Kunstmarkt ... 60
1. Ökonomische Besonderheiten des Kunstmarktes ... 61
2. Nicht-kommerzielle Akteure des Kunstmarktes ... 64
3. Der Primärmarkt für Kunst und seine Akteure ... 65
a) Künstler ... 66

b) Galerien 68
4. Der Sekundärmarkt für Kunst und seine Akteure 69
a) Unterscheidung zwischen Galerien und dem klassischen Kunsthandel 69
b) Akteure des Sekundärmarktes für Kunst 69
aa) Kunstsammler 70
bb) Auktionshäuser und Kunsthändler 71
cc) Museen 77
IV. Ökonomische Legitimation der Kunstintermediäre 82
1. Funktionen der Kunstintermediäre 82
2. Reduktion von Transaktionskosten 84
a) Baligh-Richartz-Effekt 89
b) Verringerung von Informationsasymmetrien 90
3. Erhöhung des Nutzens für Verkäufer 92
V. Preisbildung auf dem Kunstmarkt 94
1. Anwendbarkeit des Homo Oeconomicus-Verhaltensmodells auf den Kunstmarkt 94
2. Preisbildung auf dem Primärmarkt 95
3. Preisbildung auf dem Sekundärmarkt 97
a) Bewertungsproblematik 98
b) Besonderheiten der Nachfrage 100
c) Besonderheiten des Angebots 101
d) Folgerecht 102
VI. Behavioral Economics 104
1. Relevanz der Behavioral Economics im Kontext des Kunstmarktes 104
2. Endowment-Effekt 105
3. Sunk cost-Effekt 107
4. Geringe Berücksichtigung von Opportunitätskosten 107
5. Veblen-Effekt und Snob-Effekt 108
VII. Staatliche Interventionen im Kultursektor 108
1. Legitimation staatlicher Interventionen im Kultursektor 108

2. Staatliche Förderung des Kultursektors 110
a) Baumol'sche Kostenkrankheit als Legitimationsansatz für Fördermaßnahmen 112
b) „Kunst als meritorisches Gut" als Legitimationsansatz für Fördermaßnahmen 113
c) Daseinsvorsorge als Legitimationsansatz für Fördermaßnahmen 114
3. Staatliche Schutzmaßnahmen im Kultursektor 116
VIII. Zusammenfassung 117

§ 3 Grundlagen des Kulturgüterschutzes 119
I. Einleitung 119
II. Der Kulturgut-Begriff 120
1. Definitionsansätze 120
2. Unterscheidung von „Kulturgut" und „Kunstwerk" 123
3. Zuordnung von Kulturgut zu Staaten 124
a) Unterscheidung zwischen Staat und Nation 124
b) Was ist deutsches Kulturgut? 126
c) Cultural Nationalism vs. Cultural Internationalism 131
III. Historische Entwicklung des Kulturgüterschutzes 134
1. Internationales Recht als Grundlage 135
a) Kriegsvölkerrecht 135
aa) Haager Landkriegsordnung 136
bb) Roerich-Pakt 137
cc) Haager Konvention von 1954 138
b) Friedensvölkerrecht 139
2. Recht der europäischen Gemeinschaft 140
a) Verordnung (EG) Nr. 116/2009 141
b) Europäisches Kulturabkommen 142
3. Nationales Recht 143
a) Entwicklung des Kulturgüterschutzes in Deutschland bis 1945 143

b) Kulturgüterschutz in der DDR 144
c) Kulturgüterschutz in der Bundesrepublik Deutschland 145
4. Soft Law 147
5. Zusammenfassung 150

IV. Potenzielle Gefahren für Kulturgüter 152
1. Notwendigkeit des Kulturgüterschutzes 152
2. Gefährdungskategorien 152
a) Die Gefährdung der Substanz 153
b) Die Zerstörung der staatlich-territorialen Bindung 153
c) Minderung oder Zerstörung des kulturellen Wertes 154

V. Instrumente des Kulturgüterschutzes 155
1. Dokumentation 155
2. Unterschutzstellung 156
3. Eingriffe 156
4. Förderung 157
5. Sanktionen 157

§ 4 Telos des Kulturgutschutzgesetzes 159

I. Beschränkung des illegalen Handels mit Kulturgut 159

II. Stärkung des Abwanderungsschutzes 161

III. Schließung von Gesetzeslücken 164

IV. Stärkung der Rechtssicherheit 164

V. Schutz öffentlicher Sammlungen 165

VI. Zugang der Allgemeinheit zu Kulturgütern 165

VII. Identitätsstiftung 168

§ 5 Anwendungsbereich und Regelungen des Kulturgutschutzgesetzes 171

I. Klassifizierung von Kulturgut als „nationales Kulturgut" 171
1. Nationales Kulturgut gemäß § 6 KGSG 171

2. Eintragung in ein Verzeichnis national wertvollen Kulturgutes 175
a) Eintragungskriterien 177
b) Sachverständigenausschüsse 180
c) Das Negativattest 181
d) Rechtsfolgen der Eintragung 184
aa) Genehmigungspflicht der dauerhaften Ausfuhr 185
bb) Steuerliche Begünstigungen für Eigentümer 187
cc) Kompensation in Fällen wirtschaftlicher Notlage 188
dd) Beschädigungsverbot 189
ee) Mitteilungspflichten 190
3. Sammlungen als nationales Kulturgut 190
4. Vereinbarkeit der Eintragung von Kulturgut in ein Verzeichnis national wertvollen Kulturgutes mit der grundrechtlichen Eigentumsgarantie 192
a) BVerwG, Urt. v. 27.05.1993 – 7 C 33/92 192
b) Stellungnahme 195
II. Pflichten beim Inverkehrbringen von Kulturgut 198
1. Rechtslage 198
a) Private Inverkehrbringer 201
b) Gewerbliche Inverkehrbringer 203
aa) Inverkehrbringer auf dem Primärmarkt 205
bb) Inverkehrbringer auf dem Sekundärmarkt 206
2. Ökonomische Analyse 209
a) Sorgfaltspflichten beim gewerblichen Inverkehrbringen 210
b) Aufzeichungs- und Aufbewahrungspflichten 214
3. Zusammenfassung 216
III. Ausfuhrbeschränkungen 218
1. Rechtslage 219
a) Vorübergehende und dauerhafte und Ausfuhr von Kulturgütern 219
b) Verfahrensregelungen 228
c) Laissez Passer-Regelung 231

d) Kritik und Alternativen 232

2. Vereinbarkeit von Ausfuhrbeschränkungen mit europarechtlichen Regelungen 234

a) Verhältnismäßigkeitsprüfung der Ausfuhrbeschränkungen 234

b) Europarechtliche Klassifizierung von Kulturgütern als „Handelsware“ 236

c) Vereinbarkeit der Ausfuhrbeschränkungen des KGSG mit dem freien Warenverkehr in der EU 238

aa) Allgemeines 238

bb) Vereinbarkeit von Ausfuhrbeschränkungen mit Art. 28 AEUV 238

cc) Vereinbarkeit von Ausfuhrbeschränkungen mit Art. 35 AEUV 239

3. Diskussion über Vorkaufsrechte und Ankaufsangebote für national wertvolle Kulturgüter 244

a) Begriffsbestimmungen und Grundlagen 244

b) Stellungnahme 251

4. Ökonomische Analyse 254

a) Direkte Kosten für Ausfuhranträge 254

b) Einfluss von Ausfuhrbeschränkungen auf Marktpreise 255

c) Ökonomische Vorteile für Kunstintermediäre durch Ausfuhrbeschränkungen? 257

d) Potenzielle adverse Effekte durch Ausfuhrbeschränkungen 259

e) Anwendbarkeit der ökonomischen Analyse des Folgerechts auf Ausfuhrbeschränkungen 260

f) Marktfrische-Kriterium im Kontext von Ausfuhrbeschränkungen 262

g) Ausfuhrbeschränkungen im Kontext von „Efficiency vs. Equity“ 263

5. Zusammenfassung 267

IV. Einfuhrbeschränkungen 269

1. Rechtslage 269

2. Ökonomische Analyse 274

3. Zusammenfassung ... 278

§ 6 Kulturgutschutzgesetze anderer europäischer Staaten im Vergleich ... 281

I. Gemeinsamkeiten europäischer Kulturgutschutzgesetze ... 281

II. Kulturgüterschutz im Vereinigten Königreich ... 282

1. Kunstmarkt und Grundlagen des britischen Kulturgüterschutzes ... 283
2. Einfuhrbeschränkungen ... 284
3. Ausfuhrbeschränkungen ... 284
4. Staatliches „Ankaufsangebot“ ... 287

III. Kulturgüterschutz in Frankreich ... 292

1. Kunstmarkt und Grundlagen des französischen Kulturgüterschutzes ... 292
2. Einfuhrbeschränkungen ... 294
3. Ausfuhrbeschränkungen ... 294
4. Staatliches Vorkaufsrecht ... 296

IV. Kulturgüterschutz in der Schweiz ... 297

1. Kunstmarkt und Grundlagen des schweizerischen Kulturgüterschutzes ... 297
2. Einfuhrbeschränkungen ... 298
3. Ausfuhrbeschränkungen ... 298
4. Sorgfaltspflichten ... 299

§ 7 Empirische Untersuchung des KGSG ... 303

I. Umfrage zum KGSG ... 303

1. Zielgruppe der Umfrage ... 303
2. Aufbau der Umfrage ... 305

II. Ergebnisse der Umfrage ... 306

1. Eintragungskriterien ... 306
2. Marktpreisveränderung durch Eintragung ... 307
3. Negativattest gemäß § 14 Abs. 7 KGSG ... 308

4. Bewusste Aufteilung von Sammlungen 309
5. Erwartete Auswirkung auf den deutschen Kunsthandelsstandort 310
6. Reaktionen der Kunstintermediäre auf das KGSG 311
7. Einschätzung zu „Gewinnern und Verlierern“ des KGSG 312
8. Ökonomische Auswirkungen durch Pflichten beim Inverkehrbringen 314
9. Ökonomische Auswirkungen durch Ausfuhrbeschränkungen 322
10. Ökonomische Auswirkungen durch Einfuhrbeschränkungen 325

III. Erreichen des Telos 328
1. Beschränkung des illegalen Handels mit Kulturgut 328
2. Stärkung des Abwanderungsschutzes 329
3. Schließung von Gesetzeslücken 329
4. Stärkung der Rechtssicherheit 330
5. Schutz öffentlicher Sammlungen 331
6. Zugang der Allgemeinheit zu Kulturgütern 331
7. Identitätsstiftung 334

§ 8 Potenzielle Maßnahmen zum Erreichen des Telos 335

I. Anpassung der Regelungen zur Ausfuhr 335
1. Genehmigungsfiktion der Ausfuhr bei Überschreitung des Bearbeitungszeitraumes 335
2. Möglichkeit der Ausfuhrgenehmigung mit Nebenbestimmungen 336
3. Einschaltung eines Sachverständigenausschusses bei Verweigerung von Ausfuhrgenehmigungen 337
4. Ausfuhr ohne Altersuntergrenze innerhalb des Binnenmarktes 338
5. Anpassung der Laissez Passer-Regelung 339

II. Anpassung der Regelungen zur Einfuhr 341
1. Entschärfung des § 30 KGSG 341

2. Abmilderung der Maßgeblichkeit des Herkunftsstaates 342
3. Anpassung des § 29 KGSG 342
III. Heraufsetzen der Erheblichkeitsschwelle für Sammlungen in Bezug auf § 42 KGSG 343
IV. Ausweitung des Beschädigungsverbots auf nationale Kulturgüter 344
V. Anpassung der Regelungen zu Negativattesten 344

§ 9 Ergebnis, Reflexion und Ausblick 347

Literaturverzeichnis 357

Anhänge 389

Abbildungsverzeichnis

Abbildung 1: Die Akteure am Kunstmarkt 66
Abbildung 2: Transaktionskostenersparnis durch Kunstintermediäre 86
Abbildung 3: Baligh-Richartz-Effekt 90
Abbildung 4: Preisbildung durch Auktion 102
Abbildung 5: Nationales Kulturgut gemäß § 6 KGSG 172
Abbildung 6: Kriterien zur Eintragung von Kulturgut in ein Verzeichnis national wertvollen Kulturgutes 178
Abbildung 7: Pflichten beim Inverkehrbringen von Kulturgut 203
Abbildung 8: Ausfuhrbeschränkungen gemäß KGSG 220
Abbildung 9: Transaktionsszenarien auf dem internationalen Kunstmarkt 265

Tabellenverzeichnis

Tabelle 1: Erläuterungen der Sorgfaltspflichten gemäß der „Handreichung für die Praxis“ 204
Tabelle 2: Übersicht der Alters- und Wertuntergrenzen für die Ausfuhr von Kulturgut nach § 24 KGSG 225
Tabelle 3: Ausfuhr-Statistiken im Vereinigten Königreich gemäß der DCMS Reports 291
Tabelle 4: Umfrage-Ergebnis zur Frage, ob die Eintragungskriterien ausreichend präzise sind 306
Tabelle 5: Umfrage-Ergebnis zur Frage, ob eine Eintragung von Kulturgut dessen Marktwert verringert 307
Tabelle 6: Umfrage-Ergebnis zur Frage, ob Negativatteste ein wirksames Instrument sind 308
Tabelle 7: Umfrage-Ergebnis zur Frage, ob gezielte Aufteilungen von Sammlungen zur Vermeidung von Eintragungen denkbar sind 309
Tabelle 8: Umfrage-Ergebnis zur Frage, ob das KGSG die Unsicherheit auf dem Kunstmarkt verringert und dadurch den Kunsthandelsstandort stärkt 310
Tabelle 9: Umfrage-Ergebnis zur Frage, ob eine Verlagerung von Geschäften ins Ausland angedacht ist 311
Tabelle 10: Umfrage-Ergebnis zur Frage, ob die Einstellung des Geschäftsbetriebes in Betracht gezogen wird 312
Tabelle 11: Umfrage-Ergebnis zur Frage, wer aus Sicht der Kunsthändler Gewinner/Verlierer des KGSG sind 313
Tabelle 12: Umfrage-Ergebnis zur Frage, wer aus Sicht der Auktionshäuser Gewinner/Verlierer des KGSG sind 313
Tabelle 13: Umfrage-Ergebnis zur Frage, ob aus den Sorgfaltspflichten beim gewerblichen Inverkehrbringen ein finanzieller Mehraufwand entsteht 314
Tabelle 14: Umfrage-Ergebnis zur Frage, ob die Kunstintermediäre zusätzliche finanzielle Belastungen auf Käufer/Verkäufer umlegen 315
Tabelle 15: Umfrage-Ergebnis zur Frage, ob die Regelung des § 44 Abs. 1 KGSG den Handel mit betroffenen Kulturgütern zum Erliegen bringt 316

Tabelle 16: Umfrage-Ergebnis zur Frage, ob § 42 Abs. 1 Nr. 1 KGSG erfüllbar ist 317
Tabelle 17: Umfrage-Ergebnis zur Frage, ob § 42 Abs. 1 Nr. 2 KGSG erfüllbar ist 318
Tabelle 18: Umfrage-Ergebnis zur Frage, ob § 42 Abs. 1 Nr. 3 KGSG erfüllbar ist 319
Tabelle 19: Umfrage-Ergebnis zur Frage, ob § 42 Abs. 1 Nr. 4 KGSG erfüllbar ist 319
Tabelle 20: Umfrage-Ergebnis zur Frage, ob § 42 Abs. 1 Nr. 5 KGSG erfüllbar ist 320
Tabelle 21: Umfrage-Ergebnis zur Frage, ob § 42 Abs. 1 Nr. 6 KGSG erfüllbar ist 321
Tabelle 22: Umfrage-Ergebnis zur Frage, ob § 42 Abs. 1 Nr. 7 KGSG erfüllbar ist 321
Tabelle 23: Umfrage-Ergebnis zur Frage, ob Kulturgüter vor Erreichen der Altersuntergrenze ausgeführt werden, um einer Eintragung zu entgehen 323
Tabelle 24: Umfrage-Ergebnis zur Frage, ob die Laissez Passer-Regelung ein wirksames Instrument ist 324
Tabelle 25: Umfrage-Ergebnis zur Frage, ob der Zeitraum von zwei Jahren für die Laissez Passer-Regelung ausreichend ist 324
Tabelle 26: Umfrage-Ergebnis zur Frage, ob weniger Werke aus dem Ausland eingeführt werden 325
Tabelle 27: Umfrage-Ergebnis zur Frage, ob bekannt ist, für welche Kulturgüter ein „Nachweis der Rechtmäßigkeit der Einfuhr" erforderlich ist 326
Tabelle 28: Umfrage-Ergebnis zur Frage, ob die Erbringung des „Nachweises der Rechtmäßigkeit der Einfuhr" in den meisten Fällen unmöglich ist 327
Tabelle 29: Teilnehmer der Umfrage 389
Tabelle 30: Erteilte Ausfuhrgenehmigungen von den Mitgliedstaaten zwischen 2011 und 2013 392

Abkürzungsverzeichnis

AEUV	*Vertrag über die Arbeitsweise der Europäischen Union*
ALR	*Art Loss Register*
AO	*Abgabenordnung*
BFH	*Bundesfinanzhof*
BHO	*Bundeshaushaltsordnung*
BKM	*Beauftragte für Kultur und Medien*
BVerfG	*Bundesverfassungsgericht*
BVerwG	*Bundesverwaltungsgericht*
CINOA	*Confédération Internationale des Négociants en Oeuvres*
CVM	*Contingent Valuation Method*
DCMS	*Department for Culture, Media & Sport*
ErbStG	*Erbschaftsteuer- und Schenkungsteuergesetz*
EStG	*Einkommensteuergesetz*
GG	*Grundgesetz*
GZT	*Gemeinsamer Zolltarif*
HLKO	*Haager Landkriegsordnung*
ICOM	*International Council of Museums*
IS	*Islamischer Staat*
KGTG	*Bundesgesetz über den internationalen Kulturgütertransfer*
KGTV	*Kulturgütertransferverordnung*
KGÜAG	*Ausführungsgesetz zum Kulturgutübereinkommen*
KSVG	*Künstlersozialversicherungsgesetz*
KultGüRückG	*Kulturgüterrückgabegesetz*
OGEL	*Open General Export Licence*
OIEL	*Open Individual Export Licence*
RCEWA	*Reviewing Committee on the Export of Works of Art and Objects of Cultural Interest*
Rs	*Rechtssache*
TEFAF	*The European Fine Art Fair*
UrhG	*Urheberrechtsgesetz*
VerstV	*Versteigererverordnung*
VVG	*Versicherungsvertragsgesetz*
VwVfG	*Verwaltungsverfahrensgesetz*
WVR	*Weimarer Reichsverfassung*
ZGB	*Schweizerisches Zivilgesetzbuch*

§ 1 Einleitung

I. Einführung

Im vergangenen Jahrzehnt hat sich die Internationalisierung des Kunstmarktes zunehmend beschleunigt, sodass dieser heutzutage als globalisierter Markt gilt.[1] So hat sich beispielsweise das Exportvolumen von „works of art“[2] aus der gesamten EU in Drittstaaten[3] von 3,3 Milliarden Euro im Jahr 2008 auf 5,5 Milliarden Euro im Jahr 2014 erhöht.[4] Dies ist auch darin begründet, dass weltweit, insbesondere im oberen Preissegment, nur ein kleiner Kreis an potenziellen Nachfragern und Anbietern existiert und folglich der Handel zwischen diesen Marktteilnehmern weltweit getätigt wird.[5] Trotz der Globalisierung des Kunstmarktes spiegeln sich auch nationale Einflüsse im Kunstmarkt wider. Ein solcher nationaler Einfluss ist das novellierte „Gesetz zum Schutz von Kulturgut“[6], welches am 6.8.2016 in Kraft getreten ist und Kulturgüter wirksamer schützen soll, als dies bisher der Fall war. Die Notwendigkeit und Bedeutung des Kulturgüterschutzes ist universal anerkannt[7]: „Kulturgüterschutz mag als unabdingbarer Bestandteil und wesentliches Merkmal einer Zivilisation gelten.“[8] Die breite Akzeptanz von Kulturgutschutz spiegelt sich auch in der Tatsache wider, dass das KGSG ohne Gegenstimme im Juni 2016 vom Bundestag verabschiedet wurde.[9]

---

1 Schulze, International Trade in Art, S. 109; zur Globalisierung der Kunstmärkte, siehe auch Robertson, Globalisation of the art markets, S. 30 – 38.

2 In der Statistik von Eurostat setzt sich die Bezeichnung „works of art“ aus „paintings, engravings, designs and sculpture“ zusammen; Eurostat, Culture statistics, S. 107, Online.

3 Als „Drittstaat“ werden gemäß § 2 Abs. 1 Nr. 3 KGSG alle Staaten bezeichnet, die kein Mitgliedstaat der EU sind.

4 Eurostat, Culture statistics, S. 99, Online.

5 Damm, Kollisionsrechtlicher Erwerberschutz im internationalen Kunsthandel, S. 245.

6 Im Folgenden „KGSG“ genannt.

7 So spricht Rozovskaya-Lampey, Kulturgüterschutz in Deutschland, S. 16 vom „Universalprinzip des Kulturgüterschutzes“ und betont, dass Kulturgüterschutz ein weltweites Interesse zukommt, „[…] das nicht an der Staatsgrenze enden darf.“

8 Odendahl, Kulturgüterschutz, S. 7.

9 Deutscher Bundestag, Bundestag verabschiedet Kulturgutschutzgesetz, Online.

Die Definition des Begriffs „Kulturgut“ im Kontext des KGSG lautet: „Jede bewegliche Sache oder Sachgesamtheit von künstlerischem, geschichtlichem oder archäologischem Wert oder aus anderen Bereichen des kulturellen Erbes, insbesondere von paläontologischem, ethnographischem, numismatischem oder wissenschaftlichem Wert.“[10] Es muss sich folglich um Sachen, also körperliche Gegenstände gemäß § 90 BGB, handeln, und diese müssen dem kulturellen Erbe zugewiesen werden können.[11]

Der Anwendungsbereich des KGSG umfasst unter anderem die Ausfuhr von Kulturgütern, welche gemäß § 2 Abs. 1 Nr. 2 KGSG als Verbringung[12] von Kulturgut aus dem Bundesgebiet bezeichnet wird. Die Verbringung beinhaltet jede physische Grenzüberschreitung von Kulturgütern, unabhängig vom Zweck der Grenzüberschreitung.[13] Auch die Einfuhr von Kulturgut wurde durch die Regelungen des KGSG erschwert. Unter „Einfuhr“ wird gemäß § 2 Abs. 1 Nr. 5 KGSG die Verbringung von Kulturgut in das Bundesgebiet bezeichnet; analog zur „Ausfuhr“ ist darunter die physische Grenzüberschreitung zu verstehen. Für den Kunsthandel sind zudem die Regelungen zum Inverkehrbringen von Kulturgütern relevant. Der Begriff „Inverkehrbringen“ umfasst gemäß § 2 Abs. 1 Nr. 9 KGSG das Anbieten, das Verkaufen, die Vermittlung, den Vertrieb, das Absetzen, die unentgeltliche Weiter- oder Abgabe zum Zweck der wirtschaftlichen Verwertung oder die wirtschaftliche Verwertung in sonstiger Weise im eigenen oder fremden Namen. Mit den neuen Regelungen zu Ausfuhr, Einfuhr und Pflichten beim Inverkehrbringen vereint das KGSG die bisherigen Regelungen zum Kulturgüterschutz in Deutschland in einem kohärenten Gesetz. Fachleute konstatieren, dass „[...] mit dem neuen Kulturgutschutzgesetz ein echtes Sonderrecht für Kulturgüter in Deutschland geschaffen wurde.“[14]

---

10 Vgl. § 2 Abs. 1 Nr. 10 KGSG.

11 Heimann, in Elmenhorst/Wiese, KGSG – Kulturgutschutzgesetz, § 2, Rn. 11.

12 Die „Verbringung von Kulturgut“ ist gemäß § 2 Abs. 1 Nr. 18 a) KGSG „vorübergehend“, wenn sie für einen von Anfang an befristeten Zeitraum von höchstens fünf Jahren erfolgt und gemäß § 2 Abs. 1 Nr. 18 b) KGSG „dauerhaft“, wenn sie für einen Zeitraum von mehr als fünf Jahren erfolgt. Der Begriff der „Verbringung“ ist als Teil der Legaldefinition von „Ausfuhr“, „Einfuhr“ und „Rückgabe“ relevant. Die Differenzierung zwischen „vorübergehend“ und „dauerhaft“ ist vor allem im Kontext der Ausfuhr von Kulturgütern gemäß §§ 21 – 27 KGSG bedeutend.

13 Heimann, in Elmenhorst/Wiese, KGSG – Kulturgutschutzgesetz, § 2, Rn. 3.

14 Hartung, Das neue Kulturgutschutzgesetz, S. 23, Online.

Der internationale Kulturgüterschutz ist ein komplexes Gebilde, welches diverse Bereiche des Rechts berührt.[15] Neben verwaltungs- und strafrechtlichen Aspekten sind zivilrechtliche Aspekte zu nennen, die u.a. beim Erwerb von Kulturgütern und beim Eigentümer- und Erwerberschutz relevant sind. Dem grenzüberschreitenden Handel mit Kulturgütern sind internationalprivatrechtliche Faktoren immanent und auch völkerrechtliche Aspekte sind zu berücksichtigen.[16] Im Kontext des grenzüberschreitenden Handels mit Kulturgütern ist insbesondere auch der Abwanderungsschutz für bestimmte Kulturgüter zu nennen.[17] Obwohl zu Zeiten des globalisierten Kunstmarktes das Motiv des Schutzes von Kulturgütern vor Abwanderung anachronistisch erscheint, enthält auch das KGSG umfassende Regelungen zum Abwanderungsschutz. Vielleicht sind diese Regelungen aber nicht trotz des globalisierten Kunstmarktes, sondern gerade wegen des globalisierten Kunstmarktes im KGSG verankert, da im Abwanderungsschutz ein Mittel zur Wahrung der nationalen Identität gesehen wird. Kulturgütern wird nämlich eine „gesellschaftsstützende Bedeutung"[18] und eine „identitäts- und sinnstiftende Funktion"[19] zugesprochen.

Bei Eingriffen in die Eigentumsrechte, wie sie durch Ausfuhrbeschränkungen vorgenommen werden, wird eine Abwägung privater und öffentlicher Interessen vorgenommen. Der Gesetzgeber bewegt sich somit in einem Spannungsverhältnis zwischen der Wahrung des Privateigentums und der Verantwortung für das Allgemeinwohl. Grundsätzlich bedeutet die Tatsache, dass ein Kulturgut

---

15 Jaeger, Internationaler Kulturgüterschutz, S. 7 bezeichnet den internationalen Kulturgüterschutz als „[...] Schmelztiegel des Zivil-, Straf. und öffentlichen Rechts sowie des Internationalen Privat- und Völkerrechts."; der Wissenschaftliche Dienst des Bundestages, Kulturgüterschutz in Deutschland, S. 4, Online definiert: „Der internationale Kulturgutschutz ist die Summe aller Regelungen, die aufgrund internationaler Verträge (Konventionen oder Übereinkommen) besondere Rechtsnormen für Kulturgüter schaffen."

16 Jaeger, Internationaler Kulturgüterschutz, S. 7.

17 Caldoro, Nationaler Kulturgüterschutz, S. 15 spricht in diesem Zusammenhang von „Immobilisierungsmassnahmen".

18 Von Saint André-von Arnim, Der Wert des Kulturerbes für die Gesellschaft, S. 16; auch Conrad, Öffentliche Kulturförderung und Welthandelsrecht, S. 59: „Eine maßgebliche Funktion von Kultur liegt [...] in ihrer Bedeutung für die gesellschaftliche Entwicklung [...]" und weiter: „Kultur ist in der Lage, Prozesse, die innerhalb der Gesellschaft entstehen, sichtbar zu machen."

19 Von Saint André-von Arnim, Der Wert des Kulturerbes für die Gesellschaft, S. 15.

sich im Privateigentum befindet, nicht, dass die freie Verfügungsgewalt an dem Kulturgut uneingeschränkt gilt.[20] Der Ausschluss der Exportfreiheit durch das KGSG greift beschränkend in die Vertragsfreiheit der am internationalen Handel beteiligten Parteien ein. So konstatiert *Abele*: „Solange Kulturgüter im Eigentum von Bürgern stehen, kann wirksamer Kulturgüterschutz nur durch die Beschränkung der Eigentümerfreiheiten stattfinden."[21] Auch *Weidner* stellt fest: „Im Bereich des Kulturgüterschutzes stößt der traditionelle Eigentumsbegriff an seine Grenzen. Was sonst Eigentum im Wesentlichen ausmacht, nämlich das Recht, mit dem Eigentumsobjekt nach Belieben zu verfahren und andere von der „Nutzung" auszuschließen, kann in Bezug auf Kulturgüter nicht ohne weiteres gelten."[22]

Wie weitreichend die Eingriffe in die privaten Rechte sein können, wird durch die Forderung unterstrichen, bestimmte Kulturgüter als „*res extra commercium*" einzustufen.[23] *Res extra commercium* ist ein Rechtsinstitut, welches das betroffene Objekt dem freien Handel entzieht.[24] Die Verfügungen über *res extra commercium* müssen stets zweckgebunden sein, sodass die allgemeine Verkehrsfähigkeit für diese Güter eingeschränkt ist: „Denn das extrakommerzielle Kulturgut kann weder willkürlich veräußert werden [...] noch kann es von einem Nichtberechtigten gutgläubig erworben oder ersessen werden."[25] Da das Kulturgut bei Diebstahl oder Verlust jederzeit herausgefordert werden kann, unabhängig von der zeitlichen Komponente, liegt darin ein wesentlicher Vorteil für die Allgemeinheit.[26] Der Vorschlag, Kulturgut als *res extra commercium* einzustufen, wird jedoch in der Fachliteratur meist abgelehnt.[27]

---

20 Germelmann, Kultur und staatliches Handeln, S. 602.

21 Abele, Ist das Verhältnis von Kulturgüterschutz und Eigentum ein Finanzierungsproblem?, S. 67.

22 Weidner, Kulturgüter als res extra commercium im internationalen Sachenrecht, S. 33.

23 Von Schorlemer, Internationaler Kulturgüterschutz, S. 553 plädiert für die „[...] Behandlung einiger weniger Objekte als „res extra commercium"" und spricht von „Prävention durch Selektion".

24 Siehe dazu im Kontext des Kulturgüterschutzes Abele, Ist das Verhältnis von Kulturgüterschutz und Eigentum ein Finanzierungsproblem?, S. 74 f.

25 Weidner, Kulturgüter als res extra commercium im internationalen Sachenrecht, S. 34; auch Jaeger, Internationaler Kulturgüterschutz, S. 108.

26 Weidner, Kulturgüter als res extra commercium im internationalen Sachenrecht, S. 34.

27 So beispielsweise Seidl-Hohenveldern, Kulturgüterschutz durch die Europäische Union versus Warenverkehrsfreiheit, S. 113; Abele, Ist das Verhältnis von Kulturgüterschutz und Eigentum ein Finanzierungsproblem?, S. 74 f. lehnt das Rechtsinstitut des „res

Eine „Unveräußerlichkeitsregel für Kulturgut“ existiert in Deutschland nicht.[28]

Voraussetzung für die besondere Unterschutzstellung von Kulturgütern und den damit einhergehenden Eingriffen in die Eigentumsrechte ist die Klassifizierung von Kulturgut als *nationales Kulturgut*.[29] *Nationales Kulturgut* ist gemäß § 6 Abs. 1 Nr. 1 KGSG unter anderem jenes, welches in ein „Verzeichnis national wertvollen Kulturgutes“ eines Bundeslandes eingetragen ist.[30] Diese Rechtspraxis existiert in Deutschland seit 1955 durch das „Gesetz zum Schutz deutschen Kulturgutes gegen Abwanderung“.[31] § 7 KGSG definiert die Kriterien für eine Eintragung und verlangt, dass unter anderem ein herausragendes kulturelles öffentliches Interesse[32] am Kulturgut bestehen muss.[33] Obwohl dieses Kriterium abstrakt erscheint, erhöht der Gesetzgeber dadurch die Anforderungen für eine Eintragung in ein Verzeichnis national wertvollen Kulturgutes. Damit wird die Grundlage für eine Legitimation durch die Sozialpflichtigkeit des Eigentums gemäß Art. 14 Abs. 2 GG angedeutet.[34] Diese Legitimation wird durch die Inhalts- und Schrankenbestimmung aus Art. 14 Abs. 1 Satz 2 GG gefestigt, welche besagt, dass der Gesetzgeber den Inhalt und die Schranken des Eigentums festlegt.[35] Ein für den Kulturgüterschutz

extra commercium“ im Kontext des Kulturgüterschutzes ab, sofern es „[...] auch auf Kulturgüter angewendet werden soll, ohne daß diese damit einverstanden sind“.

28 Jaeger, Internationaler Kulturgüterschutz, S. 107.

29 Vgl. § 6 KGSG.

30 Zu den Ursprüngen des Verzeichnisses national wertvollen Kulturgutes siehe Obenaus, Für die Nation gesichert?.

31 Im Folgenden „KultgSchG“ genannt.

32 Allerdings stellt auch Sprecher, Beschränkungen des Handels mit Kulturgut, S. 205 fest: „Die Behörden neigen dazu, im Bereich des Kulturgüterschutzes das öffentliche Interesse eher weit auszulegen.“

33 § 7 Abs. 1 KGSG:
„Kulturgut ist von der obersten Landesbehörde in ein Verzeichnis national wertvollen Kulturgutes einzutragen, wenn 1. es besonders bedeutsam für das kulturelle Erbe Deutschlands, der Länder oder einer seiner historischen Regionen und damit identitätsstiftend für die Kultur Deutschlands ist und 2. Seine Abwanderung einen wesentlichen Verlust für den deutschen Kulturbesitz bedeuten würde und deshalb sein Verbleib im Bundesgebiet im herausragenden kulturellen öffentlichen Interesse liegt. [...]“.

34 Art. 14 Abs. 2 GG: „Eigentum verpflichtet. Sein Gebrauch soll zugleich dem Wohle der Allgemeinheit dienen.“

35 Art. 14 Abs. 1 GG: „Das Eigentum und das Erbrecht werden gewährleistet. Inhalt und Schranken werden durch die Gesetze bestimmt.“

in Deutschland wegweisendes Urteil des BVerwG aus dem Jahr 1993 bestätigt die Vereinbarkeit einer Eintragung von Kulturgut in ein Verzeichnis national wertvollen Kulturgutes mit Art. 14 GG.[36] Im Jahr 2011 wurde dieses nochmals bestätigt[37]; eine gegen die Entscheidung gerichtete Verfassungsbeschwerde wurde vom BVerfG nicht zur Entscheidung angenommen.[38] Auch dass der Sozialpflichtigkeit des Eigentums im Kulturgüterschutz eine besondere Rolle zuteil wird, ist in Anbetracht des Verständnisses, dass der Eigentümer eine „[…] Mitverantwortung für den nationalen Kulturbesitz als Ganzen […]" trägt, offensichtlich.[39] Trotz der Rechtmäßigkeit von Eingriffen in die Eigentumsrechte bleibt indes festzuhalten: „Auch wenn die Verfügungsbeschränkung noch keinen entschädigungspflichtigen Eingriff darstellt, sondern eine Inhalts- und Schrankenbestimmung des Eigentums, so handelt es sich doch um eine den Eigentümer belastende Verfügungsbeschränkung."[40]

Bei Regelungen, welche die Grundrechte einschränken, muss gemäß dem Verhältnismäßigkeitsprinzip erstens geprüft werden, ob die Regelungen geeignet sind, also ob das Ziel des Gesetzes tatsächlich durch die Grundrechtseinschränkung erreicht wird. Zweitens muss die Maßgabe der Erforderlichkeit erfüllt sein, und drittens ist zu hinterfragen, ob der Eingriff angemessen ist.[41] In diesem Zusammenhang sei auch die grundsätzlich positive Auswirkung von Privateigentum an Kulturgütern hervorgehoben, dass der Eigentümer ein intrinsisches Motiv der Substanzsicherung und des Werterhalts verfolgt.[42] Eine abweichende Auffassung vertritt *Abele*, der argumentiert, dass ein Kulturgut im Eigentum des Staates oder eines Bundeslandes ein „Höchstmaß an Schutz" genieße, da

---

36 BVerwG, Urt. v. 27.05.1993 - 7 C 33/92, NJW 1993, 3280, 3281 (Jurion-Tz. 13); eine Zusammenfassung dieses Urteils beinhaltet Kapitel § 5 I 4 a).

37 BVerwG, Urt. v. 24. 11. 2011 – 7 C 12/10, NJW 2012, 792 – 797.

38 BVerfG, Beschl. v. 03.11.1993 - 1 BvR 1495/93; siehe auch BKM, Das neue Kulturgutschutzgesetz - Handreichung für die Praxis, S. 122, Online.

39 Germelmann, Kultur und staatliches Handeln, S. 716.

40 Kohls, Kulturgüterschutz, S. 69.

41 Lenski, Verfassungsmäßigkeit eines Abwanderungsschutzes von Kulturgütern, S. 8 – 10, Online: „Ob die Grenzen der Angemessenheit gewahrt werden, ist durch eine Gesamtabwägung zwischen der Schwere des Eingriffs einerseits und dem Gewicht der ihn rechtfertigenden Gründe andererseits zu bestimmen."

42 Fechner, Prinzipien des Kulturgüterschutzes, S. 30; auch Germelmann, Kultur und staatliches Handeln, S. 733.

dadurch die Erhaltung von Kulturgütern und der Schutz vor illegaler Ausfuhr gewährleistet werden würde.[43]

Das KGSG wurde bereits in der Entstehungsphase vor allem aufgrund der strengeren Ausfuhrbeschränkungen kontrovers diskutiert, und insbesondere der Kunsthandel und die Sammler protestierten gegen die Novellierungspläne. Schon im Juli 2015, ein Jahr bevor das Gesetz in Kraft trat, begann der Maler *Baselitz* als Reaktion auf das geplante KGSG seine Leihgaben aus Museen abzuziehen.[44] Ebenfalls im Juli 2015 kritisierte der Rechtsanwalt und Kunstförderer *Raue* den Gesetzesentwurf, indem er diesem einen enteignenden Charakter unterstellte und das Motiv darin vermutete, dass der Staat Kulturgüter aufgrund des gesperrten Auslandsmarktes preiswerter erwerben kann.[45] Ähnlich kritisch äußerte sich der Kunsthändler *Zwirner*, der sogar das Motiv des Gesetzes im „Neid des Gesetzgebers" vermutete.[46] Der Geschäftsführer von Grisebach, einem der größten Auktionshäuser Deutschlands, warnte bereits im November 2015 vor den Auswirkungen des KGSG und schätzte, dass als Reaktion auf den Entwurf des KGSG im Zeitraum von August 2015 bis November 2015 Kunst im Wert von einer Milliarde Euro das Land verlassen habe.[47] *Merten* stellte fest, dass Kunsthändler und Auktionshäuser aus London im Jahr 2015 gezielt deutschen Sammlern kostenlose Einlagerungen ihrer Werke angeboten haben.[48] Auch der Sammler *Falckenberg* warnte, dass entgegen der Zielsetzung des KGSG, das Gesetz zu einem „Abwanderungsgesetz" verkommen könnte.[49] Ein Großteil der Verunsicherung entstand dadurch, dass ein Referentenentwurf des KGSG „durchgestochen" wurde, also inoffiziell an die Öffentlichkeit gelangte. Darin war u.a. gemäß § 17 des Gesetzesentwurfes vorgesehen, dass sachverständige Personen und die obersten Landesbehörden Zutritt zur Wohnung von Personen hätten, die im Verdacht stehen, *nationales Kulturgut* zu besitzen.[50] Zwar wurde dieser Paragraph unverzüglich gestrichen und der damalige Referentenentwurf in vielen Bereichen deutlich abgeschwächt. Aber auch nach Inkrafttreten des KGSG verstummte die Kritik am Gesetz nicht: Gegen diverse Regelungen

---

43 Abele, Ist das Verhältnis von Kulturgüterschutz und Eigentum ein Finanzierungsproblem?, S. 75 f.

44 FAZ, Baselitz zieht Leihgaben aus Museen ab, Online.

45 Der Tagesspiegel, Und das soll keine Enteignung sein?, Online.

46 Die Welt, „So haben wir uns das nicht gedacht", Online.

47 Die Welt, Nur Angela Merkel kann unsere Kultur noch retten, Online.

48 Merten, Schöner Schein, S. 131.

49 Falckenberg, Fragenkatalog – Öffentliche Anhörung am 13.4.2016, S. 3, Online.

50 Die Welt, Denn die Gesetzgeber wissen nicht, was sie tun, Online.

des KGSG wurden beim Bundesverfassungsgericht Verfassungsbeschwerden eingereicht.[51]

II. Definition und Ziele der ökonomischen Analyse des Rechts

Die vorliegende Arbeit analysiert das KGSG aus ökonomischer Perspektive. Dass wirtschaftspolitische Aspekte, wie beispielsweise das Effizienzziel, den Zielen des Kulturgüterschutzes untergeordnet werden, ist grundsätzlich anerkannt.[52] Auch die Komplexität des Kulturgüterschutzes stellt eine Herausforderung an die ökonomische Betrachtung des KGSG dar: „Ein Optimum an Kulturgüterschutz lässt sich wegen der Unterschiedlichkeit der Interessen nach alledem kaum abstrakt bestimmen."[53]

Als Teil der konsequentialistischen Sozialtheorien distanziert sich die ökonomische Analyse des Rechts von der Prämisse, dass Rechtsnormen legitimiert sind, sobald sie verfassungsgemäß gerechtfertigt sind. Die ökonomische Analyse des Rechts befasst sich vielmehr mit der Beurteilung von Rechtsnormen auf der Basis von Ressourcen-Effizienz und betrachtet die Folgen der Rechtsnormen auf die Gesellschaft.[54] Sie basiert dabei auf zwei konzeptionellen Säulen: dem ökonomischen Verhaltensmodell und dem wohlfahrtsökonomischen Effizienzziel. Das ökonomische Verhaltensmodell bildet die Grundlage für die Ermittlung

---

51 Az: 1 BvR 1658/17; 1 BvR 1727/17; 1 BvR 1728/17; 1 BvR 1729/17; 1 BvR 1735/17; 1 BvR 1746/17; dazu heißt es in der Jahresvorschau des Bundesverfassungsgerichtes, Online: „Verfassungsbeschwerden zu der Frage, ob verschiedene Vorschriften des Gesetzes zum Schutz von Kulturgut (Kulturgutschutzgesetz – KGSG), insbesondere das Ausfuhrverbot mit Genehmigungsvorbehalt für Kulturgut innerhalb der Europäischen Union ab bestimmten Alters- und Wertgrenzen (§ 21 Nr. 2 in Verbindung mit § 24 Abs. 1 Nr. 2 KGSG), das Ausfuhrverbot für unrechtmäßig eingeführtes Kulturgut (§ 21 Nr. 3 in Verbindung mit § 32 Abs. 2 KGSG), das Verbot der Einfuhr von unrechtmäßig verbrachtem Kulturgut (§ 28 KGSG) und entsprechende Nachweispflichten (§ 30 KGSG), sowie Regelungen zum Inverkehrbringen von Kulturgut (§ 40 KGSG) und diesbezüglicher Sorgfaltspflichten (§§ 42, 44 KGSG) mit dem Grundgesetz vereinbar sind."

52 So konstatiert auch Germelmann, Kultur und staatliches Handeln, S. 596: „Angesichts der Bedeutung des kulturellen Erbes für die Gesellschaft dürfte bei der Abwägung indes rein wirtschaftlichen Interessen gegenüber den sachlichen Erfordernissen des Kulturgüterschutzes insgesamt nur eine abgeschwächte Überzeugungskraft zukommen."

53 Germelmann, Kultur und staatliches Handeln, S. 736.

54 Schäfer/Ott, Lehrbuch der ökonomischen Analyse des Zivilrechts S. XXXIV.

von Rechtsfolgen, das ökonomische Effizienzziel wird als Bewertungsmaßstab der Rechtsfolgen herangezogen.[55] Beide Säulen entspringen ideengeschichtlich dem Utilitarismus: „Das ökonomische Verhaltensmodell in dem utilitaristischen Nützlichkeitsprinzip als individuelle Verhaltensmaxime; das ökonomische Effizienzziel in dem utilitaristischen Nützlichkeitsprinzip als kollektive Entscheidungsregel."[56] Demnach hat die ökonomische Analyse des Rechts auch den Anspruch, Handlungsempfehlungen in Bezug auf die Gestaltung der Rechtsstruktur herzuleiten, welche das Ziel der Allokationseffizienz verfolgen.[57] Ebenfalls eignet sich die ökonomische Analyse des Rechts dazu, Vorhersagen über Verhaltensfolgen von Gesetzen zu treffen. So formuliert *Kirstein*: „Ein Gesetz sollte nicht so formuliert sein, dass es einfach die Absicht des Gesetzgebers eins zu eins wiedergibt, denn dann könnte sein Ziel verfehlt werden. Der Gesetzgeber muss vielmehr die Verhaltensreaktionen aller Adressaten antizipieren und das Gesetz so formulieren, dass die zu erwartende Reaktion das gewünschte Ergebnis herstellt."[58]

Rechtsökonomik kann in zwei Teilbereiche gegliedert werden: Die normative ökonomische Analyse und die positive ökonomische Analyse des Rechts. Während letztere einen deskriptiven Charakter hat und sich mit den Entstehungsgründen und den Wirkungen von Recht befasst, verfolgt die normative Analyse des Rechts das Ziel, „richtiges" bzw. „effizientes" Recht zu identifizieren.[59] Die Ursprünge der normativen ökonomischen Analyse liegen in der klassischen Wohlfahrtsökonomik, welche den gesellschaftlichen Gesamtnutzen als Bewertungsmaßstab anführt.[60] In der Wohlfahrtsökonomik werden staatliche Einflüsse daran gemessen, ob die Wohlfahrtsgewinne gegenüber den Wohlfahrtsverlusten überwiegen.[61] Im Kontext des Kulturgüterschutzes ist zwischen direkten und indirekten Effekten zu unterscheiden. Direkte Effekte, also jene die finanziell messbar sind, lassen eine quantifizierbare Untersuchung nach wohlfahrtsökonomischen Gesichtspunkten zu: „Falls nur direkte Effekte auftreten, sollten positive und negative Effekte gegeneinander abgewogen werden. Kulturgüter sollten regulativ geschützt werden, wenn die durch den Schutz

---

55 Eidenmüller, Effizienz als Rechtsprinzip, S. 57.
56 Eidenmüller, Effizienz als Rechtsprinzip, S. 74.
57 Schäfer/Ott, Lehrbuch der ökonomischen Analyse des Zivilrechts, S. XLIV.
58 Kirstein, Ökonomische Analyse des Rechts, S. 6, Online.
59 Rodi, Ökonomische Analyse des Öffentlichen Rechts, S. 50.
60 Rodi, Ökonomische Analyse des Öffentlichen Rechts, S. 12.
61 Eidenmüller, Effizienz als Rechtsprinzip, S. 21.

entstehenden Nettoerträge die Kosten übersteigen, der Ertrag also höher ist als ohne regulativen Eingriff."[62] Gleichzeitig zeigt sich hierbei bereits die fehlende universelle Anwendbarkeit solcher Vorgehensweisen: „Solch eine Bewertung kann nur auf Basis einer Einzelfallanalyse vorgenommen und somit nicht durch internationale Standards geregelt werden."[63] Erschwert wird die wohlfahrtsökonomische Betrachtung von Kulturgütern durch die Existenz indirekter Effekte. In diesem Zusammenhang sei im Kontext des KGSG beispielhaft die identitätsstiftende Wirkung von Kulturgütern hervorgehoben.

In der vorliegenden Arbeit ist es unumgänglich, die normative und die positive Komponente zu berücksichtigen, denn es stellt sich erstens die Frage, wie sich das KGSG auf die Akteure am deutschen Sekundärmarkt für Kunst auswirkt (positive ökonomische Analyse des Rechts), und zweitens soll festgestellt werden, ob diese Auswirkungen ökonomisch im Sinne des Gesetzgebers erstrebenswert sind (normative ökonomische Analyse des Rechts). Die normative ökonomische Analyse des Rechts orientiert sich an ex-ante definierten Kriterien. Diese Kriterien, welche als Ziele des Gesetzgebers anzusehen sind, müssen klar definiert sein, damit eine ökonomische Analyse des Rechts überhaupt möglich ist. So betont *Eidenmüller* „[...] daß man über Effizienz sinnvoll immer nur relativ im Hinblick auf einen anzustrebenden Optimalzustand reden kann."[64] Die Ziele des Gesetzgebers nachzuvollziehen und kritisch zu hinterfragen steht daher im Fokus dieser Arbeit. Schließlich können nur dann prognostizierte Folgen beurteilt und normative Vorschläge unterbreitet werden, wenn das Telos als Bewertungsmaßstab herangezogen werden kann.

Bezüglich der Definition von Effizienz im gesamtgesellschaftlichen Kontext schreiben *Schäfer/Ott*: „Eine Gesellschaft ist effizient, wenn sie bei gegebener Vermögensverteilung einen Zustand herbeiführt, bei dem niemand mehr bessergestellt werden kann, ohne dass ein anderer schlechtergestellt wird, wenn diejenigen Leistungen, die die Gesellschaftsmitglieder haben möchten und die bei knappen Ressourcen erstellt werden können, auch tatsächlich erbracht werden, wenn die Ressourcen am Ort ihrer sozial nützlichsten Verwendung eingesetzt werden."[65]

Wenn das KGSG im Kontext dieser Definition betrachtet wird, sind folgende Aspekte erkennbar:

---

62 Bicskei/Bizer/Gubaydullina, Der Schutz kultureller Güter, S. 150.

63 Bicskei/Bizer/Gubaydullina, Der Schutz kultureller Güter, S. 150.

64 Eidenmüller, Effizienz als Rechtsprinzip, S. 114.

65 Schäfer/Ott, Lehrbuch der ökonomischen Analyse des Zivilrechts, S. XL.

1. Der erste Teil der Definition zielt auf die Erfüllung des Pareto-Kriteriums ab. Das Pareto-Kriterium ist erfüllt, sofern eine staatliche Maßnahme dazu führt, dass mindestens eine Person besser gestellt wird, ohne dass eine andere Person schlechter gestellt wird.[66] Da durch das KGSG bestimmte Akteure am Kunstmarkt, insbesondere z.B. Kunsthändler, schlechter gestellt werden, ist das Pareto-Kriterium nicht erfüllt.
2. Die im zweiten Teil der Definition beschriebene Bereitstellung knapper Ressourcen in der sozial nützlichsten Variante ist ein offizielles Ziel des KGSG. Schließlich sollen identitätsstiftende Kulturgüter unter Schutz gestellt werden und damit der Kulturgüterschutz in Deutschland als Ganzes gestärkt werden. Zweifelsfrei handelt es sich zudem bei national wertvollen Kulturgütern um knappe Ressourcen. Inwieweit das neue KGSG tatsächlich die „sozial nützlichste Verwendung" garantiert, ist jedoch ungewiss. Beschränkt sich die Denkweise auf das Inland, also steht die Verantwortung einer Staatsregierung für die eigene Bevölkerung im Vordergrund, ist anzunehmen, dass als „Ort der sozial nützlichsten Verwendung" insbesondere Kulturgut bewahrende Einrichtungen[67] gelten, da diese am ehesten der Allgemeinheit einen Zugang zu Kulturgütern ermöglichen können. Daran anknüpfend ist allerdings die Kritik von *Lenski* anzuführen, welche sich darauf bezieht, dass die im KGSG verankerten Ausfuhrbeschränkungen nicht per se dazu führen, dass die Kulturgüter der Allgemeinheit zugänglich gemacht werden und damit eine Erhöhung des Gemeinwohls bewirken könnten.[68] Wird für die Identifikation des „Ortes der sozial nützlichsten Verwendung" eine streng utilitaristische und globale Denkweise unterstellt, dann wären die Ausfuhrbeschränkungen des KGSG bereits legitimiert, wenn der von Gesellschaftsmitgliedern im Inland wahrgenommene Wert der jeweiligen Kulturgüter den Wert übersteigt, den Gesellschaftsmitglieder eines Drittlandes demselben Kulturgut zuweisen.

---

66 Rodi, Ökonomische Analyse des Öffentlichen Rechts, S. 12 f.

67 Eine „Kulturgut bewahrende Einrichtung" ist gemäß § 2 Abs. 1 Nr. 11 KGSG „[…] jede Einrichtung im Bundesgebiet, deren Hauptzweck die Bewahrung und Erhaltung von Kulturgut und die Sicherung des Zugangs der Öffentlichkeit zu diesem Kulturgut ist, insbesondere Museen, Bibliotheken und Archive."

68 Lenski, Verfassungsmäßigkeit eines Abwanderungsschutzes von Kulturgütern, S. 9 f., Online; siehe dazu Kapitel § 5 III 3 a).

III. Forschungsstand

Diverse Werke betrachten den Kunstmarkt aus ökonomischer Perspektive.[69] Auch dem Feld der Kulturökonomik, welches die Makroperspektive des Kultursektors darstellt, widmete sich eine Vielzahl von Autoren.[70] Im Bereich des Kulturgüterschutzes ist in der Vergangenheit ebenfalls viel publiziert worden, und es handelt sich mittlerweile um ein umfangreich erforschtes Rechtsgebiet.[71] So sind

---

69 Allesamt Werke, welche den Kunstmarkt aus ökonomischer Perspektive beleuchten sind: Boll, Kunst ist käuflich; Unfricht, Kunst und Markt; Dossi, Hype! Kunst und Geld; Adam, Big Bucks; Fleck, Das Kunstsystem im 21. Jahrhundert; Graw, Der große Preis; Herstatt, Fit für den Kunstmarkt; Thurnhofer, Die Kunstmarkt Formel; Völcker, Was kostet Kunst?; Findlay, Vom Wert der Kunst; Thompson, The $12 Million stuffed shark; Velthuis, Talking Prices; Frey, Betriebswirtschaftliche Kunstbewertung; Kurz, Der Kunsthändler als Intermediär und Talkenberg, Die Ökonomie des Bildermarktes. Boll und Unfricht legen den Schwerpunkt ihrer Werke auf die Funktion und Arbeitsweise von Auktionshäusern, Dossi und Adam legen den Schwerpunkt auf die Preisentwicklungen am Kunstmarkt und analysieren die Ursprünge dieser Preisentwicklungen, Fleck skizziert das Zusammenspiel der Akteure am Kunstmarkt, Graw fokussiert sich in ihrem Werk auf die Persönlichkeit des Künstlers als essenzielle marktbeeinflussende Komponente und Herstatt präsentiert einen Kunstbewertungsleitfaden. Der Frage, wie man Kunstwerke qualitativ und quantitativ bewerten kann, widmen sich unter anderem Thurnhofer, Völcker, Findlay, Thompson und Velthuis. Frey befasst sich empirisch mit der betriebswirtschaftlichen Kunstbewertung, Kurz betrachtet die Rolle des Kunsthändlers aus einer institutionenökonomischen Analyse und Talkenberg analysiert den Kunstmarkt aus informationsökonomischer Perspektive. Einen kompakteren Überblick offerieren die Herausgeberbände von Hausmann et al., Handbuch Kunstmarkt – Akteure, Management und Vermittlung und Pues et al., Art-Investor – Handbuch für Kunst und Investment.

70 Aufschlussreich sind die Werke von Driesch, Kunst und ökonomische Theorie; Landwehr, Kunst und ökonomische Theorie; Throsby, Economics and Culture; Towse, Cultural Economics; Frey, Arts & Economics; Gottschalk, Kulturökonomik und Priddat, Wirtschaft durch Kultur.

71 Hervorzuheben sind die Werke von Berndt, Internationaler Kulturgüterschutz; Caldoro, Nationaler Kulturgüterschutz; El-Bitar, Der deutsche und der französische Kulturgüterschutz nach der Umsetzung der Kulturgüterrückgaberichtlinie; Fechner/Oppermann/Prott, Prinzipien des Kulturgüterschutzes; Hipp, Schutz von Kulturgütern in Deutschland; Jaeger, Internationaler Kulturgüterschutz; Müller-Katzenburg, Internationale Standards im Kulturgüterverkehr und ihre Bedeutung für das Sach- und Kollisionsrecht; Odendahl, Kulturgüterschutz; Pabst, Kulturgüterschutz in nicht-internationalen bewaffneten Konflikten; Peya, Die Ausfuhr von Kulturgütern im nationalen und Gemeinschaftsrecht; Sprecher, Beschränkungen des Handels mit Kulturgut; Uibeleisen, Kulturgutschutz und Handelsliberalisierung; von Schorlemer,

u.a. *Blume* und *Franke* der Frage der Nationalität von Kulturgut nachgegangen.[72] Andere Autoren fokussierten sich auf Teilaspekte wie den Leihverkehr[73], Kultur und Verwaltungsrecht[74] und die Rückgabe[75] von Kulturgütern[76]. Zum KGSG ist die Kommentierung von *Elmenhorst/Wiese* sehr aufschlussreich.[77]

Die Analyse des Kunstmarkts mittels ökonomischer Theorien und die parallele Betrachtung rechtlicher Einflüsse auf den Kunstmarkt, in diesem Fall die Untersuchung des Einflusses des novellierten KGSG, ist neuartig. Die vorliegende Arbeit verfolgt das Ziel, den Kunstmarkt aus einer rechtsökonomischen Perspektive zu beleuchten und damit eine Forschungslücke zu schließen.

IV. Methodisches Vorgehen

Bei der Analyse des KGSG ist einleitend folgende sehr treffliche Aussage von *Eidenmüller* zu beachten: „Immer ist eine Entscheidung auf ökonomischer Grundlage keine rein technische, apolitische Entscheidung, sondern eine stark von Wertungen geprägte und beeinflußte."[78] Rechtspolitische Fragen der ökonomischen Analyse sind anhand von zwei Kernfragen zu untersuchen: „[...] (i) Wann soll in den Marktmechanismus eingegriffen werden? (ii) Wie soll in den

---

Internationaler Kulturgüterschutz; Weidner, Kulturgüter als res extra commercium im internationalen Sachenrecht; Weller/Kemle/Lynen, Kulturgüterschutz – Künstlerschutz; Wyss, Kultur als eine Dimension der Völkerrechtsordnung; ebenfalls die Sammelbände von Odendahl/Weber, Kulturgüterschutz – Kunstrecht – Kulturrecht und Zimmermann/Geißler, Altes Zeug.

72 Blume, Nationalität von Kulturgut; Franke, Die Nationalität von Kunstwerken.

73 Boos, Kulturgut als Gegenstand des grenzüberschreitenden Leihverkehrs; Kühl, Der internationale Leihverkehr der Museen.

74 Conrad, Öffentliche Kulturförderung und Welthandelsrecht; Germelmann, Kultur und staatliches Handeln; Groth et al., Kultur als Eigentum; Mihatsch, Öffentliche Kunstsubventionierung.

75 Als „Rückgabe" ist gemäß § 2 Abs. 1 Nr. 15 KGSG die Verbringung des Kulturgutes in das Hoheitsgebiet des ersuchenden Staates zur Erfüllung eines Rückgabeanspruchs zu verstehen.

76 Schaffrath, Die Rückführung unrechtmäßig nach Deutschland verbrachten Kulturguts an den Ursprungsstaat.

77 Elmenhorst/Wiese, KGSG – Kulturgutschutzgesetz.

78 Eidenmüller, Effizienz als Rechtsprinzip, S. 161; ähnlich auch Germelmann, Kultur und staatliches Handeln, S. 598 f.: „Am Ende muss es sich daher bei der Bestimmung, in welchem Umfange ein Staat Kulturgüter als für sich von Bedeutung einschätzt und Maßnahmen gegen ihre Abwanderung in das Ausland trifft, um eine politische Entscheidung handeln [...]."

Marktmechanismus eingegriffen werden?"[79] Als Annahme liegt zugrunde, dass im Sinne der Wohlfahrtstheorie aufgrund von Ineffizienzen in den Marktmechanismus eingegriffen werden soll. Angelehnt an das Coase-Theorem schlägt *Eidenmüller* vor, die Frage, wie in einen Marktmechanismus eingegriffen werden soll, mit der Simulierung eines Verhandlungsergebnisses zu beantworten, welches ohne die Existenz von Transaktionskosten[80] zustande gekommen wäre.[81]

Ökonomische Analysen orientieren sich an Wohlstandskriterien wie dem Pareto-Kriterium. Die praktische Relevanz dieses Kriteriums ist jedoch gering: „Indeed in most practical situations it is almost inconceivable that literally every person will be made better off by a particular intervention by the state."[82] Wenn eine Kompensation der Schlechtergestellten durch die Bessergestellten stattfinden würde, wäre das Pareto-Kriterium erfüllt. Allerdings wird in der Praxis eine solche Kompensation, sofern diese nicht staatlich geleitet wird, nicht praktikabel sein.[83] Das Pareto-Kriterium ist im Kontext des KGSG nicht zielführend, da die Regelungen bei einigen Akteuren des deutschen Sekundärmarktes für Kunst, z.B. für den Kunsthandel, Wohlfahrtsverluste verursachen. In der Praxis kann das Pareto-Kriterium als Entscheidungskriterium tatsächlich nur äußerst selten angewandt werden, da jedem Individuum ein Veto-Recht erteilt wird. [84] Deshalb ist eine Erweiterung des theoretischen Modells des Pareto-Kriteriums notwendig. Unter bestimmten Umständen muss ein Entscheidungskriterium verwendet werden, bei dem ein sozialer Zustand A sogar noch gegenüber einem sozialen Zustand B bevorzugt wird, wenn es Individuen gibt, die den sozialen Zustand B bevorzugen.[85]

---

79 Eidenmüller, Effizienz als Rechtsprinzip, S. 165.

80 „Transaktionskosten sind Kosten der Koordination einer Transaktion. Sie umfassen die Anbahnungskosten, Vereinbarungskosten, Kontrollkosten, Anpassungskosten und Durchsetzungskosten."; Söllner, Einführung in das Internationale Management, S. 47 und laut Schiefer, Funktionen von Kunstintermediären, S. 95 werden als Transaktionskosten „[...] alle notwendigen Anstrengungen und Opfer bezeichnet, die erbracht werden müssen, damit die beteiligten Transaktionspartner zu einer als gerecht empfundenen Vereinbarung kommen [...]."

81 Eidenmüller, Effizienz als Rechtsprinzip, S. 166.

82 Ricketts, Welfare Economics and Public Policy, S. 35.

83 Ricketts, Welfare Economics and Public Policy, S. 35.

84 Zur geringen Relevanz des Pareto-Kriteriums in der Praxis äußert sich auch Ricketts, Welfare Economics and Public Policy, S. 35 f.: „The technical requirements for Pareto efficiency were so abstruse and demanding that they were most unlikely to be satisfied in their purity in any practical situation."

85 Eidenmüller, Effizienz als Rechtsprinzip, S. 50.

Die theoretische Erklärung dafür liefert das *Kaldor-Hicks-Kriterium*, nach dem Entscheidungen auch dann als wohlfahrtssteigernd für eine Gesellschaft anzusehen sind, wenn ein Teil der Gesellschaft zu Lasten eines anderen Teils der Gesellschaft begünstigt wird. Im konkreten Fall des KGSG könnte bei wohlfahrtstheoretischer Betrachtungsweise getestet werden, ob der für den Kunsthandel entstandene Wohlfahrtsverlust niedriger ausfällt als der Wohlfahrtsgewinn für die Allgemeinheit. Die Anwendung des *Kaldor-Hicks-Kriteriums* kann grundsätzlich mittels einer Kosten-Nutzen-Rechnung erfolgen.[86] Falls mehrere alternative Maßnahmen das *Kaldor-Hicks-Kriterium* erfüllen, ist jene zu bevorzugen, welche das beste Kosten-Nutzen-Verhältnis aufweist.[87] Die Begründung des *Kaldor-Hicks-Kriteriums* beruht auf der Annahme, dass eine Wohlfahrtssteigerung bereits eintritt, sobald der durch eine Entscheidung resultierende Wohlstandsgewinn der Begünstigten ausreicht, um die Benachteiligten zu entschädigen, und anschließend ein Nettogewinn existiert. Solche Entscheidungen werden „Kollektiventscheidungen" genannt; die Entschädigung ist als „Kompensationszahlung" definiert. Wichtig ist, dass eine Entscheidung bereits als Kollektiventscheidung im Sinne des *Kaldor-Hicks-Kriteriums* charakterisiert werden kann, sobald eine wohlfahrtssteigernde Kompensationszahlung möglich wäre, ohne dass diese faktisch geleistet wird.[88] Insofern ist der Kern des *Kaldor-Hicks-Kriteriums* weiterhin das *Pareto-Kriterium*, allerdings wird die Anwendung abgeschwächt, weil eine Kompensationszahlung nicht maßgeblich dafür ist, ob eine Änderung des sozialen Zustands als effizient gilt.[89]

Ob aus ökonomischer Sicht eine mögliche Kompensation ausreicht oder ob eine tatsächliche Kompensation erstrebenswert ist, stellt auch für die vorliegende Arbeit eine relevante Fragestellung dar. Ein zentraler Diskussionspunkt während der Gesetzgebungsphase war nämlich, ob im KGSG ein als Kompensationsinstrument fungierendes staatliches Vorkaufsrecht bzw. ein staatliches Angebot zum Ankauf von Kulturgütern verankert werden sollte.[90] Das theoretische Argument, dass eine Kompensation nur möglich sein muss, aber nicht tatsächlich geleistet werden soll, beruht auf den anzunehmenden hohen Effizienzverlusten,

86 Schäfer/Ott, Lehrbuch der ökonomischen Analyse des Zivilrechts, S. 19 – 25.

87 Rodi, Ökonomische Analyse des Öffentlichen Rechts, S. 13.

88 Schäfer/Ott, Lehrbuch der ökonomischen Analyse des Zivilrechts, S. 19 – 24.

89 Ricketts, Welfare Economics and Public Policy, S. 35.

90 Ein Vorkaufsrecht forderte u.a. das Aktionsbündnis Kulturgutschutz, Forderungskatalog zum „Regierungsentwurf eines Gesetzes zur Neuregelung des Kulturgutschutzrechts", Online.

welche beispielsweise durch die Entschädigung verursacht werden könnten.[91] Andererseits ist auch die gegenteilige Auffassung verbreitet, nämlich dass die Unterlassung von Kompensationen in bestimmten Fällen zu noch höheren Effizienzverlusten führe.[92] Ein derartiger Effizienzverlust könnte daraus resultieren, dass produktive Investitionen unterlassen werden, sobald für die von einer bestimmten Gesetzgebung Benachteiligten die Annahme gelten muss, dass der Eingriff kompensationslos erfolgt.[93]

Die Frage, ob eine Entscheidung Pareto-superior ist, kann nicht durch einmalige Anwendung der Entscheidung beantwortet werden. Vielmehr liegt die Erklärung des *Kaldor-Hicks-Kriteriums* in der wiederholten und konsistenten Anwendung. Wenn das *Kaldor-Hicks-Kriterium* konsequent bei jeder Entscheidung Beachtung findet und die Gewinner bzw. Verlierer jeweils vom Zufall bestimmt werden, entsteht langfristig eine Generalkompensation, welche eine gesamtgesellschaftliche Wohlstandserhöhung zur Folge hat.[94] Das Kalkül dieser Generalkompensation ist für einige Autoren sogar eine Legitimation, Verteilungsgerechtigkeitsaspekte in der ökonomischen Analyse des Rechts als redundant abzutun.[95] Eine Generalkompensation kann jedoch nicht in jedem Szenario erwartet werden und daher sprechen sich *Schäfer/Ott* im Falle einer fehlenden Generalkompensation für Entschädigungen aus, sofern sich „[…] eine Regulierung als schwerwiegender Eingriff in eine Vermögensposition darstellt […].“ Sie führen weiterhin an: „Je schwerwiegender ein Eingriff für den Betroffenen und je unwahrscheinlicher ein Ausgleich auf lange Sicht durch eine

91 Hicks, The Foundations of Welfare Economics, S. 712: „Since almost every conceivable kind of compensation (re-arrangement of taxation, for example) must itself be expected to have some influence on production, the task of the welfare economist is not completed until he has envisaged the total effects of both sides of the proposed reform; he should not give his blessing to the reform until he has considered these total effects and judged them to be good. If, as will often happen, the best methods of compensation feasible involve some loss in productive efficiency, this loss will have to be taken into account. In practice, it is not unlikely that we shall have to reject on these grounds many measures which would be approved of by the traditional analysis, but which would only be reckoned by that analysis as offering a small gain.“

92 Eidenmüller, Effizienz als Rechtsprinzip, S. 160.

93 Eidenmüller, Effizienz als Rechtsprinzip, S. 278.

94 Schäfer/Ott, Lehrbuch der ökonomischen Analyse des Zivilrechts, S. 22 f.; das Kaldor-Hicks-Kriterium würde allerdings seine Grundlage im Sinne der Konsensfähigkeit verlieren, sofern die Gewinner und Verlierer wiederholt und dauerhaft die gleichen wären.

95 Eidenmüller, Effizienz als Rechtsprinzip, S. 275.

Generalkompensation ist, desto weniger kann eine entschädigungslose Wegnahme von Nutzungsrechten aus Effizienzgründen gerechtfertigt sein."[96] Wenn also immer die gleichen Personen als „Verlierer" eines staatlichen Eingriffes gelten, dann würde dies eine Ungerechtigkeit bedeuten, sodass eine Spezialkompensation (z.B. im Fall des KGSG in Form eines Vorkaufsrechts oder eines staatlichen Angebots zum Ankauf von Kulturgütern) die mangelhafte Generalkompensation ersetzen müsste. Auch *Ricketts* äußert sich kritisch: „By substituting the 'Potential Pareto Improvement' criterion in place of the strict 'Actual Pareto Improvement', public policy was released from a straightjacket and set free to roam widely. [...] Because the compensation of losers was not actually required, this agenda could lead to apparently illiberal implications, while the rooting out of inefficiency was capable of producing an almost limitless case for government intervention."[97]

Allerdings ergeben sich auch bei der Anwendung des *Kaldor-Hicks-Kriteriums* Bewertungsprobleme. *Polinsky* stellt fest: „Probably the most difficult problem in undertaking an economic analysis of a legal rule is putting dollar values on the relevant costs and benefits."[98] Eine verbreitete Methode in der Kultur- und Wohlfahrtsökonomik, welche versucht, die von einer Gesellschaft empfundenen Präferenzen und die damit verbundene „willingness-to-pay" ökonomisch zu bewerten, ist die „kontingente Bewertungsmethode" (Contingent Valuation Method[99]).[100] In der umfragebasierten CVM werden Zahlungsbereitschaften abgefragt bzw. es wird erfragt, wie hoch hypothetisch eine Kompensationszahlung sein müsste, um einer bestimmten Veränderung eines Zustandes zuzustimmen. Mit Hilfe der CMV lassen sich dadurch die latenten individuellen Präferenzen quantifizieren, welche nicht über Marktmechanismen verteilt werden können.[101] Im Hinblick auf die Ausfuhrbeschränkungen im KGSG würde beispielsweise erfragt werden, wie hoch der individuelle Nutzen ist, der daraus entsteht, dass ein bestimmtes Kulturgut in Deutschland verbleibt. Daher erscheint diese Methodik auf den ersten Blick ein geeignetes Instrument darzustellen, um das *Kaldor-Hicks-Kriterium* zu verifizieren bzw. zu falsifizieren. Ein offensichtlicher Nachteil der CMV besteht allerdings darin, dass nicht das

---

96 Schäfer/Ott, Lehrbuch der ökonomischen Analyse des Zivilrechts, S. 634.
97 Ricketts, Welfare Economics and Public Policy, S. 35.
98 Polinsky, An Introduction to Law and Economics, S. 135.
99 Im Folgenden „CVM" genannt.
100 Throsby, The Economics of Cultural Policy, S. 20.
101 Throsby, Economics and Culture, S. 82 f.

tatsächliche Verhalten beobachtet wird, sondern lediglich hypothetisches Verhalten abgefragt wird. Da sich für die Befragten keinerlei unmittelbare Konsequenzen aus deren Antworten ergeben, neigen die Befragten dazu, strategische Antworten zu geben. So stellen etwa *Frey/Oberholzer-Gee* fest: „[...] CV estimates appear to produce results that are inconsistent with market choices."[102] Das *Kaldor-Hicks-Kriterium* ist zudem hauptsächlich im Vertragsrecht ein geeignetes Konstrukt, um Wohlfahrtsentscheidungen zu treffen. Die Praktikabilität im Kontext des KGSG ist hingegen fraglich.

Grundsätzlich krankt eine starre Orientierung an Zahlungsbereitschaften daran, dass diese einen Nutzen reflektieren sollen. Dies ist jedoch nicht immer zutreffend. Im Kunstbereich kann ein Sammler A zwar eine hohe Zahlungsbereitschaft für ein bestimmtes Kunstwerk aufweisen, doch kann ein Sammler B dem gleichen Kunstwerk zwar einen höheren Nutzen beimessen, jedoch aufgrund finanzieller Ressourcen nicht die Zahlungsbereitschaft von A erreichen: „The general point is that the pattern of consumption and production is determined by the distribution of wealth, so that if that distribution is unjust, the pattern of economic activities derived from it will not have a strong claim to be regarded as just either. And insofar as the distribution of wealth is itself largely determined by the market, the justice of the market cannot be derived from some independent notion of the just distribution."[103] *Grampp* kommt sogar zu dem Entschluss: „In the world of art, there probably is no one who would agree that art should belong to people who pay for it except collectors, painters, and dealers wanting to make a sale."[104]

Eine zentrale Herausforderung der vorliegenden Arbeit besteht darin, dass nicht ökonomische Aspekte im Vordergrund der einschlägigen Gesetzgebung stehen, sondern dass es sich um ein politisch motiviertes Gesetz handelt. Dementsprechend verfolgt die vorliegende Arbeit nicht das Ziel festzustellen, wann und wie in den Marktmechanismus eingegriffen werden sollte, denn es handelt sich beim Kunstmarkt nicht um einen Fall von Marktversagen. Vielmehr könnte plakativ behauptet werden, dass der Markt „zu gut" funktioniert und daher auch Ausfuhrbeschränkungen für Kulturgüter angebracht wären: „Die ökonomische Analyse liefert kaum einen ernsthaften Grund, in den internationalen Kunstmarkt einzugreifen. Es bestehen, wenn überhaupt, nur unbedeutende externe

102 Frey/Oberholzer-Gee, The Evaluation of Cultural Heritage, S. 37.
103 Posner, Economic analysis of law, S. 18.
104 Grampp, Pricing the Priceless, S. 221.

Effekte[105], und das monopolistische Element ist nicht stärker ausgeprägt als auf den meisten sonstigen Märkten."[106] Das KGSG ist per se als Eingriff in den Marktmechanismus einzustufen. Insofern stellt sich auch die Frage, inwieweit eine starre Orientierung am Effizienzkriterium sinnvoll ist. So schreibt auch *Towfigh*: „Selbstverständlich kann die Wohlfahrtssteigerung nicht alleiniges Ziel der Politik sein, Effizienzdenken nicht alleiniger normativer Maßstab der Rechtswissenschaft sein."[107] Vielmehr bietet es sich bei der Analyse des KGSG an, den neoklassischen Effizienzmaßstab nicht als Orientierungsgröße zu verwenden, sondern als Bewertungsmaßstab die Erreichung des Telos in den Vordergrund zu stellen.

Aufgrund der Heterogenität der Marktteilnehmer und deren divergierenden Interessen erscheint eine rein quantitative Untersuchung ungeeignet. Tatsächlich besteht in der mangelhaften Verfügbarkeit von Marktdaten eine fundamentale Schwierigkeit der empirischen Erfassung des Kunstmarktes. Daher beschränkt sich der Großteil der bisherigen wissenschaftlichen Untersuchungen auf die Auswertung von Transaktionen des Sekundärmarktes. Insbesondere Auktionsergebnisse werden häufig verwendet, da diese Daten eher verfügbar sind als Transaktionen zwischen Galeristen und Sammlern auf dem Primärmarkt. Allerdings sind auch die Transaktionen des Sekundärmarktes nicht transparent, denn häufig werden nur Rekordergebnisse bekannt gegeben: „Naturgemäß veröffentlicht der Handel die erzielten Verkaufspreise nicht, sie gehören zu den lebensnotwendigen Geschäftsgeheimnissen der Branche."[108] Auch Art Indizes, wie z.B. der Mei-Moses-Art-Index, sind nur bedingt geeignet, um Preisentwicklungen widerzuspiegeln, denn der Index enthält nur Auktionsergebnisse von Kunstwerken, die tatsächlich einen Käufer fanden. Der Sekundärmarkt und insbesondere Auktionspreise sind außerdem anfällig für Manipulationen. Dazu zählen Stützungskäufe

---

105 Die Definition externer Effekt von Pommerehne/Frey, Musen und Märkte, S. 135 lautet: „Externe Effekte sind [...] Auswirkungen privater Aktivitäten, die bei Dritten – nicht in den Handel involvierten Personen – anfallen und nicht über den Markt kompensiert werden."

106 Pommerehne/Frey, Musen und Märkte, S. 149.

107 Towfigh/Petersen, Ökonomische Methoden im Recht, S. 4.

108 Heuer, Die Bewertung von Kunstwerken im Steuer- und Erbrechtsstreit, S. 126; im Kontext von Kunstauktionen äußert Schack, Kunst und Recht, S. 65: „Ein Teil der Faszination von Versteigerungen beruht wie deren Missbrauchspotenzial auf deren bewusster Intransparenz. Veräußerer und Erwerber wollen häufig aus Angst vor Dieben und dem Finanzamt unerkannt bleiben."

sowohl von privaten Sammlern als auch von institutionellen Akteuren wie Kunstfonds, die Werke ersteigern, um damit den Wert der eigenen Sammlung zu erhöhen. Auch dass Kunsthändler bei Auktionen mitbieten, um zu vermeiden, dass der Preis unter den Galeriepreis fällt, ist nicht auszuschließen.[109] Zudem ist nur schwer abzuschätzen, inwieweit sich Bieter entgegen der kartellrechtlichen Regelungen untereinander absprechen, um damit Bietergefechte zu vermeiden.[110] Auch wenn ein Werk während einer Auktion verkauft wird, ist es mitunter fraglich, ob tatsächlich eine Eigentumsübertragung stattfindet, oder ob es sich um ein Scheingebot, also einen sogenannten „verschleierten Rückkauf" handelt, den das Auktionshaus zur Wahrung des Images und des Preisniveaus initiiert.[111] Ebenfalls werden Zuschläge „unter Vorbehalt" eingetragen, sodass die Eigentumsübertragung nur vollzogen wird, wenn der Einlieferer den Zuschlagspreis akzeptiert. Auch dies impliziert Manipulationspotenzial.[112]

Aufgrund der Problematik der unzureichenden Datengrundlage wird eine eigene Datenerhebung angestrebt. Mittels Fragebögen soll ein holistisches Bild der ökonomischen Auswirkungen des KGSG hergestellt werden. Die Fragebögen, welche an die Kunstintermediäre des deutschen Sekundärmarktes für Kunst[113] adressiert wurden, befassen sich inhaltlich mit potenziellen adversen Effekten. Auf Basis der erlangten Erkenntnisse werden Vorschläge zur Behebung von Ineffizienzen und adversen Effekten unterbreitet. Dabei soll neben dem Ziel des wissenschaftlichen Erkenntnisgewinns stets auch die praktische Relevanz Berücksichtigung finden.

Zur Analyse des KGSG bietet es sich zudem an, rechtsvergleichend vorzugehen. Daher wird das KGSG den Kulturgutschutzgesetzen anderer europäischer Staaten gegenübergestellt, um Unterschiede und Gemeinsamkeiten aufzuzeigen. Für den Rechtsvergleich bieten sich vor allem die Gesetze der Kunsthandelszentren Großbritannien, Frankreich und der Schweiz aufgrund ihrer Bedeutung auf dem internationalen Kunstmarkt an. Eine rechtsvergleichende Vorgehensweise

109 Merten, Schöner Schein, S. 181.

110 Zu dieser als „Kippe" oder „Bieterkollusion" bezeichneten Praxis siehe Schack, Kunst und Recht, S. 67; ebenfalls Beckmann, Ökonomische Analyse deutscher Auktionen, S. 47 – 54.

111 Schack, Kunst und Recht, S. 67 f.

112 Frangen, Ökonomische Analyse des Marktes für Malerei, S. 31.

113 Zu den Marktakteuren des deutschen Sekundärmarktes für Kunst, siehe Kapitel § 2 III 4 b).

dient einerseits der besseren Einordnung des Gesetzes und andererseits wird dadurch die Internationalität des Kunstmarktes berücksichtigt: Viele Galerien, Kunsthändler und Auktionshäuser betreiben Standorte in mehreren Kunstmetropolen und bedienen darüber hinaus über digitale Vertriebswege einen globalen Kundenkreis.

V. Thematische Eingrenzung

Die Debatte der Kulturstaatlichkeit des Bundes[114] wird nicht aufgegriffen, denn das Bundesverfassungsgericht hat diese im sogenannten „Schallplatten-Urteil" höchstrichterlich anerkannt: „Als objektive Wertentscheidung für die Freiheit der Kunst stellt sie dem modernen Staat, der sich im Sinne einer Staatszielbestimmung auch als Kulturstaat versteht, zugleich die Aufgabe, ein freiheitliches Kunstleben zu erhalten und zu fördern."[115] Außerdem sollen weder die intervenierende Rolle des Staates angezweifelt noch die verfassungsmäßige Legitimation des KGSG hinterfragt werden.[116] Vielmehr liegt der Schwerpunkt der Arbeit auf der Untersuchung der ökonomischen Implikationen des KGSG. Ebenfalls werden nur Auswirkungen des KGSG auf den Kunstmarkt betrachtet; mögliche „Spill-over-Effekte" auf andere Märkte bleiben unberücksichtigt.[117]

Zudem wird der Bereich des Denkmalschutzes nicht beachtet, obgleich dieser Bereich ein zentraler Bestandteil des Kulturgüterschutzes ist. Grund für die Nichtbetrachtung des Denkmalschutzes ist die Tatsache, dass sich die vorliegende Arbeit auf bewegliche Kulturgüter beschränkt. Unbewegliche Kulturgüter werden zwar auch vom Kulturgüterschutz in Deutschland erfasst, aber da das KGSG ökonomisch analysiert wird und die grenzüberschreitende Handelbarkeit

114 Zu diesem Thema siehe Lenski, Öffentliches Kulturrecht, S. 55 – 94.

115 BVerfG, Urt. v. 05.03.1974 – 1 BvR 712/68, NJW 1974, 689, 689 (Jurion-Tz. 59); auch Ebker, Politische Ökonomie der Kulturförderung, S. 129 betont die Kulturstaatlichkeit Deutschlands.

116 Ausführlich zum Staatsverständnis eines „modernen Staates" als Interventionsstaat, siehe Conrad, Öffentliche Kulturförderung und Welthandelsrecht, S. 46 – 50: „Der moderne Staat ist ein Staat, der sich grundsätzlich als intervenierender Akteur versteht."

117 Eine solche Partialbetrachtung ist aufgrund ihrer komplexitätsmindernden Art bei wohlfahrtstheoretischen Analysen weit verbreitet; Eidenmüller, Effizienz als Rechtsprinzip, S. 115.

bzw. Transportfähigkeit bei unbeweglichen Kulturgütern deutlich eingeschränkt ist, stehen bewegliche Kulturgüter und insbesondere Kunstwerke als Bewertungsgegenstand im Fokus der Untersuchung.[118] Des Weiteren wird auf eine gesonderte Betrachtung von immateriellen Kulturgütern verzichtet.[119] Auch archäologische Kulturgüter werden nicht berücksichtigt.

Obwohl eine allgemeingültige Definition des Kunstmarktes nicht existiert, muss der Kunstmarkt klar abgegrenzt werden. Der Kunstmarkt lässt sich in vier Kunstgattungen gliedern: Die bildende Kunst, die darstellende Kunst, die Musik und die Literatur. Die vorliegende Arbeit beschränkt sich kategorisch auf bildende Kunst, da auch nur diese vom KGSG betroffen ist. Allerdings werden Straßenkünstler ebenso wenig als Marktakteure berücksichtigt wie kleine Galerien, welche zu Niedrigpreisen Drucke in unlimitierter Auflage auf dem Massenmarkt verkaufen.[120] Stattdessen sollen nur jene Personen und Institutionen als Marktakteure bezeichnet werden, welche ein hohes Maß an Professionalität und Kommerzialisierung aufweisen. Zudem sollen unter dem Begriff des Kunstwerkes nur Unikate verstanden werden, denn schließlich ist es als unwahrscheinlich anzusehen, dass eine Druckgraphik, die in gleicher Qualität vervielfältigt wird, als *nationales Kulturgut* klassifiziert wird.

Hinsichtlich der Kulturgüter bietet es sich an, den Schwerpunkt auf „Bilder und Gemälde" gemäß Anhang I der „Verordnung (EG) Nr. 116/2009 des Rates vom 18. Dezember 2008"[121] zu legen. Demnach bleibt beispielsweise der Markt für zeitgenössische Kunst aufgrund der Altersuntergrenzen von den neuen Regelungen des Abwanderungsschutzes des KGSG unberührt.[122] Schließlich ist eine Eintragung in ein Verzeichnis national wertvollen Kulturgutes zwar unabhängig von Altersuntergrenzen auch für zeitgenössische

118 Zudem sind bewegliche Kulturgüter stärker von Diebstahl und illegalen Handel gefährdet; Jaeger, Internationaler Kulturgüterschutz, S. 8.

119 Zu immateriellen Kulturgütern, siehe Splettstößer/Taşdelen, Der Schutz beweglicher materieller Kulturgüter auf internationaler und nationaler Ebene, S. 83; Germelmann, Kultur und staatliches Handeln, S. 582 – 585; Pabst, Kulturgüterschutz in nicht-internationalen bewaffneten Konflikten, S. 40. hebt hervor, dass zumindest im Kontext von völkerrechtlichen Verträgen, eine „gewisse physische Präsenz" von Kulturgütern vorausgesetzt wird, damit diese als solche klassifiziert werden.

120 Auch Lenski, Öffentliches Kulturrecht, S. 152: „Im Wege der Massenproduktion gefertigte Waren ohne individuelle Prägung unterfallen dem Begriff daher nicht."

121 Im Folgenden „Verordnung (EG) Nr. 116/2009" genannt.

122 Vgl. § 24 KGSG.

Kunstwerke möglich, doch ist die Genehmigungspflicht bei der Ausfuhr von Kulturgütern gemäß Anhang I der „Verordnung (EG) Nr. 116/2009 des Rates vom 18. Dezember 2008" an bestimmte Altersuntergrenzen geknüpft. Da auf dem Primärmarkt für Kunst vor allem Kunstwerke gehandelt werden, welche nicht von den Regelungen des KGSG betroffen sind, da diese die für die Genehmigungspflicht der Ausfuhr relevanten Alters- und Wertuntergrenzen nicht übersteigen, kann der Primärmarkt weitestgehend ignoriert werden; der Schwerpunkt liegt auf dem Sekundärmarkt.

Unberücksichtigt bleibt zudem der Bereich der Restitution und der Rückgabeersuche von gestohlenen oder illegal verbrachten Kulturgütern, da dies ökonomisch nur schwer greifbar ist. Die UNIDROIT Konvention über gestohlene oder rechtswidrig ausgeführte Kulturgüter wird demnach nicht betrachtet, vor allem auch, weil Deutschland der Konvention bislang nicht beigetreten ist.

Das KGSG ist ein Gesetz, welches sich auf verschiedene Akteure auswirkt. Neben dem Kunsthandel sind vor allem auch Kulturgut-Eigentümer betroffen[123]; für den Staat ist ein erhöhter Verwaltungsaufwand[124] zu erwarten. Die vorliegende Arbeit befasst sich ausschließlich mit den ökonomischen Implikationen des KGSG auf institutionelle Akteure des deutschen Kunstmarktes. Die institutionellen Akteure des deutschen Kunstmarktes lassen sich wiederum in drei Gruppen gliedern: Privatwirtschaftlich-kommerzielle (z.B. Auktionshäuser und Kunsthändler), privatrechtlich-gemeinnützige (z.B. Kunstvereine) und öffentlich-rechtliche (z.B. Kulturgut bewahrende Einrichtungen).[125] Da die unterschiedlichen Gruppen auch verschiedene Zielsetzungen verfolgen, werden ausschließlich die privatwirtschaftlich-kommerziellen Kulturbetriebe

---

123 Beispielhaft sei hierbei die Mitteilungspflicht gemäß § 19 Abs. 3 KGSG genannt, welche vorschreibt, dass die zuständigen obersten Landesbehörden bei einem Eigentümerwechsel von Kulturgut, welches in ein Verzeichnis national wertvollen Kulturgutes eingetragen ist, benachrichtigt werden müssen. Eine vergleichbare Mitteilungspflicht existierte vor Inkrafttreten des KGSG nicht.

124 Zum prognostizierten Verwaltungsaufwand siehe Nationaler Normenkontrollrat, Stellungnahme des Nationalen Normenkontrollrates, Online; zum tatsächlichen Verwaltungsaufwand innerhalb der ersten beiden Jahre nach Inkrafttreten des KGSG siehe Deutscher Bundestag, Bericht zum Umfang des Verwaltungsaufwandes von Bund und Ländern – Zwei Jahre Kulturgutschutzgesetz (BT-Drs. 19/7145), Online.

125 Schneidewind, Betriebswirtschaft für das Kulturmanagement, S. 13.

analysiert.[126] Des Weiteren wird eine Zielsetzung der Gewinnmaximierung unterstellt.[127]

VI. Gang der Darstellung

Die vorliegende Arbeit gliedert sich in neun Kapitel. Nach der Einleitung folgt im zweiten Kapitel die kulturökonomische Betrachtung des deutschen Kunstmarktes. Hervorzuheben ist an dieser Stelle, dass es nicht Ziel dieser Arbeit ist, das KGSG vollumfänglich ökonomisch zu betrachten und in bewährte Theorien, wie der Neoklassik, einzuordnen. Stattdessen sollen Besonderheiten und Anomalien des Kunstmarktes aufgezeigt werden und deren Relevanz im Kontext des KGSG beleuchtet werden. Auch *Pommerehne/Frey* stellen fest: „Die Kunstökonomik stellt vielmehr den Versuch dar, Probleme der Kunst aus einer ungewohnten Perspektive zu betrachten, um neue Einsichten zu gewinnen."[128] Neben der Beschreibung der Motive und Verhaltensmuster der Akteure des Primär- und Sekundärmarktes und der Besonderheiten des Kunstmarktes, liegt der Fokus des zweiten Kapitels auf der Darstellung der ökonomischen Funktion der Kunstintermediäre. Zudem erfolgt eine knappe Einführung in den Bereich der Behavioral Economics. Schließlich wird die Frage der Legitimation staatlicher Interventionen im Kultursektor analysiert, da dies insbesondere im Hinblick auf die Nachvollziehbarkeit und die Beurteilungsfähigkeit des Telos essenziell ist.

Das dritte Kapitel befasst sich mit den Grundlagen des Kulturgüterschutzes. Einer definitorischen Eingrenzung des Kulturgut-Begriffs folgt die historische Entwicklung des Kulturgüterschutzrechts. Zur Entwicklung eines ausreichenden Verständnisses des Telos ist es nämlich unabdingbar, auch die rechtlichen Grundlagen der Gesetzesnovellierung, insbesondere aus rechtshistorischer

---

126 Frey, Betriebswirtschaftliche Kunstbewertung, S. 5, betont, dass eine einzelwirtschaftliche Perspektive aufgrund der Heterogenität des Kunstmarktes die geeignetste Form der Analyse darstellt. Dies begründet er unter anderem mit den unterschiedlichen und teilweise sogar divergierenden Zielen der Marktteilnehmer. Auch die vorliegende Arbeit folgt einer einzelwirtschaftlichen Perspektive, bei der die Kunstintermediäre des Sekundärmarktes im Mittelpunkt stehen.

127 Schneidewind, Betriebswirtschaft für das Kulturmanagement, S. 18 erklärt zwar als oberstes Ziel jeglicher Kulturbetriebe die „Ermöglichung von Kunst und Kultur", jedoch ist diese idealistisch anmutende Annahme nicht zu berücksichtigen.

128 Pommerehne/Frey, Kunst: Was sagt der Ökonom dazu?, S. 140.

Perspektive, herauszuarbeiten. Auch allgemeine Gefahren für Kulturgüter werden im dritten Kapitel dargestellt und Instrumente des Kulturgüterschutzes beschrieben.

Im vierten Kapitel wird das Telos des KGSG erläutert, bevor der Anwendungsbereich des KGSG im fünften Kapitel dargestellt wird. Hierbei stehen die Klassifizierung von Kulturgut als *nationales Kulturgut*, sowie die Ausfuhr- bzw. Einfuhrbeschränkungen und die Pflichten beim Inverkehrbringen im Vordergrund. Die Literaturrecherche schließt im sechsten Kapitel mit der Zusammenfassung der tragenden Grundsätze von Kulturgutschutzgesetzen anderer europäischer Staaten ab.

Das siebte Kapitel beinhaltet die praktische, empirische Untersuchung. Zunächst werden die Umfrage-Ergebnisse vorgestellt; auf dieser Basis und anhand der Erkenntnisse aus der Literaturrecherche, wird das Erreichen des Telos überprüft. Daran anknüpfend werden im achten Kapitel Maßnahmen vorgeschlagen, die sich an der Zielsetzung der effizienten Erfüllung des Telos orientieren. Das neunte Kapitel enthält eine Zusammenfassung und Reflexion der Ergebnisse.

§ 2 Kulturökonomische Betrachtung des Kunstmarktes

Bevor in diesem Kapitel die kulturökonomische Betrachtung des deutschen Kunstmarktes im Vordergrund steht und die Charakteristika und Akteure des deutschen Kunstmarktes vorgestellt werden, erfolgt im Folgenden eine kurze Zusammenfassung der ökonomischen Grundlagen. Zudem wird die Verbindung zu staatlichen Interventionen im Kultursektor aufgezeigt und damit zum Kulturgüterschutz übergeleitet.

I. Ökonomische Grundlagen

1. Kunstmarkt als unvollkommener Markt

Ein Markt gilt als vollkommen, wenn die „Homogenitätsbedingung" erfüllt ist, also folgende Kriterien zutreffen: Gleichartigkeit der Güter, Nichtvorhandensein persönlicher Präferenzen in Bezug auf ein einzelnes am spezifischen Markt angebotenes Objekt, Nichtvorhandensein räumlicher Differenzierungen sowie Nichtvorhandensein zeitlicher Differenzierungen.[129] Dass die Homogenitätsbedingung auf dem Kunstmarkt keine Gültigkeit besitzt, ist offensichtlich. Die Gleichartigkeit der Güter ist aufgrund der Unikateigenschaft eines jeden Kunstwerkes nicht gegeben. Ebenso trifft auf dem Kunstmarkt zu, dass Nachfrager persönliche Präferenzen hinsichtlich der Künstler haben. Zudem bestehen räumliche Differenzierungen in Form von regionalen Clustern für verschiedene Kunstrichtungen und auch das Vorhandensein zeitlicher Präferenzen ist zu bejahen, welches sich z.B. darin belegen lässt, dass die großen Auktionen jeweils im Frühling und im Herbst stattfinden. Insgesamt kann schlussgefolgert werden, dass es sich beim Kunstmarkt um einen unvollkommenen Markt handelt und dies auch die Preisbildung beeinflusst: „Zusammenfassend lässt sich festhalten, dass zahlreiche Umstände wie Singularität der Güter, geringe Substituierbarkeit bei großer Variantenvielfalt, Marktintransparenz und daraus ableitbare zögerliche Anpassungsreaktionen bei den Nachfragern einen monopolistischen Preisspielraum beim Kunsthandel ermöglichen."[130]

---

129 Frangen, Ökonomische Analyse des Marktes für Malerei, S. 10 – 14.

130 Oberender/Zerth, Eine Einführung in die Mikroökonomie der Kunst, S. 69; auch Frangen, Ökonomische Analyse des Marktes für Malerei, S. 25 stellt fest: „Die Größe

Eine Schwierigkeit der kulturökonomischen Betrachtung des Kunstmarktes besteht darin, dass es sich bei Kultur und Ökonomik um scheinbar unvereinbare Konstrukte handelt.[131] So heben *Bendixen/Weikl* exemplarisch hervor: „Erklärungsversuche der hohen Auktionspreise für begehrte Kunstobjekte mit der klassischen Monopoltheorie gehen völlig in die Irre. Die gesamte ökonomische Markttheorie ist darauf aufgebaut, dass bestimmte Güter gleicher Gestalt und Qualität beliebig oft wiederholt hergestellt werden können, solange die Ressourcen ausreichen."[132] Das dies in Bezug auf Kunstwerke keine Gültigkeit hat, ist bereits im Urheberrecht begründet. Die Besonderheit der Kulturökonomie besteht auch darin, dass sich die Akteure am Kunstmarkt eher als Kulturförderer und nicht als kommerzielle Akteure verstehen: „Although in general the market is oriented towards money and profit, the arts cannot openly reveal this kind of orientation when they operate in the market. [...] Artists, dealers, or editors who exhibit a lack of concern for money may well enhance their market value."[133] Das Entwickeln eines Verständnisses für die Funktionsweise des Kunstmarktes ist dennoch für den weiteren Verlauf der vorliegenden Arbeit notwendig, denn nur mit ausreichend Hintergrundwissen ist eine Analyse des KGSG möglich. So merkt *Christopherson* an: „Identification of an apparent pattern in the art market can be dangerous if the variety of underlying processes and influences is not also identified and understood."[134]

2. Öffentliche Güter vs. private Güter

Trotz der öffentlich-rechtlichen Prägung des Begriffs des Kulturgutes ist allgemein anerkannt, dass Kulturgüter handelbare Wirtschaftsgüter sind. Schließlich sind die Ausfuhrbeschränkungen vor dem Hintergrund entstanden, dass Kulturgüter einer zunehmenden Kommerzialisierung und Handelbarkeit unterworfen sind.[135] Sachenrechtlich werden Kulturgüter behandelt wie alle anderen

---

des monopolistischen Bereichs hängt darüber hinaus vom Grad der Substituierbarkeit der Güter untereinander ab."

131 Bendixen/Weikl, Einführung in die Kultur- und Kunstökonomie, S. 20: „Im diskursiven Kontakt zwischen Kultur und Ökonomik wird die Schwäche der Theorieapparate der Ökonomik deutlich, die nicht angemessen das Phänomen Kultur in sich aufnehmen kann."

132 Bendixen/Weikl, Einführung in die Kultur- und Kunstökonomie, S. 57.

133 Abbing, Why Are Artists Poor?, S. 47 f.

134 Christopherson, Art market risk and complexity, S. 49.

135 Lenski, Öffentliches Kulturrecht, S. 36 f.

beweglichen Gegenstände.[136] So beschreibt *Lenski* prägnant: „Das Sachenrecht ist durchgängig kulturgüterblind.“[137]

Eine Basisannahme in der Wirtschaftswissenschaft lautet, dass Güter und Dienste marktfähig und auf einem vollkommenen Wettbewerbsmarkt handelbar sind. Produzenten und Konsumenten können auf diesem Markt nutzenmaximierend agieren; es besteht Konsumenten- und Produzentensouveränität.[138] Den Marktteilnehmern sind zudem alle relevanten Informationen zu Gütern bekannt.[139] Dabei versuchen die Produzenten die Bedürfnisse der Konsumenten zu stillen, und es zirkuliert ein Austausch von Gütern, Dienstleistungen und Kapital.[140]

Voraussetzungen für marktfähige Wirtschaftsgüter sind Rivalität und Ausschließbarkeit.

Unter Rivalität wird in diesem Kontext verstanden, dass nur ein Individuum ein Gut gleichzeitig nutzen kann und der Nutzen „vollständig internalisierbar“ ist. Der Wert des Gutes würde gemindert werden, wenn ein anderes Individuum ebenfalls das Gut „konsumiert“.[141] Ein Indiz für Nicht-Rivalität würde vorliegen, wenn die Grenzkosten des Gutes gegen Null tendieren, also für die Erzeugung eines weiteren Gutes keine zusätzlichen Kosten aufgewendet werden müssen.[142]

Das Ausschlussprinzip bedeutet, dass Dritte durch Eigentumsrechte ausgeschlossen werden können. Auch das Urheberrecht fungiert im Bereich der Kunst als Ausschlussprinzip, da es Ideen vor Dritten schützt.[143] Wenn beide Kriterien erfüllt sind, wenn also Rivalität und Ausschließbarkeit vorliegen, handelt es sich bei den Gütern um „marktfähige private Güter“.[144] Diese zeichnen sich auch dadurch aus, dass sie einen Nutzen für den Konsumenten stiften und eine Nachfrage erzeugen, welche sich im Preis widerspiegelt.[145] Diese Nachfrage ist der Ausgangspunkt für die Bereitstellung von Gütern seitens des Produzenten. Hingegen sind bei öffentlichen Gütern diese beiden Prinzipien nicht erfüllt,

---

136 Jaeger, Internationaler Kulturgüterschutz, S. 107; ebenso Lenski, Öffentliches Kulturrecht, S. 37.

137 Lenski, Öffentliches Kulturrecht, S. 37.

138 Ebker, Politische Ökonomie der Kulturförderung, S. 77.

139 Driesch, Kunst und ökonomische Theorie, S. 94.

140 Schneidewind, Betriebswirtschaft für das Kulturmanagement, S. 11 f.

141 Ebker, Politische Ökonomie der Kulturförderung, S. 79.

142 Conrad, Öffentliche Kulturförderung und Welthandelsrecht, S. 69.

143 Ebker, Politische Ökonomie der Kulturförderung, S. 79 – 81.

144 Ebker, Politische Ökonomie der Kulturförderung, S. 80.

145 Uibeleisen, Kulturschutz und Handelsliberalisierung, S. 68 f.

und folglich gelten sie nicht als marktfähig. Beispielhaft sei eine öffentlich-ausgestellte Skulptur angeführt, welche von der Allgemeinheit betrachtet (also konsumiert) werden kann und bei der das Ausschlussprinzip keine Gültigkeit besitzt. Als weiteres Beispiel (welches zwar eher theoretischer Natur ist) wird in der Kulturökonomik das kulturelle Erbe genannt.[146] Aus der mangelnden Marktfähigkeit öffentlicher Güter resultiert, dass kein privater Anbieter einen Anreiz hat, diese bereitzustellen. Folglich ist der Staat angehalten, diese „Unterversorgung" zu beheben und somit einen Wohlfahrtsgewinn zu erzeugen.[147] Im Kontext des KGSG bedeutet dies nicht, dass der Staat als „Versorger" auftritt und Kulturgüter „herstellt", sondern dass der Zugang der Allgemeinheit zu Kulturgut gewährleistet wird und dadurch die „Versorgung mit Kulturgut" gesichert wird. Eine Sonderstellung nehmen jene Güter ein, für die zwar das Ausschlussprinzip greift, nicht jedoch das Rivalitätsprinzip. Es handelt sich in diesem Fall um marktfähige öffentliche Güter.[148]

Inhaltlich sind öffentliche Güter angelehnt an die Theorie der externen Effekte. Der Nutzen (positiver externer Effekt) oder der Schaden (negativer externer Effekt) resultiert daraus, dass sich wirtschaftliche Aktivitäten zwar auf andere Akteure auswirken, jedoch nicht über einen Preismechanismus für den Konsum abgegolten werden können – das Preissystem ist nicht in der Lage die externen Effekte zu erfassen. Externe Effekte lassen sich auch kaum mittels einer Kosten- oder Preisanalyse kalkulieren, sodass eine Unterversorgung im Fall positiver externer Effekte und eine Überversorgung im Falle negativer externer Effekte entsteht.[149] Öffentliche Güter führen dazu, dass positive externe Effekte erzeugt werden, denn durch die Nicht-Rivalität und die Nicht-Ausschließbarkeit können auch Dritte vom Gut profitieren, ohne einen Preis dafür entrichten zu müssen.[150] Probleme wie der Trittbrettfahrereffekt[151] sind in diesem Fall

---

146 Grampp, Pricing the Priceless, S. 240.

147 Ebker, Politische Ökonomie der Kulturförderung, S. 80.

148 Ebker, Politische Ökonomie der Kulturförderung, S. 81.

149 Ein häufig gewähltes Beispiel für negative externe Effekte ist die Umweltverschmutzung durch einen Produzenten. Muss der Produzent für die verursachten Kosten nicht aufkommen, entsteht ein Anreiz weiterhin zu produzieren. Für den Konsumenten entstehen dadurch negative Effekte, welche auch als „soziale Kosten" bezeichnet werden; Conrad, Öffentliche Kulturförderung und Welthandelsrecht, S. 72.

150 Conrad, Öffentliche Kulturförderung und Welthandelsrecht, S. 72.

151 Als Trittbrettfahrer werden Nichtzahler bezeichnet, die öffentliche Güter in Anspruch nehmen, ohne dafür einen Preis entrichten zu müssen; Schumann/Meyer/Ströbele, Grundzüge der mikroökonomischen Theorie, S. 39.

immanent.[152] Externe Effekte führen zu Marktversagen und Effizienzverlusten, weil der Marktmechanismus keine Optimal-Lösung generieren kann: „Externalitäten führen insgesamt zu einer suboptimalen Ressourcenallokation.“[153] Externalitäten sind daher eine Legitimationsgrundlage für staatliche Eingriffe.[154]

Auch wenn es sich um theoretische Modelle handelt, muss immer wieder der Kontext hergestellt werden, in dem Güter untersucht werden. Für Kulturgüter, die in einer Kulturgut bewahrenden Einrichtung öffentlich ausgestellt werden, besteht keine Rivalität, denn jeder Besucher ist gleichermaßen in der Lage, diese zu betrachten. Eigentumsrechte bleiben unberührt, obwohl die Betrachter einen Nutzen aus dem Kunstkonsum ziehen.[155] Der Zugang wird durch Eintrittspreise begrenzt, sodass eine Ausschließbarkeit theoretisch vorliegt.[156] In diesem Kontext würde es sich bei den Kulturgütern folglich um marktfähige öffentliche Güter handeln. Zweifellos gibt es jedoch auch „Kapazitätsgrenzen“, denn die Grenzkosten eines zusätzlichen Nutzers (eines Museumsbesuchers) werden ab einer bestimmten Besucherzahl nicht mehr gleich null sein.[157] Es zeigt sich, dass Kulturgüter je nach Kontext unterschiedliche Gütereigenschaften in sich vereinen können. Kulturgüter klassifiziert *Ebker* demnach als Mischgüter, „[...] die zwischen den Extremen der rein öffentlichen Güter und rein privaten Güter anzusiedeln sind, die die “mixed wants”, aus privaten und öffentlichen Bedürfnissen bestehend, befriedigen.“[158]

Kulturgüter, die im Fokus der vorliegenden Arbeit stehen, sind marktfähig, denn es besteht eine Knappheit und eine damit verbundene Rivalität; ebenfalls liegt eine Ausschließbarkeit vor. Sie stiften einen Nutzen und es müssen knappe

152 Gottschalk, Kulturökonomik, S. 17.

153 Ebker, Politische Ökonomie der Kulturförderung, S. 82.

154 Ebker, Politische Ökonomie der Kulturförderung, S. 78.

155 Landwehr, Kunst und ökonomische Theorie, S. 18.

156 Driesch, Kunst und ökonomische Theorie, S. 96 f.; ebenfalls Ebker, Politische Ökonomie der Kulturförderung, S. 81.

157 Ebker, Politische Ökonomie der Kulturförderung, S. 81.

158 Ebker, Politische Ökonomie der Kulturförderung, S. 81; ebenso Landwehr, Kunst und ökonomische Theorie, S. 19: „Zusammenfassend wird festgehalten, daß es sich bei einem Kunstwerk um ein ökonomisches Gut handelt, dass gleichzeitig Eigenschaften eines Individualgutes und eines öffentlichen Gutes aufweist. Werke bildender Kunst sind demnach als gemischte Güter zu charakterisieren.“; auch von Schorlemer, Internationaler Kulturgüterschutz, S. 397 hebt hervor, dass Kulturgüter einerseits „Wirtschaftsgüter“ sind, aber ihnen „[...] andererseits durch ihre Unersetzlichkeit eine Wertschätzung zukommt, die sie von anderen „Waren“ abhebt.“

Ressourcen (z.B. Arbeitszeit der Künstler) eingesetzt werden, um sie herzustellen. Kulturgüter werden zudem auf einem Wettbewerbsmarkt gehandelt, bei dem Preise durch Angebot und Nachfrage entstehen.[159] Folglich handelt es sich bei Kulturgütern im Sinne des KGSG um rein private Güter. Eine Besonderheit bei Kulturgütern ist dennoch der ihnen innewohnende Wert, der über den materiellen Wert hinausgeht und nicht über den Markt quantifiziert werden kann. Ein Beispiel für den nicht-ausschließbaren Nutzen besteht in dem „[...] allgemeinen Nutzen des künstlerischen Informationsgehalts für die Gesellschaft insgesamt."[160] Dies ist auch als Legitimationsgrundlage für kulturgüterschützende Regelungen zu werten. Vor allem bei Kulturgütern, die in ein Verzeichnis national wertvollen Kulturgutes eingetragen wurden und per Definition des KGSG identitätsstiftend sein müssen, ist nämlich anzunehmen, dass der künstlerische Informationsgehalt für die Gesellschaft hoch ist. Insbesondere das Telos der Schaffung eines Zugangs der Allgemeinheit zu Kulturgütern, des Substanzschutzes und der Bewahrung der national wertvollen Kulturgüter für Deutschland erklärt sich durch diese besonderen Eigenschaften von Kulturgütern. Dies zu berücksichtigen ist nicht nur aus ökonomischer Perspektive unabdingbar, sondern auch für die Nachvollziehbarkeit rechtspolitischer Überlegungen.

3. Neue Institutionenökonomik

Bevor die ökonomische Funktion der Kunstintermediäre betrachtet wird, erfolgt eine kurze Einführung in den Bereich der *Neuen Institutionenökonomik*. Schließlich stellt sich die Frage, warum Unternehmen existieren und was sie ökonomisch legitimiert. Die Begründung liegt vor allem in der Existenz von Transaktionskosten, die mit dem Gebrauch des Preismechanismus einhergehen.[161] Die *Neue Institutionenökonomik* greift die Schwächen der Neoklassischen Theorie auf, indem u.a. angenommen wird, dass Informationen unvollständig sind und dass Transaktionskosten existieren. Auch das neoklassische Menschenbild des *Homo Oeconomicus*[162] wird angezweifelt und eine „eingeschränkte Rationalität"

159 Die Auffassung, dass es sich beim Kunstmarkt um einen Wettbewerbsmarkt handelt, bei dem die Preisbildung durch Angebot und Nachfrage bestimmt wird, vertreten auch Pommerehne/Frey, Musen und Märkte, S. 102 f.; ebenfalls Driesch, Kunst und ökonomische Theorie, S. 68.

160 Gottschalk, Kulturökonomik, S. 23.

161 Schiefer, Funktionen von Kunstintermediären, S. 93.

162 „Homo Oeconomicus" beschreibt ein wirtschaftswissenschaftliches Modell, welches das Verhalten von Marktakteuren beschreiben soll. Die Grundannahme des Modells besteht darin, dass Menschen in jeder Situation rational und nach wirtschaftlichen

unterstellt.[163] Zusätzlich wird berücksichtigt, dass sich Marktakteure opportunistisch verhalten – sie verfolgen also ihre individuellen Ziele auch arglistig.[164]

Teil der *Neuen Institutionenökonomik* ist die Betrachtung von *Property Rights*, also von Verfügungsrechten.[165] *Property Rights* stellen dar, welche Nutzungsmöglichkeiten mit bestimmten Ressourcen verbunden sind, und lassen damit auch Rückschlüsse auf Verhaltensanreize für wirtschaftliche Akteure zu.[166] Im Sinne der Theorie der *Property Rights* definiert sich der Wert einer Ressource unter anderem aus den Handlungsrechten, mit denen ein Gut originär ausgestattet ist.[167] Es existieren vier verschiedene Handlungsrechte: Die Nutzung (usus), die Einbehaltung von Erträgen (usus fructus), die Veränderung von Form und Substanz (abusus) und die Übertragung dieser Rechte (abutendi).[168] Vor dem Hintergrund, dass Transaktionskosten Effizienzverluste implizieren, ist es offensichtlich, dass aus normativer Perspektive die Betrachtung von *Property Rights* zwangsläufig mit der Frage einhergeht, wie sie verteilt werden können, um eine Erhöhung der Wohlfahrt zu erreichen.[169] Sofern eine klare ex-ante Zuordnung der *Property Rights* vorliegt, können laut *Coase* externe Effekte internalisiert[170] werden, da eine Umverteilung der *Property Rights* möglich ist.[171] Wichtiger als die Frage, wie *Property Rights* zugeteilt wurden, ist daher die Frage, ob *Property*

Kriterien handeln und dabei versuchen, den eigenen Nutzen und Gewinn zu maximieren. Es wird also die Annahme eines rational egoistischen Menschen getroffen (REM-Hypothese). Zudem wird unterstellt, dass den Menschen stets bekannt ist, was für sie nützlich ist und was nicht; Schäfer/Ott, Lehrbuch der ökonomischen Analyse des Zivilrechts, S. 95 – 103; siehe dazu auch Kapitel § 2 V 1.

163 Ebker, Politische Ökonomie der Kulturförderung, S. 25.

164 Söllner, Einführung in das Internationale Management, S. 43.

165 „Verfügungsrechte sind gesellschaftlich anerkannte Rechte über materielle und immaterielle Dinge."; Söllner, Einführung in das Internationale Management, S. 55.

166 Söllner, Einführung in das Internationale Management, S. 55.

167 Schäfer/Ott, Lehrbuch der ökonomischen Analyse des Zivilrechts, S. 70.

168 Schäfer/Ott, Lehrbuch der ökonomischen Analyse des Zivilrechts, S. 589.

169 Söllner, Einführung in das Internationale Management, S. 55.

170 „Internalisierung externer Effekte bedeutet, dass die dem Preismechanismus entzogenen externen Effekte wieder in den marktlichen Preismechanismus einbezogen werden. Dadurch werden entsprechende Kompensationszahlungen für den (positiven oder negativen) Effekt auf Dritte möglich."; Söllner, Einführung in das Internationale Management, S. 56.

171 So schreibt auch Demsetz, Toward a Theory of Property Rights, S. 348: „A primary function of property rights is that of guiding incentives to achieve a greater internalization of externalities."

Rights klar zugeordnet wurden und somit die Möglichkeit besteht, dass sich wirtschaftliche Akteure durch freiwilliges Handeln besserstellen können. Dadurch lassen sich laut *Coase* die wohlfahrtsmindernden Auswirkungen externer Effekte eliminieren.[172] Allerdings ist auch in diesem Kontext der Verweis auf Transaktionskosten angebracht, die einen Handel mit Property Rights behindern können.

Dass die Regelungen des KGSG die *Property Rights* an einem Kulturgut beeinflussen, ist offensichtlich. Durch die Ausfuhrbeschränkungen des KGSG wird vor allem die Übertragung von Rechten (*abutendi*) deutlich limitiert und damit die freie Verfügungshoheit des Eigentums eingeschränkt.

Neben den *Property Rights* sind auch die Opportunitätskosten[173] ein zentraler Bestandteil der *Neuen Institutionenökonomik*. Die Gültigkeit des Prinzips der Opportunitätskosten ist auch im Kontext des Sekundärmarktes für Kunst nicht anzuzweifeln.[174] Schließlich entstehen Opportunitätskosten beispielsweise, wenn ein Sammler das gesamte Budget aufbraucht, um ein Kunstwerk zu erwerben, und daher ein anderes Kunstwerk nicht mehr finanziert werden kann. Es sei explizit erwähnt, dass das Prinzip der Opportunitätskosten nicht nur monetär gemessen wird, sondern dass auch der Nutzen als Determinante gewählt werden kann.

II. Was ist Kunst?

Analog zur Schwierigkeit der Definition von Kultur, ist auch der Kunstbegriff nicht eindeutig objektivierbar: „Das für das Recht zentrale Anliegen, die Vielgestaltigkeit der Welt mit möglichst klar definierten Begriffen einzufangen, tut sich mit der Kunst naturgemäß schwer, entzieht sie sich doch regelmäßig unseren Definitionsversuchen."[175] Eine definitorische Eingrenzung des Kunstbegriffs ist dennoch unabdingbar. Dies ist unter anderem darin begründet, dass die vorliegende Arbeit sich zwar grundsätzlich mit dem KGSG befasst, der inhaltliche Schwerpunkt aber auf dem Bereich der Kunst liegt.

---

172 Söllner, Einführung in das Internationale Management, S. 56.

173 Gottschalk, Kulturökonomik, S. 6: „Opportunitätskosten in Ansatz zu bringen heißt, den Nutzen der nächstbesten, aber nicht realisierten Möglichkeit als Kosten der gewählten Alternative zu veranschlagen."

174 Oberender/Zerth, Eine Einführung in die Mikroökonomie der Kunst, S. 68.

175 Osterloh-Konrad, Zwischen Kultur und Kommerz, S. 189.

1. Kunst im verfassungsrechtlichen Kontext

Wird Kunst im verfassungsrechtlichen Zusammenhang beleuchtet, ist Art. 5 Abs. 3 GG relevant: „Kunst und Wissenschaft, Forschung und Lehre sind frei.“ Der Staat muss sich also der Kunst gegenüber neutral verhalten: „Seiner primären Funktion nach handelt es sich bei dieser grundgesetzlichen Freiheitsverbürgung um ein Abwehrrecht eines jeden künstlerisch tätigen Menschen gegenüber staatlicher Intervention.“[176] Insgesamt wird dem Recht damit eine delikate Rolle zuteil: „Einerseits soll es Kunst nicht selbst definieren, sondern an sie als ein von ihm vorgefundenes außerrechtliches System anknüpfen; andererseits kann es zwar mit einem offenen, nicht aber mit einem gänzlich unbestimmten Kunstbegriff operieren, um überhaupt noch Recht sein zu können.“[177]

Dass der Begriff der Kunstfreiheit weit ausgelegt wird, ist nicht verwunderlich, denn nur dadurch kann wirkliche Freiheit der Kunst gewährleistet und unter den grundrechtlichen Schutzbereich gestellt werden. Die Schwierigkeit, die in Art. 5 Abs. 3 GG geregelte Kunstfreiheit definitorisch zu erfassen, zeigt sich auch daran, wie allgemeingültig das BVerfG den Begriff in der sogenannten Mephisto-Entscheidung interpretiert: „Der Lebensbereich „Kunst" ist durch die vom Wesen der Kunst geprägten, ihr allein eigenen Strukturmerkmale zu bestimmen. Von ihnen hat die Auslegung des Kunstbegriffs der Verfassung auszugehen. Das Wesentliche der künstlerischen Betätigung ist die freie schöpferische Gestaltung, in der Eindrücke, Erfahrungen, Erlebnisse des Künstlers durch das Medium einer bestimmten Formensprache zu unmittelbarer Anschauung gebracht werden. Alle künstlerische Tätigkeit ist ein Ineinander von bewußten und unbewußten Vorgängen, die rational nicht aufzulösen sind. Beim künstlerischen Schaffen wirken Intuition, Phantasie und Kunstverstand zusammen; es ist primär nicht Mitteilung, sondern Ausdruck und zwar unmittelbarster Ausdruck der individuellen Persönlichkeit des Künstlers.“[178]

Während die grundgesetzliche Kunstfreiheit vor allem Rechte natürlicher Personen umfasst, beinhaltet der Schutzgegenstand des Kulturgüterschutzes

---

176 Dreier, Fotographie im rechtlichen Diskurs, S. 48; zur Reichweite der Kunstfreiheit führt Germelmann, Kultur und staatliches Handeln, S. 166 an: „Dementsprechend ist es dem Staat durch die Kunstfreiheit auch prinzipiell untersagt, zwischen schutzwürdiger und nicht schutzwürdiger Kunst zu differenzieren, um so im Sinne eines staatlichen Kunstrichtertums den Schutzstandard zu bestimmen.“

177 Osterloh-Konrad, Zwischen Kultur und Kommerz, S. 194.

178 BVerfG, Urt. v. 24.02.1971 – 1 BvR 435/68, NJW 1971, 1645, 1645.

Kunstwerke und andere Kulturgüter.[179] Allerdings ist auch § 7 Abs. 1 KGSG erwähnenswert, der besagt, dass Werke lebender Urheber nur mit deren Zustimmung in ein Verzeichnis national wertvollen Kulturgutes eingetragen werden dürfen, unabhängig davon, wer Eigentümer dieser Werke ist.

2. Konstitutive Merkmale von Kunstwerken

Im ökonomischen Kontext lassen sich bei Kunstwerken Besonderheiten identifizieren. *Kurz* hebt drei konstitutive Merkmale von Kunstwerken hervor: Einzigartigkeit, Unteilbarkeit und Dauerhaftigkeit.[180]

(1) Die *Einzigartigkeit* der Kunstwerke, die im Fokus dieser Arbeit liegen, ergibt sich daraus, dass diese als Unikate anzusehen sind. Dies grenzt Kunstwerke noch mehr als die beiden anderen konstitutiven Merkmale von anderen Güterkategorien ab. Es ist auch gerade diese Unikat-Eigenschaft, die zu Diebstählen und illegalem Handel mit Kulturgütern führt.[181] Dies unterstreicht die Notwendigkeit eines effektiven Kulturgüterschutzes. Auf dem Primärmarkt für Kunst besteht trotz der Einzigartigkeit jedes Kunstwerkes grundsätzlich eine Substituierbarkeit, da dem potenziellen Käufer Alternativen in Form von vergleichbaren Kunstwerken zur Verfügung stehen. Auf dem Sekundärmarkt für Kunst ist diese Substituierbarkeit eingeschränkt; Auktionshäuser und Kunsthändler haben ein Angebotsmonopol. Zwar wird auch argumentiert, dass ein Angebotsmonopol auf dem Sekundärmarkt nicht vorliegt: „Ein möglicher Käufer wird seinen Wunsch nach einem bestimmten Bild mit einem hohen Preis gegen seine Präferenzen für ein ähnliches, jedoch preiswerteres Gemälde abwägen."[182] In der Tat besteht auch auf dem Sekundärmarkt eine gewisse Substituierbarkeit, weil Nachfrager bestimmte Künstler präferieren und folglich flexibel bei der Auswahl der Werke sind, solange es vom favorisierten Künstler stammt.[183] Die fehlende Substituierbarkeit und das damit einhergehende Angebotsmonopol der Kunstintermediäre liegt aber weniger an den objektivierbaren Eigenschaften der am Sekundärmarkt

179 Franke, Die Nationalität von Kunstwerken, S. 5 f.

180 Kurz, Der Kunsthändler als Intermediär, S. 46.

181 Jaeger, Internationaler Kulturgüterschutz, S. 6.

182 Pommerehne/Frey, Musen und Märkte, S. 137 f.

183 Velthuis, Art dealers, S. 35; ähnlich auch Klein, Der Kunstmarkt, S. 187: „Damit ist Substitution nur in sehr engem Rahmen möglich, nämlich nur zwischen Objekten derselben Güte, bei Museen, i.a. von Schlüsselwerken, desselben Künstlers."

angebotenen Kunstwerke, sondern vielmehr daran, dass die am Sekundärmarkt tätigen Sammler in der Regel sehr informiert sind und sich häufig das Interesse auf spezifische Kunstwerke konzentriert.[184] Es entsteht nämlich ein Mitläuferverhalten, bei der das individuelle Interesse vom allgemeinen Bekanntheitsgrad eines Künstlers abhängt.[185] Sobald ausgeprägte Präferenzen existieren, ist daher die Substituierbarkeit limitiert. Die Einzigartigkeit eines Kunstwerkes impliziert auch, dass sich mikroökonomische Markttheorien nur sehr begrenzt auf den Kunstmarkt anwenden lassen.[186] Eine der Basisannahmen lautet nämlich, dass die zu analysierenden Güter in gleichbleibender Qualität wiederholt hergestellt werden können – dass also eine Mengenvariation möglich ist.[187] Gemäß der Theorie existiert ein Produktionskreislauf und Waren werden produziert und anschließend konsumiert, bis sie erneut produziert werden. Dieser Produktionskreislauf gilt gleichfalls für langlebige Güter, auch wenn er in diesem Fall verzögert ist.[188] Zweifellos ist dieser theoretische Rahmen auf Kunstwerke nicht anwendbar. Daher werden Kunstwerke auch als *Positionsgüter* bezeichnet, bei denen das Angebot nicht entsprechend der Nachfrage angepasst werden kann. Der Wettbewerb um *Positionsgüter* resultiert in einem „zero-sum game", denn die Einzigartigkeit der *Positionsgüter* bedingt, dass der Kauf eines solchen Gutes nur zu Lasten jener Marktteilnehmer vollzogen werden kann, die ebenfalls das jeweilige *Positionsgut* nachfragen: „This competition for art works leads to escalating prices, despite the fact that the goods themselves may have negligable intrinsic value."[189]

(2) Kunstwerke sind *unteilbar*, obwohl sie durchaus aus mehreren Teilen bestehen können. Es besteht zwar die Möglichkeit, dass ein Käuferkonsortium ein Werk gemeinsam erwirbt, aber in der Regel ist es sehr unüblich, dass ein Käufer nur einen Teil eines Kunstwerkes erwirbt.[190] Aus

---

184 Knebel, Navigation im Datendschungel, S. 14 – 17; Knebel, Anomalies in Fine Art Markets, S. 10 konstatiert: „In the case of a collector with strong personal preferences, the degree of substitutability among selected artworks is lower than in the case of a dealer trading in a certain genre of art."

185 Schiefer, Funktionen von Kunstintermediären, S. 141.

186 Landwehr, Kunst und ökonomische Theorie, S. 194 – 199.

187 Driesch, Kunst und ökonomische Theorie, S. 75 f.

188 Uhl, Der Handel mit Kunstwerken im europäischen Binnenmarkt, S. 38 f.

189 McAndrew, An Introduction to Art and Finance, S. 17 f.; siehe auch Adam, Big Bucks, S. 168 f.

190 Velthuis, Art markets, S. 35 f.

mikroökonomischer Perspektive sind Kunstwerke daher Güter, die nur in ganzzahligen Mengen verfügbar sind.[191]

(3) Die *Dauerhaftigkeit* von Kunstwerken betreffend, formuliert *Uibeleisen*: „Während der Zweck des Konsums gewöhnlicher Produkte in der Regel in der Nutzung der materiellen Form des Produkts liegt und sich darin erschöpft, ist die materielle Form bei kulturellen Gütern nur der Träger des eigentlichen Konsumzwecks, der in der Nutzung des geistigen Inhalts besteht und den Wert des Produkts ausmacht."[192] Kulturgüter verlieren also nicht an Wert, wenn sie „konsumiert" werden. Grundsätzlich kann bei Kulturgütern, die auf dem Sekundärmarkt gehandelt werden, sogar davon ausgegangen werden, dass ihr Wert in Abhängigkeit von bestimmten Trends eher steigt.[193] Die Aussicht auf Wertsteigerungen bildet auch die Grundlage dafür, dass Kulturgüter als Investitionsobjekte angesehen werden können, obwohl sie keine regelmäßigen Einkünfte, wie beispielsweise Dividenden, erzielen.[194]

III. Der deutsche Kunstmarkt

Obwohl eine einheitliche Definition des Kunstmarktes nicht existiert, besteht Konsens darüber, dass der Kunstmarkt als Einheit verschiedener Teilmärkte angesehen werden kann.[195] Die Komplexität im Gegensatz zu anderen Märkten ist durch eine immens hohe Produktvielfalt begründet, welche über Jahrhunderte gewachsen und aus multiplen Kulturkreisen hervorgegangen ist.[196]

Dass die Interessen der Akteure des Kunstmarktes und die Interessen des Gesetzgebers teilweise deutlich divergieren, ist nicht verwunderlich. Der Künst-

---

191 Zur ökonomischen Bedeutung des Charakteristikums der Unteilbarkeit siehe auch Varian, Grundzüge der Mikroökonomik, S. 118 - 121.

192 Uibeleisen, Kulturschutz und Handelsliberalisierung, S. 75.

193 McAndrew, An Introduction to Art and Finance, S. 9: „[...] their value tends to appreciate rather than depreciate over time."

194 Landwehr, Kunst und ökonomische Theorie, S. 20 f.; ebenfalls Driesch, Kunst und ökonomische Theorie, S. 108.

195 Anton, „Kunstvertrieb" - Absatzmittlung von Kunstwerken in Recht und Praxis, S. 333; auch McAndrew, An Introduction to Art and Finance, S. 8 hebt hervor: „The "art market" is in fact the name given to the aggregation of many independently moving and unique submarkets that are defined by artists and genres and often behave in significantly different ways."

196 Van Delden, Kunstberater und ihr Wirkungsspektrum auf dem Kunstmarkt, S. 214.

ler ist an einer freien Vermarktung der Kunstwerke interessiert, Sammler und Kunstintermediäre plädieren für einen umfassenden Eigentumsschutz und Rechtssicherheit ebenso wie für einen Kunsthandel mit freien Veräußerungsmöglichkeiten. Dem gegenüber steht das Interesse des Gesetzgebers an einer Bewahrung des nationalen Kulturbesitzes und des Substanzschutzes, ebenso wie das Ziel, der Allgemeinheit einen Zugang zu Kulturgütern zu ermöglichen.[197]

Bei der Betrachtung der ökonomischen Implikationen des KGSG ist es unabdingbar, zunächst den Kunstmarkt und dessen Wirkungsweisen zu beleuchten. Zudem werden im Folgenden die Akteure des Kunstmarktes dargestellt, um die Interdependenzen zu verdeutlichen.

1. Ökonomische Besonderheiten des Kunstmarktes

Insgesamt bestand die deutsche Kultur- und Kreativwirtschaft im Jahr 2016 aus ca. 253.200 Unternehmen und generierte einen Gesamtumsatz von 154,4 Milliarden Euro. Obwohl der Kunstmarkt mit nur 12.634 Unternehmen und einem Umsatz von ca. 2,2 Milliarden Euro einen der kleinsten Teilmärkte der Kultur- und Kreativwirtschaft darstellt, ist der Kunstmarkt von hoher kultureller Bedeutung.[198] Gleichzeitig ist der Kunstmarkt von Intransparenz[199] und mangelnder Dokumentation geprägt, welche die Identifizierung von Originalität, Provenienzen und Kaufpreisen erschwert.[200] Trotzdem ist in den vergangenen Jahren die

197 Ausführlich zu den Interessensgegensätzen von Schorlemer, Internationaler Kulturgüterschutz, S. 397 – 402; auch Pabst, Kulturgüterschutz in nicht-internationalen bewaffneten Konflikten, S. 76: „Der Forderung nach einem möglichst freien Verkehr mit Kulturgütern steht andererseits das nationale Interesse gegenüber, die Ausfuhr der für die Identität eines Volkes bedeutsamen Kulturgüter durch entsprechende Verbote zu verhindern [...].“

198 Bundesministerium für Wirtschaft und Energie, Monitoringbericht Kultur- und Kreativwirtschaft 2017, Online.

199 Die Intransparenz des Kunstmarktes hebt auch Velthuis, Art dealers, S. 36 hervor: „Information regarding the quality of the art supplied or the willingness to pay on the side of buyers is incomplete, difficult and often expensive to gather. Prices for which art dealers sell works of art are frequently unknown.“; zudem konstatiert Frangen, Ökonomische Analyse des Marktes für Malerei, S. 13: „Ein wichtiges Charakteristikum des Kunstmarkts liegt darin, daß selbst Insider keine vollständige Marktpräferenz haben. Dieses Phänomen kann als Motor des Kunstmarktgeschehens angesehen werden.“; Unfricht, Kunst und Markt, S. 35 schreibt plakativ: „Der Kunstmarkt ist einer der undurchsichtigsten Märkte überhaupt.“

200 Van Delden, Kunstberater und ihr Wirkungsspektrum auf dem Kunstmarkt, S. 215.

Transparenz hinsichtlich der Preise auf dem Kunstmarkt aufgrund des Internets gestiegen. Beispielsweise lassen sich auf Websites wie artnet.com oder artprice.com Auktionsergebnisse nachverfolgen. Ein Teil des Kunstmarktes hat sich sogar ins Internet verlagert; im Jahr 2015 betrug das weltweite Gesamtvolumen der im Internet gehandelten Kunst 4,7 Milliarden US Dollar. Dies entspricht 7% des globalen Gesamtmarktes.[201]

Der Kunstmarkt ist ein Markt, den Ökonomen als „Winner-takes-all-Markt“[202] bezeichnen, bei dem ein starkes Preisgefälle trotz teilweise nur geringer Leistungsdiskrepanz existiert. Dies ist insbesondere auf das „Superstar Phänomen“ zurückzuführen, welches sich dadurch ergibt, dass Kunstwerke von etablierten Künstlern als risikoärmere Investitionen gelten.[203] In der Tat ist der Unterschied zwischen dem wachstumsstarken Hochpreissegment und dem statischen Niedrigpreissegment hoch. Währenddessen erodiert das mittlere Preissegment und die in diesem Marktsegment agierenden Galerien stehen einerseits vor der Herausforderung, dass die Käuferschicht zurückhaltender geworden ist, und andererseits gleichzeitig der Kostendruck steigt, beispielsweise durch die obligatorische Teilnahme an internationalen Messen.[204]

Eine ökonomische Besonderheit, welche auf der Nachfrageseite zu beobachten ist, liegt in der speziellen Charakteristik des Grenznutzens[205] im Kontext des Kunstmarktes. Während für den Großteil der Güter und Dienstleistungen in der Ökonomie das Gesetz des abnehmenden Grenznutzens (erstes Gossensches Gesetz[206]) gilt, scheint diese Annahme auf dem Kunstmarkt genau entgegengesetzt zu wirken.[207] In den Wirtschaftswissenschaften besagt das Phänomen der

---

201 TEFAF Art Market Report 2016, S. 15.

202 Zum Kunstmarkt als Winner-Takes-All-Markt, siehe Abbing, Why Are Artists Poor?, S. 107 - 110.

203 McAndrew, An Introduction to Art and Finance, S. 21.

204 Dossi, Hype!, S. 45.

205 „Grenznutzen“ beschreibt den Nutzen einer zusätzlichen Gütereinheit; Schäfer/Ott, Lehrbuch der ökonomischen Analyse des Zivilrechts S. 46.

206 Das erste Gossensche Gesetz besagt, dass der Nutzen, den ein Verbraucher aus dem Konsum eines Gutes gewinnt, mit dem Konsum jeder zusätzlichen Einheit des Gutes sinkt; Schumann/Meyer/Ströbele, Grundzüge der mikroökonomischen Theorie, S. 5.

207 An dieser Stelle sei aber ausdrücklich erwähnt, dass der in diesem Zusammenhang genannte Grenznutzen für den Nutzen gilt, der aus dem Erwerb von weiteren Kulturgütern generiert wird. In der strengen Auslegung des Grenzkostenbegriffs wird nämlich der Nutzen einer zusätzlichen, identischen Gütereinheit verstanden. Bei Kulturgütern mit ihrer Eigenschaft als Unikat ist per definitionem das Modell des

„rational addiction“, dass sich mit zunehmender Auseinandersetzung und Verständnisentwicklung für bestimmte Güter der individuell empfundene Nutzen erhöhen kann.[208] *Stigler/Becker* haben im Kontext des Konsums von Musik herausgefunden, dass der Nutzen, der aus dem Musik-Konsum gewonnen werden kann, positiv mit früherem Musik-Konsum korreliert: „On this interpretation, the (relative) consumption of music appreciation rises with exposure not because tastes shift in favor of music, but because its shadow price falls as skill and experience in the appreciation of music are acquired with exposure.“[209] Der zukünftige Konsum könne also positiv mit dem gegenwärtigen Konsum korrelieren.[210] Diese Erkenntnisse ließen sich auch auf den Kunst-Konsum übertragen.[211] Dies wäre z.B. zutreffend, wenn ein Kunstsammler mit der Weiterentwicklung seiner Sammlung einen hohen Nutzenzuwachs verbindet, da dieser z.B. fortlaufend mehr über die Entstehungsgeschichte der Werke seines favorisierten Künstlers erfährt und die Motive besser nachvollziehen kann. Es ist demnach offensichtlich, dass sich der Wert eines erworbenen Kunstwerkes in der Perspektive dieses Sammlers durch die Integration in das bestehende Portfolio erhöht.[212] *Beckmann* bezeichnet dies als „Komplementaritätseffekt“, der vorliegt, wenn die vollständige Sammlung höher bewertet wird, als die Summe der einzelnen Sammlungsstücke.[213] Diese Erkenntnisse sind relevant, weil Sammlungen ebenfalls vom KGSG betroffen sind.

Des Weiteren ist der Kunstmarkt von geringer Liquidität geprägt; Kunstwerke gelten als Güter, die nicht schnell liquidiert werden können.[214] Eigentümer von sehr hochpreisigen Kunstwerken, die für die großen Herbst- und Frühlingsauktionen in Frage kommen, müssen mitunter mehrere Monate auf

---

mit einer identischen Gütereinheit verbundenen Grenznutzens ad absurdum geführt; Driesch, Kunst und ökonomische Theorie, S. 81.

208 Kurz, Der Kunsthändler als Intermediär, S. 46 f.; auch Towse, Cultural Economics, S. 152.

209 Stigler/Becker, De Gustibus Non Est Disputandum, S. 79.

210 Quadt, Moden und Märkte, S. 54.

211 Auch Stigler/Becker, De Gustibus Non Est Disputandum, S. 80 betonen: „These results for music also apply to other commodities that are beneficially addictive.“

212 Gottschalk, Kulturökonomik, S. 121; ebenfalls Pownall, Art price risk, S. 173 f.; Bonus/Ronte, Transaktionen, Konventionen, Kunst, S. 218 sprechen von einer „ensemblespezifischen Quasirente“.

213 Beckmann, Ökonomische Analyse deutscher Auktionen, S. 279 f.

214 McAndrew, An Introduction to Art and Finance, S. 18.

einen möglichen Verkauf warten.[215] Auf Seiten der klassischen Kunsthändler ist zudem zu beachten, dass die Liquidität aufgrund von Beschaffungsaufwendungen chronisch gering ist: „Um ein attraktives Absatzprogramm präsentieren zu können, werden ständig Zukäufe getätigt, die hohe Kapitalansammlungen erst gar nicht zulassen."[216]

2. Nicht-kommerzielle Akteure des Kunstmarktes

Da auch die nicht-kommerziellen Akteure einen erheblichen Einfluss auf den Kunstmarkt haben, werden diese im Folgenden präsentiert. Dies betrifft *Kunstmessen*, *Kunstberater* sowie *Kunstsachverständige*. Im weiteren Verlauf werden diese nicht-kommerziellen Akteure jedoch weitestgehend ausgeblendet, denn der Schwerpunkt dieser Arbeit liegt auf den kommerziellen Akteuren des Kunstmarktes, namentlich den Kunstintermediären.

Kunstmessen bieten den Sammlern, Galerien und Kunsthändlern eine Plattform des Austausches. Vor allem während der letzten beiden Jahrzehnte hat sich die Anzahl von *Kunstmessen* deutlich erhöht, und heutzutage ist der Stellenwert von Kunstmessen für Galerien und Kunsthändler höher als je zuvor. Insbesondere für Galerien sind *Kunstmessen* ein elementarer Bestandteil ihres Wirtschaftens. Nur noch ein geringer Prozentsatz des Umsatzes wird in den Verkaufsräumen der Galerie generiert; schätzungsweise 70% – 90% des Umsatzes entfallen auf *Kunstmessen*.[217] Diese stellen für die teilnehmenden Aussteller aber auch eine sehr hohe finanzielle Belastung dar, die laut TEFAF Art Market Report 21% der Gesamtkosten einer Galerie darstellt.[218] Trotzdem ist die Teilnahme für viele Galerien alternativlos, einerseits aufgrund der Absatzmöglichkeiten, andererseits aber auch, weil nur dadurch Künstler langfristig gebunden werden können.[219]

Der Begriff des *Kunstberaters* ist nicht geschützt, sodass die Gruppe der *Kunstberater* ein hohes Maß an Heterogenität aufweist. *Kunstberater* übernehmen eine Vielzahl von Funktionen, die oftmals weit über die Beratung beim Neuerwerb

215 Velthuis, Art markets, S. 35; auch Chanel, Is art maket behavior predictable?, S. 520 stellt fest: „Art works are not very liquid assets and anyway are not divisible; transaction costs are high and there are unavoidable delays between the decision to sell and the sale."

216 Frangen, Ökonomische Analyse des Marktes für Malerei, S. 49.

217 Goodrow, Fluch oder Segen?, S. 211.

218 TEFAF Art Market Report 2016, S. 232.

219 Merten, Schöner Schein, S. 105.

von Kunst hinausgehen und zusätzlich Tätigkeiten im Bereich des Sammlungsmanagements umfassen können. Einerseits stehen *Kunstberater* in Konkurrenz zu Galeristen und Kunsthändlern, andererseits bieten sie die Möglichkeit die Nachfrage zu erhöhen, indem sie dem Markt potenzielle Käufer zuführen.[220]

Eng angelehnt an die Gruppierung der *Kunstberater* werden *Kunstsachverständige* von anderen Marktakteuren angefragt, wenn es sich um detaillierte fachliche Fragestellungen, wie Authentizität oder Provenienz, handelt.[221] Dies impliziert, dass *Kunstsachverständige* einen erheblichen Einfluss auf den Kunstmarkt haben, da ihr Fachwissen und Urteil die Preise von Kunstwerken maßgeblich beeinflussen kann.[222] Das liegt insbesondere daran, dass Kunstwerke als „credence goods“ gelten, deren Wert nicht erkennbar ist.[223] Dadurch wächst die Bedeutung von fachkundigen Intermediären auf dem Markt an, deren Wert-Urteil sich andere Akteure anschließen. Wie weitreichend der Einfluss von *Kunstsachverständigen* sein kann, beschreibt auch *Schack*: „Auf dem Kunstmarkt wirken sich Expertisen wertsteigernd aus. Das kann bei faktischen Monopolen einzelner Experten für bestimmte Künstler zu kartellrechtlichen Problem führen, aber auch zu Fehleinschätzungen, weil alle Beteiligten an die Echtheit des Kunstwerkes glauben wollen.“[224]

3. Der Primärmarkt für Kunst und seine Akteure

Der Kunstmarkt lässt sich in einen Primärmarkt und einen Sekundärmarkt aufteilen. Die folgende Abbildung visualisiert diese Unterscheidung und veranschaulicht die Interaktion der Akteure.[225]

---

220 Boll, Kunst ist käuflich, S. 51.

221 Der Zusammenhang zwischen Provenienz und Echtheit besteht insbesondere darin, dass das Risiko ein gefälschtes Kunstwerk zu erwerben höher ist, wenn die Provenienz lückenhaft ist; Lynen, Kunstrecht 3: Schwerpunkte des Kunstwirtschaftsrechts, S. 133.

222 Gräfin von Brühl, Kunstexpertisen als Machtfaktor, S. 179 f.

223 Velthuis, Art markets, S. 37: „Its value cannot be objectively and individually determined, but relies to a large extent on the credibility of the experts involved in the collective evaluation process […].“

224 Schack, Kunst als Herausforderung für das Recht, S. 182; zur marktbeherrschenden Stellung von Kunstexperten siehe auch Gräfin von Brühl, Kunstexpertisen als Machtfaktor, S. 184 f. Sie verwendet in diesem Zusammenhang auch den Begriff des „Meinungsmonopols“.

225 Eigene Darstellung in Anlehnung an Kurz, Der Kunsthändler als Intermediär, S. 69.

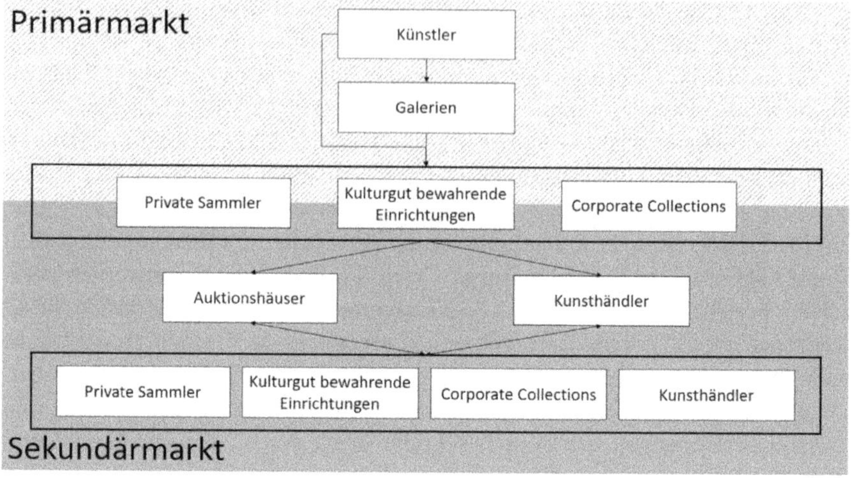

Abbildung 1: Die Akteure am Kunstmarkt

Künstler und Galerien bilden im Regelfall den Primärmarkt; eine Eigentumsübertragung an Dritte erfolgt erst auf dem Sekundärmarkt. Ein alternatives Absatz-Szenario auf dem Primärmarkt ist der direkte Vertriebsweg, der sogenannte Atelierverkauf, bei dem der Künstler als „Selbstvermarkter" auftritt.[226] Auch Museen treten in seltenen Fällen auf dem Primärmarkt als Nachfrager auf.[227] Üblicherweise werden auf dem Primärmarkt vor allem Werke unbekannter Künstler gehandelt, aber auch neue Werke bereits etablierter Künstler konstituieren den Primärmarkt. Die hauptsächlichen Nachfrager des Primärmarktes sind die „direkten Kunstkonsumenten".[228]

a) *Künstler*

Der Künstler bildet durch die Schaffung von Kunstwerken die Basis der am Kunstmarkt gehandelten Ware. Jedes Kunstwerk ist als Unikat anzusehen; der Künstler ist Monopolist seiner eigenen Werke.[229] Werke lebender Urheber

226 Zu Direktverkäufen von Künstlern an Privatpersonen siehe Pfennig, Kunst, Markt und Recht, S. 62 f.

227 Landwehr, Kunst und ökonomische Theorie, S. 40.

228 Schiefer, Funktionen von Kunstintermediären, S. 38.

229 Graw, Der große Preis, S. 29; auch Wyss, Kultur als Dimension der Völkerrechtsordnung, S. 9 konstatiert: „Die Besonderheit der Kunstwerke liegt jedoch in ihrer

oder Hersteller dürfen gemäß § 7 Abs. 1 KGSG nur mit deren Zustimmung in ein Verzeichnis national wertvollen Kulturgutes eingetragen werden. Dies gilt sowohl für Werke, welche sich noch in deren Eigentum befinden, als auch für jene, bei denen bereits eine Eigentumsübertragung stattgefunden hat.[230] Allerdings können Werke lebender Urheber auch ohne deren Zustimmung *nationale Kulturgüter* sein. Dieses Szenario würde gemäß § 6 Abs. 1 Nr. 2 – 4 KGSG vorliegen, wenn sich Werke im Eigentum öffentlicher Sammlungen oder Kulturgut bewahrender Einrichtungen befinden. Gemäß § 24 Abs. 1 Nr. 2 KGSG gilt, dass innerhalb des Binnenmarktes die Ausfuhr von Kulturgütern im Eigentum des Urhebers auch dann nicht genehmigungspflichtig ist, wenn die jeweiligen Alters- und Wertuntergrenzen überschritten sind. Befürchtet wird indes, dass die generelle Befreiung lebender Künstler von kulturgüterschützenden Regelungen und die dadurch unbeschränkt mögliche Ausfuhr einen „erheblichen kulturellen Verlust" bewirkt.[231] Vor dem Hintergrund des Urheberrechts der Künstler und der Absicht, dass eine Abwanderung bedeutender Künstler aus Deutschland nicht im Interesse der Allgemeinheit sein kann, ist diese Regelung dennoch zu befürworten.

In der vorliegenden Arbeit werden Künstler in der weiteren Betrachtung weitestgehend ausgeblendet, da sie eher als Produzent[232] bzw. sogar als „Ressource" des Kunstmarktes angesehen werden, und nicht als Marktteilnehmer.[233]

---

statischen Einmaligkeit: Nur das Original und keine noch so gekonnt gefertigte Kopie spiegelt das Genie des Schöpfers wider."; Merryman, International Art Law, S. 757: „But if a great painting or sculpture is destroyed the tragedy is of a different order, even if it has been widely reproduced. The work of art is somehow embodied in the object."

230 Dies betont auch der Deutsche Anwaltverein, Stellungnahme des Deutschen Anwaltsvereins zum Regierungsentwurf, Online. Gleichzeitig schlug der Deutsche Anwaltverein während der Gesetzgebungsphase vor, dass diese Regelung um einen Zeitraum von fünf Jahren nach dem Tod des Künstlers gelten sollte, damit die Erben die Werke am Kunstmarkt anbieten können, ohne dass diese in ein Verzeichnis national wertvollen Kulturgutes eingetragen werden können.

231 Schuschke-Nehen, Kulturgüterschutz in Deutschland und der Europäischen Union, S. 119.

232 Schiefer, Funktionen von Kunstintermediären, S. 7.

233 Fluhrer, Das neue Kulturgutschutzgesetz, S. 7; auch Bernhard, Kunst als Kapitalanlage, S. 29 schreibt: „Die Künstler selbst sind somit lediglich für den Markt für Kunstherstellung von Bedeutung, während sie im Kunsthandel eine untergeordnete Rolle spielen […]."

b) Galerien

Auf dem Primärmarkt findet die erstmalige Eigentumsübertragung des Kunstwerkes vom Künstler auf einen Nachfrager statt.[234] Erste kommerzielle Distributoren sind in der Regel sogenannte Programmgalerien. Sie gelten als Dreh- und Angelpunkt des Primärmarktes und stellen für viele Künstler einen ersten Anlaufpunkt dar. Galerien übernehmen von der Entdeckung, über die Förderung, bis zur Etablierung des Künstlers vielfältige Aufgaben. Oft werden Galerien deswegen auch als „Gatekeeper" des Kunstmarktes bezeichnet.[235] In der Regel erfolgt die Zusammenarbeit zwischen Künstler und Galerie auf Kommissionsbasis, wobei der Galerist nicht Eigentümer der Werke wird.[236] Die Galerie als Kommissionär verkauft ein Kunstwerk im eigenen Namen, aber auf Rechnung des Künstlers.[237] Da jedes Kunstwerk ein Unikat ist, bleibt festzuhalten, dass auf dem Primärmarkt eine „monopolistische Angebotskonkurrenz"[238] vorliegt, da von der Monopolstellung des Künstlers auch die Galerie profitiert.[239] Galerien haben daher einen monopolistischen Spielraum, innerhalb dessen bei Preiserhöhungen keine Konkurrenz zu erwarten ist, sondern lediglich eine Abwanderung von Nachfragern aufgrund des erhöhten Preises droht.

Neben der Programmgalerie existieren auch sogenannte Sekundärmarktgalerien. Obwohl die Bezeichnung suggeriert, dass diese Galerien auf dem Sekundärmarkt tätig sind, meint der Begriff jene Galerien, die Werke von bereits etablierten Künstlern verkaufen.[240] Insofern sind Sekundärmarktgalerien trotz ihrer Bezeichnung eher als klassische Kunsthändler zu bezeichnen.

---

234 Landwehr, Kunst und ökonomische Theorie, S. 34.

235 Anton, „Kunstvertrieb" – Absatzmittlung von Kunstwerken in Recht und Praxis, S. 359 f. und Merten, Schöner Schein, S. 103; Velthuis, Talking Prices, S. 23, beschreibt darüber hinaus die Galerie als „cultural institution" und hebt damit den kulturellen Mehrwert von Galerien hervor.

236 Laut Kurz, Der Kunsthändler als Intermediär, S. 55 beträgt die Kommission bis zu 50% des Verkaufspreises.

237 Dies wird als „verdeckte Selbstvertretung" bezeichnet; siehe Lynen, Kunstrecht 3: Schwerpunkte des Kunstwirtschaftsrechts, S. 89 f.

238 „Bei monopolistischer Angebotskonkurrenz bieten die Anbieter zwar einander ähnliche, aber im Urteil der Nachfrager doch nicht gleiche Produkte an, so dass ein Nachfrager für einen bestimmten Anbieter besondere Präferenzen hat."; Schumann/Meyer/Ströbele, Grundzüge der mikroökonomischen Theorie, S. 324.

239 Oberender/Zerth, Eine Einführung in die Mikroökonomie der Kunst, S. 69; ebenfalls Velthuis, Art dealers, S. 28 und Bernhard, Kunst als Kapitalanlage, S. 153.

240 González, Kunstinvestment, S. 87; ebenso Seegers, Galerien und ihre Bedeutung im Kunstmarkt, S. 138 f. und Klein, Der Kunstmarkt, S. 149.

4. Der Sekundärmarkt für Kunst und seine Akteure

a) Unterscheidung zwischen Galerien und dem klassischen Kunsthandel

Eine klare Abgrenzung von Galerien und Kunsthandel ist oftmals nicht möglich. Häufig werden die Begriffe Galerie und Kunsthandel synonym verwendet, und da Galeristen mit Kunst handeln, sind sie streng genommen auch als Kunsthändler zu bezeichnen. Allerdings ist umgekehrt nicht jeder Kunsthändler ein Galerist. Häufig wird die Trennlinie zwischen Galerie und Kunsthandel analog der Differenzierung zwischen Primärmarkt und Sekundärmarkt gezogen: Während eine Galerie den Primärmarkt bedient, indem Kunstwerke direkt vom Künstler dem Nachfrager zugänglich gemacht werden, bilden Kunsthändler und Auktionshäuser den Sekundärmarkt, auf dem vornehmlich Werke von etablierten Künstlern gehandelt werden, welche bereits im Besitz anderer Eigentümer waren.[241] Während Galerien des Primärmarktes überwiegend den Markt für Avantgarde bedienen, sind Kunsthändler und Auktionshäuser auf dem Markt für arrivierte Kunst tätig, auf dem sich die Nachfrage auf wenige Künstler konzentriert hat.[242] Eine unmittelbare Beteiligung des Künstlers am Wirtschaftskreislauf des Sekundärmarktes existiert nicht.[243] Daneben besteht der zentrale Unterschied zwischen Galerie und Kunsthandel darin, dass Galerien aktiv mit den von ihnen vertretenen Künstlern zusammenarbeiten und diese fördern, während sich Kunsthändler meist auf den An- und Verkauf beschränken.[244] Auch hinsichtlich des Kaufmotivs grenzt sich der Sekundärmarkt vom Primärmarkt ab. Während auf dem Primärmarkt noch das ästhetische Motiv überwiegt, sind auf dem Sekundärmarkt neben dem ästhetischen Motiv insbesondere das Prestige- und Investitionsmotiv dominant.[245]

b) Akteure des Sekundärmarktes für Kunst

Grundsätzlich können drei Hauptakteure des Sekundärmarktes identifiziert werden: Kunstsammler, Kunstintermediäre und Museen.

---

241 Hausmann, Der Kunstmarkt., S. 23.

242 Quadt, Kunst als Institution, S. 26.

243 Lynen, Kunstrecht 3: Schwerpunkte des Kunstwirtschaftsrechts, S. 97 f.

244 Seegers, Galerien und ihre Bedeutung im Kunstmarkt, S. 140; auch González, Kunstinvestment, S. 87 f.

245 Landwehr, Kunst und ökonomische Theorie, S. 194.

aa) Kunstsammler

Bevor der Kunstsammler als Akteur des Sekundärmarktes beschrieben wird, ist hervorzuheben, dass eine klare Zuordnung der Akteure häufig nicht praktikabel ist. Schließlich ist es möglich, dass ein Sammler als Nachfrager oder auch als Einlieferer auftritt. Kunstsammler als Nachfrager gelten aber grundsätzlich als nutzenorientiert. Dabei lässt sich zwischen ästhetischem Nutzen und ökonomischem Nutzen differenzieren. Ästhetischer Nutzen resultiert aus der Betrachtung von Kunstwerken, während sich der ökonomische Nutzen in Renditen widerspiegelt.[246] Auf dem Kunstmarkt agieren verschiedene Sammlertypen, die analog zu den beiden Nutzen-Motiven unterteilt werden können. Einen Pol bilden Kunstinvestoren, welche primär aus Ertragsmotiven am Kunstmarkt tätig sind. Bei diesen Sammlern finden regelmäßig Portfoliobereinigungen statt, und sie sind als strategische Akteure anzusehen. Vereinzelt betreiben diese Sammler, wie beispielsweise *Saatchi*, eigene Galerien.[247] Zum Sammlertypus der Kunstinvestoren sind auch Corporate Collectors, wie die *Deutsche Bank* mit ihrer umfangreichen Kunstsammlung zu zählen. Corporate Collections sind systematisch zusammengestellt und fast immer von eigenen Kunstexperten kuriert. Die von Corporate Collectors gehandelten Volumen sind beträchtlich: Schätzungsweise 50% der in den USA[248] getätigten Kunstkäufe gehen auf Corporate Collectors zurück.[249] Den Gegenpol zu den Kunstinvestoren stellen jene nicht-institutionellen Sammler dar, bei denen finanzielle Kriterien nur von peripherer Bedeutung sind. Die individuellen Präferenzen des Sammlers stehen im Vordergrund, und häufig werden Werke eines bestimmten Künstlers oder einer bestimmten Epoche gesammelt. Sammler mit sehr umfassenden Sammlungen und ausreichend finanziellen Mitteln gründen mitunter auch Privatmuseen und schaffen damit Möglichkeiten des Zugangs zu Kulturgütern für die Allgemeinheit.[250]

Ebenfalls ist festzustellen, dass sich die Kunstsammler des Sekundärmarktes von denen des Primärmarktes in der Regel dadurch unterscheiden, dass die auf den Sekundärmarkt spezialisierten Sammler professioneller agieren.[251] In

---

246 Klein, Der Kunstmarkt, S. 33.

247 Kurz, Der Kunsthändler als Intermediär, S. 62.

248 Exklusive des Handelsplatzes New York.

249 Boll, Kunst ist käuflich, S. 47.

250 Beispiele sind das Museum Frieder Burda in Baden-Baden, die von Henri Nannen gestiftete Kunsthalle Emden und das Museum Barberini in Potsdam von Hasso Plattner.

251 Heilbrun/Gray, The Economics of Art and Culture, S. 171.

Galerien treten hingegen Gelegenheitskäufer als Nachfrager auf, die insbesondere zu dekorativen Zwecken Kunst erwerben und nur in den seltensten Fällen an Auktionen teilnehmen würden.[252]

bb) Auktionshäuser und Kunsthändler

Auktionshäuser[253] und Kunsthändler sind die Distributoren auf dem Sekundärmarkt. Ein direkter Handel zwischen Eigentümern von Kunstwerken und Nachfragern findet auf dem Sekundärmarkt nur äußerst selten statt.[254] Analog zur unbestimmten Zuordnung der Kunstsammler, ist eine klare Festlegung, welche Marktteilnehmer als Anbieter und welche als Nachfrager anzusehen sind, bei Kunsthändlern ebenfalls nicht möglich, da die Rollen beliebig getauscht werden können. Beispielsweise kann ein Kunsthändler an einer Auktion gleichzeitig als Nachfrager und als Einlieferer teilnehmen.[255] Zusätzlich ist in diesem Kontext anzumerken, dass ein Kunsthändler als Nachfrager verschiedene Motive verfolgen kann: Der Kunsthändler kann z.B. während einer Auktion Kunstwerke für seine Privatsammlung kaufen, er kann Kunstwerke für bestimmte Kunden direkt erwerben, oder aber auch für sein Kunsthandelsgewerbe.[256] Es kann folglich konstatiert werden, dass sich die Akteure zum Teil ergänzen, zum Teil aber auch miteinander konkurrieren.

Insbesondere Auktionshäuser sind Kunstintermediäre, die ein komplexes Agency-Problem bewältigen müssen. Denn entgegen des klassischen Prinzipal-Agent-Problems, bei dem ein Agent und ein Prinzipal in einer Beziehung zueinander stehen, handelt es sich im Auktionswesen um eine Beziehung mit zwei Prinzipalen. Das Auktionshaus als Kunstintermediär steht zwischen Käufern

---

252 Kurz, Der Kunsthändler als Intermediär, S. 65.

253 „Die Auktion ist diejenige Form des Warenabsatzes, die innerhalb eines versammelten oder via technischer Hilfsmittel präsenten potentiellen Käuferkreises zu einer bestimmten Zeit an einem festgelegten Ort unter einheitlicher Leitung den öffentlichen Verkauf einer Sache organisiert."; Boll, Distributionssystem und Ereignis, S. 180; Schiefer, Funktionen von Kunstintermediären, S. 86 definiert: „Eine Kunstauktion ist eine nach vorangegangener öffentlicher Ankündigung vom Versteigerer geleitete Verkaufssitzung, bei der einzelne Steigerungskäufe über eine große Anzahl von Kunstwerken geschlossen werden."

254 Bernhard, Kunst als Kapitalanlage, S. 84.

255 Talkenberg, Die Ökonomie des Bildermarkes, S. 25; ebenfalls Kurz, Der Kunsthändler als Intermediär, S. 66.

256 Christopherson, Art market risk and complexity, S. 48; zu Kunsthändlern als Nachfrager bei Auktionen siehe auch Drinkuth, Der moderne Auktionshandel, S. 41 – 43.

und Verkäufern. Brisanz erhält dieses Beziehungsgeflecht dadurch, dass beide Prinzipale konträre Interessen verfolgen: Der Einlieferer wünscht einen hohen Verkaufserlös, der Ersteigerer einen niedrigen Kaufpreis.[257] Der Kunstintermediär ist auf beide Prinzipale gleichermaßen angewiesen: Eine breite und zahlungskräftige Basis an Ersteigerern ist notwendig, um für Einlieferer attraktiv zu sein, während wiederum ein qualitativ ansprechendes Sortiment essenziell ist, um Ersteigerer anzusprechen.

Neben den beiden dominanten globalen Auktionshäusern Christie's und Sotheby's, welche als Duopol einen Marktanteil von ca. 40% – 50%[258] des weltweiten Auktionsmarktes auf sich vereinen, sind auf globaler Ebene noch die Auktionshäuser Philips de Pury und Bonhams zu erwähnen. Auf dem deutschen Sekundärmarkt dominieren mittelständische Auktionshäuser. Nach Jahresumsatz geordnet, sind dies im Jahr 2017 Lempertz aus Köln (57 Millionen Euro), Ketterer aus München (49 Millionen Euro) Grisebach aus Berlin (46,2 Millionen Euro), Van Ham aus Köln (34 Millionen Euro), Nagel aus Stuttgart (23 Millionen Euro) und Karl & Faber aus München (14 Millionen Euro).[259] Im Hinblick auf die Jahresumsätze der Auktionshäuser muss allerdings hervorgehoben werden, dass die veröffentlichten Daten nicht vollends überprüft werden können. Zwar werden die Auktionszuschläge im Internet veröffentlicht, und diese Zahlen repräsentieren auch den Großteil des Jahresumsatzes. Neben dem klassischen Auktionsgeschäft, und insbesondere den Frühjahrs- und Herbstauktionen, haben jedoch viele Auktionshäuser sukzessive ihr Tätigkeitsfeld erweitert. Heutzutage werden respektable Umsätze in sogenannten *Private Sales*[260] außerhalb von Auktionen realisiert.[261] Die dadurch getätigten Umsätze finden im Verborgenen statt und

257 Beckmann, Ökonomische Analyse deutscher Auktionen, S. 18.

258 Bellingham, The Auction Process, S. 148; Thompson, The $12 Million stuffed shark, S. 95 schätzt den globalen Marktanteil der beiden Auktionshäuser im Bereich der „high-value art" sogar auf 80% und behauptet, dass sie für Werke > 1 Mio. USD sogar „an almost absolute monopoly" haben; auch Handelsblatt, Fragwürdige Zugkraft der Zahlen, Online, betont, dass sich die größten Auktionshäuser Deutschlands zwar die „Filetstücke" untereinander aufteilen, dass aber „]...] die absoluten Toplose den internationalen Branchenriesen überlassen [...]" werden müssen.

259 Zeit Online, Wer hat kassiert?, Online.

260 Private Sale bedeutet, dass ein Auktionshaus vermittelnd zwischen Käufer und Verkäufer tätig ist, ohne eine öffentliche Auktion durchzuführen; zu neuen Distributionskanälen siehe Boll, Kunst ist käuflich, S. 180 f.

261 Adam, Big Bucks, S. 40 zeigt diese eindrucksvolle Entwicklung exemplarisch anhand der von Christie's realisierten Umsätze durch Private Sales: Im Jahr 2000 wurden von

können nicht objektiv nachvollzogen werden.[262] Auch finanzielle Beteiligungen von Auktionshäusern an Galerien oder sogar die vollständige Übernahme sind keine Seltenheit, da Auktionshäuser sich damit direkten Zugang zu Werken schaffen.[263] Dies setzt andere Marktteilnehmer wie Kunsthändler unter Druck, da insbesondere renommierte Auktionshäuser aufgrund ihrer breiten Kundenbasis für viele Verkäufer ein attraktives Distributionsmedium darstellen. Vor diesem Hintergrund ist beispielsweise die Sotheby's Versteigerung von 223 Werken des Künstlers *Damien Hirst* im Jahr 2008 zu nennen, welche insgesamt 111 Millionen Pfund Sterling generierte. *Hirst* hatte damals seine Galeristen übergangen und seine neuen Werke direkt durch Sotheby's versteigern lassen.[264] Neben dem Handel mit Kunst nehmen Auktionshäuser vielfältige Funktionen wahr: „They also perform functions of a clearing and settlement center, which eliminates seller's counterparty risk and, for buyers, eliminates much of the risk of the origin, provenance, and authenticity of the works of art."[265] Somit stellen Auktionshäuser auch im Kontext des Kulturgüterschutzes eine wichtige Rolle dar, denn öffentliche Auktionen sind aufgrund ihrer Transparenz auch eher geeignet, Restitutionen zu ermöglichen oder zumindest einzuleiten.

Auf dem Sekundärmarkt sind verschiedene Absatzszenarien denkbar.[266]

(1) Der Kunstintermediär kann als „Kunstzwischenhändler" auftreten. In diesem Fall fand bereits eine Eigentumsübertragung an den Kunstintermediär statt; folglich stehen nur noch der Kunstintermediär und der Nachfrager in einer Rechtsbeziehung zueinander. Der Kunstintermediär erwirbt demnach im eigenen Namen und auf eigene Rechnung ein Kunstwerk und veräußert dieses im eigenen Namen und auf eigene Rechnung; der Kunstintermediär trägt deswegen auch das Risiko des Weiterverkaufs.[267] Handelt es sich bei dem Kunstintermediär um einen Kunstzwischenhändler, dann erzielt

---

Christie's durch Private Sales 185 Millionen USD realisiert und im Jahr 2013 betrug die Zahl 1,2 Milliarden USD.

262 Seegers, Galerien und ihre Bedeutung im Kunstmarkt, S. 147; Handelsblatt, Fragwürdige Zugkraft der Zahlen, Online.

263 Zeit Online, Wie sich Auktionshäuser in Galerien verwandeln, Online.

264 McNulty, Art Market Research, S. 34.

265 McAndrew, An Introduction to Art and Finance, S. 12.

266 Anton, „Kunstvertrieb" – Absatzmittlung von Kunstwerken in Recht und Praxis, S. 347 – 357.

267 Anton, „Kunstvertrieb" – Absatzmittlung von Kunstwerken in Recht und Praxis, S. 347.

dieser einen Gewinn, wenn der Verkaufspreis über dem Einkaufspreis liegt; der Kunsthändler ist daher auf Wertsteigerungen angewiesen.[268] Allerdings ist diese Konstellation eher selten, da Kunstintermediäre nur in wenigen Fällen Eigentümer von Kunstwerken werden.[269]

(2) Die gängigere Konstellation ist jene, dass der Kunstintermediär als „Kunstkommissionär" auftritt. Wie im vorherigen Szenario, wird das Kunstwerk im eigenen Namen veräußert, jedoch auf fremde Rechnung.[270] Dies ist das klassische Szenario im Auktionswesen. Meistens handelt es sich um eine „verdeckte Stellvertretung", bei welcher der Einlieferer nicht in Erscheinung tritt.

(3) Es ist auch denkbar, dass der Kunstintermediär als „Kunstmakler" agiert.[271] Der veräußerungswillige Eigentümer verpflichtet sich in diesem Szenario, den Kunstintermediär zu entlohnen, wenn dieser eine Veräußerungsgelegenheit vermittelt, die zu einem Geschäftsabschluss führt. Der Kunstintermediär handelt in fremdem Namen und tritt als Handelsmakler gemäß § 93 HGB auf; ihm steht ein Lohnanspruch aus § 652 BGB zu.[272] Der Kaufvertrag wird direkt zwischen Auftraggeber/Einlieferer und Käufer/Ersteigerer geschlossen. Dieses Szenario ist im Kunsthandel verbreiteter als im Auktionswesen. Theoretisch kann zwar auch ein Auktionshaus als Kunstmakler agieren, allerdings sind die Grundzüge des Maklervertrages nur schwer mit der Arbeitsweise eines Auktionshauses vereinbar. Beispielsweise ist der Auftraggeber beim Maklervertrag nicht verpflichtet, einem bestimmten Vertrag zuzustimmen, während durch den Zuschlag im Auktionswesen in der Regel auch zeitgleich die Veräußerung an den Ersteigerer erfolgt.[273]

Zusammenfassend ist zu konstatieren, dass Kunstintermediäre hauptsächlich als Kunstkommissionäre auftreten, die gemäß § 396 Abs. 1 HGB einen Anspruch auf Provision haben, wenn ein Geschäft zustande kommt. Die ökonomische

---

268 Schiefer, Funktionen von Kunstintermediären, S. 77.

269 Lynen, Kunstrecht 3: Schwerpunkte des Kunstwirtschaftsrechts, S. 101 – 103; ebenfalls Anton, „Kunstvertrieb" – Absatzmittlung von Kunstwerken in Recht und Praxis, S. 347.

270 Anton, „Kunstvertrieb" – Absatzmittlung von Kunstwerken in Recht und Praxis, S. 348 f.

271 Schack, Kunst und Recht, S. 60.

272 Lynen, Kunstrecht 3: Schwerpunkte des Kunstwirtschaftsrechts, S. 98 – 101.

273 Anton, „Kunstvertrieb" – Absatzmittlung von Kunstwerken in Recht und Praxis, S. 350 f.

Begründung dafür, dass die Kunstintermediäre vornehmlich als Kunstkommissionäre auftreten, liegt unter anderem an den hohen Kapitalbindungskosten, die entstehen würden, wenn ein Kunstintermediär als Kunstzwischenhändler auftreten würde. Die hohen Kapitalbindungskosten sind einerseits durch die hohen Stückpreise und andererseits durch die niedrige Lagerumschlagshäufigkeit bedingt.[274] Hinzu kommt das geringere Risiko des Weiterverkaufs im Kunstkommissionsgeschäft. Ein weiterer Unterschied besteht darin, dass Kunstkommissionäre im eigenen Namen handeln, und somit weder Bezugsquelle noch Absatzquelle bekannt werden.[275] Dass Auktionshäuser, obwohl sie hauptsächlich als Kunstkommissionäre auftreten, auch ein finanzielles Risiko tragen, ergibt sich daraus, dass Einlieferern häufig ein Reservepreis garantiert wird.[276] Auktionshäuser tragen durch diese Garantien weitestgehend das Verlustrisiko. Erreicht ein Kunstwerk nicht den Reservepreis, impliziert dies für die Auktionshäuser neben dem drohenden Reputationsverlust auch finanzielle Schäden, denn das unverkaufte Kunstwerk verursacht Lager- und Versicherungskosten, und aufgrund des Marktfrische-Kriteriums[277] wird eine zeitnahe Veräußerung in den meisten Fällen nur mit Preisabschlägen möglich sein.[278] Während in der Vergangenheit bei erfolgloser Auktion das eingelieferte Werk aufgrund der Garantieübernahme vom Auktionshaus selbst erworben wurde, ist heutzutage dieses Risiko weitestgehend minimiert worden. Dritte, sogenannte Garantoren, garantieren nämlich einen verbindlichen Preis, zu dem das Kunstwerk während einer Auktion an sie verkauft wird, sofern kein höheres Gebot eintrifft. Mittels dieser „irrevocable bids“ wird das finanzielle Garantierisiko vom Auktionshaus auf den Garantor umgelegt.[279] Finanzielle Risiken entstehen für Auktionshäuser

274 Anton, „Kunstvertrieb“ – Absatzmittlung von Kunstwerken in Recht und Praxis, S. 348.

275 Anton, „Kunstvertrieb“ – Absatzmittlung von Kunstwerken in Recht und Praxis, S. 352.

276 Schack, Kunst und Recht, S. 68.

277 Der Begriff „Marktfrische“ bezieht sich auf den Zeitraum in dem ein bestimmtes Kunstwerk nicht am Markt erhältlich war. Je länger ein Kunstwerk nicht verfügbar war, desto größer ist die Marktfrische; Boll, Kunst ist käuflich, S. 81; das Phänomen der Marktfrische ist auch die Begründung für die geringe Transaktionsfrequenz auf dem Kunstmarkt.

278 Boll, Kunst ist käuflich, S. 142 f.

279 Boll, Distributionssystem und Ereignis, S. 190.

aber auch, wenn diese den Kaufpreis für einen Käufer finanzieren und als Sicherheit das Versteigerungsgut einbehalten wird.[280]

Zusätzlich zu den Garantieübernahmen bieten Auktionshäuser mitunter auch Finanzdienstleistungen an, um für Einlieferer attraktiv zu sein. Beispielhaft sei hier die Bereitstellung von Vorschüssen auf den zu erwartenden Auktionserlös erwähnt.[281] Keine Seltenheit sind auch „Einlieferungs-Vermittlungs-Provisionen", bei denen ein Teil der Versteigerungsgebühr dem Vermittler einer Einlieferung ausgeschüttet wird.[282]

Klassischerweise handelt es sich bei Auktionen in Deutschland um „Englische Auktionen", bei denen das Höchstgebot den Zuschlag erhält. Gemäß § 156 BGB entsteht ein Vertrag erst zum Zeitpunkt des Zuschlags. Die Veröffentlichung des Auktionskataloges stellt noch kein Angebot dar, sondern nur eine „invitatio ad offerendum", also eine Einladung zur Abgabe eines Angebots.[283] Dies bedeutet, dass ein Meistbietender noch keinen Anspruch auf ein Kunstwerk hat, solange der Reservepreis nicht erreicht wurde.[284] Selbstverständlich ist der Reservepreis den Bietenden im Vorfeld der Auktion und auch während der Auktion unbekannt.[285] In der Tat ist es keine Seltenheit, dass Kunstwerke bei Auktionen nicht den Reservepreis erzielen, sodass diese Kunstwerke als unverkauft gelten und weiterhin im Eigentum der Einlieferer stehen.[286] Empirisch nachweisbar wirken sich Preisschätzungen der Auktionshäuser auch auf den Hammerpreis aus: „Overall [...] art investors are likely influenced by price estimates. They tend to pay more for paintings with high price estimate."[287] Falls ein

---

280 Schack, Kunst und Recht, S. 68; zu den Service-Funktionen von Auktionshäusern siehe auch Frangen, Ökonomische Analyse des Marktes für Malerei, S. 130 – 134.

281 Der Vorschuss beläuft sich i.d.R. auf maximal 50% des erwarteten Auktionserlöses und der Einlieferer muss dafür Zinsen zahlen; Boll, Kunst ist käuflich, S. 143; zu Finanzdienstleistungen von Auktionshäusern siehe Adam, Big Bucks, S. 35 – 40.

282 Boll, Distributionssystem und Ereignis, S. 190 f.

283 König, Der Kauf von Kunstgegenständen im BGB, S. 168.

284 Anton, „Kunstvertrieb" – Absatzmittlung von Kunstwerken in Recht und Praxis, S. 340.

285 Als Begründung für die Geheimhaltung des Reservepreises führen Ashenfelter/Graddy, Art auctions, S. 22 an, dass die Versteigerer damit im Falle einer geringen Nachfrage die Praxis der sogenannten „Kippe" verhindern wollen, bei der sich Bieter untereinander absprechen, um ein Bietergefecht zu vermeiden.

286 Dies wird als „Bought In" bezeichnet. So lag laut Ashenfelter/Graddy, Art auctions, S. 19 – 21 die Verkaufsrate bei Impressionisten bei Auktionen von Christie's in London in den Jahren 1995 und 1996 bei lediglich 71%.

287 Mei/Moses, Vested Interest and Biased Price Estimates, S. 9 f.

Kunstwerk während einer Auktion aufgrund zu niedriger Gebote nicht verkauft wird, erheben Auktionshäuser üblicherweise dennoch eine Gebühr in Höhe eines gewissen Prozentsatzes des Reservepreises. Dadurch werden Einlieferer davon abgehalten, einen zu hohen Reservepreis anzusetzen.[288]

Neben den *seller's premiums* sind auch die *buyer's premiums*, also das sogenannte „Aufgeld", relevant. Der Anteil von *buyer's premiums* am Gesamterlös von Auktionshäusern ist in den vergangenen Jahren sukzessive gestiegen, da Auktionshäuser gegenüber mächtigen Einlieferern eine schwächere Verhandlungsposition haben, als gegenüber Käufern.[289] Die *buyer's premium* beträgt üblicherweise zwischen 10% und 25%, abhängig vom Hammerpreis.[290] Bei einer angenommenen *seller's premium* i.H.v. 10% und einer *buyer's premium* i.H.v. 25%, erzielt ein Auktionshaus bei einem hypothetischen Hammerpreis von 100 Euro insgesamt 35 Euro (25 Euro *buyer's premium* und 10 Euro *seller's premium*). Der Ersteigerer würde demnach 125 Euro zahlen und der Einlieferer erhielte 90 Euro.

cc) Museen

Da die vorliegende Arbeit die Auswirkungen des KGSG auf die Kunstintermediäre des Sekundärmarktes untersucht, werden Museen nur peripher betrachtet. Die Notwendigkeit, die Auswirkungen des KGSG auf Museen zu analysieren, wird auch dadurch geschmälert, dass Museen allgemein als „Gewinner" der Gesetzesnovellierung angesehen werden.[291] Dennoch wird die ökonomische Bedeutung von Museen für den Kunstmarkt im Folgenden kurz dargestellt.

Museen bilden einen Grundpfeiler des Kultursektors in Deutschland; es existieren über 6700 Museen, die kumuliert jährlich über 110 Millionen Besuche verzeichnen.[292] Schon die Museumsdefinition[293] des ICOM[294] unterstreicht,

---

288 Ashenfelter/Graddy, Art auctions, S. 23.

289 Ashenfelter/Graddy, Art auctions, S. 24.

290 Ashenfelter/Graddy, Art auctions, S. 22.

291 Fluhrer, Das neue Kulturgutschutzgesetz, S. 48.

292 Institut für Museumsforschung, Statistische Gesamterhebung an den Museen der Bundesrepublik Deutschland für das Jahr 2016, S. 3, Online.

293 „Ein Museum ist eine gemeinnützige, auf Dauer angelegte, der Öffentlichkeit zugängliche Einrichtung im Dienste der Gesellschaft und ihrer Entwicklung, die zum Zwecke des Studiums, der Bildung und des Erlebens materielle und immaterielle Zeugnisse von Menschen und ihrer Umwelt beschafft, bewahrt, erforscht, bekannt macht und ausstellt.", ICOM, Ethische Richtlinien für Museen von ICOM, Online.

294 Das „International Council of Museums" mit Sitz in Paris wurde 1946 gegründet und hat ca. 37.000 Mitglieder; ICOM Website, Online.

dass Museen keine Gewinnerzielungsabsichten verfolgen; die Gemeinnützigkeit gilt als eines der konstituierenden Merkmale eines Museums.[295] Zusammenfassend lauten die primären Aufgaben eines Museums „Sammeln, Bewahren, Forschen, Ausstellen, Vermitteln."[296] Trotzdem sind Museen sehr wohl wirtschaftliche Akteure, insbesondere weil sie über Ankaufetats verfügen. Museen treten als Nachfrager auf und erwerben sogar auf dem Primärmarkt Kunstwerke. Folglich bemühen sich auch Galeristen, dass Museen Kunstwerke ankaufen, denn schließlich ist die „Museumsweihe" als wertsteigernder Faktor attraktiv, da dadurch das gesamte Œuvre eines Künstlers aufgewertet wird.[297] Allerdings muss in diesem Kontext auch betont werden, dass für Museen üblicherweise das Ansehen innerhalb der wissenschaftlichen und politischen Öffentlichkeit einen höheren Stellenwert einnimmt, als das Handeln nach ökonomischen Kalkülen. Dies ist Resultat eines Anreiz-Problems: Denn steigende Einnahmen eines öffentlichen Museums werden in der Regel nicht belohnt, sondern paradoxerweise besteht die Gefahr, dass die staatlichen Zuschüsse gedrosselt werden.[298]

Wenn eine der Aufgaben das Bewahren von Kulturgut für die Öffentlichkeit ist, dann ist der Verkauf von Museumsbeständen als Gefahr anzusehen: „So ist zu befürchten, dass Museen in Folge der betriebswirtschaftlichen Betrachtung ihrer Bestände bald nicht mehr als unantastbare Schatzhäuser der Nation betrachtet werden können."[299] Da es jedoch insbesondere in Europa sehr unüblich ist, dass Museen Kunstwerke wieder veräußern, verlässt ein Kunstwerk durch den Ankauf eines Museums in der Regel den kommerziellen Sektor und fungiert fortwährend als Konsum- und Kulturgut, sodass insgesamt eine Angebotsverknappung festzustellen ist.[300]

In Anbetracht der Tatsache, dass der Zugang der Allgemeinheit zu Kulturgütern eines der Ziele des KGSG ist, kommt Museen eine zentrale Rolle zu, da sie als „geeignetster Aufbewahrungsort" gelten.[301] Ein in diesem Zusammenhang

---

295 Hilgers-Sekowsky, Kooperationen zwischen Museen, S. 30.

296 Deutscher Museumsbund, Museumsaufgaben, Online.

297 Zum Museum als Nachfrager siehe Kurz, Der Kunsthändler als Intermediär, S. 64 f.

298 Pommerehne/Frey, Kunst: Was sagt der Ökonom dazu?, S. 148.

299 Langenstein, Stehen unsere Museen vor dem Ausverkauf, S. 149.

300 Frey, Betriebswirtschaftliche Kunstbewertung, S. 37; ebenfalls Frangen, Ökonomische Analyse des Marktes für Malerei, S. 74.

301 Fechner, Prinzipien des Kulturgüterschutzes, S. 28; siehe auch Hilgers-Sekowsky, Kooperationen zwischen Museen, S. 29 – 31; allerdings muss auch konstatiert werden, dass nur ein Bruchteil der Kulturgüter einer Kulturgut bewahrenden Einrichtung öffentlich ausgestellt werden; Frey, Arts & Economics, S. 35.

aus Nutzenperspektive relevanter Aspekt besteht darin, dass Museen Kunstwerke verschiedenster Künstler und verschiedenster Kunstrichtungen bündeln und an einem zentralen Ort präsentieren. Damit schaffen Museen die Möglichkeit, dass nicht nur Einzelstücke betrachtet werden, sondern dass auch Sammlungszusammenhänge gezeigt werden und kunsthistorische Hintergründe beleuchtet werden. Vor dem Hintergrund des zunehmenden Grenznutzens beim Betrachten von Kunst ist hervorzuheben, dass Museen durch den Aufbau ihrer Sammlungen eine Nutzensteigerung für den Betrachter bewirken. Würden nämlich die diversen Einzelstücke verstreut aufbewahrt werden, wären diese zwar Teil des deutschen Kulturbesitzes, doch der tatsächlich resultierende Nutzen für die Allgemeinheit wäre aufgrund des fehlenden Sammlungszusammenhangs und aufgrund der Zugangsbeschränkung minimal.

Ein zentraler Aspekt aus wirtschaftlicher Perspektive für Museen ist der Leihverkehr. Negativ auf Museen könnte sich jedoch die Verunsicherung der Leihgeber auswirken, welche möglicherweise darin resultiert, dass Leihgaben seltener zur Verfügung gestellt werden. Die Verunsicherung ist auch nicht komplett unbegründet, denn Kulturgüter werden zwar während der Dauer der Leihgabe nicht in ein Verzeichnis national wertvollen Kulturgutes eingetragen, aber eine Eintragung nach Ablauf des Leihvertrages ist trotzdem zu befürchten. Mit Zustimmung des Leihgebers können auch Leihgaben für die Dauer des Leihvertrages als *nationales Kulturgut* deklariert werden. Die Zustimmung kann der Leihgeber jederzeit widerrufen.[302] Dieses Angebot der Unterschutzstellung der Leihgabe für die Dauer des Leih- oder Depositalvertrages soll einen Anreiz für Leihgeber darstellen, denn Rückgabeansprüche gegenüber Mitgliedstaaten der EU gemäß § 69 KGSG und gegenüber Vertragsstaaten des UNESCO Übereinkommens über Maßnahmen zum Verbot und zur Verhütung der rechtswidrigen Einfuhr, Ausfuhr und Übereignung von Kulturgut vom 14. November 1970 gemäß § 70 KGSG können dann im Fall einer unrechtmäßigen Ausfuhr, z.B. infolge eines Diebstahls, durchgesetzt werden.

Die Relevanz des Leihverkehrs für Museen zeigt sich auch in der Bedeutung von Sonderausstellungen, welche heutzutage eine zentrale Voraussetzung zum Erreichen hoher Besucherzahlen sind.[303] Die Preissteigerungen am Kunstmarkt

302 Vgl. § 6 Abs. 2 KGSG.

303 Siehe die „Statistische Gesamterhebung an den Museen der Bundesrepublik Deutschland für das Jahr 2015" vom Institut für Museumsforschung, S. 69, Online: „Mehr als jedes zweite Museum, das auf die Fragen zu Sonderausstellungsaktivitäten geantwortet hat, zeigte im Jahr 2015 mindestens eine Sonderausstellung. Insgesamt haben im Berichtsjahr 2015 2.866 der befragten Museen 9.025 Sonderausstellungen

implizieren jedoch, dass die Versicherungsprämien[304] steigen und sich dadurch Leihgaben verteuern, und auch für den Transport von Kulturgütern mehr Kapital eingesetzt werden muss.[305] Zusätzlich sind die Sicherheitsanforderungen und die Bereitstellung von geeigneten Ausstellungsbedingungen Kostentreiber.[306] Jedoch sind in diesem Zusammenhang auch die Staatsgarantien[307] in Deutschland zu erwähnen. Bestände öffentlich-rechtlicher Museen sind nicht versichert, sondern es gilt das Prinzip der Selbstdeckung.[308] Aufgrund der Kulturhoheit der Länder sind insbesondere die Ländergarantien relevant.[309] Dass der Leihverkehr für Museen von Bedeutung ist, liegt auch daran, dass durch Leihgaben der Bedarf an Ankäufen verringert werden kann.[310] Daher ist vermehrt ein Zusammenspiel von Museen und privaten Sammlern zu beobachten, welches unter anderem darin begründet ist, dass Museen – vornehmlich jene, welche sich in öffentlicher Trägerschaft befinden – einen steigenden Budgetdruck verspüren, und dies den

durchgeführt [...] Die Durchführung von Sonderausstellungen wurde aber weiterhin von vielen Museen als Hauptgrund für das Ansteigen der Besuchszahlen angegeben."

304 Für den Versicherungsvertrag wird in der Regel der Versicherungswert bestimmt werden, welcher sich gemäß § 88 VVG auf den Wert der Sache bezieht und als Verkehrswert anzusehen ist. Um Konflikte zu vermeiden, kann gemäß § 76 VVG nach Vereinbarung auch ein gemeinsam vereinbarter Wert (Taxe) bestimmt werden.

305 Insbesondere wenn es sich bei der Versicherung um eine sogenannte „Nagel-zu-Nagel" Versicherung handelt, welche bereits für die Abholung und den Transport des Werkes gilt.

306 Zu den mit Leihverkehr verbundenen Kosten, siehe Kühl, Der internationale Leihverkehr der Museen, S. 49 f.

307 Staatsgarantien übernehmen aus wirtschaftlicher Perspektive die gleiche Funktion wie eine Versicherung, nämlich die Deckung von Schäden; Kühl, Der internationale Leihverkehr der Museen, S. 109.

308 „Kommt es zu Schadensfällen, werden die anfallenden Ausgaben aus dem Bundeshaushalt geleistet. Dem Prinzip der „Nichtversicherung" liegt die Überlegung zugrunde, dass sich das Risiko bei der Menge der Objekte nach dem „Gesetz der großen Zahl" ausgleicht. Durch die Nichtversicherung können die in Versicherungsprämien enthaltenen Gewinn- und Verwaltungskostenanteile eingespart werden."; Bundesrechnungshof, Grundsatz der Selbstdeckung, Online.

309 Vgl. § 3 Abs. 6. des Haushaltsgesetzes 2016/2017 von Berlin: „Die für Kultur und für Sport zuständigen Senatsverwaltungen werden ermächtigt, zur Stellung von Sicherheiten für Eingangsabgaben im Zusammenhang mit der vorübergehenden Einfuhr von Kunstgegenständen, zur Deckung des Risikos des Landes Berlin und von Zuwendungsempfängern Berlins aus der Haftung für Leihgaben im Bereich von Kunst und Kultur Gewährleistungen bis zu 400.000.000 Euro zu übernehmen."

310 Von Schorlemer, Internationaler Kulturgüterschutz, S. 349.

Ankaufsetat schmälert.[311] Infolgedessen sind Partnerschaften mit Sammlern ein geeignetes Konstrukt, um weiterhin die oben genannten Aufgaben zu erfüllen und Kunst zu zeigen, ohne selbst Eigentümer zu sein. Jedoch ist das Verhältnis zwischen Museen und Sammlern nicht unkompliziert: Museen geraten schnell in den Verdacht, als Schaufenster von Sammlern zu fungieren, welche wiederum im Verdacht stehen, durch ihre Leihgabe an Museen eine Wertsteigerung ihrer Leihgaben anzustreben.[312] Schließlich sind manche Aufwendungen, welche in Verbindung mit Kulturgütern erbracht werden, unter bestimmten Voraussetzungen steuerlich begünstigt, und auch die Erbschaftssteuerlast kann gemindert werden, sofern die Kulturgüter der Allgemeinheit zugänglich gemacht wurden.[313] Es wird sogar argumentiert, dass sich das Machtgefälle zwischen Museen und Sammlern verschoben hat, und heutzutage Sammler vorgeben, welche Kunstwerke in Museen ausgestellt werden.[314] Da dies mitunter auch impliziert, dass bestimmte Werke ausgestellt werden „müssen", die nicht museumstauglich sind, führt dieser Umstand zu einem Nutzenverlust beim Betrachter. Vermehrt wurden daher auch kritische Töne laut: „Die Dauerleihgabe ist, wie ihr unschöner Name verrät, die häßliche Tante des Geschenks: eine Gabe, die zwar Dauer verspricht, aber juristisch jederzeit wieder zurückgenommen werden darf und in der Kunstwelt eher ein Geschenk für den Schenkenden ist – denn im Museum steigt der Wert einer Leihgabe deutlich, so daß nach dem Ende der Leihfrist die Gabe teurer in die Arme des Gebers zurückkehrt."[315] Auch dass Sammler als Bedingung für ihre Leihgaben fordern, dass die Leihgaben stets als Ganzes oder zumindest ein bestimmter Prozentsatz ausgestellt werden muss, ist keine Seltenheit.[316] In diesem Kontext sind auch die Provisionsregelungen hervorzuheben, welche in einigen Leihverträgen verankert sind. Diese sehen u.a. vor, dass für Leihgaben, welche während der Ausstellungsdauer vom Eigentümer verkauft werden, ein bestimmter Prozentsatz des Verkaufserlöses an das ausstellende Museum zu entrichten ist.[317]

---

311 Auch Kirchmaier, Kulturgüter zur dauerhaften Überlassung in öffentlichen Einrichtungen, S. 262 konstatiert, dass den Museen „[…] ohne Hilfe von dritter Seite nur noch die Beobachtung des Marktgeschehens […]" bleibt.

312 Köhler, Komplizen – Galeristen und Privatsammler als Partner von Kunstmuseen, S. 168.

313 Relevant sind u.a. § 10g EStG und § 13 Abs. 1 Nr. 2 ErbStG.

314 Dossi, Hype!, S. 84.

315 FAZ, Die Jahre der wilden Sammelwut, Online.

316 Fluhrer, Das neue Kulturgutschutzgesetz, S. 10.

317 Kühl, Der internationale Leihverkehr der Museen, S. 52.

Wenn Kulturgüterschutz jedoch aus der Perspektive des Substanzschutzes betrachtet wird, muss konstatiert werden, dass der Leihverkehr ein Gefährdungspotenzial impliziert.[318] Beispielhaft sei in diesem Zusammenhang das Beschädigungsrisiko während des Transportes angeführt. Dieses Gefährdungspotenzial wird allerdings in Kauf genommen und der Leihverkehr ist aus kulturpolitischer Sicht dennoch erstrebenswert ist.[319] Da Leihverkehr von Kulturgütern den kulturellen Austausch fördert und gleichzeitig den Zugang der Allgemeinheit zu Kulturgütern verbessert, ist die Förderung des Leihverkehrs als legitimes Motiv anerkannt.[320]

IV. Ökonomische Legitimation der Kunstintermediäre

1. Funktionen der Kunstintermediäre

Grundsätzlich stellt sich die Frage, ob Kunstintermediäre für die Akteure des Kunstmarktes ökonomisch vorteilhaft sind. Zur Beantwortung dieser Frage müssten die individuellen Nutzenpositionen der Akteure des Kunstmarktes in einem Szenario mit Kunstintermediären einerseits und in einem Szenario ohne Kunstintermediäre andererseits verglichen werden. Eine exakte Beantwortung ist allerdings aufgrund der Intransparenz des Marktes unmöglich, sodass im Folgenden nur abstrakt die Vor- und Nachteile von Kunstintermediären für die Anbieter und Nachfrager des Sekundärmarktes beschrieben werden.[321]

---

318 Boos, Kulturgut als Gegenstand des grenzüberschreitenden Leihverkehrs, S. 30; so sieht beispielsweise das österreichische Denkmalschutzgesetz, welches den Kulturgutschutz regelt, in Art. 22 Abs. 1 vor, dass konservatorische Aspekte bei der Genehmigung der vorübergehenden Ausfuhr berücksichtigt werden. Diese Regelung wird durchaus angewandt – „Ruhefristen" und „Reisepausen" werden als Auflage im Genehmigungsbescheid festgehalten; Wissenschaftlicher Dienst des Bundestages, Abwanderungsschutz für Kulturgüter in ausgewählten EU-Staaten, S. 15 f., Online.

319 Bundesregierung, Bericht der Bundesregierung zum Kulturgutschutz, S. 56, Online: „Da die Förderung des internationalen Leihverkehrs ein Anliegen der Bundesregierung ist, wird eine Genehmigung für die vorübergehende Ausfuhr zu Leihzwecken in der Regel nur aus konservatorischen Gründen versagt, wenn der Sachverständigenausschuss zu dem Ergebnis kommt, dass gravierende Schäden durch den Transport nicht ausgeschlossen werden können."

320 Kühl, Der internationale Leihverkehr der Museen, S. 2.

321 Auch Kurz, Der Kunsthändler als Intermediär, S. 14 hebt hervor, dass eine quantitative Analyse des Kunstmarktes aufgrund der Heterogenität der Marktteilnehmer nur begrenzt möglich sei.

Die Besonderheiten und Unvollkommenheiten des Kunstmarktes bewirken Marktspannungen: „Insbesondere resultiert aus den beschriebenen Subjekteigenschaften (bounded rationality), der Objekteigenschaften (z.B. Heterogenität, Dauerhaftigkeit, Einzigartigkeit), der Ungewißheit über die Zukunft und der ökonomisch begründeten Unwissenheit Marktintransparenz, Unsicherheit und Informationsasymmetrie.“[322] Die Funktion des Kunstintermediärs besteht darin, die „räumlichen, zeitlichen, sachlichen und persönlichen Marktspannungen“ zu überwinden.[323] Laut *Schiefer* lassen sich die Funktionen von Kunstintermediären aufteilen in: *Vermittlung*, *Transformation*, *Preisermittlung* und *physischen Gütertausch*.[324] Dabei besteht der Nutzen aus der *Vermittlung* vor allem in den Informationsleistungen der Kunstintermediäre, um Informationsasymmetrien zu beseitigen.[325] Als klassische Beispiele gelten die Begutachtungen von Kunstwerken hinsichtlich Authentizität, die Informationen über vergangene Verkaufspreise und Informationen zur Bedeutung des Kunstwerkes innerhalb des Œuvre eines Künstlers.[326] Die *Transformation* geht darüber hinaus, indem die vorhandenen Informationen in einen neuen Kontext gesetzt werden: „Im Rahmen seiner Transformationsleistung beurteilt er als Kunstexperte die werkimmanenten Faktoren nicht nur in künstlerischer Hinsicht, sondern antizipiert auch zukünftige soziale Prozesse, durch welche sich die allgemeine Anerkennung für einen Künstler und die allgemeine Bewertung für seine Kunst ändern wird.“[327] Dadurch wird demnach versucht, die Wertentwicklung zu beeinflussen. Schließlich wird durch die *Preisermittlung* und den *physischen Güteraustausch* die Zusammenführung von Angebot und Nachfrage komplettiert. Hierbei besteht die Funktion der Kunstintermediäre insbesondere in der Entschlüsselung latenter Zahlungsbereitschaften und der Beratung des Verkäufers hinsichtlich dessen Preisforderung.[328]

---

322 Landwehr, Kunst und ökonomische Theorie, S. 30.

323 Landwehr, Kunst und ökonomische Theorie, S. 31; zur ökonomischen Funktion von Galerien, S. 283 - 296.

324 Schiefer, Funktionen von Kunstintermediären, S. 66 – 70.

325 Während in diesem Kontext unter Vermittlung die Aufbereitung vorhandener Informationen gilt, beinhaltet die Transformation auch das Verfassen neuer Informationen; Schiefer, Funktionen von Kunstintermediären, S. 67.

326 Schiefer, Funktionen von Kunstintermediären, S. 68.

327 Schiefer, Funktionen von Kunstintermediären, S. 69.

328 Schiefer, Funktionen von Kunstintermediären, S. 70.

2. Reduktion von Transaktionskosten

Transaktionskosten[329] bilden eine relevante ökonomische Variable auf dem Kunstmarkt. Schließlich sind die theoretischen Bedingungen für das Entstehen von Transaktionskosten vor allem begrenzte Rationalität, opportunistisches Verhalten und Unsicherheit – all jene Faktoren sind im Kontext des Kunstmarktes zutreffend.[330] Erschwerend kommt auf dem Sekundärmarkt die „small numbers“-Situation hinzu, da die Anzahl möglicher Transaktionspartner insbesondere im hochpreisigen Segment stark begrenzt ist.[331] Die Relevanz der Analyse von Transaktionskosten ist darin begründet, dass durch hohe Transaktionskosten Kooperationsgewinne absinken. Zudem können prohibitiv hohe Transaktionskosten Marktteilnehmer von Markttransaktionen abhalten, sodass Kooperationsgewinne gänzlich entfallen. Dadurch wird die Möglichkeit einer effizienten Allokation ausgelassen.[332] Auf den deutschen Kunstmarkt bezogen, wird angenommen, dass bei einer Auktion eines Kunstwerkes mit einem Zuschlagspreis von 20.000 Euro Transaktionskosten inklusive Umsatzsteuer[333] von 50% – 70% des Zuschlagspreises einkalkuliert werden müssen. Bei Kunstwerken mit einem Zuschlagspreis von ca. 5 Millionen Euro werden 30% – 40% Transaktionskosten geschätzt.[334]

Auch innerhalb der ökonomischen Analyse des Rechts ist die Untersuchung von Transaktionskosten ein zentrales Element. Die Transaktionskostentheorie befasst sich mit der Fragestellung, wie ein marktmäßiger Austauschvorgang mit möglichst geringen Transaktionskosten abgewickelt werden kann. Dabei lässt sich zwischen ex-ante und ex-post Transaktionskosten unterscheiden. Bei ex-ante Transaktionskosten handelt es sich um jene, die beispielsweise während Verhandlungen oder während der Vertragserstellung anfallen.[335] Beispiele für ex-post Transaktionskosten sind die Erstellung und Aufrechterhaltung von Kontrollsystemen, Absicherungskosten sowie Fehlanpassungskosten, die

329 Zur Transaktionskostentheorie, siehe Williamson, Die ökonomischen Institutionen des Kapitalismus, S. 21 – 48.

330 Schiefer, Funktionen von Kunstintermediären, S. 95.

331 Schiefer, Funktionen von Kunstintermediären, S. 97.

332 Eidenmüller, Effizienz als Rechtsprinzip, S. 64.

333 Die Umsatzsteuer auf den Kauf von Kunstwerken wurde zum 01.01.2014 von 7% auf 19% angehoben.

334 Merten, Schöner Schein, S. 207.

335 Williamson, Die ökonomischen Institutionen des Kapitalismus, S. 325.

beispielsweise in Streitfällen entstehen.[336] Auf dem Kunstmarkt dominieren die ex-ante Kosten, namentlich die Suchkosten.

Im Kontext des KGSG muss eingangs auf folgenden Sachverhalt hingewiesen werden: In der ökonomischen Analyse des Rechts werden Transaktionskosten dahingehend untersucht, ob sie prohibitiv hoch sind und aus diesem Grund Markttransaktionen verhindert werden. Es darf allerdings nicht der Eindruck erweckt werden, dass die Gesetzesnovellierung aufgrund prohibitiv hoher Transaktionskosten entstand und eine effizienz-motivierte Senkung der Transaktionskosten angestrebt wird. Dies entspricht nicht dem Ziel der Gesetzgebung. Vielmehr existieren im KGSG eine Vielzahl von neuen Regelungen, welche eine Erhöhung der Transaktionskosten suggerieren.[337]

Würde die ökonomische Funktion der Kunstintermediäre lediglich in einer hypothetischen Ressourcenersparnis begründet sein, könnte dies kritisch hinterfragt werden. Kunstintermediäre verursachen nämlich selbst hohe Transaktionskosten, da sie eigene Kosten tragen, die z.B. in der Provenienzrecherche anfallen. Da die Kunstintermediäre profitorientiert handeln, werden die Kosten auf die Einlieferer und die Nachfrager umgelegt. Die Kosteneinsparung des Einlieferers durch die Zwischenschaltung des Kunstintermediärs muss höher sein, als die auf den Einlieferer umgelegten Kosten, damit dieses Modell ökonomisch sinnvoll ist.[338] Grundsätzlich gilt: „Die Transaktionskosten werden aus der durch die jeweilige institutionelle Ordnung erzielten Rente finanziert. Diese Transaktionsrente besteht aus den Überschüssen aller Erträge zu den Kosten."[339] Da die Spezialisierungs- und Informationsbeschaffungskosten von Kunstintermediären auf diverse Transaktionen verteilt werden können, sind die anteiligen Kosten auf Seiten der Kunstintermediäre niedriger, als die Kosteneinsparung der Einlieferer und folglich liegt eine ökonomisch positive Funktion vor.[340] Dies lässt sich formal folgendermaßen zusammenfassen: [341]

336 Williamson, Die ökonomischen Institutionen des Kapitalismus, S. 325.

337 Zur ökonomischen Analyse der Pflichten beim Inverkehrbringen gemäß KGSG, siehe Kapitel § 5 II 2.

338 Ausschließlich in Bezug auf Informationskosten bezogen, betont diesen Sachverhalt auch Talkenberg, Die Ökonomie des Bildermarkes, S. 165 – 167; ebenfalls im Kontext von Kunstauktionen Beckmann, Ökonomische Analyse deutscher Auktionen, S. 25.

339 Ebker, Politische Ökonomie der Kulturförderung, S. 142.

340 Talkenberg, Die Ökonomie des Bildermarkes, S. 167.

341 Eigene Darstellung in Anlehnung an Schiefer, Funktionen von Kunstintermediären, S. 110 f.; dies impliziert auch, dass $\Delta TK_A + \Delta TK_S > TK_I$ sind.

$$TK_A + TK_S > (TK_A - \Delta TK_A) + (TK_S - \Delta TK_S) + TK_I$$

A – Künstler

S – Sammler

I – Kunstintermediäre (z.B. Auktionshaus oder Kunsthändler)

TK – Transaktionskosten

ΔTK – Ersparnis an Transaktionskosten aufgrund von Kunstintermediären

Abbildung 2: Transaktionskostenersparnis durch Kunstintermediäre

Die Transaktionskosten, die im Zusammenspiel der klassischen Hersteller-Händler-Beziehung auftreten, hängen laut *Williamson* von drei Aspekten ab: Faktorspezifität, Unsicherheit und Häufigkeit.[342]

(1) Unter Faktorspezifität sind diejenigen transaktionsspezifischen Kosten zu subsumieren, die für eine Transaktion erforderlich und nicht oder nur teilweise auf andere Transaktionen anwendbar sind.[343] Faktorspezifität wird als eine maßgebliche Determinante angesehen, welche auch erklärt, warum „[...] vertragliche und organisatorische Absicherungen zur Stützung von Transaktionen [...]" existieren.[344] Bei einer hohen Faktorspezifität wird nämlich der Vertragspartner versuchen, einen Teil der Quasi-Rente für sich zu gewinnen. Je höher die Faktorspezifität ist, desto höher sind auch die Opportunitätskosten, und bei steigender Faktorspezifität sinkt die Möglichkeit einer sonstigen Verwendung.[345] Aufgrund mangelnder Vergleichsmöglichkeiten sind bei hoher Faktorspezifität auch die Informationsprobleme stark ausgeprägt und bedingen hohe Transaktionskosten.[346] Ein Beispiel für

---

342 Williamson, Transaction-Cost Economics, S. 239; siehe auch Kurz, Der Kunsthändler als Intermediär, S. 123 - 127 und Williamson, Die ökonomischen Institutionen des Kapitalismus, S. 59 - 69.

343 Zur Faktorspezifität im Kontext des Kunstmarktes siehe Kurz, Der Kunsthändler als Intermediär S. 124 f. und Schiefer, Funktionen von Kunstintermediären, S. 102 - 104 und S. 124; Williamson, Die ökonomischen Institutionen des Kapitalismus, S. 62 unterteilt Faktorspezifität weiterhin in Standortspezifität, Spezifität des Sachkapitals, Spezifität des Humankapitals und zweckgebundene Sachwerte.

344 Williamson, Die ökonomischen Institutionen des Kapitalismus, S. 63.

345 Schumann/Meyer/Ströbele, Grundzüge der mikroökonomischen Theorie, S. 492.

346 Schiefer, Funktionen von Kunstintermediären, S. 104.

solche transaktionsspezifischen Kosten im Kontext des Sekundärmarktes ist die Provenienzforschung. Für jedes Werk sind individuelle Recherchen vonnöten, die nicht auf andere Kunstwerke übertragbar sind.[347]

(2) Unsicherheit ist eine der prägenden Charakteristika des Sekundärmarktes. Laut *Schiefer* lässt sich Unsicherheit weiter unterteilen in Umwelt- und Verhaltensunsicherheit.[348] Als Umweltunsicherheit sind Änderungen der Rahmenbedingungen, beispielhaft das Inkrafttreten des novellierten KGSG, anzuführen. Zusätzlich ergibt sich die Unsicherheit für die Nachfrager auf dem Sekundärmarkt vor allem dadurch, dass Marktentwicklungen nur unpräzise prognostiziert werden können.[349] Auch die am Sekundärmarkt bestehenden Informationsasymmetrien bewirken Unsicherheit. Verhaltensunsicherheit ergibt sich insbesondere durch die Gefahr opportunistischen Verhaltens. Allerdings muss darauf hingewiesen werden, dass zumindest in der Beziehung zwischen Auktionshaus und Einlieferer die Gefahr opportunistischen Verhaltens gering ist, da einerseits die Ziele komplementär sind (ein hoher Versteigerungserlös) und andererseits opportunistisches Verhalten eines Auktionshauses einen Reputationsverlust bewirken würde.[350] Auch die begrenzte Rationalität der Marktteilnehmer verstärkt die Unsicherheit, denn ohne begrenzte Rationalität wäre es möglich alle Verhaltensszenarien zu berücksichtigen.[351] Ebenfalls kann die Nachfrageakzeptanz als Unsicherheitsfaktor klassifiziert werden. Auf dem Sekundärmarkt für Kunst liegt in der Unsicherheit ein Risiko für Auktionshäuser, wenn beispielsweise Vorschüsse gewährt werden oder Käufern der Kaufpreis finanziert wird.[352]

(3) Häufigkeit im Kontext der Transaktionskostentheorie bezieht sich auf die Anzahl gleicher oder vergleichbarer Transaktionen.[353] Transaktionskosten sinken in der Regel mit steigender Transaktionshäufigkeit. Die ökonomische Begründung hierfür liefern *economies of scale*, die durch die Spezialisierung des Kunstintermediärs erreicht werden können. Stellt ein Auktionshaus

---

347 Zu den transaktionsspezifischen Kosten siehe Kurz, Der Kunsthändler als Intermediär, S. 124 f.

348 Schiefer, Funktionen von Kunstintermediären, S. 104 – 109.

349 Schiefer, Funktionen von Kunstintermediären, S. 107.

350 Dies konstatiert auch Landwehr, Kunst und ökonomische Theorie, S. 295. Allerdings bezieht sie sich auf Galerien des Primärmarktes.

351 Williamson, Die ökonomischen Institutionen des Kapitalismus, S. 65.

352 Zur Unsicherheit als Komponente der Transaktionskosten, siehe Kurz, Der Kunsthändler als Intermediär, S. 125 f.

353 Schiefer, Funktionen von Kunstintermediären, S. 109.

Personal im Bereich der Provenienzforschung ein, amortisiert sich diese Investition schneller, je häufiger die Provenienzen von Werken geprüft werden.[354] In diesem Zusammenhang wird von Fixkostendegression gesprochen.[355] Nachvollziehbar ist das Argument der Senkung der Transaktionskosten bei zunehmender Häufigkeit vergleichbarer Transaktionen auch, wenn ein Sammler regelmäßig Werke beim gleichen Auktionshaus ersteigert und folglich die Informationskosten für die Geschäftsanbahnung entfallen.[356]

Im Kontext der Transaktionskosten auf dem Kunstmarkt ist insbesondere die informationsökonomische Betrachtung von Bedeutung. Grundsätzlich stehen sich Äquivalenzprinzip, wonach ein ausgeglichenes Verhältnis zwischen Leistung und Gegenleistung bestehen soll, und Privatautonomie, wonach jeder Rechtsgeschäfte nach eigenem Willen eingehen kann, gegenüber. Aus informationsökonomischer Perspektive ergibt sich folgende Analyse. Der vollständig informierte *Homo Oeconomicus* ist nicht realitätsnah, sodass kostenintensive Informationsbeschaffungen vonnöten wären.[357] Solange der zu erwartende Gewinn durch das überlegene Wissen höher ausfällt als die Grenzkosten der Informationsbeschaffung, wird sich der rationale Marktteilnehmer um Informationsbeschaffung bemühen. Im Sinne der Privatautonomie wäre es angebracht, dass derjenige, der einen Ressourcenaufwand betreibt, um im Falle eines Inverkehrbringens von Kulturgut wertrelevante Charakteristika des Kulturgutes zu identifizieren, auch von diesem überlegenen Wissen profitieren darf. Dieses Wissen muss der Marktteilnehmer auch grundsätzlich nicht preisgeben, denn anderenfalls würde der Anreiz für die Informationsbeschaffung nicht mehr existieren. Allerdings kann ein Kaufvertrag gemäß § 138 Abs. 2 BGB als Wucher gewertet werden und damit unwirksam sein, wenn die Unerfahrenheit oder das mangelnde Urteilsvermögen ausgebeutet wird.[358] Bezogen auf den Kunsthandel ergeben sich daraus zwei Szenarien, nämlich, dass die Interessen komplementär sind oder dass sich die Interessen diametral gegenüberstehen. Handelt es sich um das Verhältnis zwischen Einlieferer und Auktionshaus, sind die Interessen

354 Zumindest wenn eine kostenpflichtige Provenienzrecherche von externen Dienstleistern als Vergleich herangezogen wird.

355 Schiefer, Funktionen von Kunstintermediären, S. 109.

356 Zur Häufigkeit als Komponente der Transaktionskosten, siehe Kurz, Der Kunsthändler als Intermediär, S. 126 f.

357 Towfigh/Petersen, Ökonomische Methoden im Recht, S. 30.

358 Raue, Vom Bettvorleger zum „teuersten Teppich der Welt“, S. 173 – 181.

komplementär – beide Seiten streben ein höchstmögliches Auktionsergebnis an, da das Auktionshaus einen Anteil am Auktionsergebnis abschöpft. Ein gegenteiliges Szenario entsteht, wenn eine Eigentumsübertragung vom Kunsthändler an einen Sammler stattfinden soll. Der Sammler strebt einen minimalen Kaufpreis an, während der Kunsthändler den Verkaufspreis maximieren möchte. Auch in diesem Szenario soll nicht unterstellt werden, dass der Kunsthändler den potenziellen Käufer arglistig täuscht. Es ist jedoch denkbar, dass ein besser informierter Kunsthändler beispielsweise verschweigen würde, wenn ähnliche Werke desselben Künstlers zeitnah dem Markt von anderen Kunsthändlern oder Auktionshäusern zugeführt werden.

a) Baligh-Richartz-Effekt

Eine theoretische Fundierung der Annahme, dass Kunstintermediäre maßgeblich zur Ressourcenersparnis[359] beitragen können, liegt im Baligh-Richartz-Effekt: „In cooperation a middle-man assumes the burden of making contacts for a number of firms and is able to exist only because he can reduce the total contactual costs […].“[360] Das Modell besagt, dass Intermediäre die Kontaktanzahl von Anbietern und Nachfragern reduzieren können, wodurch schließlich auch die kontaktbedingten Kosten sinken. Wenn eine Galerie 5 Künstler vertritt und für diese 5 Künstler jeweils 5 Nachfrager in Betracht kommen, würden ohne Galerie 25 Einzelkontakte notwendig sein (5 x 5). Wenn die Künstler ihre Werke hingegen in der Galerie offerieren, reduziert sich die Kontaktzahl auf 10=5+5. Je breiter das Sortiment des Intermediär ist, desto ausgeprägter ist der Baligh-Richartz-Effekt.[361] Die folgende Abbildung veranschaulicht diesen Effekt: [362]

359 Zur Ressourcenersparnis durch Kunstintermediäre siehe Kurz, Der Kunsthändler als Intermediär, S. 37.

360 Baligh/Richartz, An Analysis of Vertical Market Structures, S. 675.

361 Zur Verringerung der Kontakt- und Kommunikationskosten durch Intermediäre, siehe Baligh/Richartz, Vertical Market Structures, S. 19 – 45.

362 Eigene Darstellung in Anlehnung an Schiefer, Funktionen von Kunstintermediären, S. 111.

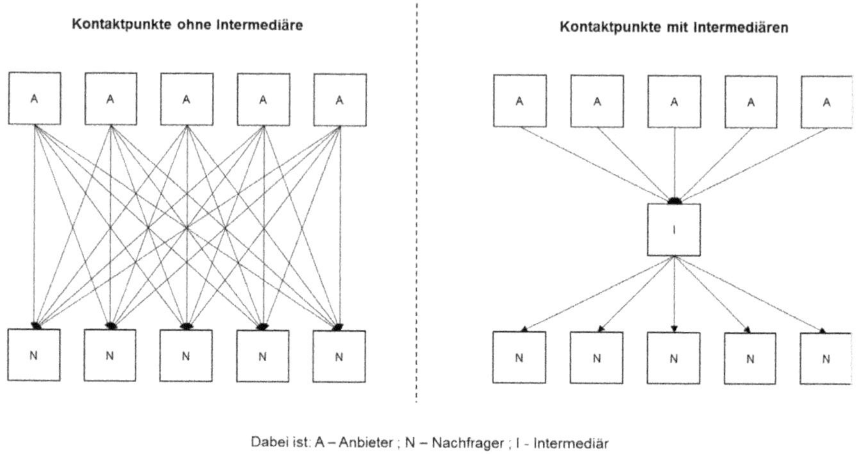

Abbildung 3: Baligh-Richartz-Effekt

Die Abbildung verdeutlicht die drastische Reduktion der Kontaktanzahl durch die Intermediäre. Vor allem in den Bereichen Vorbereitungs- und Anbahnungskosten können durch den Baligh-Richartz-Effekt Transaktionskosten eingespart werden.

b) Verringerung von Informationsasymmetrien

Dass auf Märkten Informationen nicht gleichmäßig verteilt sind und die Informationsbeschaffung nicht kostenlos erfolgen kann, ist offensichtlich. Die asymmetrische Informationsverteilung[363] und die Qualitätsunsicherheit können laut *Akerlof* zu Marktversagen führen. Nachfrager orientieren sich aufgrund der fehlenden Marktkenntnisse an Durchschnittspreisen, sodass Anbieter tendenziell Güter minderwertiger Qualität offerieren. Es ist demnach anzunehmen, dass dies zu einer adversen Selektion führen kann, da die Nachfrager hinsichtlich der Güterqualität von den opportunistisch handelnden Anbietern getäuscht werden.

363 Grundsätzlich wird unterschieden zwischen drei Typen von Informationsasymmetrien: Hidden Characteristics (unbekannte Eigenschaften), Hidden Action (unbekannte Aktionen der Gegenseite) und Hidden Information (die Ausprägung der exogenen Störgröße; die Störgröße kann zwar beobachtet werden, jedoch weiß die Gegenseite noch nicht, ob diese als positiv oder negativ eingeschätzt werden soll); Alparslan, Strukturalistische Prinzipal-Agent-Theorie, S. 19 f.

Dadurch besteht für Anbieter von überlegener Qualität kein Anreiz, jene Güter anzubieten.[364] Da den Nachfragern ihr Informationsnachteil bewusst ist und sie das opportunistische Verhalten der Anbieter voraussehen, werden sie ggf. sogar gänzlich von einer Transaktion absehen – es existiert Marktversagen. Dieses Phänomen schadet auch aufrichtigen Anbietern: „There may be potential buyers of good quality products and there may be potential sellers of such products in the appropriate price range; however, the presence of people who wish to pawn bad wares as good wares tends to drive out the legitimate business. The cost of dishonesty, therefore, lies not only in the amount by which the purchaser is cheated; the cost also must include the loss incurred from driving legitimate business out of existence.“[365]

Die Argumentation deutet darauf hin, dass Intermediäre für das Funktionieren eines Marktes förderlich sind, da sie Reduzierungen von Informationsasymmetrien bewirken können. Kunstwerke werden als Such- und Erfahrungsgüter klassifiziert, da nachfrageseitige Unsicherheiten, beispielsweise hinsichtlich ästhetischer Eigenschaften von Kunstwerken, bestehen.[366] *Talkenberg* legt sogar dar, dass auf einem Kunstmarkt ohne Kunstintermediäre die hohen Informationsbeschaffungskosten zu einem Marktversagen führen würden.[367]

Die eingangs erwähnte Gatekeeper-Funktion der Galerien und Kunsthändler führt für den Nachfrager dazu, dass eine Vorselektion bzw. eine „Qualitätsprüfung“ durchgeführt wurde. Die Informationskosten liegen insbesondere im Zeitaufwand, der wiederum beeinflusst wird durch „[…] die Komplexität und Intransparenz des Marktes, durch die Zahl und geografische Verteilung der Marktteilnehmer sowie durch die Möglichkeit der Existenz opportunistischer Marktteilnehmer, welche Informationsasymmetrien (etwa durch Vertrauensmissbrauch) zu ihren Gunsten ausnutzen.“[368] Der Kunstintermediär als

364 Quadt, Kunst als Institution, S. 40.

365 Akerlof, The Market for "Lemons", S. 495.

366 Ebker, Politische Ökonomie der Kulturförderung, S. 149; eine gegenteilige Auffassung vertritt Grampp, Pricing the Priceless, S. 37, der argumentiert, dass Sammler sehr wohl aufgeklärt sein können, schließlich treten sie gleichermaßen als Käufer und als Verkäufer auf und sind dadurch in der Lage den Markt einschätzen zu können. Gleichzeitig ist hervorzuheben, dass Informationsasymmetrien in Bezug auf der Wertigkeit der Kunstwerke auf dem Sekundärmarkt schwächer ausgeprägt sind, als auf dem Primärmarkt. Dies liegt daran, dass Werke, die auf dem Sekundärmarkt gehandelt werden, bereits etabliert sind; McAndrew, An Introduction to Art and Finance, S. 9.

367 Talkenberg, Die Ökonomie des Bildermarkes, S. 140.

368 Bernhard, Kunst als Kapitalanlage, S. 165.

Spezialist in einem Teilmarkt kann zugunsten des Nachfragers Such- und Informationskosten verringern, die für den Nachfrager aufgrund der typischerweise niedrigen Transaktionsfrequenz[369] prohibitiv hoch wären.[370] Wenn ein Nachfrager bei einem der großen Auktionshäuser ein Kunstwerk erwirbt, ist auch das Risiko, dass es sich um eine Fälschung handelt, als gering einzuschätzen. Die vertrauensbildende Funktion des Kunsthandels, welche etwa in Form von Garantieübernahmen bezüglich der Authentizität und Provenienz der gehandelten Kunstwerke wahrgenommen wird, behebt somit die Qualitätsunsicherheit der Nachfrageseite.[371] Dadurch kann das drohende Marktversagen abgewendet werden, weshalb Auktionshäuser auch als „marktfehlerkompensierende Institutionen“ bezeichnet werden.[372]

3. Erhöhung des Nutzens für Verkäufer

Neben der Ressourcenersparnis liegt die ökonomische Funktion von Kunstintermediären auch in der Nutzensteigerung. Hierbei ist die zeitliche Handelsfunktion hervorzuheben. Kunstintermediäre überbrücken saisonale und konjunkturelle Schwankungen und kreieren damit „preisstabilisierende und preissteigernde Effekte“, denn durch eine vom Handel initiierte Marktverengung kann ein antizipierter Preisverfall abgewendet werden. Zudem sind in Niedrigpreisphasen weiterhin Kunsthändler aktiv, welche „arbitrageorientierte Ankäufe“ tätigen und somit ebenfalls das Preisniveau des Marktes stabilisieren.[373] An dieser Stelle sei aber auch darauf hingewiesen, dass Arbitragegeschäfte im engeren definitorischen Sinne, also das Ausnutzen von Preisunterschieden auf verschiedenen Märkten, im Kunstmarkt grundsätzlich kaum möglich sind „[...] denn strenggenommen ist ein Arbitragegeschäft risikolos durchführbar, da die es konstituierenden Elemente des An- und Verkaufs zeitgleich erfolgen müssen.“[374] Dass auf dem Kunstmarkt teilweise große Zeitspannen zwischen

369 Landwehr, Kunst und ökonomische Theorie, S. 180 beschreibt, dass die geringe Transaktionsfrequenz die Schätzung eines möglichen Verkaufspreises deutlich erschwert.

370 Landwehr, Kunst und ökonomische Theorie, S. 283 – 285; ebenfalls Beckmann, Ökonomische Analyse deutscher Auktionen, S. 23 f.

371 Oberender/Zerth, Eine Einführung in die Mikroökonomie der Kunst, S. 69; ebenfalls Landwehr, Kunst und ökonomische Theorie, S. 294.

372 Beckmann, Ökonomische Analyse deutscher Auktionen, S. 256.

373 Frangen, Ökonomische Analyse des Marktes für Malerei, S. 72 – 78.

374 Frey, Betriebswirtschaftliche Kunstbewertung, S. 61; höchstens sei eine „unsaubere Arbitrage“ möglich.

Kauf und Verkauf liegen, ist im Hinblick auf das preis-relevante Kriterium der Marktfrische nachvollziehbar.

Für Auktionshäuser und Kunsthändler ist Vertrauen Voraussetzung für die Generierung von Nachfrage.[375] Vereinzelt wird auch die Auffassung vertreten, dass es sich bei Kunstwerken um eine „extreme Form eines Vertrauensgutes" handelt, da für den Nachfrager die Qualität nicht einmal nach dem Kauf erkennbar ist: „Einem unkundigen Käufer stehen [...] keine „Entscheidungshilfen", die von dem Produkt selbst bei der Qualitätsbeurteilung ausgehen könnten, zur Verfügung."[376] Gelingt es den Kunstintermediären Reputation aufzubauen, ermöglicht dies ihnen, viele Nachfrager anzusprechen. Durch Aufbau und Aufrechterhaltung einer Reputation können die Kunstintermediäre höhere Preise aufrufen, als dies der Eigentümer eines Kulturgutes selbst tun könnte.[377] Die Kunstintermediäre können zudem i.d.R. die Marktlage und Trends besser einschätzen und sind demnach in der Lage, ein attraktives Sortiment zusammenzustellen.[378] Aus monetärer Sicht kann daher für den Anbieter ein Kunstintermediär als Absatzmedium vorteilhaft sein, da der Anbieter in diesem Fall vom Sortiments- und Spezialisierungseffekt profitieren kann. Auktionshäuser sind aber auch darauf angewiesen, dass sie die Erwartungen von Einlieferern erfüllen, denn nur wenn eine Versteigerung aus Sicht der Einlieferer positiv bewertet wird, werden diese sich in Zukunft wieder an das jeweilige Auktionshaus als potenziellen Absatzkanal wenden. Ebenso wichtig ist eine erfolgreiche Kundenbindung: „Der monopolistische Spielraum hängt vor allem davon ab, ob und insbesondere wie intensiv ein Kunsthändler seinen Kundenkreis an sich zu binden versteht."[379]

---

375 Bonus/Ronte, Glaubwürdigkeit von Kunst und Künstlern, S. 43 stellen in diesem Zusammenhang fest: „Es gilt das gesprochene Wort, weniger das Kleingedruckte."

376 Quadt, Kunst als Institution, S. 38 f.

377 Quadt, Kunst als Institution, S. 38.

378 Beckmann, Ökonomische Analyse deutscher Auktionen, S. 24 beschreibt dies als „Sortimentseffekt".

379 Oberender/Zerth, Eine Einführung in die Mikroökonomie der Kunst, S. 69.

V. Preisbildung auf dem Kunstmarkt

1. Anwendbarkeit des Homo Oeconomicus-Verhaltensmodells auf den Kunstmarkt

Für die Preisbildung ist der in einem Kunstwerk inhärente Nutzen aus Sicht eines Dritten und die damit einhergehende Zahlungsbereitschaft ausschlaggebend: „Letztendlich sind private und öffentliche Nachfrager nur bereit, ihrem Grenznutzen entsprechend für ein Kunst- und Kulturobjekt zu bezahlen.“[380] Die Preisbildung auf dem Kunstmarkt ist also bedingt vom Verhalten der Marktteilnehmer. In diesem Kontext ist die Frage zu beantworten, inwieweit das *Homo Oeconomicus*-Verhaltensmodell auf dem Kunstmarkt Relevanz hat.[381] Der *Homo Oeconomicus* ist das zentrale ökonomische Paradigma. Grundannahme ist, dass der *Homo Oeconomicus* eine Nutzen- und Gewinnmaximierung anstrebt, indem Kosten und Nutzen gegeneinander aufgewogen werden. Konsumentensouveränität, also die Tatsache, dass der Nachfrager frei nach dessen Präferenzordnung entscheidet, ist grundliegender Bestandteil des Modells.[382]

Aus ökonomischer Perspektive ist hervorzuheben, dass das Verhalten der Gesellschaft vom Gesetzgeber nicht diktiert werden kann, sondern es werden lediglich „Preise“ für bestimmte Verhaltensweisen festgelegt.[383] Gesetzliche Vorschriften werden vom *Homo Oeconomicus* daher auch nur befolgt, sofern das Nutzenniveau durch Strafen auf Basis einer Kosten-Nutzen-Analyse so weit sinken würde, dass der durch eine sanktionierte Handlung resultierende Nutzenverlust den Nutzenvorteil der Zuwiderhandlung übersteigen würde.[384]

Es ist anzunehmen, dass die Kunstintermediäre gewinnorientiert handeln und die wesentlichen Grundzüge des *Homo Oeconomicus* erfüllen. Die Vorstellung einer stets nutzen- und gewinnorientierten Person erscheint anfänglich weder intuitiv noch nachvollziehbar. So kritisieren *Bendixen/Weikl*: „Die reine ökonomische Theorie hat ihren wissenschaftlichen Gegenstand auf das Rationale skelettiert mit der Folge, dass die Realität eines kulturvierten Individuums als

---

380 Ebker, Politische Ökonomie der Kulturförderung, S. 148; zu den Besonderheiten der Festlegung von Schätzpreisen im Auktionsgewerbe, siehe Beckmann, Ökonomische Analyse deutscher Auktionen, S. 174 – 178.

381 Zum Modell des Homo Oeconomicus siehe Towfigh/Petersen, Ökonomische Methoden im Recht, S. 27 – 31.

382 Ebker, Politische Ökonomie der Kulturförderung, S. 25.

383 Englerth, Behavioral Law and Economics, Online, S. 3.

384 Eidenmüller, Effizienz als Rechtsprinzip, S. 34 – 36.

Marktteilnehmer nicht im wissenschaftlichen Fokus erscheint."[385] Trotz der berechtigten Kritik darf nicht außer Acht gelassen werden, dass das Modell einen geeigneten Referenzrahmen bildet. Schließlich liegt es in der Natur eines jeden Modells, dass es mittels komprimierter Annahmen versucht, Voraussagen zu treffen. Deswegen ist auch der Einwand zurückzuweisen, dass der *Homo Oeconomicus* nicht vereinbar sei mit dem Menschenbild des Rechts.[386] Es lässt sich zusammenfassend folgende Aussage anführen: „Aus der ökonomischen Theorie ist die lange Diskussion darüber, ob das Modell des ständig Nutzen und Nachteil abwägenden Homo Oeconomicus ein realistisches Abbild des wirtschaftenden Menschen sei, heute eindeutig dahingehend entschieden worden, dass solcher Realismus ganz unnötig sei, solange die mit diesem Modell arbeitenden Theorien kräftige Erklärungen und brauchbare Prognosen liefern."[387] Die Rationalverhaltens-Hypothese des *Homo Oeconomicus* ist folglich auch im Rahmen dieser Arbeit nicht abzulehnen. Zudem gehört das Modell des *Homo Oeconomicus* zu den fundamentalsten ökonomischen Gesetzeshypothesen.[388] So schreibt *Schäfer* vor dem Hintergrund der Erkenntnisse der Behavioral Economics: „Dass die verhaltensökonomische Forschung das rational choice und homo oeconomicus Modell schnell ganz ablösen könnte scheint eher unwahrscheinlich."[389]

2. Preisbildung auf dem Primärmarkt

Wenn als Angebotsseite der einzelne Künstler angesehen wird, ist als Besonderheit zu betonen, dass die „Kunstproduktion" grundsätzlich nicht marktwirtschaftlichen Regeln unterworfen ist – ein Künstler wird bei sinkender Nachfrage nicht weniger produzieren.[390] Da eines der konstitutiven Merkmale von Kulturgütern die Dauerhaftigkeit ist und ein Kunstwerk im Laufe der Zeit im Normalfall häufig den Eigentümer wechselt, ist es daher auch sinnvoller, in dieser Arbeit die Kunstintermediäre anstelle der Künstler als Angebotsseite aufzufassen.[391]

---

385 Bendixen/Weikl, Einführung in die Kultur- und Kunstökonomie, S. 67.
386 Towfigh/Petersen, Ökonomische Methoden im Recht, S. 166 f.
387 Dahrendorf, Homo Sociologicus, S. 108.
388 Schäfer/Ott, Lehrbuch der ökonomischen Analyse des Zivilrechts, S. 95 – 103.
389 Schäfer, Ökonomische Analyse des Rechts, S. 7, Online.
390 Driesch, Kunst und ökonomische Theorie, S. 41.
391 Diesen Ansatz verfolgt auch Landwehr, Kunst und ökonomische Theorie, S. 26.

Hinsichtlich der Preisbildung existieren deutliche Unterschiede zwischen Primär- und Sekundärmarkt.[392] Durch die Monopolstellung des Künstlers wird dem Primärmarkt ein monopolistischer Wettbewerb unterstellt, auch heterogenes Monopol genannt.[393] Bei dieser Marktform konkurriert auf einem unvollkommenen Markt eine Vielzahl kleiner Anbieter mit ähnlichen und daher grundsätzlich substituierbaren Produkten. Die Produktdifferenzierung, die auf dem Kunstmarkt aufgrund der Unikat-Eigenschaft eines jeden Kunstwerkes gegeben ist, schließt jedoch streng genommen eine Substituierbarkeit aus und erlaubt den Anbietern eine monopolistische Preissetzung innerhalb eines bestimmten Intervalls.[394] Dies deckt sich auch mit der Duplextheorie der Güter, die bei relativ ähnlichen Gütereigenschaften die Differenzierung aufgrund der unterschiedlichen Bedeutung, die einem Gut beigemessen wird, unterstellt.[395] Das sogenannte „law of one price", welches besagt, dass identische Güter auf einem vollkommenen Markt auch einheitliche Preise haben müssten, findet demnach auf dem Kunstmarkt keine Anwendung.[396] Sogar Drucke eines Kunstwerkes, von dem verschiedene gleichartige Exemplare existieren, können nämlich an unterschiedlichen Orten zu verschiedenen Preisen gehandelt werden.

Die „monopolistische Preissetzung" erfolgt auf dem Primärmarkt i.d.R. durch Künstler und Galerist gemeinsam.[397] Eine Besonderheit der Preisbildung auf dem Primärmarkt besteht jedoch darin, dass Preise grundsätzlich nicht vom Galeristen gesenkt werden, da dies eine negative Signalwirkung verursachen könnte.[398] Zwar berücksichtigen Galeristen bei der Preissetzung auch die Nachfrageseite, doch Gleichgewichtspreise im Sinne der Neoklassik existieren auf dem Primärmarkt aufgrund der Nicht-Substituierbarkeit und der Unikat-Eigenschaft von Kunstwerken nicht.[399] Auch *Baumol* konstatiert: „[...] there may exist no equilibrium level, so that the prices of such art objects may be strictly unnatural in

---

392 Zur Preisbildung auf dem Primärmarkt siehe Schultheis, On the price of priceless goods, S. 71 – 76.

393 Knebel, Anomalies in Fine Art Markets, S. 14.

394 Knebel, Anomalies in Fine Art Markets, S. 28.

395 Priddat, Wirtschaft durch Kultur, S. 84.

396 Frey, Betriebswirtschaftliche Kunstbewertung, S. 60.

397 Kurz, Der Kunsthändler als Intermediär, S. 75; ebenfalls Bernhard, Kunst als Kapitalanlage, S. 28; zur Partnerschaft von Künstler und Galerie auch Zimmer, Die Zusammenarbeit Künstler – Galerie, S. 343 – 347.

398 Schultheis, On the price of priceless goods, S. 73; ebenfalls Kurz, Der Kunsthändler als Intermediär, S. 76 und Driesch, Kunst und ökonomische Theorie, S. 41.

399 Driesch, Kunst und ökonomische Theorie, S. 41 f.

the classical sense."[400] Die Monopolstellung des Künstlers führt auch dazu, dass der Tod eines Künstlers gleichzeitig auch die Produktionseinstellung bedeutet. Damit erlischt der Primärmarkt, sodass Werke des verstorbenen Künstlers ab diesem Zeitpunkt nur noch auf dem Sekundärmarkt zirkulieren.[401]

3. Preisbildung auf dem Sekundärmarkt

Während die Preisbildung des Primärmarktes relativ statisch verläuft, dominieren auf dem Sekundärmarkt die Marktkräfte. Preise werden von Begehrlichkeit, Knappheit und den finanziellen Mitteln der Nachfrager gesteuert. Wie auf dem Primärmarkt, herrscht auch auf dem Sekundärmarkt eine asymmetrische Informationsverteilung, da Kunstwerke als Unikate gelten und jedem Nachfrager lediglich die eigene Zahlungsbereitschaft bekannt ist.

Der klassische Kunsthändler muss, wenn er als Anbieter auftritt, auf Basis seiner Erfahrungen und von Vergleichswerten einen Preis festlegen, ohne dass die maximale Zahlungsbereitschaft für das jeweilige Kunstwerk bekannt ist. Im Gegensatz dazu können Auktionshäuser die asymmetrische Informationsverteilung überwinden, indem die Preisfindung den Nachfragern, also den Bietern, überlassen wird.[402] Der Sekundärmarkt ist folglich ein Wettbewerbsmarkt, bei dem Preise durch Angebot und Nachfrage entstehen.[403] Aus wohlfahrtstheoretischer Perspektive handelt es sich dabei um einen effizienten Mechanismus. Zudem weisen Auktionen eine einzigartige Dynamik auf, bei der ein Wettbieten[404] zu Kaufpreisen führen kann, welche weit oberhalb des Schätzpreises und mitunter auch oberhalb der im Vorfeld der Auktion auf individueller Ebene festgelegten Preisobergrenze liegen. *Herstatt* schlussfolgert sogar: „Auktionspreise sind sicher keine Marktpreise."[405] Die Verwendung von Auktionsergebnissen als

---

400 Baumol, Unnatural Value, S. 10; ebenfalls Frey, Betriebswirtschaftliche Kunstbewertung, S. 64: „Der Kunstmarkt kann aufgrund seiner spezifischen Eigenschaften weder mit der theoretischen Idealvorstellung des vollkommenen und vollständigen Markts gleichgesetzt noch als Teil von ihm betrachtet werden, er zeichnet sich auch nicht durch einen vollständigen Wettbewerb aus […]."

401 Kurz, Der Kunsthändler als Intermediär, S. 45 f.

402 Boll, Distributionssystem und Ereignis, S. 181.

403 Driesch, Kunst und ökonomische Theorie, S. 68.

404 Beckmann, Ökonomische Analyse deutscher Auktionen, S. 279 spricht von „Eskalationseffekten".

405 Herstatt, Fit für den Kunstmarkt, S. 119; auch Findlay, Vom Wert der Kunst, S. 39 bemerkt: „Obwohl Auktionshäuser gern behaupten, ein Auktionspreis spiegele das wider, was ein williger Käufer einem willigen Verkäufer zahlen möchte, so stellt er

Bewertungsgrundlage für Einlieferungen ist deswegen riskant. Obwohl die Diskrepanz zwischen Kaufpreis und Schätzpreis suggerieren könnte, dass dies eine Anomalie impliziert, kann konstatiert werden, dass Auktionen ein Zusammenspiel zwischen Angebot und Nachfrage darstellen, bei der letztlich die höchste Zahlungsbereitschaft triumphiert.[406] Insofern kann die durch Auktionen zustande kommende Güterallokation als pareto-optimal bezeichnet werden.[407] Dies ist darin begründet, dass die Zahlungsbereitschaft des Ersteigerers mit dem höchsten Nutzen gleichgesetzt wird und kein weiteres Szenario denkbar wäre, bei dem ein Marktakteur einen höheren Nutzen erreichen kann, ohne dass ein anderer Marktakteur einen Nutzenverlust hinnehmen muss.

a) Bewertungsproblematik

Grundsätzlich wird die Bewertung von Kunstwerken von diversen Faktoren beeinflusst, wie der Authentizität, der Knappheit, der Marktfrische, der Provenienz[408], der musealen Dokumentation, der Restitutionsfreiheit, der Signatur und Datierung, den Verfügungsbeschränkungen[409] und auch den Produkteigenschaften, vor allem Motiv, Format und Erhaltungszustand.[410] Ein signifikantes Merkmal des Kunstmarktes ist allerdings die Problematik der Wert-Quantifizierung. Kunstpreise lassen sich nicht durch materielle Aspekte konstituieren, sondern entscheidend ist eher die symbolische Bewertung: „Der Geld- und Marktwert der Kunst entsteht mit einer Wertzuschreibung, die selbst keinen ökonomischen Charakter hat, auch wenn sich heute der Preis eines Kunstwerks als dessen wichtigster und oftmals sogar einziger Wertindikator durchgesetzt zu haben scheint.

---

in Wahrheit eine einzigartige Verknüpfung von Umständen zu einem bestimmten Zeitpunkt dar – und nicht immer einen zuverlässigen Marktpreis."

406 Kunze, Kunst als Kapitalanlage, S. 21: „Auktionen sind die beste Möglichkeit, einen fairen Preis festzustellen, da hier Angebot und Nachfrage direkt aufeinander treffen und sich so ein Gleichgewichtspreis bildet."

407 Bernhard, Kunst als Kapitalanlage, S. 88.

408 Ein Beispiel für die wertbildende Wirkung einer Provenienz ist die Auktion von Christie's im Jahr 2009, als der Nachlass von Yves Saint Laurent in einem sogenannten „One Owner Sale" versteigert wurde; Heuer, Die Bewertung von Kunstwerken im Steuer- und Erbrechtsstreit, S. 123.

409 Eine beispielhafte Verfügungsbeschränkung ist die Eintragung eines Kunstwerkes in ein Verzeichnis national wertvollen Kulturgutes; Heuer, Die Bewertung von Kunstwerken im Steuer- und Erbrechtsstreit, S. 125.

410 Boll, Kunst ist käuflich, S. 79 – 86; ebenfalls Heuer, Die Bewertung von Kunstwerken im Steuer- und Erbrechtsstreit, S. 122 – 126.

Die Wertzuschreibung resultiert aber primär aus einem kulturellen Prozess, der sich als Abfolge von Selektionsentscheidungen darstellt. Nur diejenige Kunst wird auf dem Kunstmarkt hoch bewertet, die ausgestellt, interpretiert, diskursiv bearbeitet, kurz, in einen Kanon eingeschrieben worden ist."[411] Diese eher soziologische Herangehensweise kann zwar keine klare Richtung in Bezug auf die Bewertung von Kunst vorgeben, doch sie unterstreicht die dualistische Wertigkeit von Kunstwerken, welche durch das Zusammenspiel von ästhetischem und finanziellem Wert entsteht. Konkludent ist eine Wertbestimmung auf Basis von wirtschaftswissenschaftlichen Modellen unpräzise. Die klassischen Bewertungsmethoden zielen nämlich auf die Quantifizierung eines Ertragswertes oder eines Substanzwertes ab. Im Ertragswert spiegelt sich der Nutzen eines Wirtschaftsgutes wider, den der Eigentümer in der Zukunft erwarten kann. Allerdings generiert ein Kunstwerk keine regelmäßigen Zahlungsströme, wie dies bei einer Aktie durch die Dividende der Fall wäre.[412] Allenfalls könnte ein zukünftiger Veräußerungswert diskontiert werden, jedoch ist dies aufgrund der am Kunstmarkt herrschenden Unsicherheit höchst unpräzise. Auch der Substanzwert, der die Anschaffungs- und Produktionskosten abbildet, ist als Bewertungsmethode für Kunstwerke vollkommen untauglich. Schließlich ist der Preis von Leinwand und Farbe kaum nennenswert.[413] *Thurnhofer* stellt sogar fest, dass im Kunstmarkt kein Kausalzusammenhang zwischen Preis und Wert existiert.[414] *Ginsburgh* gelangt zu der pessimistischen Erkenntnis: "The art market is the result of complex interactions that can usually not be explained by economic theory."[415] Daher basieren Handelswerte von Kunstwerken zu einem großen Maß auf Vergleichen. Zum Beispiel wird ein Kunstwerk mit anderen Kunstwerken desselben Künstlers verglichen oder mit Kunstwerken aus der gleichen Epoche. Diese sogenannte „Surrogatkonkurrenz" kann jedoch nicht darüber hinwegtäuschen, dass aufgrund der Einmaligkeit jedes Kunstwerks eine Vergleichbarkeit

411 Lüddemann, Kunstmarkt und Kunstkritik, S. 263 f.; ähnlich Ullrich, Die Kunst der Preise, S. 18: „Dennoch bleibt es insofern anwesend, als der Preis als Wertpostulat fungiert."; ebenfalls Rössel, Der Kunstmarkt, S. 67.

412 Vielmehr ließe sich allenfalls von einer „negativen Dividende" sprechen, die sich u.a. in Form von Versicherungskosten bemerkbar machen würde; Sagot-Duvauroux, Art prices, S. 45.

413 Heuer, Die Bewertung von Kunstwerken im Steuer- und Erbrechtsstreit, S. 126.

414 Thurnhofer, Die Kunstmarkt Formel, S. 33.

415 Ginsburgh, Art markets, S. 40.

problematisch ist.[416] Der ästhetische Wert eines Kunstwerkes ist nämlich zu einem hohen Maße subjektiv und auch der als „neutraler Marktwert" definierte Handelswert, setzt sich aus verschiedenen Faktoren zusammen: Der ästhetische Wert bildet die Basis für den Handelswert, doch dieser wird zusätzlich auch von externen Einflüssen bestimmt, wie dem Urteil von Galeristen, Kritikern, Sammlern und Kuratoren, welche zusammenfassend einen Qualitätskonsens bilden. Der Handelswert kann daher nur als Approximation gelten, welche z.B. bei Auktionen in Form von Reservepreisen[417] quantifiziert wird.

b) Besonderheiten der Nachfrage

Kunst ist ein superiores Gut, bei dem die Nachfrage überproportional zum Einkommensanstieg steigt.[418] Eine damit einhergehende Besonderheit des Sekundärmarktes besteht darin, dass sich im hochpreisigen Segment die Nachfrager sehr preisunelastisch[419] verhalten.[420] Das heißt, dass auf Preisveränderungen nur geringfügig reagiert wird; die durch eine Preisveränderung ausgelöste Veränderung in der Nachfrage fällt geringer aus als die Preisveränderung. Aufgrund der Heterogenität der Güter ist es möglich, dass sich eine individuelle Nachfrage vollumfänglich auf ein spezifisches Gut konzentriert und in diesem Fall aus Sicht des Nachfragers keine Substituierbarkeit gegeben ist.

Zu erklären ist die Anomalie der Inelastizität der Nachfrage auf dem Kunstmarkt damit, dass im hochpreisigen Segment weniger die absoluten Preise relevant sind, als vielmehr subjektive Motive wie Prestige[421] und Ästhetik.[422] In

416 Boll, Kunst ist käuflich, S. 55; ebenfalls Heuer, Die Bewertung von Kunstwerken im Steuer- und Erbrechtsstreit, S. 125.

417 Reservepreis bezeichnet den Mindestpreis; Boll, Kunst ist käuflich, S. 53.

418 Benkert, Die wohlorganisierte Führungslosigkeit, S. 121.

419 Die Formel für Preiselastizität der Nachfrage lautet: E=Q2-Q1/ Q1(P2-P1)/ P1, wobei Q = Menge, P= Preis; Heilbrun/Gray, The Economics of Art and Culture, S. 85 – 89.

420 Driesch, Kunst und ökonomische Theorie, S. 71 f.; zur Preiselastizität im Kultursektor, siehe auch Gottschalk, Kulturökonomik, S. 122; auch Ebker, Politische Ökonomie der Kulturförderung, S. 150 merkt an, „[…] daß Kunst- und Kulturnachfrage im Vergleich zu normalen Gütern unelastischer auf Preisänderungen reagieren kann oder es zu Konstellationen kommen kann, in denen trotz Preissteigerung auch die Nachfrage wächst."

421 Das Prestigemotiv lässt sich unterscheiden in drei Effekte: Der Mitläufer-Effekt, der Snob-Effekt, sowie der Veblen-Effekt; siehe dazu Kapitel § 2 VI 5; Quadt, Kunst als Institution, S. 13 f.

422 Driesch, Kunst und ökonomische Theorie, S. 72 spricht in diesem Kontext auch von „Prestigekonsum".

diesem Kontext ist der Hinweis von *Dossi* sehr trefflich: „Ein Kunstwerk kann also nur dann zu einem echten Statussymbol werden, wenn sein Preis es dazu macht."[423] So lässt sich überspitzt zusammenfassen: „Die herkömmliche Preistheorie ist nicht für die Welt der Superreichen und auch nicht für einen Markt, in dem Käufer die Qualität der Produkte durch ihre Zahlungsbereitschaften definieren, erdacht worden [...]."[424]

c) Besonderheiten des Angebots

Bei der Preiselastizität des Angebots auf dem Kunstmarkt handelt es sich üblicherweise um eine sogenannte „zero-elasticity". Schließlich ändert sich das Angebot nicht bei steigenden Preisen. Die Angebotsfunktion verläuft vollkommen unelastisch.[425] Grundsätzlich lässt sich die Angebotsfunktion für Kunstwerke anschaulich als Senkrechte darstellen, da die Mengeneinheit aufgrund der Tatsache, dass jedes Kunstwerk als Unikat gilt, stets „1" ist und es sich folglich, zumindest bei einem vom Kunsthändler festgelegten Preisniveau, für den einzelnen Nachfrager um eine „Entweder-Oder-Entscheidung" handelt.[426] Durch das Heranziehen mehrerer Nachfrager und die Aggregation der unterschiedlichen Zahlungsbereitschaften, kann die Nachfragefunktion als Treppenfunktion dargestellt werden, welche vom Preisniveau abhängt.[427] Allerdings ist im Kontext der Besonderheiten des Angebots auch die monopolistische Preissetzung der Auktionshäuser in Erinnerung zu rufen, denn ein Kunstwerk wird nur von einem Auktionshaus angeboten, sodass Nachfrager das gewünschte Kunstwerk nicht anderweitig ersteigern können. Zumindest der Schätzpreis ist folglich als sogenannte „Setzung" monopolistisch festgelegt.[428] *Beckmann* spricht deshalb in diesem Zusammenhang von einem Quasi-Monopol des Auktionators.[429]

Die folgende Abbildung veranschaulicht die Preisbildung im Fall von Auktionen.[430]

---

423 Dossi, Hype!, S. 206.
424 Driesch, Kunst und ökonomische Theorie, S. 73.
425 Velthuis, Art markets, S. 35.
426 Landwehr, Kunst und ökonomische Theorie, S. 195.
427 Schiefer, Funktionen von Kunstintermediären, S. 74 – 76.
428 Knebel, Navigation im Datendschungel, S. 17.
429 Beckmann, Ökonomische Analyse deutscher Auktionen, S. 175.
430 Eigene Darstellung in Anlehnung an Heilbrun/Gray, The Economics of Art and Culture, S. 173.

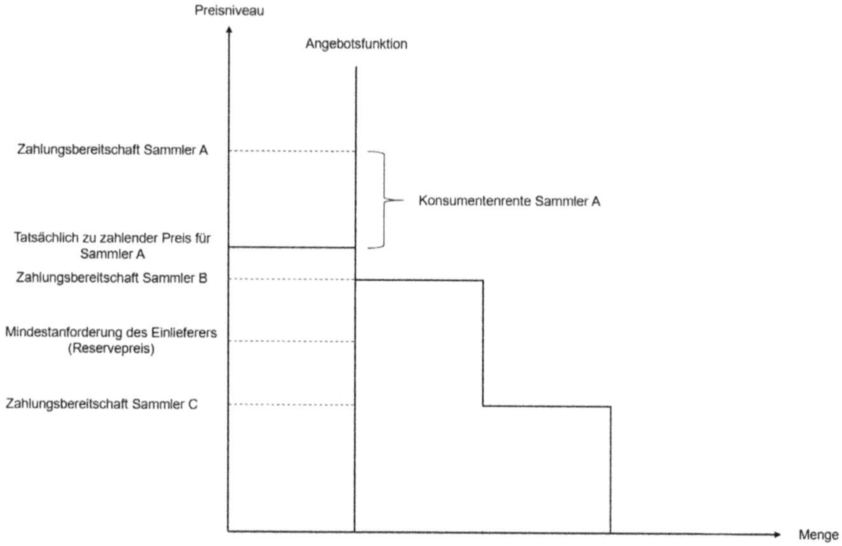

Abbildung 4: Preisbildung durch Auktion

Die Abbildung zeigt drei Sammler mit unterschiedlichen Zahlungsbereitschaften. Sammler C erreicht den Reservepreis nicht. Die Zahlungsbereitschaften von Sammler A und B liegen über dem Reservepreis des Einlieferers, sodass das Kunstwerk verkauft werden wird. Die höchste Zahlungsbereitschaft weist Sammler A auf. Dieser muss jedoch lediglich das nächst-höchste Gebot abgeben, um die Zahlungsbereitschaft von Sammler B zu überbieten. Dadurch entsteht für Sammler A eine Konsumentenrente in Höhe der Differenz seiner Zahlungsbereitschaft und dem tatsächlich zu zahlenden Preis.[431]

d) Folgerecht

Aufgrund der fehlenden Provenienz eines Kunstwerkes auf dem Primärmarkt ist diese als preisrelevanter Faktor nur auf dem Sekundärmarkt ausschlaggebend.[432] Zudem sind Künstler auf dem Sekundärmarkt weitestgehend nicht mehr in die Preisgestaltung eingebunden und können auch eine Weiterveräußerung nicht

431 Heilbrun/Gray, The Economics of Art and Culture, S. 173 f.

432 Kurz, Der Kunsthändler als Intermediär, S. 77.

verhindern. Damit sie dennoch von Wertsteigerungen ihrer Werke profitieren können, ist im deutschen Recht das Folgerecht (sogenanntes droit de suite) verankert.[433] Ökonomisch ist das Folgerecht umstritten.

Erstens entspringt die Ratio des Folgerechts der Annahme, dass ein Marktversagen in der Form vorliegt, dass Nachfrager von Kunst nicht dessen „wahren“ Wert erkennen und zukünftige Markterwartungen sich nicht im Erstverkaufspreis von Werken widerspiegeln.[434] In der Tat besteht eine enorme zeitliche Verzögerung zwischen der Markteinführung eines Werkes und Preissteigerungen, die oftmals mehrere Jahrzehnte betragen kann.[435] Dass es sich jedoch nicht um Marktversagen handelt, sondern dass die teilweise starken Diskrepanzen zwischen Erstverkaufspreis und Wiederverkaufspreis auf die Unsicherheit am Kunstmarkt zurückzuführen sind, wird verkannt.[436]

Zweitens erhält der Künstler lediglich einen geringen prozentualen Anteil[437] an zukünftigen Veräußerungserlösen und das Folgerecht ist auf maximal 12.500 Euro pro Transaktion gedeckelt.[438]

Drittens wird kritisch hinterfragt, warum als Bemessungsgrundlage der Wiederverkaufspreis anstatt der Wertsteigerung herangezogen wird. Dies führt dazu, dass Folgerechtszahlungen auch im Falle eines Wertverlustes zu entrichten sind.[439]

433 Peukert, Folgerecht, S. 436: „Das Folgerecht (droit de suite) gewährt dem Urheber eines Werkes der bildenden Künste einen (unverzichtbaren und unveräußerlichen) Anspruch auf Beteiligung am Erlös bei Weiterveräußerungen seines Originalwerkes.“; in Deutschland ist das Folgerecht gesetzlich verankert durch § 26 UrhG: „Wird das Original eines Werkes der bildenden Künste oder eines Lichtbildwerkes weiterveräußert und ist hieran ein Kunsthändler oder Versteigerer als Erwerber, Veräußerer oder Vermittler beteiligt, so hat der Veräußerer dem Urheber einen Anteil des Veräußerungserlöses zu entrichten.“; außerdem § 26 Abs. 3 UrhG: „Das Folgerecht ist unveräußerlich. Der Urheber kann auf seinen Anteil im Voraus nicht verzichten.“; siehe zum Folgerecht auch Kurz, Der Kunsthändler als Intermediär, S. 67; ausführlich zum Folgerecht siehe auch Schack, Kunst und Recht, S. 220 – 225 und Pfennig, Kunst, Markt und Recht, S. 65 – 70.

434 Schmidtchen / Kirstein, Die EU-Richtlinie zum Folgerecht, S. 4 f., Online.

435 McAndrew, An Introduction to Art and Finance, S. 20.

436 Schmidtchen / Kirstein, Die EU-Richtlinie zum Folgerecht, S. 6, Online.

437 Zum Beispiel 4% für den Teil des Veräußerungserlöses bis zu 50.000 Euro und 0,25% für den Teil des Veräußerungserlöses über 500.000 Euro; vgl. § 26 Abs. 2 UrhG.

438 Vgl. § 26 Abs. 2 UrhG.

439 Schmidtchen / Kirstein, Die EU-Richtlinie zum Folgerecht, S. 5, Online.

Viertens wird am Folgerecht kritisiert, dass es wie eine Steuer auf zukünftige Preissteigerungen wirkt und die Erstkäufer dies in der Kaufentscheidung berücksichtigen werden. Dies resultiert in einer Reduktion der originären Zahlungsbereitschaft, sodass die Belastung durch das Folgerecht letztlich jene trifft, die dadurch ursprünglich gefördert werden sollten: „[...] the resale 'penalty' reduces the price for young artists [...].“[440] Problematisch ist dies vor allem vor dem Hintergrund des abnehmenden Grenznutzens. Der Nutzenverlust durch einen Einkommensrückgang eines jungen Künstlers kann daher sogar auch dann den aus Folgerechtszahlungen resultierenden Einkommensanstieg im wohlhabenden Alter übersteigen, wenn der Einkommensanstieg im Alter größer ist als der Einkommensrückgang in der Jugend.[441] Es zeigt sich auch, dass es sich beim Folgerecht um eine regressive Umverteilung zugunsten der erfolgreichen Künstler handelt. Junge und unbekannte Künstler, deren Preise ohnehin niedrig sind, werden durch das Folgerecht zusätzlich belastet; nur wenigen gelingt der kommerzielle Erfolg. Hingegen erzielen arrivierte Künstler durch das Folgerecht noch höhere Gewinne auf Kosten der jüngeren Künstler.

VI. Behavioral Economics

1. Relevanz der Behavioral Economics im Kontext des Kunstmarktes

Die Verhaltensforschung, welche das Modell des *Homo Oeconomicus* kritisch hinterfragt, hat durch unerwartete Ergebnisse auf sich aufmerksam gemacht. Es wurde nachgewiesen, dass das Verhalten von Probanden in Entscheidungssituationen nicht willkürlich vom Rationalverhalten abweicht, sondern dass bestimmte Muster erkennbar sind: „Menschen sind nach diesen Forschungsergebnissen in ihren Entscheidungen irrationaler und manipulierbarer als weithin angenommen.“[442] Dass diese Abweichung vom Rationalverhalten nicht willkürlich ist, sondern systematisch, stärkt die Relevanz der Behavioral Economics.[443] In der Ökonomie sind nämlich nicht die Einzelfälle entscheidend, sondern erst aus dem Aggregat können fundierte Erkenntnisse gewonnen werden.[444]

440 Towse, Cultural Economics, S. 364.

441 Schmidtchen / Kirstein, Die EU-Richtlinie zum Folgerecht, S. 14 f., Online.

442 Schäfer, Ökonomische Analyse des Rechts, S. 7, Online.

443 Erwähnenswert im Kontext der Behavioral Economics ist die Veröffentlichung von Jolls et al., A Behavioral Approach to Law and Economics.

444 Englert, Verhaltensökonomie, S. 167.

Ziel der Behavioral Economics ist die Identifizierung einer „berechenbaren Irrationalität".[445]

Der Kunstmarkt zeichnet sich dadurch aus, dass aufgrund der Charakteristika der am Markt gehandelten Güter ein hohes Maß an Emotionalität existiert.[446] Vor allem die Nachfrageseite scheint, insbesondere wenn es sich um private Sammler handelt, oftmals nicht rational zu handeln, sondern lässt sich von Emotionen wie Prestigedenken zu impulsiven Käufen verleiten. So konstatiert auch *Frey*: „We propose that a major distinguishing characteristic of art markets is the greater importance of behavioral anomalies [...] in particular, from subjective expected utility maximization [...]."[447] Daher erscheinen die Erkenntnisse der Behavioral Economics und deren Annahme, dass menschliches Verhalten vielschichtiger und weniger nutzenmaximierend ist, als im Verhaltensmodell des *Homo Oeconomicus* angenommen, im Kontext des Kunstmarktes nachvollziehbar und sollten dementsprechend in der ökonomischen Analyse des KGSG Beachtung finden. Zusätzliche Relevanz erhält die Berücksichtigung der Behavioral Economics, wenn die Verkaufsmotive der Eigentümer von Kunst beachtet werden. Dies sind nämlich häufig die drei D's: Debt, Divorce oder Death.[448]

Eine grundsätzliche Bemerkung vorweg: Die meisten nachfolgenden Phänomene bzw. Anomalien sind zwar auf Individualebene relevant, nicht jedoch auf institutioneller Ebene. Insofern lassen sich die Erkenntnisse nicht auf Museen und Kunstintermediäre als Marktteilnehmer extrapolieren, sondern sind vor allem bei Sammlern als Anbieter und Nachfrager von Bedeutung.

2. Endowment-Effekt

Der *Endowment-Effekt* (Besitztumseffekt) besagt, dass Güter von einer Person als wertvoller eingestuft werden, wenn sich diese Güter bereits im Eigentum der Person befinden.[449] Dies deckt sich auch mit der Anomalie des zunehmenden

445 Englert, Verhaltensökonomie, S. 168.

446 So stellt Frangen, Ökonomische Analyse des Marktes für Malerei, S. 36 fest: „Speziell im Fall der Auktionspreisbildung nehmen gerade diese außerökonomischen Aspekte wie irrationelles Bieterverhalten und Zufallseinflüsse eine überragende Bedeutung ein."

447 Frey, Arts & Economics, S. 168.

448 Bellingham, The Auction Process, S. 149.

449 Den Einfluss des Endowment-Effekts auf das Verhalten von privaten Sammlern betont auch Frey, Arts & Economics, S. 169; siehe auch Schiefer, Funktionen von Kunstintermediären, S. 143 f.

Grenznutzens auf dem Kunstmarkt. Konkludent können „willingness-to-pay" und „willingness-to-accept" divergieren, obwohl es sich um ein identisches Gut handelt. Dies impliziert auch, dass Nutzenabwägungen im Sinne der Wohlfahrtstheorie für Käufer und Verkäufer von Kulturgütern nicht gleichgesetzt werden dürfen.[450] Grundsätzlich wird angenommen, dass Transaktionen nur getätigt werden, weil beide Parteien einen Vorteil daraus ziehen. Dies besagt auch das Coase-Theorem, welches bei niedrigen Transaktionskosten annimmt, dass unabhängig von der Anfangsverteilung von Gütern jedes Gut an denjenigen gelangt, der dem Gut den höchsten Wert beimisst.[451] Jedoch ist insbesondere in Fällen, bei denen der Eigentümer zu einem Verkauf „gezwungen" ist, beispielsweise aufgrund von steuerlichen Verpflichtungen, anzunehmen, dass der *Endowment-Effekt* stark ausgeprägt ist und die Transaktion dem Verkäufer nicht vorteilhaft erscheint: „Die Grenzbewertung der Kosten und Nutzen bringt den Eigentümer dazu, den Kunstgegenstand zu verkaufen, doch führt der Verkauf zu einer Einbuße des Gesamtnutzens des Verkäufers."[452] *Pommerehne/Frey* begründen mit dem *Endowment-Effekt* auch, dass Spendenaktionen zum Verbleib von Kunstwerken innerhalb der Landesgrenzen weitaus häufiger zu beobachten sind, als Spendenaktionen, die den Erwerb von Kunstwerken für öffentliche Museen ermöglichen würden.[453] Bei Nicht-Vorliegen des *Endowment-Effektes* müsste der Gesamtnutzen für beide Spendenaktionen theoretisch identisch sein, sofern bei beiden Szenarien davon auszugehen ist, dass die Kunstwerke öffentlich zugänglich gemacht werden.

Würde bei Auktionen das Modell des *Homo Oeconomicus* gelten, ließe sich prognostizieren, dass der Ersteigerer mit einer ausgeprägten Selbstdisziplin die vorher festgelegte Zahlungsbereitschaft nicht übersteigt.[454] Allerdings ist davon nur in den seltensten Fällen auszugehen. Vielmehr ist beispielsweise auch der *Endowment-Effekt* im Auktionswesen als preisbeeinflussende Determinante hervorzuheben. Dieser tritt nämlich in dem Moment ein, in dem ein Bieter der

---

450 Rodi, Ökonomische Analyse des Öffentlichen Rechts, S. 25.

451 Englerth, Verhaltensökonomie, S. 188.

452 Pommerehne/Frey, Endowment- und Kommerzialisierungseffekt am Kunstmarkt, S. 399. Die Autoren mutmaßen auch, dass die Existenz des Endowment-Effekts dazu führt, dass Eigentümer von Kunstwerken Aktionen unterstützen, die sich gegen Exportbeschränkungen richten.

453 Pommerehne/Frey, Endowment- und Kommerzialisierungseffekt am Kunstmarkt, S. 400.

454 Englerth, Behavioral Law and Economics, Online, S. 18 hebt hervor: „Willensschwäche ist ihm [dem Homo Oeconomicus] fremd."

Höchstbieter ist und überboten wird: „The underbidder feels regret at losing an artwork he might have possessed. A reference point of „almost having the painting and losing it" is different from having the money and deciding to bid."[455]

3. Sunk cost-Effekt

Als *sunk costs* gelten Kosten, die in der Vergangenheit angefallen sind und weder in der Gegenwart noch in der Zukunft beeinflussbar sind. Es ist nicht rational, *sunk costs* bei zukünftigen Entscheidungen einzukalkulieren. Dennoch ist es nachvollziehbar, dass Sammler vergangene finanzielle Aufwendungen und sonstige Mühen, die zum Aufbau ihrer Sammlung notwendig waren, berücksichtigen.[456] Dies ist auch eng verknüpft mit dem obigen Beispiel des *Endowment-Effekts.*

4. Geringe Berücksichtigung von Opportunitätskosten

Opportunitätskosten sind insbesondere dann relevant, wenn eine Investitionsentscheidung getroffen werden soll. Da ein Kunstwerk, anders als eine Aktie, keine jährliche Verzinsung in Form einer Dividende o.ä. aufweist, sind Opportunitätskosten immanent. Falls Opportunitätskosten beim Kauf von Kunst berücksichtigt werden, würde eine Kaufentscheidung rational begründet sein, sofern der Konsum-Nutzen die jährlichen Kapitalerträge übersteigt, die der Käufer stattdessen auf dem Kapitalmarkt erzielen könnte, wenn kein Kunstwerk gekauft worden wäre. Wenn also ein Käufer ein Kunstwerk für 100.000 Euro erwirbt und ein Zinssatz von 5% angenommen wird, dann würden jährliche Opportunitätskosten i.H.v. 5.000 Euro anfallen. Nur wenn dem Käufer der jährliche Konsum-Nutzen mehr als 5.000 Euro wert ist, wäre der Kauf des Kunstwerks aus ökonomischer Sicht rational. Trotzdem ist es eher unwahrscheinlich, dass ein Sammler tatsächlich den Kaufpreis eines Kunstwerkes hypothetisch verzinst und sich anschließend fragt, ob das Werk trotz der jährlichen Opportunitätskosten erworben werden sollte.[457]

---

455 Thompson, The $12 Million stuffed shark, S. 124.

456 Den Einfluss des sunk cost-Effekts auf das Verhalten von privaten Sammlern betont auch Frey, Arts & Economics, S. 169; ebenfalls Beckmann, Ökonomische Analyse deutscher Auktionen, S. 280: „Die hohe Wertschätzung kann allein auf die Rechtfertigung früherer Aufwendungen zurückzuführen sein."

457 Den Einfluss des Opportunitätskosten-Effekts auf das Verhalten von Sammlern betont Frey, Arts & Economics, S. 169.

5. Veblen-Effekt und Snob-Effekt

Der *Veblen-Effekt* besagt, dass Konsumenten nach Prestige streben und daher die Nachfrage nach bestimmten – in der Theorie oftmals teuren – Gütern steigt, obwohl der Preis dieser Güter steigt.[458] Dass diesem Modell auf dem Kunstmarkt eine gewisse Gültigkeit zugesprochen werden kann, ist nachvollziehbar; schließlich ist das Prestigedenken ein dominantes Kaufmotiv.

Ebenfalls im Kontext des Prestigedenkens erwähnenswert, ist der sogenannte *Snob-Effekt*. Der *Snob-Effekt* ist eng angelehnt an den *Veblen-Effekt* und besagt, dass der Käufer sich durch die Exklusivität des nachgefragten Gutes definieren möchte. Folglich handelt es sich um eine Funktion der Nachfrage anderer Käufer. Hingegen nimmt der *Veblen-Effekt* explizit Bezug auf die Nachfrage in Abhängigkeit vom Preis, und es wird eine positive Korrelation zwischen steigenden Preisen und Nachfrage unterstellt.[459] Obwohl die Existenz beider Phänomene im Kontext des Kunstmarktes plausibel erscheint, ist auch die gegenteilige Auffassung nicht gänzlich abwegig. Es ist vorstellbar, dass ein Kunstsammler einen Prestigegewinn erlangt, indem durch das richtige Gespür ein Kunstwerk zu einem besonders niedrigen Preis erworben wird.[460]

VII. Staatliche Interventionen im Kultursektor

1. Legitimation staatlicher Interventionen im Kultursektor

Grundsätzlich sind aus ökonomischer Perspektive staatliche Interventionen aus Gründen der Verteilungsgerechtigkeit legitim, oder sofern Marktversagen vorliegt.[461] Marktversagen entsteht, wenn Wettbewerbsprinzipien versagen, beispielsweise wenn es zu einer Monopolbildung kommt. Das Angebotsmonopol auf dem Kunstmarkt wurde bereits erläutert, doch eine Rechtfertigung für staatliche Interventionen kann damit noch nicht begründet werden. Es ist nicht ersichtlich, dass die monopolistische Konkurrenz stärker ausgeprägt ist als auf anderen Märkten, auf denen beispielsweise Markenartikel gehandelt werden. Ebenfalls kann die Existenz öffentlicher Güter sowie externer Effekte zu Marktversagen führen. Kunstwerke sind aber keine öffentlichen Güter, obwohl sie

---

458 Zum Veblen Effekt im Kontext des Kunstmarktes, siehe Driesch, Kunst und ökonomische Theorie, S. 70 f.

459 Den Veblen-Effekt und den Snob-Effekt beschreibt im Kontext des Kunstmarktes Quadt, Kunst als Institution, S. 13 f.

460 Quadt, Kunst als Institution, S. 14.

461 McAndrew, The Government and the Art Trade, S. 162.

teilweise ähnliche Eigenschaften aufweisen können. Marktversagen könnte bei positiven externen Effekten durch eine Unterversorgung entstehen, da der Nutzen der Konsumenten nicht über einen Preismechanismus abgegolten wird und der Produzent demnach keinen Anreiz für eine Güterherstellung hat. Es stellt sich bei dieser Debatte aber stets die Frage, ob eine Unterversorgung tatsächlich zu befürchten ist. Bezogen auf den Kunstmarkt lässt sich diese Frage verneinen, denn üblicherweise werden Kunstwerke über einen Marktmechanismus verteilt. Eher ist der Kunstmarkt sogar von einer Überversorgung geprägt.[462] Ob der private Verfügungsberechtigte sich dafür entscheidet, ein Kunstwerk öffentlich auszustellen und dadurch positive externe Effekte entstehen, tangiert den Produzenten nicht – vielmehr wird dies sogar ein Ansporn sein, weitere Werke zu produzieren. Schließlich genießt der Künstler durch öffentliche Zurschaustellung Aufmerksamkeit und einen Prestigegewinn. Infolgedessen kann zusammengefasst werden, dass Abweichungen von einem noch funktionsfähigen Markt nicht so weitreichend erscheinen, dass dieser Markt aus Gründen der Allokationseffizienz entweder verstaatlicht oder streng reguliert werden müsste.

Aspekte der Verteilungsgerechtigkeit lassen sich hingegen nicht ignorieren. Ein Markt mit freiem Warenverkehr kann nämlich zu effizienten Ergebnissen führen, doch gleichzeitig sind Aspekte der Verteilungsgerechtigkeit vernachlässigt. Die Notwendigkeit rechtlicher Regelungen im Kultursektor ist auch durch das breite Wirkungsfeld von Kultur zu erklären: Kultur kann eine Integrationsfunktion innerhalb der Gesellschaft wahrnehmen und ebenso auch die Integration eines Staates in die Staatengemeinschaft fördern; sie fungiert als Wirtschaftsfaktor, sie kann als Machtinstrument eingesetzt werden und sie ist auch auf Individualebene dienlich, nämlich unter anderem als Bildungsangebot und Sinnstiftung.[463] Es wird sogar als „originäre staatliche Aufgabe“ bezeichnet, die identitätsstiftende Funktion von Kulturgut zu erhalten.[464]

Staatliche Intervention, wie sie durch das KGSG erfolgt, kann als Schutzmaßnahme verstanden werden, aber auch der Bereich der Fördermaßnahmen soll kurz Erwähnung finden, denn Kulturgüterschutz und Kulturförderung sind miteinander verknüpft. Der Schutz stellt die Grundlage für Fördermaßnahmen dar, denn gefördert werden können nur jene Kulturgüter, deren Substanz auch

462 Abbing, Why Are Artists Poor?, S. 217.

463 Zu den positiven Auswirkungen von Kultur siehe Germelmann, Kultur und staatliches Handeln, S. 18 – 21; ebenfalls Conrad, Öffentliche Kulturförderung und Welthandelsrecht, S. 72 f. und Landwehr, Kunst und ökonomische Theorie, S. 49 – 55.

464 Winands/List, Das neue Kulturgutschutzgesetz, S. 198.

gewährleistet wird. Gleichzeitig stehen Schutzmaßnahmen und Fördermaßnahmen in einem Spannungsverhältnis zueinander: „Der Grat zwischen zulässiger Ausgestaltung staatlicher Kulturpolitik, die ihrerseits ihren verfassungsrechtlichen Kulturförderauftrag erfüllt, und unzulässigen Eingriffen in die Kunstfreiheit ist schmal; es muss hier die Lage des Einzelfalls entscheiden.“[465]

2. Staatliche Förderung des Kultursektors

Im Kontext der staatlichen Intervention im Kunstbereich, ist es denkbar, dass Subventionen bestehen, weil einflussreiche Bevölkerungsgruppen dies fordern: „The government serves art because it is forced to do so. This is the rent seeking explanation of art subsidization.“[466] Eine Definition von Rent-Seeking lautet: „Rent-seeking [...] is the use of government to improve one's economic position, specifically, using it in order to sell at a higher or to buy at a lower price than one gets or pays on the market.“[467] Die erzielte Rente ist die Differenz zwischen dem tatsächlichen Einkommen und dem im Normalfall über Marktmechanismen erzielten Einkommen. Aus wohlfahrtsökonomischer Perspektive ist dieses Abschöpfen der Rente nicht erstrebenswert: „The consequence is not only redistribution but equally if not more important a smaller total income and wealth for the nation.“[468] Der Wohlfahrtsverlust ist darauf zurückzuführen, dass Rent-seeking auf Seiten des Staates einen Aufwand verursacht, sodass diese Mittel nicht zur Verwendung für produktive Tätigkeiten zur Verfügung stehen. Als Beispiel für Rent-seeking führt *Grampp* auch die europäischen Ausfuhrbeschränkungen für Kulturgüter an: „The effect is to reduce the demand in each national market for art that may not be exported [...] hence to reduce the price of art.“[469] Kulturgut bewahrende Einrichtungen seien die Profiteure, die preiswerter Kunstwerke erwerben könnten. Zudem prangert *Grampp* die ineffiziente Verwendung der erworbenen Güter an, die sich darin bemerkbar macht, dass der Großteil des Bestands nicht öffentlich ausgestellt, sondern eingelagert wird. Dies könnten sich die Kulturgut bewahrenden Einrichtungen nur deswegen leisten, da sie subventioniert werden und nicht marktgerecht handeln müssen.[470]

---

465 Germelmann, Kultur und staatliches Handeln, S. 167.
466 Abbing, Why Are Artists Poor?, S. 205.
467 Grampp, Pricing the Priceless, S. 206.
468 Grampp, Pricing the Priceless, S. 207.
469 Grampp, Rent-seeking in arts policy, S. 119.
470 Grampp, Rent-seeking in arts policy, S. 119.

Grundsätzlich sind staatliche Fördermaßnahmen erst legitimiert, wenn das angestrebte Ziel nicht ohne staatliche Hilfe erreicht werden kann.[471] Staatliche Fördermaßnahmen müssen aber stets auch im Kontext des Nutzens für die Gesellschaft, beispielsweise durch Zugang der Allgemeinheit zu Kulturgütern, betrachtet werden: „Kultur muss ihr Publikum erreichen, um die Funktionen zu entfalten, die ihre Förderung durch den Staat legitimieren."[472] Fördermaßnahmen beschränken sich nicht auf finanzielle Unterstützung; auch die Beeinflussung der Rahmenbedingungen zugunsten der Akteure des Kultursektors kann als Fördermaßnahme angesehen werden.[473] Eine explizite Förderungspflicht des Bundes für den Kultursektor ist zwar nicht verfassungsrechtlich verankert, sie kann jedoch aus der grundgesetzlichen Kunstfreiheit gemäß Art. 5 Abs. 3 GG entnommen werden.[474] So wurde beispielsweise im sogenannten Schallplatten-Urteil des BVerfG bestätigt, dass es Aufgabe des Staates sei, „[...] ein freiheitliches Kunstleben zu erhalten und zu fördern."[475] Vor allem um dem „entwicklungsoffenen Wesen der Kultur" gerecht zu werden, sei daher laut *Germelmann* eine Bewahrung des status quo nicht ausreichend, sondern Kulturstaatlichkeit müsse vielmehr als „aktive Kulturförderung" aufgefasst werden; staatliche Förderungen zur Adaption auf neue Umstände können daher vereinzelt geboten sein.[476] Auf Länderebene ist sogar zu konstatieren, dass viele Landesverfassungen die Förderung von Kultur explizit verlangen.[477] Beispielhaft sei Art. 20 Abs. 2 der Verfassung von Berlin erwähnt: „Das Land schützt und fördert das kulturelle Leben." Hierbei zeigt sich sogleich die eingangs angemerkte doppelte Richtung der staatlichen Intervention, einerseits als Förderinstrument, andererseits als Schutzinstrument.

---

471 Conrad, Öffentliche Kulturförderung und Welthandelsrecht, S. 66 f.: „Kann die Kultur ihre bereichspezifischen Funktionen dagegen auch wahrnehmen, ohne dass der Staat lenkend den Rechtsetzungsrahmen schafft, regulierend in die Verteilung eingreift oder durch finanzielle Förderung das Entstehen oder die Bewahrung von Kultur ermöglicht, so wird man die Kulturförderung jedenfalls nach einem liberalen Staatsverständnis nicht als legitime Aufgabe des Staates verstehen können."

472 Conrad, Öffentliche Kulturförderung und Welthandelsrecht, S. 254.

473 Germelmann, Kultur und staatliches Handeln, S. 53.

474 Germelmann, Kultur und staatliches Handeln, S. 51 f.

475 BVerfG, Urt. v. 05.03.1974 – 1 BvR 712/68, NJW 1974, 689, 689 (Jurion-Tz. 59).

476 Germelmann, Kultur und staatliches Handeln, S. 57.

477 Germelmann, Kultur und staatliches Handeln, S. 59.

Ein Beispiel für die staatliche Förderung des Kultursektors ist auch das Künstlersozialversicherungsgesetz (KSVG).[478] Der Bund bezuschusst die Künstlersozialkasse mit jährlich 20% der Ausgaben und trägt die Verwaltungskosten.[479]

a) *Baumol'sche Kostenkrankheit als Legitimationsansatz für Fördermaßnahmen*

Die Arbeit in Kulturbetrieben lässt sich, anders als in anderen Wirtschaftszweigen, weniger automatisieren und technisieren.[480] Beispielsweise ließe sich ein Theaterstück nicht kürzen, um Kosten zu sparen. Kosteneinsparungen und Produktivitätssteigerungen sind also im Kultursektor nur im begrenzten Maße möglich. Hingegen existieren progressiv steigende Kosten, z.B. durch Lohnerhöhungen, sodass langfristig eine kontinuierlich zunehmende Einnahmelücke besteht.[481] Diese chronische, missliche finanzielle Lage ist auch eine Begründung für staatliche Fördermaßnahmen für öffentlich-rechtliche Akteure im Kulturbetrieb. Dieses als Baumol'sche Kostenkrankheit bekannte Phänomen ist teilweise auch auf private Akteure wie beispielsweise Auktionshäuser und Kunsthändler übertragbar. Zwar können Auktionshäuser durch Online-Auktionen mit geringeren Kosten Absätze generieren und auch in anderen Bereichen, wie der Provenienzrecherche, lässt sich durch die Möglichkeiten des Internets der Mitteleinsatz verringern, doch das Kerngeschäft ist insgesamt relativ statisch[482] und es existiert, auch aufgrund gesetzlicher Anforderungen[483], wenig Potenzial für Produktivitätssteigerungen. Dennoch ist festzustellen, dass die Baumol'sche Kostenkrankheit im Bereich der Auktionshäuser und des Kunsthandels nur

---

478 Das KSVG soll den besonderen Lebensumständen von selbstständigen Kulturschaffenden Rechnung tragen. Gemäß § 1 KSVG besteht eine Versicherungspflicht in der allgemeinen Rentenversicherung, in der gesetzlichen Krankenversicherung und in der sozialen Pflegeversicherung. Die Finanzierung erfolgt gemäß § 14 KSVG durch „[...] Beitragsanteile der Versicherten (§§ 15 bis 16a) zur einen Hälfte, durch die Künstlersozialabgabe (§§ 23 bis 26) und durch einen Zuschuß des Bundes (§ 34) zur anderen Hälfte [...].“; siehe dazu auch Germelmann, Kultur und staatliches Handeln, S. 367 f.

479 Art. 34 KSVG; zur Künstlersozialkasse siehe auch Pfennig, Kunst, Markt und Recht, S. 163 - 170.

480 Schneidewind, Betriebswirtschaft für das Kulturmanagement, S. 19.

481 Ebker, Politische Ökonomie der Kulturförderung, S. 97.

482 Beispielsweise sind Produktanpassungen nicht möglich - die handelbare Ware der Kulturgüter ist statisch.

483 Insbesondere sind in diesem Kontext die Sorgfaltspflichten gemäß § 42 KGSG anzuführen.

wenig ausgeprägt ist.[484] Als Legitimation für kulturgüterschützende Eingriffe kann die Baumol'sche Kostenkrankheit auch daher nicht verwendet werden, weil dieses Phänomen auch in anderen personalintensiven Branchen, wie z.B. dem Handwerk, vorliegt.[485]

b) *„Kunst als meritorisches Gut" als Legitimationsansatz für Fördermaßnahmen*

Aus rechtssoziologischer Perspektive wäre laut *Throsby* ein staatlicher Eingriff schon aufgrund der Tatsache legitimiert, dass es sich bei Kulturgütern um meritorische Güter[486] handelt: „Moving beyond standard efficiency considerations raises the possibility that the arts might be deemed a merit good, and that, if so, this would provide normative grounds for collective action."[487] Meritorische Güter sind gekennzeichnet dadurch, dass die Nachfrage nach ihnen kleiner ist, als politisch gewünscht.[488] Im Kontext des Kunstangebots ist in diesem Zusammenhang erneut das Phänomen der „rational addiction"[489] zu nennen: „Die Fähigkeit, Kunst zu erfahren, zu verstehen und zu schätzen, erfordert Vorbildung."[490] Der Konsum von Kunst gilt als „meritorisch", da die Präferenzen der Nachfrager aufgrund des Problems der häufig mangelnden Vorbildung verzerrt sind und von der Allgemeinheit der Nutzen nicht richtig eingeschätzt werden kann. Für den Staat gilt dies als Legitimationsgrundlage für einen Eingriff. Dabei setzt sich der Staat über die Konsumentensouveränität hinweg.[491] Allerdings

---

484 Zur Baumol'schen Kostenkrankheit in den „Performing Arts" siehe Barone, A New Economic Theory of Public Support for the Arts, S. 37 – 39; ebenfalls Heilbrun, Baumol's cost disease, S. 67 – 75.

485 Zur Kritik am Argument der Baumol'schen Kostenkrankheit, siehe Gottschalk, Kulturökonomik, S. 40 – 42; die Baumol'sche Kostenkrankheit als Legitimation für staatliche Subventionen wird auch abgelehnt von Towse, Cultural Economics, S. 282 f. und Heilbrun, Baumol's cost disease, S. 74: „But there is no reason to subsidize an industry simply because it is technologically unprogressive. On the contrary, given that the real costs are rising relative to those in more progressive industries, it is best to let its prices increase to reflect the rise in real costs."

486 Beispielsweise Abbing, Why Are Artists Poor?, S. 210: „Art is a merit good par excellence."

487 Throsby, Economics and Culture, S. 140.

488 Zu meritorischen Gütern im Zusammenhang mit Kultur siehe Gottschalk, Kulturökonomik, S. 35 – 37.

489 Siehe dazu Kapitel § 2 III 1.

490 Ebker, Politische Ökonomie der Kulturförderung, S. 102.

491 Ebker, Politische Ökonomie der Kulturförderung, S. 102.

wird die Meritorisierung insbesondere im Kontext der Herstellung oder der Wahrnehmung von Kunst angeführt. Beispielsweise werden Kulturgut bewahrende Einrichtungen finanziell gefördert, damit diese mittels niedriger Preise mehr Besucher anziehen können. Das KGSG wurde allerdings nicht vor dem Hintergrund verfasst, dass Kunstwerke meritorische Güter sind und daher eines besonderen Schutzes bedürfen. Das KGSG bezieht sich mit den Ausfuhr- und Einfuhrbeschränkungen vornehmlich auf in Privatbesitz befindliche Kulturgüter, bei denen das Gedankenkonstrukt der meritorischen Güter keine Relevanz hat.[492] Auch aus ökonomischer Sicht ist die Meritorisierung nicht zu rechtfertigen, da es ausschließlich ein politisches Motiv ist.[493]

c) Daseinsvorsorge als Legitimationsansatz für Fördermaßnahmen

Häufig wird argumentiert, dass staatliche Förderung notwendig sei, damit die Allgemeinheit nicht vom Kunstkonsum ausgeschlossen wird. Dies würde theoretisch aufgrund der Baumol'schen Kostenkrankheit unweigerlich eintreffen, sofern kostendeckend gearbeitet und demnach beispielsweise höhere Eintrittspreise verlangt werden müssten.[494] In diesem Zusammenhang wird häufig das Argument der Daseinsvorsorge angeführt.

Vor diesem Hintergrund ist auch die enge Verknüpfung von Kulturstaatsprinzip und Sozialstaatsprinzip zu betonen. Beide Prinzipien sind anders als das Rechtsstaatsprinzip und das Demokratieprinzip als dynamische Prinzipien zu verstehen, welche gesetzgeberische Gestaltungsfreiheit implizieren. Neben dieser strukturellen Gemeinsamkeit kann auch eine inhaltliche Parallele konstatiert werden; hierfür kann das Gebot der Daseinsvorsorge angeführt werden. Im Bereich der Bildung offenbart sich das Zusammenspiel von Kulturstaatsprinzip und Sozialstaatsprinzip. Die kulturelle Bildung, welche als „Grundpfeiler der gesellschaftlichen Ordnung" gilt, ist nicht nur dem Kulturstaatsprinzip zuzuordnen, sondern auch dem Sozialstaatsprinzip. Schließlich ist der Bildungszugang Voraussetzung für die „gesellschaftliche und berufliche Teilhabe".[495] Auch der

---

492 Grundsätzlich kritisch äußert sich auch Landwehr, Kunst und ökonomische Theorie, S. 53: „Das Konzept der meritorischen Güter ist mit der Konsumentensouveränität unvereinbar und wird von vielen Ökonomen als problematisch angesehen, da es fast jeden staatlichen Eingriff rechtfertigen kann, wenn alle wirklich ökonomischen Argumente für staatliche Handlungen versagen."

493 Ebker, Politische Ökonomie der Kulturförderung, S. 105.

494 Ebker, Politische Ökonomie der Kulturförderung, S. 105 f.

495 Germelmann, Kultur und staatliches Handeln, S. 115 – 122; auch Abbing, Why Are Artists Poor?, S. 211 argumentiert: „Art brings enlightment" und „art is emancipation."

Verweis auf den Zusammenhang zwischen Demokratieprinzip und Kulturverbreitung scheint angebracht.[496] So fasst *Germelmann* zusammen, dass sich „[…] die grundrechtlich und sozialstaatlich fundierten Teilhaberechte der Bürger am dem kulturellen Angebot […] zu einem Gebot einer kulturellen Daseinsvorsorge als Staatsaufgabe […]“ verdichten.[497] Angelehnt an das Kulturstaatsprinzip ist auch der Schutz von Kulturgütern als Staatsaufgabe anzusehen und auch der Abwanderungsschutz findet in der Kulturstaatlichkeit des Bundes eine Legitimation.[498] Im Kontext der Kunstsubventionierung wird zudem argumentiert, dass öffentliche Mittel erforderlich seien, um den Zugang zu Kunst für die Allgemeinheit aufrecht zu erhalten, da ein Ausbleiben der öffentlichen Förderung einen Preisanstieg für kulturelle Leistungen verursachen würde, den ein Großteil der Bevölkerung nicht finanzieren könnte.[499] Vor diesem Hintergrund sei auch erwähnt, dass Personen, die einen Zugang und ein Verständnis für Kultur haben, sich gegenseitig durch regen Austausch bereichern. Dies verursacht externe Effekte, die der Markt nicht internalisieren kann.

Im Kontext der Daseinsvorsorge als Legitimationsgrundlage für eine staatliche Kunstförderung sei auch Art. 12 der „Rahmenkonvention über den Wert des Kulturerbes für die Gesellschaft“ des Europarates vom 27.10.2005 zu erwähnen, der explizit den „Zugang zum Kulturerbe und demokratische Teilnahme“ regelt.[500] Die Legitimation staatlicher Kunstförderung mit dem Argument der

496 Siehe dazu Ebker, Politische Ökonomie der Kulturförderung, S. 128.

497 Germelmann, Kultur und staatliches Handeln, S. 534.

498 Germelmann, Kultur und staatliches Handeln, S. 608.

499 Mihatsch, Öffentliche Kunstsubventionierung, S. 38.

500 Art. 12 der „Rahmenkonvention über den Wert des Kulturerbes für die Gesellschaft“ des Europarates lautet: „Die Vertragsparteien verpflichten sich zur:

a. Ermutigung eines jeden Menschen zur Teilnahme an: – dem Prozess der Identifizierung, des Studiums, der Auslegung, des Schutzes, der Wahrung und Darstellung des Kulturerbes; – dem öffentlichen Nachdenken und der Debatte über die Möglichkeiten und Herausforderungen, die das Kulturerbe bietet;

b. Berücksichtigung des Wertes, der durch jede Gemeinschaft im Kulturerbe zum Kulturerbe beigetragen wird, mit dem sie sich identifiziert;

c. Anerkennung der Rolle von freiwilligen Organisationen, sowohl als Partner bei den Tätigkeiten, als auch als konstruktive Kritiker der Politik zum Kulturerbe;

d. Aufnahme von Schritten zur Verbesserung des Zugangs zum Kulturerbe, insbesondere für junge Leute und die benachteiligten Gruppen, um das Bewusstsein für seinen Wert, die Notwendigkeit für seine Aufrechterhaltung und Wahrung und die Vorzüge zu wecken, die aus dem Kulturerbe gewonnen werden können.“

Daseinsvorsorge ist zudem eng angelehnt an die Diskussion um Verteilungsgerechtigkeit: „Art subsidies are […] rooted in the notion of social justice." Allerdings ist hinsichtlich der Debatte um Verteilungsgerechtigkeit im Kultursektor auch die Kritik anzuführen, dass diejenigen Bevölkerungsgruppen, welche die kulturellen Institutionen nutzen, mehrheitlich ohnehin über überdurchschnittlich hohe Vermögen verfügen.[501] Zumindest vor diesem Hintergrund ist die Notwendigkeit von Subventionen im Kultursektor zu hinterfragen. Jedoch muss hervorgehoben werden, dass kulturpolitische Ziele sich nicht am Maßstab der Verteilungsgerechtigkeit orientieren, sondern dass der Bildungsauftrag und die Bewahrung und Weitergabe des kulturellen Erbes im Vordergrund stehen.[502]

3. Staatliche Schutzmaßnahmen im Kultursektor

Staatliche Schutzmaßnahmen im Kultursektor sind nicht nur aus kulturpolitischer Perspektive erstrebenswert, sondern verfolgen durchaus auch ökonomische Ziele. So heben *Stoll/Missling* hervor, dass Kultur und Wirtschaft nicht getrennt voneinander betrachtet werden sollten, sondern dass die Synergien dieser beiden Bereiche Beachtung finden sollten: „Der gesellschaftliche Umgang mit Kultur von der Kreation, Verbreitung bis hin zur Nutzung ist vielfältig in wirtschaftliche Dimensionen eingewoben."[503] Als Beispiel führen sie die Listung von Kulturerbe als UNESCO Weltkulturerbe an, welches originär als Bestandserfassung dienen sollte. In der Praxis zeigt sich, dass die Listung zu einer „Inwertsetzung" führt.[504] Neben direkten wirtschaftlichen Effekten, wie der Entstehung von Arbeitsplätzen oder Steuereinnahmen, müssen auch „weiche Standortfaktoren" berücksichtigt werden: „Darüber hinaus kann Kultur auch das Image einer ganzen Region beeinflussen […]."[505] Dies unterstreicht die Wichtigkeit der Kunstintermediäre. Denkbar ist auch, dass die Schutzbedürftigkeit des Kultursektors kommerziellen Faktoren geschuldet ist: „Die besondere Schutzbedürftigkeit des Kulturlebens findet ihre sachliche Rechtfertigung in ihrer Situation in der Gesellschaft, die nicht allein staatlichen, sondern auch privaten Einflüssen

---

501 Peacock, Welfare Economics and Public Subsidies to the Arts, S. 158 f.

502 Bernhard, Kunst als Kapitalanlage, S. 43.

503 Stoll/Missling, Cultural Property und das Völkerrecht, S. 263.

504 Stoll/Missling, Cultural Property und das Völkerrecht, S. 263 f.; Fechner, Prinzipien des Kulturgüterschutzes, S. 36 argumentiert, dass Kulturgutschutz auf Seiten der Einzelstaaten häufig von wirtschaftlichen Interessen getrieben ist und führt als Beispiel den Kulturtourismus an.

505 Conrad, Öffentliche Kulturförderung und Welthandelsrecht, S. 63.

ausgesetzt ist; zu denken ist hier heutzutage namentlich an Wirtschaftlichkeitszwänge und die Entwicklung von wirtschaftlicher Marktmacht.“[506]

Einer rein ökonomischen Argumentation folgend ist laut *Lankau/Bicskei/Bizer* bei der Beurteilung von staatlichen Schutzmaßnahmen für Kulturgüter folgendes Vorgehen angebracht: „Wenn durch die Existenz und Verbreitung kultureller Güter nur direkte Effekte auftreten, müssen Nutzen und Kosten aller Beteiligten gegeneinander abgewogen werden. Nur wenn der Gesamtertrag eines regulativen Eingriffs die Gesamtkosten übersteigt, ist der Schutz eines bestimmten Kulturgutes gesamtgesellschaftlich legitimiert. Dies verlangt zwingend eine Einzelfallanalyse.“[507] Sie führen aber gleichzeitig aus, dass indirekte Effekte von Kulturgütern, wie sie u.a. durch den Existenzwert weitergegeben werden, ebenfalls identitätsstiftende Wirkung entfalten können.[508] Die staatlichen Schutzmaßnahmen des KGSG können demnach allein schon dadurch nicht aus einer rein ökonomischen Perspektive beurteilt werden, weil sie nicht nur direkte Effekte verursachen.

VIII. Zusammenfassung

Kulturgüter gelten aufgrund ihrer besonderen Bedeutung für die Allgemeinheit als Mischgüter. Die Unikat-Eigenschaft von Kulturgütern erlaubt eine monopolistische Angebotskonkurrenz, die allerdings auf dem Primärmarkt stärker ausgeprägt ist, als auf dem Sekundärmarkt. Der Sekundärmarkt generiert grundsätzlich pareto-optimale Verteilungen, da die Kulturgüter an denjenigen mit der höchsten Zahlungsbereitschaft gelangen.

Eine entscheidende ökonomische Determinante des Sekundärmarktes stellen Transaktionskosten dar; diese liegen insbesondere in hohen Such- und Informationskosten. Sind Transaktionskosten prohibitiv hoch, könnte dies Marktversagen verursachen und die Marktakteure könnten gänzlich von Transaktionen absehen. Dies würde Kooperationsgewinne verhindern und eine wohlfahrtsökonomische Nutzeneinbuße zur Folge haben. Kunstintermediäre reduzieren Transaktionskosten, die ansonsten möglicherweise prohibitiv hoch wären. Beispielhaft wurde der Baligh-Richartz-Effekt beschrieben, um zu verdeutlichen wie sich durch Kunstintermediäre die Kontaktpunkte verringern lassen und Transaktionskosten eingespart werden. Kunstintermediäre als Gatekeeper des

506 Germelmann, Kultur und staatliches Handeln, S. 62.
507 Lankau/Bicskei/Bizer, Der Schutz von Kulturgütern, S. 374.
508 Lankau/Bicskei/Bizer, Der Schutz von Kulturgütern, S. 374.

Kunstmarktes führen zudem eine Vorselektion durch und beheben dadurch die Unsicherheit der Nachfrager; sie gelten als „marktfehlerkompensierend".[509] Ökonomisch relevant ist vor allem auch die Erhöhung des Nutzens für den Verkäufer durch Kooperation mit Kunstintermediären. Aufgrund ihrer Reputation sind Kunstintermediäre in der Lage, viele kaufkräftige Nachfrager anzusprechen und können dadurch höhere Preise erzielen, als dies ein Eigentümer von Kulturgut selber tun könnte.

Des Weiteren wurden die Besonderheiten des Kunstmarktes, wie beispielsweise die des zunehmenden Grenznutzens, dargestellt. Auch die Relevanz der Behavioral Economics im Kontext des Kunstmarktes wurde betrachtet; vor allem der *Endowment-Effekt* und der *Veblen-Effekt* beeinflussen die Akteure des Sekundärmarktes für Kunst.

Die Überleitung zu staatlichen Interventionen verdeutlichte zudem die besondere Schutz- und Förderbedürftigkeit von Kulturgütern.

509 Beckmann, Ökonomische Analyse deutscher Auktionen, S. 256.

§ 3 Grundlagen des Kulturgüterschutzes

I. Einleitung

Durch die Festlegung der gesetzlichen Rahmenbedingungen kann der Staat maßgeblichen Einfluss auf den Kultursektor ausüben. Der Staat greift dabei auf ein breites Instrumentarium an kulturfördernden und -schützenden Maßnahmen zurück. So sei hinsichtlich der Abwanderungsbeschränkungen erwähnt, dass der deutsche Staat sich bereits in der Vergangenheit für den Erhalt von Kulturgütern innerhalb der Landesgrenzen einsetzte. Ein Beispiel ist die unter § 224a AO definierte Möglichkeit, eine Erbschaftssteuer- und/oder Schenkungssteuerschuld mit Kunstobjekten zu verrechnen. Sofern ein öffentliches Interesse am Kunstobjekt besteht, können der Staat und der steuerpflichtige Bürger einen öffentlich-rechtlichen Vertrag abschließen.[510] Dies ist ein staatlicher Anreiz, der darauf abzielt, Kunstobjekte vor Abwanderung zu schützen.

Dass der Kulturgüterschutz in Deutschland in der Vergangenheit gravierende Mängel aufwies, bestätigt der *Bericht der Bundesregierung zum Kulturgutschutz*. Darin wurde erläutert, dass zwischen 2008 und 2013 mehrere Rückgabeersuche ausländischer Staaten eingegangen seien und geprüft wurden, doch letztendlich wurde kein einziges Kulturgut in die Staaten zurückgeführt, die einen Anspruch erhoben hatten.[511] Der Kulturgüterschutz in Deutschland rückte auch 2014 in den Mittelpunkt des medialen Interesses, als der Casinobetreiber Westspiel, dessen Eigentümer das Bundesland Nordrhein-Westfalen ist, zwei Werke von *Warhol* für insgesamt 120 Millionen Euro bei Christie's in New York versteigern ließ. In diesem Zusammenhang wurde angemahnt, dass ein Ausverkauf landeseigener Kunst der Haushaltskonsolidierung dienen würde, und Kulturstaatsministerin *Grütters* befürchtete, dass die Versteigerung ein „Tabubruch mit fatalen Folgen" sein könnte.[512]

---

510 Vgl. § 224a AO.

511 Bundesregierung, Bericht der Bundesregierung zum Kulturgutschutz, S. 5, Online; dies führte auch zu einer Belastung der bilateralen Beziehungen mit den rückfordernden Staaten.

512 Spiegel Online, Warhol-Bilder bringen 150 Millionen Dollar, Online; ebenfalls Handelsblatt, „Tabubruch mit fatalen Folgen", Online.

Auch international wird dem Kulturgüterschutz ein hoher Stellenwert beigemessen; heutzutage existieren Kulturgutschutzgesetze in fast allen Staaten.[513] So schätzt *McAndrew*, dass in über 150 Staaten rechtliche Regelungen bestehen, welche die Ausfuhr national wertvoller Kulturgüter beschränken.[514] Dass der internationale Strafgerichtshof in Den Haag im Jahr 2016 erstmals eine vorsätzliche Zerstörung von Weltkulturerbe als Kriegsverbrechen wertete und einen der Täter zu einer neunjährigen Freiheitsstrafe verurteilte, unterstreicht die Wertigkeit des Kulturgüterschutzes.[515]

II. Der Kulturgut-Begriff

1. Definitionsansätze

Von Schorlemer stellt im Kontext der Einordnung von Gütern als Kulturgüter fest: „Insgesamt ist die Tendenz zu erkennen, Kulturgüter aufgrund ihres „unique character" von anderen Handelswaren zu unterscheiden und sie als Rechtskategorie „sui generis" zu behandeln."[516] Gleichwohl konstatiert sie, dass Kulturgüter „[...] im Prinzip als normale „Waren" anderen Wirtschaftsgütern gleichgestellt sind."[517] Dies wurde vom EuGH in der Rs. 7/68[518] bestätigt, welche klarstellte, dass Kulturgüter grundsätzlich Gegenstand von Handelsgeschäften sein können. Auch *Peya* hebt hervor: „Letztlich sind die Besonderheiten der „Ware Kulturgut" der Grund dafür, warum überhaupt nationalstaatliche Regelungen durch die Mitgliedstaaten getroffen werden, um die Ausfuhr von Kulturgütern zu reglementieren."[519]

Selbstverständlich kann nur geschützt werden, was im Vorfeld als schützenswert festgelegt wurde.[520] Eine präzise Einordnung, welches Objekt als Kulturgut zu klassifizieren und dementsprechend schutzwürdig ist, erweist sich aber als

---

513 Die UNESCO unterhält eine Datenbank, welche Kulturgutschutzgesetze diverser Vertragsstaaten enthält: http://www.unesco.org/culture/natlaws/.

514 McAndrew, The Government and the Art Trade, S. 169.

515 Der Verurteilte, Ahmad Al Faqi Al Mahdi, hatte im Sommer 2012 die Zerstörung diverser Stätten des Weltkulturerbes in Mali befohlen und überwacht; siehe Az. ICC-01/12-01/15.

516 Von Schorlemer, Internationaler Kulturgüterschutz, S. 58.

517 Von Schorlemer, Internationaler Kulturgüterschutz, S. 478.

518 EuGH, Urt. v. 10.12.1968, Rs. 7/68, EUR-Lex - 61968CJ0007 - DE.

519 Peya, Die Ausfuhr von Kulturgütern, S. 68.

520 Uhl, Der Handel mit Kunstwerken im europäischen Binnenmarkt, S. 118.

problematisch.[521] Eine weit gefasste Definition lautet, dass unter den Begriff des Kulturgutes „[…] alle materiellen und immateriellen Werte in künstlerischer, wissenschaftlicher, historischer und sozialer Hinsicht, die in ihrer Gesamtheit und Vielfalt das Erbe der Menschheit ausmachen […]" subsumiert werden können.[522] Ähnlich ist folgender Definitionsansatz, der die Verbindung zwischen objektiven und subjektiven Kriterien hervorhebt: „Vom Begriff Kulturgut werden alle Werte und Objekte erfaßt, die gegenständlich, beweglich oder unbeweglich sind, einem menschlichen Schöpfungsakt zugrunde liegen, unabhängig vom Alter oder der Zugehörigkeit zu einer Episode, unabhängig von der Frage, ob es sich um ein Original handelt, und der Frage des Eigentums. […] Hinzukommen muß ein subjektives Kriterium, wie die Schutzwürdigkeit aus wissenschaftlichen oder künstlerischen Gründen, wegen seiner geschichtlichen Bedeutung, seiner repräsentativen Wirkung und seiner identitätsstiftenden Kraft."[523] Des Weiteren sind grundsätzlich nur jene Kulturgüter schutzwürdig, welche „in gewisser Weise etabliert" sind.[524]

Fechner plädiert für eine klare definitorische Einordnung: „Zudem setzen rechtliche Regelungen eine klare Begrifflichkeit voraus, vor allem, wenn sie mit Beschränkungen für Bürger oder Pflichten für Staaten verbunden sind. Eine zu weite Fassung des Kulturgutbegriffs kann sich für die Schutzwirkung als ebenso schädlich herausstellen wie eine zu enge Umschreibung."[525] Hierbei offenbart sich auch das Spannungsverhältnis zwischen einer präzisen Definition und einer Definition mit Auslegungsspielraum. Denn eine präzise Definition birgt

---

521 Fechner, Prinzipien des Kulturgüterschutzes, S. 16 stellt fest, dass eine allgemein anerkannte Definition des Kulturgutbegriffs nicht existiert; ebenso Abele, Ist das Verhältnis von Kulturgüterschutz und Eigentum ein Finanzierungsproblem?, S. 78; von Schorlemer, Internationaler Kulturgüterschutz, S. 82; Pabst, Kulturgüterschutz in nicht-internationalen bewaffneten Konflikten, S. 32 und Germelmann, Kultur und staatliches Handeln, S. 582 konstatiert: „So kann man erstens auf der abstrakt-inhaltlichen Ebene nicht nur künstlerische und wissenschaftliche Errungenschaften einbeziehen, sondern ihm auch allgemeine historische Erkenntnisse sowie soziale Entwicklungsstufen unterwerfen."

522 Germelmann, Kultur und staatliches Handeln, S. 584.

523 Gornig, Der internationale Kulturgüterschutz, S. 31 f.

524 Germelmann, Kultur und staatliches Handeln, S. 729.

525 Fechner, Prinzipien des Kulturgüterschutzes, S. 16; für eine Annäherung an eine einheitliche Auslegung plädieren auch Abele, Ist das Verhältnis von Kulturgüterschutz und Eigentum ein Finanzierungsproblem?, S. 78, Müller, Kulturgüterschutz: Mittel nationaler Repräsentation oder Wahrung des Gemeinsamen Erbes der Menschheit?, S. 259 und von Schorlemer, Internationaler Kulturgüterschutz, S. 553.

die Gefahr, wesentliche Objekte nicht zu erfassen, während eine offenere Definition das Risiko einer Verwässerung des Kulturgutbegriffs impliziert. *Pabst* vertritt dennoch die Auffassung, dass „[…] eine strikt einheitliche Verwendung des Begriffs „Kulturgut" möglicherweise gar nicht praktikabel und erstrebenswert […]" ist.[526] Dieser Auffassung ist zuzustimmen, da jedes Kulturgut als Unikat gilt und ein Auslegungsspielraum unerlässlich ist.

Da die Operationalisierung des Kulturgut-Begriffs sich als problematisch erweist, wird in der Literatur häufig der Weg über Kategorisierungen wie Alter, Wert und Originalität gewählt.[527] So setzt sich z.B. *Pabst* für „Minimalanforderungen an ein Kulturgut" ein.[528] *Abele* schlägt ein Punktesystem vor, bei dem Merkmale von Kulturgütern wie das Alter, der Erhaltungszustand und die Provenienz mit Punkten versehen und anschließend aufsummiert werden.[529] Allerdings stellt sich hierbei die Frage, inwieweit es sinnvoll ist, ein bestimmtes Objekt nicht mehr als Kulturgut einzustufen, nur weil beispielsweise der Erhaltungszustand mangelhaft erscheint. *Germelmann* hebt die Zweckmäßigkeit einer „bereichsspezifischen Begriffsbildung" hervor, da eine solche Herangehensweise zwar einer systematischen Begriffserfassung entgegensteht, aber den Vorteil der Flexibilität impliziere. Flexibilität sei erforderlich, da je nach Art des Kulturgutes auch unterschiedliche Regelungen anzuwenden sind. Beispielsweise sind für unbewegliche Kulturgüter rechtliche Abwanderungsbeschränkungen irrelevant.[530] Ein grundsätzlich anderer Ansatz ist jener, dass die Unterschutzstellung von Kulturgut von dessen „funktionaler Stellung" abhängig sein sollte: „Kulturgut ist, was die Funktionen eines Kulturgutes erfüllt." Als Funktionen unterscheidet *Müller* eine Identifikationsfunktion („identitätsstiftende Wirkung), eine Kommunikationsfunktion („kultureller Austausch") und eine ökonomische Funktion als „Wertaufbewahrungsmittel".[531]

---

526 Pabst, Kulturgüterschutz in nicht-internationalen bewaffneten Konflikten, S. 32.

527 Abele, Ist das Verhältnis von Kulturgüterschutz und Eigentum ein Finanzierungsproblem?, S. 781.

528 Pabst, Kulturgüterschutz in nicht-internationalen bewaffneten Konflikten, S. 32.

529 Abele, Ist das Verhältnis von Kulturgüterschutz und Eigentum ein Finanzierungsproblem?, S. 87 f.

530 Germelmann, Kultur und staatliches Handeln, S. 585 f.

531 Da nach Müllers Auffassung keine über den Eigentumsschutz notwendigen Schutzmaßnahmen mit dieser Funktion legitimiert werden könnten, solle diese Funktion ausgeblendet werden; Müller, Kulturgüterschutz: Mittel nationaler Repräsentation oder Wahrung des Gemeinsamen Erbes der Menschheit?, S. 260 – 262.

Eine aufschlussreiche Veranschaulichung davon, was auf europarechtlicher Ebene als Kulturgut angesehen wird, bietet der Anhang der Verordnung (EG) Nr. 116/2009, obwohl die darin verankerten Kategorien nur als Entscheidungskriterium für die Frage verwendet werden, ob die Ausfuhr eines Kulturgutes in einen Drittstaat genehmigungspflichtig ist, und keine Legaldefinition von Kulturgut liefern.[532] Auch das KGSG verweist in § 24 KGSG explizit auf den Anhang der Verordnung. Dieser enthält insgesamt 15 unterschiedliche Kategorien von Kulturgütern, wobei die Kriterien Herkunft (z.B. Nr. 1: „Grabungen"), Herstellungsart (z.B. Nr. 3: „von Hand hergestellt"), Funktion (z.B. Nr. 14: „Verkehrsmittel") und Alter (z.B. Nr. 1: „Mehr als 100 Jahre") herangezogen werden. Lässt sich das Objekt einer Kategorie zuordnen, werden im nächsten Schritt die Wertuntergrenzen herangezogen. Neben der höchsten Wertuntergrenze von 150.000 Euro, existieren Wertuntergrenzen i.H.v. 50.000 Euro, 30.000 Euro und 15.000 Euro; einige Kategorien von Kulturgütern, wie etwa archäologische, sind wertunabhängig erfasst. Obgleich dies keine pauschale Definition für Kulturgüter darstellt, vermittelt die Auflistung eine präzise Eingrenzung des im KGSG verwendeten Kulturgutbegriffs.

2. Unterscheidung von „Kulturgut" und „Kunstwerk"

Da beide Begriffe sich definitorisch nur schwer einordnen lassen, ist eine Unterscheidung schwierig. Bei den Begrifflichkeiten „Kulturgut" und „Kunstwerk" ist die Gefahr sogar groß, sie synonym zu verwenden, obwohl sie nur bedeutungsähnlich sind. Ein Kunstwerk bezieht sich auf ein Werk, welches durch menschliches Schaffen entstanden ist. So sind Gemälde, Bilder und Skulpturen als Kunstwerke zu bezeichnen, sofern ihnen ein „gewisses künstlerisches Interesse" zuteilwird.[533] Im Gegensatz dazu sind Kulturgüter Objekte, bei denen dem ästhetischen und künstlerischen Wert nur eine periphere Bedeutung zukommt und die „kulturelle Aussagekraft" im Zentrum steht.[534] Kulturgüter bilden den

532 So konstatiert Blume, Nationalität von Kulturgut, S. 51: „Sinn dieser Sortierung am finanziellen Wert der Güter ist nicht eine Konzentration auf materielle Werte, wie sie so häufig den Blick auf Kultur vernebelt, sondern lediglich das Bestreben, dem Handel feste Kriterien an die Hand zu geben, nach denen er sein Handeln richten kann, und die klar festlegen, wann eine Genehmigung erforderlich ist und wann nicht."

533 Ausführlich zur Differenzierung zwischen Kulturgütern und Kunstwerken Pabst, Kulturgüterschutz in nicht-internationalen bewaffneten Konflikten, S. 38 f.

534 Wyss, Kultur als Dimension der Völkerrechtsordnung, S. 11 nimmt folgende Unterscheidung zwischen Kulturgut und Kunstwerk vor: „Das Attribut „Kunstwerk" kennzeichnet eine gesellschaftlich etablierte Wertschätzung individueller Gestaltungskraft,

Oberbegriff, unter den auch Kunstwerke eingeordnet werden können.[535] Daraus zu schlussfolgern, dass jedes Kunstwerk gleichzeitig ein Kulturgut sei, wäre indes falsch, denn nicht jedem Kunstwerk kann ein so hoher kultureller Wert beigemessen werden, dass eine Klassifizierung als Kulturgut legitim erscheint.[536] Letztendlich ist es nicht Gegenstand dieser Arbeit, die Frage „Was ist Kunst?" zu beantworten, denn die ökonomischen Implikationen des KGSG auf einen Teilbereich des Kunstmarktes, nämlich „Bilder und Gemälde" gemäß dem Anhang der Verordnung (EG) Nr. 116/2009, lassen sich mit der darin beschriebenen Definition ausreichend beleuchten.[537]

3. Zuordnung von Kulturgut zu Staaten

a) Unterscheidung zwischen Staat und Nation

Aus rechtlicher Perspektive ist die Zuordnung von Kulturgütern zu bestimmten Staaten heikel: „Von den Juristen wird gelegentlich das Unmögliche verlangt, nämlich die rechtliche Zuordnung von Kunstwerken an eine bestimmte Nation."[538] Ein Kulturgut erhält seine kulturelle Bedeutung durch Zuschreibung seitens der Gesellschaft, die als Kulturträger fungiert. Problematisch ist, dass die Aufrechterhaltung der kulturellen Bindung zwar als zentrale Aufgabe des Kulturgüterschutzes gesehen wird, diese Zielsetzung jedoch eine zentrale Schwierigkeit impliziert. Zwangsläufig ergibt sich nämlich aus dieser Diskussion auch eine Debatte um die Unterscheidung zwischen Nation und Staat. So mahnt *Odendahl* an, dass die Gesellschaft nicht als Rechtssubjekt herangezogen werden kann: „Eine rechtliche Bindung, und nur eine solche läßt sich juristisch schützen, zu dem eigentlichen Kulturträger existiert daher nicht."[539] Folglich sei der Staat als relevantes Rechtssubjekt anzusehen. Es handelt sich in diesem Szenario aufgrund der fehlenden Rechtssubjektivität der Gesellschaft um eine sogenannte

---

während als Kulturgüter jene beweglichen und unbeweglichen Gegenstände verstanden werden, in denen sich kulturelle Strömungen in ihrer zeitlichen und geographischen Bedingtheit als dechiffrierbare Momentaufnahmen materialisiert haben."

535 Jaeger, Internationaler Kulturgüterschutz, S. 9; ebenfalls Blume, Nationalität von Kulturgut, S. 61.

536 Odendahl, Kulturgüterschutz, S. 398; ebenfalls Blume, Nationalität von Kulturgut, S. 62.

537 Zur Entbehrlichkeit der Antwort zur Frage „Was ist Kunst?" siehe Conrad, Öffentliche Kulturförderung und Welthandelsrecht, S. 44 f.

538 Jayme, Kunstwerk und Nation, S. 7.

539 Odendahl, Kulturgüterschutz, S. 628.

„Fiktion der Einheit von Kulturträger und Staat“.[540] Kulturgüter werden einem Staat zugeordnet, der als Repräsentant der Gesellschaft *nationale Kulturgüter* schützen soll. In diesem Zusammenhang ist auch die identitätsstiftende Funktion von Kulturgütern erwähnenswert: „Aus dem Begriff des nationalen Kulturguts geht hervor, daß es insbesondere das umfassen soll, was die Nation als Ausdruck ihrer heimischen Kultur hervorgebracht hat. Hier fällt die nationale Kulturidentität mit der Bewahrung der Kulturgüter auf ihrem Herkunfts- und Schöpfungsgebiet zusammen.“[541]

Auch wenn formal Kulturgüter nur Staaten zugeordnet werden können, sind geschichtliche Zusammenhänge und kulturelle Verflechtungen stets zu berücksichtigen. So konstatiert *Blume*: „Insbesondere in Europa hat die späte Staatenbildung zu einem verworrenen Netz von Vorläuferstaaten geführt. [...] Dadurch werden Gegenstände, die für ehemals nicht zum Staat gehörende Landesteile von Bedeutung waren, auch für den neuen Gesamtstaat von nationaler Bedeutung.“[542] Daher ist in dieser Frage Variabilität erforderlich. Schließlich ist ein Kulturgut auch dann ein „deutsches Kulturgut“ wenn nach heutigem Grenzverlauf der Künstler nicht als Deutscher gelten würde, aber die Region in der Vergangenheit als „deutsch“ angesehen werden konnte. Dazu zählt beispielsweise Preußen ebenso wie das Elsass. Auch *Jayme* vertritt die Auffassung, dass es sich eher um eine Zuschreibung zu einer Nation handeln solle: „Italienische Kunstwerke sind eben auch solche, die vor der Einigung Italiens entstanden sind. Nation und Staat decken sich häufig nicht.“[543]

Es stellt sich abschließend im Zusammenhang der Grenzveränderungen unweigerlich die Frage, ob der Begriff der Kulturnation anstelle des Nationalstaats herangezogen werden kann. Die Kulturnation, die durch gemeinsame Sprache, Bräuche, Religion und Kultur eine Gemeinschaft von Individuen darstellt, ist als Rechtsbegriff kaum fassbar und nicht an staatliche Grenzen gebunden. Gleichwohl muss der Gesetzgeber meines Erachtens gedanklich über den Begriff des Nationalstaats hinausgehen, da sonst die ideelle Bedeutung der Kulturgüter keine Berücksichtigung finden würde.

540 Zur „Fiktion der Einheit von Kulturträger und Staat“ siehe Odendahl, Kulturgüterschutz, S. 628 – 630.

541 Blume, Nationalität von Kulturgut, S. 74.

542 Blume, Nationalität von Kulturgut, S. 65.

543 Jayme, Kunstwerk und Nation, S. 12.

b) Was ist deutsches Kulturgut?

Art. 73 Abs. 1 Nr. 5a GG weist dem Bund die ausschließliche Gesetzgebungskompetenz über den Schutz deutschen Kulturgutes gegen Abwanderung ins Ausland zu.[544] Diese Kompetenzzuweisung setzt jedoch die Existenz „deutschen Kulturguts" voraus.[545] Im KGSG ist eine Voraussetzung für die Eintragung in ein Verzeichnis national wertvollen Kulturgutes, dass die Abwanderung des Kulturgutes einen wesentlichen Verlust für den deutschen Kulturbesitz bedeuten würde.[546] Auch diese Definition setzt die Existenz eines „deutschen Kulturbesitzes" voraus. Gesetzlich ist jedoch nicht definiert, was als deutscher Kulturbesitz anzusehen ist. Allerdings besteht Konsens darüber, dass die Bezeichnung „deutsch" als Ortsbestimmung zu interpretieren ist und folglich nur jene Kulturgüter umfasst, die sich im heutigen Bundesgebiet befinden.[547] Eine Zuordnung von Kulturgut zu Staaten ist nicht nur aufgrund von Beweisschwierigkeiten problematisch, sondern sie krankt regelmäßig daran, dass ein geeignetes, allgemein anerkanntes Zuordnungskriterium fehlt.[548] Auch die Festlegung, wann ein „wesentlicher Verlust" anzunehmen ist, kann nur sehr subjektiv erfolgen. Einigkeit besteht darüber, dass es sich zwar um einen wesentlichen Verlust deutschen Kulturbesitzes handeln muss. Dies setzt nicht voraus, dass dem Kulturgut eine deutschlandweit besondere Bedeutung zuteilwerden muss: „Dieses weite Verständnis des „wesentlichen Verlusts" hat zur Folge, dass auch Werke von nur regionaler oder lokaler Bedeutung geschützt werden können, sofern dieser regionale oder lokale Wert nur entsprechend groß ist."[549]

Offensichtlichstes Merkmal für die Nationalität von Kulturgut ist die Nationalität des Künstlers selbst.[550] Die Nationalität des Künstlers ist beispielsweise in Schweden das maßgebliche Kriterium.[551] Obwohl die Nationalität des Künstlers

---

544 Zur Gesetzgebungskompetenz des Bundes im Bereich des Abwanderungsschutzes siehe Köstlin, Die Kulturhoheit des Bundes, S. 95 – 97.

545 Jayme, Kunstwerk und Nation, S. 8.

546 Vgl. § 7 KGSG.

547 Franke, Die Nationalität von Kunstwerken, S. 46; ebenfalls Peya, Die Ausfuhr von Kulturgütern, S. 199: „[...] das Adjektiv „deutsch" ist insoweit als Ortsbestimmung zu verstehen."

548 Müller-Katzenberg, Internationale Standards im Kulturgüterverkehr und ihre Bedeutung für das Sach- und Kollisionsrecht, S. 142 – 145.

549 Franke, Die Nationalität von Kunstwerken, S. 49.

550 Lenski, Öffentliches Kulturrecht, S. 319 erweitert die Nationalität des Künstlers um die „räumliche Wirkungsstätte".

551 Die Übersetzung von Chapter 5, Section 2 des schwedischen Kulturgutschutzgesetzes von 1988 (Heritage Conversation Act) lautet: „The term Swedish cultural goods refers

als einleuchtendes Zuordnungskriterium erscheint, ist dies nicht unkompliziert. Beispielsweise wurde der berühmte Maler *Rubens* in Siegen, im damaligen Heiligen Römischen Reich deutscher Nation geboren, doch trotzdem wird er als flämischer und nicht als deutscher Maler angesehen.[552] Zudem ist hervorzuheben, dass das Institut der Staatsangehörigkeit erst mit der Entstehung verfassungsstaatlicher Strukturen einherging und daher viele Künstler in der Vergangenheit keine formale Staatsangehörigkeit besaßen. Wenn daher im Kontext dieser Arbeit die Nationalität des Künstlers angeführt wird, kann damit nicht nur die formale Staatsangehörigkeit gemeint sein, sondern der Begriff der Nationalität muss darüber hinausgehen und auch den Kulturraum und die subjektive Zuordnung einer Person zu einer Nation umfassen. In der Debatte der Zuordnung von Kulturgut zu Staaten ist auch die Auffassung verbreitet, dass die Nationalität des Künstlers lediglich ein Indiz für die Nationalität des Kulturgutes sein kann und es schwer vorstellbar sei, dass ein Kulturgut allein deswegen eine besondere Bedeutung entfaltet, weil dessen Urheber der gleichen Nation entstammt.[553] Dass die Nationalität des Künstlers für die Zuordnung eines Kulturgutes von erheblicher Bedeutung ist, zeigt das Beispiel des Werkes „Portrait sur Fond Jaune“ des französischen Malers *Matisse*. Das Werk erbte eine Amerikanerin (*Vichey*) von ihrem Vater, der in Mailand lebte. *Vichey* führte das Werk in die USA aus und veräußerte es von dort an eine schweizer Kunsthändlerin (*Jeanneret*). Da das Werk nach Ansicht des italienischen Staates ohne Ausfuhrgenehmigung unrechtmäßig ausgeführt wurde, erhob dieser einen Anspruch auf das Werk. *Jeanneret* forderte daraufhin die Rückerstattung des Kaufpreises, doch das US-amerikanische Bundesgericht des 2. Circuit urteilte, dass Italien im Gegensatz zu Werken italienischer Künstler keinen Anspruch auf das Werk des französischen Künstlers erheben dürfe: „Matisse's Portrait sur Fond Jaune bore no such relation to Italy as a Raphael or a Bellini Madonna.“[554] Das Beispiel verdeutlicht eindrucksvoll, wie wichtig die Nationalität des Künstlers im Kontext der Zuschreibung von Kulturgütern zu Nationen ist. In diesem Zusammenhang konstatiert *Jayme*: „Der Begriff des Nationalen hat also im Recht des internationalen Kulturgüterschutzes eine Doppelfunktion. Zum einen geht es um die

to objects that were actually or presumably made in Sweden or in some other country by a Swede. The term foreign cultural goods refers to objects made in another country by someone other than a Swede.“

552 Art in Words, Peter Paul Rubens Biografie, Online.

553 Franke, Die Nationalität von Kunstwerken, S. 109.

554 Jeanneret v. Vichey, 693 F.2d 259 (2d Cir. 1982), OpenJurist Tz. 44.

Zuordnung von Kunstwerken zu einer bestimmten Nation, zum anderen um die Bezeichnung einzelner Kunstgegenstände, deren besondere Bedeutung den nationalen Schutz rechtfertigt.[555]

Ein anderes Beispiel, hebt hingegen hervor, dass ein Künstler nicht zwingend deutsch sein muss, damit ein Kulturgut als „deutsches Kulturgut" gelten kann. Das Kunstwerk „Embarquement pour Cythère" des französischen Malers *Watteau* wurde von *Friedrich dem Großen* erworben und war zeitweise das einzige Kulturgut des Berliner Verzeichnisses national wertvollen Kulturgutes. Zunächst hing das Werk im Berliner Stadtschloss, bevor es später im Salon der *Kaiserin Auguste Viktoria* hing.[556] Bis zum Erwerb des Kunstwerks für 15 Millionen D-Mark durch den Staat im Jahr 1983 blieb es im Privatbesitz der Hohenzollern.[557] Aufgrund dieser besonderen Rezeptionsgeschichte kann demnach das Werk als „deutsches Kulturgut" angesehen werden, obwohl es nicht von einem deutschen Künstler stammt.[558] Wichtiger als die Nationalität des Künstlers ist in diesem Fall folglich die Bedeutung der (Vor)Besitzer gewesen.[559]

Zusätzlich ist die Belegenheit ein zentrales Element für die Nationalität eines Kulturgutes, da sich durch die Belegenheit die „territoriale Bindung zur Nation" manifestiert.[560] Insbesondere wenn es sich um eine längerfristige Belegenheit handelt, kann dies als Indiz für die „Staatsangehörigkeit" eines Kulturgutes interpretiert werden.[561] Weitestgehend Einigkeit besteht zudem darüber, dass die nicht nur vorübergehende Belegenheit im heutigen Bundesgebiet noch entscheidender für die Klassifizierung als „deutsches Kulturgut" ist, als die Entstehung im Bundesgebiet bzw. im historischen deutschen Kulturraum.[562] Auch die Beauftragte für Kultur und Medien[563] konstatiert: „[...] eine „identitätsstiftende" Wirkung setzt eine gewisse Verweildauer und Rezeptionsgeschichte in Deutschland voraus."[564]

---

555 Jayme, Kunstwerk und Nation, S. 17.
556 Jayme, Kunstwerk und Nation, S. 30 f.
557 Der Tagesspiegel, Kunst ohne Quittung, Online.
558 So auch Anton, Internationales Kulturgüterprivat- und Zivilverfahrensrecht, S. 879 f.
559 Jayme, Kunstwerk und Nation, S. 31.
560 Blume, Nationalität von Kulturgut, S. 68.
561 Franke, Die Nationalität von Kunstwerken, S. 111.
562 Lenski, Öffentliches Kulturrecht, S. 101; ähnlich El-Bitar, Der deutsche und der französische Kulturgüterschutz nach der Umsetzung der Kulturgüterrückgaberichtlinie, S. 84.
563 Im Folgenden „BKM" genannt.
564 BKM, Das neue Kulturgutschutzgesetz – Handreichung für die Praxis, S. 179, Online.

Dass die Belegenheit eines Kulturgutes in einem Staat jedoch nur ein Indiz für die Staatsangehörigkeit des Kulturgutes sein kann, unterstreicht auch das Beispiel der Bibliotheca Palatina. Die bis zum Dreißigjährigen Krieg in der Heiliggeistkirche in Heidelberg aufbewahrte Bibliothek war insbesondere aufgrund der hohen Anzahl theologischer Literatur im 16. und 17. Jahrhundert als „Mutter aller Bibliotheken“ bekannt und die Ursprünge reichen sogar bis ins Jahr 1386, dem Gründungsjahr der Universität Heidelberg. Während des Dreißigjährigen Krieges wurde im Jahr 1622 der Bibliotheksbestand nach Rom verbracht und erst im Jahr 1816 kehrten zumindest die deutschsprachigen Bücher nach Heidelberg zurück. Die restlichen Handschriften, die nicht deutschsprachig sind, verweilen bis heute im Vatikan.[565] Das Kriterium für die Zuordnung zu Deutschland war demnach in diesem Fall hauptsächlich die in den Handschriften verwendete deutsche Sprache.[566] Es stellt sich im Zusammenhang der Bibliotheca Palatina die Frage, ob nicht die gesamte Bibliotheca Palatina als deutsches Kulturgut gelten sollte, obwohl hierbei keine Belegenheit im heutigen Bundesgebiet vorliegt. Eine „kulturelle Bindung“ zu Deutschland liegt zweifelsfrei vor.

Neben der Nationalität des Künstlers und der Belegenheit gelten Herstellungs- und Fundort als adäquate Rechtfertigungen für die Zuschreibung zu einem Staat.[567] Die BKM stellt ausdrücklich klar, dass als Herkunftsstaat nicht der Ort der letzten Belegenheit gilt, sondern als Herkunftsstaat gilt jener, „[…] der ein Kulturgut als nationales Kulturgut schützt, weil es auf seinem Hoheitsgebiet entstanden ist oder das Kulturgut eine Rezeptionsgeschichte in diesem Staat hat, die es zu einem nationalen Kulturgut hat werden lassen.“[568] Dies verdeutlicht, dass auch der Entstehungsort nicht als einziges Zuordnungskriterium gelten kann, sondern dieser ist nur dann von Bedeutung, wenn er in besonderer Weise mit dem Kulturgut verknüpft ist.[569] Dies wäre beispielsweise zutreffend, wenn es sich um eine Auftragsarbeit handelt, bei der ein Kulturgut für einen bestimmten Ort geschaffen wurde. Insofern kann auch der Bestimmungsort ausschlaggebend

565 Zimmermann/Effinger, Die Bibliotheca Palatina, Online.

566 Dies betont im Kontext dieses Beispiels auch Jayme, Kunstwerk und Nation, S. 27.

567 Müller, Kulturgüterschutz: Mittel nationaler Repräsentation oder Wahrung des Gemeinsamen Erbes der Menschheit?, S. 264; auch Blume, Nationalität von Kulturgut, S. 90 argumentiert: „Solche Kulturgüter sind aus ihrer Entstehungsgeschichte heraus schon deutsch und verlieren diese Eigenschaft nicht durch längere Aufenthalte im Ausland.“

568 BKM, Das neue Kulturgutschutzgesetz – Handreichung für die Praxis, S. 115, Online.

569 Franke, Die Nationalität von Kunstwerken, S. 119.

für eine Zuordnung zu einer Nation sein.[570] Beispielsweise wurde das Rosenkranzfest von *Dürer* im Jahr 1506 im Auftrag deutscher Kaufleute für die Kirche San Bartolomeo in Venedig angefertigt.[571] Das von venezianischen Einflüssen geprägte Werk blieb bis zum Jahr 1606 in Venedig und es könnte daher argumentiert werden, dass es aufgrund des Motivs, des Stils und des Herstellungsortes als italienisches Kulturgut anzusehen sei, obwohl es nicht von einem italienischen Künstler stammt. Allerdings wurde das Werk von *Kaiser Rudolf II.* erworben und nach Prag verbracht – noch heute wird es in der Nationalgalerie von Prag aufbewahrt. Analog zur oben angeführten Argumentation, wonach in bestimmten Fällen die Bedeutung des Besitzers und die langjährige Belegenheit bedeutungsvoller sein können, als die Nationalität des Künstlers und der Herstellungsort, könnte geschlussfolgert werden, dass dieses Werk am ehesten als tschechisches Kulturgut anzusehen sei. Dieses Beispiel unterstreicht die Problematik der Zuordnung von Kulturgut zu Staaten.

Insgesamt können die obigen Merkmale lediglich einen Hinweis darauf geben, ob ein Kulturgut als „deutsches Kulturgut" angesehen werden kann; eine klare Zuordnung kann auf dieser Basis aber nicht erfolgen. Die Nationalität des Künstlers und die „nicht nur vorübergehende Belegenheit" sind daher allenfalls als Indizien anzusehen, die durch weitere Kriterien verstärkt werden müssen, damit ein Kulturgut als „deutsches Kulturgut" klassifiziert werden kann. So wird argumentiert, dass die „Rezeptionsgeschichte" und die „identitätsstiftende Wirkung" entscheidend sind.[572] Auch *Jayme* konstatiert: „Wenn man also die Frage nach der Nationalität des Kunstwerks im Internationalen Kulturgüterschutz stellt, so ist folgendes festzuhalten. Es geht um solche Werke, bei denen die Identität der Nation und ihrer Angehörigen berührt ist."[573] Dass die Rezeption eines Kulturgutes ein maßgebliches Bestimmungskriterium sein kann, ist einleuchtend. Ein Kulturgut sollte nur dann einer Nation zugeordnet werden können, wenn die Bevölkerung der jeweiligen Nation dem Kulturgut auch eine besondere Wertschätzung entgegenbringt.[574] Selbstverständlich ist die Rezeption ein

570 Franke, Die Nationalität von Kunstwerken, S. 121 f.

571 Jayme, Kunstwerk und Nation, S. 32.

572 Dazu Müller, Kulturgüterschutz: Mittel nationaler Repräsentation oder Wahrung des Gemeinsamen Erbes der Menschheit?, S. 264 f.

573 Jayme, Kunstwerk und Nation, S. 28.

574 Franke, Die Nationalität von Kunstwerken, S. 125 – 127; auch Odendahl, Kulturgüterschutz, S. 628 merkt an, dass einem Kulturgut die kulturelle Bedeutung von der Gesellschaft verliehen werden müsse; ebenfalls Jayme, Kunstwerk und Nation,

subjektives Kriterium und kann nur als Voraussetzung angesehen werden, die erfüllt sein muss, bevor überhaupt aufgrund der weiteren Kriterien (insbesondere Nationalität des Künstlers, Belegenheit, Bestimmungsort) eine Zuordnung eines Kulturgutes zu einer Nation geprüft werden kann. Eine Berücksichtigung aller Umstände ist unabdingbar: „Rechtsregeln, welche den Begriff „national" verwenden, sind daher kaum für einfache Subsumption geeignet."[575] Bei dem Begriff des *nationalen Kulturgutes*, bei dem die beiden interpretationsbedürftigen Begriffe „national" und „Kulturgut" zusammentreffen, bedarf es einer umso stärkeren Auseinandersetzung mit der Rezeptionsgeschichte.

Eng angelehnt an die Frage, welche Kulturgüter als „deutsches Kulturgut" zu bezeichnen sind, ist auch die Frage, welche Kulturgüter als „national wertvoll" gelten. In diesem Zusammenhang konstatiert *Pfeiffer-Poensgen*, dass sich eine Definition des Begriffs „national wertvoll" nur langfristig und durch die Ansammlung von Präzedenzfällen konkretisieren lässt: „So stark das Verlangen nach einer wasserdichten, für alle Situationen anwendbaren Schablone sein mag – der Reichtum unserer Kulturlandschaften lässt sich nicht in eine feste Definition gießen. Daher handelt es sich auch bei der im Gesetz verwendeten Formulierung „national wertvoll" um einen im juristischen Sinne unbestimmten Rechtsbegriff, der erst in der Summe der Einzelfälle seine Bedeutung entfaltet und daher per se offen und flexibel bleiben muss – so kann er im Laufe der Zeit und im Wechsel der Generationen neu bewertet werden."[576]

c) Cultural Nationalism vs. Cultural Internationalism

Eng verbunden mit der Debatte der Zuordnung von Kulturgut zu einem Staat ist die Debatte um Cultural Nationalism vs. Cultural Internationalism.[577] Bei dieser Debatte handelt es sich eher um eine politische als eine wissenschaftliche Diskussion. Die Frage danach, ob Kulturgüter überhaupt einem bestimmten

---

S. 33: „Immer aber geht es darum, daß die Nation auch selbst ihr Kunstwerk als nationales annimmt."

575 Jayme, Kunstwerk und Nation, S. 31.

576 Kulturstiftung der Länder, Das neue Kulturgutschutzgesetz, Online.

577 Siehe dazu Merryman, Two Ways of Thinking About Cultural Property, S. 831 – 853; gemäß Pabst, Kulturgüterschutz in nicht-internationalen bewaffneten Konflikten, S. 80 bedeutet Cultural Internationalism, dass „[...] die Erhaltung des kulturellen Erbes für alle Völker von Bedeutung ist und es daher internationalen Schutzes bedarf."; von Schorlemer, Internationaler Kulturgüterschutz, S. 581 verwendet die Begrifflichkeiten „Nationaler Kulturpatrimonium" vs „Common Heritage-Prinzip".

Staat zugeordnet werden können (Cultural Nationalism) oder zum Besitz der Staatengemeinschaft zu zählen sind (Cultural Internationalism), bedarf einer differenzierten Betrachtungsweise.[578] Im Kontext des Substanzschutzes werden Kulturgüter häufig als Erbe der Staatengemeinschaft angesehen, obwohl die Belegenheitsstaaten angehalten sind, einen effektiven Schutz der auf ihrem Territorium befindlichen Kulturgüter zu gewährleisten.

Auf völkerrechtlicher Ebene wird in der von Deutschland ratifizierten Haager Konvention[579] die Nationalität von Kulturgut der Bedeutung von Kulturgut für die gesamte Menschheit untergeordnet. So heißt es in der Präambel, dass „[...] jede Schädigung von Kulturgut, gleichgültig welchem Volke es gehört, eine Schädigung des kulturellen Erbes der ganzen Menschheit bedeutet [...] und dass „[...] die Erhaltung des kulturellen Erbes für alle Völker der Welt von großer Bedeutung ist [...]." Gleichzeitig wird durch die Formulierung „gleichgültig welchem Volke es gehört" die Zuordnung zu Nationalstaaten als legitim angesehen.

Auf europäischer Ebene ist Art. 5 des Europäischen Kulturabkommens des Europarates aus dem Jahr 1954 zu nennen: „Jede Vertragspartei betrachtet die europäischen Kulturgüter, die sich unter ihrer Kontrolle befinden, als Bestandteil des gemeinsamen europäischen kulturellen Erbes, trifft die erforderlichen Maßnahmen zu ihrem Schutz und erleichtert den Zugang zu ihnen." Gleichzeitig wird auch im europarechtlichen Kontext die nationale Zuordnung anerkannt; in der Begründung der Verordnung (EG) Nr. 116/2009 heißt es explizit: „[...] den Mitgliedstaaten bleibt es jedoch unbenommen, festzulegen, welche Gegenstände als nationales Kulturgut im Sinne des Artikels 30 des Vertrags einzustufen sind."

Anders als im Substanzschutz verhält sich die Debatte des Cultural Nationalism vs. Cultural Internationalism im Kontext des Schutzes der staatlich-territorialen Bindung.[580] Zweifellos sind Ausfuhrbeschränkungen eine deutliche Ausprägung des Cultural Nationalism.[581] Wenn Ausfuhrbeschränkungen dadurch legitimiert sein sollen, dass ein Staat bzw. dessen Gesellschaft ein „besonderes Näheverhältnis"[582] oder eine „kulturelle Bindung"[583] zu einem Kulturgut verspürt, dann

578 Zu dieser Thematik siehe Franke, Die Nationalität von Kunstwerken, S. 149 – 154.

579 Als „Haager Konvention" wird gemäß § 2 Abs. 1 Nr. 7 KGSG die Haager Konvention vom 14. Mai 1954 zum Schutz von Kulturgut in bewaffneten Konflikten (BGBl. 1967 Teil II S. 1233) verstanden.

580 Odendahl, Kulturgüterschutz, S. 631 – 633.

581 Siehr, Die Schweiz und der Kulturgüterschutz in Europa, S. 156, der im Kontext von nationalen „Verbringungsverboten" von einem Kulturnationalismus spricht.

582 So bezeichnet es Germelmann, Kultur und staatliches Handeln, S. 592.

583 So bezeichnet es Odendahl, Kulturgüterschutz, S. 407.

ist diese Rechtfertigung kritisch zu überprüfen. Wenn es sich beispielsweise um ein „ausländisches" Kulturgut handelt, welches von einer Privatperson erworben wurde und über Jahrzehnte nicht-öffentlich aufbewahrt wurde, stellt sich zumindest die Frage, inwieweit der Belegenheitsstaat ein besonderes Näheverhältnis oder eine kulturelle Bindung zu jenem Kulturgut aufgebaut haben und es deshalb als *nationales Kulturgut* deklarieren kann.[584] Gleichzeitig stellt sich die Frage, ob nicht auch der Herkunftsstaat ein besonderes Näheverhältnis bzw. eine kulturelle Bindung an dem Kulturgut anmelden könnte, insbesondere dann, wenn der Künstler die Nationalität des Herkunftsstaates besitzt. Die Legitimationsgrundlage des besonderen Näheverhältnisses ist vor allem dann angreifbar, wenn Kulturgüter in anderen Staaten eventuell besser aufbewahrt werden könnten und dort ein Zugang gegeben wäre, indem das Kulturgut öffentlich ausgestellt werden würde.

Zudem wird in der Literatur auch angezweifelt, ob Cultural Nationalism[585] nicht unter dem Deckmantel des Kulturgüterschutzes betrieben wird.[586] *Hammer* vertritt die Auffassung, dass viele europarechtliche Regelungen auf der Grundlage „nationalstaatlichen Besitzdenkens" entstanden sind.[587] Zudem wird beispielsweise unterstellt, dass Museen mit Hinweis auf Cultural Internationalism ihr eigenes „Besitzrecht" an Kulturgütern rechtfertigen, da sie die Kulturgüter letztendlich der gesamten Menschheit zugänglich machten. Cultural Internationalism dient so als Abwehrmittel gegenüber staatlichen Ansprüchen.[588] Paradoxerweise wird somit ein Cultural Nationalism betrieben, der durch die Philosophie des Cultural Internationalism gerechtfertigt wird.

Insgesamt ist die Trennlinie zwischen Cultural Nationalism und Cultural Internationalism nicht eindeutig festzulegen. Ein Staat kann sich nämlich für einen kulturellen Austausch im Sinne des Cultural Internationalism einsetzen und gleichzeitig bestrebt sein, *nationale Kulturgüter* innerhalb seines Territoriums zu belassen.[589] Zusammenfassend ist zu betonen: „Während es dem kulturellen Internationalismus sehr häufig darum geht, wesentliches Kulturgut zu schützen

584 Ähnlich argumentiert auch Germelmann, Kultur und staatliches Handeln, S. 592.

585 Laut Pabst, Kulturgüterschutz in nicht-internationalen bewaffneten Konflikten, S. 80 ist Cultural Nationalism „[…] die Betonung der Kulturgüter als Elemente der nationalen Kultur und ihre Bewahrung innerhalb des Staates durch Exportverbote."

586 Fechner, Prinzipien des Kulturgüterschutzes, S. 32.

587 Hammer, Zur Geschichte des rechtlichen Kulturgüter- und Denkmalschutzes, S. 66.

588 Blume, Nationalität von Kulturgut, S. 94.

589 Kritisch zur Diskussion um Cultural Nationalism vs. Cultural Internationalism auch Pabst, Kulturgüterschutz in nicht-internationalen bewaffneten Konflikten, S. 80 f.

und zu erhalten, wird über den kulturellen Nationalismus regelmäßig das Recht eines jeden Staates geschützt, „sein" nationales Kulturgut unter Schutz zu stellen. Diese beiden Interessen stehen zwar in einem Spannungsverhältnis, schließen einander aber nicht aus."[590] So konstatiert *Siehr* plakativ: „Schutz ist wichtiger als die Frage, wo Kulturgut aufbewahrt wird."[591] Zudem hebt *Müller-Katzenberg* hervor: „Eine nationale Zuordnung von Kulturgut an sich und damit verbundene Einschränkungen des freien Kulturgüterverkehrs werden grundsätzlich akzeptiert und zur Bewahrung kultureller Zusammenhänge für notwendig erachtet."[592] Abschließend ist festzustellen, dass auch beim Konzept des Cultural Internationalism nicht die Nationalstaaten von der Aufgabe des Schutzes von Kulturgütern entbunden werden sollen, sondern dass vielmehr die Bewusstseinsschärfung für ein gemeinsames kulturelles Erbe im Vordergrund steht. Insgesamt ist kein unüberwindbarer Widerspruch zwischen den beiden Prinzipien erkennbar und es wird die Meinung vertreten, das sich im internationalen Recht das Nationalitätsprinzip durchgesetzt hat und die Politik dennoch im Sinne des Cultural Internationalism handele.[593] So ist es nicht verwunderlich, dass die BKM trotz der im KGSG verankerten nationalen Schutzbestrebungen hervorhebt, dass das KGSG der „[...] Verantwortung für den Schutz des kulturellen Erbes weltweit gerecht wird."[594] Auch *Jayme* kommt zu dem Entschluss: „Im raschen Wandel der fallenden Grenzen verliert aber die nationale Zuordnung von Kunstwerken nicht ihren Sinn. Sie ist die friedlichste Weise, wie sich der einzelne gegenüber dem Strom des Uniformen behaupten kann."[595]

III. Historische Entwicklung des Kulturgüterschutzes

Die folgenden Ausführungen dienen dazu, die rechtshistorische Entwicklung des internationalen Kulturgüterschutzes darzulegen. Dies ist hilfreich, da das KGSG durch europäisches Recht und von Deutschland ratifizierte internationale

---

590 Franke, Die Nationalität von Kunstwerken, S. 150.

591 Siehr, Die Schweiz und der Kulturgüterschutz in Europa, S. 147.

592 Müller-Katzenberg, Internationale Standards im Kulturgüterverkehr und ihre Bedeutung für das Sach- und Kollisionsrecht, S. 152.

593 Blume, Nationalität von Kulturgut, S. 99 f.; ebenso Moll, Ausfuhrverbote für NS-Raubkunst, S. 26; auch Franke, Die Nationalität von Kunstwerken, S. 151 stellt fest: „Am Ende bleibt also die Erkenntnis, dass es eine nationale Zuschreibung von Kunstwerken trotz der Idee des kulturellen Internationalismus geben kann."

594 BKM, Das neue Kulturgutschutzgesetz – Handreichung für die Praxis, S. 8, Online.

595 Jayme, Kunstwerk und Nation, S. 34.

Abkommen beeinflusst ist. Die Europäisierung und Internationalisierung des Kulturgüterschutzes ist darin begründet, dass im Kulturgüterschutz ein Ebenen übergreifender Ansatz vonnöten ist; völkerrechtliche Regelungen zum Kulturgüterschutz können nur wirksam sein, wenn auch auf nationalstaatlicher Ebene entsprechende Regelungen existieren.[596]

1. Internationales Recht als Grundlage

Die Ursprünge des Kulturgüterregimes auf völkerrechtlicher Ebene gehen auf das Kriegsvölkerrecht zurück. Die zweite Hälfte des 20. Jahrhundert läutete dann einen Wandel des völkerrechtlichen Kulturgutschutzes ein, als dieser auch zu Friedenszeiten in den Fokus internationaler Abkommen rückte.[597] Grundsätzlich umfasst der Kulturgüterschutz auf völkerrechtlicher Ebene zwei Schutzrichtungen: Den Schutz von Kulturgut vor Abwanderung und den Schutz vor Beschädigung.[598] Im Folgenden werden die relevanten völkerrechtlichen Vereinbarungen zum Kulturgutschutz vorgestellt.

a) Kriegsvölkerrecht

Die ersten den Kulturgüterschutz betreffenden Gesetze entspringen dem Kriegsvölkerrecht. Schließlich stellen Kriege eine elementare Gefahr für Kulturgüter dar, nämlich die Gefahr der Zerstörung durch kriegerische Handlungen.[599] Vor allem die besondere Bedeutung von Kulturgütern begründet ihre Schutzbedürftigkeit: „So müssen Kulturgüter seit jeher mit ihrer identitätsstiftenden Symbolik als Zielscheibe zur moralischen Destabilisierung des Gegners herhalten."[600] Zudem waren in der Vergangenheit Plünderungen während bewaffneter Konflikte üblich. Ein bekanntes Beispiel ist die Sacco di Roma, bei der im Jahr 1527 Rom und der Kirchenstaat von deutschen Landknechten sowie von italienischen und spanischen Söldnern geplündert wurden.[601] Zunehmend festigte sich

596 Germelmann, Kultur und staatliches Handeln, S. 734.
597 Odendahl, Kulturgüterschutz, S. 106.
598 Odendahl, Kulturgüterschutz, S. 106.
599 Zum Kulturgüterschutz im Kriegsvölkerrecht siehe Lenski, Öffentliches Kulturrecht, S. 169 - 171.
600 Gornig, Der internationale Kulturgüterschutz, S. 32.
601 Zur Sacco di Roma siehe beispielsweise Reinhardt, Blutiger Karneval.

jedoch auch im Kriegsvölkerrecht die Ansicht, dass Kulturgüter eines besonderen Schutzes bedurften.[602]

aa) Haager Landkriegsordnung

Die Haager Landkriegsordnung[603] wurde 1899 während der ersten Haager Friedenskonferenz in Den Haag verabschiedet. Für den Kulturgüterschutz war das zweite Haager Abkommen, betreffend die „Gesetze und Gebräuche des Landkriegs"[604] maßgeblich, in dem sich die Vertragsparteien verpflichteten, während eines Landkrieges die Bestimmungen[605] der Anlage des Abkommens zu befolgen. Obwohl die HLKO primär Regelungen beinhaltet, welche allgemein im Kriegsfall für die Kriegsparteien anzuwenden waren, widmete sie sich auch dem Kulturgüterschutz und ist als erstes völkerrechtlich verbindliches Abkommen einzustufen.[606] Beispielsweise ist in Art. 27 HLKO eine Unterschutzstellung von Kulturgütern enthalten.[607] Im Fokus stand insbesondere das Unterbinden systematischer Plünderungen.[608] Die praktische Relevanz der HLKO wurde während des 1. Weltkrieges auf eine harte Probe gestellt, und es zeigte sich, dass das Abkommen in der damaligen Form deutliche Defizite aufwies. Systematische Plünderungen wurden zwar weitestgehend verhindert, doch obwohl alle Kriegsparteien Vertragsparteien des zweiten Haager Abkommens betreffend die „Gesetze und Gebräuche des Landkriegs" waren und somit die Regelungen der HLKO zu befolgen hatten, offenbarte die Zerstörung von Kulturgut während

602 Splettstößer/Taşdelen, Der Schutz beweglicher materieller Kulturgüter auf internationaler und nationaler Ebene, S. 86.

603 Im Folgenden „HLKO" genannt.

604 „Abkommen, betreffend die Gesetze und Gebräuche des Landkriegs" vom 29.7.1899 (RGBl. 1901, S. 423).

605 „Bestimmungen, betreffend die Gesetze und Gebräuche des Landkriegs", siehe dazu auch Odendahl, Kulturgüterschutz, S. 108.

606 Odendahl, Kulturgüterschutz, S. 109.

607 Art. 27 HLKO: „Bei Belagerungen und Beschießungen sollen alle erforderlichen Vorkehrungen getroffen werden, um die dem Gottesdienste, der Kunst, der Wissenschaft und der Wohltätigkeit gewidmeten Gebäude, die geschichtlichen Denkmäler, die Hospitäler und Sammelplätze für Kranke und Verwundete soviel wie möglich zu schonen […]."

608 Art. 47 HLKO: „Die Plünderung ist ausdrücklich untersagt."; bezugnehmend auf das Verhalten von Besatzungsmächten besagt Art. 56 HLKO: „Jede Beschlagnahme, jede absichtliche Zerstörung oder Beschädigung von derartigen Anlagen, von geschichtlichen Denkmälern oder von Werken der Kunst und Wissenschaft ist untersagt und soll geahndet werden."

bewaffneter Konflikte erheblichen Handlungsbedarf im Bereich des Kulturgüterschutzes.[609] Eines der berühmtesten Beispiele hierfür ist die Zerstörung der Universitätsbibliothek in Löwen durch die deutsche Armee im August 1914.[610] Weiterer Kritikpunkt ist die fehlende Erwähnung beweglicher Kulturgüter in der Unterschutzstellung nach Art. 27 HLKO. Ferner wurde der schwache „Durchsetzungs- und Überwachungsmechanismus" bemängelt.[611] Die Wirksamkeit der HLKO wurde auch maßgeblich durch die in Art. 2 HLKO formulierte sogenannte Allbeteiligungsklausel geschmälert. Diese besagte, dass die Regelungen nur bindend sind, wenn alle am Krieg teilnehmenden Parteien auch Vertragsparteien der HLKO sind.[612]

bb) Roerich-Pakt

Neben der HLKO ist der Roerich-Pakt nennenswert. Dieser wurde 1935 unterzeichnet und gilt als erster internationaler Vertrag, der ausschließlich den Schutz von Kulturgütern regelte.[613] Die Vertragsparteien wurden aufgefordert, eine Liste von zu schützenden kulturellen Objekten zu erstellen, welche allen Vertragsparteien zur Verfügung gestellt wurde.[614] Insofern ist dies vergleichbar mit den Verzeichnissen national wertvollen Kulturgutes. Der Roerich-Pakt wurde jedoch nie von europäischen Staaten unterzeichnet oder ratifiziert[615], und folglich konnten aufgrund der Allbeteiligungsklausel der HLKO und der geringen Akzeptanz des Roerich-Paktes die Kulturgüter in Europa während des 2. Weltkrieges nicht effektiv geschützt werden.[616]

---

609 Taşdelen, Das völkerrechtliche Regime der Kulturgüterrückführung, S. 227.

610 Siehe dazu ausführlich Schivelbusch, Eine Ruine im Krieg der Geister.

611 Odendahl, Kulturgüterschutz, S. 109.

612 Vgl. Art. 2 HLKO.

613 Pabst, Kulturgüterschutz in nicht-internationalen bewaffneten Konflikten, S. 60; ebenso Blume, Nationalität von Kulturgut, S. 24 f.

614 Berndt, Internationaler Kulturgüterschutz, S. 27.

615 Odendahl, Kulturgüterschutz, S. 116.

616 Odendahl, Kulturgüterschutz, S. 115 f.; zum Roerich-Pakt siehe auch Pabst, Kulturgüterschutz in nicht-internationalen bewaffneten Konflikten, S. 60 – 62; parallel zum Roerich-Pakt wurde der sogenannte Washingtoner Vertrag konzipiert, der zwar in Art. 8 für bewaffnete Konflikte festlegte, dass auch bewegliche Kulturgüter nicht als Kriegsbeute anzusehen waren, doch über die Wegnahme hinaus schützte auch dieser Vertrag nicht vor Zerstörung beweglichen Kulturgutes; Odendahl, Kulturgüterschutz, S. 116.

cc) Haager Konvention von 1954

Die Haager Konvention aus dem Jahr 1954 enthält einen deutlich umfangreicheren Schutzumfang als der Roerich-Pakt und wird als Meilenstein des kriegsvölkerrechtlichen Kulturgutschutzes bezeichnet.[617] Angelehnt an die Bestimmungen der HLKO und des Roerich-Paktes zielt die Konvention auf den Schutz von Kulturgütern während eines Kriegszustandes ab, um dem erhöhten Risiko von Plünderungen und Raubgrabungen zu begegnen. Als Neuerung ist zu erwähnen, dass von den Vertragsstaaten der Haager Konvention während Friedenszeiten präventive Maßnahmen zur Sicherung von Kulturgütern gefordert werden.[618] Auch der Kulturgutbegriff ist präzisiert: Kulturgut ist „[…] bewegliches oder unbewegliches Gut, das für das kulturelle Erbe aller Völker von großer Bedeutung ist […].“[619] Besonders bemerkenswert an dieser definitorischen Einordnung ist das Verständnis von Kulturgut als nicht national begrenzt. Vielmehr agiere jeder Staat nur als Treuhändler.[620] *Odendahl* beschreibt diesen Prozess als „[…] Abkehr von einem kulturellen Nationalismus hin zu einem kulturellen Internationalismus […]“.[621] Auch die Allbeteiligungsklausel der HLKO ist in der Haager Konvention nicht mehr enthalten. Allerdings ist die praktische Relevanz und die Durchsetzungskraft des Abkommens sehr gering, da es hauptsächlich auf die Regelung von Zuständigkeiten beschränkt ist.[622]

---

617 Odendahl, Kulturgüterschutz, S. 118; Lenski, Öffentliches Kulturrecht, S. 169 bezeichnet die Haager Konvention als „Grundlage für den kriegsvölkerrechtlichen Kulturgüterschutz in Deutschland“.

618 Vgl. Art. 3 Haager Konvention.

619 Vgl. Art. 1 Haager Konvention.

620 „Die Konvention von 1954 ist hierin weiter gegangen und beruht auf der Konzeption einer Art Treuhandschaft jedes Staates für die gesamte Menschheit in Bezug auf das in seinem Herrschaftsbereich belegene kulturelle Erbe.“; Strebel, Die Haager Konvention zum Schutze der Kulturgüter im Falle eines bewaffneten Konfliktes vom 14. Mal 1954, S. 50; auch Germelmann, Kultur und staatliches Handeln, S. 587; Fechner, Prinzipien des Kulturgüterschutzes, S. 34; Siehr, Die Schweiz und der Kulturgüterschutz in Europa, S. 147; von Schorlemer, Internationaler Kulturgüterschutz, S. 564, Wyss, Kultur als Dimension der Völkerrechtsordnung, S. 14 und Blume, Nationalität von Kulturgut, S. 98 verwenden den Begriff des Treuhändlers.

621 Odendahl, Kulturgüterschutz, S. 119.

622 Lenski, Öffentliches Kulturrecht, S. 169 – 171.

b) Friedensvölkerrecht

Neben der höheren Dringlichkeit völkerrechtlicher Normen zum Kulturgüterschutz in Kriegszeiten war auch das Verständnis, dass Kulturgüterschutz primär im Verantwortungsbereich der Nationalstaaten liegt, ausschlaggebend für das Hinterherhinken der Regelungen zum Kulturgüterschutz in Friedenszeiten.[623] Bis Mitte des 20. Jahrhunderts existierte kein völkerrechtlicher Vertrag, der den Schutz von Kulturgütern zu Friedenszeiten umfassend verbindlich regelte.[624]

Mit der Ratifizierung des UNESCO Übereinkommens[625] im Jahr 2007 hat sich Deutschland 37 Jahre nach Inkrafttreten des Übereinkommens zur Einhaltung dieser internationalen Grundsätze des Kulturgüterschutzes verpflichtet.[626] Vor dem Hintergrund, dass das KGSG auch unter dem Druck des UNESCO Übereinkommens entstanden ist, muss allerdings erwähnt werden, dass von den 135 Staaten, die das UNESCO Übereinkommen unterzeichneten, es bisher nur 85 Staaten tatsächlich ratifiziert haben. Lediglich unterzeichnet, jedoch nicht ratifiziert haben das UNESCO Übereinkommen etwa große Kunsthandelsnationen wie die USA (unterzeichnet im Jahr 1983), China (unterzeichnet im Jahr 1989) und das Vereinigte Königreich (unterzeichnet im Jahr 2002).[627] Das UNESCO Übereinkommen gilt dennoch als Meilenstein im internationalen Kulturgüterschutz.[628]

Ziel des UNESCO Übereinkommens ist es, die unrechtmäßige Ein- und Ausfuhr von Kulturgütern weltweit zu unterbinden[629] und gleichzeitig die Rückgabeansprüche von Vertragsstaaten bezüglich unrechtmäßig verbrachter Kulturgüter zu stärken.[630] Obgleich die Vertragsstaaten mit der Ratifizierung des UNESCO Übereinkommens grundsätzlich ein Interesse an kohärenten Ein- und Ausfuhrregelungen von Kulturgütern signalisierten, betont *Taşdelen*, dass das UNESCO Übereinkommen einen Kompromiss auf Basis des kleinsten gemeinsamen Nenners darstellt. Es stehen sich grundsätzlich die Interessen gegenüber

623 Odendahl, Kulturgüterschutz, S. 129.

624 Odendahl, Kulturgüterschutz, S. 130.

625 „Übereinkommen über Maßnahmen zum Verbot und zur Verhütung der unzulässigen Einfuhr, Ausfuhr und Übereignung von Kulturgut."

626 UNESCO, Illegaler Handel mit Kulturgut, Online.

627 Stand 10.12.2017; eine chronologisch geordnete Übersichtsliste ist online verfügbar unter: http://www.unesco.org/eri/la/convention.asp?KO=13039&language=E.

628 Franke, Die Nationalität von Kunstwerken, S. 80.

629 Vgl. Art. 13 a UNESCO Übereinkommen.

630 Gornig, Der internationale Kulturgüterschutz, S. 52.

von denjenigen Ländern, welche als Herkunftsländer von Kulturgut gelten[631] und die daher primär von illegalen Ausfuhren betroffen sind, und denjenigen Ländern, die mit ihrer Museumslandschaft und der Sammlertradition als „Konsumenten" anzusehen sind und folglich einen uneingeschränkten Handel mit Kulturgütern präferieren.[632]

Dass gemäß Art. 5 UNESCO Übereinkommen alle Vertragsstaaten aufgefordert sind, Dienststellen mit „qualifiziertem und zahlenmäßig ausreichendem Personal" einzurichten, die als zentrale Anlaufstelle für verschiedene Aspekte des Kulturgüterschutzes dienen, ist als ebenso positiv zu werten, wie die Verpflichtung der Vertragsstaaten gemäß Art. 13 UNESCO Übereinkommen, wonach diese sich bereit erklären „[...] mit allen geeigneten Mitteln Übereignungen von Kulturgut zu verhüten, durch die eine unzulässige Einfuhr oder Ausfuhr desselben begünstigt werden könnte." Eine weitere wichtige Regelung des Art. 13 besagt, dass sich die Vertragsstaaten verpflichten, das Recht jedes Vertragsstaates anzuerkennen, bestimmte Kulturgüter als unveräußerlich einzustufen.

Zusätzlich zu erwähnen ist die Verpflichtung gemäß Art. 6 UNESCO Übereinkommen, wonach alle Vertragsstaaten das Ausstellen von Bescheinigungen über die Rechtmäßigkeit der Ausfuhr implementieren müssen. Im Hinblick auf die Einfuhrbestimmungen des in § 30 KGSG geforderten „Nachweises der Rechtmäßigkeit der Einfuhr" ist dies eine wesentliche Regelung; schließlich besagt § 30 KGSG: „Ein solcher Nachweis sind Ausfuhrgenehmigungen des Herkunftsstaates sowie sonstige Bestätigungen des Herkunftsstaates, dass das Kulturgut rechtmäßig ausgeführt werden konnte." Nur wenn Herkunftsstaaten solche Bescheinigungen, wie sie beispielsweise im UNESCO Übereinkommen gefordert werden, bereitstellen, kann die Einfuhr gemäß § 30 KGSG rechtmäßig sein.

2. Recht der europäischen Gemeinschaft

Die Harmonisierung des Rechts innerhalb der EU betrifft auch den Kulturgüterschutz. Nachdem im Jahr 1992 durch den Wegfall der Grenzkontrollen innerhalb

631 Feddersen, Die Umsetzung des UNESCO-Übereinkommens von 1970 aus Sicht des Kunsthandels, S. 125 verwendet den Begriff „Quellenstaaten".

632 Taşdelen, Das völkerrechtliche Regime der Kulturgüterrückführung, S. 230; von einem „Nord – Süd Konflikt" spricht auch Seidl-Hohenveldern, Kulturgüterschutz durch die Europäische Union versus Warenverkehrsfreiheit, S. 115, allerdings im innereuropäischen Kontext; ähnlich auch Schack, Kunst und Recht, S. 284 f.

des Schengenraumes der europäische Binnenmarkt entstanden ist, musste der Schutz von Kulturgütern europaweit neugeregelt werden.[633]

a) *Verordnung (EG) Nr. 116/2009*

„Verordnung (EWG) Nr. 3911/92 des Rates vom 9. Dezember 1992 über die Ausfuhr von Kulturgütern" beinhaltete unter anderem, dass eine Ausfuhrgenehmigung Voraussetzung für die Ausfuhr von Kulturgütern war, welche in eine der Kategorien des Anhangs der Verordnung fallen. Die Verordnung galt als Ergänzung der nationalen Ausfuhrbeschränkungen und griff, sobald es sich um die Ausfuhr von Kulturgütern in Drittstaaten außerhalb der EU handelte. Hinsichtlich der Pflicht, eine Ausfuhrgenehmigung zu beantragen, war es auch unerheblich, ob ein Kulturgut als *nationales Kulturgut* im jeweiligen Mitgliedstaat der EU klassifiziert war, solange es unter eine der Kategorien des Verordnungsanhangs fiel.

Die Verordnung (EG) Nr. 116/2009 ist die Nachfolgeverordnung der Verordnung (EWG) Nr. 3911/92 des Rates vom 9. Dezember 1992 über die Ausfuhr von Kulturgütern. Wie bereits die Vorgängerverordnung berührt auch die Verordnung (EG) Nr. 116/2009 den Handel mit Kulturgut innerhalb des Binnenmarktes nicht, sondern regelt nur die Ausfuhr in Drittstaaten. Für die Definition von Kulturgut verweist die Verordnung auf Anhang I. Dieser Anhang besteht aus zwei Teilen: Teil A beinhaltet Altersuntergrenzen für bestimmte Arten von Kulturgütern und in Teil B werden den jeweiligen Kulturgütern Wertuntergrenzen zugeordnet.[634] Altersuntergrenze und Wertuntergrenze sind hierbei stets kumulativ anzuwenden. Entscheidend für die Feststellung der Genehmigungspflicht ist die Art des Kulturgutes (es gelten für verschiedene Arten von Kulturgütern unterschiedliche Alters- und Wertuntergrenzen). Gestärkt wird die Verordnung dadurch, dass sie strafbewehrt ist. Die Mitgliedstaaten der EU sollen bei Zuwiderhandlungen Sanktionen festlegen, die „[...] wirksam, verhältnismäßig und abschreckend [...]" sein sollen.[635] Gemäß der neuen Regelungen des KGSG droht in Deutschland

---

633 Hammer, Zur Geschichte des rechtlichen Kulturgüter- und Denkmalschutzes, S. 65 f.; auch El-Bitar, Der deutsche und der französische Kulturgüterschutz nach der Umsetzung der Kulturgüterrückgaberichtlinie, S. 15 – 18.

634 Wie die jeweilige Wertuntergrenze festgestellt werden soll, ist in der Verordnung (EG) Nr. 116/2009 nicht definiert, sondern es wird lediglich darauf verwiesen: „Der finanzielle Wert ist der Wert des Kulturgutes in dem in Artikel 2 Absatz 2 genannten Mitgliedstaat."

635 Vgl. Art. 9 der Verordnung (EG) Nr. 116/2009.

beispielsweise eine Freiheitsstrafe von bis zu fünf Jahren, wenn ein Kulturgut ausgeführt wird, für das ein „[…] Verfahren zur Eintragung in ein Verzeichnis national wertvollen Kulturgutes eingeleitet worden ist und die Entscheidung über nicht Eintragung noch nicht anfechtbar geworden ist."[636]

Die Verordnung (EG) Nr. 116/2009 ist lediglich mindestharmonisierend und überlässt es den Mitgliedstaaten, die Ausfuhr von Kulturgütern außerhalb des Binnenmarktes mit weiteren Beschränkungen zu versehen.[637] Auch die Frage, ob ein Kulturgut ausgeführt werden darf, entscheiden die Mitgliedstaaten: „Die Ausfuhrgenehmigung kann im Hinblick auf die Ziele dieser Verordnung dann verweigert werden, wenn die betreffenden Kulturgüter unter eine Rechtsvorschrift zum Schutz nationalen Kulturguts von künstlerischem, geschichtlichem oder archäologischem Wert in dem betreffenden Mitgliedstaat fallen."[638] Insofern stellt die Verordnung zwar Kriterien auf, welche festlegen, ob eine Ausfuhr von Kulturgut in einen Drittstaat genehmigungspflichtig ist, doch die Entscheidungshoheit obliegt den Mitgliedstaaten.

b) *Europäisches Kulturabkommen*

Obgleich es eher einen unverbindlichen Charakter[639] hat, ist auch das „Europäische Kulturabkommen" aus dem Jahr 1954 wichtig. Art. 5 besagt: „Jede Vertragspartei betrachtet die europäischen Kulturgüter, die sich unter ihrer Kontrolle befinden, als Bestandteil des gemeinsamen europäischen kulturellen Erbes, trifft die erforderlichen Maßnahmen zu ihrem Schutz und erleichtert den Zugang zu ihnen." Relevant ist auch die Regelung, dass die Vertragsparteien den Zugang zu Kulturgütern erleichtern sollen. Ungeklärt bleibt jedoch, welches die tatsächlichen Schutzobjekte des Abkommens sein sollen und wie Verstöße geahndet werden. Dies schränkt die praktische Relevanz deutlich ein.[640]

---

636 Vgl. § 83 Abs. 1 Nr. 1 KGSG, der u.a. auf § 21 Nr. 1 KGSG verweist.

637 Franke, Die Nationalität von Kunstwerken, S. 75.

638 Vgl. Art. 2 Nr. 2 der Verordnung (EG) Nr. 116/2009.

639 Auch der Wissenschaftliche Dienst des Bundestages, Kulturgüterschutz in Deutschland, S. 20, Online hebt den „deklaratorischen Charakter" des Europäischen Kulturabkommens hervor.

640 Pabst, Kulturgüterschutz in nicht-internationalen bewaffneten Konflikten, S. 69, Berndt, Internationaler Kulturgüterschutz, S. 41 und Lenski, Öffentliches Kulturrecht, S. 175 f., die das Europäische Kulturabkommen als „politische Absichtserklärung" bezeichnet.

3. Nationales Recht

a) Entwicklung des Kulturgüterschutzes in Deutschland bis 1945

Aus historischer Perspektive ist hervorzuheben, dass bereits nach Ende des 1. Weltkrieges Gesetze in Kraft traten, welche den Schutz deutscher Kulturgüter intendierten. Gesetzgebungsimpuls war der Ausverkauf deutscher Kunstwerke nach dem 1. Weltkrieg, der den Abwanderungsschutz mittels Listenprinzip hervorbrachte.[641] Während Deutschland bis zum Jahr 1919 noch als Kunstimportland galt, wandelte es sich nämlich aufgrund des verlorenen Weltkriegs und der damit einhergehenden Inflation zu einem Kunstexportland.[642] Die erste länderübergreifende Ausfuhrbeschränkung für Kunstwerke wurde in Art. 150 Abs. 2 WVR geregelt: „Es ist Sache des Reichs, die Abwanderung deutschen Kunstbesitzes in das Ausland zu verhüten." Die Umsetzung dieses verfassungsbasierten Staatszieles fand durch die „Verordnung über die Ausfuhr von Kunstwerken" aus dem Jahr 1919 statt.[643] Die damalige Liste umfasste sowohl Kunstwerke in Privatbesitz, als auch jene in öffentlichem Besitz. Zudem konnten auch damals schon Kunstwerke erfasst werden, wenn diesen lediglich eine lokale Bedeutung beigemessen wurde; ebenfalls konnten auch Kunstwerke ausländischer Künstler gelistet werden. So umfasste das Verzeichnis im Jahr 1922 bereits über 950 Werke, u.a. des Italieners *Botticelli* und des Franzosen *Monet*.[644]

Insbesondere der 2. Weltkrieg und die Nachkriegszeit waren prägende Zeiten, die den Abwanderungsschutz maßgeblich formten.[645] Mit Blick auf die

---

641 Bundesregierung, Bericht der Bundesregierung zum Kulturgutschutz, S. 31 f., Online; ebenso Moll, Ausfuhrverbote für NS-Raubkunst, S. 41.

642 Elmenhorst, in Elmenhorst/Wiese, KGSG – Kulturgutschutzgesetz, Einführung, Rn. 19.

643 „Verordnung über die Ausfuhr von Kunstwerken" vom 11. Dezember 1919; zum Abwanderungsschutz zu Zeiten der Weimarer Republik, siehe Moll, Ausfuhrverbote für NS-Raubkunst, S. 31 – 36.

644 Elmenhorst, in Elmenhorst/Wiese, KGSG – Kulturgutschutzgesetz, Einführung, Rn. 21.

645 Lenski, Der uneingestandene Nationalismus des deutschen Kulturgüterschutzes, S. 683 konstatiert: „Das deutsche Abwanderungsschutzrecht ist das geistige Produkt zweier verlorener Weltkriege und zweier als demütigend empfundener Nachkriegsperioden."; ebenso S. 684: „Was vor diesem Hintergrund bleibt, ist ein stark national gedachter Reflex aus Kriegszeiten, der das Ausland als grundsätzlich kulturfremd begreift."

damalige fragile politische Lage und die angespannten wirtschaftlichen Verhältnisse erschien der Abwanderungsschutz für im Privatbesitz befindliche Kunstwerke ins Ausland angebracht. Viele Werke wurden im Krieg zerstört, durch Besatzungsmächte ins Ausland verbracht oder wegen der wirtschaftlichen Notlage veräußert.[646] Als Reaktion darauf wurde auch das „Verzeichnis der national wertvollen Kunstwerke" angelegt.[647]

b) Kulturgüterschutz in der DDR

In der DDR war der Kulturgüterschutz verfassungsrechtlich nur am Rande erwähnt. Art. 18 Abs. 1 der Verfassung der DDR besagte lediglich, dass „[...] alle humanistischen Werte des nationalen Kulturerbes und der Weltkultur [...]" gepflegt werden sollen. Auf Gesetzesebene war der Kulturgüterschutz der DDR erstmalig explizit im Bereich des Denkmalschutzes verankert. Bei Eintragung eines Denkmals in die Denkmalliste musste dafür Sorge getragen werden, dass sie pfleglich behandelt wurden, die Erhaltung gesichert war und dass in der Regel auch der Allgemeinheit die Möglichkeit des Zugangs gewährt wurde.[648] Hervorzuheben ist hierbei, dass nicht nur unbewegliche Kulturgüter, sondern auch bewegliche Kulturgüter, wie „Bilder und Gemälde" als Denkmäler klassifiziert werden konnten. Beide Denkmalgruppen unterlagen rechtlich denselben Bestimmungen hinsichtlich des Substanzschutzes; bewegliche Denkmäler unterlagen zusätzlich einem Abwanderungsschutz, wonach eine schriftliche Genehmigung für den Verkauf und die Ausfuhr ins Ausland erforderlich war.[649] Der Abwanderungsschutz wurde deutlich erhöht, als die „Verordnung zum Schutze des deutschen Kunstbesitzes und des Besitzes an wissenschaftlichen Dokumenten und Materialien" im Jahr 1953 in Kraft trat und fortan bestimmte Kunstwerke auch dann einer Ausfuhrgenehmigung bedurften, wenn sie nicht in der Denkmalliste eingetragen waren. Des Weiteren war in der Verordnung ein Vorkaufsrecht verankert, welches bis zu drei Monate nach Erhalt des Ausfuhrgesuches ausgeübt werden konnte.[650]

Das Kulturgutschutzgesetz der DDR von 1980 änderte die Abwanderungsschutzsystematik nicht, sondern erweiterte lediglich die Schutzobjekte um weitere Arten von Kulturgütern.[651] Trotz der soliden rechtlichen Basis des

646 Lenski, Öffentliches Kulturrecht, S. 332.
647 Odendahl, Kulturgüterschutz, S. 60.
648 Odendahl, Kulturgüterschutz, S. 91.
649 Odendahl, Kulturgüterschutz, S. 92.
650 Odendahl, Kulturgüterschutz, S. 92.
651 Bundesregierung, Bericht der Bundesregierung zum Kulturgutschutz, S. 38, Online.

Kulturgüterschutzes war der Abwanderungsschutz in der DDR nur mangelhaft und die Knappheit an Kapital veranlasste die Regierung zu einem systematischen Ausverkauf von Kulturgütern.[652]

c) Kulturgüterschutz in der Bundesrepublik Deutschland

Dass Kulturgüterschutz aufgrund der Kulturhoheit der Bundesländer primär dem Aufgabenbereich der Bundesländer zugerechnet wird, ergibt sich aus Art. 70 GG und dem Fehlen einer ausdrücklichen Gesetzgebungskompetenz des Bundes. Dennoch liegen auch Aufgaben des Kulturgüterschutzes im Zuständigkeitsbereich des Bundes. Ab 1955 regelte das „Gesetz zum Schutz deutschen Kulturgutes gegen Abwanderung" (KultgSchG) den Kulturgüterschutz einheitlich auf Bundesebene und orientierte sich dabei im Wesentlichen an den Regelungen der Verordnung von 1919. Dieses Gesetz wurde vom Bund auf Basis des Art. 73 Nr. 5a. GG erlassen, der für die Ausfuhrbeschränkungen die ausschließliche Gesetzgebungskompetenz dem Bund zuweist. Somit liegt der Substanzschutz weiterhin im Zuständigkeitsbereich der Länder.[653] Ähnlich wie bei der Verordnung aus dem Jahr 1919 wird in der Begründung des Gesetzes vor allem auf den Verlust von Kulturgutbesitz verwiesen, der aus dem Ausverkauf von Kulturgütern ins Ausland während der Geldentwertung resultierte.[654] Seither basierte der Abwanderungsschutz auf dem Listenprinzip; von den Ausfuhrbeschränkungen waren demnach weiterhin nur jene Kulturgüter betroffen, die in einem Verzeichnis national wertvollen Kulturgutes gelistet waren. Die Länder führten eigene Verzeichnisse national wertvollen Kulturgutes, welche auf Bundesebene als Gesamtverzeichnis zusammengefasst werden.[655] Zuständig für die Eintragung waren die obersten Landesbehörden, die nach Anhörung von fünf Sachverständigen über Eintragungen entschieden.[656] Die Verzeichnisse national wertvollen

652 Bundesregierung, Bericht der Bundesregierung zum Kulturgutschutz, S. 38, Online; auch Odendahl, Kulturgüterschutz, S. 96 und Schnelle, Der Abwanderungsschutz von Kulturgütern, S. 130.

653 Lenski, Der uneingestandene Nationalismus des deutschen Kulturgüterschutzes, S. 678 konstatiert: „Kulturgesetzgebung des Bundes ist also maßgeblich Gesetzgebung zum Abwanderungsschutz."

654 BT-Drs. II/76, S. 6.

655 Bundesregierung, Bericht der Bundesregierung zum Kulturgutschutz, S. 36, Online.

656 Elmenhorst, in Elmenhorst/Wiese, KGSG – Kulturgutschutzgesetz, Einführung, Rn. 23.

Kulturgutes waren fortan nicht auf Kunstwerke beschränkt, sondern umfassten nun auch andere Kulturgüter wie Archivgut. Nachdem zwischen 1919 und 1955 nur knapp 1000 Kulturgüter eingetragen waren, wurden seit Inkrafttreten des KultgSchG weitere 1700 Eintragungen vorgenommen.[657]

Im Jahr 1998 trat in Deutschland das KultGüRückG[658] in Kraft, welches die wesentlichen Forderungen der Richtlinie 93/7/EWG[659] und des UNESCO Übereinkommens von 1970 auf nationaler Ebene umsetzte.[660] Daher gilt als Stichtag für eine unrechtmäßige Ausfuhr aus einem Mitgliedstaat der EU der 31.12.1992 (Schaffung des EU-Binnenmarktes) bzw. aus einem Vertragsstaat des UNESCO Übereinkommens der 26.4.2007 (Ratifizierung des UNESCO Übereinkommens). Das KultGüRückG regelte die Rückgabe ausländischer Kulturgüter, welche unrechtmäßig nach Deutschland eingeführt wurden und die Rückgabe deutscher Kulturgüter, welche unrechtmäßig ins Ausland ausgeführt wurden.

Parallel galt in Deutschland die „Haager Konvention zum Schutz von Kulturgut bei bewaffneten Konflikten“ von 1954[661], welche im Jahr 1967 durch das „Gesetz zur Ausführung der Konvention vom 14. Mai 1954 zum Schutz

657 Elmenhorst, in Elmenhorst/Wiese, KGSG – Kulturgutschutzgesetz, Einführung, Rn. 23.

658 „Gesetz zur Ausführung des UNESCO-Übereinkommens vom 14. November 1970 über Maßnahmen zum Verbot und zur Verhütung der rechtswidrigen Einfuhr, Ausfuhr und Übereignung von Kulturgut und zur Umsetzung der Richtlinie 93/7/EWG des Rates vom 15. März 1993 über die Rückgabe von unrechtmäßig aus dem Hoheitsgebiet eines Mitgliedstaats verbrachten Kulturgütern (Kulturgüterrückgabegesetz – KultGüRückG)“.

659 Auch eine nachträgliche Eintragung als *nationales Kulturgut* ist gemäß Art. 1 Abs. 1 der Richtlinie möglich, sodass die Bedingung für einen Rückgabeanspruch auf Basis der Richtlinie 93/7/EWG auch dann gegeben war, wenn das Kulturgut zum Zeitpunkt der Ausfuhr noch nicht als *nationales Kulturgut* klassifiziert wurde.
Zudem war Deutschland verpflichtet die „Richtlinie 2014/60/EU des Europäischen Parlaments und des Rates vom 15. Mai 2014 über die Rückgabe von unrechtmäßig aus dem Hoheitsgebiet eines Mitgliedstaats verbrachten Kulturgütern und zur Änderung der Verordnung (EU) Nr. 1024/2012 (Neufassung)“ in nationales Recht umzusetzen.

660 Das KultGüRückG wurde durch ein Artikelgesetz umgesetzt, nämlich durch das KultgutSiG – Kulturgutsicherungsgesetz („Gesetz zur Umsetzung von Richtlinien der Europäischen Gemeinschaften über die Rückgabe von unrechtmäßig aus dem Hoheitsgebiet eines Mitgliedstaats verbrachten Kulturgütern und zur Änderung des Gesetzes zum Schutz deutschen Kulturgutes gegen Abwanderung.“).

661 Mit den beiden Protokollen von 1954 und 1999.

von Kulturgut bei bewaffneten Konflikten“[662] in nationales Recht umgesetzt wurde. [663]

Analog zur europarechtlichen Dichotomie des Kulturgutschutzes in Abwanderungsschutz und Rückgabeansprüche, war der Kulturgüterschutz rechtlich in Deutschland ebenfalls in diese zwei Kategorien eingeteilt.[664] Das ehemalige KultgSchG beinhaltete Regelungen zum Abwanderungsschutz, das KultGüRückG regelte die Rückgabeansprüche und zusätzlich gilt das Gesetz zur Ausführung der Konvention vom 14. Mai 1954 zum Schutz von Kulturgut bei bewaffneten Konflikten. Mit dem KGSG sollten die drei bisherigen Gesetze[665] zum Kulturgüterschutz in Deutschland in einem kohärenten, einheitlichen Gesetz zusammengefasst werden.[666]

4. Soft Law

Auch das sogenannte *Soft Law* ist für den Kulturgüterschutz von Bedeutung.[667] Laut *Strobl* sind kulturgüterrelevante Verhaltenskodizes „[…] rechtlich

662 BGBl. 1967 Teil II S. 1233.

663 Auf die Haager Konvention bezieht sich auch § 53 Abs. 1 KGSG, der definiert, dass ein entgegen der Haager Konvention eingeführtes Kulturgut zurückgegeben werden muss sobald der bewaffnete Konflikt im Herkunftsgebiet beendet ist und „[…] 1. es nach dem 11. November 1967 verbracht worden ist und 2. die jeweils zuständige Behörde des Herkunftsgebiets um Rückgabe ersucht.“

664 Splettstößer/Taşdelen, Der Schutz beweglicher materieller Kulturgüter auf internationaler und nationaler Ebene, S. 90.

665 Kulturgüterrückgabegesetz, Gesetz zum Schutz deutschen Kulturgutes gegen Abwanderung und Gesetz zur Ausführung der Konvention vom 14. Mai 1954 zum Schutz von Kulturgut bei bewaffneten Konflikten.

666 Dies wurde auch von der Bundesregierung, Bericht der Bundesregierung zum Kulturgutschutz, S. 136, Online vorgeschlagen, die u.a. das Schweizer KGTG als positives Beispiel für die Zusammenführung verschiedener Regelungen des Kulturgüterschutzes hervorhebt.

667 „Der Ausdruck ‚Soft Law‘, bezogen auf das Kulturgüterschutz- und Kunstrestitutionsrecht, umfasst im weitesten Sinne alle Regeln, Übereinkünfte, Absichtserklärungen, Prinzipien, Richtlinien und Leitlinien unterschiedlichster Herkunft, die zwar nicht den verfahrenstechnischen und institutionellen Voraussetzungen formeller Gesetze, Rechtsvorschriften, Verträge, Verordnungen, Satzungen, Dekrete oder zwischenstaatlicher Abkommen entsprechen und deshalb nicht als Rechtsnormen im Sinne der klassischen Rechtsquellenlehre zu qualifizieren sind, jedoch in spürbarer Weise steuernd und prägend, mithin „normativ“ sowohl auf das Verhalten der Adressaten im Kunstmarkt und der betroffenen Öffentlichkeit insgesamt, aber auch auf

unverbindliche, schriftliche Instrumente mit Vorgaben für professionell mit Kulturgütern befasste Einrichtungen und Personen."[668] Diese verbandlichen bzw. berufsständischen Verhaltens- und Ethikkodizes sind rechtlich nicht bindend und infolgedessen auch nicht einklagbar. Bislang wurde keinem kulturgüterrelevanten Verhaltenskodex „[...] unmittelbar rechtliche Bindungswirkung beigemessen. Wirksamkeit erfahren sie allenfalls über die Auslegung von Tatbestandsmerkmalen, als Kriterium im Rahmen von Abwägungsentscheidungen oder bei der Bestimmung von Begriffsinhalten."[669] Die mangelnde Rechtsverbindlichkeit bedeutet jedoch nicht, dass sie rechtlich völlig unbedeutend sind. Mitunter wird in der Einbeziehung von kulturgüterrelevanten Verhaltenskodizes großes Potenzial gesehen und prognostiziert, dass zukünftige Gerichtsentscheidungen sich vermehrt auch auf die kulturgüterrelevanten Verhaltenskodizes berufen werden.[670]

Während Staaten die Adressaten völkerrechtlicher Verträge sind und sich rechtliche Verpflichtungen für Individuen erst durch die innerstaatliche Rechtsordnung ergeben, richten sich Verhaltens- und Ethikkodizes direkt an spezifische Akteure wie z.B. Kunsthändler.[671] Verhaltens- und Ethikkodizes sollen als selbstregulierendes Instrument wirken, um die Kulturgut-relevanten heterogenen nationalen Rechtslagen zu komplementieren.[672] *Strobl* bezeichnet diese Funktion als „Standardsetzung durch Selbstregulierung": „Mit der Setzung von Standards soll für Angehörige einer Profession Orientierung geschaffen und sollen Verhaltensweisen zugleich vereinheitlicht werden."[673] Zudem erfüllen Verhaltenskodizes eine „Ergänzungs- und Entlastungsfunktion". Ungenügende rechtliche Regelungen sollen ergänzt werden und zeitgleich sollen staatliche Stellen entlastet werden, indem sich die jeweiligen Akteure selbst regulieren.[674]

---

rechtsnormgebende Institution und rechtssprechende Organe einwirken."; Martinek, Die Wiedergutmachung NS-bedingter Kulturgutverluste, S. 417 f.

668 Strobl, Kulturgüterrelevante Verhaltenskodizes, S. 39.

669 Strobl, Kulturgüterrelevante Verhaltenskodizes, S. 404.

670 Strobl, Kulturgüterrelevante Verhaltenskodizes, S. 405; gleichzeitig hebt sie hervor, dass dies am ehesten der Fall sein wird, wenn es sich um Verhaltenskodizes handelt, „[...] hinter denen einflussreiche Kodexgeber stehen [...]."

671 Taşdelen, Das völkerrechtliche Regime der Kulturgüterrückführung, S. 236 f.

672 So ist es etwa im Code of Ethics des ICOM formuliert: „The Code of Ethics for Museums provides a means of professional self-regulation in a key area of public provision where legislation at a national level is variable and far from consistent."

673 Strobl, Kulturgüterrelevante Verhaltenskodizes, S. 290.

674 Strobl, Kulturgüterrelevante Verhaltenskodizes, S. 292 – 295.

Der „Kunsthändlerverband Deutschland" verweist auf die Bestimmungen der „Confédération Internationale des Négociants en Oeuvres d'Art" (CINOA), einer internationalen Vereinigung von über 5000 Kunsthändlern.[675] Der von der CINOA beschlossene Code of Ethics besagt, dass die Mitglieder nicht mit Kulturgut handeln dürfen, sobald der Verdacht bestehe, dass der Handel unrechtmäßig wäre, z.B. wenn es Kulturgut betrifft, welches unrechtmäßig aus dem Herkunftsland ausgeführt wurde oder wenn Grund zur Annahme besteht, dass das Kulturgut gestohlen oder anderweitig unrechtmäßig vom Verkäufer erlangt wurde.[676] Ähnlich verpflichtet sich auch der Bundesverband deutscher Kunstversteigerer e.V: „Der deutsche Kunsthandel wird sich nicht am Import, Export oder Handel solcher Gegenstände beteiligen, bei denen hinreichender Grund zur Annahme besteht, dass [...] ein importierter Gegenstand in seinem Herkunftsland unter Verstoß gegen das geltende Recht erworben oder exportiert wurde."[677] Damit leisten Verhaltenskodizes einen Beitrag zur Bekämpfung des illegalen Handels mit Kulturgütern. Dies wird auch dadurch erreicht, dass Verhaltenskodizes eine „bewusstseinsstärkende Funktion" mit sich bringen und die Sensibilität der Akteure des Kunstmarktes für bestimmte Themen durch die Existenz der Verhaltenskodizes erhöht wird.[678]

Eine weitere Funktion von Verhaltenskodizes ist die Vertrauensbildung: Verhaltenskodizes signalisieren eine hohe Qualität und auch eine moralische Integrität der jeweiligen Akteure.[679] Handelt ein Akteur entgegen den Verpflichtungen und Standards des von ihm offiziell akzeptierten Verhaltenskodex, droht daher bei Bekanntwerden der Zuwiderhandlung ein Reputationsverlust: „Es besteht ein starkes Eigeninteresse des Kunsthandels und des Versteigerergewerbes, nicht mit Hehlerei oder Fälschungen in Verbindung gebracht zu werden."[680] Da Reputation im Kunsthandel eine erhebliche Signifikanz beigemessen wird, wäre ein Reputationsverlust fatal.[681] Schließlich entsteht Vertrauen aus Erfahrung: „Man

675 CINOA, About CINOA, Online.

676 CINOA, Code of Ethics, Online.

677 Bundesverband deutscher Kunstversteigerer e.V., Verhaltenskodex, Online.

678 Strobl, Kulturgüterrelevante Verhaltenskodizes, S. 301 f.

679 Strobl, Kulturgüterrelevante Verhaltenskodizes, S. 296 f.

680 Bundesregierung, Bericht der Bundesregierung zum Kulturgutschutz, S. 81, Online.

681 Taşdelen, Das völkerrechtliche Regime der Kulturgüterrückführung, S. 236; den Stellenwert von Reputation im Auktionsgewerbe betont auch Beckmann, Ökonomische Analyse deutscher Auktionen, S. 135 – 141; auch Strobl, Kulturgüterrelevante Verhaltenskodizes, S. 297 konstatiert: „Vertrauensbildung ist also nicht nur unter ethischen, sondern auch unter wirtschaftlichen Gesichtspunkten bedeutsam."

hat wiederholt erlebt, dass ein Gegenüber darauf verzichtete, zum eigenen Vorteil zu täuschen. Daraus folgert man, dass er Normen und Werte verbindlich internalisiert hat, so dass man ihm gegenüber auf ständige Kontrollen verzichten kann."[682] Das sogenannte „Systemvertrauen", welches beispielsweise Auktionshäusern entgegengebracht wird, kann bei Fehlverhalten erheblich gestört werden. Das intrinsische Interesse der Kunstintermediäre, keine Kulturgüter mit fragwürdiger Provenienz in Verkehr zu bringen, lässt sich auch dadurch belegen, dass Auktionskataloge regelmäßig nicht nur an potenzielle Käufer gesendet werden, sondern auch an Museen und an das Bundeskriminalamt.[683] Dass der Handel ein ausgeprägtes Eigeninteresse hat, wird zudem durch Erkenntnisse von *Milgrom/Weber* bekräftigt. Diese haben empirisch belegt, dass bei englischen Auktionen der höchste Preis dann erzielt wird, wenn das Auktionshaus vollumfänglich alle Informationen offen legt: „Honesty is the best policy."[684] *Beckmann* schlussfolgert, dass ein „Verschweigen relevanter Qualitätsmerkmale" zu Misstrauen und zu geringeren Geboten führt.[685] Auch *Strobl* konstatiert, dass kulturgüterrelevante Verhaltenskodizes wirtschaftliche Risiken abmindern können, weil davon ausgegangen werden kann, dass bei Beachtung der Verhaltenskodizes keine rechtlichen Ansprüche begründet werden können: „Kodizes können damit haftungsbegrenzend wirken."[686]

Trotz der Relevanz von *Soft Law* benötigt ein wirksamer Kulturgüterschutz rechtliche Regelungen, insbesondere aufgrund der Unwiederbringlichkeit von Kulturgütern im Falle einer Zerstörung oder eines illegalen Handels. Verhaltenskodizes wirken zwar positiv, doch es ist allgemein anerkannt, dass strafbewehrte Regelungen geboten sind, um den Schutz von Kulturgütern zu gewährleisten.[687]

5. Zusammenfassung

Insgesamt ist eine Internationalisierung und eine Europäisierung des Kulturgüterschutzes zu konstatieren. Hervorgegangen aus dem Kriegsvölkerrecht, haben sich global einheitliche Regelungen ausgeweitet. Es wird in diesem Kontext sogar betont, dass sich das „klassische Souveränitätsverständnis" gewandelt

682 Bonus/Ronte, Glaubwürdigkeit von Kunst und Künstlern, S. 43.
683 Dies erkannte bereits 1996 Müller-Katzenberg, Internationale Standards im Kulturgüterverkehr und ihre Bedeutung für das Sach- und Kollisionsrecht, S. 210.
684 Milgrom/Weber, A Theory of Auctions and Competitive Bidding, S. 1095 f.
685 Beckmann, Ökonomische Analyse deutscher Auktionen, S. 40 – 43.
686 Strobl, Kulturgüterrelevante Verhaltenskodizes, S. 303.
687 Germelmann, Kultur und staatliches Handeln, S. 730 f.

hat. Nationalstaaten erkennen vermehrt an, dass einzelstaatliche Lösungen im Kulturgutschutz nicht wirksam sind und akzeptieren völkerrechtliche Verpflichtungen.[688] Trotzdem ist festzuhalten, dass der Kulturgüterschutz ein Regelungsbereich ist, der weiterhin stark von nationalen Gesetzen reguliert wird.[689] Beispielhaft seien in diesem Zusammenhang die Ausfuhrbeschränkungen hervorzuheben. Zwar definiert die Verordnung (EG) Nr. 116/2009 die Alters- und Wertuntergrenzen, ab denen die Ausfuhr von Kulturgütern in Drittstaaten genehmigungspflichtig ist, doch schlussendlich obliegt die Entscheidung darüber, ob die Ausfuhrgenehmigung erteilt wird, den einzelnen Mitgliedstaaten der EU.[690] Dies entspricht auch dem Subsidiaritätsprinzip. Auf nationaler Ebene sind außerdem bilaterale Kulturabkommen relevant, welche Deutschland mit vielen Staaten abgeschlossen hat. In den jeweiligen Abkommen konzentrieren sich die kulturgüterschützenden Bestimmungen vor allem auf die Rückführung von Kulturgütern.[691]

Obwohl Kulturgutschutz in Deutschland rechtlich bereits seit 1919 geregelt ist, sind insbesondere zwei Ereignisse hervorzuheben, welche den Kulturgüterschutz in Deutschland prägen. Erstens der europäische Binnenmarkt und zweitens die Ratifizierung des UNESCO Übereinkommens. Daraus ergab sich für Deutschland einerseits die Verpflichtung, unrechtmäßig eingeführte Kulturgüter zurückzugeben und andererseits musste Deutschland mittels Ausfuhrgenehmigungen kontrollieren, welche Kulturgüter in Drittstaaten außerhalb des EU-Binnenmarktes ausgeführt werden dürfen.[692]

---

688 Odendahl, Kulturgüterschutz, S. 233.

689 Odendahl, Kulturgüterschutz, S. 234: „In den traditionell staatlichen Regelungsbereichen – insbesondere also im Umgang mit Kulturgütern auf dem eigenen Territorium sowie in der Entscheidung über die Ausfuhr eigener Kulturgüter – spielen völker- und europarechtliche Regeln eine lediglich unterstützende Rolle."

690 In der Präambel der Verordnung (EG) Nr. 116/2009 ist explizit hervorgehoben, dass die Mitgliedstaaten in der Festlegung ihrer „nationalen Kulturgüter" im Sinne des Art. 30 des Vertrags nicht an die Kategorien gemäß dem Anhang der Verordnung gebunden sind.

691 Eine Liste der bilateralen Kulturabkommen Deutschlands ist online verfügbar unter: http://www.ifa.de/kultur-und-aussenpolitik/akbp-kompakt/kulturabkommen.html.

692 Bundesregierung, Bericht der Bundesregierung zum Kulturgutschutz, S. 16, Online.

IV. Potenzielle Gefahren für Kulturgüter

1. Notwendigkeit des Kulturgüterschutzes

Was laut Auffassung der BKM unter den Begriff „Kulturgutschutz" fällt, offenbart folgende Definition: „Der Begriff Kulturgutschutz (Kulturgüterschutz) bezeichnet alle Maßnahmen zum Schutz von Kulturgütern vor Beschädigung, Zerstörung, Diebstahl und Verlust."[693] Diese Definition legt den Fokus auf die Gefahren, denen Kulturgüter ausgesetzt sind. Schließlich bilden diese auch die Basis für die Legitimation von Schutzmaßnahmen. Laut *Müller* sind folgende Gefahren besonders akut:

- natürliche Gefahren und Umwelteinflüsse, insbesondere Urbanisierungs- und Industrialisierungsprobleme sowie Natur- und sonstige Katastrophen;
- bewaffnete Konflikte;
- illegaler Kunsthandel.[694]

Es zeigt sich, dass den obigen Gefahren nur schwerlich auf einzelstaatlicher Ebene begegnet werden kann. Insbesondere den ersten beiden Gefahren können höchstens präventive Maßnahmen entgegengestellt werden. Zudem können aus den Gefahren nur begrenzt Rückschlüsse gezogen werden, wie kulturgüterschützende Regelungen verfasst sein müssten, um die Gefahren abzuwenden. Auch der illegale Kunsthandel wird als Gefahr für Kulturgüter gewertet.[695] Im Hinblick auf den Substanzschutz lässt sich dies nachvollziehen. Schließlich ist die Wahrscheinlichkeit hoch, dass illegal verbrachte Kunstwerke nicht fachmännisch transportiert und aufbewahrt werden, sodass die Kunstwerke beschädigt werden könnten.

2. Gefährdungskategorien

Odendahl identifiziert drei Gefährdungskategorien: Die Gefährdung der Substanz, die Zerstörung der staatlich-territorialen Bindung und die Minderung oder Zerstörung des kulturellen Wertes.

---

693 BKM, Rechtsgrundlagen des Kulturgutschutzes, Online.

694 Müller, Kulturgüterschutz: Mittel nationaler Repräsentation oder Wahrung des Gemeinsamen Erbes der Menschheit?, S. 262.

695 Neben Müller sieht auch Gornig, Der internationale Kulturgüterschutz, S. 38 den illegalen Kunsthandel als Bedrohungspotenzial.

a) *Die Gefährdung der Substanz*

Substanzschutz[696] gilt aufgrund der besonders erheblichen Konsequenz bei mangelhafter Schutzwirkung, nämlich die Zerstörung eines Kulturgutes und damit einhergehend der unwiederbringliche Verlust[697] des Kulturgutes, als zentraler Bestandteil des Kulturgüterschutzes und wird sogar als „das oberste und echte Ziel des Kulturgüterschutzes“ angesehen.[698] Der Substanzschutz gilt also allein dadurch schon als oberstes Schutzziel, weil ohne wirksamen Substanzschutz alle anderen Schutzziele obsolet wären. Gemäß § 18 KGSG ist die Zerstörung oder die dauerhafte und nicht nur unerhebliche Veränderung des Erscheinungsbildes von Kulturgütern, welche in ein Verzeichnis national wertvollen Kulturgutes eingetragen oder deren Eintragung eingeleitet wurde, verboten. Der Eigentümer von Kulturgütern trägt folglich die Verantwortung für den Substanzschutz. Dies ist eine längst überfällige Neuerung im deutschen Kulturgüterschutz, da vor Inkrafttreten des KGSG eine Eintragung in ein Verzeichnis national wertvollen Kulturgutes lediglich die Ausfuhr eines Kulturgutes unter Genehmigungsvorbehalt stellte, nicht aber einen Substanzschutz normierte.[699]

b) *Die Zerstörung der staatlich-territorialen Bindung*

Kulturgüter können nur als solche bezeichnet werden, sofern ihnen nicht nur auf Individualebene, sondern auf gesamtgesellschaftlicher Ebene Bedeutung beigemessen wird. Eine Bindung[700] in Form von Privateigentum ist laut *Odendahl* nicht als „kulturell“ einzustufen: „Die kulturelle Zugehörigkeit und damit

---

696 Wyss, Kultur als Dimension der Völkerrechtsordnung, S. 11 spricht von einer „Bestandsgarantie“.

697 Wyss, Kultur als Dimension der Völkerrechtsordnung, S. 12 verweist auf die Bezeichnung von Kulturgütern als „non -renewable ressources“.

698 Caldoro, Nationaler Kulturgüterschutz, S. 174; siehe auch Fechner, Prinzipien des Kulturgüterschutzes, S. 26 f.; Odendahl, Kulturgüterschutz, S. 399 f.; Germelmann, Kultur und staatliches Handeln, S. 589 – 591; Schnelle, Der Abwanderungsschutz von Kulturgütern, S. 75 f.

699 Lenski, Der uneingestandene Nationalismus des deutschen Kulturgüterschutzes, S. 677 kritisierte die Sinnhaftigkeit vom Abwanderungsschutz ohne entsprechende Regelungen zum Substanzschutz: „Was jedoch im Inland mit ihnen passiert, dafür interessiert sich das Gesetz nicht mehr – mögen sie hier selbst zerstört werden, nur ins Ausland gelangen dürfen sie nicht.“

700 Germelmann, Kultur und staatliches Handeln, S. 592 verwendet den Begriff des „besonderen Näheverhältnisses“; Lenski, Öffentliches Kulturrecht, S. 244 spricht von einer „geistig-nationalen Bindung“.

identitätsstiftende Wirkung von Kulturgut wird beeinträchtigt, wenn sich das Kulturgut nicht mehr im unmittelbaren Zugriffsbereich der Gesellschaft befindet, zu deren kulturellen Erbe es gehört."[701] Auch der Verweis auf die potenziell negative Auswirkung von Eigentum an einem Kulturgut ist an dieser Stelle angebracht. Das *property right* „ius abutendi", also das Recht, ein Gut zu veräußern, könnte zu einer Verletzung der kulturellen Bindung führen, wenn das Kulturgut im Zuge dessen ins Ausland ausgeführt wird.[702] In diesem Zusammenhang ist auch das Spannungsverhältnis erwähnenswert, welches das KGSG berührt. Einerseits fördern liberale Regelungen den freien Austausch von Kulturgütern und ermöglichen eine effiziente Zuordnung zu demjenigen mit der höchsten Zahlungsbereitschaft, andererseits besteht ein öffentliches Interesse an der Bewahrung der Kulturgüter innerhalb des Bundesgebietes.[703]

c) Minderung oder Zerstörung des kulturellen Wertes

Da ein bestimmtes Objekt erst durch die Zuschreibung eines kulturellen Charakters[704] zu einem Kulturgut wird, ist die Frage danach, was als Kulturgut angesehen wird, de facto subjektiv. Die Konsequenz daraus lautet, dass ein Objekt, welches in der Vergangenheit als Alltagsgegenstand angesehen wurde, heute als antikes Kulturgut angesehen werden könnte. Andererseits kann ein Kulturgut an Wert verlieren oder sogar gänzlich seine Stellung als Kulturgut einbüßen, ohne dass eine tatsächliche Gefährdung, z.B. in Form einer Abwanderung oder eines

---

701 Odendahl, Kulturgüterschutz, S. 399 f.; Pabst, Kulturgüterschutz in nicht-internationalen bewaffneten Konflikten, S. 31 spricht von der Belassung von Kulturgütern in ihrem „informativen Kontext"; Wyss, Kultur als Dimension der Völkerrechtsordnung, S. 11 verwendet die Begrifflichkeit der „günstigen Entfaltungsmöglichkeit („soziale Interaktionsgarantie")"; ähnlich auch Lenski, Fragenkatalog – Öffentliche Anhörung, S. 15, Online: „Die Idee des Gesetzes, durch einen Abwanderungsschutz die identitätsstiftende Wirkung von Kulturgütern im Inland zu fördern, geht auf den Gedanken zurück, dass Kultur Wertschätzung ist und Wertschätzung vom sozialen Kontext abhängt, so dass im Erhalt des sozialen Kontextes eines Kulturguts auch ein Erhalt des Kulturguts in seiner kulturellen Funktion selbst liegen kann."

702 Odendahl, Kulturgüterschutz, S. 432.

703 Von Schorlemer, Internationaler Kulturgüterschutz, S. 400.

704 Fechner, Prinzipien des Kulturgüterschutzes, S. 27 verwendet im Zusammenhang der Legitimierung des Abwanderungsschutzes die Formulierung eines dem Kulturgut „innewohnenden Zusammenhangs".

Eingriffes in die Substanz, vorliegt, sondern allein dadurch, dass sich die gesellschaftlichen Rahmenbedingungen ändern. [705]

V. Instrumente des Kulturgüterschutzes

Der Schutz von Kulturgütern ist trotz der internationalen Zusammenarbeit im Bereich des Kulturgüterschutzes hauptsächlich Aufgabe der Nationalstaaten, da diese die Grundlage bilden müssen, damit Kulturgüter überhaupt überregional geschützt werden können. Ebenfalls ist festzustellen, „[...] dass nur in relativ wenigen Fällen Kulturgüter spezielle Schutzmaßnahmen in Form von Rechten eigener Form (sui generis) bedürfen.“[706] Aufbauend auf den drei Gefährdungskategorien definiert *Odendahl* Kulturgüterschutz wie folgt: „Kulturgüterschutz ist demnach der präventiv, wiedergutmachend und repressiv ansetzende Schutz von Kulturgütern vor Verletzung ihrer Substanz und ihrer kulturellen Bindungen sowie vor nicht kulturell bedingten Minderungen ihres kulturellen Wertes.“[707] In Anlehnung daran, lassen sich die Instrumente des Kulturgüterschutzes in Kategorien unterteilen, von denen fünf Kategorien im Folgenden näher betrachtet werden: *Dokumentation, Unterschutzstellung, Eingriffe, Förderung* und *Sanktionen*.[708]

1. Dokumentation

Der Bereich der *Dokumentation* ist als Instrument des Kulturgutschutzes anzusehen, da die „Inventarisierung“ von Kulturgütern die Grundlage dafür bildet, dass sie geschützt werden können. Beispielsweise kann im Beschädigungsfall eine sorgfältige *Dokumentation* dazu führen, dass eine originalgetreue Rekonstruktion des beschädigten Kulturgutes angefertigt wird.[709]

---

705 Odendahl, Kulturgüterschutz, S. 399 f.; in diesem Kontext ist auch § 13 KGSG anzuführen, der besagt, dass Kulturgüter aus einem Verzeichnis national wertvollen Kulturgutes gelöscht werden können, sofern sich die Umstände, die zur Eintragung geführt haben, wesentlich verändert haben. Die Löschung kann von Amts wegen erfolgen oder vom Eigentümer angefragt werden. Auch in der Schweiz besteht die Regelung, dass gemäß Art. 3 Abs. 3 a KGTG Kulturgut, welches im Bundesverzeichnis eingetragen wurde, aus dem Verzeichnis gestrichen werden kann, sofern „[...] das Kulturgut seine wesentliche Bedeutung für das kulturelle Erbe eingebüsst hat [...]“.

706 Bicskei/Bizer/Gubaydullina, Der Schutz kultureller Güter, S. 150.

707 Odendahl, Kulturgüterschutz, S. 403.

708 Odendahl, Kulturgüterschutz, S. 434 – 478.

709 Odendahl, Kulturgüterschutz, S. 435.

2. Unterschutzstellung

Die *Unterschutzstellung* stellt die rechtliche Grundlage für eine Vielzahl an Instrumenten des Kulturgüterschutzes dar. Es werden grundsätzlich zwei Ansätze unterschieden: Das Tatbestandsprinzip und das Listenprinzip. Beim Tatbestandsprinzip erfolgt die Unterschutzstellung, wenn das Kulturgut gewisse Kriterien erfüllt, die für gesetzliche Regelungen relevant sind, wohingegen nach dem Listenprinzip ein Kulturgut erst geschützt ist, wenn dieses in ein Verzeichnis eingetragen wird.[710] Die Kritik am Tatbestandsprinzip lautet, dass dadurch der Handel mit Kulturgut kriminalisiert wird.[711] Das KGSG folgt grundsätzlich dem Listenprinzip; die Basis bilden die Verzeichnisse national wertvollen Kulturguts.[712] Jedoch ist beim KGSG zu konstatieren, dass das Listenprinzip erweitert ist, denn gemäß § 6 Abs. 1 Nr. 2 – 4 KGSG gelten neben Kulturgütern, welche in einem Verzeichnis national wertvollen Kulturgutes eingetragen sind, auch andere Kulturgüter als *nationale Kulturgüter*. Zudem handelt es sich auch bei der Genehmigungspflicht der Ausfuhr bei der Überschreitung bestimmter Alters- und Wertuntergrenzen um ein Tatbestandsprinzip.

3. Eingriffe

Unter *Eingriffen* sind staatliche Maßnahmen zu subsumieren, welche die Handlungsfreiheit der Verfügungsberechtigten beim Umgang mit Kulturgütern limitieren. *Eingriffe* gelten als „Hauptinstrument" des Kulturgutschutzes.[713] Der weitreichendste *Eingriff* wäre die Aneignung eines Kulturgutes durch den Staat. Dies kann durch mehrere Instrumente, etwa durch Ankaufsrechte, erreicht werden, bei denen der Eigentümer keine Abwehrmöglichkeit hat.[714] Als ultima ratio ist auch die Enteignung denkbar. Dieses Instrument ist im Bereich des Denkmalschutzes verankert.[715] Auch die „Auferlegung von Pflichten" zählt zu den

---

710 Odendahl, Kulturgüterschutz, S. 436.

711 Boos, Kulturgut als Gegenstand des grenzüberschreitenden Leihverkehrs, S. 99 f.

712 Ausführlich widmet sich Kapitel § 5 I 2 der Unterschutzstellung durch Eintragung in das Verzeichnis national wertvollen Kulturgutes.

713 Dazu Germelmann, Kultur und staatliches Handeln, S. 730.

714 Odendahl, Kulturgüterschutz, S. 438 f.

715 Zum Beispiel regelt § 17 DSchG Berlin: „Kann eine Gefahr für den Bestand, die Eigenart oder das Erscheinungsbild eines Denkmals auf andere Weise nicht nachhaltig abgewehrt werden, so ist die Enteignung zugunsten des Landes Berlin zulässig." In diesem Kontext des Denkmalschutzes sei auch das Argument von Abele, Ist das Verhältnis von Kulturgüterschutz und Eigentum ein Finanzierungsproblem?, S. 77 angebracht: „Die Enteignung scheint dagegen der bessere Weg zu sein und sollte in

möglichen *Eingriffen* als Instrument des Kulturgutschutzes.[716] Im KGSG fallen darunter u.a. die Mitteilungspflicht gemäß § 19 KGSG, die Aufzeichnungs- und Aufbewahrungspflichten gemäß § 45 KGSG und die Auskunftspflicht gemäß § 46 KGSG. Auch die „Verhängung von Verboten" ist unter den Begriff des *Eingriffs* zu subsumieren. Mit der Schaffung von Verboten mit Genehmigungsvorbehalten wird auch im KGSG die Ausfuhr von Kulturgütern geregelt, nämlich gemäß §§ 23 und 24 KGSG. In Bezug auf das KGSG ist auch das Ziel des Substanzschutzes zu betonen, welches in Form des Beschädigungsverbots gemäß § 18 KGSG erreicht werden soll.

4. Förderung

Auch die *Förderung* von Kulturgütern gilt als Instrument des Kulturgutschutzes. Auf nationaler Ebene sind im Zusammenhang mit der *Förderung* insbesondere die Kulturstiftung des Bundes und die Kulturstiftung der Länder anzuführen. Staatliche Fördermaßnahmen für die Kultur und die Erhaltung des kulturellen Erbes sind gemäß Art. 107 Abs. 3 d) AEUV (ex-Artikel 87 EGV) europarechtlich legitimiert und mit dem Prinzip des europäischen Binnenmarktes vereinbar. Jedoch besteht die Einschränkung, dass die Förderungen nur legitim sind, „[…] soweit sie die Handels- und Wettbewerbsbedingungen in der Union nicht in einem Maß beeinträchtigen, das dem gemeinsamen Interesse zuwiderläuft."[717] Neben der direkten *Förderung*, beispielsweise durch die Vergabe von finanziellen Mitteln, ist auch die indirekte *Förderung*, nämlich durch Steuervergünstigungen, weit verbreitet.[718] Im Kontext des KGSG sind u.a. die steuerlichen Begünstigungen nach § 12 KGSG anzuführen.

5. Sanktionen

Sanktionen sind dem Schutzansatz der *Repression* zuzuordnen und dann heranzuziehen, wenn die Schutzansätze der *Prävention* erfolglos geblieben sind.

Zukunft beschritten werden. Sie ist ein Akt, der den Eigentümer nur einmal belastet; Genehmigungs- und Erhaltungspflichten begleiten ihn dagegen ständig. Im Übrigen ist die Enteignung der ehrlichere Weg. Wird das Eigentum zwar nicht angetastet, aber enorm beschränkt, so führt dies zu Rechtsunsicherheit und Unzufriedenheit bei den Betroffenen."

716 Odendahl, Kulturgüterschutz, S. 444.

717 Vgl. Art. 107 Abs. 3 d) AEUV.

718 Odendahl, Kulturgüterschutz, S. 467 – 472.

Auch im Kontext der ökonomischen Analyse des Rechts sind Sanktionsmechanismen relevant, da die Annahme gilt, dass Individuen anhand der potenziellen Strafen ihr Handeln abwägen: „Der Gesetzgeber muss deshalb dafür Sorgen, dass die Preise (d.h. die Strafmaße) und die Wahrscheinlichkeiten, mit denen sie eingetrieben werden (d.h. die Aufdeckungsquote) hoch genug sind, damit Verbrechen sich nicht lohnt."[719] Gleichwohl muss berücksichtigt werden, dass „[...] einige Normen dergestalt internalisiert werden, dass sich die Menschen auch bei einer mit Sicherheit ausbleibenden Sanktion im Falle einer Normenübertretung dennoch an die Norm halten."[720]

Das StGB beinhaltet Regelungen, welche sich explizit mit Kulturgütern befassen. Gemäß § 243 Abs. 1 Nr. 5 StGB stellt der Diebstahl eines Kulturgutes[721] einen besonders schweren Fall des Diebstahls dar und wird entsprechend geahndet. In Bezug auf das KGSG ist zu konstatieren, dass es sich um ein strafbewehrtes Gesetz handelt. Das KGSG enthält durch die Strafvorschriften des § 83 eigenes Nebenstrafrecht und § 84 regelt die Bußgeldvorschriften. Schon im KultgSchG wurde eine unrechtmäßige Ausfuhr von Kulturgut mit einer Freiheitsstrafe von bis zu drei Jahren oder mit einer Geldstrafe geahndet. Bereits der Versuch war strafbar.[722] Das angedrohte Strafmaß für eine unrechtmäßige Ausfuhr wurde im novellierten KGSG nochmals erhöht. Nun droht bei einer unrechtmäßigen Ausfuhr eine Freiheitsstrafe von bis zu fünf Jahren oder eine Geldstrafe.[723] Ebenso wie im KultgSchG ist bereits der Versuch strafbar.[724] Im Zusammenhang mit den Sanktionen, die sich gegen die unrechtmäßige Ausfuhr von Kulturgütern entgegen § 21 Nr. 1,2,4,5 KGSG richten, ist hervorzuheben, dass Gerichte § 49 Abs. 1 StGB heranziehen dürfen, um die Strafe gemäß § 83 Abs. 1 Nr. 1 KGSG zu mildern oder sogar gänzlich von einer Strafe abzusehen, sofern „[...] der Täter das Kulturgut unverzüglich in das Bundesgebiet zurückbringt."[725]

---

719 Englerth, Behavioral Law and Economics, Online, S. 42.

720 Adams, Ökonomische Theorie des Rechts, S. 30.

721 Im Wortlaut des § 243 Abs. 1 Nr. 5 StGB: „[...] eine Sache von Bedeutung für Wissenschaft, Kunst oder Geschichte [...]".

722 Vgl. § 16 KultgSchG.

723 Vgl. § 83 Abs. 1 Nr. 1 KGSG.

724 Vgl. § 83 Abs. 4 KGSG.

725 Vgl. § 83 Abs. 7 KGSG.

§ 4 Telos des Kulturgutschutzgesetzes

Wie eingangs dargestellt, ist das Entwickeln eines Verständnisses des Telos des KGSG eine zentrale Voraussetzung dafür, das Gesetz bewerten zu können. Schließlich gilt das Telos als Maßstab, an dem sich die im Gesetz verankerten Maßnahmen orientieren sollen. An dieser Stelle sei darauf hingewiesen, dass die Ziele des Kulturgüterschutzes vielfältig sind und hinsichtlich der Bedeutung deutliche Unterschiede existieren. Zu den primären Zielen zählen analog zu den Gefährdungskategorien[726] der Substanzschutz und der Schutz kultureller Bindungen.[727] Sekundäre Ziele liegen in den Bereichen Wissenschaftliche Erforschung und Zugänglichkeit für die Allgemeinheit.[728] Die Unterteilung in primäre und sekundäre Ziele ist darin begründet, dass Erstere den „Erhalt der Wesensmerkmale" intendieren, während Letztere darauf abzielen, den kulturellen Wert von Kulturgütern zu steigern bzw. zu nutzen.[729]

Obgleich mit der Analyse der Ziele des Gesetzgebers stets ein gewisses Maß an Interpretation verbunden ist, befasst sich der folgende Teil detaillierter mit den offiziellen Motiven des Gesetzgebers.

I. Beschränkung des illegalen Handels mit Kulturgut

Die Beschränkung des illegalen Handels mit Kulturgut ist eines der offiziellen politischen Ziele der Gesetzesnovellierung. Insbesondere die Unterbindung des illegalen Handels mit Kulturgütern aus Kriegs- und Krisengebieten ist ein wichtiges Anliegen der BKM.[730] Dass Terrororganisationen wie der *Islamische*

---

726 Siehe dazu Kapitel § 3 IV 2.

727 Odendahl, Kulturgüterschutz, S. 405 – 407; auch Fechner, Prinzipien des Kulturgüterschutzes, S. 26 f. und Germelmann, Kultur und staatliches Handeln, S. 588 – 621 klassifizieren Substanzschutz und den Schutz vor Abwanderung als Primärziele des Kulturgüterrechts.

728 In diesem Kontext ist auch die von Merryman, The Public Interest in Cultural Property, S. 355 – 361 aufgestellte Dreiteilung der Ziele des Kulturgutschutzes anzuführen: Preservation, Truth and Access. Neben Preservation (Substanzschutz) und Access (Zugang der Allgemeinheit) ist nur die Begrifflichkeit Truth erklärungsbedürftig: „[...] the shared concerns for accuracy, probity, and validity that, when combined with industry, insight, and imagination, produce good science and good scholarship."

729 Odendahl, Kulturgüterschutz, S. 422.

730 BKM, Fragen und Antworten zum neuen Kulturgutschutzgesetz, Online.

Staat[731] aktiv illegalen Kulturguthandel betreiben und damit die Terrorfinanzierung unterstützt wurde, rückte in den vergangenen Jahren in den Fokus der Öffentlichkeit und unterstrich den Interventionsbedarf. Kulturstaatsministerin *Grütters* befürchtete sogar, dass Deutschland als Drehscheibe für illegale Kulturgüter fungiere.[732]

Illegaler Handel ist nicht nur aus sicherheitspolitischer, kommerzieller und moralischer Sicht zu verhindern, sondern die Unterbindung von illegalem Handel ist auch aus der Perspektive des Kulturgüterschutzes geboten, u.a. weil die Substanz der Kulturgüter während des Transports oder aufgrund mangelnder Sorgfalt bei der Lagerung stark gefährdet sein kann.[733]

Der Gesetzgeber hat vor diesem Hintergrund archäologisches Kulturgut im KGSG unter besonderen Schutz gestellt: Während nicht-archäologische Kulturgüter unterhalb einer Wertuntergrenze von 2.500 Euro von den zusätzlichen Sorgfaltspflichten gemäß § 42 Abs. 1 KGSG befreit sind, gilt dies nicht für archäologisches Kulturgut.[734] Damit berücksichtigte der Gesetzgeber die Befürchtungen, dass archäologische Raubgrabungen in Einzelteile zerlegt werden könnten, um damit Erheblichkeitsschwellen zu umgehen.[735] Zentrale Regelungen zur Unterbindung des illegalen Handels mit Kulturgütern sind zudem die Sorgfaltspflichten gemäß § 41 ff. KGSG.

Obwohl das Ziel, den illegalen Handel mit Kulturgut zu beschränken, moralisch geboten ist, darf ein kritischer Aspekt nicht außer Acht gelassen werden. Es stellt sich nämlich die Frage, wie ausgeprägt der illegale Handel mit Kulturgütern tatsächlich ist. Verlässliche Zahlen zum Handelsvolumen existieren nicht.[736] So offenbart sogar der Steckbrief des *ILLICID-Projektes*[737]: „Zurzeit gibt es weder belastbares Zahlenmaterial zum jährlichen Umfang des illegalen Handels mit Kulturgütern in Deutschland noch leistungsfähige Verfahren zur Erhebung der entsprechenden Fakten.“[738]

---

731 Im Folgenden „IS“ genannt.

732 Bundesregierung, Rede von Kulturstaatsministerin Grütters, Online.

733 Von Schorlemer, Internationaler Kulturgüterschutz, S. 388.

734 Vgl. § 42 Abs. 3 KGSG.

735 Stellungnahme der Deutschen Gesellschaft für Ur und Frühgeschichte e.V. vom 7.10.2015, S. 7.

736 Elmenhorst, in Elmenhorst/Wiese, KGSG – Kulturgutschutzgesetz, Einführung, Rn. 4.

737 „Verfahren zur Erhellung des Dunkelfeldes als Grundlage für Kriminalitätsbekämpfung und -prävention am Beispiel antiker Kulturgüter“.

738 Steckbrief des ILLICID-Projektes, verfügbar unter: https://www.sifo.de/files/Projektumriss_ILLICID.pdf.

Auch eine Studie des *King's College* bezweifelt, dass der illegale Handel mit Kulturgütern eine bedeutende Einnahmequelle der Terrororganisation IS sei.[739] Dass die Studie keine Schätzungen zum Volumen des vom IS organisierten illegalen Handels beinhaltet, kann als Beleg dafür angesehen werden, dass die befürchtete systematische Plünderung von Kulturgütern und deren Verkauf weniger ausgeprägt ist, als angenommen. Auch dass vom Zoll keine bedeutenden illegal gehandelten Werke entdeckt wurden, bekräftigt diese These. Zudem darf nicht ausgeblendet werden, dass bereits vor Inkrafttreten des KGSG der Handel mit illegal aus Syrien und dem Irak ausgeführten Kulturgütern verboten war.[740]

Bekannt ist jedoch zumindest, dass der IS Lizenzen für Raubgrabungen ausgegeben hat.[741] Trotzdem sind diese Hintergründe zu berücksichtigen, denn es drängt sich bei einigen Experten die Meinung auf, dass es sich um kulturpolitische Argumentationshilfen handele, die einer Durchsetzung von strengeren Regeln diene.[742]

II. Stärkung des Abwanderungsschutzes

Der Abwanderungsschutz steht im Fokus des KGSG. Obwohl kulturgutschützende Gesetze vieler Länder Abwanderungsbeschränkungen beinhalten, wird dieses Schutzinstrument kontrovers diskutiert.[743]

Hintergrund des verschärften Abwanderungsschutzes ist die Intention des Gesetzgebers, Lücken im Bereich des Kulturgüterschutzes zu schließen. In der Vergangenheit war es nämlich möglich, Kulturgüter innerhalb des europäischen Binnenmarktes auszuführen und anschließend in einen Drittstaat zu exportieren, da es im Staat der Zwischenlagerung nicht als *nationales Kulturgut* galt und

739 Heißner et al., Caliphate in Decline, S. 8, Online: „Estimates according to which antiquities comprise the group's second largest revenue source seem exaggerated. Rather than trading artifacts, Islamic State is earning money from selling digging permits and charging transit fees. Exactly how much is impossible to say. Most of the data points put the income generated from these activities at the lower end of the group's revenue streams […].“

740 Siehe dazu Kapitel § 5 II 1 b) bb).

741 „There is evidence that Islamic State has issued permits for individuals to loot these objects, and that it charges fees for their transportation.“; Heißner et al., Caliphate in Decline, S. 7, Online.

742 Weltkunst, Kulturgutschutzgesetz ohne Grundlage?, Online: „Die Dramatisierung des „ISIS“-Schmuggels war letzten Endes Propaganda […].“

743 Germelmann, Kultur und staatliches Handeln, S. 592.

daher dort keinem Abwanderungsschutz unterlag. Ein Beispiel, welches mediale Aufmerksamkeit erlangte, ist die Ausfuhr eines auf 10 Millionen Euro geschätzten Goldpokals, welcher im 17. Jahrhundert für *Kaiser Rudolf II.* hergestellt wurde. Die Eigentümer beantragten im Oktober 2014 eine Ausfuhrgenehmigung für eine Ausfuhr in die USA. Nachdem das Land Rheinland-Pfalz erklärte, dass der Goldpokal in das Verzeichnis national wertvollen Kulturgutes des Landes aufgenommen werden sollte und die Ausfuhrgenehmigung verweigert werden sollte, wurde der Goldpokal nach London gebracht und von dort aus in die USA ausgeführt.[744] Dies verdeutlichte, dass ein wirksamer Abwanderungsschutz nur dann erreicht werden kann, wenn auch innerhalb des Binnenmarktes Ausfuhrkontrollen existieren. Vor Inkrafttreten des KGSG hat der deutsche Kulturgüterschutz keine nachträgliche Eintragung von Kulturgütern vorgesehen. Die Konsequenz daraus war, dass Kulturgüter, welche ohne Kenntnis der Behörden ins Ausland verbracht wurden, den Geltungsbereich des Staates verlassen hatten.[745] In § 8 KGSG ist nun die Möglichkeit einer nachträglichen Eintragung vorgesehen, nämlich in jenen Fällen, in denen ein Kulturgut entgegen der Ausfuhrbeschränkungen des § 24 KGSG unrechtmäßig ausgeführt worden ist; das Kulturgut kann dann gemäß der Richtlinie 2014/60/EU von Mitgliedstaaten und gemäß des UNESCO Übereinkommens von Vertragsstaaten zurückgefordert werden.[746] Denkbar ist aber auch ein Szenario, bei dem eine nachträgliche Eintragung von Kulturgütern erfolgt, obwohl diese zuvor rechtmäßig ausgeführt wurden. Schließlich regelt § 7 Abs. 2 Nr. 3 KGSG, dass eine Eintragung auch dann möglich ist, wenn eine Sachgesamtheit teilweise im Ausland aufbewahrt wird. Für Eigentümer von Kulturgütern, die vor Inkrafttreten des KGSG Teile ihrer Sammlungen ausgeführt haben, könnte sich demnach ergeben, dass die gesamte Sammlung in ein Verzeichnis national wertvollen Kulturgutes eingetragen wird, obwohl sich nur noch Teile ihrer Sammlung im Bundesgebiet befinden. Gleichwohl muss betont werden, dass der Abwanderungsschutz in diesem Szenario zwangsläufig leerläuft, da die Kulturgüter bereits im Ausland aufbewahrt werden. Um einen Rückgabeanspruch geltend zu machen, müsste beim Eigentümer erfragt werden, in welchem Staat sich die Kulturgüter befinden, doch hierbei ist der Eigentümer zu keiner Auskunft verpflichtet.[747]

---

744 Süddeutsche Zeitung, Ein Goldpokal entschwindet, Online.

745 Bundesregierung, Bericht der Bundesregierung zum Kulturgutschutz, S. 48, Online.

746 Erläuternd dazu BKM, Das neue Kulturgutschutzgesetz – Handreichung für die Praxis, S. 137 f., Online.

747 Elmenhorst, in Elmenhorst/Wiese, KGSG – Kulturgutschutzgesetz, § 7, Rn. 41.

Zur Evaluation der Wirksamkeit des Abwanderungsschutzes in Deutschland vor Inkrafttreten des KGSG, ist folgende Statistik der Europäischen Kommission bezüglich der erteilten Ausfuhrgenehmigungen von Mitgliedstaaten der EU aufschlussreich: Die von Deutschland erteilten Ausfuhrgenehmigungen beliefen sich auf 1.138 im Jahr 2011, 1.081 im Jahr 2012 und 1.181 im Jahr 2013.[748] Zwischen 2010 und 2013 wurden demnach insgesamt 3.400 Ausfuhrgenehmigungen erteilt. Wird diese Zahl ins Verhältnis zur Gesamtzahl der in der EU erteilten Ausfuhrgenehmigungen (69.895) im Vergleichszeitraum gesetzt, erscheint sie äußerst gering. Der Anteil der deutschen Ausfuhrgenehmigungen an der Gesamtzahl beträgt nur ca. 4,86%. Im Vergleichszeitraum erteilte Italien 27.041 Genehmigungen (38,69%), Frankreich 8.773 (12,55%) und das Vereinigte Königreich 23.715 (33,93%).[749] Wenn, wie im *Bericht der Bundesregierung zum Kulturgutschutz* angenommen wurde, ca. 90% der Ausfuhrgenehmigungen an deutsche Museen erteilt wurden, verdeutlicht dies, dass die Zahl der in Deutschland erteilten Ausfuhrgenehmigungen für private Eigentümer von Kulturgütern verschwindend gering war.[750] Allerdings muss konstatiert werden, dass diese Diskrepanz auch darauf zurückgeführt werden kann, dass unbekannt ist, wie viele Ausfuhrgenehmigungen der Vergleichsländer dem internationalen Leihverkehr zugeordnet werden können. Die Vergleichbarkeit der Daten wird auch dadurch geschmälert, dass das Verhältnis zwischen Ausfuhrgenehmigung und ausgeführtem Kulturgut nicht 1:1 beträgt, sondern dass bei einer Ausfuhrgenehmigung mehrere Kulturgüter erfasst sein können. Die Anzahl der erteilten Ausfuhrgenehmigungen erlaubt daher nur bedingt Rückschlüsse auf die tatsächliche Anzahl ausgeführter Kulturgüter.[751] Denkbar ist auch, dass in Deutschland der Handel mit Gegenwartskunst überproportional stark ist; diese Kunstrichtung ist aufgrund der Altersuntergrenzen nicht von der Ausfuhrgenehmigungspflicht betroffen.[752] Obgleich diese Diskrepanz auch darauf zurückzuführen sein könnte, dass bei der Klassifizierung, was als schützenswertes Kulturgut

---

748 Siehe dazu Anhang III.

749 Bericht der Kommission an das Europäische Parlament, den Rat und den Europäischen Wirtschafts- und Sozialausschuss über die Durchführung der Verordnung (EG) Nr. 116/2009 des Rates vom 18. Dezember 2008 über die Ausfuhr von Kulturgütern, Anhang S. 2, Online.

750 Bundesregierung, Bericht der Bundesregierung zum Kulturgutschutz, S. 55, Online.

751 Diese Feststellung macht auch der Bundesrat Drs. 538/15, Entwurf eines Gesetzes zur Neuregelung des Kulturgutschutzrechts, S. 58, Online.

752 Diese mögliche Erklärung betont auch die Bundesregierung, Novellierung des Kulturgutschutzrechts, Online.

anzusehen ist, innerhalb der EU unterschiedliche Bewertungsmaßstäbe gelten, sind diese Zahlen dennoch überraschend. Schließlich war bereits vor Inkrafttreten des KGSG in der Verordnung (EG) Nr. 116/2009 die Erteilung von Ausfuhrgenehmigungen in Drittstaaten für alle Mitgliedstaaten einheitlich geregelt. Die Schlussfolgerung der *Bundesregierung* lautete, dass die niedrige Anzahl an Ausfuhrgenehmigungen nur darauf zurückzuführen sein kann, dass Ausfuhrgenehmigungen nur selten beantragt und viele Werke illegal ausgeführt wurden.[753]

III. Schließung von Gesetzeslücken

Eine Gesetzeslücke, welche der Gesetzgeber durch das KGSG schließen wollte, war der Substanzschutz national wertvoller Kulturgüter.[754] Vor Inkrafttreten des KGSG existierten keine Regelungen, die eine Beschädigung von Kulturgütern verboten. Dies soll durch das Beschädigungsverbot gemäß § 18 KGSG erreicht werden, welches für Kulturgüter in einem Verzeichnis national wertvollen Kulturgutes gilt.

Wie bereits erwähnt, bestand eine weitere Gesetzeslücke in der mangelhaften Ausfuhrkontrolle innerhalb des europäischen Binnenmarktes. Dadurch war die dauerhafte Ausfuhr von Kulturgut über Transitländer möglich, sodass effektive Ausfuhrbeschränkungen nicht existierten.

IV. Stärkung der Rechtssicherheit

Die Rechtssicherheit sollte durch das KGSG u.a. durch die Präzisierung der Eintragungskriterien gestärkt werden. Auch eine Normierung klarer Verfahrensregeln für eine Eintragung von Kulturgut in ein Verzeichnis national wertvollen Kulturgutes, sollte die Rechtssicherheit erhöhen. Daneben sind insbesondere die Sorgfaltspflichten beim gewerblichen Inverkehrbringen zu nennen.

Der Gesetzgeber argumentiert, dass von einer erhöhten Rechtssicherheit auch der Kunsthandelsstandort profitiert, da Kunstkäufer die Gewissheit haben, dass die gesetzlichen Standards hinsichtlich Sorgfaltspflichten und Provenienz-Nachweis erfüllt sind und dementsprechend keine Rückgabeforderungen drohen.[755] Dies stärke den Erwerberschutz. Demnach wären die Regelungen zu den

753 Bundesregierung, Bericht der Bundesregierung zum Kulturgutschutz, S. 55, Online.

754 Czernik, in Elmenhorst/Wiese, KGSG – Kulturgutschutzgesetz, § 18, Rn. 2.

755 BKM, Das neue Kulturgutschutzgesetz – Handreichung für die Praxis, S. 6 f., Online; Feddersen, Die Umsetzung des UNESCO-Übereinkommens von 1970 aus der Sicht des Kunsthandels, S. 133 konstatiert: „Vielleicht lässt sich sogar sagen, dass die

Sorgfaltspflichten pareto-effizient, da nicht nur die Sammler profitieren, sondern auch die Kunstintermediäre. Fraglich ist indes, ob die erhoffte Rechtssicherheit tatsächlich den erhöhten Aufwand rechtfertigt. Wenn Sammler bereit sind, für die erhöhte Rechtssicherheit zu zahlen und die gestiegenen Kosten in den Preis einkalkuliert werden könnten, würden die Regelungen tatsächlich das *Kaldor-Hicks-Kriterium* erfüllen. Laut Gesetzgeber handelt es sich bei den Kosten für die Provenienzrecherche um „Sowieso-Kosten", da die Provenienzrecherche elementarer Teil der Beschreibung von Kulturgütern in Katalogen oder auf Kunstausstellungen ist.[756] Als Beispiel für die Wertrelevanz einer Provenienz lässt sich die Entscheidung *Jeanneret v. Vichey*[757] anführen. Dort wurde auch die Meinung des ehemaligen Vice President von Sotheby's herangezogen, der erklärte, dass kein Kunstintermediär ein Werk ohne rechtmäßige Ausfuhrdokumente veräußern würde und daher gelte: „[...] on the legitimate market its value is zero."[758]

V. Schutz öffentlicher Sammlungen

Der Schutz öffentlicher Sammlungen soll insbesondere durch § 6 Abs. 1 Nr. 2 – 4 KGSG gewährleistet werden. Die dort verankerte allgemeine Unterschutzstellung schützt öffentliche Sammlungen durch die pauschale Klassifizierung als *nationales Kulturgut*. Damit ist gemäß § 23 Abs. 1 KGSG die dauerhafte Ausfuhr solcher Kulturgüter genehmigungspflichtig. Dies soll insbesondere verhindern, dass Kulturgüterschutz durch die „Kassenlage der Länder" beeinflusst wird.[759] Zudem wird dadurch eine bürokratische Entlastung erreicht, da anderenfalls, um das Motiv der allgemeinen Unterschutzstellung öffentlicher Sammlungen zu erreichen, eine Einzeleintragung jedes Kulturgutes notwendig wäre.[760]

VI. Zugang der Allgemeinheit zu Kulturgütern

Die Schaffung eines Zugangs zu Kulturgütern für die Allgemeinheit steht zwar nicht im Vordergrund des Kulturgüterschutzes und ist insbesondere dem

gesteigerte Aufmerksamkeit, die der Handel dem Thema gewidmet hat, zu einer erhöhten Glaubwürdigkeit gegenüber Kunden und Behörden führt."

756 Bundesregierung, Bericht der Bundesregierung zum Kulturgutschutz, S. 80, Online.

757 Siehe dazu auch Kapitel § 3 II 3 b).

758 Jeanneret v. Vichey, 693 F.2d 259 (2d Cir. 1982), OpenJurist Tz. 23.

759 Siehe dazu das Beispiel der beiden versteigerten Warhol-Werke durch die Landesregierung von Nordrhein-Westfalen; siehe Kapitel § 3 I.

760 Elmenhorst, in Elmenhorst/Wiese, KGSG – Kulturgutschutzgesetz, § 6, Rn. 3.

primären Ziel, „[…] Kulturgüter vor einer Beschädigung, Zerstörung oder Entfernung von ihrem angestammten Ort zu schützen […]" nachgeordnet.[761] Dennoch ist diese Zielsetzung eng mit dem klassischen Kulturgüterschutz verbunden.[762] Zudem wird der Zugang der Allgemeinheit zu Kulturgütern als Rechtfertigung für die Verwendung staatlicher Mittel, wie beispielsweise den Ankauf eines Kulturgutes, verwendet.[763] Die Vergangenheit hat gezeigt, dass Deutschland bereit ist, hohe Summen für den Ankauf bedeutender Kulturgüter aufzubringen. Exemplarisch anzuführen ist das Evangeliar „Heinrich des Löwen", welches 1983 durch das Land Niedersachsen für 32,5 Millionen D-Mark ersteigert wurde.[764] Ein aktuelleres Beispiel sind die „Welfen Pokale", welche 2009 vom Land Niedersachen für ca. 2 Millionen Euro ersteigert wurden.[765] Dass die Bewahrung von Kulturgut innerhalb der Landesgrenzen und der Zugang der Allgemeinheit zu Kulturgütern ein nachweislich großes öffentliches Interesse darstellen, zeigt auch das Beispiel der Schweiz. Dort drohte 1967 der Abverkauf zweier Gemälde von Picasso, welche als Leihgaben in Basel zu sehen waren. Der Eigentümer forderte für beide Werke insgesamt 8,4 Millionen Schweizer Franken. In einer Volksabstimmung votierte eine Mehrheit dafür, einen Staatskredit i.H.v. 6 Millionen Schweizer Franken zum Ankauf der beiden Werke aufzunehmen; die verbleibenden 2,4 Millionen Schweizer Franken wurden durch Privatinitiativen gesammelt.[766]

Die Legitimation der Zielsetzung, Kulturgüter der Allgemeinheit zugänglich zu machen, spiegelt sich auch in den Gefährdungskategorien[767] „Zerstörung der staatlich-territorialen Bindung" und „Minderung oder Zerstörung des kulturellen Wertes"[768] wider. Der Zugang zu Kultur ist elementarer Bestandteil der

761 Wissenschaftlicher Dienst des Bundestages, Kulturgüterschutz in Deutschland, S. 4, Online.

762 Fechner, Prinzipien des Kulturgüterschutzes, S. 27 f.; Moll, Ausfuhrverbote für NS-Raubkunst, S. 27; zu Zugangsmöglichkeiten zu Kultur, siehe Conrad, Öffentliche Kulturförderung und Welthandelsrecht, S. 254 – 257.

763 Fechner, Prinzipien des Kulturgüterschutzes, S. 27 f.

764 Herzog August Bibliothek Wolfenbüttel, Jubiläumsausstellung, Online.

765 FAZ, Heimführung der Pokale, Online.

766 Bei den Werken handelte es sich um die „Deux frères" und „Arlequin assis"; Zeit Online, Wie teuer ist Picasso?, Online.

767 Siehe dazu Kapitel § 3 IV 2.

768 Lenski, Öffentliches Kulturrecht, S. 242 spricht von der Bewahrung einer geistigen Integrität eines Kunstwerkes.

Wertzuschreibung von Kultur.[769] Schließlich wird ein Objekt nur dann als Kulturgut klassifiziert, wenn es von einer Gesellschaft als solches wahrgenommen wird, und diese Wertzuschreibung kann nur stattfinden, wenn die Gesellschaft auch die Möglichkeit hat, sich mit dem Kulturgut auseinanderzusetzen.[770] *Moll* stellt den Zugang der Allgemeinheit zu Kulturgütern sogar so stark in den Fokus, dass er den Abwanderungsschutz nur für legitim hält, wenn das jeweilige Kulturgut „[…] bereits an seinem Ursprungsort für die Öffentlichkeit auf irgendeine Art und Weise zugänglich ist."[771]

Die Schaffung eines Zugangs der Allgemeinheit zu Kulturgütern wurde bereits vor dem Hintergrund des „Ortes der sozial nützlichsten Verwendung" erläutert.[772] Grundsätzlich gelten Kulturgut bewahrende Einrichtungen, also öffentliche Museen, als der traditionelle Ort für einen Zugang zu Kulturgütern.[773] In diesem Kontext ist feststellbar, dass Ausfuhrbeschränkungen in zweierlei Hinsicht für den Zugang der Allgemeinheit zu Kunstwerken dienlich sein können. Der offensichtlichste Effekt besteht darin, dass Ausfuhrbeschränkungen zu einem Verbleib bestimmter Kulturgüter innerhalb des Landes führen, sodass sie, zumindest perspektivisch, für die Allgemeinheit in Kulturgut bewahrenden Einrichtungen zugänglich gemacht werden. Zudem ist es denkbar, dass Ausfuhrbeschränkungen das Preisniveau für Kunstwerke senken, sodass Kulturgut bewahrende Einrichtungen mit den bestehenden Budgets mehr Ankäufe tätigen können. Auch dies würde der Allgemeinheit zugutekommen. Allerdings muss relativierend angemerkt werden, dass ein allgemeines Absinken der Preisniveaus aufgrund der Regelungen des KGSG sehr unwahrscheinlich erscheint, da nur sehr wenige Werke tatsächlich von den Ausfuhrbeschränkungen betroffen sind.

Dass die Zielsetzung des Zugangs der Allgemeinheit zu Kulturgütern mit anderen Zielen des Kulturgüterschutzes in einem Konflikt steht, ist offensichtlich.

---

769 Odendahl, Kulturgüterschutz, S. 424; ebenfalls Caldoro, Nationaler Kulturgüterschutz, S. 173.

770 Conrad, Öffentliche Kulturförderung und Welthandelsrecht, S. 254; ähnlich auch Lenski, Fragenkatalog – Öffentliche Anhörung, S. 15, Online: „Allerdings ist dabei zu berücksichtigen, dass es für diese identitätsstiftende Wirkung notwendigerweise eines ebensolchen sozialen Kontextes des Kulturguts und der Möglichkeit der Zugänglichkeit bedarf. Nur was von der Gesellschaft wahrgenommen werden kann, kann in der Gesellschaft auch eine identitätsstiftende Wirkung entfalten."; ebenfalls Rozovskaya-Lampey, Kulturgüterschutz in Deutschland, S. 19.

771 Moll, Ausfuhrverbote für NS-Raubkunst, S. 28.

772 Siehe dazu Kapitel § 1 II.

773 Moll, Ausfuhrverbote für NS-Raubkunst, S. 27.

Unter anderem steht die Wahrung der Verfügungshoheit über privates Eigentum jener Zielsetzung konfliktär gegenüber. Auch der Substanzschutz kann in einem Zielkonflikt zum Zugang der Allgemeinheit zu Kulturgütern stehen. Dies wäre der Fall, wenn Kulturgüter in ihrer Substanz durch die Schaffung eines Zugangs der Allgemeinheit gefährdet wären, beispielsweise aufgrund von Feuchtigkeitseinwirkung durch Atemluft.[774]

VII. Identitätsstiftung

Identitätsstiftung[775] wird häufig im Kontext des Kulturgüterschutzes als Argument für die Notwendigkeit eines umfassenden Schutzes verwendet: „Im Kulturgut spiegelt sich die Seele eines Volkes wider, so daß es schon aus diesem Grunde schützenswert ist."[776] Es ist offensichtlich, dass Identität durch Kultur am ehesten auf regionaler und nationaler Ebene erreichbar ist, während das identitätsstiftende Element von Kultur auf europäischer und internationaler Ebene an Strahlkraft verliert.[777]

Grundlage dafür, dass ein Kulturgut seine identitätsstiftende Funktion entfalten kann, ist der Substanzschutz. Aber auch der Abwanderungsschutz wird häufig als Instrument zum Schutz der kulturellen Identität angeführt und es wird befürchtet, dass „kulturelle Zugehörigkeit" und die „identitätsstiftende Wirkung" von Kulturgütern verloren gehen würden, wenn die Kulturgüter nicht mehr im „unmittelbaren Zugriffsbereich der Gesellschaft" sein würden.[778] Im Kontext von Ausfuhrbeschränkungen für Kulturgüter wird sogar argumentiert, dass dies zum „Recht eines Volkes auf kulturelle Selbstbestimmung" gehöre.[779]

Darüber hinaus ist auch der Kulturnutzungsschutz essenziell, denn Identitätsstiftung und Zugang der Allgemeinheit sind eng miteinander verbunden: „Der reine Erhalt von Kulturwerken für sich vermag insofern isoliert zur Funktionserfüllung nichts beizutragen."[780]

Lankau/Bicskei/Bizer vertreten die Auffassung, dass Kulturgüter aufgrund ihrer identitätsstiftenden Funktion einen Nutzen mit sich bringen können.

774 Odendahl, Kulturgüterschutz, S. 424; ebenfalls Fechner, Prinzipien des Kulturgüterschutzes, S. 28.

775 Zur Identitätsfunktion von Kulturgütern siehe Radloff, Kulturgüterrecht, S. 59 f.

776 Gornig, Der internationale Kulturgüterschutz, S. 29.

777 Odendahl, Kulturgüterschutz, S. 374.

778 Caldoro, Nationaler Kulturgüterschutz, S. 174.

779 Sprecher, Beschränkungen des Handels mit Kulturgut, S. 213.

780 Lenski, Öffentliches Kulturrecht, S. 327 f.

Mit Verweis auf das Forschungsfeld der Identitäts-Ökonomie entsteht Identität durch die empfundene Mitgliedschaft zu einer „sozialen Kategorie", wobei als Kategorie beispielhaft Nationalität oder auch Kultur angeführt werden können. Das Nutzenkalkül von Individuen wird maßgeblich vom Streben nach Identität beeinflusst.[781] Vor diesem Hintergrund ist demnach auch die Aussage zutreffend, dass Kulturgüter die Identität einer Person derart prägen können, „[...] sodass sich die Schädigung dieser Güter negativ auf die Identität und somit auch auf den Nutzen dieser Person auswirkt."[782]

Kritisch gegenüber der Heranziehung der Identitätsstiftung als Kriterium zur Feststellung, ob ein Objekt als Kulturgut klassifiziert werden soll, äußert sich *Fechner*. Er mahnt an, dass Identitätsstiftung eher als „spontane und gefühlsmäßige Regung" aufgefasst werden sollte und zudem zwar für bestimmte Gruppen eine identitätsstiftende Wirkung durch Kulturgüter resultieren könne, jedoch nicht für eine gesamte Gesellschaft.[783] Zweifel an der identitätsstiftenden Funktion[784] von Kulturgütern äußert auch *Caldoro*: „Ein Staat und seine Bevölkerung verlieren ihre Identität nicht, wenn ein Kunstwerk, das einen engen Bezug zu diesem Staat hat, im Ausland ausgestellt wird."[785] Dieses Argument ist nachvollziehbar. Ob ein herausragendes Werk eines deutschen Künstlers in einem Berliner Museum oder in einem Londoner Museum ausgestellt wird, hat keine Auswirkungen darauf, ob sich deutsche Staatsbürger als Deutsche identifizieren. Noch kritischer zu hinterfragen ist die identitätsstiftende Funktion, wenn es sich um Kulturgüter handelt, welche sich im Privateigentum befinden. Hier sind höchstens Existenz- und Optionswert anzuführen. Wenn nämlich ein Kunstwerk nicht öffentlich in einer Kulturgut bewahrenden Einrichtung ausgestellt wird, sondern in einer Privatsammlung aufbewahrt wird, kann dieses keine identitätsstiftende Funktion entfalten: „Die Ausfuhr solcher Güter kann u.U. eine Chance sein, dass der Erwerber sie – wenn auch im Ausland – der Öffentlichkeit zugänglich macht."[786]

Im Kontext der Eintragungswürdigkeit von Kulturgütern ist es vollkommen unbedeutend, ob ein Kulturgut öffentlich zugänglich ist.[787] Der Argumentation,

---

781 Lankau/Bicskei/Bizer, Der Schutz von Kulturgütern, S. 373.

782 Bicskei/Bizer/Gubaydullina, Der Schutz kultureller Güter, S. 141.

783 Fechner, Prinzipien des Kulturgüterschutzes, S. 23.

784 Hierbei handelt es sich um einen unbestimmten Rechtsbegriff; Caldoro, Nationaler Kulturgüterschutz, S. 177.

785 Caldoro, Nationaler Kulturgüterschutz, S. 177.

786 Sprecher, Beschränkungen des Handels mit Kulturgut, S. 43.

787 Elmenhorst, in Elmenhorst/Wiese, KGSG – Kulturgutschutzgesetz, § 7, Rn. 25.

dass Identitätsstiftung eng verbunden mit der öffentlichen Zugänglichkeit von Kulturgütern sei und dies bei der Entscheidung über eine Eintragung in ein Verzeichnis national wertvollen Kulturgutes berücksichtigt werden sollte, widerspricht *Elmenhorst*: „Die Kritik vermengt zunächst einerseits kulturpolitische und juristische Argumente und verkennt andererseits, dass Art. 73 Abs. 1 Nr. 5 a GG ausdrücklich eine Gesetzgebungskompetenz des Bundes für den Abwanderungsschutz deutschen Kulturguts normiert und somit ein grundsätzlich legitimes Ziel statuiert."[788] Falls bei der Entscheidung über die Eintragungswürdigkeit tatsächlich berücksichtig werden würde, ob ein Kulturgut öffentlich zugänglich ist, wäre dies außerdem ein negatives Signal für alle Leihgeber und der kulturell so bedeutsame Leihverkehr würde sich drastisch reduzieren. Dies ist weder im Interesse des Gesetzgebers, noch im Interesse der Allgemeinheit.

---

788 Elmenhorst, in Elmenhorst/Wiese, KGSG – Kulturgutschutzgesetz, § 7, Rn. 26.

§ 5 Anwendungsbereich und Regelungen des Kulturgutschutzgesetzes

Der Anwendungsbereich[789] des KGSG umfasst diverse Bereiche, die im Zusammenhang mit Kulturgütern von Bedeutung sind. Im Folgenden wird die Struktur des KGSG skizziert, bevor einzelne Aspekte detailliert vorgestellt werden. Nachdem im 1. Kapitel des KGSG die allgemeinen Bestimmungen dargestellt werden, befasst sich das 2. Kapitel mit dem Schutz von Kulturgut vor Abwanderung. Der Schwerpunkt liegt dabei auf der Unterschutzstellung *nationaler Kulturgüter*. Kapitel 3 beinhaltet die Regelungen zum Kulturgüterverkehr und behandelt neben der Ausfuhr und Einfuhr von Kulturgütern auch den unrechtmäßigen Kulturgutverkehr. Die „Pflichten beim Inverkehrbringen von Kulturgut" sind in Kapitel 4 beschrieben. Kapitel 5 („Rückgabe unrechtmäßig eingeführten Kulturgutes") und Kapitel 6 („Rückgabe unrechtmäßig ausgeführten Kulturgutes") beschreiben die Vorgehensweise, wie ex-post in Fällen von unrechtmäßigem Kulturgutverkehr vorgegangen wird. Das 7. Kapitel betrifft den internationalen Leihverkehr. Kapitel 8 behandelt die Themen Datenschutz, Zoll und Arbeitsteilung zwischen Bund und Ländern. Das 9. Kapitel umfasst die Straf- und Bußgeldvorschriften und das 10. Kapitel beinhaltet die Übergangs- und Ausschlussvorschriften.

In der vorliegenden Arbeit werden insbesondere Kapitel 2 („Schutz von Kulturgut vor Abwanderung"), Kapitel 3 („Kulturgüterverkehr") sowie Kapitel 4 („Pflichten beim Inverkehrbringen") betrachtet.

I. Klassifizierung von Kulturgut als „nationales Kulturgut"

1. Nationales Kulturgut gemäß § 6 KGSG

Zentraler Bestandteil des Kulturgüterschutzes ist der Schutz *nationalen Kulturguts*. Die Begriffsbezeichnung *„nationales Kulturgut"* im KGSG ist darauf zurückzuführen, dass diese Formulierung Rückgabeansprüche erleichtern soll.[790] Im

789 „Das Gesetz regelt 1. den Schutz nationalen Kulturgutes gegen Abwanderung, 2. die Ein- und Ausfuhr von Kulturgut, 3. das Inverkehrbringen von Kulturgut, 4. die Rückgabe unrechtmäßig eingeführten Kulturgutes, 5. die Rückgabe unrechtmäßig ausgeführten Kulturgutes,
6. die Rückgabezusage im internationalen Leihverkehr."; § 1 KGSG.

790 Winands/List, Das neue Kulturgutschutzgesetz, S. 200 f.; ebenfalls BKM, Kulturgutschutz im Überblick, S. 18.

EU-rechtlichen Kontext bezieht sich nämlich die Rückgaberichtlinie 2014/60/EU auf *nationales Kulturgut*.[791] Im völkerrechtlichen Kontext, namentlich im UNESCO Übereinkommen, wird gefordert, dass die Definition ausreichend präzise ist, um die Kriterien aus dem UNESCO Übereinkommen zu erfüllen und damit die Unterschutzstellungen greifen.[792] Trotzdem ist auch eine zu enge Definition nicht zielführend. Denn noch schwerer als die Festlegung des Kulturgut-Begriffs ist die Frage, ob ein Kulturgut als *nationales Kulturgut* eingestuft werden sollte: „Kunstwerke entstehen nie ideologiefrei und auch ihre Rezeption kann nicht ohne ihre ideologische Aufladung betrachtet werden. Beim Schutz des nationalen Erbes an beweglichen und unbeweglichen Objekten wird diese Ideologisierung immer neu ausgehandelt, die Vergangenheit national interpretiert."[793]

Die folgende Abbildung veranschaulicht, welche Kulturgüter als *nationale Kulturgüter* gelten.[794]

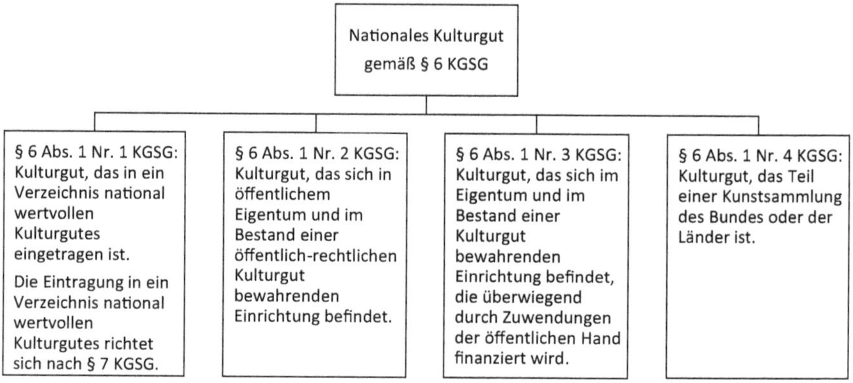

Abbildung 5: Nationales Kulturgut gemäß § 6 KGSG

791 Art. 1 der Rückgaberichtlinie 2014/60/EU besagt: „Diese Richtlinie findet Anwendung auf die Rückgabe von Kulturgütern, die von einem Mitgliedstaat als „*nationales Kulturgut*" im Sinne des Artikels 2 Nummer 1 eingestuft oder definiert und unrechtmäßig aus dem Hoheitsgebiet dieses Mitgliedstaats verbracht wurden."

792 Art. 1 UNESCO Übereinkommen besagt: „Im Sinne dieses Übereinkommens gilt als Kulturgut das von jedem Staat aus religiösen oder weltlichen Gründen als für Archäologie, Vorgeschichte, Geschichte, Literatur, Kunst oder Wissenschaft besonders wichtig bezeichnete Gut [...]."

793 Obenaus, Für die Nation gesichert?, S. 332.

794 Eigene Darstellung.

Die Abbildung verdeutlicht, dass neben dem Listenprinzip, nach dem Kulturgüter in ein Verzeichnis national wertvollen Kulturgutes eingetragen werden, auch weitere Kulturgüter als *nationale Kulturgüter* klassifiziert werden. Eine wichtige begriffliche Differenzierung im Kontext des KGSG ist jene zwischen *nationalem Kulturgut* und national wertvollem Kulturgut. Nach § 6 Abs. 1 Nr. 1 KGSG ist jedes national wertvolle Kulturgut als Teilmenge *nationalen Kulturgutes* anzusehen; umgekehrt ist nicht jedes *nationale Kulturgut* als national wertvoll zu klassifizieren. Automatisch als *nationales Kulturgut* anzusehen und daher ohne weitere Prüfung unter Schutz gestellt, ist jedes Kulturgut, welches von § 6 Abs. 1 Nr. 2 – 4 KGSG erfasst wird. Demnach sind beispielsweise Kulturgüter einer Kunstsammlung des Bundes im Sinne des § 6 Abs. 1 Nr. 4 KGSG als *nationale Kulturgüter* zu definieren, ohne dass diese in ein Verzeichnis national wertvollen Kulturgutes eingetragen werden müssen. Dies verdeutlicht, dass auch für Kulturgut bewahrende Einrichtungen, welche öffentlich finanziert werden, die Klassifizierung als *nationales Kulturgut* relevant ist. Denn mit dieser generellen Unterschutzstellung des gesamten Sammlungsbestandes profitieren sie auch von den Schutzmechanismen der Rückgaberichtlinie 2014/60/EU und des UNESCO Übereinkommens. Im Kontext der Rückgabeansprüche ist die allgemeine Unterschutzstellung von Kulturgütern nachvollziehbar. Kulturgüter, welche sich im öffentlichen Eigentum und im Bestand einer öffentlich-rechtlichen Kulturgut bewahrenden Einrichtung befinden, werden im Normalfall ohnehin nicht auf dem Kunstmarkt zum Verkauf angeboten. Folglich wurden diese in der Vergangenheit nicht in einem Verzeichnis national wertvollen Kulturgutes gelistet. Ohne die allgemeine Unterschutzstellung würde demnach bei unrechtmäßiger Ausfuhr (z.B. durch Diebstahl) kein Schutz durch §§ 69 und 70 KGSG gelten.[795] Ein weiteres Ergebnis der generellen Unterschutzstellung von Kulturgütern

795 Bereits im Ausführungsgesetz zum Kulturgutübereinkommen (Gesetz zur Ausführung des UNESCO-Übereinkommens vom 14. November 1970 über Maßnahmen zum Verbot und zur Verhütung der rechtswidrigen Einfuhr, Ausfuhr und Übereignung von Kulturgut, im Folgenden „KGÜAG") wurde in Art. 2 eine Änderung des Gesetzes zum Schutz deutschen Kulturgutes gegen Abwanderung vorgenommen, welche eine mögliche Unterschutzstellung von Kulturgütern und Archivgut in öffentlichem Eigentum durch eine Eintragung in das Verzeichnis national wertvollen Kulturgutes vorsah; siehe dazu Art. 2 Nr. 1 b) KGÜAG: „Im öffentlichen Eigentum befindliches national wertvolles Kulturgut und Archivgut, auf das das Gesetz nach Absatz 1 keine Anwendung findet, kann von Amts wegen, auf Grund einer Anmeldung durch den jeweiligen Eigentümer oder auf Antrag der oder des Beauftragten der Bundesregierung für Kultur und Medien in das Verzeichnis national wertvollen

gemäß § 6 Abs. 1 Nr. 2 – 4 KGSG besteht darin, dass Museumsbestände zwar grundsätzlich weiterhin verkauft werden dürfen, aber die dauerhafte Ausfuhr genehmigungspflichtig ist.[796] Da Kulturgut im öffentlichen Eigentum erst seit 2007 als *nationales Kulturgut* klassifiziert werden kann, liegt die Vermutung nahe, dass diese umfangreiche und generelle Unterschutzstellung den Nachholbedarf hinsichtlich des Abwanderungsschutzes schlagartig mindern soll.[797]

Eine während der Entstehungsphase des KGSG häufig diskutierte Fragestellung war jene, ob die Eintragung als national wertvolles Kulturgut von einer Mindest-Belegenheit abhängig sein sollte.[798] In diesem Zusammenhang wurde von Befürwortern angeführt, dass die Rechtslage anderer Länder eine solche zeitliche Komponente in Form einer Mindestverweildauer von Kulturgütern vorsieht.[799] In Anbetracht der Maßgabe der Identitätsstiftung erscheint dieses Argument nicht abwegig.[800] Auch die Empfehlung der *Kultusministerkonferenz* zum ehemaligen KultgSchG besagte, dass der Anwendungsbereich des KultgSchG auch Kulturgut umfassen sollte, „[...] das außerhalb Deutschlands entstanden ist, sich aber bereits so lange in Deutschland befindet, dass es auch als Bestandteil des deutschen Kulturerbes aufgefasst wird."[801] Allerdings vernachlässigt die Forderung einer Mindest-Belegenheit, dass auch Kulturgüter, welche

Kulturgutes oder das Verzeichnis national wertvoller Archive eingetragen werden. Über die Eintragung entscheidet die oberste Landesbehörde nach diesem Gesetz."

796 Vgl. § 23 Abs. 1 KGSG; die Unterschutzstellung von öffentlichen Sammlungen wurde bereits in der Vergangenheit gefordert, z.B. im Jahr 2006 Eissenhauer, Schutzstatus für wertvolles Kulturgut, S. 153: „Ein erster Schritt wäre die Aufnahme öffentlicher Sammlungen in das „Gesamtverzeichnis national wertvollen Kulturgutes". Dies schützt die Objekte zwar noch nicht vor dem Verkauf – aber immerhin vor einer Abwanderung ins Ausland."

797 Bundesregierung, Bericht der Bundesregierung zum Kulturgutschutz, S. 29, Online.

798 Schon 1996 plädierte Seidl-Hohenveldern, Kulturgüterschutz durch die Europäische Union versus Warenverkehrsfreiheit, S. 119 für eine „gewisse Verweildauer"; auch Siehr, Die Schweiz und der Kulturgüterschutz in Europa, S. 157 spricht sich dafür aus, dass „[...] der betreffende Gegenstand seit langer Zeit im Lagestaat ist [...]", bevor er als *nationales Kulturgut* erklärt wird.

799 Aktionsbündnis Kulturgutschutz, Forderungskatalog zum „Regierungsentwurf eines Gesetzes zur Neuregelung des Kulturgutschutzrechts", Online.

800 In der Tat erkennt der Gesetzgeber an: „[...] eine „identitätsstiftende" Wirkung setzt eine gewisse Verweildauer und Rezeptionsgeschichte in Deutschland voraus."; BKM, Das neue Kulturgutschutzgesetz – Handreichung für die Praxis, S. 179, Online.

801 Kultusministerkonferenz, Empfehlung der Kultusministerkonferenz für Eintragungen in das Verzeichnis national wertvollen Kulturgutes, S. 3, Online.

zu einer früheren Zeit lange in Deutschland aufbewahrt wurden, oder die im Allgemeinen einen signifikanten Bezug zu Deutschland aufweisen, schon nach kurzer Belegenheitsdauer in Deutschland als national wertvoll wahrgenommen werden können.[802] Beispielhaft führt die BKM die in Russland befindliche Beutekunst an, die zu Teilen auch ohne eine zeitliche Mindestbelegenheit national wertvolle Kulturgüter umfassen könne.[803] Als Kompromiss wäre denkbar, eine bestimmte Belegenheit innerhalb eines definierten Zeitraumes festzulegen. So könnte zum Beispiel als eine Voraussetzung für eine Eintragung in ein Verzeichnis national wertvollen Kulturgutes gelten, dass sich das Kulturgut seit Ende des 2. Weltkrieges mindestens 50 Jahre im Bundesgebiet (BRD und DDR) befunden haben muss.[804] Allerdings ist in diesem Szenario die Praktikabilität der Beweiserbringung äußerst fraglich.

2. Eintragung in ein Verzeichnis national wertvollen Kulturgutes

Die ökonomischen Auswirkungen des KGSG werden maßgeblich dadurch beeinflusst, in welchem Umfang Kunstwerke in die Verzeichnisse national wertvollen Kulturgutes eingetragen werden. Die BKM spricht von einem „[...] verschwindend kleinen Teil des riesigen Kunstmarktes.“[805] Bereits nach den Regelungen des KultgSchG waren Kulturgüter in ein Verzeichnis national wertvollen Kulturgutes einzutragen, wenn deren Ausfuhr „[...] einen wesentlichen Verlust für den deutschen Kulturbesitz bedeuten würde“.[806] Tatsächlich wurden vor Inkrafttreten des KGSG in den Verzeichnissen der Bundesländer seit 1955 insgesamt nur 2.700 Eintragungen vorgenommen, zu denen aber teilweise Sammlungen mit mehreren Objekten zählen (Stand 2013).[807] Dies lag unter anderem daran, dass diese „Inventarisierung privaten Eigentums“ in der Vergangenheit nur durch Zufallsfunde erreicht wurde.[808] So bemängelte der *Bericht der Bundesregierung*

---

802 Blume, Nationalität von Kulturgut, S. 85.

803 Den Verweis auf die Beutekunst kritisiert Sturm, Aspekte der Novellierung des Kulturgutschutzes, S. 75.

804 Der finnische „Act on Restrictions to the Export of Cultural Objects 115/1999“ bezieht sich nur auf im Ausland hergestelltes Kulturgut, wenn dieses eine Mindest-Belegenheit in Finnland von 50 Jahren innerhalb der letzten 100 Jahre aufweist.

805 BKM, Das neue Kulturgutschutzgesetz – Handreichung für die Praxis, S. 8, Online.

806 Vgl. § 1 Abs. 1 KultgSchG.

807 Bundesregierung, Bericht der Bundesregierung zum Kulturgutschutz, S. 135, Online.

808 Lenski, Der uneingestandene Nationalismus des deutschen Kulturgüterschutzes, S. 679.

zum Kulturgutschutz die „uneinheitliche Eintragungspraxis der Länder", die sich in Diskrepanzen hinsichtlich der Eintragungsquantität wie auch hinsichtlich der Einschätzung der Eintragungswürdigkeit widerspiegelt: „Obwohl das Kulturgutschutzgesetz (KultgSchG) in § 1 Abs. 1 vorsieht, dass „national wertvolles Kultur- und Archivgut einzutragen ist" [...] wird oft erst dann eingetragen, wenn – oft kurzfristig und eher zufällig – die zuständigen Behörden von der drohenden Abwanderung eines Kulturgutes ins Ausland Kenntnis erlangen."[809] Schon 2002 merkt *Heuer* an, dass das ehemalige Verzeichnis paradoxerweise nicht einen Querschnitt der deutschen Kunstgeschichte repräsentiert, sondern dass es eine willkürlich erscheinende Ansammlung an Kunstwerken ist: „Die Liste spiegelt vielmehr das grundsätzlich vorsichtige Eintragungsverhalten der bundesdeutschen Kultusministerien wider, die wissen, dass alle staatlichen Museen auf private Leihgaben angewiesen sind. Ein privater Leihgeber wird aber seine „Schätze" nicht öffentlich zeigen, solange die Aufnahme in die „nationale Liste" droht."[810]

Die Eintragung von Kulturgut in ein Verzeichnis national wertvollen Kulturgutes kann auf Antrag des Eigentümers oder „von Amts wegen" erfolgen.[811] Gemäß § 7 Abs. 3 KGSG liegt die Zuständigkeit für eine Eintragung bei der obersten Behörde des Landes, in dem sich das Kulturgut zum Zeitpunkt der Einleitung des Eintragungsverfahrens befindet. Veröffentlicht werden die Verzeichnisse der Länder im „*Internetportal zum Kulturgutschutz*"[812], welches vom Bund finanziert und unterhalten wird.[813] § 14 Abs. 5 KGSG regelt: „Zur Wahrung eines

---

809 Bundesregierung, Bericht der Bundesregierung zum Kulturgutschutz, S. 46, Online; zur uneinheitlichen Eintragungspraxis siehe Garbers-von Boehm, in Elmenhorst/Wiese, KGSG – Kulturgutschutzgesetz, § 14, Rn. 50.

810 Heuer, Darf man Kunst einsperren?, S. 451 f.

811 Vgl. § 14 Abs. 1 KGSG.

812 Das Internetportal zum Kulturgutschutz ist online abrufbar unter: http://www.kulturgutschutz-deutschland.de/DE/Home/home_node.html.

813 Vgl. § 4 KGSG; die Datenbank umfasst:

- die Länderverzeichnisse national wertvollen Kulturgutes
- die Länderverzeichnisse national wertvoller Archive
- die Übersicht beweglicher Denkmale und anderer denkmalrechtlich geschützter beweglicher Sachen
- die Übersicht der Kulturgüter, die durch das Fideikommissauflösungsrecht besonderen Rechten und Pflichten unterliegen;

siehe dazu http://www.kulturgutschutz-deutschland.de/DE/3_Datenbank/3_datenbank_node.html.

gesamtstaatlichen Interesses kann auch die für Kultur und Medien zuständige oberste Bundesbehörde die Eintragung in ein Verzeichnis national wertvollen Kulturgutes beantragen.“ Während die Entscheidung über eine Eintragung auf Länderebene getroffen wird und auch der Antrag auf Genehmigung der dauerhaften Ausfuhr von Kulturgütern an die jeweilige oberste Landesbehörde zu richten ist[814], entscheidet der Bund über die Genehmigung der Ausfuhr *nationaler Kulturgüter.*[815] Die Zuständigkeit des Bundes im Bereich der Ausfuhrbeschränkungen für *nationale Kulturgüter* hat den Vorteil, dass einheitliche Kriterien herangezogen werden und nicht auf Länderebene unterschiedliche Bewertungsmaßstäbe existieren.

Hinsichtlich des Verfahrens zur Eintragung eines Kulturgutes ist definiert, dass die zuständige oberste Landesbehörde innerhalb eines Zeitraumes von sechs Monaten eine Entscheidung zu treffen hat, anderenfalls ist das Verfahren ohne Eintragung als beendet anzusehen.[816] Eine vergleichbare zeitliche Verfahrensregelung existierte bis dato nicht.

a) Eintragungskriterien

Es ist zu konstatieren, dass der Gesetzgeber im KGSG die Eintragungskriterien[817] präzisiert hat und sich damit die Möglichkeit der Listung von Kulturgütern verringert: „Mithin können künftig nur noch ganz wenige emblematische und exemplarische Kulturgüter überhaupt als nationales Kulturgut eingetragen werden.“[818] Das KultgSchG definierte lediglich, dass die Eintragungswürdigkeit

814 Vgl. § 24 Abs. 6 KGSG.

815 Vgl. § 23 Abs. 4 KGSG.

816 Vgl. § 14 Abs. 6 KGSG.

817 Zur Interpretation der neuen Kriterien eignet sich BKM, Das neue Kulturgutschutzgesetz – Handreichung für die Praxis, S. 131 – 135, Online; beispielsweise S. 135: „Ein wesentliches Argument für den Verbleib im Bundesgebiet kann die Seltenheit eines Kulturgutes sein“ und „Da letztlich jede künstlerische Arbeit per se ein Unikat darstellt, ist bei der Begründung des herausragenden kulturellen öffentlichen Interesses nach § 7 an einem Verbleib des Werks im Bundesgebiet vor allem auch darauf abzustellen, ob von dem jeweiligen Künstler oder der jeweiligen Künstlerin bereits vergleichbare Werke, zum Beispiel nach Epoche, Stilrichtung, Ausführung oder Schaffensphase, in deutschen Museen vorhanden sind.“

818 Elmenhorst, in Elmenhorst/Wiese, KGSG – Kulturgutschutzgesetz, Einführung, Rn. 27; außerdem Elmenhorst, in Elmenhorst/Wiese, KGSG – Kulturgutschutzgesetz, § 7, Rn. 21: „Eintragungsfähig sind damit vorrangig singuläre und absolute Spitzenwerke, die eindeutig einen wichtigen Bestandteil des nationalen Kulturerbes bilden

eines Kulturgutes davon abhänge, ob die Abwanderung einen wesentlichen Verlust für den deutschen Kulturbesitz bedeuten würde.[819] Die folgende Abbildung verdeutlicht, welche Kriterien nunmehr gemäß § 7 Abs. 1 KGSG zur Prüfung der Eintragungswürdigkeit herangezogen werden.[820]

Das Kulturgut ist besonders bedeutsam für das kulturelle Erbe Deutschlands, der Länder oder einer seiner historischen Regionen

\+

Das Kulturgut ist identitätsstiftend für die Kultur Deutschlands

\+

Die Abwanderung bedeutet einen wesentlichen Verlust für den deutschen Kulturbesitz

\+

Der Verbleib im Bundesgebiet liegt im herausragenden kulturellen öffentlichen Interesse

Abbildung 6: Kriterien zur Eintragung von Kulturgut in ein Verzeichnis national wertvollen Kulturgutes

Die aufgeführten Kriterien gelten kumulativ. Die BKM argumentiert, dass durch diese Präzisierung die Rechtssicherheit und Transparenz erhöht werden.[821] Die Kriterien für die Eintragung von Kulturgütern sind trotzdem weiterhin unbestimmt. So fordert § 7 Abs. 1 Nr. 1 KGSG, dass ein Kulturgut besonders bedeutsam für eine historische Region Deutschlands sein muss. Hierbei wird allerdings nicht spezifiziert, dass es sich um eine Region im heutigen Bundesgebiet handeln muss: „Als historisches Gebiet ist Deutschland insbesondere angesichts seiner unterschiedlichen Ausdehnungen zu den verschiedenen Epochen schwer zu definieren."[822] Dass der Gesetzgeber bewusst die historische Region Deutschlands nicht auf das Bundesgebiet eingrenzt, sondern eine Zuordnung zum deutschen Kulturraum zulässt, der über das heutige Bundesgebiet hinausgehen kann,

und im zentralen Mittelpunkt des jeweiligen künstlerischen Schaffens oder der Epoche stehen."

819 Vgl. § 1 Abs. 1 KultgSchG.

820 Eigene Darstellung.

821 BKM, Das neue Kulturgutschutzgesetz – Handreichung für die Praxis, S. 35, Online.

822 Elmenhorst, in Elmenhorst/Wiese, KGSG – Kulturgutschutzgesetz, § 7, Rn. 11; er fügt hinzu: „Sinnvollerweise werden der örtliche Bezug und die Rezeptionsgeschichte das notwendige Korrektiv bilden."

erscheint sinnvoll und geboten.[823] Trotz der Präzisierung der Eintragungskriterien bleibt ein gewisser Auslegungsspielraum bei der Entscheidung darüber, ob ein Kulturgut eintragungswürdig ist, unvermeidbar; schließlich handelt es sich bei jedem Kulturgut um ein Unikat. Ein Urteil des BVerwG[824] bestätigt, dass eine präzise Definition dessen, was als national wertvolles Kulturgut aufgefasst werden soll, nicht existieren kann: „Die den Begriff des national wertvollen Kulturgutes prägenden Merkmale lassen sich abstrakt nicht abschließend bestimmen; sie sind vielmehr mit Blick auf die im Einzelfall für eine Eintragung anstehenden Objekte im Rahmen einer Gesamtschau zu ermitteln. Dabei fallen die künstlerische Eigenart, der (kunst-)historische Rang und der kulturelle Wert der Objekte ebenso ins Gewicht wie ihre Einzigartigkeit oder Seltenheit sowie ihre Bedeutung für die kulturelle Entwicklung in Deutschland."[825] Insgesamt ist im Kontext der Eintragungskriterien auch folgender Sachverhalt zu berücksichtigen: „Die formell geänderte gesetzliche Bestimmung ist dabei materiell nicht als Verschärfung, sondern als Festschreibung der im Laufe der Jahrzehnte ausgebildeten und durch Selbstbindung der Verwaltung verstetigten Eintragungspraxis zu verstehen."[826] Dies verdeutlicht, dass zwar die Präzisierung der Eintragungskriterien eine Erhöhung der Rechtssicherheit impliziert, jedoch war bereits vor Inkrafttreten des KGSG ein Auslegungsspielraum für die Länder vorhanden und dieser existiert auch weiterhin.

---

823 Zu dieser Thematik siehe Kapitel § 3 II 3 b).

824 Zum Urteil BVerwG, Urt. v. 27.05.1993 - 7 C 33/92, NJW 1993, 3280 - 3282 siehe auch Kapitel § 5 I 4 a); im Hinblick auf das im dem Urteil behandelte Silberzimmer der Welfen, ergänzt das BVerwG: „Insoweit kann etwa auch der Umstand zu berücksichtigen sein, daß die Objekte über Generationen im Besitz eines deutschen Herrscherhauses gestanden haben und sich als Zeugnisse höfischen Lebens in Fachkreisen oder in der interessierten Öffentlichkeit besonderer Bekanntheit erfreuen."; BVerwG, Urt. v. 27.05.1993 - 7 C 33/92, NJW 1993, 3280, 3280 (Jurion-Tz. 9).

825 Zur Klärung, ob ein Kulturgut als national wertvoll anzusehen ist, kann auch die Empfehlung der Kultusministerkonferenz für Eintragungen in das Verzeichnis national wertvollen Kulturgutes, S. 2, Online herangezogen werden, die sich zwar auf das ehemalige KultgSchG bezieht und nicht rechtsverbindlich ist, aber dennoch Interpretationsimpulse geben kann. Die Kultusministerkonferenz empfahl damals jene Kulturgüter einzutragen, die: „a) wichtige Objekte von Künstlerinnen und Künstlern mit internationalem Rang sind oder b) für die deutsche Kunst und Geschichte (einschließlich der Naturgeschichte) oder c) für die Landesgeschichte oder für die Geschichte historischer Regionen von herausragender Bedeutung sind."

826 Deutscher Bundestag, Bericht zum Umfang des Verwaltungsaufwandes von Bund und Ländern - Zwei Jahre Kulturgutschutzgesetz (BT-Drs. 19/7145), S. 21, Online.

b) Sachverständigenausschüsse

Bevor ein Kulturgut in ein Verzeichnis national wertvollen Kulturgutes eingetragen werden kann, muss der Eigentümer angehört werden.[827] Des Weiteren darf die Eintragung nur im Benehmen mit einem unabhängigen und weisungsfreien Sachverständigenausschuss vollzogen werden.[828] Diese Regelung existierte bereits im KultgSchG.[829] Die Zusammensetzung der Sachverständigenausschüsse der jeweiligen Bundesländer muss im *Internetportal zum Kulturgutschutz* veröffentlicht werden.[830] Dem Sachverständigenausschuss kommt jedoch nur eine beratende Funktion zu, denn seine Entscheidung ist nicht bindend.[831] Dies ist nachvollziehbar, da die Sachverständigenausschüsse keine demokratische Legitimation haben.[832] Dennoch ergibt sich aus der Entscheidung der Sachverständigenausschüsse ein Begründungsdruck für die oberste Landesbehörde, sofern anders verfahren wird, als von den Sachverständigenausschüssen empfohlen wurde.[833] Die „Handreichung für die Praxis" für das KGSG konkretisiert: „Ein Abweichen vom Votum des Sachverständigenausschusses bedarf daher der besonderen Begründung."[834]

Die Sachverständigenausschüsse sollen „[...] sachkundige Personen aus dem Kreis der Kulturgut bewahrenden Einrichtungen, der Wissenschaft, des

---

827 Vgl. § 14 Abs. 3 KGSG.

828 Vgl. § 14 Abs. 3 KGSG.

829 Vgl. § 2 Abs. 2 KultgSchG.

830 Vgl. § 14 Abs. 2 KGSG.

831 Lenski, Der uneingestandene Nationalismus des deutschen Kulturgüterschutzes, S. 679 bezeichnet im Kontext des KultgSchG das Anhören des Sachverständigenausschusses als „Konsultation".

832 Lenski, Fragenkatalog – Öffentliche Anhörung, S. 4, Online spricht von einer „reduzierten Form demokratischer Legitimation". Die Sachverständigenausschüsse erhalten demnach lediglich eine „[...] gewisse personell-demokratische Legitimation, da ihre Mitglieder im Rahmen demokratischer Strukturen ernannt werden, und über eine gewisse sachlich-inhaltliche Legitimation, da sie im Rahmen ihrer Tätigkeit an die gesetzlichen Vorschriften gebunden sind."

833 Lenski, Öffentliches Kulturrecht, S. 249 konstatiert: „In der Praxis wird es jedoch kaum zu solchen Fällen kommen."; auch El-Bitar, Der deutsche und der französische Kulturgüterschutz nach der Umsetzung der Kulturgüterrückgaberichtlinie, S. 63 spricht im Kontext des französischen Modells, bei dem der Kulturminister über Ausfuhrgenehmigungen entscheidet und bei einer beabsichtigen Verweigerung einen zwölfköpfigen Sachverständigenausschuss anhören muss, von einem „starken Einfluss auf seine Entscheidungsfindung"; siehe auch Moll, Ausfuhrverbote für NS-Raubkunst, S. 59.

834 BKM, Das neue Kulturgutschutzgesetz – Handreichung für die Praxis, S. 152, Online.

Kunsthandels und Antiquariats sowie der privaten Sammlerinnen und Sammler berücksichtigen.“[835] Ihre pluralistische Zusammensetzung zielt darauf ab, dass auch die Interessen der Akteure des Kunstmarktes vertreten werden. Dass aber auch in den Sachverständigenausschüssen Interessenskonflikte inhärent sind, lässt sich am Beispiel der Personen aus Kulturgut bewahrenden Einrichtungen darstellen, die an konfliktfreien Verhältnissen mit Eigentümern von Kulturgütern interessiert sind, um weiterhin Leihgaben und finanzielle Zuwendungen zu erhalten. Inwieweit die Personen aus Kulturgut bewahrenden Einrichtungen Neutralität bewahren können, ist daher fraglich. Da viele Kulturgut bewahrende Einrichtungen in staatlicher Hand sind, stellt sich demnach auch die Frage, inwieweit die jeweilige oberste Landesbehörde vom im § 14 Abs. 1 KGSG verankerten Recht Gebrauch machen wird, Eintragungen „von Amts wegen“ zu initiieren.[836]

c) Das Negativattest

Negativatteste[837] gemäß § 14 Abs. 7 KGSG geben dem Eigentümer die Option, rechtsverbindlich feststellen zu lassen, ob ein bestimmtes Kulturgut die Voraussetzung für eine Eintragung erfüllt, sofern das in Frage stehende Kulturgut die jeweiligen Alters- und Wertuntergrenzen des Anhangs der Verordnung (EG) Nr. 116/2009 überschreitet.[838] Wird ein Negativattest ausgestellt, ergibt sich daraus, dass die Ausfuhr des jeweiligen Kulturgutes nicht der Genehmigungspflicht unterliegt. Zur Prüfung, ob die Wertuntergrenzen erreicht werden, kann ein Schätzwert zum Zeitpunkt der Antragstellung herangezogen werden, welcher auf Basis der Einschätzung von Händlern oder auch auf Basis von vergleichbaren Auktionsergebnissen festgelegt wird.[839] Zusätzlich muss der Eigentümer ein „berechtigtes Interesse“ darlegen.[840] Negativatteste waren bislang im deutschen

---

835 Vgl. § 14 Abs. 2 KGSG.

836 Diesen Interessenskonflikt beschreibt auch von Schorlemer, Internationaler Kulturgüterschutz, S. 408 f.

837 Bei dem Instrument des Negativattestes handelt es sich um einen Verwaltungsakt, der den allgemeinen Regeln des Verwaltungsverfahrensrechts unterliegt; Garbers-von Boehm, in Elmenhorst/Wiese, KGSG – Kulturgutschutzgesetz, § 14, Rn. 113.

838 Die sogenannte „Zusicherung der Nichteintragungsfähigkeit“; BKM, Das neue Kulturgutschutzgesetz – Handreichung für die Praxis, S. 7, Online.

839 BKM, Das neue Kulturgutschutzgesetz – Handreichung für die Praxis, S. 154, Online; allerdings ist es möglich, dass „Wertgutachten von vereidigten Sachverständigen“ notwendig sind, sofern der Schätzwert für die Behörde nicht nachvollziehbar ist.

840 Vgl. § 14 Abs. 7 KGSG.

Kulturgüterrecht nicht vorgesehen.[841] Die Möglichkeit der Beantragung von Negativattesten ist ein zentrales Instrument, welches die Rechtssicherheit für Eigentümer erhöht.[842] Vor allem sollen Kunsthändler und Auktionshäuser von dieser Regelung profitieren, denn diese können nun im Vorfeld einer möglichen Transaktion die Ausfuhrmöglichkeit eines Kulturgutes rechtsverbindlich klären lassen und dies Kaufinteressenten aus dem Ausland versichern.[843] Das Instrument des Negativattestes ist insbesondere auch vor dem Hintergrund von Kunstmessen relevant. Beabsichtigt ein Kunsthändler die Mitnahme eines Kulturgutes zur TEFAF nach Maastricht und sollte das Kulturgut auf weiteren internationalen Messen präsentiert werden, müsste ohne Negativattest für jede neuerliche Ausfuhr eine Ausfuhrgenehmigung beantragt werden.[844]

Während der ersten beiden Jahre nach Inkrafttreten des KGSG wurden insgesamt 73 „Anträge auf Feststellung der Nichteintragungsfähigkeit“ erfasst. Einige dieser Anträge umfassten lediglich ein Objekt, andere hingegen bezogen sich auf mehrere zusammengehörige Werke, sodass im Einzelfall sogar Anträge gestellt wurden, die Objekte in dreistelliger Größenordnung beinhalteten.[845] Die niedrige Zahl an Anträgen suggeriert, dass die Akzeptanz im Kreise der Sammler und Kunstintermediäre noch gering ist. Dies ist mitunter darin begründet, dass es sich um ein neues und für viele unbekanntes Instrument handelt. Tatsächlich wurden laut *Bericht zum Umfang des Verwaltungsaufwandes des KGSG* im zweiten Jahr dreimal so viele Anträge gestellt wie im ersten Jahr nach Inkrafttreten des KGSG. Allerdings ist hierbei zu berücksichtigen, dass mehr als 60% der Anträge zur Ausstellung eines Negativattestes in einem einzigen Bundesland (Hessen) gestellt wurden; diese lokale Antragshäufung deutet darauf hin, dass ein klarer Trend noch nicht erkennbar ist.[846] Zweifelsfrei sind aber auch

841 Es bestand im ehemaligen KultgSchG auch keine Notwendigkeit die Möglichkeit eines Negativattestes gesetzlich zu verankern, da innerhalb der EU alle Kulturgüter ausgeführt werden durften, solange diese nicht in ein Verzeichnis national wertvollen Kulturgutes eingetragen waren.

842 Germelmann, Kultur und staatliches Handeln, S. 728 f.

843 BKM, Das neue Kulturgutschutzgesetz – Handreichung für die Praxis, S. 155, Online sieht in der Verankerung der Möglichkeit von Negativattesten im KGSG daher eine „Stärkung des Kunsthandelsstandortes Deutschland.“

844 Garbers-von Boehm, in Elmenhorst/Wiese, KGSG – Kulturgutschutzgesetz, § 14, Rn. 122.

845 Deutscher Bundestag, Bericht zum Umfang des Verwaltungsaufwandes von Bund und Ländern – Zwei Jahre Kulturgutschutzgesetz (BT-Drs. 19/7145), S. 25, Online.

846 Deutscher Bundestag, Bericht zum Umfang des Verwaltungsaufwandes von Bund und Ländern – Zwei Jahre Kulturgutschutzgesetz (BT-Drs. 19/7145), S. 26, Online.

andere Gründe dafür verantwortlich, dass die Akzeptanz bisher niedrig ausfällt. Eine Schwäche dieser Regelung besteht beispielsweise darin, dass ein Negativattest nur vom Eigentümer selber beantragt werden kann.[847] Dies ist aus Diskretionsgründen für viele Eigentümer keine Option.[848] So mahnen Kritiker der Gesetzesnovellierung das Risiko an, dass der Staat die gesammelten Informationen nutzen wird, falls eine Vermögenssteuer eingeführt wird.[849] Die Attraktivität von Negativattesten wird auch dadurch geschmälert, dass die Beantragung eines Negativattestes für den Sammler zum ungewünschten, entgegengesetzten Ergebnis führen kann, nämlich zu einer Eintragung in ein Verzeichnis national wertvollen Kulturgutes. Dies ist denkbar, da sich die zuständige oberste Landesbehörde, die im Vorfeld mitunter nicht einmal über die Existenz eines bestimmten Werkes informiert war, aufgrund der Antragstellung intensiv mit dem jeweiligen Kulturgut auseinandersetzen wird und im Zuge dessen eventuell zur Auffassung gelangt, dass es „national wertvoll“ ist.

Kritisch zu betrachten ist zudem die fehlende Bearbeitungsfrist. Eine Genehmigungsfiktion analog zur Rechtslage für Eintragungsverfahren gemäß § 14 Abs. 6 KGSG nach Ablauf einer Sechsmonatsfrist existiert im Zusammenhang mit Negativattesten nicht. Dass eine Ausstellung eines Negativattestes eine gewisse Zeit in Anspruch nehmen kann, ist nachvollziehbar. Schließlich kann dafür die Einbindung eines Sachverständigenausschusses notwendig sein.[850] Ein Beispiel für die Folgen der fehlenden Genehmigungsfiktion liefert ein Fall des großen deutschen Auktionshauses Grisebach. Dieses hatte im Juli 2017 ein Negativattest für ein Kunstwerk von *Hofer* beantragt, weil das Werk während der Herbstauktion versteigert werden sollte. Bereits im Sommer wurde das Werk, welches sich zum Zeitpunkt der Beantragung des Negativattestes in der Schweiz befand, für die Herbstauktion angekündigt. Allerdings erschien es später nicht im Auktionskatalog, weil eine Entscheidung über die Ausstellung des Negativattestes erst für November zugesagt wurde. Da der Auktionskatalog aber schon Anfang Oktober fertiggestellt werden musste und der Eigentümer des Kunstwerks nicht das Risiko einer Eintragung eingehen wollte, wurde der Antrag

847 Um eine einheitliche Länderpraxis zu gewährleisten, wurde vom BKM ein Antragsformular erstellt, bei dem u.a. die Berechtigung des Antragsstellers abgefragt wird (verfügbar unter: http://www.kulturgutschutz-deutschland.de/DE/Service/Formulare/Negativattest.html?nn=8513214).

848 Hartung, Das neue Kulturgutschutzgesetz, S. 18, Online.

849 Der Standard, Deutscher Kulturgutschutz: Eigentor mit Anlauf, Online.

850 Garbers-von Boehm, in Elmenhorst/Wiese, KGSG – Kulturgutschutzgesetz, § 14, Rn. 115.

auf Ausstellung des Negativattestes zurückgenommen und das Werk nicht in Deutschland versteigert.[851]

Die „Handreichung für die Praxis“ für das KGSG stellt klar, dass üblicherweise von einer Belegenheit des Kulturgutes im Bundesgebiet ausgegangen wird.[852] Ein Negativattest kann jedoch vereinzelt auch für ein Kulturgut, welches sich im Ausland befindet, angefragt werden. Allerdings dient in diesem Fall die Voraussetzung des Vorhandenseins eines „berechtigen Interesses“ als Gatekeeper, um eine missbräuchliche Verwendung der Negativatteste zu verhindern.[853] Kritisch anzumerken ist die Tatsache, dass ein Negativattest nur ausgestellt werden kann, wenn eine „[...] konkrete Inaugenscheinnahme (insbesondere also eine nähere Begutachtung unter Beteiligung des Sachverständigenausschusses) nicht erforderlich ist [...].“[854] Ein solcher Verzicht auf Inaugenscheinnahme wird nur vorliegen, wenn es sich um eindeutige Fälle handelt und ausgeschlossen werden kann, dass die Eintragungskriterien gemäß § 7 Abs. 1 KGSG erfüllt sind. Für im Ausland befindliche Kulturgüter, bei denen anzunehmen ist, dass eine Eintragung in Frage kommt, können Negativatteste folglich nicht ausgestellt werden. Vor dem Hintergrund, dass viele der „großen Werke“ in London oder Paris versteigert werden und auch deutsche Sammler dort aktiv sind, ist dies ein deutlicher Nachteil. Insbesondere wenn das Telos des Zugangs der Allgemeinheit in den Fokus gerückt wird, kann argumentiert werden, dass eine liberalere Auslegung der Ausstellung von Negativattesten für Kulturgut, welches sich im Ausland befindet, wünschenswert ist.

d) *Rechtsfolgen der Eintragung*

Eingetragenes Kulturgut wird gemäß KGSG anders behandelt als „normales“ Kulturgut. Beispielhaft sei die Mitteilungspflicht gemäß § 19 Abs. 3 KGSG erwähnt, welche regelt, dass Eigentümer von eingetragenem Kulturgut den zuständigen obersten Landesbehörden unverzüglich mitteilen müssen, wenn ein Eigentümerwechsel stattfindet. Zudem sind Eigentümer eingetragener

---

851 FAZ, Mit allen guten und schlechten Geistern, Online.

852 BKM, Das neue Kulturgutschutzgesetz – Handreichung für die Praxis, S. 155, Online.

853 BKM, Das neue Kulturgutschutzgesetz – Handreichung für die Praxis, S. 155, Online konkretisiert, dass ein „berechtigtes Interesse“ voraussetzt, dass vom Antragsteller konkret beabsichtigt ist, dass das Kulturgut nach Deutschland verbracht werden soll und dass aufgrund der „umfassenden und unbefristeten Wirkung“ keine Negativatteste auf „bloßen Verdacht oder Vorrat“ ausgestellt werden können.

854 BKM, Das neue Kulturgutschutzgesetz – Handreichung für die Praxis, S. 155, Online.

Kulturgüter verpflichtet, der zuständigen Landesbehörde einen Ortswechsel mitzuteilen, sofern das Kulturgut länger als ein Jahr in einem anderen Bundesland aufbewahrt wird. In diesem Fall wird das Kulturgut auch in das Verzeichnis national wertvollen Kulturgutes dieses Bundeslandes eingetragen.[855]

aa) Genehmigungspflicht der dauerhaften Ausfuhr

Da jedes eingetragene Kulturgut als Teilmenge *nationalen Kulturgutes* gilt, bewirkt die Eintragung ein Ausfuhrverbot mit Genehmigungsvorbehalt. Dies gilt gleichermaßen für die nur vorübergehende Ausfuhr wie für die dauerhafte Ausfuhr.[856] Nur wenn der Antragsteller die Gewähr dafür übernimmt, dass das Kulturgut unbeschadet und fristgerecht nach Deutschland zurückkehrt, ist die Genehmigung für die vorübergehende Ausfuhr zu erteilen.[857]

Bereits vor Inkrafttreten des KGSG identifizierte der *Bericht der Bundesregierung zum Kulturgutschutz* das mit der damaligen Eintragungspraxis verbundene Problem der mangelnden Kenntnis der zuständigen Behörden darüber, welche Kulturgüter eintragungswürdig sind.[858] § 21 Nr. 1 KGSG regelt nun, dass die Ausfuhr von Kulturgut bereits verboten ist, wenn das Verfahren zur Eintragung eingeleitet worden ist. Diese „Veränderungssperre“[859] dient dem Abwanderungsschutz und soll bewirken, dass Eigentümer ihre Kulturgüter nicht ausführen, sobald sie von der drohenden Eintragung erfahren.

§ 23 Abs. 2 KGSG regelt, dass eine Ausfuhrgenehmigung für *nationales Kulturgut* nicht erteilt wird, wenn „[…] bei Abwägung der Umstände des Einzelfalls wesentliche Belange des deutschen Kulturgutbesitzes überwiegen.“ Da *nationales Kulturgut* per se als wesentlicher Bestandteil des deutschen Kulturgutbesitzes gilt, ist davon auszugehen, dass die Erteilung von Ausfuhrgenehmigungen für *nationales Kulturgut* nur in seltenen Fällen gewährt wird.[860] Die Zuständigkeit

---

855 Vgl. § 11 Abs. 2 KGSG.

856 Vgl. § 22 Abs. 1 KGSG und § 23 Abs. 1 KGSG.

857 Vgl. § 22 Abs. 2 KGSG.

858 Bundesregierung, Bericht der Bundesregierung zum Kulturgutschutz, S. 48 f., Online.

859 Diese Bezeichnung verwendet im Kontext des KultgSchG El-Bitar, Der deutsche und der französische Kulturgüterschutz nach der Umsetzung der Kulturgüterrückgaberichtlinie, S. 87.

860 Diese Auffassung vertreten auch Lenski, Öffentliches Kulturrecht, S. 250, Odendahl, Kulturgüterschutz, S. 616, Sprecher, Beschränkungen des Handels mit Kulturgut, S. 51 und Hartung, Das neue Kulturgutschutzgesetz, S. 16, Online; in diesem Zusammenhang sei auch erwähnt, dass einer Genehmigung zur dauerhaften Ausfuhr von *nationalem Kulturgut* gemäß § 23 Abs. 2 KGSG auch Nebenbestimmungen zugefügt werden

für die Erteilung einer Ausfuhrgenehmigung für *nationales Kulturgut* liegt nicht bei einer Landesbehörde, sondern bei der für Kultur und Medien zuständigen obersten Bundesbehörde.[861] Bei der Entscheidung über die Erteilung einer Ausfuhrgenehmigung für *nationales Kulturgut* und bei der Entscheidung über eine Eintragung in ein Verzeichnis national wertvollen Kulturgutes sind die Entscheidungsmotive dennoch sehr ähnlich. In beiden Fällen ist zudem ein Sachverständigenausschuss heranzuziehen, allerdings existiert ein grundlegender Unterschied: „Bewusst wird nicht auf § 14 Absatz 3 verwiesen, da der Bund nicht nur bei Zustimmung des Sachverständigenausschusses eine Ausfuhrgenehmigung erteilen soll, sondern auch im Falle einer möglichen Negativentscheidung. Dies bietet mehr Möglichkeiten für eine Ausfuhrgenehmigung und ist damit grundrechtsschonender für den Eigentümer."[862] Eine vorgelagerte Entscheidung über eine Eintragung in ein Verzeichnis national wertvollen Kulturgutes wird jedoch die Entscheidung der für Kultur und Medien zuständigen obersten Bundesbehörde beeinflussen. Bisher sind vier Fälle bekannt, in denen eine Ausfuhrgenehmigung für eingetragene Kulturgüter erteilt wurde, und jeweils wurden diese nur unter Auflagen erteilt, insbesondere bezüglich des öffentlichen Zugangs.[863]

Für veräußerungswillige Eigentümer national wertvoller Kulturgüter wird der Absatzmarkt durch Ausfuhrverbote auf den nationalen Kunstmarkt begrenzt. Zwar argumentiert der Gesetzgeber, dass eingetragenes Kulturgut weiterhin auf dem nationalen Markt veräußert werden kann und somit weiterhin marktfähig ist.[864] Prominentestes Beispiel für den Verkauf national wertvollen Kulturgutes ist die sogenannte Holbein-Madonna, welche im Jahr 2011 an den Unternehmer *Würth* für ca. 50 Millionen Euro veräußert wurde.[865] Dieses positive Beispiel kann aber nicht darüber hinwegtäuschen, dass sich der Wert eines Gutes durch die Nachfrage bestimmt und diese limitiert wird, da potenzielle ausländische Käufer ein national wertvolles Kulturgut ohne Ausfuhrgenehmigung nicht

dürfen, siehe Bundesrat Drs. 538/15, Entwurf eines Gesetzes zur Neuregelung des Kulturgutschutzrechts, S. 99, Online.

861 Vgl. § 23 Abs. 4 KGSG.

862 Bundesrat Drs. 538/15, Entwurf eines Gesetzes zur Neuregelung des Kulturgutschutzrechts, S. 99 f., Online.

863 Sprecher, Beschränkungen des Handels mit Kulturgut, S. 53.

864 Bundesregierung, Bericht der Bundesregierung zum Kulturgutschutz, S. 47, Online.

865 FAZ, Deutschlands teuerstes Kunstwerk, Online.

dauerhaft aus Deutschland ausführen dürfen.[866] Damit wird hypothetisch auch der Wert der besagten Werke gemindert.[867] Für Eigentümer national wertvollen Kulturgutes entstehen damit Opportunitätskosten, sobald anzunehmen ist, dass auf dem internationalen Kunstmarkt höhere Preise realisiert werden könnten.[868] Hierbei ist aber ebenfalls das folgende Argument anzuführen: „Da das Eigentumsgrundrecht allerdings nicht die volle Ausschöpfbarkeit der optimalen Marktbedingungen und insbesondere auch keinen bestimmten Markt garantiert, muss er [„der Eigentümer“] diese Einschränkung, die an der grundsätzlichen Veräußerbarkeit des Kulturgutes nichts ändert, auch unter dem Gesichtspunkt der grundrechtlichen Verhältnismäßigkeit entschädigungslos dulden.“[869] Zwar würde sich der Sachverhalt ändern, wenn sich im Inland kein Kaufinteressent finden ließe und sich der Wert des Kulturgutes dadurch auf null reduziert. Da die Ausfuhrbeschränkungen jedoch per Definition nur für bedeutende Werke gelten, ist nicht davon auszugehen, dass niemand ein Kaufinteresse hat, zumal dieser Kaufinteressent das Kulturgut mutmaßlich für einen geringeren Preis als den internationalen Marktwert erwerben könnte.[870]

bb) Steuerliche Begünstigungen für Eigentümer

Als weitere Rechtsfolge einer Eintragung ist erwähnenswert, dass der Gesetzgeber gemäß § 12 Abs. 1 KGSG steuerliche Begünstigungen gewährt. Bezugnehmend

---

866 „Damit ist der internationale Markt nicht mehr anspielbar, zahlungskräftige ausländische Museen und Sammler scheiden als Interessenten und potentielle Käufer aus […]“; Heuer, Die Bewertung von Kunstwerken im Steuer- und Erbrechtsstreit, S. 125.

867 Über die Wertminderung durch Ausfuhrbeschränkungen siehe auch von Schorlemer, Internationaler Kulturgüterschutz, S. 502 f.

868 Der Beschränkung auf den inländischen Markt wird vereinzelt sogar ein „enteignender Charakter“ zugesprochen; Heuer, Darf man Kunst einsperren?, S. 449; ebenfalls Caldoro, Nationaler Kulturgüterschutz, S. 17: „Dabei [bei Exportverboten] handelt es sich grundsätzlich um Nutzungsbeschränkungen, die quasi zu einer materiellen Enteignung führen können […].“

869 Germelmann, Kultur und staatliches Handeln, S. 684, zusätzlich S. 733: „So ist beispielsweise das Interesse des Eigentümers an der Substanz sowie der Nutzbarkeit und Verwertbarkeit seines Eigentums höher zu bewerten als die Erwartung einer Wertentwicklung oder eines bestimmten Kaufpreises […].“; siehe dazu auch Sprecher, Beschränkungen des Handels mit Kulturgut, S. 45 f.: „Art 14 GG gewährleistet weder einen Marktpreis, noch sind künftige Erwerbschancen und Verdienstmöglichkeiten und tatsächliche Möglichkeiten als eigentumsrechtlich geschützte Rechtspositionen anerkannt.“

870 Radloff, Kulturgüterrecht, S. 593 f.

auf die steuerlichen Begünstigungen im ehemaligen KultgSchG wurde argumentiert, dass der Hintergrund der steuerlichen Begünstigungen neben der Kompensation für die Beschränkung der Verfügungsfreiheit auch darin lag, dass Eigentümer von Kulturgütern einen finanziellen Anreiz haben sollen, selber eine Eintragung einzuleiten.[871] Die steuerlichen Begünstigungen sind jedoch auch an Bedingungen geknüpft. Gemäß § 13 Abs. 1 Nr. 2 lit. b Doppelbuchstabe bb ErbStG[872] ist ein eingetragenes Kulturgut nur dann in vollem Umfang steuerfrei, wenn „[…] die Erhaltung dieser Gegenstände wegen ihrer Bedeutung für Kunst, Geschichte oder Wissenschaft im öffentlichen Interesse liegt, die jährlichen Kosten in der Regel die erzielten Einnahmen übersteigen und die Gegenstände in einem den Verhältnissen entsprechenden Umfang den Zwecken der Forschung oder der Volksbildung nutzbar gemacht sind oder werden […]".

§ 12 Abs. 1 Nr. 2 KGSG verweist auf § 10g EStG, der eine weitere steuerliche Begünstigung für Kulturgüter darstellt, welche in ein Verzeichnis national wertvollen Kulturgutes eingetragen wurden.[873] Auch diese steuerliche Begünstigung ist unter anderem an den Zugang für Forschung oder Allgemeinheit geknüpft. Diese Bedingung verdeutlicht das Telos, dass Kulturgüter der Allgemeinheit zugänglich gemacht werden sollen.

Insgesamt sind die steuerlichen Begünstigungen eher als „vorweggenommene Ausgleichsleistung" zu interpretieren, die jedoch nicht die mit einer Eintragung einhergehenden Wertminderungen wettmachen können.[874] Allerdings ist in diesem Zusammenhang erneut die Sozialpflichtigkeit des Eigentums anzuführen, wonach „Eigentum verpflichtet"[875]; die Voraussetzungen der steuerlichen Begünstigungen erscheinen auch nicht zu hoch.

cc) Kompensation in Fällen wirtschaftlicher Notlage

Zudem ist im Zusammenhang mit Eigentümerprivilegien die Härtefallregelung gemäß § 12 Abs. 2 KGSG zu nennen. Demnach ist die oberste Landesbehörde des Landes, in dem sich das Kulturgut befindet, verpflichtet, bei Eigentümern

---

871 El-Bitar, Der deutsche und der französische Kulturgüterschutz nach der Umsetzung der Kulturgüterrückgaberichtlinie, S. 88.

872 Darauf verweist § 12 Abs. 1 Nr. 1 KGSG.

873 § 10g EStG besagt, dass der Steuerpflichtige Aufwendungen für Herstellungs- und Erhaltungsmaßnahmen im Kalenderjahr des Abschlusses der Maßnahme und in den neun folgenden Kalenderjahren jeweils bis zu 9 Prozent wie Sonderausgaben abziehen kann.

874 Sprecher, Beschränkungen des Handels mit Kulturgut, S. 52.

875 Vgl. Art. 14 Abs. 2 GG.

national wertvoller Kulturgüter, welchen die Genehmigung zur dauerhaften Ausfuhr versagt wird und die sich in einer wirtschaftlichen Notlage befinden, auf einen „billigen Ausgleich" hinzuwirken. Schon das KultgSchG beinhaltete diese Regelung.[876] Da Eigentümer in einer wirtschaftlichen Notlage auf eine Verwertung ihres Kulturgutes angewiesen sind, ist diese Regelung aufgrund der ansonsten außerordentlichen Intensität des staatlichen Eingriffes zu befürworten. Mangels Präzedenzfällen lässt sich jedoch nur schwer antizipieren, wie die obersten Landesbehörden die Formulierung „billigen Ausgleich" interpretieren und inwieweit tatsächlich hypothetisch realisierbare Preise des internationalen Kunstmarktes als Referenzpreis für eine Ausgleichszahlung herangezogen werden. Unter „billigem Ausgleich" kann auch verstanden werden, dass der Staat private Interessenten ausfindig macht, welche das Kulturgut erwerben möchten.[877] Obwohl hypothetisch der Verkaufspreis im Inland unter dem des internationalen Marktes liegt, ist abschließend hervorzuheben, dass eine „wirtschaftliche Notlage" kaum geltend gemacht werden kann, da dem Eigentümer weiterhin das Inland als Absatzmarkt zur Verfügung steht.[878]

dd) Beschädigungsverbot

Eine wesentliche Neuregelung des KGSG, welche den Substanzschutz betrifft, ist das Beschädigungsverbot gemäß § 18 KGSG.[879] Kulturgut in Privateigentum, auch wenn es sich um national wertvolles Kulturgut handelt, war bislang von solchen Unterschutzstellungen unberührt. § 18 KGSG schließt diese Schutzlücke nun für Kulturgut, welches in ein Verzeichnis national wertvollen Kulturgutes eingetragen ist. Mit dem Sanktionsmechanismus aus § 83 Abs. 3 KGSG[880] wird die Unterschutzstellung gestärkt.[881] Eine Erhaltungspflicht besteht aber

876 Vgl. § 8 KultgSchG.

877 Odendahl, Kulturgüterschutz, S. 441.

878 El-Bitar, Der deutsche und der französische Kulturgüterschutz nach der Umsetzung der Kulturgüterrückgaberichtlinie, S. 88.

879 „Es ist verboten, Kulturgut, das in ein Verzeichnis national wertvollen Kulturgutes eingetragen ist, zu zerstören, zu beschädigen, oder dessen Erscheinungsbild nicht nur unerheblich und nicht nur vorübergehend zu verändern […].", § 18 Abs. 1 KGSG.

880 „Mit Freiheitsstrafe bis zu drei Jahren oder mit Geldstrafe wird bestraft, wer entgegen § 18 Absatz 1, auch in Verbindung mit Absatz 2, Kulturgut beschädigt, zerstört oder verändert."

881 Explizit wird nur auf Kulturgut verwiesen, welches in ein Verzeichnis national wertvollen Kulturgutes eingetragen ist. Andere nationale Kulturgüter gemäß § 6 KGSG, also jene im öffentlichen Eigentum sind von dieser Regelung unberührt, da diese

weiterhin weder für Kulturgüter in einem Verzeichnis national wertvollen Kulturgutes noch für *nationale Kulturgüter* in öffentlichem Eigentum.[882]

ee) Mitteilungspflichten

§ 19 Abs. 1 KGSG regelt, dass der unmittelbare Besitzer eingetragenen Kulturgutes verpflichtet ist, ein Abhandenkommen, eine Beschädigung, eine Zerstörung und die nicht nur vorübergehende Änderung des Erscheinungsbildes des Kulturgutes der zuständigen obersten Landesbehörde unverzüglich mitzuteilen. Auch einen Eigentumswechsel des Kulturgutes muss der neue Eigentümer der zuständigen obersten Landesbehörde unverzüglich anzeigen.[883]

3. Sammlungen als nationales Kulturgut

Eine besondere Kategorie von Kulturgütern nach Anhang I der Verordnung (EG) Nr. 116/2009, auf den sich das KGSG hinsichtlich der Ausfuhr bezieht, stellen Sammlungen[884] dar. Das KGSG bezeichnet diese als Sachgesamtheit[885]

---

durch § 304 StGB geschützt werden; Czernik, in Elmenhorst/Wiese, KGSG – Kulturgutschutzgesetz, § 18, Rn. 6 f.

882 Als Begründung dafür wird die finanzielle Belastung vermutet; Die Welt, Jetzt erst Recht, Online.

883 Vgl. § 19 Abs. 3 KGSG.

884 Anhang I der Verordnung (EG) Nr. 116/2009 bezieht sich in der Definition dessen, was als Sammlung gilt auf ein Urteil des Gerichtshofs in der Rs. 252/84: „Sammlungsstücke im Sinne der Tarifnummer 9705 des GZT sind Gegenstände, die geeignet sind, in eine Sammlung aufgenommen zu werden, das heißt Gegenstände, die verhältnismäßig selten sind, normalerweise nicht ihrem ursprünglichen Verwendungszweck gemäß benutzt werden, Gegenstand eines Spezialhandels außerhalb des üblichen Handels mit ähnlichen Gebrauchsgegenständen sind und einen hohen Wert haben."

885 Als Interpretationshilfe, was als Sammlung anzusehen ist, kann auch die Empfehlung der Kultusministerkonferenz für Eintragungen in das Verzeichnis national wertvollen Kulturgutes, S. 2, Online herangezogen werden, die sich jedoch auf das ehemalige KultgSchG bezieht:
„Für das Vorliegen einer Sammlung sprechen insbesondere folgende Anhaltspunkte:
- eine Gesamtheit zielgerichtet unter einer Themenstellung zusammengeführter und systematisierter Gegenstände,
- die aus künstlerischen, wissenschaftlichen oder ästhetischen Grundprinzipien zusammengetragen wurden und
- die mehr als nur die Summe ihrer einzelnen Bestandteile darstellen und dadurch einen besonderen kulturellen Wert gewinnen.

und definiert sie als „[...] mehrere zusammengehörige Kulturgüter, insbesondere Archivbestände, Bibliotheksbestände, Nachlässe, Sammlungen oder Teile davon.“[886] Die „Handreichung für die Praxis“ für das KGSG konkretisiert, dass eine Sammlung vor allem gezielt gesammelte Gegenstände beinhaltet: „Der Begriff der Sammlung lebt daher von der jeweiligen Intention der Sammlerin oder des Sammlers und der von ihr oder ihm vorgegebenen Ordnung und Einteilung, die in der Zusammensetzung der Sammlung ihren Ausdruck gefunden hat. Auch kann das Sammeln im Einzelfall unterschiedliche Schwerpunkte betreffen, so dass im konkreten Fall von mehreren Sammlungen auszugehen ist [...]“.[887] Außerdem regelt § 7 Abs. 2 KGSG, dass eine Sammlung in ein Verzeichnis national wertvollen Kulturgutes eingetragen werden kann, wenn die einzelnen Bestandteile sonst nicht die geforderten Kriterien für eine Eintragung erfüllen. Zudem kann eine Sammlung auch dann in ein Verzeichnis national wertvollen Kulturgutes aufgenommen werden, wenn diese „[...] 1. teilweise zerstört ist, 2. an unterschiedlichen Orten im Inland aufbewahrt ist oder 3. teilweise im Ausland aufbewahrt ist.“[888] Für Eigentümer von Sammlungen kann aus der Regelung auch eine ökonomische Implikation entstehen. Wenn nämlich eine Sammlung mit der Absicht der Umgehung von Ausfuhrbeschränkungen aufgelöst wird, kann der Gesamterlös geringer ausfallen, als wenn die Sammlung als Ganzes veräußert wird. Schließlich stellt sogar die *Kultusministerkonferenz* fest, dass eine Sammlung mehr als die Summe ihrer einzelnen Bestandteile darstellt.[889] Die ökonomische Begründung dafür liegt im zunehmenden Grenznutzen im Kontext des Kunstkonsums.[890]

Der Bundesverband Deutscher Galerien und Kunsthändler e.V. kritisierte, dass die Definition der „Sachgesamtheit“ nicht präzise genug sei und es sich nur dann um eine Sachgesamtheit handeln solle, wenn „[...] mehrere gleichartige Kulturgüter eintragungsfähig sind.“[891] In diesem Kontext sei allerdings auch der

Nicht erforderlich ist, dass jedes einzelne Teil der Sammlung selbst Kulturgut darstellt.“

886 § 2 Abs. 1 Nr. 16 KGSG.

887 BKM, Das neue Kulturgutschutzgesetz – Handreichung für die Praxis, S. 117, Online.

888 § 7 Abs. 2 KGSG.

889 Kultusministerkonferenz, Empfehlung der Kultusministerkonferenz für Eintragungen in das Verzeichnis national wertvollen Kulturgutes, S. 2, Online.

890 Siehe dazu Kapitel § 2 III 1.

891 Bundesverband Deutscher Galerien und Kunsthändler e. V., Fragenkatalog – Öffentliche Anhörung, S. 2, Online; allerdings präzisiert BKM, Das neue Kulturgutschutzgesetz – Handreichung für die Praxis, S. 117, Online: „Im Regelfall weisen damit die Teile einer Sammlung eine gewisse Gleichartigkeit auf oder stehen zumindest für die

Bericht der Bundesregierung zum Kulturgutschutz anzuführen, der in Bezug auf den Status Quo vor Inkrafttreten des KGSG feststellte: „Die Kontrolle des Ausfuhrverbotes für eingetragene Sammlungen ist in der Regel nur möglich, wenn sie insgesamt ausgeführt werden sollen. Werden dagegen Einzelstücke einer Sammlung ausgeführt, haben die Zollbehörden bei der gegenwärtigen Form der Verzeichnisse kaum eine Chance, diese als Teil einer Sammlung zu identifizieren. Damit wird eine schleichende „Ausdünnung" der Sammlung durch die sukzessive und unauffällige Ausfuhr von Einzelstücken möglich, die irgendwann die Frage aufwirft, ob die dann nur unvollständig vorhandene Sammlung noch den Kriterien für national wertvolles Kulturgut genügt."[892] Des Weiteren hinterfragt der Bericht richtigerweise die Sinnhaftigkeit des Abwanderungsschutzes von Sammlungen, ohne die gleichzeitige Existenz eines effektiven Substanzschutzes. Denn ein Eigentümer darf zwar gegebenenfalls eine Sammlung nicht mehr ausführen, er ist jedoch nicht dazu verpflichtet, den Sammlungszusammenhang aufrechtzuerhalten.[893] Dies verdeutlicht, dass der Schutz von Sammlungen vor Abwanderung und vor Zerstörung des Sammlungszusammenhangs nicht gewährleistet werden konnte und die neuen Regelungen des KGSG dem entgegenwirken sollen.

4. Vereinbarkeit der Eintragung von Kulturgut in ein Verzeichnis national wertvollen Kulturgutes mit der grundrechtlichen Eigentumsgarantie

a) BVerwG, Urt. v. 27.05.1993 – 7 C 33/92

Im Kontext der Eintragung von Kulturgut in ein Verzeichnis national wertvollen Kulturgutes wird häufig auf ein Urteil des BVerwG[894] verwiesen um zu belegen, dass eine Eintragung eine rechtmäßige Inhalts- und Schrankenbestimmung des Eigentums ist.[895]

gleiche Sammlungsmotivation und unterscheiden damit die Sammlung von einer bloßen Bestandsaufnahme […]."

892 Bundesregierung, Bericht der Bundesregierung zum Kulturgutschutz, S. 52, Online.

893 Bundesregierung, Bericht der Bundesregierung zum Kulturgutschutz, S. 52 f., Online.

894 BVerwG, Urt. v. 27.05.1993 – 7 C 33/92, NJW 1993, 3280 – 3282.

895 Darauf bezieht sich die Bundesregierung, Bericht der Bundesregierung zum Kulturgutschutz, S. 47, Online; auch das BVerwG, Urt. v. 24. 11. 2011 – 7 C 12/10, NJW 2012, 792, 795 (Jurion-Tz. 46) bezieht sich auf das BVerwG, Urt. v. 27.05.1993 – 7 C 33/92, NJW 1993, 3280 – 3282: „In der Rechtsprechung des Senats ist bereits geklärt, dass die Eintragung eines Kulturgutes in das Verzeichnis national wertvollen Kulturgutes

Der Fall bezieht sich auf das „Silberzimmer der Welfen“, welches 1986 entgegen dem Einspruch des Eigentümers, jedoch nach positiver Stellungnahme eines Sachverständigenausschusses, in das Verzeichnis national wertvollen Kulturgutes des Landes Niedersachsen eingetragen wurde. Der Kläger zog in seiner Argumentation Art. 14 GG heran und wies auf die fehlende Entschädigung hin, da die Möglichkeit der Veräußerung durch den Wegfall des internationalen Marktes begrenzt sei und ihm außerdem die Nutzung seiner Möbel an seinem Wohnsitz im Ausland versagt wird. Das Verwaltungsgericht wies 1989 die Klage als unbegründet ab. Dagegen legte der Kläger Berufung ein, welche wiederum vom Oberverwaltungsgericht 1992 als unbegründet zurückgewiesen wurde. Das Oberverwaltungsgericht führte an, dass die Eintragung gemäß §§ 1 – 3 KultgSchG rechtmäßig war und zudem Art. 14 Abs. 3 GG nicht als Prüfungsmaßstab heranzuziehen sei, da die Eintragung nicht mit einer Enteignung gleichzusetzen sei. Vielmehr handele es sich um eine zulässige Einschränkung der privatrechtlichen Verfügungsbefugnis.[896] Ebenfalls betonte das Oberverwaltungsgericht die Rechtmäßigkeit der Eintragung auf der Basis, dass es sich um ein national wertvolles Kulturgut handele „[…] dessen Abwanderung ins Ausland einen wesentlichen Verlust für den deutschen Kulturbesitz bedeuten würde […]“ und dies vom Sachverständigenausschuss bestätigt wurde.[897]

Der Kläger legte daraufhin Revision beim Bundesverwaltungsgericht ein. Nach Auffassung des Klägers bewirke nämlich die Eintragung, dass dem Eigentümer „[…] eine freie Veräußerung zu dem höchstmöglichen Preis genommen […]“ werde. Zudem lasse sich nicht argumentieren, dass eine Ausfuhrgenehmigung auch für eingetragene Kulturgüter grundsätzlich möglich sei, denn das Gesetz ziele explizit auf den Abwanderungsschutz ab. Demnach sei eine Genehmigung der Ausfuhr eher die Ausnahme. Des Weiteren sei durch das Ausfuhrverbot „[…] der Weg zum internationalen Markt zu 80% abgeschnitten.“[898]

---

und die damit verbundenen Ausfuhrbeschränkungen keine Enteignung gemäß Art. 14 Abs. 3 GG, sondern eine verhältnismäßige Inhalts- und Schrankenbestimmung i.S.v. Art. 14 Abs. 1 Satz 2 GG darstellen. Den mit der Eintragung verbundenen wirtschaftlichen Nachteilen wird angemessen Rechnung getragen (vgl. §§ 8, 1 Abs. 3 KultgSchG), nach fünf Jahren kann bei wesentlicher Veränderung der Umstände die Löschung der Eintragung beantragt werden (§ 7 Abs. 1 KultgSchG). Das Kulturgutschutzgesetz ist insgesamt auf einen gerechten Ausgleich der öffentlichen und privaten Interessen angelegt […].“

896 BVerwG, Urt. v. 27.05.1993 – 7 C 33/92, NJW 1993, 3280, 3280 (Jurion-Tz. 5).

897 BVerwG, Urt. v. 27.05.1993 – 7 C 33/92, NJW 1993, 3280, 3280 (Jurion-Tz. 5).

898 BVerwG, Urt. v. 27.05.1993 – 7 C 33/92, NJW 1993, 3280, 3280 (Jurion-Tz. 6).

Das Oberverwaltungsgericht ließ die Revision zu und das BVerwG bestätigte das Berufungsurteil. Das BVerwG bekräftigte, dass die Eintragung rechtmäßig sei, da sie auf § 1 Abs. 1 KultgSchG basierte und eine Ausfuhr einen „[...] wesentlichen Verlust für den deutschen Kulturbesitz bedeuten würde."[899] Nachdem das BVerwG darlegte, wie es den Begriff des national wertvollen Kulturgutes auslegt, bestätigte es die Auffassung des Verwaltungsgerichts und des Oberverwaltungsgerichts, dass es sich bei dem Kulturgut um ein national wertvolles Kulturgut handelt und hob nochmals die einstimmige Entscheidung des Sachverständigenausschusses hervor.[900]

Hinsichtlich der Argumentation des Klägers, dass die Eintragung des Kulturgutes eine Verletzung des Art. 14 GG bewirkt, kommt das BVerwG zum Ergebnis, dass die freie Verfügung über das Kulturgut nicht ausgeschlossen sei, sondern im Inland uneingeschränkt bestehe und sogar Veräußerungen ins Ausland rechtlich nicht ausgeschlossen seien: „Von einer völligen Entwertung des Eigentums bzw. einer praktisch nicht mehr möglichen Nutzung des Eigentums kann darum keine Rede sein."[901] Vielmehr handele es sich um Inhalts- und Schrankenbestimmungen des Eigentums gemäß Art. 14 Abs. 1 Satz 2 GG.[902] Dabei betont das BVerwG, dass bei der Bestimmung von Inhalt und Schranken von Privateigentum stets auch die Sozialpflichtigkeit des Eigentums gemäß Art. 14 Abs. 2 GG berücksichtigt werden muss. Das BVerwG beruft sich auf das sogenannte Pflichtexemplar-Urteil des BVerfG[903] und weist in diesem Kontext auf folgenden Sachverhalt hin: „Das Maß und der Umfang der dem Eigentümer von der Verfassung zugemuteten und vom Gesetzgeber zu realisierenden Bindung hängen danach wesentlich davon ab, ob und in welchem Ausmaß das Eigentumsobjekt in einem sozialen Bezug und in einer sozialen Funktion steht."[904] Allenfalls eine im Verhältnis zum sozialen Bezug des Objektes und dem verfolgten Regelungszweck unzumutbare Belastung des vermögensrechtlichen Bereiches des Eigentümers sei nicht legitim.[905] Auch die Tatsache, dass der Schutz deutschen Kulturgutes gegen Abwanderung ins Ausland „Gegenstand bundesgesetzlicher Fürsorge" sei[906], wird angeführt.[907] Die Einschränkung der Verfügungsbefugnis

899 BVerwG, Urt. v. 27.05.1993 – 7 C 33/92, NJW 1993, 3280, 3280 (Jurion-Tz. 8).
900 BVerwG, Urt. v. 27.05.1993 – 7 C 33/92, NJW 1993, 3280, 3280/3281 (Jurion-Tz. 9 f.).
901 BVerwG, Urt. v. 27.05.1993 – 7 C 33/92, NJW 1993, 3280, 3281 (Jurion-Tz. 12).
902 BVerwG, Urt. v. 27.05.1993 – 7 C 33/92, NJW 1993, 3280, 3281 (Jurion-Tz. 13).
903 BVerfG, Urt. v. 14.07.1981 – 1 BvL 24/78, NJW 1982, 633 – 635.
904 BVerwG, Urt. v. 27.05.1993 – 7 C 33/92, NJW 1993, 3280, 3281 (Jurion-Tz. 13).
905 BVerwG, Urt. v. 27.05.1993 – 7 C 33/92, NJW 1993, 3280, 3281 (Jurion-Tz. 13).
906 Gemäß Art. 73 Abs. 1 Nr. 5a GG.
907 BVerwG, Urt. v. 27.05.1993 – 7 C 33/92, NJW 1993, 3280, 3281 (Jurion-Tz. 14).

sei verfassungsrechtlich nicht zu beanstanden, denn: „Das Kulturgutschutzgesetz erfaßt überdies die Eigentumsobjekte ausschließlich in ihrer sozialen Funktion; sie müssen nämlich „national“ wertvoll, d. h. „nach ihrer künstlerischen Eigenart, nach ihrem kulturellen Wert oder durch ihre Bedeutung für die kulturelle Entwicklung in Deutschland als dauernd besonders wertvoller Bestandteil deutschen Kulturbesitzes anzusehen“ sein [...].“[908] Ebenfalls verweist das BVerwG auf die Regelungen des damaligen KultgSchG, dass im Falle einer wirtschaftlichen Notlage, die den Eigentümer zu einem Verkauf zwingt, auf einen „billigen Ausgleich“ hingewirkt wird.[909] Auch die Steuerbegünstigungen von eingetragenen Kulturgütern und die Tatsache, dass bei geänderten Umständen eine Löschung der Eintragung beantragt werden kann, seien Argumente dafür, dass insgesamt die öffentlichen und privaten Interessen in einem angemessen Verhältnis berücksichtigt werden.[910]

b) Stellungnahme

Im Kontext der Prüfung, ob das Verhältnismäßigkeitsprinzip eingehalten wird, ist zu konstatieren, dass die Eintragung von Kulturgut in ein Verzeichnis national wertvollen Kulturgutes einen legitimen Zweck erfüllt, denn sie bewirkt ein Beschädigungsverbot[911] und normiert eine Genehmigungspflicht der dauerhaften Ausfuhr[912]. Dies soll der Identitätsstiftung dienen, denn schließlich werden Kulturgüter nur dann in ein Verzeichnis national wertvollen Kulturgutes eingetragen, wenn diese „[...] identitätsstiftend für die Kultur Deutschlands [...]“ sind.[913] Dieses Ziel der Bewahrung von Kulturgütern für das Inland entspricht auch dem Kulturstaatsprinzip.[914] Die Eintragung von Kulturgut in ein Verzeichnis national wertvollen Kulturgutes ist außerdem als geeignete Maßnahme anzusehen, um den Abwanderungsschutz zu gewährleisten.[915] Zudem ist kein milderes Mittel ersichtlich, sodass die Eintragung in ein Verzeichnis

908 BVerwG, Urt. v. 27.05.1993 – 7 C 33/92, NJW 1993, 3280, 3281 (Jurion-Tz. 14).
909 BVerwG, Urt. v. 27.05.1993 – 7 C 33/92, NJW 1993, 3280, 3281 (Jurion-Tz. 14).
910 BVerwG, Urt. v. 27.05.1993 – 7 C 33/92, NJW 1993, 3280, 3281 (Jurion-Tz. 14).
911 Vgl. § 18 KGSG.
912 Vgl. § 23 KGSG.
913 Vgl. § 7 Abs. 1 Nr. 1 KGSG.
914 So argumentiert auch Peters, Ist das Kulturgutschutzgesetz mit dem Grundgesetz vereinbar?, S. 8.
915 Peters, Ist das Kulturgutschutzgesetz mit dem Grundgesetz vereinbar?, S. 8.

national wertvollen Kulturgutes demnach als erforderlich zu bezeichnen ist.[916] Als schwieriger erweist sich die Frage der Angemessenheit. Richtigerweise stellt *Lenski* fest, dass die Genehmigung der dauerhaften Ausfuhr national wertvoller Kulturgüter die Ausnahme bleiben dürfte: „Da sich die Kriterien für die Versagung der Ausfuhrgenehmigung daher im Wesentlichen mit den Kriterien für die Eintragung in das „Verzeichnis national wertvollen Kulturguts“ decken, wird in den meisten Fällen die Ausfuhr auch tatsächlich zu untersagen sein.“[917] Zudem argumentiert *Lenski*, dass die Maßnahme der Eintragung von Kulturgut in ein Verzeichnis national wertvollen Kulturgutes nicht angemessen sei, da neben dem Beschädigungsverbot „[...] keinerlei weitere Maßnahmen getroffen werden, durch welche sich die identitätsstiftende Wirkung der Kulturgüter tatsächlich zu entfalten vermag [...].“[918]

Obwohl das Urteil des BVerwG die Vereinbarkeit der Eintragung von Kulturgut in ein Verzeichnis national wertvollen Kulturgutes mit der grundrechtlichen Eigentumsgarantie bestätigt, wirft das novellierte KGSG neue verfassungsrechtliche Fragen auf. Das Urteil des BVerwG bezog sich auf das KultgSchG, welches keinen generellen Genehmigungsvorbehalt bei der Ausfuhr von Kulturgütern oberhalb bestimmter Wert- und Altersuntergrenzen auch innerhalb des Binnenmarktes vorsah. Mit Blick auf die neue Rechtslage des Genehmigungsvorbehalts innerhalb des Binnenmarktes auch für nicht-gelistete Kulturgüter, muss die Verhältnismäßigkeit im Rahmen des Art. 14 GG neu erörtert werden.[919] Allerdings sei in diesem Zusammenhang angemerkt, dass der Genehmigungsvorbehalt bei der Ausfuhr von Kulturgütern auch innerhalb des Binnenmarktes zwar die Verfügungsfreiheit der Eigentümer von betroffenen Kulturgütern noch weiter einschränkt, allerdings dürfte diese Einschränkung weiterhin als verhältnismäßig angesehen werden. Die grundlegenden Argumente des BVerwG bleiben nämlich unverändert. Allenfalls könnte diskutiert werden, dass sich der Kreis potenzieller Nachfrager schlimmstenfalls weiter verringert, da vor Inkrafttreten des KGSG eine Ausfuhr von Kulturgut innerhalb des Binnenmarktes ohne Genehmigung möglich war, und fortan das Risiko besteht, dass die Ausfuhr

916 Lenski, Verfassungsmäßigkeit eines Abwanderungsschutzes von Kulturgütern, S. 8, Online.

917 Lenski, Verfassungsmäßigkeit eines Abwanderungsschutzes von Kulturgütern, S. 8, Online.

918 Lenski, Verfassungsmäßigkeit eines Abwanderungsschutzes von Kulturgütern, S. 8, Online.

919 Garbers-von-Boehm, in Elmenhorst/Wiese, KGSG – Kulturgutschutzgesetz, § 14, Rn. 38.

auch innerhalb des Binnenmarktes verweigert wird. Dies würde dazu führen, dass für das betroffene Kulturgut nur der inländische Markt und nicht mehr der gesamte europäische Markt zur Verfügung steht. Im Inland ist das Kulturgut dennoch grundsätzlich weiterhin veräußerbar. Sogar an Kaufinteressenten aus dem Ausland könnte das Kulturgut veräußert werden; lediglich die dauerhafte Ausfuhr bliebe genehmigungspflichtig. Obwohl von einer Wertminderung des Kulturgutes ausgegangen werden kann, muss festgehalten werden, dass ein Marktwert aufgrund der Schwankungen in den Bereich der „Erwartungen und Chancen“ einzuordnen ist; dies unterfällt nicht dem Schutzbereich des Art. 14 Abs. 1 GG.[920] Art. 14 GG garantiert nämlich nicht die ertragreichste Nutzung des Eigentums.[921] Zudem ist hervorzuheben, dass der Gesetzgeber mit der Eintragung von Kulturgut und der daraus resultierenden Genehmigungspflicht der dauerhaften Ausfuhr nicht den „Entzug eigentumsrechtlicher Positionen“ intendiert, sondern ein „unkontrollierter und ungehinderter Export“ verhindert werden soll.[922] Des Weiteren müssen im Kontext der Frage, ob die Eintragung von Kulturgut mit der grundrechtlichen Eigentumsgarantie vereinbar ist, auch die steuerlichen Begünstigungen des Eigentümers gemäß § 12 KGSG berücksichtigt werden. Ebenso ist in diesem Zusammenhang nochmals anzuführen, dass die jeweilige oberste Landesbehörde auf einen billigen Ausgleich hinzuwirken hat, sofern der Eigentümer eingetragenen Kulturgutes infolge wirtschaftlicher Notlage zu einem Verkauf gezwungen ist.[923] Außerdem ist folgendes Argument zu betonen: „Die Ansätze, die die Angemessenheit generell ablehnen wollen, verkennen, dass im Rahmen der Angemessenheitsbeurteilung der soziale Bezug der betreffenden Eigentumsposition zu berücksichtigen ist. Je bedeutender die soziale Funktion ist, umso mehr kommt die Sozialbindung von Art. 14 Abs. 2 GG zum Tragen.“[924] Insbesondere bei Kulturgütern ist die soziale Funktion stark ausgeprägt und erhaltenswürdig; dies entspricht auch der Argumentation des BVerfG[925].

Meines Erachtens ist die Eintragung von Kulturgut in ein Verzeichnis national wertvollen Kulturgutes daher eine angemessene Inhalts- und

920 Peters, Ist das Kulturgutschutzgesetz mit dem Grundgesetz vereinbar?, S. 4.

921 Dies argumentiert auch Peters, Ist das Kulturgutschutzgesetz mit dem Grundgesetz vereinbar?, S. 11.

922 Peters, Ist das Kulturgutschutzgesetz mit dem Grundgesetz vereinbar?, S. 6.

923 Vgl. § 12 Abs. 2 KGSG.

924 Peters, Ist das Kulturgutschutzgesetz mit dem Grundgesetz vereinbar?, S. 11

925 BVerfG, Urt. v. 14.07.1981 – 1 BvL 24/78, NJW 1982, 633 – 635; siehe dazu auch Kapitel § 5 I 4 a).

Schrankenbestimmung, und die Vereinbarkeit mit der grundrechtlichen Eigentumsgarantie ist gegeben.

II. Pflichten beim Inverkehrbringen von Kulturgut

1. Rechtslage

Die Pflichten beim Inverkehrbringen[926] von Kulturgut sind in Kapitel 4 des KGSG beschrieben. Eingangs ist hervorzuheben, dass es sich bei den Pflichten beim Inverkehrbringen eher um Pflichten „vor" dem Inverkehrbringen handelt. Gemeint sind nämlich insbesondere Sorgfaltspflichten wie beispielsweise die Pflicht, Provenienzen vor dem Inverkehrbringen zu prüfen. Da das KGSG dennoch die Formulierung „Pflichten beim Inverkehrbringen" verwendet und einige Pflichten, wie z.B. die Aufzeichnungs- und Aufbewahrungspflichten, zeitlich nach dem Inverkehrbringen erfüllt werden müssen, wird die Formulierung auch in der vorliegenden Arbeit entsprechend angewandt. Die Begrifflichkeit des Inverkehrbringens im KGSG geht über das übliche Verständnis des Begriffs hinaus, welches suggeriert, dass Sachen, welche bereits in Verkehr gebracht wurden, nicht nochmals in Verkehr gebracht werden können.[927] Vielmehr handelt es sich bei der Begriffsbestimmung im KGSG um das Einführen eines Kulturgutes in den Wirtschaftskreislauf, unabhängig davon, ob es bereits vorher im Umlauf war. Ein angestrebter oder vollzogener Besitzerwechsel ist in jedem Fall erforderlich.[928]

Vor Inkrafttreten des KGSG wurden Pflichten beim Inverkehrbringen von Kulturgütern nicht explizit in den kulturgüterschützenden Gesetzen erwähnt, sodass sich die Kunstintermediäre vor allem an den freiwilligen Selbstverpflichtungen der Verhaltenskodizes orientierten.[929] § 40 KGSG definiert nunmehr die Kriterien, die ein Verbot des Inverkehrbringens von Kulturgut bewirken.

---

926 Gemäß § 2 Abs. 1 Nr. 9 KGSG lautet die Legaldefinition von Inverkehrbringen: „[...] das Anbieten, das Verkaufen, die Vermittlung, der Vertrieb, das Absetzen, die unentgeltliche Weiter- oder Abgabe zum Zweck der wirtschaftlichen Verwertung oder die wirtschaftliche Verwertung in sonstiger Weise im eigenen oder fremden Namen."

927 Deutscher Anwaltverein, Stellungnahme des Deutschen Anwaltsvereins zum Regierungsentwurf, Online.

928 BT-Drs. 18/7456, S. 59.

929 Zu nennen ist beispielsweise der Verhaltenskodex vom Bundesverband Deutscher Kunstversteigerer: http://www.kunstversteigerer.de/verhaltenskodex-des-bdk; Elmenhorst, in Elmenhorst/Wiese, KGSG – Kulturgutschutzgesetz, Vorbemerkung zu §§ 40 – 48, Rn. 2.

Demnach ist das Inverkehrbringen verboten, wenn ein Kulturgut „[...] abhandengekommen[930] ist, rechtswidrig ausgegraben oder unrechtmäßig eingeführt worden ist.“[931] Die Rechtsfolge dieses Verbots ist die Nichtigkeit von Verpflichtungs- und Verfügungsgeschäften, sodass Kaufverträge nicht wirksam wären und ein Erwerb von Eigentum nicht möglich ist.[932] Sanktioniert wird ein Verstoß gegen § 40 Abs. 1 KGSG nach § 83 Abs. 1 Nr. 4 KGSG, welcher eine Freiheitsstrafe von bis zu fünf Jahren oder eine Geldstrafe androht. Somit ist die Verbotsnorm des § 40 KGSG eine der zentralen Regelungen, welche Raubgrabungen und den illegalen Handel mit Kulturgütern einzuschränken versucht. Gleichzeitig ist festzuhalten, dass der bloße Besitz von rechtswidrig ausgegrabenen oder unrechtmäßig eingeführten Kulturgütern nicht durch § 40 KGSG verboten ist und auch nicht durch das KGSG strafrechtlich sanktioniert wird.[933] Folglich ist eine unentgeltliche Weitergabe, beispielsweise im Erbfall, rechtmäßig. Gemäß der Begriffsbestimmung des Inverkehrbringens nach § 2 Abs. 1 Nr. 9 KGSG umfasst dieses nämlich nur dann „die unentgeltliche Weiter- oder Abgabe“, wenn das Inverkehrbringen eine wirtschaftliche Verwertung zum Zweck hat.[934]

Die in § 41 KGSG geregelten allgemeinen Sorgfaltspflichten bzw. „Jedermanns-Sorgfaltspflichten“[935] nehmen explizit Bezug auf die Kriterien für ein Verbot des Inverkehrbringens gemäß § 40 Abs. 1 KGSG und verlangen die Prüfung dieser Kriterien.[936] Adressat von § 41 KGSG sind nicht nur die gewerblichen Inverkehrbringer, sondern auch Privatleute. Zu erfüllen sind die allgemeinen Sorgfaltspflichten gemäß § 41 KGSG für jegliche Kulturgüter[937], unabhängig von Alters- und Wertuntergrenzen. Dadurch sind beispielsweise auch zeitgenössische Kunstwerke davon betroffen.

---

930 Hinsichtlich des Begriffs „Abhandengekommen“ ist anzumerken, dass sich dieser nach § 935 BGB richtet; BKM, Das neue Kulturgutschutzgesetz – Handreichung für die Praxis, S. 204, Online.

931 Vgl. § 40 Abs. 1 KGSG.

932 Vgl. § 40 Abs. 2 KGSG.

933 Dies bestätigt auch explizit BKM, Das neue Kulturgutschutzgesetz – Handreichung für die Praxis, S. 203, Online.

934 Elmenhorst, in Elmenhorst/Wiese, KGSG – Kulturgutschutzgesetz, § 40, Rn. 7.

935 Elmenhorst, in Elmenhorst/Wiese, KGSG – Kulturgutschutzgesetz, Vorbemerkung zu §§ 40 – 48, Rn. 3.

936 Vgl. § 41 Abs. 1 KGSG.

937 Folglich betrifft § 41 KGSG „[...] jede bewegliche Sache oder Sachgesamtheit von künstlerischem, geschichtlichem oder archäologischem Wert oder aus anderen Bereichen des kulturellen Erbes [...].“; § 2 Abs. 1 Nr. 10 KGSG.

Eine Schadensersatzpflicht[938] gegenüber dem Erwerber entsteht, wenn ein Inverkehrbringer gegen das Verbot des Inverkehrbringens gemäß § 40 Abs. 1 KGSG verstößt und nicht nachweisen kann, dass weder vorsätzlich noch fahrlässig gehandelt wurde.[939] Insofern setzt die Schadensersatzpflicht ein Vertretenmüssen nach § 276 BGB voraus, wonach der Schuldner Vorsatz und Fahrlässigkeit zu vertreten hat, wenn „[...] eine strengere oder mildere Haftung weder bestimmt noch aus dem sonstigen Inhalt des Schuldverhältnisses, insbesondere aus der Übernahme einer Garantie oder eines Beschaffungsrisikos, zu entnehmen ist."[940] Anmerkungen während des Gesetzgebungsverfahrens, dass eine Schadensersatzpflicht für Inverkehrbringer nur bei Vorsatz oder grober Fahrlässigkeit bestehen sollte, hat der Gesetzgeber nicht berücksichtigt; schon eine einfache Fahrlässigkeit bewirkt eine Schadensersatzpflicht.[941] Diese Regelung ist beachtlich, denn die Beweislast liegt nun nicht wie üblich beim Anspruchsteller, der den Rechtsbruch nachweisen müsste, sondern der Inverkehrbringer muss nachweisen, dass er mit der erforderlichen Sorgfalt vorgegangen ist.[942] Von dieser Umkehr der Beweislast zu Lasten des Schuldners profitiert der Erwerber, also der Sammler, der anderenfalls die Fahrlässigkeit oder den Vorsatz des Inverkehrbringers beweisen müsste. Sie stellt jedoch die Kunsthändler und Auktionshäuser vor deutliche Schwierigkeiten und erhöht deren Risiko erheblich. Allerdings gilt gemäß § 254 BGB, dass der vom Inverkehrbringer zu leistende Schadensersatz herabgesetzt werden kann, wenn ein Mitverschulden des Erwerbers nachgewiesen werden kann.[943] Wird Kulturgut in Verkehr gebracht, obwohl der Inverkehrbringer Kenntnis darüber hatte, dass dieses abhandengekommen, rechtswidrig ausgegraben oder unrechtmäßig eingeführt ist, droht dem Inverkehrbringer zudem eine Freiheitsstrafe von bis zu fünf Jahren oder eine Geldstrafe.[944]

Das KGSG differenziert zwischen privaten und gewerblichen Inverkehrbringern. Die Unterschiede werden im Folgenden dargelegt.

---

938 Die Höhe des Schadensersatzes orientiert sich an § 254 BGB; BKM, Das neue Kulturgutschutzgesetz – Handreichung für die Praxis, S. 204, Online.

939 Vgl. § 40 Abs. 4 KGSG, ergänzende Erläuterung in BKM, Das neue Kulturgutschutzgesetz – Handreichung für die Praxis, S. 204, Online.

940 Elmenhorst, in Elmenhorst/Wiese, KGSG – Kulturgutschutzgesetz, § 40, Rn. 22.

941 Elmenhorst, in Elmenhorst/Wiese, KGSG – Kulturgutschutzgesetz, § 40, Rn. 24.

942 Elmenhorst, in Elmenhorst/Wiese, KGSG – Kulturgutschutzgesetz, § 40, Rn. 23.

943 BKM, Das neue Kulturgutschutzgesetz – Handreichung für die Praxis, S. 204, Online.

944 Vgl. § 83 Abs. 1 Nr. 4 KGSG.

a) Private Inverkehrbringer

Pflichten für private Inverkehrbringer ergeben sich aus den allgemeinen Sorgfaltspflichten, den sogenannten „Jedermanns-Sorgfaltspflichten", gemäß § 41 KGSG. Diese sind für jeden verpflichtend, der Kulturgut in Verkehr bringt, also auch für gewerbliche Inverkehrbringer. Die darin festgelegten Regelungen fordern, vor dem Inverkehrbringen mit der erforderlichen Sorgfalt zu prüfen, ob eines der drei Verbotskriterien des Inverkehrbringens gemäß § 40 Abs. 1 KGSG, nämlich das Abhandengekommen-Sein, die rechtwidrige Ausgrabung oder die unrechtmäßige Einfuhr, vorliegen.[945]

Allerdings hebt die BKM hervor, dass die allgemeine Sorgfaltspflicht eingeschränkt wird, um private Inverkehrbringer nicht übermäßig zu belasten.[946] Insofern ist entgegen dem Wortlaut der Formulierung „allgemeine Sorgfaltspflicht" diese nur verpflichtend, wenn ein bestimmtes Verdachtsmoment eintritt. Dieses liegt vor, wenn eine vernünftige Person vermuten müsste, dass einer der in § 41 Abs. 1 KGSG normierten Tatbestände zutreffen könnte.[947] In § 41 Abs. 2 KGSG erwähnte Indizien dafür, dass sich einer der Tatbestände aufdrängen müsste, sind ein außergewöhnlich niedriger Preis ohne nähere Begründung und auch die Forderung des Verkäufers einer Barzahlung für Werke, die einen Kaufpreis von 5.000 Euro übersteigen.[948] Aufgrund der Formulierung des § 41 Abs. 2 KGSG, wonach die besondere Nachforschungspflicht nur anzuwenden ist, wenn sich einer vernünftigen Person eine Vermutung aufdrängen muss, ist nach heutiger Rechtslage des KGSG zumindest im Kontext der allgemeinen Sorgfaltspflicht der Sorgfaltsmaßstab auf eine „grob fahrlässige Unkenntnis des Veräußerers" reduziert.[949]

Liegen die Indizien gemäß § 41 Abs. 2 KGSG vor, besteht die Prüfungspflicht, deren Umfang sich nach § 41 Abs. 3 KGSG bemisst. Dieser fordert die Prüfung „einschlägiger Informationen"[950] und relativiert die Sorgfaltspflicht mit

---

945 Vgl. § 41 Abs. 1 KGSG.

946 BKM, Das neue Kulturgutschutzgesetz – Handreichung für die Praxis, S. 206, Online.

947 Vgl. § 41 Abs. 2 KGSG.

948 Vgl. § 41 Abs. 2 Nr. 1 und 2 KGSG; ergänzende Erläuterung in BKM, Das neue Kulturgutschutzgesetz – Handreichung für die Praxis, S. 206, Online.

949 Elmenhorst, in Elmenhorst/Wiese, KGSG – Kulturgutschutzgesetz, § 41, Rn. 14.

950 Laut Elmenhorst, in Elmenhorst/Wiese, KGSG – Kulturgutschutzgesetz, § 41, Rn. 16, gehören zur Prüfung von „einschlägigen Informationen" werkimmanente Informationen, wie z.B. Signaturen oder andere Hinweise auf Urheber und Vorbesitzer, Kaufverträge, Expertengutachten, Ein- und Ausfuhrpapiere und Informationen aus öffentlich zugänglichen Datenbanken.

der Maßgabe des zumutbaren Aufwandes und durch das Kriterium einer „vernünftigen Person".[951] Die Zumutbarkeit gemäß § 41 Abs. 3 KGSG bezieht sich allerdings nicht auf den Prüfungsaufwand, sondern nur auf die Informationsbeschaffung.[952] Das KGSG legt einen objektivierten Sorgfaltsmaßstab zugrunde, wonach sich das Sorgfalts-Erfordernis nicht an den Fähigkeiten des Inverkehrbringers orientiert, sondern es wird von einer verantwortungsvollen Person der jeweiligen Branche ausgegangen.[953]

Zur Frage, was als erforderliche Sorgfalt mit zumutbaren Aufwand zu verstehen ist, äußerte sich der *Bundesrat* in einer Stellungnahme zum damaligen Gesetzesentwurf des KGSG folgendermaßen: „Dieser Aufwand hat sich dabei zum einen auch am Wert des Kulturgutes zu orientieren. Zum anderen ist der Zeitablauf seit dem früheren Erwerb zu berücksichtigen, so dass der zumutbare Aufwand bei einem Erwerb vor zwei Jahren ein höherer ist als bei einem Erwerb vor zwanzig Jahren."[954] Hinsichtlich des zumutbaren Aufwands und der wirtschaftlichen Zumutbarkeit im Kontext der Prüfung der Provenienz stellt der *Bundesrat* fest: „Damit soll einerseits verhindert werden, dass zum Teil umfangreiche Recherchen auch bei Kulturgut von geringem wirtschaftlichem Wert erforderlich werden. Die Schranke der Zumutbarkeit stellt andererseits auch klar, dass nach dem Entwurf nicht für jedes Kulturgut eine lückenlose Provenienz zu klären ist. Dies ist [...] in vielen Fällen wegen häufigen Eigentümerwechsels und zeitlich lange zurückliegender Erwerbsvorgänge nicht möglich und würde auch, gerade bei in finanzieller Hinsicht nicht besonders wertvollem Kulturgut, zu einem unvertretbaren Aufwand führen."[955]

---

951 Vgl. § 41 Abs. 3 KGSG; Bundesrat Drs. 538/15, Entwurf eines Gesetzes zur Neuregelung des Kulturgutschutzrechts, S. 59, Online argumentiert: „Einerseits trifft den Handel durch Einführung der Sorgfaltspflichten ein Rechercheaufwand, um den gesetzlichen Vorgaben zu genügen, die sich aber bereits an bestehende Vorgaben aus HGB, der Gewerbeordnung, der Rechtsprechung und auch an den bestehenden Verhaltenskodizes der Kunsthandelsverbände orientieren. Da zudem die gesetzlichen Sorgfaltspflichten sich auf das – insbesondere wirtschaftlich – Zumutbare beschränken, dürfte sich für den professionellen regulären Kunsthandel der Erfüllungsaufwand nicht signifikant erhöhen."

952 Elmenhorst, in Elmenhorst/Wiese, KGSG – Kulturgutschutzgesetz, § 41, Rn. 18.

953 Elmenhorst, in Elmenhorst/Wiese, KGSG – Kulturgutschutzgesetz, § 41, Rn. 18.

954 Bundesrat Drs. 538/15, Entwurf eines Gesetzes zur Neuregelung des Kulturgutschutzrechts, S. 116, Online.

955 Bundesrat Drs. 538/15, Entwurf eines Gesetzes zur Neuregelung des Kulturgutschutzrechts, S. 117, Online.

b) Gewerbliche Inverkehrbringer

Gewerbliche Inverkehrbringer müssen zusätzlich zu den allgemeinen Sorgfaltspflichten gemäß § 41 KGSG weitere Sorgfaltspflichten erfüllen. Auf gewerblicher Seite lassen sich die Akteure und die respektive anwendbaren Regelungen in zwei Gruppen teilen, nämlich in Inverkehrbringer auf dem Primärmarkt und Inverkehrbringer auf dem Sekundärmarkt.

Die folgende Abbildung veranschaulicht die Pflichten beim Inverkehrbringen von Kulturgut.[956]

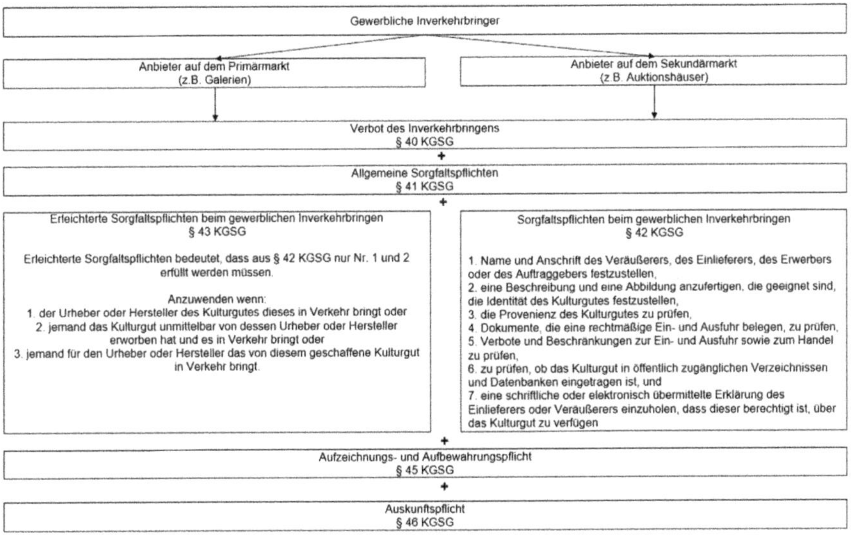

Abbildung 7: Pflichten beim Inverkehrbringen von Kulturgut

Zur Erläuterung der Sorgfaltspflichten beim gewerblichen Inverkehrbringen gemäß § 42 KGSG dient folgende Tabelle:

956 Eigene Darstellung.

Tabelle 1: Erläuterungen der Sorgfaltspflichten gemäß der „Handreichung für die Praxis“

Sorgfaltspflicht	Erläuterung	Anwendung des Maßstabs der wirtschaftlichen Zumutbarkeit?
§ 42 Abs. 1 Nr. 1: Feststellung von Name und Anschrift des Veräußerers, des Einlieferers, des Erwerbers oder des Auftraggebers.	Dies war bereits in § 18 Abs. 1 Nr. 3 KultGüRückG vorgesehen und ist zudem für Versteigerer in § 1 VerstV geregelt.	Nein.
§ 42 Abs. 1 Nr. 2: Anfertigung einer Beschreibung und Abbildung, die geeignet sind, die Identität des Kulturgutes festzustellen.	Die BKM argumentiert, dass dies ohnehin erstellt wird, beispielsweise zur Präsentation im Verkaufskatalog.[957]	Nein.
§ 42 Abs. 1 Nr. 3: Prüfung der Provenienz des Kulturgutes.	Dies beinhaltet neben der Feststellung der Vorbesitzer auch die Klärung der Urheberschaft des Kulturgutes und den Verbleib bis zum heutigen Besitzer.[958]	Ja.
§ 42 Abs. 1 Nr. 4: Prüfung der Dokumente, die eine rechtmäßige Ein- und Ausfuhr belegen.	Dies kann beispielsweise in Form einer Ausfuhrgenehmigung des Herkunftsstaates erfolgen.[959]	Ja: „Sinnvollerweise muss die Prüfung nur auf die Nachvollziehbarkeit der Dokumente sowieso offensichtlich fehlerhafte Angaben beschränkt werden.“[960]

957 BKM, Das neue Kulturgutschutzgesetz – Handreichung für die Praxis, S. 209, Online.
958 BKM, Das neue Kulturgutschutzgesetz – Handreichung für die Praxis, S. 209, Online.
959 BKM, Das neue Kulturgutschutzgesetz – Handreichung für die Praxis, S. 210, Online.
960 Elmenhorst, in Elmenhorst/Wiese, KGSG – Kulturgutschutzgesetz, § 42, Rn. 31.

Sorgfaltspflicht	**Erläuterung**	**Anwendung des Maßstabs der wirtschaftlichen Zumutbarkeit?**
§ 42 Abs. 1 Nr. 5: Prüfung der Verbote und Beschränkungen zur Ein- und Ausfuhr sowie zum Handel.	Diese Prüfung soll deutsches und auch ausländisches Recht umfassen. Zur Unterstützung dient das Internetportal zum Kulturgutschutz.[961]	Ja und der Maßstab orientiert sich an der Professionalität des Händlers und dem Wert des Kulturgutes.[962]
§ 42 Abs. 1 Nr. 6: Prüfung, ob das Kulturgut in öffentlich zugänglichen Verzeichnissen und Datenbanken eingetragen ist.	Die BKM listet für die gewerblichen Inverkehrbringer exemplarisch einige Portale auf: www.kulturgutschutz-deutschland.de, www.artloss.com, www.lostart.de.[963]	Ja, es müssen nur die einschlägigen Verzeichnisse und Datenbanken geprüft werden. Der Prüfungsumfang orientiert sich an den Umständen des Einzelfalls; konkrete Verdachtsmomente erhöhen die Prüfungspflicht.[964]
§ 42 Abs. 1 Nr. 7: Einholen einer schriftlich oder elektronisch übermittelten Erklärung des Einlieferers oder Veräußerers, dass dieser berechtigt ist, über das Kulturgut zu verfügen.	Der gewerbliche Inverkehrbringer ist verpflichtet eine solche Erklärung einzuholen.	Nein.

aa) Inverkehrbringer auf dem Primärmarkt

§ 42 KGSG umfasst die Sorgfaltspflichten beim gewerblichen Inverkehrbringen, welche wiederum durch § 43 KGSG abgeschwächt werden. Dieser besagt, dass die Sorgfaltspflichten gemäß § 42 Abs. 1 Nr. 3 – 7 KGSG nicht anzuwenden sind und dadurch für Inverkehrbringer auf dem Primärmarkt geringere Sorgfaltspflichten

961 BKM, Das neue Kulturgutschutzgesetz – Handreichung für die Praxis, S. 210, Online.
962 Elmenhorst, in Elmenhorst/Wiese, KGSG – Kulturgutschutzgesetz, § 42, Rn. 32.
963 BKM, Das neue Kulturgutschutzgesetz – Handreichung für die Praxis, S. 210, Online.
964 Elmenhorst, in Elmenhorst/Wiese, KGSG – Kulturgutschutzgesetz, § 42, Rn. 39.

gelten, wenn: „[…] 1. Der Urheber oder Hersteller des Kulturgutes dieses in Verkehr bringt[965] oder 2. Jemand das Kulturgut unmittelbar von dessen Urheber oder Hersteller erworben hat und es in Verkehr bringt[966] oder 3. Jemand für den Urheber oder Hersteller das von diesem geschaffene Kulturgut in Verkehr bringt.“[967] Der Unterschied zwischen § 43 Nr. 2 und Nr. 3 KGSG besteht darin, dass bei Nr. 3 der Inverkehrbringer ein Kommissionsgeschäft betreibt oder lediglich vermittelnd tätig ist und nicht als Weiterverkäufer agiert.[968] Profiteure dieser erleichterten Sorgfaltspflichten sind demnach die Galerien. Hintergrund für die erleichterten Sorgfaltspflichten ist die fehlende Provenienz von Kulturgut auf dem Primärmarkt.

bb) Inverkehrbringer auf dem Sekundärmarkt

Inverkehrbringer auf dem Sekundärmarkt haben alle Regelungen des § 42 KGSG zu befolgen. Der Gesetzgeber hat allerdings den Einwand der Kunstintermediäre aufgenommen, dass eine lückenlose Provenienz häufig nicht vorliegt und insbesondere bei Kulturgütern von geringem wirtschaftlichen Wert eine detaillierte Recherche nicht verhältnismäßig wäre. Daher ist in § 42 Abs. 1 KGSG die Maßgabe des zumutbaren Aufwandes, insbesondere der wirtschaftlichen Zumutbarkeit, verankert. Die Sorgfaltspflichten sind außerdem nur anzuwenden bei Kulturgütern, deren Wert 2.500 Euro übersteigt. Für archäologische Kulturgüter sind hingegen die Sorgfaltspflichten unabhängig von deren Wert zu erfüllen.[969] Allerdings betont der Gesetzgeber, dass der zumutbare Aufwand sich bei einem höheren Grad der beruflichen Spezialisierung erhöht.[970]

Zudem entfällt gemäß § 44 KGSG in bestimmten Fällen die Maßgabe des zumutbaren Aufwandes bei der Prüfung der Provenienz, nämlich u.a. wenn die Vermutung besteht, dass ein Kulturgut in der Zeit zwischen 1933 und 1945 aufgrund von Verfolgung durch den Nationalsozialismus dem Eigentümer

965 Dazu zählen neben Künstlerinnen und Künstlern auch gewerbliche Hersteller von Kulturgut, Bundesrat Drs. 538/15, Entwurf eines Gesetzes zur Neuregelung des Kulturgutschutzrechts, S. 119, Online.

966 Mit dieser Beschreibung sind insbesondere Galerien gemeint; Bundesrat Drs. 538/15, Entwurf eines Gesetzes zur Neuregelung des Kulturgutschutzrechts, S. 119, Online.

967 Vgl. § 43 KGSG.

968 BKM, Das neue Kulturgutschutzgesetz – Handreichung für die Praxis, S. 212, Online; siehe auch Bundesrat Drs. 538/15, Entwurf eines Gesetzes zur Neuregelung des Kulturgutschutzrechts, S. 119, Online.

969 Vgl. § 42 Abs. 3 KGSG.

970 BKM, Das neue Kulturgutschutzgesetz – Handreichung für die Praxis, S. 209, Online.

entzogen wurde.[971] In diesen Fällen wäre für ein Inverkehrbringen auch dann die Prüfung der Provenienz verpflichtend, wenn die Recherchekosten den Wert des Kulturgutes übersteigen. Für die Vermutung, dass ein Kulturgut NS-verfolgungsbedingt entzogen wurde, müssen objektive Anhaltspunkte vorliegen, wie beispielsweise Hinweise von Experten.[972] Kritiker dieser Regelung vertreten die Auffassung, dass für 90% der betroffenen Kulturgüter keine lückenlose Provenienz feststellbar ist und demnach eine Handelbarkeit nicht mehr vorliegt.[973] Beispielhaft hervorzuheben ist in diesem Zusammenhang die *Taskforce Schwabinger Kunstfund*, welche ca. 1.300 Kunstwerke aus der *Sammlung Gurlitt* geprüft hat. Mit einem Budget von 1,7 Millionen Euro und zwei Jahren Provenienzprüfung konnte ermittelt werden, dass bei 507 Werken ein NS-verfolgungsbedingter Entzug ausgeschlossen ist und 499 Kunstwerke wurden bei Lost Art gemeldet. Allerdings konnte nur bei vier dieser Werke ein NS-verfolgungsbedingter Entzug bestätigt werden und bei zwei weiteren besteht starker Verdacht.[974]

Im Kontext der Pflicht der Provenienzprüfung kritisiert *Lenski*, dass diese zwar gesetzlich verankert ist, aber das Ergebnis der Prüfung keine Rechtsfolgen im Hinblick auf die Restitution mit sich bringt: „Da in Deutschland bisher keinerlei Schritte unternommen wurden, um die Restitution von Kunstwerken auf eine rechtliche Grundlage jenseits moralischer Selbstverpflichtungen zu stellen, verhielte sich der Gesetzgeber insofern widersprüchlich, wenn er eine Pflicht zur Provenienzrecherche mit den „harten" Mitteln des Rechts durchsetzen möchten, die auf der Grundlage dieser Provenienzrecherche eventuell erfolgende Rückgabe aber den „weichen" Grundsätzen der Moral bzw. der ungeschriebenen Regeln des Kunstmarkts überlassen will."[975]

Fraglich ist ebenfalls, ob eine Vermutung, dass ein Kulturgut zwischen 1933 und 1945 NS-verfolgungsbedingt entzogen wurde, bereits besteht, wenn das Kulturgut in einschlägige Datenbanken eingetragen ist. Nennenswert sind insbesondere zwei Datenbanken: Die Lost Art-Datenbank und das Art Loss Register[976].

---

971 Vgl. § 44 Nr. 1 KGSG.

972 Elmenhorst, in Elmenhorst/Wiese, KGSG – Kulturgutschutzgesetz, § 44, Rn. 7.

973 Aktionsbündnis Kulturgutschutz, Forderungskatalog zum „Regierungsentwurf eines Gesetzes zur Neuregelung des Kulturgutschutzrechts", Online: „Galeristen können mit solchen Gütern nur noch handeln, wenn diese eine lückenlose Provenienz aufweisen. Damit ist der Handel mit 90% der Ware nicht mehr möglich [...]."

974 Taskforce Schwabinger Kunstfund, Fact Sheet, Online.

975 Lenski, Fragenkatalog – Öffentliche Anhörung, S. 12, Online.

976 Im Folgenden „ALR" genannt.

Die vom Deutschen Zentrum Kulturgutverluste betriebene Lost Art-Datenbank[977], auf die auch die „Handreichung für die Praxis" für das KGSG Bezug nimmt, enthält diverse Werke, die aufgrund der besonderen Umstände nicht sehr detailliert beschrieben sind. Der Maler *Kirchner* wählte häufig Landschaften als Motiv für seine Werke. In der Lost Art-Datenbank befindet sich ein Werk mit dem Titel „Landschaft I", welches ohne weitere Beschreibung eingetragen ist. Auch eine Größe ist nicht angegeben, sondern lediglich, dass es sich um ein gemaltes Ölbild handelt.[978] Nach strenger Auslegung des § 44 Nr. 1 KGSG gilt folglich für Inverkehrbringer eines ähnlichen *Kirchner*-Werkes, bei dem die Provenienz für die Jahre 1933 – 1945 nicht eindeutig feststellbar ist, die Maßgabe des zumutbaren Aufwandes nicht. Kritisiert wird an der Lost-Art Datenbank auch, dass sie nach dem Melder-Prinzip funktioniert und das Deutsche Zentrum Kulturgutverluste zwar eine Plausibilitätsprüfung durchführt, bei der Angaben des Melders zu Objekt und Verlustgeschichte geprüft werden, doch eine „Tiefenprüfung" erfolgt nicht.[979] Hinterfragt ein Dritter die Richtigkeit, dass ein bestimmtes Objekt in der Lost Art-Datenbank gelistet wird, kann die Eintragung zwar strittig werden, dies bewirkt jedoch noch keine Löschung. Erst auf Antrag des Melders werden Löschungen veranlasst oder wenn aus Sicht des Deutschen Zentrums Kulturgutverluste die Plausibilität einer Meldung grundlegend erschüttert ist und die Meldung vom Melder nicht wiederhergestellt wird. Ein rechtskräftiges Urteil eines deutschen Gerichts zu Gunsten eines Dritten kann ebenfalls eine Löschung bewirken.[980] Trotzdem ist festzuhalten, dass eine Mutmaßung ausreicht, um eine Eintragung in die Lost Art-Datenbank zu bewirken, während für die Löschung der Eintragung Beweise notwendig sind.[981] Dies ist kritisch zu sehen: „Wegen der hohen Anforderungen an die Löschung

977 Verfügbar unter: http://www.lostart.de/Webs/DE/Datenbank/Index.html.

978 Diese Eintragung in der Lost Art-Datenbank ist verfügbar unter: http://www.lostart.de/Webs/DE/Datenbank/EinzelobjektSucheSimpel.html?cms_param=EOBJ_ID%3D477707%26SUCHE_ID%3D26148750%26_page%3D4%26_sort%3D%26_anchor%3Dresult.

979 Stiftung Deutsches Zentrum Kulturgutverluste, Grundsätze zur Eintragung und zur Löschung von Meldungen zu Kulturgütern in www.lostart.de einschl. Checkliste Plausibilitätsprüfung, Nr. II, Online.

980 Stiftung Deutsches Zentrum Kulturgutverluste, Grundsätze zur Eintragung und zur Löschung von Meldungen zu Kulturgütern in www.lostart.de einschl. Checkliste Plausibilitätsprüfung, Nr. III, Online.

981 Elmenhorst, in Elmenhorst/Wiese, KGSG – Kulturgutschutzgesetz, § 41, Rn. 29.

eines Eintrags auf Lost Art bergen diese ein erhebliches Missbrauchspotential und könnten falsche Anreize für sog. Deals mit den Antragstellern setzen."[982]

Neben der Lost Art-Datenbank existiert das kommerzielle ALR, welches als größte Datenbank von gestohlenen und verloren gegangenen Kunstwerken gilt.[983] Kritisiert wird dessen Gewinnorientierung; Anfragen sind kostenpflichtig und eine „Location Fee" i.H.v. 5% des Marktpreises ist fällig, sofern ein verlorenes oder gestohlenes Kunstwerk aufgespürt wird. Weitere 20% des Marktpreises des gesuchten Kunstgegenstandes sind fällig, wenn der Auftraggeber den sogenannten „Recovery Service", also die Unterstützung bei der Rückführung des Kunstwerks, in Anspruch nimmt.[984]

Zusätzlich zu den erhöhten Sorgfaltspflichten falls die Vermutung eines NS-verfolgungsbedingten Entzugs besteht, untersagt § 44 Nr. 3 KGSG die Anwendung des Maßstabs des zumutbaren Aufwandes in Fällen, bei denen „[...] ein Verbot zur Ein- oder Ausfuhr sowie zum Inverkehrbringen nach einer Verordnung der Europäischen Union maßgebend ist." Diese Regelung zielt insbesondere auf Embargovorschriften, wie z.B. die Irak-Verordnung von 2003[985] oder die Syrien-Verordnung von 2013[986] ab. Insgesamt setzt § 44 Abs. Nr. 3 KGSG umfangreiche Detailkenntnisse der Auktionshäuser und des Kunsthandels voraus und erfordert weitreichende Recherchearbeiten.

2. Ökonomische Analyse

Aus ökonomischer Perspektive sind von den Pflichten beim Inverkehrbringen von Kulturgut insbesondere die Sorgfaltspflichten beim gewerblichen Inverkehrbringen gemäß §§ 42 – 44 KGSG und die Aufzeichnungs- und Aufbewahrungspflichten gemäß § 45 KGSG hervorzuheben.

---

982 Elmenhorst, in Elmenhorst/Wiese, KGSG – Kulturgutschutzgesetz, § 44, Rn. 9.

983 Elmenhorst, in Elmenhorst/Wiese, KGSG – Kulturgutschutzgesetz, § 41, Rn. 21.

984 Elmenhorst, in Elmenhorst/Wiese, KGSG – Kulturgutschutzgesetz, § 41, Rn. 22.

985 Verordnung (EG) Nr. 1210/2003 des Rates vom 7. Juli 2003 über bestimmte spezifische Beschränkungen in den wirtschaftlichen und finanziellen Beziehungen zu Irak und zur Aufhebung der Verordnung (EG) Nr. 2465/1996.

986 Verordnung (EU) Nr. 36/2012 des Rates vom 18. Januar 2012 über restriktive Maßnahmen angesichts der Lage in Syrien und zur Aufhebung der Verordnung (EU) Nr. 442/2011.

a) Sorgfaltspflichten beim gewerblichen Inverkehrbringen

Grundsätzlich sind die Sorgfaltspflichten beim gewerblichen Inverkehrbringen als Transaktionskosten anzusehen.[987] Die Sorgfaltspflichten beim gewerblichen Inverkehrbringen sind von den Kunstintermediären zu erfüllen und verteuern Transaktionen, sodass Kooperationsgewinne absinken. In Kapitel § 2 II 2. wurden die konstitutiven Merkmale von Kunstwerken beschrieben: Einzigartigkeit, Unteilbarkeit und Dauerhaftigkeit. Insbesondere die Einzigartigkeit stellt die Kunstintermediäre vor eine Herausforderung, denn die Einzigartigkeit von Kunstwerken impliziert, dass *economies of scale*[988] für die Kunstintermediäre des Sekundärmarktes für Kunst kaum von Bedeutung sind.[989] Dies resultiert auch in der in Kapitel § 2 IV 2. erläuterten hohen Faktorspezifität, die sich durch hohe transaktionsspezifische Kosten ergibt. Kunstintermediäre sind zwar in der Lage, die Informationsbeschaffungskosten auf mehrere Transaktionen zu verteilen und aufgrund der Spezialisierung der Kunstintermediäre sind diese auch in der Lage gewisse Lerneffekte zu realisieren. Da dennoch jedes Kunstwerk ein Unikat ist, muss jede im KGSG geforderte Sorgfaltspflicht beim gewerblichen Inverkehrbringen individuell durchgeführt werden. Dies führt dazu, dass die Transaktionskosten, die mit den Sorgfaltspflichten beim gewerblichen Inverkehrbringen einhergehen, kaum durch eine steigende Professionalisierung der Kunstintermediäre gesenkt werden können.

Allerdings ist zu betonen, dass die Transaktionskosten durch die Sorgfaltspflichten nicht prohibitiv hoch sein werden, da sie durch die Maßgabe des zumutbaren Aufwandes abgeschwächt werden.[990] Bei der Betrachtung der Sorgfaltspflichten fällt außerdem auf, dass viele in ähnlicher oder gleicher Intensität bereits in der Vergangenheit von den Kunstintermediären erfüllt werden mussten. Hinsichtlich der rechtlichen Anforderungen für Auktionshäuser ist beispielsweise festzuhalten, dass mindestens zwei Wochen vor einer Versteigerung ein „Verzeichnis der zu versteigernden Sachen“ anzufertigen ist, und die Versteigerung muss ebenfalls zwei Wochen vor dem Versteigerungstermin der zuständigen Behörde angezeigt werden.[991] Die BKM argumentiert, dass für den

987 Siehe dazu Kapitel § 2 IV 2.

988 Economies of Scale (Skalenerträge) ergeben sich, wenn bei gegebener Produktionsfunktion und konstanten Fixkosten die Durchschnittskosten bei steigender Produktionsmenge sinken; Gabler Wirtschaftslexikon, Online.

989 Schulze, International Trade in Art, S. 112.

990 Vgl. § 42 Abs. 1 KGSG.

991 Vgl. § 2 – 3 VerstV; für mindestens zwei Stunden muss zudem die Möglichkeit eingeräumt werden, das Versteigerungsgut zu besichtigen; vgl. § 4 VerstV.

deutschen Kunsthandel der Erfüllungsaufwand überschaubar bleibt, da es sich um „Sowieso-Kosten“ handelt.[992] Die BKM verweist exemplarisch auf die Buchführungspflichten gemäß VerstV[993] und auf Selbstverpflichtungen des Handels.[994] Zudem ist die Erheblichkeitsschwelle i.H.v. 2.500 Euro für Kulturgut, welches kein archäologisches Kulturgut ist, hervorzuheben.[995] Im Gegensatz zu § 18 Abs. 2 KultGüRückG, wonach eine Erheblichkeitsschwelle von 1.000 Euro galt, werden die gewerblichen Inverkehrbringer durch die neue Regelung entlastet.[996] Auch die Maßgabe des zumutbaren Aufwandes ist erneut nennenswert, welche sich aber an der „[...] Professionalität des Händlers, Seltenheit und Alter des Kunstwerks, Höhe des Verkaufspreises [...]“ orientiert.[997]

Der Nationale Normenkontrollrat gibt in seiner Stellungnahme vom Oktober 2015 zu bedenken, dass die angeblichen „Sowieso-Kosten“ nicht pauschalisiert werden dürften. Insbesondere im Hinblick auf die Selbstverpflichtungen entstehe nämlich durch den staatlichen Sanktionsanspruch eine deutlich höhere Normqualität.[998] Vor Inkrafttreten des KGSG drohte bei Zuwiderhandlung gegen verbandliche Selbstverpflichtungen schlimmstenfalls ein Ausschluss aus dem jeweiligen Verband, nicht jedoch ein Bußgeld. Verletzt ein Inverkehrbringer die Sorgfaltspflichten, kann der Käufer Schadensersatzforderungen stellen. Zudem handelt es sich beim Verstoß gegen bestimmte Sorgfaltspflichten[999] um eine Ordnungswidrigkeit, bei der eine Geldbuße von bis zu 30.000 Euro droht.[1000]

---

992 BKM, Das neue Kulturgutschutzgesetz – Handreichung für die Praxis, S. 208, Online.

993 Vgl. § 8 VerstV.

994 Bundesrat Drs. 538/15, Entwurf eines Gesetzes zur Neuregelung des Kulturgutschutzrechts, S. 61, Online schließt sich dieser Auffassung an und argumentiert exemplarisch: „Auch andere Aspekte der Sorgfaltspflichten (wie etwa die Pflicht zur Vorhaltung von Abbildungen, durch die ein Kulturgut identifiziert werden kann) sind dem „Sowieso-Aufwand“ zuzurechnen. Entsprechende Aufnahmen werden in der Mehrzahl der Fälle allein schon für die Herstellung von Katalogen gefertigt.“

995 Vgl. § 42 Abs. 3 KGSG.

996 BKM, Das neue Kulturgutschutzgesetz – Handreichung für die Praxis, S. 211, Online: „Dies führt im Ergebnis dazu, dass weite Bereiche des Handels mit in finanzieller Hinsicht eher geringwertigem Kulturgut, zum Beispiel Druckgrafiken oder Reproduktionen, aus dem Anwendungsbereich der professionellen Sorgfaltspflichten herausgenommen sind.“

997 Elmenhorst, in Elmenhorst/Wiese, KGSG – Kulturgutschutzgesetz, § 42, Rn. 46.

998 Nationaler Normenkontrollrat, Stellungnahme des Nationalen Normenkontrollrates, S. 10, Online.

999 Explizit im KGSG erwähnt sind § 42 Abs. 1 Satz 1 Nr. 1, 2 und 7.

1000 Vgl. § 84 Abs. 3 KGSG.

Des Weiteren entfällt, wie bereits ausgeführt, die Maßgabe des zumutbaren Aufwandes bei der Prüfung der Provenienz, sofern (1) entweder die Vermutung besteht, dass es während des Nationalsozialismus unrechtmäßig dem Eigentümer entzogen wurde; (2) das Kulturgut aus einem Mitglied- oder Vertragsstaat stammt, für den eine Rote Liste gefährdeter Kulturgüter vom Internationalen Museumsrat angefertigt wurde; oder (3) ein Ein- und Ausfuhrverbot auf Basis einer europäischen Verordnung zutrifft.[1001] Dies gilt auch, wenn der Wert des Kulturgutes unterhalb der Erheblichkeitsschwelle i.H.v. 2.500 Euro liegt. Die ökonomische Konsequenz lautet, dass die erhöhten Prüfungspflichten des § 44 KGSG bedeuten, dass der finanzielle Aufwand den Wert des zu prüfenden Kulturgutes auch übersteigen kann, sodass „[...] die Substanz des Eigentums entwertet wird. Denn in diesen Situationen wird aus dem Eigentumsrecht an dem Kulturgut im Ergebnis eine wirtschaftliche Last, die der Eigentümer allein im öffentlichen Interesse zu tragen hat, ohne dafür die Vorteile einer privaten Nutzung genießen zu können."[1002] Durch die Entwertung des Eigentums stellt sich auch die Frage, inwieweit diese Regelung einer zulässigen Inhalts- und Schrankenbestimmung des Art. 14 Abs. 1 Satz 2 GG entspricht.[1003]

Würden sich die Kunstintermediäre gemäß der in Kapitel § 2 V 1. dargestellten Eigenschaften des *Homo Oeconomicus* verhalten, würde eine Kosten-Nutzen-Analyse durchgeführt werden, in die mögliche Strafen und Ordnungswidrigkeiten als Kosten einfließen würden. Dazu müsste allerdings die Wahrscheinlichkeit einberechnet werden, mit der ein Regelverstoß aufgedeckt werden würde. Die Kunstintermediäre würden demnach die Sorgfaltspflichten erfüllen, sofern die mit der Erfüllung der Sorgfaltspflichten einhergehenden Kosten unterhalb der mit der Aufdeckungs-Wahrscheinlichkeit gewichteten Kosten für Regelverstöße liegen. In diesem Fall wäre nämlich das antizipierte Nutzenniveau der Kunstintermediäre am höchsten. Hierbei zeigen sich jedoch die Grenzen der ökonomischen Analyse, da sich erstens die Aufdeckungs-Wahrscheinlichkeit und zweitens der Reputationsverlust, den die Kunstintermediäre bei einer Missachtung der Sorgfaltspflichten erleiden würden, nur sehr unpräzise prognostizieren lassen.

1001 Vgl. § 44 KGSG.

1002 Elmenhorst, in Elmenhorst/Wiese, KGSG – Kulturgutschutzgesetz, § 45, Rn. 24.

1003 Elmenhorst, in Elmenhorst/Wiese, KGSG – Kulturgutschutzgesetz, § 45, Rn. 24, verneint die Vereinbarkeit mit Art. 14 GG.

Insbesondere namenhafte Auktionshäuser würden von einem Reputationsverlust stark getroffen werden, sodass dies bei der Kosten-Nutzen-Analyse eine übergeordnete Rolle spielen dürfte.

Ein Kritikpunkt an den Pflichten der Provenienzrecherche gemäß § 44 KGSG lautet, dass die staatliche Verantwortung auf die Privatwirtschaft umgelegt wird: „Als Maßstab für die Wiedergutmachung historischen staatlichen Unrechts stellt sich eine solche Verantwortungsverlagerung insbesondere deshalb als irritierend dar, weil die heutigen Händler in der Regel gerade nicht identisch mit den Profiteuren sind, die in der NS-Zeit am staatlichen Unrecht partizipiert haben. Die Wiedergutmachung staatlichen Unrechts wird so in gewisser Weise privatisiert.“[1004] Restitutions-Fälle werden marktwirtschaftlichen „intransparenten Aushandlungsprozessen“ überlassen, bei denen ökonomische Interessen dominieren und einer „[...] öffentlichen Aufarbeitung des Unrechts und einer gerechten Lösung [...]“ im Weg stehen.[1005]

Kritisch zu hinterfragen ist § 44 KGSG insbesondere auch vor dem Hintergrund, dass die Ergebnisse der Provenienzrecherche und eventuell verbleibende Provenienzlücken keine direkten rechtlichen Folgen implizieren.[1006] Die Sorgfaltspflicht der Provenienzprüfung gilt als erfüllt, sobald größtmöglicher Prüfungsaufwand betrieben wurde, auch wenn weiterhin Provenienzlücken bestehen.[1007] Selbst wenn sich nach umfangreicher Provenienzrecherche herausstellt, dass ein Kulturgut als Raubkunst gilt, entsteht keine Rückgabeverpflichtung. Unabhängig von der Rechtsfolge der Pflichten der Provenienzprüfung nach § 44 KGSG, ist ein in der Lost Art-Datenbank oder dem ALR eingetragenes Kulturgut „faktisch unverkäuflich“.[1008] Widersprüchlich erscheint auch, dass der Staat den Inverkehrbringern Pflichten aufbürdet, die vom Staat selber nicht erfüllt werden. Auch über 20 Jahre nach der Verabschiedung der Washingtoner Prinzipien[1009] belässt der Staat es bei freiwilligen Selbstverpflichtungen und viele Kulturgut bewahrende Einrichtungen der

---

1004 Süddeutsche Zeitung, Privatsache, Online.

1005 Süddeutsche Zeitung, Privatsache, Online.

1006 Elmenhorst, in Elmenhorst/Wiese, KGSG – Kulturgutschutzgesetz, § 44, Rn. 13 hebt hervor, dass der Ausnahmetatbestand des § 44 KGSG zugunsten der in § 20 KGSG normierten Kulturgutverkehrsfreiheit eng auszulegen ist.

1007 Elmenhorst, in Elmenhorst/Wiese, KGSG – Kulturgutschutzgesetz, § 44, Rn. 13.

1008 Elmenhorst, in Elmenhorst/Wiese, KGSG – Kulturgutschutzgesetz, § 44, Rn. 15.

1009 Zu den Grundsätzen der Washingtoner Konferenz von 1998 siehe http://www.lostart.de/Webs/DE/Datenbank/Grundlagen/WashingtonerPrinzipien.html.

öffentlichen Hand haben die Prüfung der Provenienzen ihrer Bestände weiterhin nicht abgeschlossen.[1010]

Zuletzt sei erwähnt, dass die im KGSG verankerten Sorgfaltspflichten beim gewerblichen Inverkehrbringen nicht nur den illegalen Handel mit Kulturgut unterbinden sollen, sondern sie implizieren auch eine ökonomische Funktion. Kapitel § 2 IV 2. offenbarte, dass die Unsicherheit eine der zentralen Charakteristika des Sekundärmarktes für Kunst ist. Die Unsicherheit existiert u.a. aufgrund von Informationsasymmetrien und aufgrund der nur unpräzise vorhersehbaren Nachfrageakzeptanz. In Kapitel § 2 IV 2 b) wurde erläutert, dass eine asymmetrische Informationsverteilung und die Qualitätsunsicherheit sogar zu Marktversagen führen könnten, da sich Nachfrager aufgrund fehlender Marktkenntnisse eher an Durchschnittspreisen orientieren und Anbieter dadurch gezwungen werden, Güter anzubieten, die eine minderwertige Qualität aufweisen. In Bezug auf Kunstwerke könnte dies bedeuten, dass Kunstwerke auf dem Markt gehandelt werden, ohne dass Provenienzen detailliert geprüft werden. Schließlich wäre es denkbar, dass ohne rechtliche Regelungen die Kunstintermediäre nicht davon ausgehen würden, dass Nachfrager geneigt sind, die „Service-Leistung“ der Provenienzprüfung mit höheren Kosten zu tragen. Dies unterstreicht das ökonomische Erfordernis von rechtlich normierten Sorgfaltspflichten beim gewerblichen Inverkehrbringen. Die Kunstintermediäre des Sekundärmarktes fungieren als Gatekeeper, indem sie durch Erfüllung der im KGSG verankerten Sorgfaltspflichten beim gewerblichen Inverkehrbringen zu einer deutlich erhöhten Transparenz beitragen. Dies reduziert Informationsasymmetrien und stärkt die Rechtssicherheit. Grundsätzlich dürfte sich dies preissteigernd auf die am Markt gehandelten Kunstwerke auswirken. Allerdings ist fraglich, ob und inwieweit die Nachfrager am Sekundärmarkt für Kunst tatsächlich bereit sind, einen Mehrpreis für die gesteigerte Rechtssicherheit zu zahlen.

b) Aufzeichungs- und Aufbewahrungspflichten

Aufzeichnungs- und Aufbewahrungspflichten dienen im KGSG dazu, dass die Sorgfaltspflichten beim gewerblichen Inverkehrbringen kontrolliert werden können. Für Inverkehrbringer auf dem Primär- und Sekundärmarkt gilt gleichermaßen die Pflicht der Dokumentation und Aufbewahrung der

1010 Elmenhorst, in Elmenhorst/Wiese, KGSG – Kulturgutschutzgesetz, Einführung, Rn. 41.

Sorgfaltsprüfungen für sämtliche Kulturgüter, für die eine Einhaltung der Sorgfaltspflichten gemäß §§ 42 – 44 KGSG gefordert ist.[1011]

Im Kontext der Aufzeichnungs – und Aufbewahrungspflichten ist zuerst auf bereits in der Vergangenheit bestehende Vorschriften, wie § 240 ff. HGB, § 143 AO und § 8 VerstV hinzuweisen.[1012] Im KultGüRückG war eine zehnjährige Aufbewahrungspflicht für gewerbliche Inverkehrbringer verankert.[1013] Im KGSG wird diese Pflicht nun auf 30 Jahre ausgeweitet.[1014] Begründet wird diese erhebliche zeitliche Ausweitung der Aufbewahrungsfrist einerseits dadurch, dass die Richtlinie 2014/60/EU[1015] eine dreißigjährige Verjährungsfrist beinhaltet[1016] und andererseits dadurch, dass der Herausgabeanspruch gemäß § 985 BGB[1017] ebenfalls 30 Jahre beträgt.[1018] Kritisiert wurde vor allem, dass die Aufbewahrungspflichten deutlich über die eines Kaufmanns hinausgehen.[1019] Auch die in der VerstV verankerten Aufzeichnungs- und Aufbewahrungsfristen[1020] liegen deutlich unter den im KGSG geforderten 30 Jahren. Eine Rückwirkung der Aufbewahrungsfrist existiert nicht; die Regelung des § 45 KGSG gilt nur für Aufzeichnungen, die nach Inkrafttreten des KGSG im Jahr 2016 erstellt wurden.[1021]

1011 BKM, Das neue Kulturgutschutzgesetz – Handreichung für die Praxis, S. 214, Online.

1012 Feddersen, Die Umsetzung des UNESCO-Übereinkommens von 1970 aus der Sicht des Kunsthandels, S. 128; ebenfalls Elmenhorst, in Elmenhorst/Wiese, KGSG – Kulturgutschutzgesetz, § 45, Rn. 2.

1013 Vgl. § 18 Abs. 1 KultGüRückG.

1014 Vgl. § 45 Abs. 2 KGSG; auch in der Schweiz beträgt die Aufbewahrungsdauer gemäß Art. 16 Abs. 3 KGTG 30 Jahre.

1015 RICHTLINIE 2014/60/EU DES EUROPÄISCHEN PARLAMENTS UND DES RATES vom 15. Mai 2014 über die Rückgabe von unrechtmäßig aus dem Hoheitsgebiet eines Mitgliedstaats verbrachten Kulturgütern und zur Änderung der Verordnung (EU) Nr. 1024/2012 (Neufassung).

1016 Vgl. Art. 8 Abs. 1 der Richtlinie 2014/60/EU.

1017 In Verbindung mit § 197 BGB.

1018 Bundesrat Drs. 538/15, Entwurf eines Gesetzes zur Neuregelung des Kulturgutschutzrechts, S. 121, Online; im gleichen Kontext wird auch auf die Regelung des Schweizer KGTG verwiesen, welches gemäß Art. 16 Abs. 3 KGTG ebenfalls eine dreißigjährige Aufbewahrungsfrist beinhaltet.

1019 Deutscher Kulturrat e.V., Stellungnahme des Deutschen Kulturrates zum Gesetzesentwurf, Online; gemäß § 257 HGB sind die hauptsächlichen Dokumente (z.B. Bilanzen, Jahresabschlüsse, Handelsbriefe, Buchungsbelege) für zehn Jahre aufzubewahren.

1020 Die Aufbewahrungsfrist für Versteigerer beträgt 3 Jahre; vgl. § 8 VerstV.

1021 Elmenhorst, in Elmenhorst/Wiese, KGSG – Kulturgutschutzgesetz, § 45, Rn. 6.

Schon der *Bericht der Bundesregierung zum Kulturgutschutz* offenbarte, dass der Kunst- und Antiquitätenhandel sowie das Versteigerungsgewerbe mit keinem messbaren Mehraufwand durch die damals neu eingeführten Aufzeichnungspflichten der Gesetzesnovellierung des KultGüRückG aus dem Jahr 2007 belastet wurde.[1022] Aufgrund der Erhöhung der Erheblichkeitsschwelle von 1.000 Euro auf 2.500 Euro im Vergleich zur Regelung im KultGüRückG wird nun sogar eher eine Entlastung des Kunsthandels erwartet.[1023] Auch die Tatsache, dass die Aufzeichnungen in elektronischer Form gesichert werden dürfen, ist für die Inverkehrbringer positiv zu werten.[1024]

Trotzdem hat § 45 KGSG eine gewisse Tragweite, denn im Auktionshandel müssen mitunter viele Belege für jedes Objekt aufbewahrt werden.[1025] *Elmenhorst* sieht diesbezüglich das Problem, dass „[…] Speichermedien veralten, Schaden nehmen oder es keine Geräte mehr gibt, mit denen die Daten abgerufen werden können."[1026] Daher und auch aufgrund der Mehrbelastung durch einscannen der hohen Anzahl an Dokumenten für jedes Objekt, ist nicht auszuschließen, dass viele Kunstintermediäre weiterhin den analogen Weg wählen; dies würde Lagerkapazitäten voraussetzen, sodass finanzielle Mittel gebunden wären.

3. Zusammenfassung

Insgesamt lässt sich ein erhöhter Aufwand für die Kunstintermediäre des Sekundärmarktes prognostizieren. Bei der Betrachtung der Regelungen ist nicht nur relevant, inwieweit sich diese ökonomisch auf die Akteure am

---

1022 Bundesregierung, Bericht der Bundesregierung zum Kulturgutschutz, S. 80, Online.

1023 Bundesrat Drs. 538/15, Entwurf eines Gesetzes zur Neuregelung des Kulturgutschutzrechts, S. 60, Online: „Berücksichtigt man die Durchschnittswerte der verkauften und versteigerten Kulturgüter, so zeigt sich, dass die Anhebung des Schwellenwertes zu einer Entlastung des deutschen Kunsthandels führt."

1024 Vgl. § 45 Abs. 1 KGSG.

1025 Elmenhorst, in Elmenhorst/Wiese, KGSG – Kulturgutschutzgesetz, § 45, Rn. 7: „Dies sind ua im Verhältnis zum Einlieferer der Versteigerungsauftrag, Ankaufsquittungen, Einfuhrnachweise […], Ausfuhrnachweise aus dem Ursprungsland […], Ausstellungsnachweise, Restaurierungsberichte, Korrespondenz mit und von Experten, Gutachten und Expertisen, nachträgliche Vereinbarungen mit dem Einlieferer über Kostenübernahmen und Preisänderungen, Verkaufsmitteilung unmittelbar nach der Auktion, Anfragen an den Einlieferer bei „Vorbehaltszuschlägen" unterhalb des vereinbarten Limitpreises […]."

1026 Elmenhorst, in Elmenhorst/Wiese, KGSG – Kulturgutschutzgesetz, § 45, Rn. 7.

Sekundärmarkt auswirken, sondern es stellt sich in diesem Kontext auch die Frage der Praktikabilität und Angemessenheit. Dieser Umstand wird in Bezug auf das KGSG kritisiert: „Keinem bringt dieses Gesetz einen Vorteil, abgesehen von neuen Betätigungsfeldern für eine diensteifrige Bürokratie und den Gerichten, die viel zu tun bekommen werden. Moralische Absichten rechtfertigen nicht die Untauglichkeit der Mittel."[1027] Auch *Schack* prognostiziert einen erheblichen bürokratischen Aufwand, hält dies aber für unvermeidbar.[1028]

Die Kosten für die Erstellung und Aufrechterhaltung der institutionellen Rahmenbedingungen werden als „politische Transaktionskosten" bezeichnet. Da diese Rahmenbedingungen unterschiedlich ausgestaltet sein können, ist hervorzuheben, dass die Minimierung der politischen Transaktionskosten nicht als pauschales Ziel erklärt werden kann, sondern dass vielmehr die Erfordernis und auch die praktische Effizienz im Mittelpunkt der Analyse stehen.[1029] Im Hinblick auf die Folgenbewertung ist daher im Zusammenhang mit den mutmaßlich erhöhten Transaktionskosten der Frage nachzugehen, ob und inwieweit die neuen Regelungen zu Verbesserungen führen. Der *Bericht der Bundesregierung zum Kulturgutschutz* wies darauf hin, dass strengere Plichten beim Inverkehrbringen von Kulturgut ein höheres Maß an Rechtssicherheit sowie einen Reputationszuwachs für Kunstintermediäre mit sich bringen würden und dass daraus ein Wettbewerbsvorteil für den deutschen Kunsthandelsstandort resultieren kann.[1030]

Trotz des antizipierten Reputationszuwachses und der gestärkten Rechtssicherheit entstehen auf Seiten der Kunstintermediäre zur Erfüllung der neuen Regelungen erhöhte Kosten, welche möglicherweise auf den Preis umgewälzt werden. Wenn bei den Nachfragern von Kunst die Bereitschaft besteht, für die erhöhte Sicherheit auch einen entsprechend höheren Preis zu zahlen und anzunehmende Preiserhöhungen den fiktiven Wert der erhöhten Sicherheit

1027 Weltkunst, Abverkaufsland Deutschland, Online.

1028 Schack, Kunst und Recht, S. 288.

1029 Groth, Ausschreibung zur Honorierung von Umweltleistungen, S. 53; Ebker, Politische Ökonomie der Kulturförderung, S. 142 definiert im Kontext des Kultursektors: „Politische Transaktionskosten fallen für die Einrichtung, Erhaltung und Veränderung der formalen und informellen politischen Ordnung eines Systems an, beispielsweise für die Verwaltung der Kunst- und Kultureinrichtungen oder für die Durchsetzung von Urheberrechten."

1030 Bundesregierung, Bericht der Bundesregierung zum Kulturgutschutz, S. 7, Online.

nicht übersteigen, sind die neuen Regelungen pareto-superior.[1031] Dies ist eine Annahme, die in der Umfrage überprüft wird. Darüber hinaus soll durch die Umfrage die Frage geklärt werden, ob überhaupt aus den neuen Sorgfaltspflichten beim gewerblichen Inverkehrbringen ein finanzieller Mehraufwand entsteht und ob diese Kosten auf Käufer/Verkäufer umgelegt werden oder dies zumindest geplant ist. Zudem soll mittels der Umfrage festgestellt werden, welche Sorgfaltspflichten gemäß § 42 KGSG für die gewerblichen Inverkehrbringer nur schwer erfüllbar sind.

III. Ausfuhrbeschränkungen

Ausfuhrbeschränkungen werden weltweit schon seit Jahrhunderten praktiziert. Italien ist Vorreiter von Ausfuhrverboten für Kunstwerke; als eine der ältesten Ausfuhrbeschränkungen gilt die Anordnung von Papst Pius II aus dem Jahr 1462, welche die Ausfuhr von Kunstwerken aus dem Kirchenstaat beschränkte.[1032] Schon 1992 stellte *von Schorlemer* fest: „Es besteht nahezu universeller Konsens innerhalb der Staatengemeinschaft, daß Exportbeschränkungen für Kulturgüter notwendig und gerechtfertigt sind."[1033]

Das neue KGSG fällt in eine Zeit, in der eine zunehmende „Kommerzialisierung von Kultur" zu beobachten ist.[1034] So konstatiert *Wyss*: „Zusätzlich zu dieser Entwicklung hat Kultur als „Marktpotenz" an Bedeutung gewonnen, die den Staat unweigerlich vor die Entscheidung stellt, ob er in einen zunehmend nach wirtschaftlichen Kriterien organisierten „Kulturbetrieb" korrigierend eingreifen soll, darf oder muss."[1035] Einen solchen „korrigierenden Eingriff", der im Kontext des KGSG kontrovers diskutiert wurde, stellen die Ausfuhrbeschränkungen für bestimmte Kulturgüter dar. Während der Entstehungsphase des KGSG relativierte die BKM, dass die Anzahl jener Kulturgüter, welche tatsächlich im Sinne des KGSG als national wertvolle Kulturgüter zu klassifizieren seien und demnach Abwanderungsbeschränkungen unterliegen, sehr gering ist: „In den wenigen Fällen, in denen Kulturgüter emblematisch

1031 Pareto-superiore Entscheidungen sind solche, die das Pareto-Kriterium erfüllen; Schäfer/Ott, Lehrbuch der ökonomischen Analyse des Zivilrechts, S. 13 f.

1032 Obenaus, Für die Nation gesichert?, S. 72.

1033 Von Schorlemer, Internationaler Kulturgüterschutz, S. 405 f.

1034 Lenski, Öffentliches Kulturrecht, S. 6 f.

1035 Wyss, Kultur als Dimension der Völkerrechtsordnung, S. 35.

sind für unsere Geschichte und Identität, muss es möglich sein, diese wenigen Stücke vor Abwanderung ins Ausland und vor Zerstörung zu schützen."[1036]

Bei der Ausfuhr von Kulturgütern bewegt sich der Gesetzgeber dennoch in einem Spannungsfeld zwischen Kulturgüterschutz, den Eigentumsinteressen und dem europarechtlichen Grundsatz des freien Warenverkehrs.[1037] Um den Abwanderungsschutz zu erhöhen und dennoch eine Registrierungspflicht für Kulturgüter zu vermeiden, entschied sich der Gesetzgeber für umfangreichere Genehmigungspflichten bei der Ausfuhr von Kulturgütern. Damit wird auch Art. 6 a) UNESCO Übereinkommen erfüllt, wonach jeder Vertragsstaat eine offizielle Bescheinigung einführen muss, mittels welcher die Rechtmäßigkeit der Ausfuhr bescheinigt werden soll.[1038]

1. Rechtslage

a) Vorübergehende und dauerhafte und Ausfuhr von Kulturgütern

Einleitend ist im Zusammenhang mit den Ausfuhrbeschränkungen hervorzuheben, dass die Ausfuhr von Kulturgütern nicht bereits untersagt wird, wenn die Alters- und Wertuntergrenzen gemäß § 24 Abs. 1 und 2 KGSG überschritten werden; eine Überschreitung begründet lediglich eine Genehmigungspflicht. Eine Eintragung in ein Verzeichnis national wertvollen Kulturgutes orientiert sich demnach nicht an Alter und Wert des Kulturguts. Die Verbindung zwischen den Regelungen zur Ausfuhr und denen zur Eintragung als national wertvolles Kulturgut besteht darin, dass sich aus der Genehmigungspflicht der Ausfuhr die Möglichkeit für die Länder ergibt, zu prüfen, ob Kulturgüter eintragungswürdig sind.

Die folgende Abbildung skizziert die Regelungen zur Ausfuhr von Kulturgut gemäß KGSG.[1039]

1036 BKM, Schutz von Kulturgütern wird verbessert, Online.

1037 Germelmann, Kultur und staatliches Handeln, S. 595 f.; Jaeger, Internationaler Kulturgüterschutz, S. 27.

1038 Vgl. Art. 6 a) UNESCO Übereinkommen.

1039 Eigene Darstellung in Anlehnung an BKM, Übersicht Ausfuhrgenehmigungen, Online verfügbar unter: http://www.kulturgutschutz-deutschland.de/DE/Service/PublikationenMerkblaetter/Flowchart.html?nn=9865040.

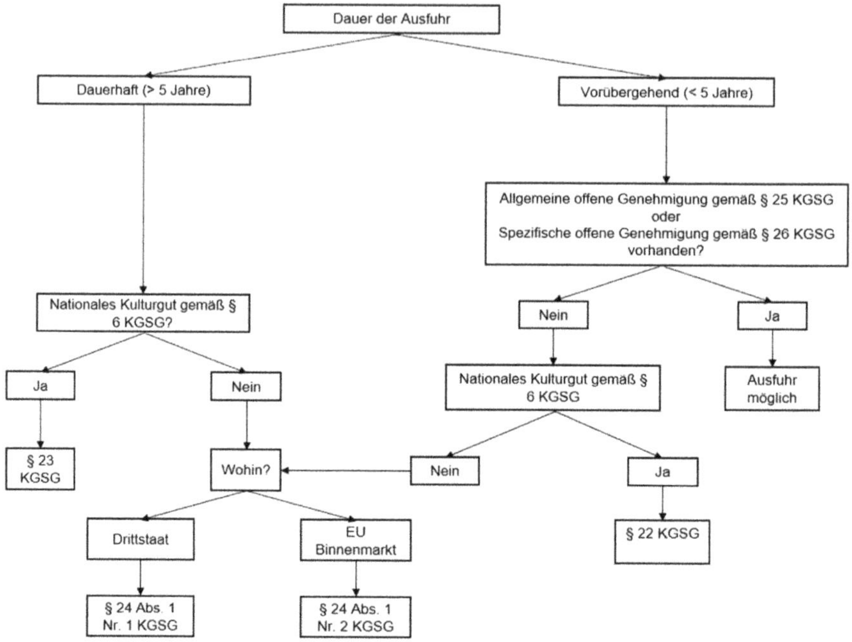

Abbildung 8: Ausfuhrbeschränkungen gemäß KGSG

Die Abbildung verdeutlicht, dass hinsichtlich der Ausfuhrbeschränkungen des KGSG zwischen dauerhafter und vorübergehender Ausfuhr zu unterscheiden ist. Aufgrund der ökonomischen und kulturellen Bedeutung des Leihverkehrs werden in den folgenden Ausführungen kurz die hierfür relevanten Regelungen des KGSG erläutert. Rechtliche Grundlage für den internationalen Leihverkehr bilden im KGSG die Regelungen zur vorübergehenden Ausfuhr. Gesetzliche Basis für die vorübergehende Ausfuhr *nationalen Kulturguts*[1040] bildet § 22 KGSG, der in Abs. 1 vorschreibt, dass für eine vorübergehende Ausfuhr in einen Mitgliedstaat der EU oder in einen Drittstaat eine Genehmigung vorliegen muss. Der Antragsteller muss die Gewähr für eine unbeschadete und fristgerechte Rückkehr übernehmen.[1041] Der internationale Leihverkehr bzw. die vorübergehende Ausfuhr orientieren sich gemäß der Regelungen

1040 Gemäß § 6 KGSG.

1041 Vgl. § 22 Abs. 2 KGSG.

des KGSG an zwei europäischen Rechtsinstrumenten: Die *„allgemeine offene Genehmigung"* gemäß § 25 KGSG und die *„spezifische offene Genehmigung"* gemäß § 26 KGSG.[1042] Dies gilt auch für „normale Kulturgüter", welche nicht als *nationale Kulturgüter* klassifiziert wurden. Für Kulturgut bewahrende Einrichtungen ist insbesondere die *allgemeine offene Genehmigung* hervorzuheben. Diese Regelung ermöglicht den Kulturgut bewahrenden Einrichtungen, jedes Kulturgut ihres Bestands für eine Dauer von maximal fünf Jahren auszuführen. Bedingung für die Erteilung einer *allgemeinen offenen Genehmigung* ist die Gewähr, dass die Kulturgüter fristgerecht und unbeschadet zurückkehren[1043] und dass die Kulturgut bewahrende Einrichtung „[...] regelmäßig Teile ihrer Bestände vorübergehend für öffentliche Ausstellungen, Restaurierungen oder Forschungszwecke ausführt."[1044] Zwar kann die zuständige Landesbehörde gemäß § 25 Abs. 5 KGSG veranlassen, dass bestimmte Kulturgüter von der *allgemeinen offenen Genehmigung* ausgenommen werden, doch insgesamt ist zu konstatieren, dass eine deutliche bürokratische Entlastung erreicht wird; schließlich entfielen vor Inkrafttreten des KGSG ca. 90% der Ausfuhrgenehmigungen auf den Leihverkehr.[1045] Analog zur *allgemeinen offenen Genehmigung* sind Eigentümer von Kulturgütern nach § 26 KGSG per *spezifischer offener Genehmigung* in der Lage, bestimmte Kulturgüter für einen zeitlich befristeten Rahmen ins Ausland zu bringen, sofern dieses bestimmte Kulturgut im Ausland wiederholt verwendet oder ausgestellt wird.[1046] Wie bei der *allgemeinen offenen Genehmigung* muss der Antragsteller die unbeschadete und fristgerechte Rückkehr des jeweiligen Kulturgutes gewährleisten.[1047] Insgesamt zeigt sich, dass die beiden neuen Instrumente zur vorübergehenden Ausfuhr von

---

1042 Bereits in der VERORDNUNG (EG) Nr. 1526/98 DER KOMMISSION vom 16. Juli 1998 zur Änderung der Verordnung (EWG) Nr. 752/93 zur Durchführung der Verordnung (EWG) Nr. 3911/92 des Rates über die Ausfuhr von Kulturgütern wird zwischen verschiedenen Genehmigungsarten unterschieden: Die normale Genehmigung, die spezifische offene Genehmigung und die allgemeine offene Genehmigung; heutzutage finden sich diese auch in der „Durchführungsverordnung (EU) Nr. 1081/2012 der Kommission vom 9. November 2012 zu der Verordnung (EG) Nr. 116/2009 des Rates über die Ausfuhr von Kulturgütern" wider.

1043 Vgl. § 25 Abs. 3 KGSG.

1044 Vgl. § 25 Abs. 1 KGSG.

1045 Bundesrat Drs. 538/15, Entwurf eines Gesetzes zur Neuregelung des Kulturgutschutzrechts, S. 103, Online.

1046 Vgl. § 26 Abs. 1 KGSG.

1047 Vgl. § 26 Abs. 3 KGSG.

Kulturgut von den Kulturgut bewahrenden Einrichtungen gut angenommen werden; innerhalb der ersten beiden Jahre nach Inkrafttreten des KGSG haben ca. 280 Kulturgut bewahrende Einrichtungen *allgemeine offene Genehmigungen* beantragt.[1048]

Nach dieser Übersicht über die Regelungen des KGSG zur vorübergehenden Ausfuhr von Kulturgütern sollen nun ausschließlich die Regelungen für die dauerhafte Ausfuhr von Kulturgut betrachtet werden. Gemäß KGSG ist die dauerhafte Ausfuhr von Kulturgütern in folgenden Fällen eingeschränkt:

- Die Ausfuhr von *nationalem Kulturgut*, also auch von eingetragenem Kulturgut, ist genehmigungspflichtig.[1049]
- Die Ausfuhr von Kulturgut, für welches ein Verfahren zur Eintragung in ein Verzeichnis national wertvollen Kulturgutes eingeleitet wurde und die Entscheidung noch nicht unanfechtbar wurde, ist verboten.[1050]
- Die Ausfuhr von Kulturgut, welches bestimmte Alters- und Wertuntergrenzen übersteigt, ist genehmigungspflichtig.[1051]
- Die Ausfuhr von sichergestelltem[1052] oder angehaltenem[1053] Kulturgut ist verboten.[1054]
- Die Ausfuhr von Kulturgut, welches unrechtmäßig eingeführt[1055] wurde, ist verboten.[1056]

Letzteres verdeutlicht die enge Verzahnung zwischen den Ausfuhr- und Einfuhrbeschränkungen. Ziel dieser akzessorischen Regelung ist es zu verhindern, dass Deutschland als Transitland für illegalen Handel mit Kulturgütern genutzt wird.[1057]

Vor Inkrafttreten des KGSG war für die Ausfuhr in Drittstaaten bereits aufgrund EU-rechtlicher Vorgaben seit 1993 eine Ausfuhrgenehmigung

---

1048 Deutscher Bundestag, Bericht zum Umfang des Verwaltungsaufwandes von Bund und Ländern – Zwei Jahre Kulturgutschutzgesetz (BT-Drs. 19/7145), S. 30, Online.

1049 Vgl. § 23 Abs. 1 KGSG.

1050 Vgl. § 21 Nr. 1 KGSG.

1051 Vgl. § 24 KGSG.

1052 Gemäß § 33 Abs. 1 KGSG.

1053 Gemäß § 81 Abs. 4 KGSG.

1054 Vgl. § 21 Nr. 4 und 5 KGSG.

1055 Gemäß § 32 Abs. 1 KGSG.

1056 Vgl. § 21 Nr. 3 KGSG.

1057 Elmenhorst/Heimann, in Elmenhorst/Wiese, KGSG – Kulturgutschutzgesetz, § 22, Rn. 10.

erforderlich, wenn Kulturgüter bestimmte Alters- und Wertuntergrenzen überstiegen.[1058] Bei der Ausfuhr in Drittstaaten folgt das KGSG der Verordnung (EG) Nr. 116/2009. Damals wie auch heute richtet sich die Entscheidung über die Genehmigungspflicht bei der Ausfuhr von Kulturgütern an den objektivierbaren und abschließenden Kategorien Alter und Wert. Demnach ist gemäß Verordnung (EG) Nr. 116/2009 die Ausfuhr von Bildern und Gemälden in einen Drittstaat genehmigungspflichtig, wenn eine Altersuntergrenze von 50 Jahren und eine Wertuntergrenze von 150.000 Euro erreicht sind.[1059] Diese Regelung galt bereits vor Inkrafttreten des KGSG.

Die signifikanteste Neuerung in der novellierten Fassung im Bereich des Abwanderungsschutzes ist die Genehmigungspflicht für die Ausfuhr von Kulturgütern auch innerhalb des europäischen Binnenmarktes. Im Vergleich zur bisherigen Rechtslage ist damit eine deutliche Verschärfung zu konstatieren.[1060] Dies ist ein Paradigmenwechsel: Die vor dem KGSG geltende generelle Ausfuhrerlaubnis mit Verbotsvorbehalt für die Ausfuhr innerhalb des europäischen Binnenmarktes wurde, sofern dic jeweiligen Alters- und Wertuntergrenzen überschritten werden, in eine grundsätzliche Ausfuhrbeschränkung mit Genehmigungsvorbehalt umgewandelt. Bisher war nämlich gemäß KultgSchG die Ausfuhr innerhalb der EU nur genehmigungspflichtig, wenn das Kulturgut in ein Verzeichnis national wertvollen Kulturgutes eingetragen war.[1061]

§ 24 KGSG regelt, bei welchen Kulturgütern die Ausfuhr genehmigungspflichtig ist, und orientiert sich dabei ebenfalls an der Verordnung (EG) Nr. 116/2009. Gegenüber den Alters- und Wertuntergrenzen für die Ausfuhr in Drittstaaten hat der Gesetzgeber die Schwellenwerte für die Genehmigungspflicht innerhalb des europäischen Binnenmarktes teilweise deutlich erhöht; es gilt beispielsweise das Doppelte der Wertuntergrenzen der Verordnung (EG) Nr. 116/2009, sofern nach § 24 KGSG keine Sonderregelungen greifen. Für

---

1058 Verordnung (EWG) Nr. 3911/92 des Rates vom 9. Dezember 1992 über die Ausfuhr von Kulturgütern.

1059 Vgl. § 24 Abs. 1 KGSG.

1060 Gleichwohl ist anzumerken, dass nach Inkrafttreten des KGSG die Niederlande der letzte verbleibende Mitgliedstaat ist, welcher über keine Ausfuhrbeschränkungen für Kulturgüter innerhalb des Binnenmarktes verfügt; BKM, Fragen und Antworten zum neuen Kulturgutschutzgesetz, Online.

1061 Falckenberg, in Elmenhorst/Wiese, KGSG – Kulturgutschutzgesetz, Einführung, Rn. 71 formuliert trefflich: „Das KGSG modifiziert das bis dahin geltende Listenprinzip durch das Kategorienprinzip."

„Bilder und Gemälde“ muss eine Altersuntergrenze von 75 Jahren und eine Wertuntergrenze von 300.000 Euro erreicht sein, damit eine Ausfuhr genehmigungspflichtig ist.[1062] Die Untergrenzen für Alter und Wert dürfen durch Rechtsverordnung mit Zustimmung des *Bundesrates* angehoben werden.[1063] Mit der Anpassung der Alters- und Wertuntergrenzen soll der Kunsthandel entlastet werden, denn die Preise am Kunstmarkt sind seit 1993, dem Jahr in dem die Vorgängerverordnung[1064] der Verordnung (EG) Nr. 116/2009 in Kraft trat, stark gestiegen. Gleichzeitig soll die Inflation seit 1993 berücksichtigt werden.[1065] Die Bestimmung des Wertes, der für die Wertuntergrenzen relevant ist, wird in § 24 Abs. 4 KGSG geregelt. Wurde das Kulturgut innerhalb eines Zeitraumes von drei Jahren erworben, wird der gezahlte Preis herangezogen. In sonstigen Fällen handelt es sich um einen „[...] begründeten inländischen Schätzwert zum Zeitpunkt der Antragstellung.“[1066]

Die folgende Tabelle aus der „Handreichung für die Praxis“ für das KGSG zeigt die Alters- und Wertuntergrenzen für die Ausfuhr von Kulturgut nach § 24 KGSG.[1067]

1062 Vgl. § 24 Abs. 2 KGSG.

1063 Bundesrat Drs. 538/15, Entwurf eines Gesetzes zur Neuregelung des Kulturgutschutzrechts, S. 100 f., Online.

1064 Verordnung (EWG) Nr. 3911/92 des Rates vom 9. Dezember 1992 über die Ausfuhr von Kulturgütern.

1065 Bundesrat Drs. 538/15, Entwurf eines Gesetzes zur Neuregelung des Kulturgutschutzrechts, S. 100 – 102, Online.

1066 Bundesrat Drs. 538/15, Entwurf eines Gesetzes zur Neuregelung des Kulturgutschutzrechts, S. 103, Online spezifiziert: „Der Begriff „begründeter inländischer Schätzwert“ zeigt an, dass bei Angabe des Schätzwertes auch die Kriterien und Faktoren der Schätzung im konkreten Fall anzugeben sind. Die Weite des Kulturgutbegriffes nach § 2 Absatz 1 Nummer 9 steht der Vorgabe eines einzigen Schätzverfahrens entgegen.“

1067 BKM, Das neue Kulturgutschutzgesetz – Handreichung für die Praxis, S. 340 f., Online.

Tabelle 2: Übersicht der Alters- und Wertuntergrenzen für die Ausfuhr von Kulturgut nach § 24 KGSG

Kategorie von Kulturgut	**Ausfuhr aus dem EU-Binnenmarkt (§ 24 Abs. 1 Nr. 1 KGSG und Verordnung (EG) Nr. 116/2009)**		**Ausfuhr aus Deutschland innerhalb der EU (§ 24 Abs. 1 Nr. 2 KGSG)**	
	Alter (in Jahre)	**Wert (in Euro)**	**Alter (in Jahre)**	**Wert (in Euro)**
1. Archäologische Gegenstände[1068] aus Grabungen und archäologischen Funden zu Lande oder unter Wasser, aus archäologische Stätten oder aus archäologischen Sammlungen	100	0	100	0
2. Bestandteile von Kunst- und Baudenkmälern oder religiösen Denkmälern, die aus deren Aufteilung stammen	100	0	100	0
3. Bilder und Gemälde (außer Nummer 4 und 5), die nicht dem Urheber gehören	50	150.000	75	300.000

(wird fortgeführt)

1068 „Münzen gelten gemäß § 24 Absatz 2 Satz 2 KGSG bei der Ausfuhr in einen anderen EU-Mitgliedstaat NICHT als archäologische Gegenstände im Sinne der Kategorie Nummer 1, wenn es sie in großer Stückzahl gibt, sie für die Archäologie keinen relevanten Erkenntniswert haben und nicht von einem Mitgliedstaat der EU als individualisierbare Einzelobjekte unter Schutz gestellt sind. In diesem Falle ist keine Ausfuhrgenehmigung zu beantragen. Gleiches gilt nach Maßgabe des Urteils des Bundesfinanzhofes (BFH, Urt. v. 11.12.2012, VII R 33, 34/11) für die Ausfuhr in Staaten außerhalb der EU. Eine Einordnung von Münzen als archäologische Gegenstände im Sinne von Kategorie 1 des Anhangs I der Verordnung (EG) Nr. 116/2009 kommt nach BFH-Rechtsprechung nur dann in Betracht, wenn es sich bei den fraglichen Münzen NICHT um „Massenware" handelt."; BKM, Das neue Kulturgutschutzgesetz – Handreichung für die Praxis, S. 340, Online.

Tabelle 2: Fortsetzung

Kategorie von Kulturgut	**Ausfuhr aus dem EU-Binnenmarkt (§ 24 Abs. 1 Nr. 1 KGSG und Verordnung (EG) Nr. 116/2009)**		**Ausfuhr aus Deutschland innerhalb der EU (§ 24 Abs. 1 Nr. 2 KGSG)**	
	Alter (in Jahre)	**Wert (in Euro)**	**Alter (in Jahre)**	**Wert (in Euro)**
4. Aquarelle/Gouachen/ Pastelle, die nicht dem Urheber gehören	50	30.000	75	100.000
5. Mosaike (außer Nummer 1 und 2)/ Zeichnungen, die nicht dem Urheber gehören	50	15.000	75	50.000
6. Original-Radierungen/ -Stiche/-Serigraphien/ -Lithographien und deren Matrizen/Original-Plakate, die nicht dem Urheber gehören	50	15.000	75	50.000
7. Originalerzeugnisse der Bildhauerkunst und Kopien gleicher Herstellungsweise (außer Nummer 1), die nicht dem Urheber gehören	50	50.000	75	100.000
8. Fotografien/Filme einschließlich Negative, die nicht dem Urheber gehören	50	15.000	75	50.000
9. Handschriften einschließlich Landkarten und Partituren/Wiegendrucke, die nicht dem Urheber gehören	50	0	75	50.000
10. Bücher	100	50.000	100	100.000
11. Gedruckte Landkarten	200	15.000	200	30.000
12. Archive	50	0	50	50.000

Tabelle 2: Fortsetzung

Kategorie von Kulturgut	**Ausfuhr aus dem EU-Binnenmarkt (§ 24 Abs. 1 Nr. 1 KGSG und Verordnung (EG) Nr. 116/2009)**		**Ausfuhr aus Deutschland innerhalb der EU (§ 24 Abs. 1 Nr. 2 KGSG)**	
	Alter (in Jahre)	**Wert (in Euro)**	**Alter (in Jahre)**	**Wert (in Euro)**
13. a) Sammlungen und Einzelexemplare aus zoologischen, botanischen, mineralogischen oder anatomischen Sammlungen	Keine Altersuntergrenze	50.000	Keine Altersuntergrenze	100.000
13. b) Sammlungen von historischem, paläontologischem, ethnographischem oder numismatischem Wert[1069]				
14. Verkehrsmittel	75	50.000	150	100.000
15. a) Sonstige Antiquitäten[1070], sofern sie nicht unter die Kategorien nach Nummer 1 bis 14 fallen	Zwischen 50 und 100	50.000	100	100.000

(wird fortgeführt)

1069 „Als Sammlungen von historischem Wert im Sinne von Kategorie 13b gelten nur Sachgesamtheiten solcher Gegenstände, die keiner der übrigen Kategorien zuzuordnen sind. Dies bedeutet, dass zum Beispiel die Werke einer Gemäldesammlung nicht unter Kategorie 13b fallen, sondern unter Kategorie 3."; BKM, Das neue Kulturgutschutzgesetz – Handreichung für die Praxis, S. 341, Online.

1070 „50 bis 100 Jahre alte Antiquitäten, die nicht Kategorie 1 bis 14 unterfallen (abschließend): Spielzeug, Spiele, Gegenstände aus Glas, Gold- und Silberschmiedearbeiten, Möbel und Einrichtungsgegenstände, optische, fotografische und kinematographische Instrumente, Musikinstrumente, Uhrmacherwaren, Holzwaren, keramische Waren, Tapisserien, Teppiche, Tapeten, Waffen."; BKM, Das neue Kulturgutschutzgesetz – Handreichung für die Praxis, S. 341, Online.

Tabelle 2: Fortsetzung

Kategorie von Kulturgut	**Ausfuhr aus dem EU-Binnenmarkt (§ 24 Abs. 1 Nr. 1 KGSG und Verordnung (EG) Nr. 116/2009)**		**Ausfuhr aus Deutschland innerhalb der EU (§ 24 Abs. 1 Nr. 2 KGSG)**	
	Alter (in Jahre)	**Wert (in Euro)**	**Alter (in Jahre)**	**Wert (in Euro)**
15. b) Sonstige Antiquitäten[1071], sofern sie nicht unter die Kategorien nach Nummer 1 bis 14 fallen	Über 100	50.000	100	100.000

b) Verfahrensregelungen

Die Zuständigkeit für die Erteilung von Ausfuhrgenehmigungen liegt bei der obersten Behörde des Landes, in dem sich das Kulturgut zum Zeitpunkt der Antragstellung befindet.[1072] Solange kein Verdacht auf unrechtmäßig gehandeltes Kulturgut besteht und solange das Kulturgut nicht als national wertvolles Kulturgut eingestuft wird, sollen Anträge auf Erteilung der Genehmigung von der obersten Landesbehörde innerhalb von zehn Arbeitstagen nach Einreichung des Antrags bearbeitet werden.[1073] Allerdings besteht nach Überschreitung dieser Frist keine Genehmigungsfiktion, sodass zwar ein gewisser „Fertigstellungsdruck“ existiert, dieser jedoch durch die mangelhafte Verbindlichkeit deutlich eingeschränkt wird. Es ist sogar anzunehmen, dass die oberste Landesbehörde als Vorsichtsmaßnahme ein Verfahren für eine Eintragung in ein Verzeichnis national wertvollen Kulturgutes einleiten wird, denn dadurch verlängert sich die Frist auf sechs Monate.[1074] In dieser Zeit darf der Eigentümer das betroffene Kulturgut nicht ausführen.

Während die Zuständigkeit für die Erteilung von Ausfuhrgenehmigungen für „normales“ Kulturgut bei den jeweiligen obersten Landesbehörden angesiedelt ist, liegt diese bei *nationalem Kulturgut* bei der obersten Bundesbehörde, die

1071 „Alle übrigen Antiquitäten, die älter sind als 100 Jahre und nicht einer der vorstehenden Kategorien unterfallen.“; BKM, Das neue Kulturgutschutzgesetz – Handreichung für die Praxis, S. 341, Online.

1072 Vgl. § 24 Abs. 6 KGSG.

1073 Vgl. § 24 Abs. 7 KGSG.

1074 Vgl. § 14 Abs. 6 KGSG.

vor der Entscheidung die zuständige oberste Landesbehörde und einen Sachverständigenausschuss anhört.[1075] Wenn einem Eigentümer *nationalen Kulturgutes* die dauerhafte Ausfuhr verwehrt wird, kann dieser ein Verfahren mit dem Ziel anstrengen, das eingetragene Kulturgut an eine Kulturgut bewahrende Einrichtung im Inland zu veräußern. Dieses „Ankaufsprüfungsmodell"[1076] ist in § 23 Abs. 6 – 8 KGSG geregelt. Die organisatorische Leitung hat die *Kulturstiftung der Länder*[1077], die innerhalb eines Jahres über die Ankaufsmöglichkeit für oder durch eine Kulturgut bewahrende Einrichtung entscheidet. Allerdings ergibt sich aus der Überschreitung der Frist keine Rechtsfolge; die Ausfuhrbeschränkung bleibt bestehen.[1078] Während der Ankaufsprüfung soll unter Heranziehung externen Sachverstandes ein angemessener Preis festgelegt werden, der jedoch die steuerlichen Begünstigungen von national wertvollem Kulturgut nach § 12 Abs. 1 KGSG berücksichtigen soll.[1079] Als Bewertungsmaßstab für einen angemessenen Preis sollte unbeachtet bleiben, dass es sich um ein eingetragenes Kulturgut handelt; vielmehr ist der internationale Marktpreis maßgeblich.[1080] Ebenfalls sollen auch die „[...] Möglichkeiten einer Förderung des Ankaufes durch staatliche Institutionen und förderwillige Private sowie die Zahlungsbedingungen (zum Beispiel Option auf Ratenzahlungen)[...]" geprüft

1075 Vgl. § 23 Abs. 4 KGSG.

1076 Winands/List, Das neue Kulturgutschutzgesetz, S. 202.

1077 Eine zentrale Institution für den Erhalt und die Förderung von national bedeutsamer Kultur ist die seit 1988 tätige Kulturstiftung der Länder. Im Zusammenhang mit den Ausfuhrbeschränkungen im KGSG ist auch einer der Stiftungszwecke der Kulturstiftung der Länder anzuführen, welcher gemäß § 2 Abs. 2 Nr. 1 der Satzung lautet: „Der Stiftungszweck wird insbesondere verwirklicht durch 1. die Förderung des Erwerbs für die deutsche Kultur besonders wichtiger und bewahrungswürdiger Zeugnisse, vor allem, wenn deren Abwanderung ins Ausland verhindert werden soll oder wenn sie aus dem Ausland zurückerworben werden sollen [...]." Eine Kernaufgabe ist die Unterstützung von kulturellen Einrichtungen beim Erwerb von deutschen Kulturgütern. Seit der Gründung wurden Ländermittel in Höhe von rund 170 Millionen Euro aufgewendet. Gemeinsam mit Mäzenen, Unternehmen und anderen Stiftungen konnten insgesamt über 1.000 Kulturgüter (inkl. Sammlungen) mit einem Gesamtwert von rund 640 Millionen Euro für öffentliche Einrichtungen erworben werden. (Stand Mai 2018).

1078 Elmenhorst/Heimann, in Elmenhorst/Wiese, KGSG – Kulturgutschutzgesetz, § 23, Rn. 37.

1079 Vgl. § 23 Abs. 6 KGSG.

1080 Elmenhorst/Heimann, in Elmenhorst/Wiese, KGSG – Kulturgutschutzgesetz, § 23, Rn. 32.

werden.[1081] Im Falle einer nachweislichen wirtschaftlichen Notlage des Eigentümers „[…] wirken die beteiligten Bundes- und Landesbehörden darauf hin, dass die Finanzierung eines Ankaufes gesichert ist, und die Kulturgut bewahrende Einrichtung ein Ankaufsangebot unterbreitet."[1082] Stimmt der Eigentümer dem Ankaufsangebot nicht innerhalb von sechs Monaten zu, kann der Eigentümer erst fünf Jahre nach Ablehnung des Ausfuhrantrages einen erneuten Antrag stellen.[1083] Hervorzuheben ist im Kontext des Ankaufsprüfungsmodells jedoch auch, dass innerhalb der ersten beiden Jahre nach Inkrafttreten des KGSG noch kein Ankaufsprüfverfahren eingeleitet wurde.[1084] Dies kann einerseits ein Indiz auf mangelnde Kenntnis des betroffenen Eigentümers sein, dass diese Möglichkeit der Ankaufsprüfung existiert, und andererseits ist es auch denkbar, dass die betroffenen Eigentümer aufgrund der fehlenden rechtlichen Verpflichtung des Staates, für das jeweilige Kulturgut ein Kaufangebot zu unterbreiten bzw. sich dafür einzusetzen, von einer Einleitung des Ankaufsprüfungsverfahrens absehen werden.

Nachdruck verleiht den Regelungen zum Abwanderungsschutz deren Strafbewehrtheit. Verstöße gegen die Ausfuhrbeschränkungen können mit Freiheitsstrafe von bis zu fünf Jahren oder mit Geldstrafe geahndet werden. Dies wäre möglich, wenn Kulturgut entgegen § 21 Nr. 3 KGSG ausgeführt wird, obwohl der ausführenden Person bekannt war, dass es sich um Kulturgut handelt, welches nach § 32 Abs. 1 Nr. 1 oder 2 KGSG unrechtmäßig eingeführt wurde.[1085] Wer in Ausübung einer gewerblichen Tätigkeit Kulturgut entgegen § 21 Nr. 1, 2, 4 oder 5 KGSG ausführt oder entgegen Art. 2 Abs. 1 der Verordnung (EG) Nr. 116/2009 Kulturgut ausführt, kann auch dann mit einer Freiheitsstrafe von bis zu drei Jahren oder mit einer Geldstrafe bestraft werden, wenn Fahrlässigkeit vorliegt.[1086]

1081 BKM, Das neue Kulturgutschutzgesetz – Handreichung für die Praxis, S. 171, Online; die BKM führt in diesem Zusammenhang aus: „In der Ankaufspraxis der letzten Jahrzehnte haben sich dabei Modelle auf der Basis eines Konsortiums herausgebildet, bei denen öffentliche und private Förderer gemeinsam den Ankauf unterstützen können. Auch bei der Bildung derartiger Konsortien hat sich die Kulturstiftung der Länder bewährt."

1082 Vgl. § 23 Abs. 7 KGSG.

1083 Vgl. § 23 Abs. 8 KGSG.

1084 Deutscher Bundestag, Bericht zum Umfang des Verwaltungsaufwandes von Bund und Ländern – Zwei Jahre Kulturgutschutzgesetz (BT-Drs. 19/7145), S. 15, Online.

1085 Vgl. § 83 Abs. 1 Nr. 2 KGSG.

1086 Vgl. § 83 Abs. 6 KGSG.

c) *Laissez Passer-Regelung*

Neben der potenziellen Verkleinerung des Absatzmarktes durch die neuen Ausfuhrbeschränkungen sahen die Kunstintermediäre auch den Beschaffungsmarkt in Gefahr und befürchteten, dass die Einlieferungen bedeutender deutscher Werke aus dem Ausland deutlich zurückgehen werden, da die Eigentümer davon ausgehen müssten, dass das eingelieferte Werk als national wertvoll eingestuft werde und daher ein späterer Verkauf ins Ausland nicht mehr möglich sei.[1087] Dieser Befürchtung des Kunsthandels begegnete der Gesetzgeber mit der Aufnahme der Laissez Passer-Regelung gemäß § 24 Abs. 8 KGSG. Diese besagt, dass die Ausfuhrgenehmigungspflicht für eine Ausfuhr in einen Mitgliedstaat der EU nicht für jene Kulturgüter gilt, die weniger als zwei Jahre in Deutschland verweilen.[1088] Dies ermöglicht den Kunstintermediären, Kulturgüter vorübergehend einzuführen und anschließend innerhalb von zwei Jahren ins europäische Ausland zu verkaufen, ohne eine Ausfuhrgenehmigung zu beantragen. Vor allem profitieren die Kunstintermediäre von der Laissez Passer-Regelung dadurch, dass damit um Einlieferungen aus dem Ausland geworben werden kann. Eine signifikante Schwachstelle der Laissez Passer-Regelung besteht jedoch darin, dass zwar keine Genehmigungspflicht für die Ausfuhr in einen Mitgliedstaat besteht, wenn sich das Kulturgut weniger als zwei Jahre in Deutschland befindet, aber dennoch eine Eintragung in ein Verzeichnis national wertvollen Kulturgutes vollzogen werden kann. Dementsprechend handelt es sich bei der im KGSG verankerten Laissez Passer-Regelung zwar um eine Erleichterung, doch eine rechtsverbindliche Zusage, dass der Eigentümer das Kulturgut auch tatsächlich ausführen darf, ist damit nicht verbunden.[1089] Zudem bezieht sich die Laissez Passer-Regelung nur auf Mitgliedstaaten der EU und nicht auf Drittstaaten; sie gilt also nur, wenn

---

1087 Die Welt, Nur Angela Merkel kann unsere Kultur noch retten, Online.

1088 „Die Genehmigungspflicht nach Absatz 1 Nummer 2 entfällt, wenn das Kulturgut sich nachweisbar nur vorübergehend bis zu zwei Jahre im Bundesgebiet befindet. [...]"; § 24 Abs. 8 KGSG. Die Anwendbarkeit von § 24 Abs. 8 KGSG ist an die Konditionen geknüpft, dass die Einfuhr nicht gegen § 28 KGSG verstößt, und dass das Kulturgut in der Vergangenheit nie ohne Genehmigung gemäß § 24 Abs. 1 KGSG ausgeführt wurde.

1089 Jedoch beschwichtigt die BKM, Das neue Kulturgutschutzgesetz – Handreichung für die Praxis, S. 179, Online: „Allerdings wird es in der Praxis kaum dazu kommen, weil das Kulturgut aufgrund der geringen Verweildauer in Deutschland (unter zwei Jahren) in der Regel noch gar nicht die Eintragungsvoraussetzung nach § 7 erfüllen kann; eine „identitätsstiftende" Wirkung setzt eine gewisse Verweildauer und Rezeptionsgeschichte in Deutschland voraus [...]."

es sich um Kulturgüter handelt, die während der zwei Jahre innerhalb der EU ausgeführt werden sollen.[1090] Diese Aspekte schmälern die Vorteilhaftigkeit der Laissez Passer-Regelung für die Kunstintermediäre.

d) Kritik und Alternativen

Im Kontext von Ausfuhrbeschränkungen wird argumentiert, dass der internationale Marktpreis eines Kulturgutes und die damit korrespondierende Wertschätzung der Allgemeinheit mitunter auch maßgeblich für die Entscheidung von Nationalstaaten sein kann, welche Kulturgüter mit Ausfuhrbeschränkungen belegt und dadurch für die Gesellschaft bewahrt werden sollen.[1091] Jedoch wird die Orientierung an Wertuntergrenzen auch kritisiert und es wird betont, dass der Marktwert eines Kulturgutes nicht ausschlaggebend für dessen kulturelle Bedeutung und die damit einhergehende Ausfuhrbeschränkung sei. Außerdem impliziert eine Orientierung an monetären Größen Volatilität. Gleichwohl müsste eher argumentiert werden, dass definierte Wertuntergrenzen Rechtssicherheit schaffen, da sie objektiv und nachvollziehbar sind. Allenfalls könnte argumentiert werden, dass eine Rechtfertigung von Ausfuhrbeschränkungen aufgrund kultureller Motive nicht zulässig sei, weil Kultur per definitionem nicht an staatliche Grenzen gebunden ist.[1092]

Ebenso kritisch zu hinterfragen ist die zeitliche Komponente als Entscheidungsgrundlage für die Klassifizierung eines Objektes als Kulturgut und die damit verbundene Ausfuhrbeschränkung.[1093] Als Alternative schlägt *von Schorlemer* die „Zugehörigkeit zu einer bestimmten Epoche" und eine „bewegliche Altersuntergrenze" vor, da eine statische zeitliche Grenze jüngere Objekte ausschließe und dadurch eine Schutzlücke entstehe.[1094] Obwohl eine bewegliche Altersuntergrenze aufgrund der Flexibilität wünschenswert erscheint, birgt

---

1090 Dies ist aufgrund der Verordnung (EG) Nr. 116/2009 auch unabdingbar.

1091 Von Schorlemer, Internationaler Kulturgüterschutz, S. 80.

1092 Germelmann, Kultur und staatliches Handeln, S. 593 – 595.

1093 Von Schorlemer, Internationaler Kulturgüterschutz, S. 73 konstatiert: „Die Eignung eines konkreten Alterserfordernisses als konstitutives Merkmal für die Kulturgutdefinition ist jedoch fragwürdig."

1094 Von Schorlemer, Internationaler Kulturgüterschutz, S. 75 f.; Lenski, Öffentliches Kulturrecht, S. 33 argumentiert jedoch in Bezug auf die Wert- und Altersuntergrenzen: „Inhaltlich mag man diese Maßstäbe kritisieren oder ihre Geeignetheit in Frage stellen. Nichtsdestotrotz wird durch sie gleichwohl ein bestimmtes Kulturgutverständnis weitergetragen."

dieses Konzept die Gefahr einer erhöhten Komplexität und Rechtsunsicherheit; schließlich kann es auch vorkommen, dass ein Kulturgut keiner bestimmten Epoche zugeordnet werden kann.

Ein weiterer Kritikpunkt besteht darin, dass keine einheitliche Handhabung existiert und dadurch die Ausfuhrbeschränkungen und Eintragungen von Kulturgütern nicht in allen Ländern mit gleicher Intensität forciert werden, obwohl ein abgestimmter Kriterienkatalog vorliegt.[1095] Weiterhin wird unterstellt, dass bei der Erteilung von Ausfuhrgenehmigungen politische Gründe gegenüber kulturgüterschützenden Motiven überwiegen könnten.[1096] Exemplarisch dafür sei die Erteilung der Ausfuhrgenehmigung für die „Waldseemüller-Karte" in die USA zu nennen. Die Entscheidung wurde öffentlich stark kritisiert. Vier der fünf angehörten Sachverständigen lehnten eine Ausfuhr der Waldseemüller-Karte ab, doch die *Bundesregierung* wich von der Entscheidung des Sachverständigenausschusses ab.[1097] Zwar war die Entscheidung des Sachverständigenausschusses bereits gemäß dem damaligen KultgSchG nicht bindend, doch drängt sich in diesem Fall die Frage auf, ob die Entscheidung nicht auf Basis politischer Gründe getroffen wurde.[1098]

Auch die besondere Stellung von Sammlungen muss betrachtet werden. Gemäß Anhang I der Verordnung (EG) Nr. 116/2009 gelten für Sammlungen keine Altersuntergrenzen. Stattdessen ist die Ausfuhr von Sammlungen innerhalb des europäischen Binnenmarktes im Sinne des KGSG bereits genehmigungspflichtig, wenn der Wert 100.000 Euro übersteigt. Im Umkehrschluss bedeutet dies, dass die Alters- und Wertuntergrenzen von Einzelstücken innerhalb der Sammlung ignoriert werden. Beispielsweise ist für die Ausfuhr einer Sammlung, welche aus Kulturgütern der Kategorie „Bilder und Gemälde" besteht, eine Ausfuhrgenehmigung erforderlich, auch wenn Einzelobjekte dieser Sammlung jünger als 75 Jahre sind, sofern der Gesamtwert der Sammlung 100.000 Euro übersteigt.[1099] Für Eigentümer von Sammlungen kann aus der Regelung auch eine ökonomische Implikation entstehen. Wenn nämlich eine Sammlung mit der Absicht der Umgehung von Ausfuhrbeschränkungen aufgelöst wird, kann der Gesamterlös geringer ausfallen, als wenn die Sammlung

---

1095 Kultusministerkonferenz, Empfehlung der Kultusministerkonferenz zur Eintragung von Kulturgütern in das Verzeichnis national wertvollen Kulturgutes, Online.

1096 Odendahl, Kulturgüterschutz, S. 647 f.

1097 Odendahl, Kulturgüterschutz, S. 648.

1098 Sprecher, Beschränkungen des Handels mit Kulturgut, S. 230.

1099 Vgl. § 24 Abs. 2 KGSG.

als Ganzes veräußert wird. Schließlich stellt sogar die *Kultusministerkonferenz* fest, dass eine Sammlung mehr als die Summe ihrer einzelnen Bestandteile darstellt.[1100] Die ökonomische Begründung dafür liegt im zunehmenden Grenznutzen im Kontext des Kunstkonsums.[1101]

2. Vereinbarkeit von Ausfuhrbeschränkungen mit europarechtlichen Regelungen

a) Verhältnismäßigkeitsprüfung der Ausfuhrbeschränkungen

Bevor die Konformität des KGSG mit europarechtlichen Regelungen erörtert wird, soll die Verhältnismäßigkeit des Abwanderungsschutzes diskutiert werden. Grundsätzlich müssen sich nämlich auch handelsbeschränkende Maßnahmen immer am Verhältnismäßigkeitsprinzip messen, welches sich aus den Geboten des *legitimen Zwecks*, der *Geeignetheit*, der *Erforderlichkeit* und der *Angemessenheit* zusammensetzt.[1102] So fordert Art. 5 Abs. 4 EUV: „Nach dem Grundsatz der Verhältnismäßigkeit gehen die Maßnahmen der Union inhaltlich wie formal nicht über das zur Erreichung der Ziele der Verträge erforderliche Maß hinaus.“ Die folgende Ausarbeitung ist inhaltlich mit der in Kapitel § 5 I 4 vorgestellten Analyse der Vereinbarkeit der Eintragung von Kulturgut in ein Verzeichnis national wertvollen Kulturgutes mit der grundrechtlichen Eigentumsgarantie verbunden. Schließlich sind die Ausfuhrbeschränkungen und die Eintragung von Kulturgut in ein Verzeichnis national wertvollen Kulturgutes eng miteinander verknüpft, da die Verweigerung der dauerhaften Ausfuhr eine Eintragung nach sich zieht. Die Verhältnismäßigkeitsprüfung des Kapitels § 5 I 3 befasst sich allerdings primär mit der Frage, ob die Eintragung von Kulturgut in ein Verzeichnis national wertvollen Kulturgutes den Wert so stark beeinflusst, dass es sich um einen unverhältnismäßigen Eingriff in die Eigentumsgarantie handelt.

1100 Kultusministerkonferenz, Empfehlung der Kultusministerkonferenz für Eintragungen in das Verzeichnis national wertvollen Kulturgutes, S. 2, Online.

1101 Siehe dazu Kapitel § 2 III 1.

1102 Siehe dazu im Kontext von Ausfuhrbeschränkungen Peya, Die Ausfuhr von Kulturgütern, S. 105 – 110; ebenso Müller, Kulturgüterschutz: Mittel nationaler Repräsentation oder Wahrung des Gemeinsamen Erbes der Menschheit?, S. 258 f., von Schorlemer, Internationaler Kulturgüterschutz, S. 498 und Berndt, Internationaler Kulturgüterschutz, S. 146: „Staatliche Ausfuhrbeschränkungen sind gerechtfertigt, wenn sie geeignet und notwendig sind, die Gefahr für das nationale Kulturgut abzuwenden und der erforderliche Schutz nicht mit Mitteln erreicht werden kann, die den freien Warenverkehr innerhalb der Europäischen Union weniger beeinträchtigen.“

Im Folgenden soll hingegen erörtert werden, ob die im KGSG normierten Ausfuhrbeschränkungen eine verhältnismäßige Maßnahme darstellen.

(1) Die Ausfuhrbeschränkungen verfolgen einen *legitimen Zweck*, nämlich die Bewahrung von bedeutenden Kulturgütern für das Inland. Dies soll u.a. der Identitätsstiftung dienen.
(2) Die Ausfuhrbeschränkungen sind ein *geeignetes Mittel*, um die Ausfuhr bestimmter Kulturgüter aus Deutschland zu verhindern.[1103] Die Genehmigungspflicht bei der Ausfuhr bestimmter Kulturgüter ermöglicht dem Staat die Prüfung, ob diese kulturell so bedeutend sind, dass sie auch zukünftig im Inland aufbewahrt werden sollen und demnach eine Ausfuhr verboten werden sollte.
(3) Die *Erforderlichkeit* von Ausfuhrbeschränkungen ist bereits aufgrund des Wegfalls der Grenzkontrollen innerhalb des Binnenmarktes gegeben.[1104] Dennoch stellt sich die Frage nach der Ausgestaltung des Abwanderungsschutzes. Die Maßnahme muss nämlich das mildeste Mittel sein, welches den Warenverkehr innerhalb des Binnenmarktes am wenigsten einschränkt.[1105] Eine Maßnahme mit hoher Eingriffsintensität wäre ein „absolutes Exportverbot". Ein absolutes Exportverbot bietet zwar den Vorteil der Klarheit und des geringen administrativen Aufwandes, doch besteht das Risiko, dass ein absolutes Exportverbot überregulierend wirken würde, da es auch Kulturgüter erfasst, welche nicht als national wertvoll gelten. Zweifelsfrei wäre demnach ein absolutes Exportverbot nicht das mildeste Mittel. In diesem Zusammenhang argumentiert *von Schorlemer*: „Als Alternativen zum absoluten Exportverbot wären die Ausübung eines Vorkaufsrechts zugunsten staatlicher Museen und öffentlicher Einrichtungen oder die Versagung einer Ausfuhrgenehmigung im Einzelfall vorstellbar [...]."[1106] Würde die Ausfuhr von Kulturgut erlaubt sein, sofern der Staat das Vorkaufsrecht nicht ausübt, würde dieses Mittel nicht als wirksam angesehen werden können.[1107] Schließlich würde in diesem Fall der Abwanderungsschutz von den finanziellen Mitteln der öffentlichen Einrichtungen abhängen und es könnten nur

1103 Moll, Ausfuhrverbote für NS-Raubkunst, S. 86; ebenfalls Sprecher, Beschränkungen des Handels mit Kulturgut, S. 221.
1104 Sprecher, Beschränkungen des Handels mit Kulturgut, S. 223.
1105 Von der Groeben et al., Europäisches Unionsrecht, Art. 36 AEUV, Rn. 135.
1106 Von Schorlemer, Internationaler Kulturgüterschutz, S. 499.
1107 Peters, Ist das Kulturgutschutzgesetz mit dem Grundgesetz vereinbar?, S. 9; siehe dazu auch Kapitel § 5 III 3 a).

jene Kulturgüter in Deutschland gehalten werden, deren Ankauf finanzierbar wäre. Dies würde den Abwanderungsschutz stark beeinträchtigen.[1108] Der Abwanderungsschutz des KGSG durch die Genehmigungspflicht der Ausfuhr bei bestimmten Alters- und Wertuntergrenzen ist für Eigentümer von Kulturgütern zwar nachteiliger als ein Vorkaufsrecht, doch trotzdem ist die Genehmigungspflicht ein mildes Mittel. Die Ausfuhrbeschränkungen des KGSG können daher als *erforderlich* angesehen werden, weil keine weiteren Maßnahmen denkbar sind, die den Handel innerhalb der EU weniger beeinträchtigen und dabei gleichzeitig einen gleichbleibenden Abwanderungsschutz gewährleisten.[1109]

(4) Alle Maßnahmen müssen stets im Einzelfall *angemessen* sein. Es stellt sich hierbei die Frage, ob das Ziel die gewählten Mittel rechtfertigt. Bei den Ausfuhrbeschränkungen des KGSG handelt es sich lediglich um eine Genehmigungspflicht der Ausfuhr und nicht um ein Ausfuhrverbot bei Überschreiten der Alters- und Wertuntergrenzen. Für die Ausfuhr in Drittstaaten entsprach dies aufgrund der Verordnung (EG) Nr. 116/2009 bereits vor Inkrafttreten des KGSG der geltenden Rechtslage; nunmehr wurde dieses Vorgehen auch auf die Ausfuhr innerhalb des Binnenmarktes erweitert, wobei die Wertuntergrenzen sogar verdoppelt wurden. Die Frage der *Angemessenheit* kann demnach bejaht werden.[1110] Schließlich darf nur solchen Kulturgütern die Ausfuhr verweigert werden, die als identitätsstiftend angesehen werden und denen eine besondere kulturelle Bedeutung zugeschrieben wird. Insgesamt ist festzustellen, dass die Zielsetzung, Kulturgüter für das Inland zu bewahren, die Einschränkung der Eigentümer rechtfertigt.

b) Europarechtliche Klassifizierung von Kulturgütern als „Handelsware“

Aufgrund ihres einmaligen Charakters und ihrer Schutzwürdigkeit sind Kulturgüter zwar anders zu behandeln als andere Wirtschaftsgüter.[1111] Dennoch

1108 Von Schorlemer, Internationaler Kulturgüterschutz, S. 499 f.

1109 Moll, Ausfuhrverbote für NS-Raubkunst, S. 86; ebenso Sprecher, Beschränkungen des Handels mit Kulturgut, S. 183; auch Kohls, Kulturgüterschutz, S. 60, Caldoro, Nationaler Kulturgüterschutz, S. 233 f. und Peya, Die Ausfuhr von Kulturgütern, S. 108 heben hervor, dass Ausfuhrverbote mit Genehmigungsvorbehalt geeignete und mildere Mittel sind, als dies bei absoluten Exportverboten der Fall wäre.

1110 So auch Sprecher, Beschränkungen des Handels mit Kulturgut, S. 183.

1111 Von Schorlemer, Internationaler Kulturgüterschutz, S. 501.

stellte sich im europarechtlichen Kontext die Frage, ob Kulturgüter als „Handelsware" bezeichnet und auch als solche behandelt werden sollten. Diese Frage wurde in der Rs. 7/68[1112] geklärt.[1113] Der EuGH urteilte, dass ein Teil des italienischen Gesetzes Nr. 1089 vom 1. Juni 1939 über den Schutz der Gegenstände von künstlerischem oder geschichtlichem Interesse unrechtmäßig und nicht mit den Prinzipien des freien Warenverkehrs vereinbar sei. Das Gesetz regelte, dass Ausfuhrabgaben für Kulturgüter in Höhe von 8 – 30% des Wertes des auszuführenden Kulturgutes erhoben werden. Gewiss wäre eine solche Regelung aus finanzieller Sicht für viele Staaten eine attraktive Option. So könnten beispielsweise die gewonnenen finanziellen Mittel zweckgebunden für den Ankauf von Kulturgütern verwendet werden und dadurch würde sich das kulturelle Angebot für die Allgemeinheit vergrößern.[1114] Auch in Deutschland wurden kulturpolitische Entscheidungen in der Vergangenheit teilweise finanziellen Motiven untergeordnet. So wurde bereits in der „Verordnung über die Ausfuhr von Kunstwerken" aus dem Jahr 1919 geregelt, dass die Ausfuhr von bestimmten Kunstwerken nur genehmigt werden dürfe, wenn „[…] der materielle Gewinn des Reichs den Verlust des Kunstwerks rechtfertigt."[1115]

Nachdem die Europäische Kommission die italienische Regierung mehrmals zur Änderung dieser Regelung aufgefordert hatte, wurde ein Vertragsverletzungsverfahren eingeleitet. Die italienische Regierung argumentierte zwar, es handele sich bei den von der Regelung betroffenen Kulturgütern um „[…] eine bestimmte Kategorie von Sachen, die nicht den Verbrauchsgütern oder Gegenständen des täglichen Gebrauchs gleichgestellt werden könnten und deshalb nicht den Vertragsvorschriften unterlägen, die auf Gegenstände des allgemeinen Handels anwendbar seien."[1116]

Im abschließenden Urteil des EuGH heißt es jedoch: „Nach Artikel 9 des Vertrages ist Grundlage der Gemeinschaft eine Zollunion, „die sich auf den gesamten Warenaustausch erstreckt". Unter Waren im Sinn dieser Vorschrift sind Erzeugnisse zu verstehen, die einen Geldwert haben und deshalb Gegenstand

---

1112 EuGH, Urt. v. 10.12.1968, Rs. 7/68, EUR-Lex – 61968CJ0007 – DE.

1113 Zu diesem Urteil siehe auch Uhl, Der Handel mit Kunstwerken im europäischen Binnenmarkt, S. 33 – 35.

1114 Zur Problematik von Abgaben als Schutzmaßnahme für Kulturgüter, siehe Uhl, Der Handel mit Kunstwerken im europäischen Binnenmarkt, S. 167 f.; Uhl weißt zudem auf die verfassungsrechtlichen Bedenken hin, die sich bei einer zweckgebundenen Verwendung der oben angesprochenen Einnahmen ergeben.

1115 „Verordnung über die Ausfuhr von Kunstwerken" vom 11. Dezember 1919.

1116 EuGH, Urt. v. 10.12.1968, Rs. 7/68, EUR-Lex – 61968CJ0007 – DE, S. 639.

von Handelsgeschäften sein können. Die durch das italienische Gesetz erfaßten Erzeugnisse teilen nun aber, durch welche sonstigen Eigenschaften sie sich auch von anderen Handelsgütern unterscheiden mögen, mit diesen letzteren das Merkmal, daß sie einen Geldwert haben und deshalb Gegenstand von Handelsgeschäften sein können. [...] Sonach sind Güter den Normen des Gemeinsamen Marktes unterworfen, sofern der Vertrag nicht ausdrücklich Ausnahmen vorsieht."[1117] Gemäß diesem Urteil in der Rs. 7/68 ist festzustellen, dass Kulturgüter europarechtlich trotz der besonderen Schutzbedürftigkeit als kommerzielle Ware angesehen werden.

c) Vereinbarkeit der Ausfuhrbeschränkungen des KGSG mit dem freien Warenverkehr in der EU

aa) Allgemeines

Eine zentrale Fragestellung, die sich im Kontext des KGSG aufdrängt, ist die nach der Konformität der Ausfuhrbeschränkungen mit der Warenverkehrsfreiheit innerhalb des Binnenmarktes. Bei der Prüfung der Konformität des KGSG mit europarechtlichen Regelungen ist auch Art. 167 AEUV (ex-Artikel 151 EGV) relevant, der die Zuständigkeit der EU im Bereich der Förderung von Kultur regelt. Dem Subsidiaritätsprinzip folgend, ist explizit erwähnt, dass zwar Fördermaßnahmen zur Entfaltung der Kulturen der einzelnen Mitgliedstaaten erlassen werden, jedoch geschieht dies „[...] unter Ausschluss jeglicher Harmonisierung der Rechts- und Verwaltungsvorschriften der Mitgliedstaaten." Damit wird die Kulturhoheit der Mitgliedstaaten gewährleistet. Die Kulturverträglichkeitsklausel in Art. 167 Abs. 4 AEUV hebt ebenfalls die grundsätzlich begrenzte Zuständigkeit der EU für kulturelle Belange hervor. Es ist dennoch offensichtlich, dass die Regelungen des KGSG und die Warenverkehrsfreiheit in einem Spannungsverhältnis stehen, denn der Warenverkehr wird von den Ausfuhrbeschränkungen berührt. Trotz der Notwendigkeit den freien Warenverkehr zum Schutz von Kulturgütern einzuschränken, sollen der Austausch von Kulturgütern und auch die Rechte von Eigentümern nicht unverhältnismäßig eingeschränkt werden.

bb) Vereinbarkeit von Ausfuhrbeschränkungen mit Art. 28 AEUV

Art. 28 AEUV (ex-Artikel 23 EGV) verbietet die Erhebung von Ein- und Ausfuhrzöllen und Abgaben gleicher Wirkung.

1117 EuGH, Urt. v. 10.12.1968, Rs. 7/68, EUR-Lex – 61968CJ0007 – DE, S. 642 f.

In der im vorherigen Unterkapitel dargestellten Rs. 7/68 argumentierte die klageerhebende Kommission, dass die italienische Abgabe einem Ausfuhrzoll gleichkomme, welcher nicht mit dem Prinzip des europäischen Binnenmarktes vereinbar wäre. Die italienische Regierung vertrat hingegen die Auffassung, dass die Abgabe einem „[…] besonderen Zweck diene, nämlich dem Schutz und der Erhaltung des im Staatsgebiet vorhandenen künstlerischen, geschichtlichen und archäologischen Kulturbesitzes.“[1118] Hinsichtlich der Anwendbarkeit des damaligen Art. 16 EWG-Vertrag, welcher besagte, dass die Mitgliedstaaten untereinander Ausfuhrzölle und Abgaben gleicher Wirkung aufheben müssen, entschied der EuGH: „Da die streitige Abgabe den Ausfuhrhandel mit den fraglichen Gütern durch das Mittel einer finanziellen Belastung hemmt, die auf dem Preis der ausgeführten Gegenstände ruht, fällt sie unter den Tatbestand des Artikels 16.“[1119] Es zeigt sich, dass auch zum Schutz von Kulturgütern vor Abwanderung keine Zölle oder sonstigen Abgaben gleicher Wirkung erhoben werden dürfen. Das KGSG beinhaltet keine Regelungen, die Ein- oder Ausfuhrzölle oder Abgaben gleicher Wirkung implizieren und ist daher mit Art. 28 AEUV vereinbar.

cc) Vereinbarkeit von Ausfuhrbeschränkungen mit Art. 35 AEUV

Art. 35 AEUV (ex-Artikel 29 EGV) regelt, dass mengenmäßige Ausfuhrbeschränkungen und sonstige Maßnahmen gleicher Wirkung verboten sind. Das Telos des Art. 35 AEUV besteht darin, dass „[…] dem inländischen Markt in Bezug auf die Güterversorgung keine Vorzugsstellung gegenüber den Märkten anderer Mitgliedstaaten […]“ eingeräumt werden soll.[1120]

Das primäre Gemeinschaftsrecht enthält fast keine Regelungen, die explizit die Ausfuhr von Kulturgütern regeln.[1121] Die Ausnahmevorschrift des Art. 36 AEUV (ex-Artikel 30 EGV) erlaubt jedoch, das Prinzip des freien Warenverkehrs zum Schutz „[…] nationalen Kulturguts von künstlerischem, geschichtlichem oder archäologischem Wert […]“ einzuschränken. Darunter fallen neben Ausfuhrverboten auch Ausfuhrlizenzen und öffentliche Vorkaufsrechte.[1122] Dies ist vor allem vor dem Hintergrund zu betrachten, dass einerseits der freie Warenverkehr und damit auch der kulturelle Austausch innerhalb der EU aufrecht erhalten werden sollte, andererseits den Mitgliedstaaten die rechtliche

1118 EuGH, Urt. v. 10.12.1968, Rs. 7/68, EUR-Lex – 61968CJ0007 – DE, S. 643.
1119 EuGH, Urt. v. 10.12.1968, Rs. 7/68, EUR-Lex – 61968CJ0007 – DE, S. 643.
1120 Geiger et al. EUV, AEUV, Art. 35, Rn. 3.
1121 Peya, Die Ausfuhr von Kulturgütern, S. 35.
1122 Geiger et al. EUV, AEUV, Art. 36, Rn. 12.

Legitimation zum Schutz ihrer Kulturgüter vor Abwanderung gewährt wird.[1123] Auch das BVerwG bestätigt, dass der Abwanderungsschutz von *nationalem Kulturgut* mit Art. 36 AEUV vereinbar ist.[1124] Allerdings muss konstatiert werden, dass kein gemeinschaftseinheitlicher Begriff von Kulturgut existiert.[1125] Art. 36 AEUV bezieht sich auf *nationales Kulturgut* und spezifiziert nicht, welche Kulturgüter als solche verstanden werden, sondern ermöglicht den Mitgliedstaaten einen weiten Spielraum, die Definition von *nationalen Kulturgütern* nach eigenen Vorstellungen zu formulieren.[1126] Dementsprechend existieren innerhalb der EU unterschiedliche Definitionen des Kulturgutbegriffs, wie beispielsweise in Frankreich die Formulierung als Nationalschatz (*trésor national*) oder die in Italien gängige Bezeichnung als nationales Erbe (*patrimonio nazionale*). Die Begrifflichkeit *nationales Kulturgut* wurde bewusst im KGSG gewählt, um an Art. 36 AEUV angelehnt zu sein.[1127] Die Frage, welche Kulturgüter im Sinne des Art. 36 AEUV von den Mitgliedstaaten als solche mit „künstlerischem, geschichtlichem oder archäologischem Wert“ eingestuft werden können, beantwortet *Lenski* mit dem Verweis auf den Anhang der Verordnung (EG) Nr. 116/2009: „Da die Verordnung darüber hinaus keine abstrakte Definition des Kulturgutbegriffs enthält, sondern vielmehr mit einer Kategorienbildung im Anhang operiert, kann aus ihr geschlossen werden, dass die dort verwendeten Abgrenzungsmerkmale grundsätzlich auch zulässige Anknüpfungspunkte für nationalstaatliche Regelungen sind.“[1128]

1123 Von Schorlemer, Internationaler Kulturgüterschutz, S. 496.

1124 BVerwG, Urt. v. 27.05.1993 – 7 C 33/92, NJW 1993, 3280, 3282 (Jurion-Tz. 17); siehe dazu eine Zusammenfassung in Kapitel § 5 I 4 a); auch Schack, Kunst und Recht, S. 285 hebt hervor, dass Kulturgüter vom Prinzip des freien Warenverkehrs ausgenommen sind.

1125 Geiger et al. EUV, AEUV, Art. 36, Rn. 12; Caldoro, Nationaler Kulturgüterschutz, S. 112 f. fügt hinzu: „Ein gemeinschaftseinheitlicher Begriff würde hingegen die Definition des Anwendungsbereichs dieser Ausnahme vollständig den Gemeinschaftsorganen überlassen und keinen Raum für die Geltung nationaler Rechtsordnungen verschaffen, was dem Sinn der Norm widersprechen würde.“

1126 Zur Begriffseingrenzung von Kulturgütern in Verbindung mit Art. 36 AEUV konstatiert Lenski, Öffentliches Kulturrecht, S. 151: „Kulturgüter sind demnach alle körperlichen Gegenstände, die von den Mitgliedstaaten als Kulturgüter betrachtet werden.“

1127 Bundesrat Drs. 538/15, Entwurf eines Gesetzes zur Neuregelung des Kulturgutschutzrechts, S. 71, Online.

1128 Lenski, Öffentliches Kulturrecht, S. 152.

Allerdings ist auch zu konstatieren, dass Art. 36 AEUV nicht als allgemeine Schutzklausel zu verstehen ist.[1129] Vielmehr ist auch Art. 36 AEUV den Harmonisierungsrichtlinien des Art. 114 AEUV untergeordnet und eng auszulegen.[1130] Durch das Erfordernis, dass ein kultureller Wert im Kulturgut immanent sein muss[1131], wird die Anzahl der Objekte limitiert, die durch Art. 36 AEUV von der grundsätzlichen Warenverkehrsfreiheit innerhalb des Binnenmarktes ausgenommen werden dürfen. Dadurch wird eine zu starke Beanspruchung des Art. 36 AEUV vermieden und die Warenverkehrsfreiheit nicht übermäßig eingeschränkt.[1132] Dass Art. 36 AEUV als Ausnahme des Grundsatzes der Warenverkehrsfreiheit zu sehen ist, hebt auch die Verpflichtung der zuständigen Landesbehörden hervor, eine restriktive Handhabung der Eintragung von Kulturgut in die Verzeichnisse national wertvollen Kulturgutes sicherzustellen.[1133]

Des Weiteren muss bei der Prüfung der Vereinbarkeit von Ausfuhrbeschränkungen mit Art. 35 AEUV hinterfragt werden, inwieweit sich Ausfuhrbeschränkungen von den nach Art. 28 AEUV verbotenen Ausfuhrzöllen und Abgaben unterscheiden. In diesem Kontext argumentierte der EuGH in der Rs. 7/68: „Diese Verbote und Beschränkungen unterscheiden sich ihrem Wesen nach deutlich von Zöllen und diesen gleichgestellten Abgaben, die sich auf die wirtschaftlichen Bedingungen der Ein- und Ausfuhr auswirken, ohne insoweit mit zwingenden Eingriffen in die Entscheidungsfreiheit der Marktteilnehmer verbunden zu sein. [...] Daß die angeführte Bestimmung des Artikels 36 Zölle und Abgaben gleicher Wirkung nicht mit einbezieht, erklärt sich übrigens dadurch, daß solche Maßnahmen die Ausfuhr der fraglichen Erzeugnisse nur verteuern, ohne daß sie die Verwirklichung des mit Artikel 36 angestrebten Ziels gewährleisten, den künstlerischen, geschichtlichen oder archäologischen Kulturbesitz zu schützen."[1134]

Art. 36 AEUV schreibt vor, dass die ergriffenen Maßnahmen kein „Mittel zur willkürlichen Diskriminierung" oder eine „verschleierte Beschränkung des

---

1129 Peya, Die Ausfuhr von Kulturgütern, S. 79.

1130 Geiger et al. EUV, AEUV, Art. 36, Rn. 1.

1131 Lenski, Öffentliches Kulturrecht, S. 152: „Zum einen erfordert die unionsrechtliche Bestimmung, dass es sich bei dem nationalstaatlich geschützten Kulturgut überhaupt um ein Gut mit gesteigertem immateriellen Wert handelt, der in dem individuellen Objekt verkörpert sein muss."

1132 Von Schorlemer, Internationaler Kulturgüterschutz, S. 79.

1133 Schuschke-Nehen, Kulturgüterschutz in Deutschland und der Europäischen Union, S. 83.

1134 EuGH, Urt. v. 10.12.1968, Rs. 7/68, EUR-Lex – 61968CJ0007 – DE, S. 644.

Handels zwischen den Mitgliedstaaten" darstellen darf. Diese zwei Tatbestandsalternativen sollen ein Missbrauchsverbot der Ausnahmevorschrift des Art. 36 AEUV darstellen.[1135] Obwohl die Bedeutung dieser Vorschrift umstritten ist, da bereits das Erfordernis des „mildesten Mittels" im Rahmen der Verhältnismäßigkeitsprüfung eine missbräuchliche Verwendung des Art. 36 AEUV verhindert[1136], sollen die beiden Tatbestandsalternativen des Missbrauchsverbots nach Art. 36 Satz 2 AEUV kurz erläutert werden.

(1) Eine willkürliche Diskriminierung könnte vorliegen, wenn Kulturgüter anders behandelt werden würden als sonstige Wirtschaftsgüter.[1137] Der Begriff der willkürlichen Diskriminierung wird im AEUV nicht erläutert, jedoch lautet eine Annäherung: „Eine Maßnahme ist willkürlich, wenn sie durch keine anerkennenswerten sachlichen Erfordernisse begründet ist. Der diskriminierende Charakter einer Maßnahme kann wegen des maßgeblichen Kriteriums der Behinderungswirkung nicht voraussetzen, dass die Maßnahme [...] sämtliche im tatsächlichen oder potenziellen Wettbewerb stehenden inländischen Erzeugnisse begünstigt oder nur eingeführte, nicht aber inländische Erzeugnisse benachteiligt."[1138] Beispiele hierfür wäre ein Werbeverbot, welches willkürlich zwischen inländischen und ausländischen Produkten unterscheidet.[1139] Es zeigt sich, dass das Verbot der willkürlichen Diskriminierung nicht vor dem Hintergrund der Ausfuhrbeschränkungen zu betrachten ist, sondern am ehesten die Einfuhrbeschränkungen als willkürliche Diskriminierung angesehen werden könnten. Die Einfuhrbeschränkungen sollen allerdings den illegalen Handel mit Kulturgut unterbinden, und sollen nicht dazu dienen, inländische Künstler oder Kunstintermediäre zu bevorzugen. Die Regelungen des KGSG sind daher nicht als willkürliche Diskriminierung anzusehen.
(2) Als verschleierte Beschränkung des Handels zwischen den Mitgliedstaaten ist „[...] jede Schutzmaßnahme im Sinne des Art. 36 S. 1 AEUV getarnte Handelsbehinderung zwischen den Mitgliedstaaten zu verstehen."[1140] Auch im Kontext des Verbots der verschleierten Beschränkung des Handels zwischen den Mitgliedstaaten sei erwähnt, dass das KGSG neben

1135 Von der Groeben et al., Europäisches Unionsrecht, Art. 36 AEUV, Rn. 160.
1136 Von der Groeben et al., Europäisches Unionsrecht, Art. 36 AEUV, Rn. 171.
1137 Von Schorlemer, Internationaler Kulturgüterschutz, S. 501.
1138 Von der Groeben et al., Europäisches Unionsrecht, Art. 36 AEUV, Rn. 166.
1139 Von der Groeben et al., Europäisches Unionsrecht, Art. 36 AEUV, Rn. 167.
1140 Von der Groeben et al., Europäisches Unionsrecht, Art. 36 AEUV, Rn. 170.

Ausfuhrbeschränkungen auch Einfuhrbeschränkungen beinhaltet. Dies deutet darauf hin, dass eine bewusste Abschottung des Kunstmarktes nicht vorliegt. Eine verschleierte Beschränkung des Handels zwischen den Mitgliedstaaten könnte trotzdem bereits in bestimmten Fällen vorliegen, beispielsweise wenn der Staat eine Ausfuhrgenehmigung verweigert, um dadurch einen wertmindernden Effekt zu verursachen, und anschließend das Kulturgut zu erwerben.[1141] Die Verweigerung einer Ausfuhrgenehmigung darf nicht dem wirtschaftlichen Interesse eines Staates dienen, sondern dem Erhalt des nationalen Kulturerbes für das Inland. Ansonsten könnte eine verschleierte Beschränkung des Handels zwischen den Mitgliedstaaten vorliegen. Dass eine solche versteckte Intention nicht gänzlich abwegig ist, zeigt ein Blick in die Vergangenheit. Das erste deutsche Verzeichnis national wertvollen Kulturgutes, welches im Zuge der Verordnung über die Ausfuhr von Kunstwerken vom Dezember 1919 entstand, wurde maßgeblich von den sammlungspolitischen Motiven der staatlichen Museen beeinflusst: „Der Staat verschaffte sich mit der Kunstausfuhrverordnung einen Wettbewerbsvorteil für international gefragte Kunstwerke, indem er sie dem Weltmarkt entzog."[1142] Wenn Ausfuhrgenehmigungen nur aus dem Grund verweigert werden, dass der Staat durch ein Vorkaufsrecht Kulturgüter unterhalb des internationalen Marktpreises ankaufen kann, würde diese Belastung der Eigentümer nicht durch ein öffentliches Interesse gerechtfertigt werden können.[1143] In diesem Zusammenhang würde die Allgemeinheit zwar faktisch davon profitieren, wenn der Staat Kulturgüter unterhalb des Marktpreises erwerben kann und öffentlich ausstellt. Andererseits würde hierbei das Privateigentum unverhältnismäßig eingeschränkt werden: „Staatliche Institutionen sollen sich nicht auf Kosten von Privaten bereichern."[1144] Auch *von Schorlemer* erläutert, dass hierbei das wirtschaftliche Interesse eines Staates über den „Erhalt seines Kulturpatrimoniums" gestellt werden würde und darin eine verschleierte Beschränkung des Handels zwischen

1141 Von Schorlemer, Internationaler Kulturgüterschutz, S. 502 f.

1142 Obenaus, Für die Nation gesichert?, S. 329 f.; sie führt auf S. 330 zudem aus: „Für die Zeit der 1920er wie auch 1930er Jahre lässt sich ein kontinuierlicher Missbrauch des Verzeichnisses für die Erwerbungszwecke des Staates nachweisen. In der Weimarer Republik gehörte es nahezu zur Tagesordnung, dass Kunstwerke für die Ausfuhr freigegeben wurden, wenn den Museen im Gegenzug wertvolle Objekte einer Sammlung zu günstigen Konditionen, bevorzugt als Schenkung, überlassen wurden."

1143 Sprecher, Beschränkungen des Handels mit Kulturgut, S. 214.

1144 Sprecher, Beschränkungen des Handels mit Kulturgut, S. 215.

den Mitgliedstaaten bestehen könnte.[1145] Eine solche finanzielle Intention des Staates wird sich aber nicht belegen lassen. Allerdings war in der Erläuterung eines durchgestochenen Referentenentwurfes zum KGSG eine Formulierung enthalten, welche eine finanzielle Intention des Staates suggerierte: „Einsparungen in unbekannter Höhe werden jedoch bei Bund und Ländern dadurch erzielt, dass durch die Schaffung einer genehmigungspflichtigen Ausfuhr von Kulturgut im EU-Binnenmarkt Rückkäufe von nationalem Kulturgut auf dem internationalen Kunstmarkt – die zum Teil zweistellige Millionenbeträge in den letzten Jahren erforderlich machten – zukünftig in nur noch sehr geringerem Maße nötig sein werden."[1146] Insgesamt sind die Ausfuhrbeschränkungen dennoch nicht als verschleierte Beschränkung des Handels zwischen den Mitgliedstaaten anzusehen. Schließlich handelt es sich nicht um eine systematische getarnte Handelsbehinderung zur Bevorzugung inländischer Künstler oder Kunstintermediäre, sondern es sollen ausgewählte identitätsstiftende Kulturgüter für das Inland bewahrt werden.

3. Diskussion über Vorkaufsrechte und Ankaufsangebote für national wertvolle Kulturgüter

a) Begriffsbestimmungen und Grundlagen

Lenski kritisierte, dass ein Ziel des KGSG zwar die Identitätsstiftung ist, dies jedoch alleine durch Ausfuhrbeschränkungen nicht erfüllt werden kann. Die Ausfuhrbeschränkungen gewährleisten, dass bestimmte Kulturgüter in Deutschland verbleiben, doch bedeute dies nicht, dass diese dadurch der Allgemeinheit zugänglich gemacht werden. Insofern stelle sich die Frage, inwieweit ohne konkrete Instrumente wie einem staatlichen Vorkaufsrecht oder einem staatlichen Ankaufsangebot, isolierte Ausfuhrbeschränkungen eine identitätsstiftende Wirkung entfalten können: „Wenn aber in der Konzeption des Gesetzes die identitätsstiftende Wirkung am materiellen Objekt hängt, so fordert der Prozess der Identitätsstiftung, der nur durch eine kognitive Auseinandersetzung erfolgen kann, notwendigerweise auch einen Zugang zum Objekt selbst. Genau dieser Zugang zum Objekt wird aber auch nach dem neuen Gesetzentwurf in keiner Weise sichergestellt oder auch nur wesentlich gefördert, da die Neuregelung

1145 Von Schorlemer, Internationaler Kulturgüterschutz, S. 503.

1146 Deutsche Wirtschafts Nachrichten, Deutschland beschränkt Handel mit Münzen, Briefmarken, Gemälden, Online.

allein die Verhinderung der Abwanderung sowie den Schutz der Substanz bewirkt."[1147] In diesem Zusammenhang sei auch der vom Gesetzgeber vorgebrachte Verweis auf die Ausfuhrbeschränkungen anderer europäischer Staaten nicht angebracht: „In den meisten anderen europäischen Ländern existieren nämlich gerade keine isolierten Abwanderungsschutzregeln, sondern Exportverbote, die durch Regelungen zum Ankauf durch die öffentliche Hand oder die öffentliche Zugänglichkeit der Kulturgüter ergänzt und legitimiert werden."[1148]

Vorkaufsrechte und Ankaufsangebote sind in vielen europäischen Ländern als Instrumente des Kulturgüterschutzes verankert.[1149] Auch im Denkmalschutzrecht in Deutschland existieren Regelungen zu Vorkaufsrechten.[1150] Vorrangige Ziele von Vorkaufsrechten und Ankaufsangeboten im Kontext des Kulturgüterschutzes sind häufig der Abwanderungsschutz und der Substanzschutz. Auch in Deutschland wurde ein staatliches Vorkaufsrecht im Rahmen des Kulturgüterschutzes diskutiert.[1151] Bereits im Jahr 2008 schlug dies beispielsweise das Land Bayern vor.[1152] Im KGSG ist kein Vorkaufsrecht vorgesehen; die Zielsetzung des Abwanderungsschutzes soll durch die Genehmigungspflicht der Ausfuhr erreicht werden.

Im Kontext des KGSG wurden vor allem die Möglichkeiten einer Verankerung eines Vorkaufsrechts oder eines staatlichen Angebots zum Ankauf von Kulturgütern diskutiert, welche sich ausschließlich auf Kulturgüter beziehen würden, die in ein Verzeichnis national wertvollen Kulturgutes eingetragen wurden. Laut § 23 Abs. 2 KGSG ist die Genehmigung der dauerhaften Ausfuhr nationaler Kulturgüter, zu denen auch Kulturgüter in einem Verzeichnis national wertvollen Kulturgutes gehören, zu versagen, „[...] wenn bei Abwägung der Umstände des Einzelfalls wesentliche Belange des deutschen Kulturgutbesitzes überwiegen [...]". Daher dürfte in den meisten Fällen davon ausgegangen werden, dass eine

---

1147 Lenski, Verfassungsmäßigkeit eines Abwanderungsschutzes von Kulturgütern, S. 9 f., Online.

1148 Süddeutsche Zeitung, Import ohne Export, Online.

1149 Anzuführen sind hierbei u.a. die Regelungen im Vereinigten Königreich, in Frankreich, in Italien, in den Niederlanden und in Dänemark.

1150 So garantiert § 22 des Denkmalschutzgesetzes von Mecklenburg-Vorpommern Gemeinden, dass diese ein Vorkaufsrecht geltend machen können für Grundstücke, auf oder in denen sich Denkmäler befinden, sofern somit die dauerhafte Erhaltung gesichert wird.

1151 Siehe dazu beispielsweise Wissenschaftlicher Dienst des Bundestages, Vorkaufsrecht des Staates, Online.

1152 Wissenschaftlicher Dienst des Bundestages, Vorkaufsrecht des Staates, S. 4, Online.

Ausfuhrgenehmigung verweigert wird. Schließlich wird ein Kulturgut nur dann in ein Verzeichnis national wertvollen Kulturgutes eingetragen, „[...] wenn 1. es besonders bedeutsam für das kulturelle Erbe Deutschlands, der Länder oder einer seiner historischen Regionen und damit identitätsstiftend für die Kultur Deutschlands ist und 2. seine Abwanderung einen wesentlichen Verlust für den deutschen Kulturbesitz bedeuten würde und deshalb sein Verbleib im Bundesgebiet im herausragenden kulturellen öffentlichen Interesse liegt."[1153]

Von Befürwortern eines Vorkaufsrechts oder Ankaufsangebots wurde argumentiert, dass diese Instrumente die Beschränkung auf den inländischen Markt ausgleichen würden: „Die Normierung eines staatlichen Vorkaufsrechts für national wertvolles Kulturgut, die mit der Pflicht zur Erteilung einer Ausfuhrerlaubnis verbunden ist, sofern das Vorkaufsrecht nicht ausgeübt wird, würde die zentrale Schwachstelle des bisher in Deutschland geltenden Abwanderungsschutzsrechts beseitigen: Dass dem Eigentümer eines Kulturguts schwerwiegende Einschränkungen in Hinblick auf sein Eigentumsgrundrecht auferlegt werden, ohne dass damit hinreichend effektiv ein Gemeinwohlbelang verwirklicht würde."[1154]

Da gemäß § 7 Abs. 1 Nr. 2 KGSG die Eintragung in ein Verzeichnis national wertvollen Kulturgutes davon abhängt, ob ein Verbleib im Bundesgebiet im „herausragenden kulturellen öffentlichen Interesse" liegt, könnte zudem argumentiert werden, dass auch die Schaffung eines Zugangs der Allgemeinheit zu solchen Kulturgütern mittels eines Vorkaufsrechts oder Ankaufsangebots geboten sei. Diese Verbesserung des Zugangs zu bedeutenden Kulturgütern ist als zentrale Aufgabe des Kulturstaates anzusehen, der sich nicht nur auf die Verwaltung des Status quo fokussieren darf, sondern das Kulturangebot für die Gesellschaft stets weiterentwickeln muss.[1155]

Im Kontext der Diskussion über ein mögliches Vorkaufsrecht oder ähnliche Instrumente zum Erwerb national wertvoller Kulturgüter durch die öffentliche Hand muss zudem erwähnt sein, dass die Begrifflichkeiten in der Literatur zum Kulturgüterschutz nicht immer korrekt verwendet werden und häufig allgemein

---

1153 Vgl. § 7 Abs. 1 KGSG.

1154 Lenski, Fragenkatalog – Öffentliche Anhörung, S. 13 f., Online.

1155 Germelmann, Kultur und staatliches Handeln, S. 609: „Gerade die Entwicklungsfähigkeit der Kultur nötigt dem Kulturstaat eine entsprechende Begleitung ab; insbesondere im Falle des Bestehens entsprechender Finanzkraft verlangt die Kulturstaatlichkeit auch den Neuerwerb von Kulturgütern und die Neuanlegung von Sammlungen.

über ein „Vorkaufsrecht" diskutiert wird. Beispielsweise wurden während des Gesetzgebungsverfahrens Experten im Bereich des Kulturgüterschutzes und des Kunsthandels zu den geplanten Regelungen des KGSG befragt und auch ein mögliches Vorkaufsrecht wurde im Fragenkatalog thematisiert: „Ein zentraler Kritikpunkt der Debatte sind faire Kompensationen für verkaufswillige Eigentümer von Kulturgut, deren Eigentum auf die Liste „national wertvoller" Kulturgüter eingetragen wird. Ein hierbei oft debattierter Vorschlag ist die Einführung eines staatlichen Vorkaufsrechts nach dem sogenannten „englischen Modell"."[1156] Der Begriff „englisches Modell" meint die Regelungen des Vereinigten Königreiches; allerdings wird den Eigentümern dort lediglich ein Ankaufsangebot unterbreitet, sodass es sich nicht um ein Vorkaufsrecht handelt.[1157]

Daher wird im Folgenden die Begrifflichkeit „Vorkaufsrecht" definiert. § 463 BGB besagt: „Wer in Ansehung eines Gegenstandes zum Vorkauf berechtigt ist, kann das Vorkaufsrecht ausüben, sobald der Verpflichtete mit einem Dritten einen Kaufvertrag über den Gegenstand geschlossen hat." Zudem erfolgt gemäß § 464 BGB die Ausübung des Vorkaufsrechts „[…] durch Erklärung gegenüber dem Verpflichteten. Die Erklärung bedarf nicht der für den Kaufvertrag bestimmten Form." Entscheidend ist zudem, dass der Kauf zwischen dem Berechtigten und dem Verpflichteten unter den gleichen Bestimmungen zustande kommt, welche der Verpflichtete mit dem Dritten vereinbart hat.[1158] Dies würde beispielsweise im Kontext des KGSG bedeuten, dass Deutschland statt des ursprünglichen Käufers in den Kaufvertrag einsteigen würde und demnach das Kulturgut zum gleichen Preis und zu den gleichen Bedingungen erwerben kann, die vertraglich zwischen dem ursprünglichen Käufer und dem Eigentümer des Kulturgutes vereinbart waren.

Der *Wissenschaftliche Dienst des Bundestages* mahnte im Kontext von Überlegungen bezüglich eines möglichen Vorkaufsrechts für Kulturgüter an: „Der Staat sollte für seine Maßnahmen auch beachten, dass er nicht zu stark und restriktiv durch gesetzliche Maßnahmen in die Eigentumsrechte der Bürger eingreift. So könnten die verfassungsrechtlich gewährleistete Institutsgarantie sowie das Recht auf freie Verfügbarkeit des Eigentums nach Art 14 GG durch ein staatliches Vorkaufsrecht berührt sein."[1159] Auch diese Argumentation verwundert.

1156 Siehe beispielsweise Odendahl, Fragenkatalog – Öffentliche Anhörung, S. 14, Online.

1157 So konstatiert auch Odendahl, Fragenkatalog – Öffentliche Anhörung, S. 14, Online: „Die entsprechenden Vorschläge verwenden die Begriffe nicht korrekt […]."

1158 Vgl. § 464 Abs. 2 BGB.

1159 Wissenschaftlicher Dienst des Bundestages, Einführung eines staatlichen Vorkaufsrechtes für Kulturgüter in Deutschland, S. 6 f., Online.

Schließlich muss bei Überlegungen zu einem staatlichen Vorkaufsrecht berücksichtigt werden, dass es der Eigentümer selbst ist, der eine Veräußerung seines Kulturgutes anstrebt. Da gemäß § 464 Abs. 2 BGB der Staat das Kulturgut zu den gleichen Bestimmungen erwerben würde, die der Eigentümer mit dem Dritten vereinbart hat, würde dies keiner entschädigungspflichtigen Enteignung gleichkommen. Insofern würde ein staatliches Vorkaufsrecht nicht gegen die Eigentumsfreiheit nach Art. 14 GG verstoßen. Anders wäre die Sachlage, wenn es sich nicht um ein Vorkaufsrecht, sondern um ein „Ankaufsrecht" handeln würde, bei dem der Eigentümer beispielsweise im Falle einer Verweigerung einer Ausfuhrgenehmigung dem Staat das Kulturgut zum Kauf anbieten müsste. Dies wäre nicht mit der grundrechtlichen Eigentumsgarantie vereinbar.[1160]

Im Kontext des KGSG schlägt *Odendahl* ein Ankaufsangebot vor, welches so gestaltet sein sollte, dass bei Verweigerung der Ausfuhrgenehmigung dem Eigentümer ein Ankauf für einen angemessenen Preis vorgeschlagen werden könnte. Hinsichtlich der Fragestellung, wie verfahren werden soll, wenn kein Ankaufsangebot unterbreitet wird, ergeben sich zwei Alternativen: Entweder die Ausfuhr wird genehmigt, wie es im Vereinigten Königreich in solchen Fällen gehandhabt wird, oder die Verweigerung der Ausfuhrgenehmigung bleibt bestehen. Die zweite Alternative bringt den Vorteil mit sich, dass dadurch der Abwanderungsschutz auch dann gewährleistet wird, wenn beispielsweise aufgrund von Finanzierungshindernissen kein Ankaufsangebot unterbreitet wird.[1161] Ein solches Ankaufsangebot lehnt *Lenski* ab, da es keine verbindlichen neuen Regelungen normiert und der Gesetzgeber schon vor Inkrafttreten des KGSG in der Lage war ein Ankaufsangebot zu unterbreiten: „Allein die gesetzliche Normierung einer ohnehin bestehenden Möglichkeit, ein Ankaufsangebot zu unterbreiten, stellt insofern gerade keine Kompensation der Eigentumseinschränkungen dar, da die Rechtsstellung des Eigentümers in keiner Weise verändert wird."[1162] Für *nationale Kulturgüter*, denen die dauerhafte Ausfuhr verweigert wurde, ist im KGSG dennoch nur das Ankaufsprüfungsmodell[1163] gemäß § 23 Abs. 6 – 8 KGSG verankert. Dieses regelt jedoch lediglich, dass auf Antrag des Eigentümers die Kulturstiftung der Länder die „[…] angemessenen Bedingungen für einen Ankauf des Kulturgutes durch oder für eine Kulturgut bewahrende Einrichtung

1160 Odendahl, Fragenkatalog – Öffentliche Anhörung, S. 14, Online.

1161 Odendahl, Fragenkatalog – Öffentliche Anhörung, S. 14, Online.

1162 Lenski, Verfassungsmäßigkeit eines Abwanderungsschutzes von Kulturgütern, S. 11 f., Online.

1163 Siehe dazu Kapitel § 5 III 1 b).

im Bundesgebiet [...]" klären muss. Für den Staat ist es demnach nicht verpflichtend, ein Ankaufsangebot zu unterbreiten. Tatsächlich wurde laut *Bericht zum Umfang des Verwaltungsaufwandes des KGSG* während der ersten beiden Jahre nach Inkrafttreten des KGSG kein Ankaufsprüfungsverfahren eingeleitet.[1164]

Würde allerdings tatsächlich die Ausfuhr national wertvoller Kulturgüter genehmigt werden, sofern kein Ankaufsangebot unterbreitet wird, würde dies einige Schwierigkeiten und Risiken implizieren. Grundsätzlich stehen Finanzierungshindernisse der Praktikabilität eines Ankaufsangebots für national wertvolle Kulturgüter entgegen.[1165] Dies könnte dazu führen, dass der Abwanderungsschutz geschwächt wird und national wertvolle Kulturgüter ausgeführt werden, da diese nicht finanzierbar sind. Festzuhalten bleibt in diesem Zusammenhang allerdings, dass die nationale Bedeutung von Kulturgütern nicht zwangsläufig mit internationalen Marktpreisen korrelieren muss. Die Charakterisierung, dass ein bestimmtes Kulturgut identitätsstiftend für eine Region Deutschlands und dementsprechend eintragungswürdig sei, bedeutet nicht gleichzeitig, dass dieses Kulturgut einen hohen Preis auf dem Kunstmarkt erzielen würde. Umgekehrt ist nämlich auch nicht jedes hochpreisige Kunstwerk ein national wertvolles Kulturgut.[1166]

Eine weitere Schwierigkeit wäre, dass auch die Bestimmung eines geeigneten Marktpreises problematisch sein kann. Falls nicht ein Ankaufsangebot, sondern ein Vorkaufsrecht zum Erwerb national wertvoller Kulturgüter gesetzlich verankert werden sollte und dadurch die Ausfuhr beschränkt werden sollte, würde zudem das Risiko bestehen, dass eine Beeinflussung des Marktpreises vorgenommen werden könnte.[1167]

1164 Deutscher Bundestag, Bericht zum Umfang des Verwaltungsaufwandes von Bund und Ländern – Zwei Jahre Kulturgutschutzgesetz (BT-Drs. 19/7145), S. 15, Online.

1165 Germelmann, Kultur und staatliches Handeln, S. 734; auch der Wissenschaftliche Dienst des Bundestages, Vorkaufsrecht des Staates, S. 4, Online mahnt das Risiko an, dass nach „Kassenlage" entschieden werden könnte; positiv zur Praktikabilität eines staatlichen Erwerbs von Kulturgütern äußert sich Berndt, Internationaler Kulturgüterschutz, S. 147: „Die Gefahr für national wertvolle Kulturgüter wird häufig schon durch Selbstregulierungskräfte des Marktes gebannt."

1166 Zeit Online, Ein Fonds muss her, Online.

1167 Dies ist darin begründet, dass der Staat in einen bestehenden Kaufvertrag einsteigen muss. So wird es auch in Frankreich gehandhabt;
auch der Wissenschaftliche Dienst des Bundestages, Vorkaufsrecht des Staates, S. 4, Online mahnt die Problematik der Scheinverkäufe und die Schwierigkeit der Berechnung der Kaufpreise an.

Auch das in Kapitel § 5 I 4 a) im Kontext der Eintragung von Kulturgut in ein Verzeichnis national wertvollen Kulturgutes beschriebene Urteil des BVerwG[1168] wird häufig herangezogen um zu belegen, dass ein staatliches Vorkaufsrecht nicht zu rechtfertigen sei.[1169] Der Kläger, dessen Kulturgut (das „Silberzimmer der Welfen") in ein Verzeichnis national wertvollen Kulturgutes eingetragen wurde, argumentierte, dass die Eintragung gegen Art. 14 GG verstoße, weil das damalige KultgSchG „[...] keine ausreichende Entschädigungsregelung für den Eigentümer von Kulturgut vorsehe. Da der Markt für hochwertige Antiquitäten international sei, würden die Veräußerungsmöglichkeiten durch ein Ausfuhrverbot in erheblichem Maße eingeschränkt."[1170] Der Kläger bezweifelte zudem, dass der sich aus einer Eintragung ergebene Genehmigungsvorbehalt der Ausfuhr ein mildes Mittel darstelle: „Das Gesetz sei gerade geschaffen worden, um eine Ausfuhr zu verhindern; die Genehmigung einer Ausfuhr werde daher die Ausnahme sein."[1171] Da die Ausfuhrbeschränkung eine Veräußerung zum höchstmöglichen Preis verhindere, sei ein Vorkaufsrecht angemessen: „Ein staatliches Vorkaufsrecht würde demgegenüber den Eigentümer nicht in der Auswahl möglicher Interessenten und in der Entscheidung behindern, ob er verkaufen wolle oder nicht. Es gewähre ihm überdies den erzielbaren Preis, ganz gleich, ob der Staat von seinem Vorkaufsrecht Gebrauch mache oder nicht."[1172]

Das BVerwG betonte, dass ein Genehmigungsvorbehalt im Vergleich zu einem absoluten Ausfuhrverbot das mildere Mittel darstellt. In diesem Kontext greift das BVerwG auch das Argument des Klägers auf, dass ein Vorkaufsrecht die gerechtere Lösung wäre: „Dem ist mit dem Beklagten entgegenzuhalten, daß es nicht Sache des Staates sein kann, sich durch Ausübung eines Vorkaufsrechts am internationalen Kunsthandel zu beteiligen und auf diesem Wege wertvolles Kulturgut zu verstaatlichen. Wegen der meist extrem hohen Preise auf dem Kunstmarkt wäre es überdies mit dem Grundsatz des sparsamen Umgangs mit öffentlichen Mitteln kaum vereinbar, wollte man den Staat verpflichten, national wertvolle Kulturgüter entweder zu dem vom Eigentümer ausgehandelten Preis selbst zu erwerben oder aber abwandern zu lassen. [...] Die Beschränkung

---

1168 BVerwG, Urt. v. 27.05.1993 – 7 C 33/92, NJW 1993, 3280 – 3282.

1169 Darauf bezieht sich beispielsweise die Bundesregierung, Bericht der Bundesregierung zum Kulturgutschutz, S. 47, Online.

1170 BVerwG, Urt. v. 27.05.1993 – 7 C 33/92, NJW 1993, 3280, 3280 (Jurion-Tz. 3).

1171 BVerwG, Urt. v. 27.05.1993 – 7 C 33/92, NJW 1993, 3280, 3280 (Jurion-Tz. 6).

1172 BVerwG, Urt. v. 27.05.1993 – 7 C 33/92, NJW 1993, 3280, 3280 (Jurion-Tz. 6).

staatlicher Möglichkeiten auf die Ausübung eines Vorkaufsrechts würde überdies die Gefahr von Scheinverkäufen zu überhöhten Preisen in sich bergen."[1173]

b) Stellungnahme

Das BVerwG hätte bei Zweifeln zur Verfassungsmäßigkeit des damaligen KultgSchG auf Basis von Art. 100 Abs. 1 GG den in Frage stehenden Fall an das Bundesverfassungsgericht weiterleiten können. Auch die Tatsache, dass vom Bundesverfassungsgericht die damalige Verfassungsbeschwerde[1174] nicht angenommen wurde, deutet darauf hin, dass die Verfassungsrichter der Entscheidung des BVerwG grundsätzlich zustimmen. Auch die Verwaltungsgerichte orientieren sich am Urteil des BVerwG.[1175] Zudem mahnt der *Wissenschaftliche Dienst des Bundestages* im Kontext der Diskussion um ein staatliches Vorkaufsrecht an: „Im Interesse der Rechtssicherheit und der Verwaltungsökonomie ist es dennoch ratsam, dass die gesetzgebende Gewalt der wegweisenden Entscheidung der Judikative entspricht und nicht sehenden Auges Gesetze schafft, die höchstrichterlicher Rechtsprechungspraxis zuwiderlaufen."[1176]

Auch aufgrund der Erfahrungen, die das Vereinigte Königreich mit einem an ein Ankaufsangebot gekoppelten Abwanderungsschutz machte[1177], wurde im KGSG auf Regelungen zum Erwerb von Kulturgütern verzichtet. Allerdings

1173 BVerwG, Urt. v. 27.05.1993 – 7 C 33/92, NJW 1993, 3280, 3281/3282 (Jurion-Tz. 15).

1174 BVerfG, Beschl. v. 03.11.1993 – 1 BvR 1495/93; siehe auch BKM, Das neue Kulturgutschutzgesetz – Handreichung für die Praxis, S. 122, Online.

1175 Beispiele hierfür sind das Verwaltungsgericht Dresden 05.11.2008 – 5 K 1837/05: „Die mit der Unterschutzstellung verbundenen Einschränkungen der Verfügungsbefugnis für den Eigentümer des Kulturgutes stellen Inhalts- und Schrankenbestimmungen des Eigentums im Sinne von Art. 14 Abs. 1 Satz 2 GG dar und sind als solche nicht zu beanstanden […]".; im Kontext der Eintragung von Archivgut in ein Verzeichnis national wertvoller Archive das Verwaltungsgericht Berlin 09.02.1994 – 1 A 29.92: „Schließlich erweist sich der Genehmigungsvorbehalt auch, nicht als unverhältnismäßig zur Erreichung des Gesetzeszwecks, zumal er gegenüber einem absoluten Ausfuhrverbot – wie es andere europäische Staaten vorsehen – das mildere Mittel darstellt […]."; und bezüglich des Antrages zur Löschung einer Eintragung das Oberverwaltungsgericht Thüringen 22.11.2007 – 1 ZKO 1000/06: „Es ist bereits höchstrichterlich geklärt, dass das Kulturgutschutzgesetz mit seinen sich daraus ergebenden Einschränkungen für die Veräußerbarkeit eine verfassungsgemäße Inhalts- und Schrankenbestimmung im Sinne des Artikels 14 Absatz 1 Satz 2 GG ist […]."

1176 Wissenschaftlicher Dienst des Bundestages, Vorkaufsrecht des Staates, S. 8, Online.

1177 Siehe dazu Kapitel § 6 II 4.

verkennt der Gesetzgeber, dass eine Vergleichbarkeit nur bedingt gegeben ist. Zwar wanderten Kunstwerke ab, für deren Verbleib sich das Vereinigte Königreich eingesetzt hatte, allerdings muss das Volumen des britischen Kunstmarktes mit dem Volumen des deutschen Kunstmarktes verglichen werden.[1178]

Die Argumentation des BVerwG, dass der Abwanderungsschutz einem „[…] qualifizierten öffentlichen Interesse an der Bewahrung herausragender deutscher Kulturgüter […]" diene, ist zudem kritisch zu hinterfragen, solange keine Maßnahmen der öffentlichen Zugänglichkeit getroffen werden. Wenn der Staat weder in der Lage ist, selber einen marktgerechten Preis für Kulturgüter zu zahlen, noch Dritte für den Erwerb zu gewinnen, kann auch angezweifelt werden, ob die Klassifizierung als national wertvolles Kulturgut in jedem Fall gerechtfertigt ist, und ob ein Ausfuhrverbot tatsächlich angebracht ist. Selbstverständlich können Kulturgüter mitunter sehr hochpreisig sein und fehlende Finanzmittel für einen Erwerb dieser Kulturgüter würden nicht gleichzeitig bedeuten, dass an den Kulturgütern kein öffentliches kulturelles Interesse besteht, bzw. dass eine Bewahrung der Kulturgüter im Inland daher trotz der fehlenden Kaufabsicht nicht im Interesse des Gesetzgebers sei. Allerdings lässt sich auch das Argument nicht ignorieren, dass in einem Kulturstaat mit einem hohen Wohlstandsniveau wie in Deutschland, davon ausgegangen werden könnte, dass in den wenigen Fällen, in denen die Ausfuhr verweigert wird, die Möglichkeit eines Erwerbs durch eine öffentliche Institution in den meisten Fällen gegeben sein sollte.

Ein geeignetes Konstrukt vor diesem Hintergrund könnten auch Crowdfunding[1179] Kampagnen, also eine sogenannte Schwarmfinanzierung, sein. Erfolgreiche Kulturgut-bezogene Crowdfunding Kampagnen würden das gesellschaftliche Interesse an der Bewahrung von Kulturgütern und der öffentlichen Zugänglichkeit zu diesen beweisen. Positive Erfahrungen mit solchen Kampagnen machte der *Louvre* in Paris, dem es alleine im Zeitraum 2010 – 2014 gelang, 4 Millionen Euro von ca. 20.000 Unterstützern einzusammeln.[1180] Auch in Deutschland wurden bereits Crowdfunding Kampagnen zum Ankauf von Kunstwerken durchgeführt. So wurde ein Wandbild von *Schlemmer* für insgesamt 1,95 Millionen Euro erworben und seither in der Staatsgalerie Stuttgart

---

1178 Dies betont auch der Nationale Normenkontrollrat, Stellungnahme des Nationalen Normenkontrollrates, S. 11, Online.

1179 Laut Gottschalk, Kulturökonomik, S. 76 bedeutet Crowdfunding „[…] Mittel für die Realisierung eines Projektes aus der Summe auch kleiner Beträge aus einer großen Menge von Menschen zu schöpfen."

1180 Artnet, Can Crowdfunding Save French Museums?, Online.

öffentlich ausgestellt.[1181] Die Spendensumme setzte sich in diesem Fall zu 70% aus den Zuschüssen der Museumsstiftung Baden-Württemberg und der Kulturstiftung der Länder und zu 30% aus Spenden von ca. 250 Privatpersonen sowie Unternehmen zusammen.[1182] Auch *Beethovens* Autograph der Diabelli-Variationen konnte im Jahr 2009 durch eine Finanzierungskoalition aus über 3.000 privaten Spendern, Stiftungen und Unternehmen erworben werden.[1183] Ein weiteres Beispiel für eine erfolgreiche Zusammenarbeit von Stiftungen, öffentlichen Geldgebern und privaten Zuwendungen ist der Erwerb von fünf Bänden der „Ottheinrich Bibel" für das Land Bayern im Jahr 2008.[1184] In diesem Zusammenhang erwähnenswert ist der Vorschlag der BKM, einen Fonds zum Ankauf national wertvoller Kulturgüter einzurichten. Dieser sollte neben staatlichen Geldern auch privat finanziert werden. Als „Grundstock" ist ein Engagement des Bundes i.H.v. 20 Millionen Euro vorgesehen. Abgewickelt würde die Ankäufe weiterhin über die Kulturstiftung der Länder.[1185]

Zusammenfassend lässt sich konstatieren, dass falls ein Vorkaufsrecht bzw. ein Ankaufsangebot für national wertvolle Kulturgüter im KGSG verankert wird und die Nicht-Ausübung des Vorkaufsrechts bzw. Nicht-Unterbreitung des Ankaufsangebots eine Genehmigungsfiktion der Ausfuhr bedeuten würde, dies aufgrund der verfassungsrechtlichen Bedenken nicht praktikabel erscheint. Die Argumentation, dass es „[...] nicht Sache des Staates sein kann, sich durch Ausübung eines Vorkaufsrechts am internationalen Kunsthandel zu beteiligen und auf diesem Wege wertvolles Kulturgut zu verstaatlichen [...]" und dass ein Vorkaufsrecht nicht „[...] mit dem Grundsatz des sparsamen Umgangs mit öffentlichen Mitteln [...]" vereinbar wäre, ist dennoch zu hinterfragen. Schließlich ist dies nicht Teil der Leitsätze, sondern lediglich eine Rechtsansicht und nur als „[...] Teil des „obiter dictum" (lat. „nebenbei Gesagtes") [...]" anzusehen.[1186] Das Argument der „sparsamen Verwendung öffentlicher Mittel" muss zudem im Kontext der erhöhten Bürokratie kritisch betrachtet werden. Schließlich erfordert der Aufbau von personellen Kapazitäten durch die Einführung von

1181 Stuttgarter Nachrichten, Oskar Schlemmers „Familie" zurück in Stuttgart, Online.

1182 58% der rund 250 privaten Spenden waren Zuwendungen von bis zu 100 Euro; Klein, Kompendium Kulturmanagement, S. 273, zitiert nach Neubacher, Judith, Statistische Angaben zum Crowdfunding Projekt „Oskar Schlemmer – Familie". Unveröffentlichtes Manuskript der Staatsgalerie Stuttgart, Stuttgart, 2016.

1183 Kulturstiftung der Länder, Noten für Diabelli, Online.

1184 Die Welt, Ottheinrich-Bibel wieder vollständig in Bayern, Online.

1185 Monopol, Grütters will Millionenfonds für Kunstankauf, Online.

1186 Wissenschaftlicher Dienst des Bundestages, Vorkaufsrecht des Staates, S. 8, Online.

Ausfuhrbeschränkungen auch innerhalb des Binnenmarktes finanzielle Mittel. Innerhalb der ersten beiden Jahre nach Inkrafttreten des KGSG wurden bundesweit 1.883 Ausfuhranträge für die Ausfuhr innerhalb des EU-Binnenmarktes beantragt, sodass im *Bericht zum Umfang des Verwaltungsaufwandes des KGSG* von einer durchschnittlichen jährlichen Fallzahl i.H.v. 950 ausgegangen wird. Zudem wird ein durchschnittlicher Zeitaufwand in Minuten pro Fall i.H.v. 77,5 angesetzt.[1187] Da die Bearbeitung von Ausfuhranträgen innerhalb der Länderbehörden überwiegend laufbahnübergreifend bewerkstelligt wird, wurde hierfür der Durchschnittsstundenlohnsatz i.H.v. ca. 48 Euro (Personalkosten und Sachkosten) angesetzt.[1188] Insgesamt ergibt sich für die Länder ein jährlicher Erfüllungsaufwand i.H.v. 59.000 Euro zuzüglich 4.000 Euro jährliche Beratungsaufwände für die Bearbeitung von Ausfuhranträgen innerhalb der EU. Leider wird im *Bericht zum Umfang des Verwaltungsaufwandes des KGSG* nicht veröffentlicht, ob ein Antrag auf Ausfuhr innerhalb des Binnenmarktes abgelehnt wurde. Aus ökonomischer Perspektive müsste nämlich der erhöhte Verwaltungsaufwand dem Wert jener Kulturgüter, die innerhalb des Binnenmarktes gemäß § 24 Abs. 1 Nr. 2 KGSG nicht ausgeführt werden durften, gegenübergestellt werden. Ist der Verwaltungsaufwand höher als der Wert jener Kulturgüter, wäre eine Regelung zum Erwerb von Kulturgütern ökonomisch legitimiert und würde zeitgleich den Zugang der Allgemeinheit zu Kulturgütern erhöhen.

4. Ökonomische Analyse

a) Direkte Kosten für Ausfuhranträge

Die offensichtlichste ökonomische Determinante im Kontext von Ausfuhrbeschränkungen liegt in den direkten Kosten für Ausfuhrgenehmigungen. Viele Bundesländer erheben keine Gebühren für die Bearbeitung von Ausfuhranträgen.[1189] In Hessen hingegen beträgt die Bearbeitungsgebühr zwischen 30 und 600 Euro und orientiert sich am mit der Amtshandlung verbundenen Verwaltungsaufwand, sowie der Bedeutung der Amtshandlung für den Empfänger – zur

1187 Deutscher Bundestag, Bericht zum Umfang des Verwaltungsaufwandes von Bund und Ländern – Zwei Jahre Kulturgutschutzgesetz (BT-Drs. 19/7145), S. 30, Online.

1188 Zur Berechnung des Durchschnittslohnsatzes siehe Deutscher Bundestag, Bericht zum Umfang des Verwaltungsaufwandes von Bund und Ländern – Zwei Jahre Kulturgutschutzgesetz (BT-Drs. 19/7145), S. 13, Online.

1189 Keine Gebühr erheben u.a. Baden-Württemberg, Berlin, Brandenburg, Hamburg, Nordrhein-Westfalen, Rheinland-Pfalz, Schleswig-Holstein und Thüringen. Dies ergab eine schriftliche Anfrage bei den zuständigen obersten Landesbehörden.

Beurteilung der Bedeutung für den Empfänger wird auch der Wert des Kulturgutes herangezogen.[1190] In Niedersachsen ist der Wert des Kulturgutes unerheblich, sondern die Gebühr richtet sich ausschließlich nach dem Zeitaufwand.[1191]

b) Einfluss von Ausfuhrbeschränkungen auf Marktpreise

Eine übergeordnete Frage lautet, ob die am internationalen Markt erzielbaren Preise tatsächlich höher sind als die hypothetischen Preise im Inland und Ausfuhrbeschränkungen damit einen wertmindernden Effekt haben.[1192] Dieser Aspekt muss unter Berücksichtigung der Besonderheiten des Kunstmarktes diskutiert werden. Schließlich können Kaufmotive von Nachfragern auf dem Kunstmarkt vielschichtig sein. *Talkenberg* nennt drei Kaufmotive, die in Bezug auf Gemälde angeführt werden können: ein ästhetisches Motiv, ein Prestigemotiv und ein Investitionsmotiv.[1193] Häufig handelt es sich um einen Motiv-Mix.[1194] Es wäre unzureichend, die ersten beiden Motive auszublenden und das Investitionsmotiv als die alleinige Entscheidungsdeterminante beim Kunstkauf anzusehen und die Ausfuhrbeschränkungen daher als wertmindernd zu pauschalisieren. Es ist nämlich auch der Gedanke nicht abwegig, dass ein Nachfrager, bei dem das Prestigemotiv ein wesentliches Entscheidungskriterium darstellt, erst recht den Kauf eines Kulturgutes anstrebt, wenn dieses von einer Ausfuhrbeschränkung betroffen ist, weil es in ein Verzeichnis national wertvollen Kulturgutes aufgenommen wurde. Schließlich hat ein unabhängiger Sachverständigenausschuss das Kulturgut unter anderem für „[…] besonders

1190 Auch in Sachsen und Sachsen-Anhalt orientiert sich die Gebühr am personellen und sachlichen Verwaltungsaufwand. Dies ergab eine schriftliche Anfrage bei den zuständigen obersten Landesbehörden.

1191 Je angefangene Viertelstunde werden in Niedersachsen 19,50 Euro berechnet. In Bayern entstehen Kosten i.H.v. 25 Euro pro Ausfuhrgenehmigung, unabhängig vom Wert des Kulturgutes oder des Aufwandes für die zuständige Behörde. Dies ergab eine schriftliche Anfrage bei den zuständigen obersten Landesbehörden.

1192 Dass sich Ausfuhrverbote wertmindernd auswirken prognostiziert beispielsweise Caldoro, Nationaler Kulturgüterschutz, S. 16 f.: „Untersteht ein Kulturgut einem Exportverbot, vermindert sich sein Verkehrswert, weil es nur im Inland gehandelt werden kann."; hingegen spricht die Bundesregierung, Bericht der Bundesregierung zum Kulturgutschutz, S. 50, Online im Zusammenhang mit der Eintragung von Kulturgut in öffentlichem Eigentum von einer „Label-Wirkung" und den daran anknüpfenden „Vermarktungsmöglichkeiten".

1193 Talkenberg, Die Ökonomie des Bildermarktes, S. 34.

1194 Velthuis, Art markets, S. 33 f.

bedeutsam für das kulturelle Erbe Deutschlands […]“ und „[…] damit identitätsstiftend für die Kultur Deutschlands […]“ befunden und festgestellt, dass „[…] seine Abwanderung einen wesentlichen Verlust für den deutschen Kulturbesitz bedeuten würde […].“[1195]

Zudem ist hervorzuheben, dass der Großteil der Nachfrage am deutschen Kunstmarkt jenen Objekten gilt, die von regionalem oder höchstens nationalem Interesse sind und folglich im Inland auch der höchstmögliche Preis für jene Werke erzielt werden kann.[1196] In diesem Kontext ist auch das Phänomen der *rational addiction* relevant, wonach die Nachfrage nach kulturellen Gütern mit steigendem Konsum ebenfalls steigt.[1197] *Schulze* leitet daraus ab, dass Kunst aus dem Ausland weniger wertgeschätzt wird, solange noch nicht genügend „personal consumption capital“ aufgebaut wurde – solange sich also der Nachfrager nur unzureichend mit der „fremden“ Kunst auseinandergesetzt hat. Dies sei die Begründung eines „[…] cultural discount vis-à-vis domestic art […]“. Selbstverständlich ist der *cultural discount* der Kunstpreise geringer, je mehr sich die unterschiedlichen Kulturen ähneln – je größer also die *„cultural proximity“* ist.[1198] Im Umkehrschluss bedeutet dies, dass Kunstwerke in dem Land oder dem Kulturkreis die höchsten Preise erzielen, aus dem sie stammen.[1199] Der Kunstmarkt ist im hochpreisigen Segment zwar international – ein Werk eines bekannten Impressionisten lässt sich folglich am besten in London oder New York verkaufen – doch ebenfalls ist festzustellen, dass im niedrigeren Preissegment die Globalisierung des Kunstmarktes bislang schwächer ausgeprägt ist.[1200]

Die Wertuntergrenze für die Genehmigungspflicht der Ausfuhr innerhalb des Binnenmarktes beträgt 300.000 Euro; für die Genehmigungspflicht der Ausfuhr in Drittstaaten beläuft sich die Wertuntergrenze auf 150.000 Euro. Auf dem weltweiten Auktionsmarkt für Kunst liegt knapp die Hälfte aller Zuschläge unterhalb von 1.200 US Dollar, und nur 3% der Kunstwerke werden für mehr als 100.000 US Dollar versteigert.[1201] Dies verdeutlicht, dass Kulturgüter, welche aufgrund der im KGSG verankerten Wertuntergrenzen von Ausfuhrbeschränkungen betroffen sind, als hochpreisige Werke anzusehen sind. Der Marktpreis

1195 Vgl. § 7 Abs. 1 KGSG.
1196 Eisenbeis, Die Zukunft des Auktionsmarktes, S. 372.
1197 Siehe dazu Kapitel § 2 III 1.
1198 Schulze, International trade, S. 236 f.
1199 Bialynicka-Birula, Determinants of International Trade in Art, S. 202 f.
1200 Christopherson, Art market risk and complexity, S. 51.
1201 Artprice, Jahresbilanz, Online.

dieser Kulturgüter ist auf dem internationalen Markt am höchsten. Folglich ist zu konstatieren, dass der Preis von Kulturgütern in den meisten Fällen niedriger sein wird, wenn sie von einer Ausfuhrbeschränkung belegt sind und demnach lediglich auf dem nationalen Markt handelbar sind. Dies bestätigt auch der *Wissenschaftliche Dienst des Bundestages*: „„Belegt ein Staat ein Kulturgut mit einer Ausfuhrsperre, so wird sein Marktpreis deutlich sinken.“[1202] Eintragungen in ein Verzeichnis national wertvollen Kulturgutes und damit einhergehende Ausfuhrbeschränkungen sind daher nur „[...] in der Wahrnehmung von Laien eine besondere Auszeichnung.“[1203]

c) *Ökonomische Vorteile für Kunstintermediäre durch Ausfuhrbeschränkungen?*

Der Gesetzgeber argumentiert bereits im *Bericht zum Kulturgutschutz in Deutschland* aus dem Jahr 2013, dass ein effektiver Ausfuhrschutz durch die Implementierung von Genehmigungspflichten dem Kunsthandel zugutekommt. Schließlich seien Eigentümer von Kulturgut, welches nicht in ein Verzeichnis national wertvollen Kulturgutes eingetragen ist, tendenziell eher geneigt, ihre Werke auf internationalen Kunsthandelsplätzen anzubieten, um einer Eintragung zu entgehen. Da die Rechtslage vor Inkrafttreten des KGSG vorsah, dass Kulturgut aus Deutschland frei innerhalb des Binnenmarktes gehandelt werden konnte, war es aus wirtschaftlichen Aspekten für Eigentümer vorteilhaft, das Kulturgut an einem internationalen Kunsthandelsstandort wie London in einen Drittstaat zu verkaufen. Demzufolge würden dem deutschen Kunsthandel jene Werke nicht eingeliefert werden, die aus dem obigen Motiv in der Vergangenheit ins Ausland verbracht wurden.[1204] Dass der Gesetzgeber mit diesem Argument offenkundig anerkennt, dass die zu erwartenden Preise für Kunstwerke im hochpreisigen Segment auf dem internationalen Kunstmarkt höher sind als auf dem nationalen Markt, wird bei dieser Argumentation ignoriert.

1202 Wissenschaftlicher Dienst des Bundestages, Vorkaufsrecht des Staates, S. 4, Online.

1203 Heuer, Die Bewertung von Kunstwerken im Steuer- und Erbrechtsstreit, S. 125.

1204 Bundesregierung, Bericht der Bundesregierung zum Kulturgutschutz, S. 49 und S. 139, Online: „Die konsequente Eintragung von Kulturgut als national wertvoll nützt dem deutschen Kunsthandelsstandort, da eingetragenes Kulturgut zwar an ausländische Käufer veräußert werden kann, aber Deutschland nicht ohne Ausfuhrgenehmigung verlassen darf. Veräußerungen von wichtigen Kulturgütern finden somit nicht in London oder New York, sondern in Deutschland statt.“

Nach Auffassung des Gesetzgebers profitiert sogar der Kunsthandelsstandort Deutschland von der Eintragung von Kulturgütern, da diese zwar im Inland verkauft werden dürften, nicht jedoch ohne Genehmigung ausgeführt werden können.[1205] Faktisch ist es korrekt, dass eingetragene Kulturgüter lediglich innerhalb Deutschlands veräußert werden können, da gemäß § 23 KGSG die Ausfuhr von *nationalem Kulturgut* genehmigungspflichtig ist und die Genehmigung zu versagen ist, wenn „[...] bei Abwägung der Umstände des Einzelfalls wesentliche Belange des deutschen Kulturgutbesitzes überwiegen."[1206] Dass dies bei eingetragenen Kulturgütern zutreffend ist, steht außer Frage. Dennoch ist die Argumentation zweifelhaft, dass die Kunstintermediäre von der Eintragung von Kulturgütern profitieren. Allenfalls könnte argumentiert werden, dass die Genehmigungspflicht der Ausfuhr und eventuelle Eintragungen aufgrund der Beschränkungen auf den inländischen Markt in einer mengenmäßigen Erhöhung des Angebots für die deutschen Kunstintermediäre resultieren könnten. Andererseits implizieren die Verfügungsbeschränkungen wertmindernde Effekte, die in der Argumentation ignoriert werden.

Grundsätzlich ist davon auszugehen, dass voraussichtlich nur wenige Kunstwerke eingetragen werden und nur wenigen Kunstwerken keine Ausfuhrgenehmigung erteilt wird. Während der ersten beiden Jahre nach Inkrafttreten des KGSG wurden insgesamt lediglich sechs Eintragungsverfahren eingeleitet und nur fünf Eintragungen in ein Verzeichnis national wertvollen Kulturgutes vollzogen.[1207] Daher ist auch mit keiner nennenswerten Erhöhung des Angebots für die Kunstintermediäre zu rechnen, es sei denn, es handelt sich um Kulturgüter, deren Eigentümer als „Vorsichtsmaßnahme" nur ein Inverkehrbringen im Inland in Betracht ziehen. Dies wäre denkbar, wenn der Eigentümer befürchtet, dass es sich bei dem Kulturgut möglicherweise um eintragungswürdiges Kulturgut handeln könnte, und daher eine „geräuschlose" Eigentumsübertragung im Inland attraktiver erscheint, um möglichen Verfügungsbeschränkungen und damit einhergehenden Wertminderungen zu entgehen. Zwar ist dies in Einzelfällen denkbar, doch da Eintragungen unabhängig von Ausfuhranträgen und Überschreitungen von Alters- und Wertuntergrenzen vorgenommen werden können, dürften solche Überlegungen von Eigentümern selten sein. Zusammenfassend

---

1205 Wissenschaftlicher Dienst des Bundestages, Kulturgüterschutz in Deutschland, S. 24, Online.

1206 Vgl. § 23 Abs. 2 KGSG.

1207 Deutscher Bundestag, Bericht zum Umfang des Verwaltungsaufwandes von Bund und Ländern – Zwei Jahre Kulturgutschutzgesetz (BT-Drs. 19/7145), S. 6, Online.

ist daher zu prognostizieren, dass die mit Ausfuhrbeschränkungen und eventuellen Eintragungen einhergehenden Wertminderungen die antizipierte Erhöhung des Angebots für die Kunstintermediäre übersteigt und insgesamt eher ein ökonomischer Verlust entsteht.

d) Potenzielle adverse Effekte durch Ausfuhrbeschränkungen

Normatives Ziel von Ausfuhrbeschränkungen ist die Bewahrung *nationaler Kulturgüter* innerhalb der Bundesgrenzen. Dass Kulturgutschutzgesetze trotz dieser Zielsetzung den entgegengesetzten Effekt haben können, nämlich einen Ausverkauf ebendieser Kulturgüter, zeigt das Beispiel der Kunstrichtung *Arte Povera*, welche in den 1960er Jahren in Italien entstand. Im europäischen Vergleich hat Italien eines der restriktivsten Regelwerke hinsichtlich Ausfuhrbeschränkungen.[1208] Dies ist auch historisch bedingt: Schon das *Edikt Pacca* aus dem Jahr 1820 regelte, dass eine Klassifizierung von wertvollen Kunstwerken auch im Privateigentum möglich war und beinhaltete zudem die Möglichkeit eines Vorkaufsrechts.[1209] Gemäß Art. 65 des italienischen „*Codice dei beni culturali e del paesaggio*“ aus dem Jahr 2004, ist die dauerhafte Ausfuhr von Kulturgütern aus staatlichem Eigentum untersagt.[1210] Zusätzlich ist die Ausfuhr auch für Kulturgüter im Privatbesitz in bestimmten Fällen verboten oder nur dann gestattet, wenn eine Ausfuhrerlaubnis vorliegt. Beispielsweise ist gemäß Art. 65 Abs. 3a) *Codice dei beni culturali e del paesaggio* eine Ausfuhrgenehmigung erforderlich für Kulturgüter, die eine Altersuntergrenze von 50 Jahren erreicht haben und an denen ein kulturelles Interesse besteht. Analog zur Regelung des KGSG, umfasst dies nur Kulturgüter deren Schöpfer bereits verstorben ist. Da die Werke der Kunstrichtung *Arte Povera* in den 1960er Jahren entstanden, wurden in den vergangenen Jahren viele Werke der *Arte Povera* auf den internationalen Kunstmärkten angeboten; schließlich wurde nun die Altersuntergrenze von 50 Jahren relevant.[1211] Hauptsächlich werden die *Arte Povera* Werke heutzutage in London während der Italian-Art Auktionen verkauft.[1212] Auf zwei Auktionen im November 2015 haben die Auktionshäuser Sotheby's und Christie's Kunstwerke der

1208 Wantuch-Thole, Cultural Property in Cross-Border Litigation, S. 58.

1209 Uhl, Der Handel mit Kunstwerken im europäischen Binnenmarkt, S. 74; Franke, Die Nationalität von Kunstwerken, S. 33.

1210 Art. 10 des „Codice dei beni culturali e del paesaggio“ definiert, welche Kulturgüter als „Cultural Property“ anzusehen sind.

1211 Artnet, Strong Sales in London for Italian Postwar Market, Online.

1212 Boll, ABC der Kunstmärkte, S. 13.

Arte Povera im Wert von über 100 Millionen Euro verkauft.[1213] Noch deutlicher wird das Ausmaß im Kontext der Tatsache, dass das geschätzte Volumen der bei italienischen Auktionen verkauften Werke im Jahr 2015 insgesamt nur 169 Millionen US Dollar betrug.[1214] Dies ist nicht nur ein kultureller Verlust, sondern auch ökonomisch im Hinblick auf entgangene Einnahmen aus der Umsatzsteuer dramatisch.

Das Beispiel verdeutlicht eindrucksvoll die Wirkung der Altersuntergrenzen. Es ist sogar anzunehmen, dass ein bedeutendes und hochpreisiges Kulturgut an Wert verliert, je näher das Alter des Kulturgutes an die Altersuntergrenze herankommt. Für den Eigentümer resultieren daraus Erwägungen hinsichtlich des Planungshorizontes. Im Kontext dieser Problematik schlägt *Falckenberg* vor, Altersuntergrenzen nicht als Kriterium zu verwenden, da dadurch eine Abwanderung eher gefördert werde, anstatt sie zu verhindern.[1215]

e) Anwendbarkeit der ökonomischen Analyse des Folgerechts auf Ausfuhrbeschränkungen

Im Kontext des Kunstmarktes ist die Betrachtung des Folgerechts[1216] eines der bekanntesten Beispiele dafür, wie das Instrumentarium der ökonomischen Analyse des Rechts „kontraintentionale Gesetzesfolgen" verhindern könnte.[1217] Vor dem Hintergrund des Folgerechts drängt sich die Frage auf, inwieweit die ökonomische Analyse des Folgerechts sich auch auf die Ausfuhrbeschränkungen des KGSG übertragen lässt. Die ökonomische Analyse des Folgerechts offenbart, dass zukünftig zu zahlende Folgerechtsverpflichtungen von Kunsthändlern berücksichtigt werden und sich im Ankaufspreis wertmindernd widerspiegeln, sodass Künstler durch diese Regelung belastet werden. Es ist nicht abwegig, dass die ökonomischen Auswirkungen von Ausfuhrbeschränkungen nach gleicher Logik kritisiert werden können. Allerdings krankt eine solche methodische Herangehensweise an zwei Punkten. Erstens besteht ein wesentlicher Unterschied in der Vorhersehbarkeit. Zwar hängt auch das Folgerecht maßgeblich von der zukünftigen Wertentwicklung der Kunstwerke ab, doch immerhin enthält das Folgerecht klare wertabhängige Prozent-Regelungen, die dementsprechend kalkulierbar sind. Zweitens muss die zeitliche Komponente berücksichtigt werden.

1213 Die Welt, „Ein Trauerspiel", Online.
1214 Artprice, THE ART MARKET IN 2015, Online.
1215 Falckenberg, Fragenkatalog – Öffentliche Anhörung am 13.4.2016, S. 3, Online.
1216 Siehe dazu Kapitel § 2 V 3 d).
1217 Kirstein, Ökonomische Analyse des Rechts, S. 6 f., Online.

Vom Folgerecht betroffene Kunsthändler und Galeristen treffen ihre Annahmen auf Basis von mittelfristigen Prognosen, sodass ein Erwartungswert gebildet werden kann, der das Folgerecht berücksichtigt.[1218] Die Ausfuhrbeschränkungen innerhalb des Binnenmarktes gelten jedoch erst für Kunstwerke, die eine Altersuntergrenze von 75 Jahren überschritten haben und die gleichzeitig eine Wertuntergrenze i.H.v. 300.000 Euro überschreiten – ein Galerist oder Kunsthändler wird dies nicht berücksichtigen. Selbst wenn ein Erwartungswert gebildet wird, ist mitnichten absehbar, ob die Ausfuhr abgelehnt wird und folglich eine Wertminderung zu befürchten ist, da ein Überschreiten der Alters- und Wertuntergrenzen lediglich eine Genehmigungspflicht der Ausfuhr normiert. Hinsichtlich der Frage, wie sich die Ausfuhrbeschränkungen auf Künstler auswirken, ist daher festzustellen, dass ähnliche ökonomische Implikationen wie jene, die durch das Folgerecht prognostiziert werden, durch Ausfuhrbeschränkungen nicht zu erwarten sind. Den Primärmarkt tangieren die Ausfuhrbeschränkungen ökonomisch demnach nicht.

Ein anderes Bild ergibt sich jedoch auf dem Sekundärmarkt, da hier die Unsicherheit hinsichtlich der Wertentwicklung geringer und auch die zeitliche Komponente relevanter ist. Beispielhaft ist die sogenannte *ZERO-Kunst* zu erwähnen, die 1958 offiziell „gegründet" wurde und somit ca. 60 Jahre alt ist. Darunter sind internationale Berühmtheiten wie beispielsweise *Uecker* zu zählen, dessen Werk „Both" im Jahr 2017 für 2,8 Millionen Euro in Deutschland von Van Ham versteigert wurde.[1219] Das Werk wurde zwar erst im Jahr 2011 fertiggestellt und lag damit unter der Altersuntergrenze von 50 bzw. 75 Jahren für die Genehmigungspflicht der Ausfuhr. Es sei aber in diesem Zusammenhang nochmals hervorgehoben, dass Kunstwerke auch ohne Überschreitung eines Mindestwertes oder eines Mindestalters in ein Verzeichnis national wertvollen Kulturgutes eingetragen werden können. Zwar dürfen Werke lebender Künstler wie *Uecker* nur mit deren Zustimmung eingetragen werden[1220], doch insgesamt ist zu betonen, dass theoretisch auch Werke der Gegenwartskunst eingetragen werden können, was faktisch eine Ausfuhrbeschränkung bedeutet.[1221] Zusammenfassend

1218 So stellt auch Kirstein, Ökonomische Analyse des Rechts, S. 7, Online fest: „Diesem sicheren Rückgang im Einkommen junger, unbekannter Künstler steht ein lediglich unsicherer Einkommenszuwachs im Alter gegenüber."

1219 Van Ham, Auktionsergebnis der 401. Auktion, Online.

1220 Vgl. § 7 Abs. 1 KGSG.

1221 Im Übrigen ist es ebenfalls Uecker, von dem als einziger Künstler der Gegenwartskunst nach dem 2. Weltkrieg eine Sammlung von Arbeiten im Verzeichnis national wertvollen Kulturgutes eingetragen wurde, nachdem diverse Werke vom Staatlichen

ist festzustellen, dass es bei herausragenden Kunstwerken, welche zudem die Wertuntergrenzen für die Genehmigungspflichtigkeit der Ausfuhr überschreiten, vorstellbar ist, dass in der Kaufentscheidung berücksichtigt wird, ob diese zukünftig von Ausfuhrbeschränkungen belegt werden könnten.

f) Marktfrische-Kriterium im Kontext von Ausfuhrbeschränkungen

Die Wirkung von Altersuntergrenzen ist auch in Hinblick auf das Phänomen der Marktfrische relevant. Besonders kritisch ist dies für diejenigen Marktteilnehmer, welche erst kürzlich ein Kunstwerk erworben haben, das die jeweils relevante Wertuntergrenze übersteigt und dessen Alter nur knapp unter der jeweils greifenden Altersuntergrenze liegt. Die Zirkulationsgeschwindigkeit eines Kulturgutes korreliert nämlich negativ mit dessen zu erzielendem Wert.[1222] Die Marktfrische als wertrelevanter Faktor ist vor allem zu berücksichtigen, wenn es sich um herausragende Werke handelt, denn nur dann fällt deren Präsenz auf dem Markt auf – beispielsweise während Versteigerungen.[1223] Kunstwerke, welche die Wertuntergrenzen für die Genehmigungspflicht der Ausfuhr überschreiten, sind in den meisten Fällen als herausragende Werke anzusehen. Der veräußerungswillige Eigentümer würde aufgrund der fehlenden Marktfrische gezwungenermaßen Preisabschläge hinnehmen müssen, sofern das Kulturgut vor Erreichen der Altersuntergrenze verkauft werden soll, um einer Genehmigungspflicht der Ausfuhr zu entgehen. Schließlich ist die Transparenz hinsichtlich Auktionsergebnissen durch digitale Datenbanken stetig gestiegen. Konkludent müsste vor dem Hintergrund der Ausfuhrbeschränkungen bei hochpreisigen Kunstwerken die Differenz zwischen der Altersuntergrenze und dem Alter eines Kunstwerkes als Determinante der ökonomischen Wertbestimmung berücksichtigt werden.

Museum Schwerin im Jahr 2014 erworben wurden; Elmenhorst, in Elmenhorst/Wiese, KGSG – Kulturgutschutzgesetz, Einführung, Rn. 23.

1222 Frey, Betriebswirtschaftliche Kunstbewertung, S. 149.

1223 González, Kunstinvestment, S. 91; eine Marktfrische ist innerhalb von 7 – 10 Jahren „wiederhergestellt"; Boll, Distributionssystem und Ereignis, S. 186 geht bereits nach 3 – 5 Jahren von einer Wiederherstellung der Marktfrische aus.

g) *Ausfuhrbeschränkungen im Kontext von „Efficiency vs. Equity"*

Neben dem Effizienzmaßstab muss auch in der Kulturökonomik die Verteilungsgerechtigkeit[1224] berücksichtigt werden; es stellt sich somit auch im Hinblick auf das KGSG die Frage nach *„efficiency vs. equity"*. Häufig werden die Dimensionen Effizienz und Verteilungsgerechtigkeit als sequenziell betrachtet: „[...] the first task of government is to ensure that the nation's resources are being utilized in an efficient manner and then, if the resulting allocation is deemed unfair, to seek alternative efficient allocations which better serve equity objectives, until one is found that is agreed to be acceptable (or even optimal) in equity terms."[1225]

Grundsätzlich ist festzuhalten, dass die Privatautonomie den Marktakteuren die Freiheit garantiert, Transaktionen freiwillig einzugehen. Nur wenn allen an einer Transaktion beteiligten Stakeholdern die Transaktion vorteilhaft erscheint, wird diese zustande kommen. Ausfuhrbeschränkungen stören jedoch die Privatautonomie und die Marktmechanismen. Eine Güterverteilung auf Basis der höchsten Zahlungsbereitschaft wird nicht zugelassen: „Limiting the export of art distributes it throughout the world in a way that reduces the benefit it can yield. If there was a free trade in works of art they would be distributed to the people who value them most highly and who express their valuation by prices they are willing to pay."[1226] Auch die Einschätzung von *Merryman* folgt einer ähnlichen Argumentation: „One way that cultural objects can move to the locus of highest probable protection is through the market. The plausible assumption is that those who are prepared to pay the most are the most likely to do whatever is needed to protect their investment."[1227] Dass Kunstwerke am besten geschützt sind, wenn keine Ausfuhrbeschränkungen existieren, weil diejenigen mit einem wirtschaftlichen Interesse bestrebt sind, die jeweiligen Kunstwerke in einem optimalen Zustand zu erhalten, damit im Falle eines Verkaufs ein höchstmöglicher Preis erzielt werden kann, ist eine mögliche Sichtweise.[1228] Dieser Sichtweise ist jedoch nur zuzustimmen, wenn Kulturgüterschutz ausschließlich als Substanzschutz verstanden wird. Fragen der Identitätsstiftung und des damit verbundenen Zugangs der Allgemeinheit zu Kulturgütern werden in dieser

---

1224 Laut Towse, Cultural Economics, S. 272 lautet die Definition von Verteilungsgerechtigkeit (Equity): „Equity relates to policies that reduce inequality between members of a society and to fairness in the distribution of resources [...]."

1225 Throsby, The Economics of Cultural Policy, S. 37.

1226 Grampp, Pricing the Priceless, S. 221.

1227 Merryman, Two Ways of Thinking About Cultural Property, S. 849.

1228 Grampp, Pricing the Priceless, S. 223.

Betrachtung ausgeblendet. Insbesondere diese beiden Ziele des Kulturgüterschutzes sind aber nicht zu vernachlässigen. Sie lassen sich als „non-use value" bezeichnen, der mitunter indirekt und subtil sein kann und dementsprechend nur schwer quantifizierbar ist.[1229] Auch *Landwehr* konstatiert, dass „bestimmte Nutzendimensionen" selbst dann der Öffentlichkeit zugutekommen, wenn eine Ausschlusstechnik[1230] die Öffentlichkeit davon abhält, ein Kulturgut tatsächlich zu betrachten. Beispielhaft seien hier der Optionswert und der Existenzwert anzuführen. Diese Nutzendimensionen beschreiben, dass für ein Individuum bereits das Bewusstsein darüber, dass ein kulturelles Angebot genutzt werden könnte, nutzenstiftend sein kann, ohne dass dieses Angebot wahrgenommen wird.[1231] Im Markt kann dieser Nutzen ebenso wenig wie der Existenzwert widergespiegelt werden, da er sich nicht in Form von Nachfrage objektiviert.[1232] Daneben existieren laut *Baumol/Bowen* drei weitere soziale Werte, welche in Verbindung mit Kulturgütern entstehen können und zur Legitimation der öffentlichen Finanzierung von Kultur herangezogen werden: Der Vermächtniswert, der Prestigewert und der Bildungswert. Der Vermächtniswert ergibt sich aus dem Erhalt von Kulturgütern für zukünftige Generationen, der Prestigewert beschreibt die Stärkung kultureller Identität, die aus der Bewahrung von Kulturgütern hervorgeht, und der Bildungswert umfasst die Bildungspotenziale, die aus Kulturgütern gewonnen werden können.[1233] Ebenso wenig wie der Existenzwert und der Optionswert, lassen sich diese positiven externen Effekte in Form von Nachfrage quantifizieren und können folglich auch nicht mit einem Preis bewertet werden. Inwieweit diese sozialen Werte erreicht werden, hängt maßgeblich davon ab, in welchem Umfang ein Staat Kultur fördert, und vor allem auch von den jeweiligen kulturgüterschützenden Regelungen. So ist hinsichtlich dieser nicht-monetären Nutzendimensionen im Kontext von Ausfuhrbeschränkungen zusammenzufassen: „Auch bei privater Vorteilhaftigkeit kann aber ein Auslandsverkauf eine Nutzeneinbuße der Gesamtheit der Bürger bedeuten: Es entsteht eine negative Externität als Schädigung Dritter durch eine Transaktion

---

1229 Throsby, The Economics of Cultural Policy, S. 108 – 111.

1230 In ihrem Beispiel werden Eintrittsgelder für ein Museum als Ausschlusstechnik herangezogen; Landwehr, Kunst und ökonomische Theorie, S. 19.

1231 Landwehr, Kunst und ökonomische Theorie, S. 19; Uibeleisen, Kulturschutz und Handelsliberalisierung, S. 70 f.; McAndrew, The Government and the Art Trade, S. 167 argumentiert, dass der Optionswert lediglich als Teilmenge des Existenzwertes angesehen werden sollte.

1232 Uibeleisen, Kulturschutz und Handelsliberalisierung, S. 70.

1233 Gottschalk, Kulturökonomik, S. 19.

zwischen zwei Partnern. Ursache können Options- und Existenzwerte eines Kunstwerks sein, aber vor allem der nationale Vermächtniswert, den ein Kunstwerk für das Kunsterleben künftiger Bürger hat.“[1234] Beispielhaft für externe Effekte durch internationale Transaktionen auf dem Kunstmarkt führen *Pommerehne/Frey* an, dass durch steigende Preise am Kunstmarkt einerseits das Diebstahlrisiko[1235] erhöht wird und andererseits auch der Anreiz steige, Fälschungen zu erstellen. Dies führe zu erhöhten Transaktionskosten in Form von Sicherheitskosten. Allerdings seien die negativen externen Effekte nicht höher als die positiven externen Effekte, die z.B. daraus resultieren, dass Kulturgüter noch besser aufbewahrt werden.[1236]

Trotz der Existenz dieser *non-use values* stellt sich die Frage, inwieweit Ausfuhrbeschränkungen für Kulturgüter Verteilungsaspekte beeinflussen. *Pommerehne/Frey* haben dies untersucht: „Die Bedeutung, die Ökonomen effizienten Märkten beimessen, mag im Zusammenhang mit dem internationalen Kunstmarkt unangemessen sein, sofern das Hauptproblem verteilungspolitischer Natur ist. Die Besorgnis über den Export von Kunstwerken wäre dann weniger in der Inanspruchnahme von Ressourcen begründet als vielmehr im Wechsel der Eigentumsverhältnisse, der zugleich eine Verlagerung des Aufbewahrungsortes und eine Erschwerung des Zugangs zu einem Kunstwerk bewirken kann.“[1237] Die folgende Abbildung unterstreicht diese Argumentation und zeigt vier Szenarien, die durch internationale Transaktionen von Kunstwerken denkbar wären.[1238]

		Ausländischer Käufer	
		Private Sammlung ohne Zugang für die Allgemeinheit	Öffentliche Sammlung mit Zugang für die Allgemeinheit
Inländischer Verkäufer	Private Sammlung ohne Zugang für die Allgemeinheit	A	B
	Öffentliche Sammlung mit Zugang für die Allgemeinheit	C	D

Abbildung 9: Transaktionsszenarien auf dem internationalen Kunstmarkt

1234 Gäfgen, Die Kunst der Ökonomie am Beispiel der Ökonomie der Kunst, S. 182.
1235 Ebenso Gornig, Der internationale Kulturgüterschutz, S. 38.
1236 Pommerehne/Frey, Musen und Märkte, S. 135 – 137.
1237 Pommerehne/Frey, Musen und Märkte, S. 138.
1238 Eigene Darstellung in Anlehnung an Pommerehne/Frey, Musen und Märkte, S. 138.

Bestände aus öffentlichen Sammlungen werden heutzutage kaum noch veräußert. Das KGSG erklärt Kulturgut, welches „[...] sich in öffentlichem Eigentum und im Bestand einer öffentlich-rechtlichen Kulturgut bewahrenden Einrichtung befindet [...]“ als *nationales Kulturgut* und schützt es damit vor Abwanderung ins Ausland.[1239] Folglich sind aufgrund der geringen praktischen Relevanz die Szenarien C und D zumindest für Deutschland zu vernachlässigen. Wenn nun, wie in Szenario A dargestellt, ein Kunstwerk eines privaten Sammlers im Inland von einem privaten Sammler im Ausland erworben und infolgedessen ausgeführt wird, handelt es sich um eine „geographische Umverteilung“, die gesellschaftlich aus Nutzenperspektive neutral wäre. In beiden Fällen hat nämlich die Allgemeinheit keinen Zugang zum Kunstwerk. Allenfalls könnte argumentiert werden, dass die Abwanderung einen Nutzenverlust bewirkt, da das Kulturgut nun im Ausland verweilt. Dieser hypothetische Nutzenverlust ist höchstens durch die beschriebenen *non-use values* und insbesondere mit dem Argument eines territorialen „Existenzwertes“[1240] zu rechtfertigen, wonach die bloße Existenz von Kulturgütern im Inland auch einen Nutzen für diejenigen Personen darstellen kann, die nicht aktiv am Kulturgeschehen teilhaben. Szenario B impliziert jedoch gesellschaftlich relevante Effekte. Es zeigt sich, dass sogar ein positiver Nutzen durch Abwanderung entstehen kann, da eine Möglichkeit des Zugangs besteht, die vorher nicht gegeben war – auch wenn diese sich auf das Ausland beschränkt.[1241] Die Schlussfolgerung lautet daher, „[...] daß die Effizienz auf dem internationalen Kunstmarkt kaum beeinträchtigt wird. Die Sorgen und Klagen über den Export von Kunstwerken in andere Länder sind weitgehend unbegründet. Staatliche Eingriffe in Form von Exportbeschränkungen und -verboten erscheinen daher nicht gerechtfertigt.“[1242]

Zuletzt sei erwähnt, dass Ausfuhrbeschränkungen für einige Akteure des Sekundärmarktes für Kunst auch vorteilhaft sind. Am offensichtlichsten ist die Vorteilhaftigkeit für Museen, denn diese sind nun in der Lage der Forderung nach Verkäufen ihres Bestands zu entgehen und zeitgleich ermöglichen die Ausfuhrbeschränkungen günstigere Ankäufe. Daneben sind insbesondere jene

---

1239 Vgl. § 6 Abs. 1 Nr. 2 KGSG.

1240 Throsby, Economics and Culture, S. 78 f.: „People may regard the mere existence of the heritage item under consideration to be of value to themselves or to the community, even if they do not enjoy benefits from it at first hand themselves.“

1241 Pommerehne/Frey, Musen und Märkte, S. 138 – 140.

1242 Pommerehne/Frey, Musen und Märkte, S. 139.

Sammler zu sehen, die kein „Entsammeln“ anstreben, sondern die den Aufbau der eigenen Sammlung forcieren möchten.[1243]

5. Zusammenfassung

Zu betonen ist im Kontext der Ausfuhrbeschränkungen des KGSG, dass durch eine Abwanderung eines Kulturgutes aus Deutschland nicht automatisch der Zugang der Allgemeinheit verhindert wird, sondern, sofern es sich beispielsweise um einen Verkauf an eine Kulturgut bewahrende Einrichtung im Ausland handelt, die Zugänglichkeit sogar erhöht werden kann.[1244] In diesem Zusammenhang lässt sich das Beispiel von zwei *Rembrandt* Portraits anführen, deren Geschichte im Jahr 2015 kontrovers diskutiert wurde. Der veräußerungswillige Eigentümer, der die Bilder nicht öffentlich ausgestellt hatte, erhielt von der französischen Regierung eine Ausfuhrgenehmigung. Als der französische Staat nicht von seinem Vorkaufsrecht Gebrauch machte und sich stattdessen herauskristallisierte, dass der niederländische Staat und das Rijksmuseum in Amsterdam die Werke erwerben wollten, regte sich in der französischen Kulturlandschaft starker Protest, obwohl es nur schwer nachvollziehbar ist, dass Kunstwerke ihre identitätsstiftende Wirkung besser entfalten können, wenn diese in einer privaten Sammlung verweilen und somit für die Öffentlichkeit verborgen bleiben, anstatt in einem niederländischen Museum ausgestellt zu werden und insofern auch für französische Staatsbürger zugänglich gemacht werden.[1245]

Negative Auswirkungen von Ausfuhrbeschränkungen befürchtet *Siehr*: „Exportverbote führen unweigerlich zu Schmuggel, also zu illegalem Handel und damit zur Gefährdung von Kulturgütern.“[1246] Auch *Fiedler* argumentiert: „Gerade die Ermöglichung eines freien Kunsthandels unter Beachtung der erwähnten Schutzeinrichtungen trägt dazu bei, den internationalen Kunsthandel

1243 Grampp, Pricing the Priceless, S. 219.

1244 Lenski, Verfassungsmäßigkeit eines Abwanderungsschutzes von Kulturgütern, S. 10, Online.

1245 Die Welt, Paris und Amsterdam kaufen Rembrandts gemeinsam, Online.

1246 Siehr, Die Schweiz und der Kulturgüterschutz in Europa, S. 147; ebenso befürchtet von Schorlemer, Internationaler Kulturgüterschutz, S. 393 die Zunahme des illegalen Handels durch „[...] eine sehr restriktive Handhabung von Exportvorschriften [...]“; auch Kohls, Kulturgüterschutz, S. 90 f.: „Eine Kompensation für diese Beschränkungen erscheint sinnvoll, um die Motivation für einen Verstoß gegen diese Beschränkungen zu mindern.“

nicht in eine Sphäre der Illegalität zu drängen."[1247] Der illegale Handel von Kulturgütern ist vor allem vor dem Hintergrund negativ zu sehen, dass dadurch die betroffenen Kulturgüter langfristig nicht der Allgemeinheit zugänglich gemacht werden. Denn ein illegal gehandeltes Kulturgut wird weder als Leihgabe einer Kulturgut bewahrenden Einrichtung zur Verfügung gestellt werden, noch wird es erneut auf dem legalen Kunstmarkt angeboten werden.[1248] Bekanntermaßen werden nämlich Museen keine Kulturgüter leihen, welche mit Illegalität in Verbindung gebracht werden könnten und auch Auktionshäuser werden von Versteigerungen solcher Werke absehen. Folglich sinkt der Anreiz Kulturgüter zu stehlen oder illegal auszugraben.[1249]

Zusammenfassend lässt sich feststellen, dass die Ausfuhr von Kulturgut durch die neuen Ausfuhrbeschränkungen innerhalb des europäischen Binnenmarktes erschwert wird. Aus kulturpolitischer Sicht ist dies nicht unbedenklich: „Auch wenn heute die Verbreitungsmöglichkeiten moderner technischer Mittel nicht unterschätzt werden dürfen, ist keineswegs ausgemacht, dass eine Versteinerung des Kulturgutbestandes auf dem status quo dessen Sicherung und der kulturellen Entwicklung förderlicher ist als ein freier Austausch, der freilich eine allgemeine und gleichgewichtige Mitwirkung voraussetzen würde."[1250] In diesem Kontext ist allerdings deutlich zu betonen, dass die Ausfuhrbeschränkungen des KGSG keinesfalls zu einer „Versteinerung des Kulturgutbestandes" führen. Die Evaluierung des Verwaltungsaufwandes des KGSG verdeutlichte, dass nur wenigen Kulturgütern die Ausfuhr verweigert wurde; lediglich fünf Eintragungen in ein Verzeichnis national wertvollen Kulturgutes wurden in den ersten beiden Jahren nach Inkrafttreten des KGSG vollzogen.[1251]

1247 Fiedler, Vom territorialen zum humanitären Kulturgüterschutz, S. 171; auch Wyss, Kultur als Dimension der Völkerrechtsordnung, S. 152 äußert sich kritisch: „Zu weit gefasste Definitionen von national bedeutendem Kulturgut oder zu restriktive (Aussen-)Handelsbeschränkungen führen erfahrungsgemäss zu unerwünschten, ja kontraproduktiven Resultaten: Die Kriminalisierung des Kunstmarktes und archäologischer Ausgrabungen nimmt zu und die Korruptionsgefahr unter den betroffenen Behörden wächst."

1248 Diese Problematik schildert auch Radloff, Kulturgüterrecht, S. 148.

1249 Martinek, Die Wiedergutmachung NS-bedingter Kulturgutverluste, S. 424 f.

1250 Germelmann, Kultur und staatliches Handeln, S. 595; auch von Schorlemer, Internationaler Kulturgüterschutz, S. 401 f. betont den „[...] Einfluß, den Kunstwerke außerhalb ihres Ursprungsbereichs auf andere Kunstströmungen ausgebübt haben [...]".

1251 Deutscher Bundestag, Bericht zum Umfang des Verwaltungsaufwandes von Bund und Ländern – Zwei Jahre Kulturgutschutzgesetz (BT-Drs. 19/7145), S. 6, Online.

Trotzdem verdeutlichte die ökonomische Analyse, dass Ausfuhrbeschränkungen für Kulturgüter von Privatpersonen keine ökonomische Legitimation haben, da lediglich eine geographische Umverteilung von Kulturgütern stattfindet. Eher kann eine Abwanderung von Kulturgut sogar eine Erhöhung des Nutzens für die Allgemeinheit bewirken, nämlich wenn das Kulturgut im Ausland öffentlich zugänglich ist.

Zudem ergab die ökonomische Analyse, dass ein potenzieller adverser Effekt darin bestehen könnte, dass Kulturgüter systematisch vor Erreichen der Altersuntergrenze ausgeführt werden und die Ausfuhrbeschränkungen damit das Gegenteil des Gesetzeszieles bewirken, nämlich eine Abwanderung von Kulturgut. Dieser Frage wird in der Umfrage nachgegangen. In der Umfrage wird außerdem die Wirksamkeit der Laissez Passer-Regelung überprüft.

IV. Einfuhrbeschränkungen

Eines der offiziellen Ziele des novellierten KGSG ist die Unterbindung des illegalen Handels, insbesondere mit archäologischen Ausgrabungsstücken. Damit sollen Raubgrabungen und Plünderungen verhindert werden, denn diese werden ökonomisch unattraktiv, wenn kein Absatzmarkt vorhanden ist. Für den Gesetzgeber ergab sich die Dringlichkeit von Gesetzesänderungen vor allem durch die Annahme, dass illegaler Handel mit Kulturgütern nach illegalem Waffenhandel und Drogenhandel der drittgrößte Kriminalitätszweig weltweit sei.[1252]

1. Rechtslage

Bereits in § 14 KultGüRückG wurde die Einfuhr von Kulturgut untersagt, sofern das Kulturgut in einem Verzeichnis national wertvollen Kulturgutes der Vertragsstaaten des UNESCO Übereinkommens gelistet war.[1253] Dies hatte auch Auswirkungen auf die Rückgabeansprüche, denn diese konnten in Deutschland nur durchgesetzt werden, wenn es sich um Kulturgüter handelte, welche

---

1252 Bundesregierung, Bericht der Bundesregierung zum Kulturgutschutz, S. 3, Online; kritisch zu dieser Thematik äußert sich Feddersen, Die Umsetzung des UNESCO-Übereinkommens von 1970 aus der Sicht des Kunsthandels, S. 126: „Obwohl Zahlen über das Volumen des illegalen Handels mit Kulturgütern nicht zuverlässig sein können, wurden hier immer wieder Milliardensummen in den Raum gestellt, um so die Notwendigkeit eines staatlichen Eingriffs zu betonen. Man schreckte auch nicht einmal davor zurück, den Handel mit illegal ausgeführten Kulturgütern in die Nähe des Drogen- und Waffenhandels zu rücken."

1253 Vgl. § 14 KultGüRückG.

im Herkunftsland in ein Verzeichnis eingetragen waren. Aus zweierlei Hinsicht war dies wenig praktikabel. Erstens existieren in vielen Staaten mit großem kulturellen Erbe umfassende und pauschale Ausfuhrbeschränkungen, sodass Verzeichnisse nicht geführt werden.[1254] Da demnach kein Verzeichnis im Herkunftsland existierte, konnte in Deutschland auch kein Rückgabegesuch durchgesetzt werden, obwohl das jeweilige Kulturgut qua Gesetz im Herkunftsland einer Ausfuhrbeschränkung unterlag. Zweitens verkannte die Orientierung an den Verzeichnissen, dass illegal ausgegrabene Kulturgüter selbstverständlich nicht in einem Verzeichnis gelistet wurden, da naturgemäß das Herkunftsland keine Kenntnis von der Ausgrabung hatte.[1255] Dementsprechend lief die Regelung bis dato „leer".[1256]

Eine Harmonisierung von Einfuhrbeschränkungen existiert in der EU bislang nicht.[1257] Abschnitt 3 des KGSG beinhaltet die deutschen Regelungen zur Einfuhr von Kulturgütern. Die neue Rechtslage gemäß KGSG ist im Vergleich zu vorherigen Regelungen deutlich verschärft. Anders als § 14 KultGüRückG orientiert sich das in § 28 KGSG definierte allgemeine Einfuhrverbot nicht an der Eintragung in ein Verzeichnis national wertvollen Kulturgutes. Das novellierte KGSG vollzieht folglich auch bei den Regelungen zur Einfuhr von Kulturgut eine Abkehr vom ehemaligen Listenprinzip. Gemäß § 28 KGSG ist nämlich bereits die Einfuhr von Kulturgut verboten, wenn das Kulturgut von einem EU-Mitgliedstaat oder einem Vertragsstaat des UNESCO Übereinkommens als *nationales Kulturgut* deklariert ist und entgegen dieser Unterschutzstellung unrechtmäßig ausgeführt wurde.[1258] Die Begrifflichkeit des *nationalen Kulturgutes* ist im KGSG bewusst gewählt, um an Art. 36 AEUV anzuknüpfen. Gleichwohl gilt der Begriff auch für Vertragsstaaten des UNESCO Übereinkommens, die sich nicht am AEUV orientieren müssen.[1259] Zusätzlich ist die Einfuhr

1254 Dies entspricht der Rechtslage in Italien gemäß „Codice dei beni culturali e del paesaggio".

1255 BKM, Das neue Kulturgutschutzgesetz – Handreichung für die Praxis, S. 6, Online.

1256 Bundesrat Drs. 538/15, Entwurf eines Gesetzes zur Neuregelung des Kulturgutschutzrechts, S. 106, Online.

1257 Garbers-von Boehm, in Elmenhorst/Wiese, KGSG – Kulturgutschutzgesetz, Vorbemerkung zu §§ 28 – 30, Rn. 5.

1258 Vgl. § 28 KGSG; selbstverständlich existiert keine international gültige Definition von nationalem Kulturgut. Daher muss dies stets im Einzelfall geprüft werden; Blume, Nationalität von Kulturgut, S. 41.

1259 BT-Drs. 18/7456, S. 90; Garbers-von Boehm, in Elmenhorst/Wiese, KGSG – Kulturgutschutzgesetz, § 28, Rn. 8.

verboten, wenn Kulturgut unter Verbot gegen unmittelbar geltende Rechtsakte der Europäischen Union oder entgegen der Haager Konvention aufgrund eines bewaffneten Konflikts ausgeführt wurde.[1260] Demjenigen, der entgegen § 28 KGSG Kulturgut mit dem Wissen einführt, dass es unrechtmäßig ausgeführt wurde, droht gemäß § 83 Abs. 1 Nr. 3 KGSG eine Freiheitsstrafe von bis zu fünf Jahren oder eine Geldstrafe.

Neben dem Einfuhrverbot gemäß § 28 KGSG legt § 32 KGSG fest, welche Einfuhr von Kulturgut unrechtmäßig ist, nämlich „[...] wenn das Kulturgut bei der Ausfuhr aus einem anderen Staat entgegen den in diesem Staat geltenden Rechtsvorschriften zum Schutz nationalen Kulturgutes verbracht worden ist [...]." Auktionshäuser und Kunsthändler müssen demnach die Rechtsvorschriften der Herkunftsländer prüfen. Bei der Fragestellung, ob die Einfuhr von Kulturgut unrechtmäßig ist, orientiert sich das KGSG an zwei Stichtagen. Handelt es sich um Kulturgut, welches aus einem Mitgliedstaat der EU ausgeführt wurde, ist Stichtag der 31.12.1992. Dies bezieht sich auf die „Verordnung (EWG) Nr. 3911/92 des Rates vom 9. Dezember 1992 über die Ausfuhr von Kulturgütern", welche nach Abschaffung der Grenzkontrollen innerhalb der EU den Handel mit Kulturgütern europaweit regelte. Für Kulturgüter, welche aus einem Vertragsstaat des UNESCO Übereinkommens ausgeführt wurden, ist der 26.4.2007 maßgeblich. Hierbei bezieht sich das KGSG auf das KultGüRückG, welches die Umsetzung des UNESCO Übereinkommens darstellt. Folglich gelten Kulturgüter, die entweder aus einem Mitgliedstaat nach dem 31.12.1992 oder aus einem Vertragsstaat nach dem 26.4.2007 entgegen den dort geltenden Rechtsvorschriften verbracht worden sind, als unrechtmäßig eingeführt.[1261]

Während § 32 KGSG regelt, wann eine Einfuhr von Kulturgut unrechtmäßig ist, definiert § 28 KGSG ein Einfuhrverbot. Das Verhältnis beider Regelungen zueinander ist nicht eindeutig erkennbar, sodass sich diese allein anhand des Wortlauts nur schwer voneinander abgrenzen lassen.[1262]

Die „Handreichung für die Praxis" für das KGSG erklärt, dass § 28 KGSG an § 32 KGSG anknüpft: „Anders als § 32, der neben anderen Tatbeständen auch Fälle des § 28 umfasst und die Unrechtmäßigkeit der Einfuhr definiert, regelt

---

1260 Vgl. § 28 Nr. 2 und 3; unter den Rechtsakten sind insbesondere Embargo-Vorschriften (z.B. Irak Verordnung und Syrien Verordnung) zu verstehen; Garbers-von Boehm, in Elmenhorst/Wiese, KGSG – Kulturgutschutzgesetz, § 28, Rn. 19 – 21.

1261 Vgl. § 32 Abs. 1 KGSG.

1262 Garbers-von Boehm, in Elmenhorst/Wiese, KGSG – Kulturgutschutzgesetz, § 28, Rn. 31.

§ 28 ein ausdrückliches Einfuhrverbot."[1263] In jedem Fall bedeutet daher ein Verstoß gegen das Einfuhrverbot nach § 28 KGSG, dass eine Unrechtmäßigkeit der Einfuhr nach § 32 Abs. 1 Nr. 2 KGSG vorliegt, weil der Tatbestand des § 32 weiter gefasst ist.[1264]

Da eine Strafandrohung nur an die Verletzung einer Verbotsnorm geknüpft werden kann, sei laut *Winands/List* § 28 KGSG gesetzestechnisch erforderlich, indem dadurch der Verbotstatbestand definiert wird.[1265] Gemäß § 83 Abs. 1 Nr. 3 KGSG ist ein wissentlicher Verstoß gegen das Einfuhrverbot nach § 28 KGSG unmittelbar strafbewehrt. Hingegen beinhaltet die unrechtmäßige Einfuhr gemäß § 32 Abs. 1 Nr. 1 und 3 KGSG keine Strafbarkeitsandrohung. Die „Handreichung für die Praxis" für das KGSG präzisiert in diesem Zusammenhang, dass der bloße Besitz von unrechtmäßig eingeführtem Kulturgut nicht verboten und auch nicht strafbar ist.[1266] Die Strafbarkeitsandrohung bei unrechtmäßiger Einfuhr von Kulturgut gemäß § 32 KGSG liegt erst bei der Ausfuhr[1267] oder beim Inverkehrbringen[1268] dieses Kulturgutes vor.[1269]

Soll ein Kulturgut, welches von einem Mitglied- oder Vertragsstaat als *nationales Kulturgut* klassifiziert wurde, dennoch nach Deutschland eingeführt werden, bedarf es gemäß § 30 KGSG eines „Nachweises der Rechtmäßigkeit der Einfuhr".[1270] Dieser kann in Form einer Ausfuhrgenehmigung des Herkunftsstaates oder durch ähnliche Bestätigungen erbracht werden.[1271] Als Grundlage dieser Regelung führt der Gesetzgeber das UNESCO Übereinkommen an, welches in Art. 6 die Vertragsstaaten auffordert, eine Bescheinigung auszustellen, welche die Rechtmäßigkeit der Ausfuhr nachweist. Wer ein Kulturgut einführt,

---

1263 BKM, Das neue Kulturgutschutzgesetz – Handreichung für die Praxis, S. 186, Online.

1264 Garbers-von Boehm, in Elmenhorst/Wiese, KGSG – Kulturgutschutzgesetz, § 28, Rn. 35.

1265 Winands/List, Das neue Kulturgutschutzgesetz, S. 204.

1266 BKM, Das neue Kulturgutschutzgesetz – Handreichung für die Praxis, S. 191, Online; hier wird auch erklärt, dass „allgemeine zivilrechtliche und strafrechtliche Regelungen" unberührt bleiben.

1267 Vgl. § 83 Abs. 1 Nr. 2 KGSG.

1268 Vgl. § 83 Abs. 1 Nr. 4 KGSG.

1269 § 83 Abs. 1 Nr. 4 bezieht sich dabei auf § 40 Abs. 1 KGSG.

1270 Schon 1992 äußerte von Schorlemer, Internationaler Kulturgüterschutz, S. 552 die Idee einer „[...] Einführung von internationalen Papieren („Kulturgut-Brief"), vergleichbar dem KFZ-Brief [...], die die rechtmäßige Herkunft belegen und bei deren Fehlen von Bösgläubigkeit auszugehen ist."

1271 Vgl. § 30 KGSG.

welches von einem Mitglied- oder Vertragsstaat als *nationales Kulturgut* eingestuft war, und den nach § 30 KGSG erforderlichen „Nachweis der Rechtmäßigkeit der Einfuhr“ vorsätzlich oder fahrlässig nicht mit sich führt, handelt gemäß § 84 Abs. 2 Nr. 1 KGSG ordnungswidrig, sofern er wusste oder hätte wissen müssen, dass das Kulturgut als *nationales Kulturgut* im Herkunftsstaat eingestuft war.[1272] Diese Ordnungswidrigkeit kann mit einer Geldbuße von bis zu 100.000 Euro geahndet werden.[1273] Dies verdeutlicht den akzessorischen Ansatz des Gesetzgebers, dass Einfuhrbeschränkungen als Ergänzung zu Ausfuhrbeschränkungen von anderen Staaten angesehen werden. Eine Entscheidung eines Herkunftsstaates darüber, welches Kulturgut ausgeführt werden darf, bildet damit die Basis für die Entscheidung, welches Kulturgut nach Deutschland eingeführt werden darf. Die BKM spricht in diesem Kontext von einem „längst überfälligen Paradigmenwechsel“.[1274]

In diesem Zusammenhang ist kritisch anzumerken, dass die geforderten Ausfuhrgenehmigungen der Herkunftsstaaten häufig nicht für alle Arten von Kulturgütern ausgestellt werden. Dementsprechend sind Fälle möglich, bei denen Ausfuhrgenehmigungen der Herkunftsstaaten nicht vorliegen können, weil manche Herkunftsstaaten in der Vergangenheit, insbesondere vor Ratifizierung des UNESCO Übereinkommens, solche Bescheinigungen nicht ausgestellt haben.[1275]

Besonderes Augenmerk muss im Kontext der Einfuhr von Kulturgut auf die Begrifflichkeiten gelegt werden. Die im KGSG gewählte Terminologie „Herkunftsstaat“ kann sich nämlich vom Staat der letzten Belegenheit unterscheiden. Im KGSG lautet die Definition von Herkunftsstaat: „Ein Mitgliedstaat oder Vertragsstaat, in dem das Kulturgut entstanden ist oder der eine so enge Beziehung zu dem Kulturgut hat, dass er es zum Zeitpunkt der Verbringung aus seinem Hoheitsgebiet als nationales Kulturgut unter Schutz gestellt hat.“[1276] Die BKM bezeichnet diese Differenzierung zwischen Herkunftsstaat und dem Staat der letzten Belegenheit als notwendig, um den illegalen Handel mit Kulturgütern wirksam zu unterbinden.[1277] Schließlich könnte, sofern sich die

1272 Vgl. § 84 Abs. 2 Nr. 1 KGSG.

1273 Vgl. § 84 Abs. 3 KGSG.

1274 BKM, Das neue Kulturgutschutzgesetz – Handreichung für die Praxis, S. 6, Online.

1275 Diese Kritik äußert Garbers-von Boehm, in Elmenhorst/Wiese, KGSG – Kulturgutschutzgesetz, § 28, Rn. 14; zudem ist hervorzuheben, dass viele Staaten das UNESCO Übereinkommen nicht ratifiziert haben, siehe dazu Kapitel § 3 III 1 b).

1276 Vgl. § 2 Abs. 1 Nr. 8 KGSG.

1277 Winands/List, Das neue Kulturgutschutzgesetz, S. 204.

Einfuhrbeschränkungen des KGSG lediglich auf den Staat der letzten Belegenheit beziehen würden, ein Drittstaat zur Umgehung der Ausfuhrbeschränkungen des Herkunftsstaates genutzt werden.[1278] Problematisch sind aber jene Fälle, in denen der Herkunftsstaat nicht eindeutig feststellbar ist. Zwar bezieht sich § 30 KGSG nur auf Kulturgüter, welche von einem Mitgliedstaat der EU oder einem Vertragsstaat des UNESCO Übereinkommens als *nationale Kulturgüter* eingestuft wurden, sodass dadurch die Anzahl der Kulturgüter deutlich eingegrenzt wird. Häufig sind aber die Provenienzen nicht vollständig zurückzuverfolgen. Insbesondere bei Antiken kann die Herkunft mitunter nur vermutet werden und aufgrund der Tatsache, dass sich die Staatenordnung in den vergangenen Jahrzehnten und Jahrhunderten dynamisch verändert hat, ist eine eindeutige Zuordnung oftmals unmöglich. § 32 Abs. 2 KGSG reagiert auf dieses Szenario, bei dem die Herkunft des Kulturgutes in mehreren heutigen Staaten liegen kann, und regelt, dass die Einfuhr nur dann unrechtmäßig wäre, wenn das Kulturgut „[...] nach dem Recht jedes in Frage kommenden Staates nicht ohne Ausfuhrgenehmigung hätte ausgeführt werden dürfen und eine solche Ausfuhrgenehmigung nicht vorliegt." Diese Regelung ist zwar notwendig, allerdings impliziert dies, dass gegebenenfalls die zum Zeitpunkt der Ausfuhr in den jeweiligen Staaten bestehenden Regelungen geprüft werden müssten.

2. Ökonomische Analyse

Ein aus ökonomischer Perspektive relevanter Aspekt im Kontext des Beschaffungsmarktes besteht in der Frage nach der Rückwirkung der im KGSG normierten Einfuhrbeschränkungen. Gemäß § 29 KGSG ist das Einfuhrverbot des § 28 KGSG nicht anzuwenden, wenn sich das Kulturgut zum Tag des Inkrafttretens des KGSG rechtmäßig im Deutschland befunden hat. Eine Rückwirkung des Einfuhrverbots existiert daher nicht; dies ist im Sinne der Sammler und Kunstintermediäre, aber auch der Kulturgut bewahrenden Einrichtungen.[1279] Keine Anwendung hat die Ausnahme des Einfuhrverbots gemäß § 29 KGSG auf unrechtmäßig im Bundesgebiet befindliches Kulturgut; hierbei ist insbesondere Kulturgut gemeint, welches zu einem früheren Zeitpunkt entgegen dem Irak- oder Syrien-Embargo eingeführt wurde.[1280] Als schwierig dürfte sich in vielen

1278 BKM, Das neue Kulturgutschutzgesetz – Handreichung für die Praxis, S. 189, Online.

1279 BT-Drs. 18/7456, S. 90.

1280 § 29 Nr. 1 KGSG präzisiert, dass die Ausnahme des Einfuhrverbots nur gilt, „[...] soweit nicht unmittelbar geltende Rechtsakte der Europäischen Union Abweichendes anordnen [...]"; der Gesetzgeber hebt damit hervor, dass der Anwendungsvorrang

Fällen die Erbringung eines Nachweises herausstellen, dass sich das Kulturgut zum Stichtag rechtmäßig im Bundesgebiet befunden hat. Es gilt zwar der Amtsermittlungsgrundsatz, allerdings können die Beteiligten herangezogen werden, um den Sachverhalt aufzuklären. Derjenige, der sich auf die Ausnahmeregelung des § 29 KGSG berufen möchte, sollte demnach möglichst die relevanten Nachweise vorlegen können.[1281] In Anbetracht der Tatsache, dass im KultGüRückG lediglich eine zehnjährige Aufbewahrungspflicht[1282] für gewerbliche Inverkehrbringer vorgeschrieben war, ist es offensichtlich, dass diese Unterlagen bei vielen Händlern nicht mehr existieren – wenn es sie überhaupt jemals gab.

Eine Frage, die im Zusammenhang der Ausnahme des Einfuhrverbots gemäß § 29 KGSG auftritt, ist jene nach der Anwendbarkeit des § 32 KGSG, der die „unrechtmäßige Einfuhr von Kulturgut" regelt. Nach wortlautgetreuer Auslegung des § 29 KGSG bezieht sich die Ausnahme des Einfuhrverbots nur auf § 28 KGSG. Zudem steht die Ausnahme des Einfuhrverbots ebenso wie das Einfuhrverbot im dritten Abschnitt des KGSG, während die „unrechtmäßige Einfuhr von Kulturgut" gemäß § 32 KGSG im vierten Abschnitt des KGSG angesiedelt ist. Diese Tatsache deutet ebenfalls darauf hin, dass § 29 KGSG nicht auf § 32 KGSG anzuwenden ist.[1283] Dass § 32 KGSG im Gegensatz zu § 28 KGSG einen rückwirkenden Charakter hat, ergibt sich auch aus den beiden in § 32 KGSG genannten Stichtagen in den Jahren 1992 und 2007. Um die unterschiedliche Bedeutung von § 28 KGSG und § 32 KGSG zu verdeutlichen, eignet sich folgendes Szenario[1284]: Ein Kulturgut wird nach dem 31.12.1992, dem in § 32 KGSG verankerten Stichtag für Mitgliedstaaten der EU, aus einem Mitgliedstaat der EU ausgeführt. Das Kulturgut war in diesem Mitgliedstaat pauschal unter Schutz gestellt, ohne in einem dortigen Verzeichnis eingetragen zu sein. Wenn es vor Inkrafttreten des KGSG in das Bundesgebiet eingeführt wurde, handelt es sich nach damaliger Rechtslage nicht um eine verbotene Einfuhr; dementsprechend ist § 29 Nr. 1 KGSG anzuwenden. § 28 KGSG ist nicht einschlägig, da

des unmittelbar geltenden europäischen Rechts auch in diesem Bereich Gültigkeit hat; BT-Drs. 18/7456, S. 90.

1281 Garbers-von Boehm, in Elmenhorst/Wiese, KGSG – Kulturgutschutzgesetz, § 29, Rn. 5.

1282 Vgl. § 18 Abs. 1 KultGüRückG.

1283 Garbers-von Boehm, in Elmenhorst/Wiese, KGSG – Kulturgutschutzgesetz, § 29, Rn. 8.

1284 Dieses Szenario und die Verbindung zwischen § 28 KGSG, § 29 KGSG und § 32 KGSG betont auch Garbers-von Boehm, in Elmenhorst/Wiese, KGSG – Kulturgutschutzgesetz, § 29, Rn. 9.

das Kulturgut vor dem Inkrafttreten des KGSG rechtmäßig eingeführt wurde; schließlich war die Einfuhr in das Bundesgebiet gemäß KultGüRückG nur genehmigungspflichtig, wenn das Kulturgut in ein Verzeichnis national wertvollen Kulturgutes des jeweiligen Staates eingetragen war.[1285] Die akzessorische Regelung, dass eine unrechtmäßige Ausfuhr aus einem Mitgliedstaat auch eine unrechtmäßige Einfuhr in das Bundesgebiet bedeutet, hatte zum damaligen Zeitpunkt noch keine Gültigkeit.[1286] Ob das Kulturgut heutzutage gemäß § 32 Abs. 1 Nr. 1 KGSG als unrechtmäßig eingeführt einzustufen ist, bleibt fraglich. Schließlich wurde das Kulturgut nach dem für Mitgliedstaaten geltenden Stichtag des 31.12.1992 in das Bundesgebiet eingeführt, obwohl dies entgegen der Rechtsvorschriften dieses Mitgliedstaates geschah. Aufgrund der Tatsache, dass § 32 KGSG keine unmittelbare Strafbarkeitsandrohung normiert und der Besitz eines unrechtmäßig eingeführten Kulturgutes weder strafbar noch verboten ist, verstößt § 32 KGSG auch nicht gegen das strafrechtliche Rückwirkungsverbot des Art. 103 Abs. 2 GG.[1287] Auch die „Handreichung für die Praxis“ für das KGSG behauptet zwar, dass durch § 32 KGSG keine Rückwirkung auf Einfuhren besteht[1288], allerdings ist dies diskussionswürdig: „Durch die tatbestandliche Rückanknüpfung entsteht jedoch faktisch eine Rückwirkung auch bei Kulturgut, das – ohne Einfuhrbestimmungen zu verletzen – vor dem 06.08.2016 eingeführt wurde […].“[1289] Schließlich ist ein Inverkehrbringen von unrechtmäßig eingeführtem Kulturgut gemäß § 40 Abs. 1 KGSG verboten und wird durch § 83 Abs. 1 Nr. 4 KGSG mit Freiheitsstrafe von bis zu fünf Jahren oder mit Geldstrafe sanktioniert. Erschwerend kommt die akzessorische Regelung hinzu, dass eine Ausfuhr von unrechtmäßig eingeführten Kulturgütern gemäß § 21 Nr. 3 KGSG verboten ist. Auch dies wird gemäß § 83 Abs. 1 Nr. 2 mit Freiheitsstrafe von bis zu fünf Jahren oder mit Geldstrafe sanktioniert. Damit hat § 32 KGSG eine enorme ökonomische Tragweite für die Kunstintermediäre.

Des Weiteren ergibt sich für die Kunstintermediäre eine Zunahme der Rechtsunsicherheit durch den Wegfall des Listenprinzips im Bereich der Einfuhrregelungen. Problematisch an den neuen Einfuhrbeschränkungen ist für die

---

1285 Vgl. § 14 Abs. 1 KultGüRückG.

1286 Wenn § 28 KGSG anzuwenden sein sollte, dann würde dies dem strafrechtlichen Rückwirkungsverbot des Art. 103 Abs. 2 GG widersprechen; Garbers-von Boehm, in Elmenhorst/Wiese, KGSG – Kulturgutschutzgesetz, § 29, Rn. 9.

1287 BKM, Das neue Kulturgutschutzgesetz – Handreichung für die Praxis, S. 191, Online.

1288 BKM, Das neue Kulturgutschutzgesetz – Handreichung für die Praxis, S. 190, Online.

1289 Garbers-von Boehm, in Elmenhorst/Wiese, KGSG – Kulturgutschutzgesetz, § 29, Rn. 10.

Kunstintermediäre der Sachverhalt, dass Kenntnisse über die Rechtsvorschriften der Herkunftsländer vorausgesetzt werden. Zwar wurde zur Unterstützung das *Internetportal zum Kulturgutschutz* erstellt, doch beinhaltet dies lediglich die aktuelle Rechtslage in den Mitglied- und Vertragsstaaten. Die Überprüfung, ob eine in der Vergangenheit liegende Einfuhr zum damaligen Zeitpunkt rechtmäßig war, benötigt jedoch eine Darstellung der damaligen Rechtslage. Dies ist im *Internetportal zum Kulturgutschutz* nicht möglich.[1290] So stellt auch *Lenski* fest: „Mit einem gesetzlichen Verweis auf die geltenden Bestimmungen und die ggf. geeigneten Unterlagen ist jedoch für den Einzelnen nicht aus sich heraus erkennbar, welche Anforderungen das deutsche Recht an ihn stellt. Dies gilt umso mehr, als die Regelung die Einfuhr jeglicher Kulturgüter erfasst und damit einen denkbar weiten Anwendungsbereich auch jenseits archäologischer Grabungsstücke hat."[1291] Letzterer Sachverhalt, also dass von den Einfuhrbeschränkungen sämtliche Kulturgüter erfasst werden, ist erstaunlich. Schließlich heißt es in der Gesetzesbegründung des KGSG, dass die Regelung insbesondere archäologische Objekte aus Raubgrabungen erfassen soll.[1292] Allerdings geht das KGSG deutlich über die Gesetzesbegründung hinaus. Der Anwendungsbereich der Einfuhrbeschränkungen erstreckt sich nämlich nicht nur auf archäologische Kulturgüter, bei denen der Verdacht auf illegalen Handel eher am größten wäre, sondern auf alle Kulturgüter, also auch „Bilder und Gemälde", die sich mitunter sogar seit Jahrzehnten im Wirtschaftskreislauf befinden.[1293]

In der Praxis ergeben sich auch Probleme aus der Unsicherheit des Begriffs des Herkunftsstaates. Grundsätzlich sollen nur Mitgliedstaaten der EU oder Vertragsstaaten des UNESCO Übereinkommens als Herkunftsstaaten in Frage kommen, da „[…] nur für diese Staaten ein gemeinsames Verständnis der Anliegen und Grenzen des Kulturgutschutzes angenommen werden kann. […] Nur auf der Basis einer gemeinsamen Rechtsgrundlage und eines gemeinsamen Rechtsverständnisses ist es gerechtfertigt, Rechtsfolgen im deutschen Recht und insbesondere nach diesem Gesetz [dem KGSG] an die Rechtslage im Herkunftsstaat zu knüpfen."[1294] Bei archäologischen Kulturgütern kann, zumindest theoretisch, der Ausgrabungsort und somit der Herkunftsstaat ermittelt werden. Fraglich ist

---

1290 Dies kritisiert auch Berking, Kulturgutschutz in Deutschland, S. 32, Online.

1291 Lenski, Fragenkatalog – Öffentliche Anhörung, S. 7, Online.

1292 BT-Drs. 18/7456, S. 90.

1293 Garbers-von Boehm, in Elmenhorst/Wiese, KGSG – Kulturgutschutzgesetz, § 28, Rn. 2.

1294 BT-Drs. 18/8908, S. 80.

hingegen, wer beispielsweise einen Anspruch auf ein Kunstwerk eines bedeutenden italienischen Künstlers anmelden kann, wenn das Kunstwerk seit dem 19. Jahrhundert in einem spanischen Museum ausgestellt ist und eventuell sogar in Spanien hergestellt wurde. In diesem Fall ist es denkbar, dass das Kunstwerk nicht von Italien, sondern von Spanien mit einem Ausfuhrverbot belegt ist. Für den Rechtsanwender ergibt sich durch die Maßgeblichkeit des Herkunftsstaates demnach auch dadurch ein Mehraufwand, dass die rechtlichen Regelungen des Herkunftsstaates und auch die des Staates der letzten Belegenheit geprüft werden müssen.[1295]

Eine weitere ökonomische Herausforderung durch die verschärften Einfuhrbeschränkungen resultiert aus der in *Kapitel § 2 III 1* erläuterten geringen Liquidität auf dem Kunstmarkt, insbesondere auf Seiten der klassischen Kunsthändler des Sekundärmarktes. Um ein attraktives Absatzprogramm zeigen zu können, müssen die Kunsthändler kontinuierlich neue Kunstwerke erwerben und mitunter führt dies zu hohen Beschaffungsaufwendungen. Da § 40 KGSG ein Verbot des Inverkehrbringens für unrechtmäßig eingeführte Kulturgüter normiert, hat die Prüfung der Rechtmäßigkeit der Einfuhr von Kulturgut aus dem Ausland für die Kunsthändler eine hohe Priorität. Schließlich würde es aufgrund der klassischerweise niedrigen Liquidität aus ökonomischer Perspektive besonders prekär sein, wenn ein Kulturgut erworben und eingeführt wird, welches anschließend nicht in Verkehr gebracht werden kann.

3. Zusammenfassung

Der Beschaffungsmarkt ist für Kunstintermediäre mindestens von gleichwertiger Bedeutung wie der Absatzmarkt, da aufgrund des sehr limitierten Angebots von herausragenden Kunstwerken die Kunstintermediäre in einem intensiven Wettbewerbsverhältnis um Einlieferer konkurrieren. Schließlich werden vornehmlich bereits am Markt befindliche Kunstwerke gehandelt, häufig sogar von Künstlern, die bereits verstorben sind oder die zumindest keine neuen Werke auf den Markt bringen.[1296] Auf Seiten der Kunsthändler ist der Umstand hervorzuheben, dass aufgrund der zunehmenden Transparenz auf dem Kunstmarkt, der Wissensvorsprung erodiert; Beschaffungen zu Preisen unterhalb

1295 Garbers-von Boehm, in Elmenhorst/Wiese, KGSG – Kulturgutschutzgesetz, § 28, Rn. 15.

1296 Boll, Distributionssystem und Ereignis, S. 188; auch Unfricht, Kunst und Markt, S. 46 betont, dass sich die Beschaffung als schwieriger erweist als der Absatz.

des Marktwertes sind kaum noch möglich.[1297] Die Einfuhrbeschränkungen des KGSG führen schlimmstenfalls dazu, dass ein Inverkehrbringen von bestimmten Kulturgütern unterbleibt. Auktionshäusern entgeht durch nicht-entstandene Verkäufe das *buyer's premium*, also die vom Käufer zu zahlende Provision, ebenso wie das *seller's premium*, also die vom Verkäufer zu zahlende Provision.

Insgesamt ist nicht verwunderlich, dass die Kunstintermediäre Schwierigkeiten mit den Einfuhrbeschränkungen des KGSG haben.[1298] Beispielhaft für eine Reaktion des Auktionswesens ist die Verlagerung der Asienauktionen vom renommierten deutschen Auktionshaus *Lempertz* ins benachbarte Ausland; dies wurde laut Unternehmensangaben auf „Drängen der Einlieferer“ vollzogen.[1299] Auch das Auktionshaus *Nagel* aus Stuttgart warnte bereits vor Inkrafttreten des KGSG, dass beispielsweise bei nur rund zehn Prozent der chinesischen Werke der benötigte Herkunftsnachweis vorliegen würde. Bereits im Sommer 2017, also ein Jahr nach Inkrafttreten des KGSG, verkaufte Nagel rund die Hälfte der Asiatika-Kunst in Salzburg und nicht am Firmensitz in Stuttgart.[1300]

Um die aus den Einfuhrbeschränkungen resultierende Unsicherheit zu beheben, schlägt *Lenski* in Analogie zu der in § 24 KGSG verankerten Genehmigungspflicht der Ausfuhr eine „[…] ausdrückliche Einfuhrgenehmigung für Kulturgüter bestimmter Kategorien, vor allem für archäologisches Kulturgut […]“ vor. Um dies bewerkstelligen zu können, müsste eine spezialisierte Behörde mit ausreichender Sachkenntnis prüfen können, ob die jeweils vorhandenen Unterlagen ausreichend mit den Ausfuhrbeschränkungen des Herkunftsstaates korrespondieren. Die Vorteilhaftigkeit einer solchen Regelung liegt insbesondere darin, dass Rechtssicherheit für alle eingeführten Kulturgüter bestehen würde. Ebenfalls schlägt *Lenski* ein „Registrierungsverfahren für Altfälle“ vor.[1301] Dieser Vorschlag, ausdrückliche Einfuhrgenehmigungen auszustellen, ist auf den ersten Blick positiv zu werten. Allerdings ist zweifelhaft, ob dies tatsächlich praktikabel wäre. Wie bereits mehrfach betont, existieren nämlich insbesondere bei älteren Kulturgütern nur selten Kaufbelege, Ausfuhrgenehmigungen oder

---

1297 Boll, Kunst ist käuflich, S. 130.

1298 In diesem Kontext merkt auch Hartung, Das neue Kulturgutschutzgesetz, S. 17, Online an: „Den geforderten Herkunftsnachweis wird man daher in vielen Fällen gar nicht erbringen können. Normalerweise gilt der Grundsatz, dass Unmögliches nicht gefordert werden darf. Wie Praxis und Rechtsprechung damit umgehen werden, bleibt abzuwarten.“

1299 Die Welt, Was ist national wertvoll?, Online.

1300 Süddeutsche Zeitung, Kunst auf der Flucht, Online.

1301 Lenski, Fragenkatalog – Öffentliche Anhörung, S. 8, Online.

ähnliche Informationen, mit denen eine deutsche Behörde die Rechtmäßigkeit der Einfuhr verifizieren könnte.

Die ökonomische Analyse ergab, dass die Einfuhrbeschränkungen des KGSG die Kunstintermediäre vor neue Herausforderungen stellen. Für die Umfrage ist es daher naheliegend zu erfragen, ob bereits feststellbar ist, dass weniger Werke aus dem Ausland zum Kauf angeboten werden, bzw. eingeliefert werden. § 30 KGSG fordert einen „Nachweis der Rechtmäßigkeit der Einfuhr" für Kulturgüter, die im Herkunftsstaat als *nationales Kulturgut* eingestuft wurden. Die damit verbundenen Probleme wurden beleuchtet. Eine für die Umfrage passende Frage lautet, ob den Kunstintermediären bewusst ist, welche Kulturgüter überhaupt unter diese Regelung fallen würden. Daran anknüpfend stellt sich zudem die Frage, inwieweit es realistisch ist, dass ein solcher „Nachweis der Rechtmäßigkeit der Einfuhr" von den Kunstintermediären erbracht werden kann.

§ 6 Kulturgutschutzgesetze anderer europäischer Staaten im Vergleich

I. Gemeinsamkeiten europäischer Kulturgutschutzgesetze

Vor der Betrachtung der Kulturgutschutzgesetze anderer europäischer Staaten, empfiehlt sich ein Blick auf die Exportstatistik für Kulturgüter aus der EU. Laut Eurostat wurden im Jahr 2014 *works of art* [1302] aus Deutschland mit einem Gesamtwert von 538 Millionen Euro ausgeführt. Im gleichen Jahr betrug der Wert der Ausfuhren aus Frankreich 925 Millionen Euro und aus dem Vereinigten Königreich 3.589 Millionen Euro.[1303] Dies verdeutlicht die Relevanz dieser beiden Kunstmärkte und demnach werden die Kulturgutschutzgesetze beider Staaten mit dem KGSG verglichen. Zudem wird das schweizerische Kulturgütertransfergesetz[1304] beschrieben, da sich viele Regelungen des deutschen KGSG am schweizerischen KGTG orientieren.

Wie bereits in den vorherigen Kapiteln geschildert, sind die Kulturgutschutzgesetze der Mitgliedstaaten an europarechtlichen Regelungen orientiert.[1305] Beispielsweise können wirksame Ausfuhrbeschränkungen europaweit nur existieren, wenn jeder Mitgliedstaat entsprechende Regelungen in den nationalen Gesetzgebungen verankert hat. So steht es auch in der Begründung der Kommission zur Verordnung (EG) Nr. 116/2009: „Um den Binnenmarkt aufrechtzuerhalten, müssen im Warenverkehr mit Drittländern Vorschriften erlassen werden, die den Schutz von Kulturgütern gewährleisten." Daher fordert die Verordnung (EG) Nr. 116/2009 eine Genehmigung für die Ausfuhr von Kulturgut in einen Drittstaat.[1306] Unabhängig davon, ob ein Mitgliedstaat ein Kulturgut als *nationales Kulturgut* eingestuft hat, gilt das Kategorienprinzip gemäß dem Anhang der Verordnung (EG) Nr. 116/2009 unmittelbar in allen Mitgliedstaaten. Erheblich für die Genehmigungspflicht ist ausschließlich, ob sich das Kulturgut einer der Kategorien zuordnen lässt

---

1302 Dazu zählen paintings, engravings, designs and sculptures.

1303 Eurostat, Culture statistics, S. 108, Online.

1304 Im Folgenden „KGTG" genannt.

1305 So schrieb Odendahl, Kulturgüterschutz, S. 105 schon 2005: „Insgesamt betrachtet verfügt Deutschland mittlerweile über kulturgüterschützende Normen, die denen in anderen europäischen Staaten in jeder Hinsicht vergleichbar sind."

1306 Vgl. Art. 2 Abs. 1 der Verordnung (EG) Nr. 116/2009.

und ob es die entsprechenden Alters- und Wertuntergrenzen übersteigt. In allen europäischen Ländern werden dadurch bedeutende Kulturgüter durch Ausfuhrkontrollen geschützt.

Für alle Mitgliedstaaten gleichermaßen bindend ist auch die Verordnung (EG) Nr. 1210/2003, welche als Reaktion auf die vom Sicherheitsrat der Vereinten Nationen erlassene Resolution Nr. 1483 (2003) verabschiedet wurde. Die Verordnung beinhaltet Regelungen zum Umgang mit dem Irak und auch hierbei findet der Kulturgüterschutz Berücksichtigung. Zum Beispiel regelt Artikel 3: „Es ist untersagt, irakische Kulturgüter und andere Gegenstände von archäologischer, historischer, kultureller, besonderer wissenschaftlicher und religiöser Bedeutung, einschließlich der in Anhang II aufgelisteten Gegenstände, a) in das Gebiet der Gemeinschaft einzuführen oder zu verbringen, b) aus dem Gebiet der Gemeinschaft auszuführen oder zu verbringen […].“[1307]

Teilweise existieren signifikante Unterschiede hinsichtlich der Kulturgutschutzgesetze. Dies ist unter dem Gesichtspunkt, dass Kulturgüterschutz eng mit nationalstaatlicher Historie und Kultur verbunden ist, nicht verwunderlich. Beispielsweise ist in Italien die Ausfuhr von Kulturgütern pauschal genehmigungspflichtig, sofern das Kulturgut eine Altersuntergrenze von 50 Jahren überschreitet – unabhängig vom Wert des Kulturgutes.[1308] Zudem lassen sich Unterschiede darin erkennen, dass föderative Staaten, wie die Schweiz und Deutschland den Gliedstaaten Kompetenzen überlassen, während andere Staaten wie Frankreich insbesondere den Abwanderungsschutz als zentralistische Aufgabe interpretieren.[1309]

II. Kulturgüterschutz im Vereinigten Königreich

Im Folgenden werden die Grundlagen des britischen Kulturgüterschutzes beschrieben. Insbesondere das staatliche Angebot zum Ankauf von Kulturgütern wird betrachtet, da dieses auch während des Gesetzgebungsverfahrens für das KGSG häufig diskutiert wurde. Zudem ist das Vereinigte Königreich einer

---

1307 Ähnlich verhält es sich mit der Verordnung (EU) Nr. 1332/2013 des Rates aus dem Jahr 2013, die besondere Regelungen zum Umgang mit Syrien enthält. Dort ist unter Art. 1 Abs. 4 der Kulturgutverkehr mit syrischem Kulturgut verboten, sofern zu vermuten wäre, dass jene Kulturgüter „[…] ohne Einwilligung ihrer rechtmäßigen Eigentümer oder unter Verstoß gegen syrisches Recht oder Völkerrecht aus Syrien entfernt wurden […].“

1308 Vgl. Art. 65 Abs. 3 a des „Codice dei beni culturali e del paesaggio“.

1309 Bundesregierung, Bericht der Bundesregierung zum Kulturgutschutz, S. 99, Online.

der bedeutendsten Kunstmärkte weltweit und allein dadurch ist eine Darstellung der Regelungen zum Kulturgüterschutz geboten.

1. Kunstmarkt und Grundlagen des britischen Kulturgüterschutzes

Die Auktionshäuser in London dominieren innerhalb Europas insbesondere bei hochpreisigen Werken im Bereich der Alten Meister, der Kunst des 19. Jahrhunderts und bei den Impressionisten: Neun der zehn teuersten Werke dieser drei Bereiche wurden im Jahr 2016 in London verkauft.[1310] Auch im Bereich der Moderne ist das Vereinigte Königreich innerhalb Europas führend. Insgesamt 65% des Auktionsvolumens von Kunstwerken der Moderne sind Auktionshäusern des Vereinigten Königreichs zuzuschreiben. Sotheby's London und Christie's London teilen sich im Jahr 2016 die Top 10 Auktionspreise Europas im Bereich der Moderne untereinander auf.[1311] Das gleiche Bild ergibt sich bei der Nachkriegskunst und der zeitgenössischen Kunst, wo ebenfalls die zehn höchsten Auktionspreise Europas für das Jahr 2016 bei Sotheby's London und Christie's London erzielt wurden.[1312] Die Dominanz des Vereinigten Königreiches als Kunsthandelsstandort wird auch dadurch verdeutlicht, dass im Jahr 2016 vom gesamten Exportvolumen aus der EU insgesamt 63,5% auf das Vereinigte Königreich entfielen.[1313]

Das Vereinigte Königreich ist seit 2002 Vertragsstaat des UNESCO Übereinkommens, jedoch ohne dieses bisher ratifiziert zu haben.[1314] Im Jahr 2004 trat die „Export of Objects of Cultural Interest (Control) Order 2003" in Kraft. Schedule 1 definiert, welche Kulturgüter als „Object of Cultural Interest" einzustufen sind und besagt, dass diese mehr als 50 Jahre vor der angestrebten Ausfuhr erschaffen sein müssen; über das Ausschlussverfahren werden zudem bestimmte Kategorien von Gütern ausgeschlossen.[1315] Ein Verzeichnis national

1310 TEFAF Art Market Report 2017, S. 82 f., Online.

1311 TEFAF Art Market Report 2017, S. 84 f., Online.

1312 TEFAF Art Market Report 2017, S. 86 f., Online.

1313 TEFAF Art Market Report 2017, S. 107, Online.

1314 Siehe dazu die Übersicht aller Vertragsstaaten: http://www.unesco.org/eri/la/convention.asp?language=E&KO=13039.

1315 Gemäß Schedule 1, Abs. 1 „Export of Objects of Cultural Interest (Control) Order 2003" sind folgende Güter keine Objects of Cultural Interest: „(a) postage stamps and other articles of philatelic interest; (b) birth, marriage or death certificates or other documents relating to the personal affairs of the exporter or the spouse of the

wertvollen Kulturgutes, wie es im deutschen System geführt wird, existiert im Vereinigten Königreich nicht.

2. Einfuhrbeschränkungen

Bei der Einfuhr von Kulturgut ist der „Dealing in Cultural Objects (Offences) Act 2003" relevant.[1316] Gemäß § 1 Abs. 1 gilt: „A person is guilty of an offence if he dishonestly deals in[1317] a cultural object that is tainted, knowing or believing that the object is tainted."[1318] Die Definition, ob ein Kulturgut als „tainted" gilt, lautet gemäß § 2 Abs. 2 Dealing in Cultural Objects (Offences) Act 2003: „A cultural object is tainted if, after the commencement of this Act – (a) a person removes the object in a case falling within subsection (4) or he excavates the object, and (b) the removal or excavation constitutes an offence."

3. Ausfuhrbeschränkungen

Hinsichtlich der Ausfuhr von Kulturgütern und den entsprechenden Regelungen zu Wertuntergrenzen und Verfahrensweisen ist die Handreichung des Department for Culture, Media & Sport[1319] aufschlussreich. Eine ergänzende Hilfestellung bietet auch die Arts Council England Notice.[1320]

Das Vereinigte Königreich hat ein sehr liberales Regime des Abwanderungsschutzes.[1321] Section 2 Export of Objects of Cultural Interest (Control) Order 2003 regelt, dass keines der geschützten Kulturgüter (Objects of Cultural Interest)

---

exporter; and (d) goods exported by, and being the personal property of, the manufacturer or producer thereof, or the spouse, widow or widower of that person."

1316 Dies gilt jedoch nicht in Schottland.

1317 § 3 Abs. 1 Dealing in Cultural Objects (Offences) Act 2003 präzisiert: „A person deals in an object if (and only if) he – (a) acquires, disposes of, imports or exports it, (b) agrees with another to do an act mentioned in paragraph (a), or (c) makes arrangements under which another person does such an act or under which another person agrees with a third person to do such an act."

1318 Ein „cultural object" ist gemäß Paragraph 2 Abs. 1 Dealing in Cultural Objects (Offences) Act 2003 ein Objekt von historischem, architektonischem oder archäologischem Interesse.

1319 „EXPORT CONTROLS ON OBJECTS OF CULTURAL INTEREST"; im Folgenden „DCMS Handreichung" genannt.

1320 UK Export Licensing for Cultural Goods Procedures and guidance for exporters of works of art and other cultural goods; im Folgenden „Arts Council England Notice" genannt.

1321 Sprecher, Beschränkungen des Handels mit Kulturgut, S. 151.

ohne Ausfuhrgenehmigung (*licence*) des Secretary of State ausgeführt werden darf. Grundsätzlich ist, sofern keine Ausnahme greift, eine *licence* erforderlich, wenn es sich um Kulturgüter handelt, die bestimmte Wertuntergrenzen und eine Altersuntergrenze von 50 Jahren überschreiten.[1322] Im Vereinigten Königreich gilt demnach das Belegenheitsprinzip.[1323] Dies ist als besonders handelsfreundlich zu werten. Die Wertuntergrenze für „Bilder und Gemälde" beträgt 117.657 Pfund Sterling.[1324] Befinden sich die Werke im Eigentum des Schöpfers bzw. Produzenten, ist keine *licence* zu beantragen.[1325] Eine *licence* kann allgemein oder spezifisch sein; sie kann unbegrenzt gültig sein oder zeitlich begrenzt sein und sie kann an Bedingungen geknüpft sein.[1326]

Der Gesetzgeber ermöglicht es, dass bestimmte Kulturgüter auch ohne „individual export licence" ausgeführt werden dürfen und hat dafür drei Arten von „open licences" [1327] vorgesehen:

- Die *Open General Export Licence* (OGEL) erlaubt die dauerhafte Ausfuhr von Kulturgütern, welche unter einer bestimmten Wertuntergrenze liegen. Dies gilt auch für Kulturgüter, wenn sie älter als 50 Jahre sind. Diese allgemeine *licence* gilt für die weltweite Ausfuhr. Zusätzlich erlaubt die OGEL die Ausfuhr bestimmter Objekte für einen begrenzten Zeitraum von sechs Monaten. Auch Objects of Cultural Interest können unter bestimmten Voraussetzungen[1328] mittels einer OGEL ausgeführt werden.[1329]
- Eine *Open Individual Export Licence* (OIEL) wird an eine Privatperson, ein Unternehmen oder eine Institution erteilt, welche dadurch für

1322 Arts Council England Notice, Table 2, S. 28 f., Online; siehe auch Sprecher, Beschränkungen des Handels mit Kulturgut, S. 143.

1323 Vgl. § 30 der DCMS Handreichung, Online: „Where there is proof that an object has been imported within the last 50 years, an export licence will normally be granted unless it is subject to the special considerations applicable to objects from the European Union […], or if it is subject to a European Union or United Nations sanction."

1324 Arts Council England Notice, Table 2, S. 28, Online.

1325 Arts Council England Notice, Table 2, S. 29, Online.

1326 Vgl. Section 3, Nr. 1 Export of Objects of Cultural Interest (Control) Order 2003.

1327 Vgl. § 2 der DCMS Handreichung, Online.

1328 Gemäß § 3 der DCMS Handreichung, Online dürfen Objects of Cultural Interest ausgeführt werden, sofern: „(i) a licence has already been granted under the EU Regulation; (ii) it has not been released into free circulation in the EU; or (iii) the Secretary of State has approved its return following a recommendation to that effect by the Spoliation Advisory Panel."

1329 Vgl. § 3 der DCMS Handreichung, Online.

einen begrenzten Zeitraum (meistens für drei Jahre) bestimmte Objekte ausführen darf. Zielgruppe der OIEL sind insbesondere die Kunstintermediäre.[1330] Bei der Entscheidung der Erteilung von OIELs wird berücksichtigt, ob der Empfänger Mitglied einer „professional trade association" ist und inwieweit die OIEL den Verwaltungsaufwand reduzieren würde. Zudem muss der Antragsteller nachweislich bereits „individual export licence applications" eingereicht haben, und es ist üblich, dass ein „*Expert Adviser*"[1331] eine Einverständniserklärung abgibt.[1332] Die OIEL ist eine Regelung, welche den bürokratischen Aufwand für die Kunstintermediäre deutlich verringert, unter anderem auch, weil die Teilnahme an Kunstmessen im Ausland dadurch erleichtert wird.

- Bei der *Specific Open Licence*, handelt es sich um eine temporäre Genehmigung, dass bestimmte Objekte für bis zu sechs Monate in einen Drittstaat verbracht werden dürfen, damit sie dort benutzt oder ausgestellt werden können.[1333] Nach aktueller Rechtslage gilt dies jedoch ausschließlich für Musikinstrumente und motorisierte Transportmittel.[1334]

Für Kulturgüter, für die weder eine OGEL, noch eine OIEL oder eine Specific Open Licence zutreffend wären, muss eine „*individual licence*" eingeholt werden, sofern das Kulturgut eine bestimmte Alters- und Wertuntergrenze übersteigt und sofern es sich seit über 50 Jahren im Vereinigten Königreich befindet.

Ein *Expert Adviser* prüft in diesem Fall, ob das Kulturgut ein *national treasure* ist oder ob es ausgeführt werden darf. Bevor eine Ausfuhr abgelehnt wird, muss das „Reviewing Committee on the Export of Works of Art and Objects of Cultural Interest"[1335] den Fall prüfen. Das RCEWA fungiert als „non-statutory independent body", also als unabhängiger Sachverständigenrat. Maßgeblich sind die „*Waverley criteria*", welche bereits 1952 ausgearbeitet wurden.[1336] Gemäß der

---

1330 Siehr, Die Umsetzung des UNESCO-Übereinkommens von 1970 in Deutschland aus Sicht der Wissenschaft, S. 86.

1331 Gemäß § 7 der DCMS Handreichung, Online ist ein Expert Adviser üblicherweise ein „Director, Senior Keeper or Curator in one of the national museums and galleries".

1332 Vgl. § 6 und 7 der DCMS Handreichung, Online.

1333 Vgl. § 8 der DCMS Handreichung, Online.

1334 Arts Council England Notice, S. 4 f., Online.

1335 Im Folgenden „RCEWA" genannt.

1336 Die Arts Council England Notice, S. 12 – 14, Online präzisiert die einzelnen Waverley criteria.

Waverley criteria nach § 12 der DCMS Handreichung wird ein Kulturgut hinsichtlich drei Kategorien untersucht:

(1) *History*: „Is it so closely connected with our history and national life that its departure would be a misfortune?“
(2) *Aesthetics*: „Is it of outstanding aesthetic importance?“
(3) *Scholarship*: „Is it of outstanding significance for the study of some particular branch of art, learning or history?“

Bereits das Zutreffen einer *Waverley criteria* ist ausreichend für die Klassifizierung als *national treasure*.[1337] Falls keines der *Waverley criteria* zutrifft, empfiehlt das RCEWA die Erteilung einer *licence*.[1338] Trotz der eher allgemeinen Formulierungen der *Waverley criteria*, werden diese mit strengen Maßstäben geprüft, sodass auf über 1000 *licences* nur eine eingeleitete Prüfung nach den *Waverley criteria* kommt.[1339]

4. Staatliches „Ankaufsangebot“

Ähnlich wie in Deutschland wird im Vereinigten Königreich die Genehmigungspflicht der Ausfuhr als Kontrollinstrument für den Abwanderungsschutz eingesetzt. Anders als in Deutschland sind die Ausfuhrbeschränkungen jedoch daran geknüpft, dass der britische Staat sich für einen Erwerb des Kulturgutes einsetzen muss, wenn die Ausfuhr verhindert werden soll.

Sofern eine der *Waverley criteria* zutrifft, empfiehlt das RCEWA dem Secretary of State, welcher über die finale Entscheidungsgewalt über die Erteilung von *licences* verfügt, dass die Entscheidung über eine Ausfuhr für einen bestimmten Zeitraum aufgeschoben werden sollte. Während dieser *deferral period*[1340] soll geprüft werden, ob ein inländischer Kaufinteressent bereit ist, einen *fair market price* für das Kulturgut zu zahlen. Der *fair market price*

1337 Vgl. § 11 der DCMS Handreichung, Online.

1338 Vgl. § 17 der DCMS Handreichung, Online.

1339 Bundesregierung, Bericht der Bundesregierung zum Kulturgutschutz, S. 100 f., Online.

1340 Die deferral period beträgt gemäß § 18 der DCMS Handreichung, Online üblicherweise vier bis sechs Monate, jedoch kann die Dauer variieren. Die Arts Council England Notice, S. 15, Online erläutert ergänzend, dass die Dauer unter anderem vom Wert des Kulturgutes und von der Wahrscheinlichkeit abhängt, ob ein „fundraising“ gestartet wird.

wird vom RCEWA empfohlen.[1341] Existiert ein privater Kaufinteressent, gilt der mit diesem Kaufinteressenten ausgehandelte Kaufpreis als *fair market price*. Eine *licence* wird erteilt, wenn der *fair market price* während der *deferral period* nicht erzielt wird.[1342] Obgleich ein Eigentümer frei entscheiden kann, ob die „compensating offer" angenommen wird, betont § 21 der DCMS Handreichung, dass eine *licence* in der Regel verweigert wird, wenn der Eigentümer ein Ankaufsangebot einer öffentlichen Einrichtung ablehnt. Eine *licence* wird üblicherweise auch dann verweigert, wenn der Eigentümer ein Ankaufsangebot eines privaten Kaufinteressenten ablehnt, welcher gemeinsam mit einer öffentlichen Einrichtung schriftlich zusichert, dass die öffentliche Ausstellung des Kulturgutes garantiert wird[1343], dass „satisfactory conservation conditions" gewährleistet sind, und dass es innerhalb eines bestimmten Zeitraumes[1344] nicht veräußert wird.[1345] Es zeigt sich folglich, dass Kulturgüter ausgeführt werden dürfen, sofern kein inländischer Kaufinteressent während der *deferral period* eine Zahlungsbereitschaft in Höhe des *fair market price* aufweist. Dies führt aber auch dazu, dass Kulturgüter für das Inland verloren gehen.[1346]

1341 Bei der Bestimmung des fair market price verfolgt das RCEWA das Ziel: „[…] to recommend a valuation which is fair and reasonable to the owner and national heritage interests alike by examining carefully the elements included in the valuation." Die Bewertungsansätze lauten gemäß Arts Council England Notice, S. 16, Online: „[…] the price at which the present owner has bought, either at auction or through a private sale; or the price at which the present owner has agreed to sell (either unconditionally or subject to the granting of an export licence); or an estimated price with supporting evidence, such as recent prices fetched by other important objects in the same field."; zudem sollen auch das „buyers premium", „reasonable conservations costs" und „dealer's commission on a sale to a third party" in die Bewertung einfließen.

1342 Vgl. § 18 – 20 der DCMS Handreichung, Online.

1343 Ein „reasonable public access" ist erreicht, sofern das Kulturgut mindestens 100 Tage pro Jahr öffentlich ausgestellt wird; Arts Council England Notice, S. 20, Online.

1344 Dieser Zeitraum beträgt zehn Jahre; Arts Council England Notice, S. 20, Online.

1345 Vgl. § 22 der DCMS Handreichung, Online.

1346 Dazu sei auch § 14 der DCMS Handreichung, Online zu erwähnen, der besagt, dass der Expert Adviser seine Empfehlung, ob er eine Ausfuhrgenehmigung erteilt oder ob die Entscheidung an das RCEWA weitergeleitet wird, nur auf Basis der Waverley Kriterien stützt und folgende Aspekte nicht berücksichtigt werden: „[…] the destination to which the applicant wishes to export the object, and the conditions under which it might be kept there […]".

Der Staat kann zwar die Ausfuhr beschränken, jedoch handelt es sich weder um ein Vorkaufsrecht noch um ein Ankaufsrecht. Schließlich steht es dem Eigentümer frei, ob ein Angebot zum Erwerb durch das Vereinigte Königreich angenommen oder abgelehnt wird. Dies ist eine sehr milde Ausprägung einer Ausfuhrbeschränkung und kann kaum als Eingriff in das Eigentumsrecht des Eigentümers bezeichnet werden.[1347] Positiv ist zu erwähnen, dass dieses liberale englische Modell die Eigentümer von Kulturgütern davon abhält, diese illegal auszuführen oder auf dem Schwarzmarkt anzubieten.[1348] Zudem ist zu konstatieren, dass angesichts des geringen Verhältnisses von Prüfungen des RCEWA im Vergleich zu den Ausfuhrgenehmigungen, der Verwaltungsaufwand gering ist. Allerdings resultiert allein aus der hohen Anzahl von mehr als 10.000 Ausfuhrgenehmigungen pro Jahr ein deutlicher Verwaltungsaufwand.

Das englische Modell des „Ankaufsangebots“ hat zwei weitere Vorteile. Erstens erhält der Eigentümer die Möglichkeit, das Kulturgut zu einem fairen und marktüblichen Preis zu veräußern und leidet nicht unter dem wertmindernden Effekt der Beschränkung auf den nationalen Markt. Der zweite Vorteil besteht darin, dass das Vorliegen eines Ankaufsangebots vom Staat bzw. von einer Kulturgut bewahrenden Einrichtung oder auch von einer Privatperson (sofern garantiert wird, dass das Kulturgut öffentlich ausgestellt wird) bei der Entscheidung über die Erteilung einer Ausfuhrgenehmigung berücksichtigt wird. Damit wird der Zugang der Allgemeinheit zu Kulturgütern gefördert.[1349]

Das englische Modell sieht zudem vor, dass üblicherweise nicht der Staat Kulturgüter erwirbt, sondern lediglich eine Frist eingeräumt wird, innerhalb welcher beispielsweise eine Kulturgut bewahrende Einrichtung ein Ankaufsangebot unterbreiten kann. Insofern veranschlagt das englische Modell nur geringe direkte Kosten, da die finanzielle Beteiligung des Staates meist nur in Form von Zuschüssen (z.B. durch Lottofunds) zu Kaufangeboten von

---

1347 Sprecher, Beschränkungen des Handels mit Kulturgut, S. 144.

1348 Diesen Vorteil sieht auch Wantuch-Thole, Cultural Property in Cross-Border Litigation, S. 69.

1349 Germelmann, Kultur und staatliches Handeln, S. 598; auch Abele, Ist das Verhältnis von Kulturgüterschutz und Eigentum ein Finanzierungsproblem?, S. 75 – 78 argumentiert, dass die Möglichkeit eines Zuganges zu Kulturgut am ehesten gegeben ist, wenn das Kulturgut in das Eigentum des Staates oder eines Bundeslandes überführt wird.

privaten Käufern oder öffentlichen Einrichtungen getätigt wird.[1350] Üblicherweise ist der „*Art Fund*" als Institution mit über 120.000 Mitgliedern maßgeblicher Treiber von Spendenkampagnen, welche den Ankauf von Kulturgütern ermöglichen sollen. Anfang 2016 wurde jedoch bekannt, dass der *Art Fund* mit der bisherigen Praxis der Erwerbsförderung brechen könnte: „If no changes to the present system are made, we do not see how we can, in all conscience, launch fundraising campaigns to save export-stopped works. [...] People will only donate to a campaign if they know a work can actually be purchased at the end of it."[1351] Um die Aussage nachvollziehen zu können, ist der Kontext entscheidend. Eine Schwäche des englischen Modells besteht nämlich darin, dass Eigentümer trotz vorliegendem Ankaufangebot den Antrag zur Ausfuhr ihres Kulturgutes zurückziehen können. Dieser Fall trat 2015 ein, als ein *Rembrandt*-Porträt für 35 Millionen Pfund Sterling an einen ausländischen Käufer verkauft wurde. Dem Werk wurde keine Ausfuhrgenehmigung erteilt und der *Art Fund* begann eine Spendenkampagne, um 22,5 Millionen Pfund Sterling zu sammeln. Diese Summe wäre aufgrund eines steuerlichen Nachlasses ausreichend gewesen, um das Kulturgut durch eine Kulturgut bewahrende Einrichtung zu erwerben und damit öffentlich zugänglich zu machen.[1352] Der Eigentümer entschied zwar nach Rückzug seines Ausfuhrantrages, das Kulturgut öffentlich auszustellen und darf einen erneuten Ausfuhrantrag erst zehn Jahre später einreichen, doch schaden diese Einzelfälle der Reputation des *Art Fund* und damit auch der Funktionsfähigkeit der Ausfuhrbeschränkungen des englischen Modells. Des Weiteren ist zu erwarten, dass der Wert des Kulturgutes während der öffentlichen Ausstellung weiter steigen wird und der britische Staat die Steuernachlässe bei einem erneuten Ausfuhrantrag nicht gewähren wird, sodass die Möglichkeit, das Kulturgut für die Öffentlichkeit zu erwerben, sinkt.[1353]

Das DCMS veröffentlicht jährlich einen Report, aus dem die wesentlichen Informationen in der folgenden Tabelle zusammengefasst sind.[1354]

1350 Bundesregierung, Bericht der Bundesregierung zum Kulturgutschutz, S. 102, Online.

1351 Art History News, Art Fund to stop saving works from export, Online.

1352 The Guardian, £35m Rembrandt could have export licence application withdrawn, Online.

1353 Pfeiffer-Poensgen, Fragenkatalog – Öffentliche Anhörung, S. 7, Online.

1354 Zum Beispiel für das Jahr 2015: DCMS, Export of Objects of Cultural Interest 2015-16, Online.

Tabelle 3: Ausfuhr-Statistiken im Vereinigten Königreich gemäß der DCMS Reports

Zeitraum	Beantragte individual export licences	Fälle mit deferral period	Verbleib nach deferral period	Ausfuhr nach deferral period	Wert der nach deferral period im Vereinigten Königreich verbliebenen Kulturgüter	Wert der nach deferral period ausgeführten Kulturgüter
2008/2009	12,015	16	9	7	£ 1,5 Mio.	£ 14,2 Mio.
2009/2010	10,437	13	7	6	£ 10,1 Mio.	£ 60,8 Mio.
2010/2011	11,134	14	7	7	£ 5,9 Mio.	£ 65,8 Mio.
2011/2012	11,615	7	4	3	£ 29,8 Mio.	£ 44,8 Mio.
2012/2013	12,089	19	7	12	£ 11,2 Mio.	£ 103,5 Mio.
2013/2014	12,925	22	8	14	£ 13,9 Mio.	£ 66,9 Mio.
2014/2015	12,852	12	5	7	£ 6,7 Mio.	£ 44,4 Mio.
2015/2016	10,585	21	14	7	£ 79 Mio.	£ 37,6 Mio.
2016/2017	10,941	15	7	8	£ 25,3 Mio.	£ 41,4 Mio.

Laut „Export of Objects of Cultural Interest"-Statistik für das Jahr 2015/2016 wurden 10,585 *individual export licences* beantragt. Da jeder Antrag mehrere Kulturgüter enthalten kann, summierte sich die Anzahl der Kulturgüter auf ca. 71,700 – von denen erhielten ca. 35.000 Kulturgüter mit einem Gesamtwert von ca. 1,48 Milliarden Pfund Sterling eine *individual export licence*, nachdem diese von *Expert Advisers* geprüft wurden.[1355] Deutlich wird in der obigen Tabelle die sehr geringe Anzahl von Fällen, für die überhaupt eine *deferral period* eingeleitet wird. Insgesamt ist die Anzahl der Kulturgüter, die im Inland verbleiben, sehr gering – fast immer ist außerdem der Gesamtwert, der nach einer *deferral period* ausgeführten Kulturgüter höher, als der im Vereinigten Königreich verbliebenen. Es zeigt sich folglich, dass einige Kulturgüter ausgeführt werden, obwohl der Staat sich für deren Verbleib im Vereinigten Königreich einsetzte. Zudem lassen die Zahlen den Rückschluss zu, dass der britische Abwanderungsschutz konjunkturanfällig ist – die obige Tabelle verdeutlicht beispielsweise, dass während der globalen Finanzkrise im Jahr 2008/2009 nur Kulturgüter im Wert von 1,5 Millionen Pfund Sterling für das Vereinigte Königreich bewahrt wurden. Vor dem Hintergrund, dass aufgrund der hohen Preise nicht alle Kulturgüter im Vereinigten Königreich gehalten werden können, ist sogar denkbar, dass die *Expert Adviser* in manchen Fällen aufgrund der Aussichtslosigkeit Ausfuhranfragen

1355 DCMS, Export of Objects of Cultural Interest 2015-16, S. 13, Online.

von vornherein nicht ablehnen. Dies befürchtet selbst das RCEWA im Report von 2006/2007: „We are also concerned that from time to time expert advisers may feel tempted not to object to the export of an item because they feel there is no possibility of raising funds for a matching offer.“[1356]

Aufgrund der Tatsache, dass durch das englische Modell nur wenige Kulturgüter tatsächlich vor einer Ausfuhr geschützt werden, ist dieses laut *Bericht der Bundesregierung zum Kulturgutschutz* nicht als erstrebenswert anzusehen: „Faktisch können wirklich hochpreisige (und damit auch hochklassige) Kulturgüter nicht im Inland gehalten werden, da auch im Vereinigten Königreich die erforderlichen finanziellen Mittel oft nicht aufgebracht werden können [...]. Da in Deutschland das private Sponsoring deutlich geringer ausgeprägt ist als im Vereinigten Königreich, ist das englische Modell ohne eine beträchtliche Erhöhung der staatlichen Mittel für Ankäufe nicht denkbar. Eine Schwächung des Abwanderungsschutzes wäre die Folge [...].“[1357]

III. Kulturgüterschutz in Frankreich

1. Kunstmarkt und Grundlagen des französischen Kulturgüterschutzes

Das Gesamtvolumen des französischen Auktionsmarktes betrug 2016 insgesamt 855 Millionen USD; damit liegt Frankreich weltweit auf dem vierten Platz.[1358] Der französische Kunstmarkt ist insbesondere für starke Umsätze im Bereich der hochpreisigen Antiken bekannt.[1359]

Frankreich ist seit 1997 Vertragsstaat des UNESCO Übereinkommens und hat dieses auch ratifiziert. In Frankreich regelt der „Code du patrimoine“ seit dem Jahr 2004 diverse Kulturgut betreffende Bereiche, wie die Ausfuhr, die Einfuhr und auch die Unterschutzstellung.[1360]

1356 DCMS, Export of Objects of Cultural Interest 2006-07, S. 20, Online.

1357 Bundesregierung, Bericht der Bundesregierung zum Kulturgutschutz, S. 104, Online.

1358 TEFAF Art Market Report 2017, S. 118.

1359 TEFAF Art Market Report 2017, S. 78.

1360 Art. L1 Code du patrimoine definiert den Begriff des patrimoine: „Le patrimoine s'entend, au sens du présent code, de l'ensemble des biens, immobiliers ou mobiliers, relevant de la propriété publique ou privée, qui présentent un intérêt historique, artistique, archéologique, esthétique, scientifique ou technique.“; zu den rechtlichen Regelungen des französischen Kulturgüterschutzes siehe Cornu, France, S. 126 – 159.

Grundsätzlich unterscheidet das französische Recht zwischen zwei Kategorien von Kulturgütern, nämlich „*biens culturels*“, welche Kulturgüter im Allgemeinen umfassen, und „*trésors national*“, also Nationalschätze. Art. L111-1 Code du patrimoine regelt, welche Kulturgüter als *trésors national* angesehen werden.[1361] Unter anderem gelten als *trésors national* Kulturgüter, welche zum „*domaine public*“ gezählt werden. Diese gelten als *res extra commercium*[1362] und stehen in Frankreich unter Maximalschutz: Sie sind dem privatrechtlichen Rechtsverkehr entzogen, sodass auch ein gutgläubiger Erwerb ausgeschlossen ist und der Herausgabeanspruch nicht verjährt.[1363] Im französischen Kulturgüterschutz existiert somit eine eigene sachenrechtliche Kategorie für bestimmte Kulturgüter.[1364] Sammlungen oder Kulturgüter eines Musée de France können gemäß Art. L451-3 Code du patrimoine nicht ersessen werden; sie sind „imprescriptibles“. Allerdings ist eine Entwidmung (déclassement) möglich, sofern ein Sachverständigenausschuss dem zugestimmt hat.[1365] Nach Entwidmung zählt ein solches Kulturgut nicht mehr zum *domaine public* und die Veräußerbarkeit ist wiederhergestellt.[1366]

Art. L111-2 Code du patrimoine definiert, dass *biens culturels* jene Kulturgüter sind, welche für Frankreich ein „intérêt“ aus historischer, künstlerischer

---

1361 „Sont des trésors nationaux:

1° Les biens appartenant aux collections des musées de France;

2° Les archives publiques, au sens de l'article L. 211-4, ainsi que les biens classés comme archives historiques en application du livre II;

3° Les biens classés au titre des monuments historiques en application du livre VI;

4° Les autres biens faisant partie du domaine public mobilier, au sens de l'article L. 2112-1 du code général de la propriété des personnes publiques;

5° Les autres biens présentant un intérêt majeur pour le patrimoine national au point de vue de l'histoire, de l'art ou de l'archéologie.“

1362 Ausführlich zum Status von Kulturgütern als res extra commercium in Frankreich siehe El-Bitar, Der Schutz von Kulturgut als res extra commercium in Frankreich, S. 179 – 185.

1363 Bundesregierung, Bericht der Bundesregierung zum Kulturgutschutz, S. 106, Online.

1364 Wissenschaftlicher Dienst des Bundestages, Einführung eines staatlichen Vorkaufsrechtes für Kulturgüter in Deutschland, S. 6, Online.

1365 Vgl. Art. L451-5 Code du patrimoine.

1366 Gemäß Art. L451-6 Code du patrimoine hat der Staat für entwidmete Kulturgüter ein Vorkaufsrecht. Möchte ein Eigentümer, also z.B. ein Departement, das Kulturgut veräußern, muss der verlangte Kaufpreis mitgeteilt werden und der Staat hat die Möglichkeit innerhalb von zwei Monaten das Kulturgut für den geforderten Preis zu erwerben.

oder archäologischer Perspektive darstellen, sich auf französischem Staatsgebiet befinden und zusätzlich dazu einer der Kategorien des Anhang 1 des Art. R. 111-1 Code du patrimoine zugeordnet werden können. Grundsätzlich zeigt die Praxis, dass der Begriff des „französischen Kulturgutes“ universell ausgelegt wird und auch Kulturgüter klassifiziert werden, bei denen kein Bezug zu Frankreich erkennbar ist.[1367]

2. Einfuhrbeschränkungen

Für Kulturgüter des Art. 1 des UNESCO Übereinkommens, die aus einem Vertragsstaat eingeführt werden, ist ein Nachweis der Rechtmäßigkeit der Einfuhr vorzulegen, sofern der Herkunftsstaat geeignete Ausfuhrgenehmigungen ausstellt. Kann dieser Nachweis nicht erbracht werden, ist die Einfuhr verboten.[1368] Ähnlich wie im deutschen KGSG gilt die akzessorische Regelung, dass eine unrechtmäßige Einfuhr ein Inverkehrbringen und eine Ausfuhr verbietet. So ist gemäß Art. L111-9 Code du patrimoine das Inverkehrbringen oder die Ausfuhr von archäologischen Kulturgütern verboten, wenn diese unrechtmäßig eingeführt wurden.

3. Ausfuhrbeschränkungen

Maßgeblich für die Ausfuhr von Kulturgütern ist Art. L111-2 Code du patrimoine. Für die Ausfuhr von Kulturgütern bedarf es einer Ausfuhrgenehmigung (*certificat*). *Biens culturels*, die nur vorübergehend für bis zu zwei Jahre eingeführt werden, benötigen keine Ausfuhrgenehmigung – dies gleicht der Laissez Passer-Regelung des KGSG. Für die Genehmigungspflicht der Ausfuhr ist der Anhang zu Art. R. 111-1 Code du patrimoine relevant.

Art. L111-4 Code du patrimoine regelt, dass für *trésors national* keine Ausfuhrgenehmigung, also kein *certificat* erteilt werden kann. Für Kulturgüter, welche als *trésors national* klassifiziert werden, gilt folglich ein generelles Ausfuhrverbot, auch wenn sich diese in Privateigentum befinden. Sie stehen damit unter Maximalschutz.[1369] *Trésors national* dürfen jedoch gemäß Art. L111-7 Code du patrimoine vorübergehend in einen anderen Mitgliedstaat verbracht werden, z.B. zu Restaurierungszwecken.

1367 Sprecher, Beschränkungen des Handels mit Kulturgut, S. 99.

1368 Vgl. Art. L111-8 Code du patrimoine.

1369 Bundesregierung, Bericht der Bundesregierung zum Kulturgutschutz, S. 105, Online.

Im Gegensatz zu den *trésors national* ist die dauerhafte Ausfuhr von *biens culturels* nicht pauschal verboten, sondern es muss ein *certificat* beantragt werden. Wird für ein Kulturgut, welches jünger als 100 Jahre alt ist, ein *certificat* erteilt, beträgt die Gültigkeit dieser Ausfuhrgenehmigung 20 Jahre und kann anschließend erneuert werden.[1370] Hinsichtlich der Ausfuhr verweist der Code du patrimoine auf die Wert- und Altersuntergrenzen gemäß der Verordnung (EG) Nr. 116/2009.[1371] Sollte bei Beantragung einer Ausfuhrgenehmigung von staatlicher Seite festgestellt werden, dass ein Kulturgut von besonderer kultureller Bedeutung ist, kann eine Ausfuhrgenehmigung für die Dauer von 30 Monaten verweigert werden, sofern dem Eigentümer entweder ein Angebot zum Erwerb unterbreitet wird oder ein Verfahren eingeleitet wird, um das Kulturgut als *trésor national* zu klassifizieren.[1372] Eine Entschädigung ist gemäß Art. L111-4 Code du patrimoine nicht zu zahlen.[1373] Falls dem Eigentümer innerhalb der 30 Monate kein Angebot zum Erwerb[1374] unterbreitet wird, und das Kulturgut nicht als *trésor national* klassifiziert wird, darf es ausgeführt werden. Lehnt der Eigentümer ein Angebot des Staates zum Erwerb des Kulturgutes ab, werden Sachverständige eingesetzt, welche einen angemessenen Kaufpreis ermitteln.[1375] Eigentümer von Kulturgütern, deren Ausfuhr verwehrt wurde und die dennoch das Kulturgut im Inland veräußern möchten, müssen dem potenziellen Erwerber über die Ablehnung der Ausfuhrgenehmigung informieren und unter Umständen auch das abgelehnte Ankaufsangebot mitteilen.[1376]

1370 Vgl. Art. L111-2 Code du patrimoine.

1371 Vgl. Art. R111-19 Code du patrimoine.

1372 Schließlich regelt Art. L111-4 Code du patrimoine, dass ein certificat nur bei trésors national verweigert werden darf; Sprecher, Beschränkungen des Handels mit Kulturgut, S. 100.

1373 Art. L111-4 Code du patrimoine: „Le certificat ne peut être refusé qu'aux biens culturels présentant le caractère de trésor national. Aucune indemnité n'est due du fait du refus de délivrance du certificat.“

1374 Gemäß Art. L 121-1 Code du patrimoine soll dieses Angebot zum Erwerb auch die Marktpreise am internationalen Markt berücksichtigen.

1375 Können diese sich nicht auf einen Preis einigen, so wird vom Tribunal de Grande Instance ein weiterer Sachverständiger beauftragt, der den finalen Kaufpreis festlegt.

1376 Vgl. L121-3 Code du patrimoine.

4. Staatliches Vorkaufsrecht

Der französische Staat hat sich bereits 1920 per Gesetz ein staatliches Vorkaufsrecht gesichert.[1377] Bei öffentlichen Kunstverkäufen wie Versteigerungen, kann der französische Staat von einem Vorkaufsrecht („préemption de l'Etat") Gebrauch machen.[1378] Bei Ausübung des Vorkaufsrechts ist der Staat kaufrechtlich Privaten gleichgestellt.[1379] Auktionshäuser müssen ein Exemplar des Auktionskataloges dem Kulturministerium zukommen lassen, welches anschließend über einen möglichen Erwerb von Kulturgütern entscheidet. Museen dürfen, sofern eine kunsthistorische oder wissenschaftliche Rechtfertigung vorliegt, ihre Präferenzen mitteilen. Unmittelbar nach dem Zuschlag während einer Auktion muss der französische Staat das Vorkaufsrecht ausüben.[1380] Es kommt dadurch zu einer nachträglichen Ausübung des Vorkaufsrechts, sodass der freie Handel und die Marktmechanismen nicht eingeschränkt werden. Der veräußerungswillige Eigentümer erleidet deswegen auch keinen Vermögensschaden, da die Ceteris-Paribus-Klausel[1381] erfüllt ist und nur der Staat anstelle des ursprünglichen Erwerbers tritt. Lediglich der verdrängte Ersteigerer wird benachteiligt, da ihm trotz der Abgabe des Höchstgebotes das Kaufobjekt nicht übertragen wird. Trotzdem liegt kein Eingriff in die Eigentumsgarantie vor: „Da er in diesem Moment noch nicht Eigentümer der Sache geworden ist, kann er sich nicht auf die verfassungsrechtlich verankerte Eigentumsgarantie berufen."[1382] Der Staat muss innerhalb von vier Stunden nach dem Hammerschlag sein Kaufinteresse unterbreiten und hat anschließend weitere 15 Tage, um das Kaufinteresse final zu bestätigen.[1383]

1377 Décret du 1 mai 1920 relatif à l'exportation des œuvre d'art; Obenaus, Für die Nation gesichert?, S. 74 f.

1378 Vgl. Art. L123-1 Code du patrimoine; Kulturgüter, welche unter dieses Vorkaufsrecht fallen, werden in Art. R123-2 Code du patrimoine definiert.

1379 Sprecher, Beschränkungen des Handels mit Kulturgut, S. 103.

1380 Bundesregierung, Bericht der Bundesregierung zum Kulturgutschutz, S. 105, Online.

1381 Die Definition des Gabler Wirtschaftslexikons des Begriffs Ceteris-Paribus-Klausel lautet: „Analyse eines Zusammenhangs unter der Annahme, dass sich nur die betrachtete Variable ändert bei gleichzeitiger Konstanz aller anderen ökonomischen Variablen."

1382 Wissenschaftlicher Dienst des Bundestages, Einführung eines staatlichen Vorkaufsrechtes für Kulturgüter in Deutschland, S. 6, Online; auch Sprecher, Beschränkungen des Handels mit Kulturgut, S. 103 f. sieht keinen Eingriff in das Eigentumsrecht.

1383 Cornu, France, S. 157 f.

IV. Kulturgüterschutz in der Schweiz

1. Kunstmarkt und Grundlagen des schweizerischen Kulturgüterschutzes

Auch die Schweiz ist ein starker Kunsthandelsstandort. Ca. 8,6% der weltweiten Kunst-Importe und 6,0% der weltweiten Kunst-Exporte entfielen im Jahr 2015 auf die Schweiz. Innerhalb Europas steht die Schweiz im Jahr 2015 für 21% der Importe und 12% der Exporte.[1384] Das Auktionsvolumen lag im Jahr 2016 bei 769 Millionen USD. Insbesondere Genf dominiert als Kunsthandelszentrum; Sotheby's Genf ist nach Verkaufsvolumen das zehntgrößte Auktionshaus weltweit und Christie's Genf erreicht Platz 15.[1385]

Seit 2003 ist die Schweiz Vertragsstaat des UNESCO Übereinkommens. Die Ausfuhr, Einfuhr, Durchfuhr und Rückführung von Kulturgut regelt in der Schweiz seit 2005 das Kulturgütertransfergesetz (KGTG), welches das UNESCO Übereinkommen in nationales Recht umsetzt. Am 1. Juni 2005 trat die dazu gehörige Kulturgütertransferverordnung[1386] in Kraft, welche Regelungen zum Kulturgüterschutz in einem einheitlichen Gesetz zusammenfasst. Art. 2 Abs. 1 KGTG legt fest, was als Kulturgut definiert wird: „Als Kulturgut gilt ein aus religiösen oder weltlichen Gründen für Archäologie, Vorgeschichte, Geschichte, Literatur, Kunst oder Wissenschaft bedeutungsvolles Gut, das einer der Kategorien nach Artikel 1 der UNESCO-Konvention 1970 angehört." Diese Definition hebt die Nähe des KGTG zum UNESCO Übereinkommen hervor.

Gemäß Art. 3 Nr. 1 KGTG sind Kulturgüter, welche „von wesentlicher Bedeutung für das kulturelle Erbe sind" und sich in Bundeseigentum befinden, in das Bundesverzeichnis einzutragen. Die Konsequenz daraus lautet, dass: „[...] a. das Kulturgut weder ersessen noch gutgläubig erworben werden kann; b. der Herausgabeanspruch nicht verjährt; c. die definitive Ausfuhr des Kulturguts aus der Schweiz verboten ist."[1387] Auch die Kantone führen Verzeichnisse und können ebenso verfügen, dass Kulturgüter in diesen Verzeichnissen „[...] weder ersessen noch gutgläubig erworben werden können und dass der Herausgabeanspruch nicht verjährt."[1388] Das KGTG verwendet also, ebenfalls wie der französische

1384 TEFAF Art Market Report 2017, S. 109.
1385 TEFAF Art Market Report 2017, S. 111.
1386 Im Folgenden „KGTV" genannt.
1387 Art. 3 Abs. 2 KGTG.
1388 Art. 4 Abs. 2 KGTG.

Code du patrimoine für bestimmte Kulturgüter das Rechtsinstrument des *res extra commercium*[1389], wonach diesem die Verkehrsfähigkeit entzogen wird.

2. Einfuhrbeschränkungen

Hinsichtlich der Einfuhr von Kulturgütern setzt die Schweiz auf bilaterale Zusatzabkommen. Gemäß Art. 7 KGTG können zur „[...] Wahrung kultur- und aussenpolitischer Interessen und zur Sicherung des kulturellen Erbes [...]“ mit Vertragsstaaten Staatsverträge über die Einfuhr von Kulturgütern abgeschlossen werden. Voraussetzung für den Abschluss eines bilateralen Abkommens ist u.a., dass ein Gegenrecht gewährt wird und dass das Kulturgut im jeweiligen Vertragsstaat Ausfuhrbestimmungen unterliegt.[1390] Zum heutigen Zeitpunkt sind sechs bilaterale Vereinbarungen in Kraft.[1391]

3. Ausfuhrbeschränkungen

Die Ausfuhrbeschränkungen sind grundsätzlich im Kompetenzbereich der Kantone angesiedelt[1392], während der Bund lediglich Regelungen zur Ausfuhr von Kulturgütern festlegen kann, die von überregionaler Bedeutung wären.[1393] Eine Ausfuhrgenehmigung muss für die vorübergehende Ausfuhr angefordert werden, wenn Kulturgut im Bundesverzeichnis eingetragen ist. Hervorzuheben ist aber, dass nur jene Kulturgüter in ein Bundesverzeichnis eingetragen werden, die sich in Bundeseigentum befinden. Private Eigentümer sind also von diesen Regelungen nicht belastet. Erteilt wird die Bewilligung, sofern „[...] a. das Kulturgut vorübergehend ausgeführt wird; und b. die Ausfuhr zum Zweck der Forschung, Konservierung, Ausstellung oder aus ähnlichen Gründen erfolgt.“[1394] Eine

1389 So beschreiben es u.a. Siehr, Die Umsetzung des UNESCO-Übereinkommens von 1970 in Deutschland aus Sicht der Wissenschaft, S. 84 und Boos, Kulturgut als Gegenstand des grenzüberschreitenden Leihverkehrs, S. 198 und Weber, Der schweizerische Kunsthandel und seine rechtlichen Rahmenbedingungen, S. 332.

1390 Vgl. Art. 7 Abs. 2 KGTG.

1391 Diese gelten für die Länder Italien, Ägypten, Griechenland, Kolumbien, China und Zypern; Schweizerisches Bundesamt für Kultur, Merkblatt „Ein-, Durch- und Ausfuhr von Kulturgütern“, Online.

1392 Art. 6 Abs. 2 ZGB regelt: „Sie [die Kantone] können in den Schranken ihrer Hoheit den Verkehr mit gewissen Arten von Sachen beschränken oder untersagen oder die Rechtsgeschäfte über solche Sachen als ungültig bezeichnen.“

1393 Weber, Unveräusserliches Kulturgut, S. 232.

1394 Art. 5 Abs. 2 KGTG.

dauerhafte Ausfuhr von Kulturgütern, welche im Bundesverzeichnis eingetragen sind, ist untersagt. Wird ein Kulturgut, welches in ein Bundesverzeichnis eingetragen war, trotzdem ausgeführt, handelt es sich um eine rechtswidrige Ausfuhr und die Schweiz kann einen Rückführungsanspruch geltend machen.[1395] Auch Kulturgüter von Privatpersonen können in die Verzeichnisse der Kantone eingetragen werden, und diese Verzeichnisse könnten mit der Datenbank des Bundes verbunden werden, allerdings müssen die Eigentümer zustimmen.[1396] Im Ergebnis bedeutet dies, dass der Bund die dauerhafte Ausfuhr von Kulturgütern im Privatbesitz nicht gegen den Willen der Eigentümer unterbinden kann.[1397]

4. Sorgfaltspflichten

Ähnlich zum KGSG unterscheidet auch das KGTG zwischen allgemeinen Sorgfaltspflichten und Sorgfaltspflichten beim gewerblichen Inverkehrbringen.[1398] Die Sorgfaltspflichten für Kunstintermediäre werden in Art. 16 KGTG beschrieben. Demnach darf Kulturgut nur übertragen[1399] werden, wenn „[…] die übertragende Person nach den Umständen annehmen darf, dass das Kulturgut: a. nicht gestohlen worden ist, nicht gegen den Willen der Eigentümerin oder des Eigentümers abhanden gekommen ist und nicht rechtswidrig ausgegraben worden ist; b. nicht rechtswidrig eingeführt worden ist."[1400] Zudem muss die Identität der einliefernden Person[1401] oder des Verkäufers festgestellt sein, und es muss eine „[…] schriftliche Erklärung über deren Verfügungsberechtigung über

---

1395 Vgl. Art. 6 Abs. 1 KGTG.

1396 Vgl. Art. 4 KGTG.

1397 Weber, Der schweizerische Kunsthandel und seine rechtlichen Rahmenbedingungen, S. 333.

1398 Zumindest sind die Sorgfaltspflichten beim gewerblichen Inverkehrbringen in Art. 16 KGTG gesondert aufgeführt; Art. 24 KGTG beinhaltet die Strafbestimmungen, die für jedermann gelten, der vorsätzlich gestohlene Kulturgüter einführt oder verkauft; Widmer, Die Umsetzung der UNESCO-Konvention 1970, S. 42 – 44.

1399 Gemäß Art. 1 f. KGTV bedeutet eine Übertragung von Kulturgut: „[…] entgeltliches Rechtsgeschäft im Kunsthandel und im Auktionswesen, das einer Person das Eigentum an einem Kulturgut verschafft."

1400 Art. 16 Abs. 1 KGTG; hierbei wird deutlich, wie stark sich der Gesetzgeber des KGSG an den Regelungen zu Pflichten beim Inverkehrbringen des KGTG orientiert hat: Art. 16 Abs. 1 KGTG und § 40 Abs. 1 KGSG sind inhaltlich sehr ähnlich.

1401 Gemäß Art. 1 h. KGTV bedeutet „einliefernde Person": „Person, die eine andere, im Kunsthandel und im Auktionswesen tätige, Person mit der Übertragung eines Kulturguts beauftragt."

das Kulturgut […]" vorliegen.[1402] Im Kunsthandel oder im Auktionswesen tätige Personen[1403] sind auch dazu verpflichtet „[…] ihre Kundschaft über bestehende Ein- und Ausfuhrregelungen von Vertragsstaaten zu unterrichten […]"[1404] und „[…] über die Beschaffung von Kulturgut Buch zu führen und namentlich den Ursprung des Kulturgutes[1405], soweit er bekannt ist, und den Namen und die Adresse der einliefernden Person oder der Verkäuferin oder des Verkäufers, die Beschreibung[1406] sowie den Ankaufspreis des Kulturguts aufzuzeichnen."[1407] Die Aufbewahrungsfrist für Belege und Aufzeichnungen beträgt, wie im KGSG, 30 Jahre.[1408] Die Fachstelle ist befugt, zur Kontrolle der Einhaltung der Sorgfaltspflichten die Geschäftsräume und das Lager der gewerblichen Inverkehrbringer zu betreten.[1409] Sofern nicht die Gefahr besteht, dass das Kulturgut der Kontrolle entzogen werden könnte, werden die Kontrollen im Vorfeld angekündigt.[1410]

Wie das deutsche KGSG arbeitet das KGTG ebenfalls mit einer Erheblichkeitsschwelle im Zusammenhang mit Sorgfaltspflichten. Demnach entfallen die

---

1402 Vgl. Art. 16 Abs. 2 a. KGTG.

1403 Gemäß Art. 1 e. KGTV bedeutet „im Kunsthandel und im Auktionswesen tätige Personen": 1. „natürliche Personen mit Wohnsitz in der Schweiz und Gesellschaften mit Sitz in der Schweiz, die zum Eintrag in das Handelsregister verpflichtet sind und die entweder Kulturgüter zum Zwecke des Wiederverkaufs für eigene Rechnung erwerben oder den Handel mit Kulturgütern für fremde Rechnung besorgen,
2. natürliche Personen mit Wohnsitz im Ausland und Gesellschaften mit Sitz im Ausland, die in einem Kalenderjahr mehr als zehn Handelsgeschäfte mit Kulturgütern tätigen und dabei einen Umsatz von mehr als
100 000 Franken erzielen und die entweder Kulturgüter zum Zwecke des Wiederverkaufs für eigene Rechnung erwerben oder den Handel mit Kulturgütern für fremde Rechnung besorgen."

1404 Art. 16 Abs. 2 b. KGTG.

1405 Gemäß Art. 1 b. KGTV bedeutet „Ursprung": „Herkunft eines Kulturguts sowie Herstellungsort oder, wenn es sich um ein Ergebnis archäologischer oder paläontologischer Ausgrabungen oder Entdeckungen handelt, Fundort eines Kulturguts."

1406 Gemäß Art. 1 a. KGTV fallen unter die „Beschreibung eines Kulturguts" folgende Aspekte: „1. Objekttyp, Material, Masse bzw. Gewicht, Motiv, Inschrift, Markierung und besondere Merkmale (namentlich Schäden und Reparaturen) eines Kulturguts,
2. Epoche oder Kreationsdatum, Urheber oder Urheberin sowie Titel eines Kulturguts, soweit diese Angaben bekannt sind oder mit vertretbarem Aufwand festgestellt werden können."

1407 Art. 16 Abs. 2 c. KGTG.

1408 Vgl. Art. 16 Abs. 3 KGTG.

1409 Vgl. Art. 17 Abs. 1 KGTG.

1410 Vgl. Art. 20 Abs. 1 KGTV.

oben genannten Pflichten der Artikel 15 – 17 KGTG, sofern es sich um Kulturgüter handelt, bei denen „[…] der Ankaufspreis oder, bei Geschäften für fremde Rechnung, der Schätzwert eines Kulturguts unter 5000 Franken […]“ liegt.[1411] Allerdings besteht eine Gegenausnahme für bestimmte Kulturgüter, wie beispielsweise archäologische.[1412] Auch dies ist eine inhaltliche Parallele zum KGSG.

Insgesamt ist hinsichtlich des KGTG zusammenzufassen, dass es der Schweiz gelungen ist, ein einheitliches Kulturgüterrecht zu schaffen und es für die Kunstintermediäre trotz der Sorgfaltspflichten möglich ist, erfolgreich zu agieren. Dabei dürfen allerdings nicht nur die strengen Regelungen des KGTG, beispielsweise die Aufbewahrungsdauer von 30 Jahren, als Vergleich herangezogen werden, sondern es müssen auch die weitaus liberaleren Regelungen des KGTG betont werden. Da die Schweiz nicht an Europarecht gebunden ist, sind vor allem die Ausfuhrbeschränkungen deutlich liberaler; vor allem, dass die Ausfuhrbeschränkungen nicht für Kulturgüter in Privateigentum gelten, stellt sich als wesentlicher Vorteil für den Schweizer Kunsthandelsstandort dar. Auch die Regelungen bezüglich der Einfuhr von Kulturgütern sind liberaler. Bisher existieren nur wenige bilaterale Abkommen; vergleichbare Regelungen wie die Pflicht des „Nachweises der Rechtmäßigkeit der Einfuhr“ gemäß § 30 KGSG, bestehen in der Schweiz nicht. Zudem sind in der Schweiz weder Künstlersozialabgaben noch Folgerechtszahlungen fällig und die Umsatzsteuer auf Kunstverkäufe beträgt nur 8%, während in Deutschland seit 2014 nicht mehr die ermäßigte Umsatzsteuer gilt, sondern diese 19% beträgt.[1413]

1411 Art. 16 Abs. 2 KGTV.

1412 Gemäß Art. 16 Abs. 3 KGTV sind folgende Kulturgüter von der Ausnahme aus Art. 16 Abs. 2 KGTV ausgenommen:
„a. Ergebnisse archäologischer oder paläontologischer Ausgrabungen oder Entdeckungen;
b. Teile zerstückelter künstlerischer oder geschichtlicher Denkmäler oder von Ausgrabungsstätten;
c. ethnologische Gegenstände, insbesondere solche, die im Zusammenhang mit sakralen oder profanen Riten in Gebrauch sind.“

1413 Dies kritisiert auch Sturm, Aspekte der Novellierung des Kulturgutschutzes, S. 77.

§ 7 Empirische Untersuchung des KGSG

Wie in Kapitel § 2 V 3 a) erwähnt, eignet sich eine quantitative Analyse nur bedingt, um ökonomische Auswirkungen des KGSG auf die Kunstintermediäre des Sekundärmarktes zu erfassen. Daher wurde ein Fragebogen erstellt, der an die Kunstintermediäre gerichtet war. Die Ergebnisse der Umfrage stehen im Zentrum dieses siebten Kapitels. Zudem wird auf Basis der Umfrage-Ergebnisse das Erreichen des Telos überprüft und mögliche Anpassungen des KGSG werden vorgestellt.

I. Umfrage zum KGSG

Bevor die Ergebnisse der Umfrage dargestellt werden, wird zunächst die Zielgruppe der Fragebögen beschrieben und der Aufbau der Umfrage erläutert.

1. Zielgruppe der Umfrage

Die vorliegende Arbeit beschränkt sich in der ökonomischen Analyse des KGSG auf jene Kulturgüter, welche gemäß Anhang I der Verordnung (EG) Nr. 116/2009 als „Bilder und Gemälde" gelten. Der Großteil der am Sekundärmarkt gehandelten Werke überschreitet die im KGSG verankerten Alters- und Wertuntergrenzen nicht. Beispielsweise werden mehr als 80% des Umsatzes des deutschen Kunsthandels im Marktsegment der zeitgenössischen Kunst generiert und diese Werke überschreiten die für eine Ausfuhr in Mitgliedstaaten der EU relevante Altersuntergrenze von 75 Jahren nicht.[1414] Allerdings ist auch festzuhalten, dass eine Eintragung in ein Verzeichnis national wertvollen Kulturgutes unabhängig von Alters- und Wertuntergrenzen erfolgen kann.[1415] Trotzdem sind, zumindest hinsichtlich der Ausfuhrbeschränkungen, nur wenige Kulturgüter von der Novellierung des KGSG betroffen, da neben dem Mindestalter auch die jeweiligen Wertuntergrenzen überschritten sein müssen.

Wie bereits in Kapitel § 1 V dargelegt, beschränkt sich die vorliegende Arbeit auf die Auswirkungen des KGSG auf die Kunstintermediäre des Sekundärmarktes; Museen werden dabei weitestgehend ausgeblendet. Zwar sind Museen durchaus auch wirtschaftliche Akteure, da sie über einen Ankaufsetat verfügen,

---

1414 BKM, Das neue Kulturgutschutzgesetz – Handreichung für die Praxis, S. 176, Online.
1415 Vgl. § 23 Abs. 1 KGSG.

doch primär sind Museen kulturelle Einrichtungen, bei denen die Gemeinnützigkeit im Vordergrund steht – Bestände aus öffentlichen Sammlungen werden nur äußerst selten veräußert. Vor diesem Hintergrund ist insbesondere § 6 Abs. 1 Nr. 2 KGSG zu nennen, der Kulturgut, welches „[…] sich in öffentlichem Eigentum und im Bestand einer öffentlich-rechtlichen Kulturgut bewahrenden Einrichtung befindet […]" als *nationales Kulturgut* erklärt und dieses damit vor Abwanderung ins Ausland schützt. Zielgruppe der Umfrage sind daher Kunsthändler und Auktionshäuser. Die Zielgruppe wurde vor allem anhand der Spezialisierungen der Kunsthändler und Auktionshäuser auf bestimmte Epochen eingegrenzt. Hinsichtlich der Ausfuhr in Drittstaaten liegt die Altersuntergrenze bei 50 Jahren und damit ist das Jahr 1968 das Referenzjahr. Die Altersuntergrenze von 75 Jahren für eine Ausfuhr in einen Mitgliedstaat ergibt als Referenzjahr das Jahr 1943 und liegt damit sehr nah am Bereich der Kunst nach 1945. Aufgrund der Tatsache, dass Nachfrager von Kunstwerken das drohende Überschreiten von Altersuntergrenzen und den wertrelevanten Faktor der Marktfrische[1416] in ihre Kaufentscheidungen einfließen lassen, wurden auch Kunsthändler, welche Kunst nach 1945 im Portfolio anbieten, als Zielgruppe für die Umfrage identifiziert. Vor allem wurden Kunsthändler und Auktionshäuser kontaktiert, die vornehmlich mit Kunstwerken der Neuzeit (z.B. Impressionismus und Realismus) sowie der Moderne (z.B. Expressionismus, Surrealismus und Abstrakte Kunst) handeln.

Als hilfreich bei der Suche nach geeigneten Kunsthändlern und Auktionshäusern erwiesen sich Mitgliederverzeichnisse relevanter Verbände. Eine umfassende Übersicht lieferten die Mitgliederverzeichnisse des Bundesverbands Deutscher Galerien und Kunsthändler e.V.[1417], des Kunsthändlerverbands Deutschland[1418] und des Bundesverbands Deutscher Kunstversteigerer e.V.[1419]. Dazu wurden die Websites aller potenzieller Kunsthändler und Auktionshäuser analysiert und überprüft, ob mindestens eine der für die Altersuntergrenzen relevanten Kunstepochen im Portfolio der jeweiligen Kunstintermediäre vertreten war.

1416 Siehe dazu Kapitel § 2 III 4 b) bb).

1417 Das Mitgliederverzeichnis lässt sich online aufrufen unter: http://www.bvdg.de/BVDG_Mitgliederverzeichnis.

1418 Das Mitgliederverzeichnis lässt sich online aufrufen unter: http://kunsthaendlerverband-deutschland.de/kd/liste.asp.

1419 Das Mitgliederverzeichnis lässt sich online aufrufen unter: http://www.kunstversteigerer.de/mitglieder.

Insgesamt wurden 273 Kunstintermediäre als Zielgruppe für die Umfrage identifiziert, darunter waren 157 Kunsthändler und 116 Auktionshäuser. Von den 157 angeschriebenen Kunsthändlern haben 56 an der Umfrage teilgenommen; dies entspricht einer Rücklaufquote von 35,7%. Bei den Auktionshäusern ergibt sich durch die Teilnahme von 29 Auktionshäusern eine Rücklaufquote von 25,0%. Insgesamt nahmen 85 Kunstintermediäre an der Umfrage teil, sodass die durchschnittliche Rücklaufquote erfreulicherweise einen sehr hohen Wert von 31,1% hat. Besonders positiv ist die Teilnahme von großen und namenhaften Auktionshäusern wie Bassenge aus Berlin, Grisebach aus Berlin, Lempertz aus Köln, Nagel aus Stuttgart und Neumeister aus München.[1420] Dadurch ist sichergestellt, dass ein wichtiger und großer Teil des deutschen Kunstmarktes in der empirischen Erfassung der Regelungen des KGSG einbezogen wurde; schließlich werden von diesen Auktionshäusern große Volumen bewegt und insbesondere auch hochpreisige Kunstwerke gehandelt.

Die Umfrage wurde im Jahr 2018 innerhalb der Monate Januar bis März durchgeführt. Das KGSG war zu diesem Zeitpunkt bereits ca. 1,5 Jahre in Kraft, sodass die Kunstintermediäre bereits erste Erfahrungen mit den neuen Regelungen sammeln konnten.

2. Aufbau der Umfrage

Die 273 Kunstintermediäre wurden per E-Mail kontaktiert und zur Teilnahme an der Umfrage eingeladen. Im Anschreiben wurden die Kunstintermediäre explizit darauf hingewiesen, dass sich die Umfrage nur auf Kulturgüter bezieht, die als „Bilder und Gemälde" gelten und die Beantwortungen auch nur auf diese Art von Kulturgut bezogen werden sollte.

Bei der Erstellung der Umfrage wurde darauf geachtet, dass möglichst viele Fragen mit „Ja", „Nein" oder „Weiß nicht" beantwortet werden konnten, damit objektive und vergleichbare Ergebnisse generiert werden können. Außerdem enthielt fast jede Frage ein optionales Freifeld, damit den Befragten die Möglichkeit gewährt wird, Anmerkungen zu verfassen. Ziel dieser Freifelder war die Erhöhung der Aussagekraft der Ergebnisse, da dadurch die objektive, messbare Komponente durch eine subjektive Komponente ergänzt wurde.

1420 Eine Liste aller Kunstintermediäre, die an der Umfrage teilgenommen haben, befindet sich in Anhang I.

II. Ergebnisse der Umfrage

In den nachfolgenden Unterkapiteln werden die Ergebnisse der Fragen zu den Pflichten beim Inverkehrbringen, den Ausfuhrbeschränkungen und den Einfuhrbeschränkungen dargestellt. Zuvor werden Antworten auf allgemeine Fragen zum KGSG vorgestellt. Aussagen, die von den Kunstintermediären in den optionalen Freifeldern geäußert wurden, sind ohne manuelle Änderungen wiedergegeben.

1. Eintragungskriterien

Den Befragten wurden die Kriterien zur Eintragung von Kulturgut in ein Verzeichnis national wertvollen Kulturgutes genannt und daran schloss sich die Frage an, ob diese Kriterien ausreichend präzise sind. Das Umfrage-Ergebnis ist in der nachfolgenden Tabelle dargestellt:

Tabelle 4: Umfrage-Ergebnis zur Frage, ob die Eintragungskriterien ausreichend präzise sind

	Ja	Nein	Weiß nicht
Kunsthändler (n=56)	16 (28,6%)	37 (66,1%)	3 (5,4%)
Auktionshäuser (n=29)	12 (41,4%)	14 (48,3%)	3 (10,3%)
Gesamt (n=85)	28 (32,9%)	51 (60,0%)	6 (7,1%)

Nur 29% der Kunsthändler halten die Eintragungskriterien für ausreichend präzise. Ein weniger prägnantes Ergebnis lieferten die Auktionshäuser, von denen immerhin 41% die Eintragungskriterien als ausreichend präzise einstufen. Im Durchschnitt erachtet lediglich ein Drittel der Kunstintermediäre die Formulierung der Eintragungskriterien als ausreichend präzise. In den Anmerkungen wurde geäußert, dass die Kriterien bewusst „schwammig" seien, um dem Gesetzgeber einen Ermessensspielraum einzuräumen. Allerdings sei in diesem Zusammenhang nochmals in Erinnerung zu rufen, dass präzise Eintragungskriterien den Besonderheiten von Kulturgütern und deren Unikats-Funktion kaum gerecht werden können und dass eine starre Definition von Kulturgut nicht erstrebenswert ist, „[...] da es sich um einen in Zeit und Raum dynamischen Begriff handelt, der einem ständigen Bedeutungswechsel unterworfen ist und dessen Inhalt zudem von der jeweiligen Gemeinschaft abhängt, zu deren

Kulturerbe er zählt."[1421] Insgesamt ist hervorzuheben, dass die Präzisierung der Eintragungskriterien im KGSG als Fortschritt anzusehen sind und ein gewisses Maß an Interpretationsmöglichkeiten ohnehin unabdingbar ist.

2. Marktpreisveränderung durch Eintragung

Eine spannende Frage war jene, ob eine Eintragung eines Kulturgutes in ein Verzeichnis national wertvollen Kulturgutes dessen Marktpreis verringert. Die Umfrage ergab das folgende Ergebnis:

Tabelle 5: Umfrage-Ergebnis zur Frage, ob eine Eintragung von Kulturgut dessen Marktwert verringert

	Ja, ich stimme zu, dass eine Eintragung den Marktpreis verringert	**Nein, ich stimme nicht zu**	**Weiß nicht**
Kunsthändler (n=56)	51 (91,1%)	5 (8,9%)	0 (0,0%)
Auktionshäuser (n= 29)	24 (82,8%)	2 (6,9%)	3 (10,3%)
Gesamt (n=85)	75 (88,2%)	7 (8,2%)	3 (3,5%)

Das Ergebnis zeigt eine einheitliche und eindeutige Meinung der Kunstintermediäre, dass sich mit der Eintragung eines Kulturgutes in ein Verzeichnis national wertvollen Kulturgutes dessen Marktpreis verringert. Diese Meinung vertreten 88% der Kunstintermediäre, während lediglich 8% der Meinung sind, dass

1421 Schaffrath, Die Rückführung unrechtmäßig nach Deutschland verbrachten Kulturguts an den Ursprungsstaat, S. 6; ebenso Blume, Nationalität von Kulturgut, S. 59: „Generell wird eine weite Definition von Kulturgut verwendet. Dies ist an sich auch wünschenswert, um einen möglichst umfassenden Schutz von kulturellen Werten sicherzustellen."; auch Germelmann, Kultur und staatliches Handeln, S. 588 distanziert sich von der Prämisse der Notwendigkeit, den Begriff des Kulturgutes definitorisch klar formulieren zu müssen: „Entscheidend ist lediglich sein Verständnis als allgemeines abstraktes Prinzip eher denn als echter Rechtsbegriff […]."; hinzufügend konstatiert Germelmann, Kultur und staatliches Handeln, S. 729: „Vergleicht man die einzelnen internationalen und nationalen Texte, so stellt man fest, dass sich unabhängig von den divergierenden Definitionen ein weitgehend übereinstimmender gemeinsamer Kanon schutzwürdiger Kulturgüter herausgebildet hat, der zwar nicht im Sinne subsumptionsfähiger Kriterien verstanden werden kann, gleichwohl aber Anhaltspunkte schafft und so indirekt die Rechtssicherheit fördert."

sich eine Eintragung nicht wertmindernd auswirkt. Gleichwohl muss in diesem Zusammenhang auch betont werden, dass einige Kunstintermediäre im Freifeld zu dieser Frage angemerkt haben, dass die Auswirkung auf den Marktpreis von der internationalen Bedeutung des Künstlers abhängt – insofern deckt sich dieses Ergebnis auch mit den Erkenntnissen der Literaturrecherche.

3. Negativattest gemäß § 14 Abs. 7 KGSG

Das Instrument des Negativattestes, also die Möglichkeit, verbindlich feststellen zu lassen, dass die Voraussetzungen für eine Eintragung in ein Verzeichnis national wertvollen Kulturgutes nicht vorliegen, wurde in Kapitel § 5 I 2 c) erläutert. Die Frage, ob das Instrument wirksam sei, beantworteten die Kunstintermediäre wie folgt:

Tabelle 6: Umfrage-Ergebnis zur Frage, ob Negativatteste ein wirksames Instrument sind

	Ja	Nein	Weiß nicht
Kunsthändler (n=55)	10 (18,2%)	30 (54,5%)	15 (27,3%)
Auktionshäuser (n=28)	5 (17,9%)	18 (64,3%)	5 (17,9%)
Gesamt (n=83)	15 (18,1%)	48 (57,8%)	20 (24,1%)

Erstaunlicherweise halten nur 18% der Kunstintermediäre die Regelung des § 14 Abs. 7 KGSG für ein wirksames Instrument. Unüblich ist auch der hohe Anteil der Kunstintermediäre, die unschlüssig sind, ob Negativatteste in der derzeitigen Ausgestaltung wirksam sind: 24% der Kunstintermediäre haben mit „Weiß nicht" geantwortet. Dies bedeutet, dass viele Kunstintermediäre die Regelung noch nicht einschätzen können. Über 1,5 Jahre nach Inkrafttreten der Gesetzesnovellierung scheint dieses Instrument, welches ursprünglich als Erleichterung für die Kunstintermediäre vorgesehen war, noch nicht den gewünschten Effekt zu entfalten. In den Anmerkungen kritisierten die Kunstintermediäre, dass bei wesentlicher Veränderung der Umstände trotz eines in der Vergangenheit ausgestellten Negativattests ein Eintragungsverfahren eingeleitet werden kann und dass deswegen die Wirksamkeit dieser Regelung durch die weiterhin bestehende Rechtsunsicherheit geschmälert ist.

Auf die Frage, wie lange die Kunstintermediäre auf die Ausstellung von Negativattesten warten müssten, waren die Antworten vielfältig. Bei zwei Kunstintermediären lag die maximale Bearbeitungszeit bei sechs Monaten, allerdings berichtete der Großteil der Kunstintermediäre von einer Bearbeitungszeit von

2 – 4 Wochen. Zudem hatten viele Kunstintermediäre noch kein Negativattest beantragt.

4. Bewusste Aufteilung von Sammlungen

Auch Sachgesamtheiten können in ein Verzeichnis national wertvollen Kulturgutes eingetragen werden. Dies war zwar auch vor Inkrafttreten des KGSG möglich, doch trotzdem stellte sich die Frage, inwieweit diese Regelung dazu führen kann, dass Sammlungen bewusst aufgeteilt werden und die Einzelstücke verkauft werden, um dadurch einer Eintragung zu entgehen. Auf die Frage, ob ein solches Vorgehen denkbar wäre, antworteten die Kunstintermediäre wie folgt:

Tabelle 7: Umfrage-Ergebnis zur Frage, ob gezielte Aufteilungen von Sammlungen zur Vermeidung von Eintragungen denkbar sind

	Ja, ich stimme zu	**Nein, ich stimme nicht zu**	**Weiß nicht**
Kunsthändler (n=56)	49 (87,5%)	2 (3,6%)	5 (8,9%)
Auktionshäuser (n=29)	24 (82,8%)	0 (0,0%)	5 (17,2%)
Gesamt (n=85)	73 (85,9%)	2 (2,4%)	10 (11,8%)

Das Ergebnis verdeutlicht, dass es denkbar ist, dass Sammlungen bewusst aufgeteilt werden und Einzelstücke verkauft werden. 86% der Kunstintermediäre bestätigen diese Annahme; nur 2% der Kunstintermediäre stimmen nicht zu. Dies ist nicht im Interesse des Gesetzgebers, der die Bewahrung von Sammlungszusammenhängen anstrebt. Auch für die Eigentümer von Kulturgut und für die Kunstintermediäre ist dies bemerkenswert. So stellt ein renommiertes Auktionshaus fest: „Im Einzelfall sicherlich denkbar, zumeist spielt jedoch ja gerade die Zugehörigkeit zu einer bestimmten Sammlung eine erheblich verkaufsfördernde und preissteigernde Rolle." Diese Aussage ist vor dem Hintergrund der Verhaltensanomalie des zunehmenden Grenznutzens zu sehen.[1422] Die Aussage suggeriert, dass ein Aufteilen von Sammlungen mit einem Nutzenverlust für den Nachfrager einhergeht. Dies ist aus ökonomischer Perspektive nicht erstrebenswert, da der am Markt erzielbare Preis der Einzelstücke mutmaßlich unter dem Preis der Sachgesamtheit liegt. Diese Wertminderung hat

1422 Siehe dazu Kapitel § 2 III 1.

beispielsweise für Auktionshäuser direkte ökonomische Implikationen, da deren Provisionen sich am Hammerpreis orientieren.

5. Erwartete Auswirkung auf den deutschen Kunsthandelsstandort

Eines der Ziele der BKM war die Stärkung des deutschen Kunsthandelsstandortes. Die Argumentation lautete, dass durch höhere Sorgfaltspflichten das Risiko verringert wird, dass Käufer mit Rückgabegesuchen konfrontiert werden.[1423] An diese Hypothese anknüpfend, wurden die Kunstintermediäre gefragt, ob sie der folgenden Aussage zustimmen: „Das KGSG verringert die Unsicherheit auf dem Kunstmarkt (z.B. durch umfangreichere Provenienzrecherchen) und stärkt dadurch den deutschen Kunsthandelsstandort.“ Die Antworten der Kunstintermediäre beinhaltet die folgende Tabelle:

Tabelle 8: Umfrage-Ergebnis zur Frage, ob das KGSG die Unsicherheit auf dem Kunstmarkt verringert und dadurch den Kunsthandelsstandort stärkt

	Ja, ich stimme zu	**Nein, ich stimme nicht zu**	**Weiß nicht**
Kunsthändler (n=46)	5 (10,9%)	40 (87,0%)	1 (2,2%)
Auktionshäuser (n=29)	0 (0,0%)	27 (93,1%)	2 (6,9%)
Gesamt (n=75)	5 (6,7%)	67 (89,3%)	3 (4,0%)

Die Antworten liefern ein einheitliches und klares Ergebnis. Von den befragten Auktionshäusern hat sogar keines der Aussage zugestimmt. Insgesamt stimmen 89% der Kunstintermediäre der Aussage nicht zu. Ein Auktionshaus äußerte sogar folgende Bedenken: „Provenienzen wurde schon zuvor, wo möglich, recherchiert. Allein schon aus Eigeninteresse, um sich vor Ansprüchen zu schützen und den Wert des Kunstwerkes zu steigern. Das Gesetz schießt über das Ziel hinaus und macht nur die Unsicherheit noch größer und verhindert viele Angebote. Viele Objekte wandern unbemerkt ins Ausland oder in den grauen Markt, wo die Anforderungen nicht gelten.“

1423 BKM, Das neue Kulturgutschutzgesetz – Handreichung für die Praxis, S. 6 f., Online.

6. Reaktionen der Kunstintermediäre auf das KGSG

Nachdem auch seit Inkrafttreten des KGSG die Kritik an der Gesetzesnovellierung nicht verstummte, stellte sich die Frage, wie die Kunstintermediäre auf das KGSG reagieren. Um eine allgemeine Auskunft darüber zu erhalten, wie die Kunstintermediäre den neuen Gegebenheiten des KGSG begegnen, wurde die Frage gestellt, ob aufgrund des KGSG bestimmte Geschäftsvorgänge angepasst wurden oder ob die Strategie geändert wurde oder ob sonstige Maßnahmen ergriffen wurden. Das Ergebnis zeigt überraschenderweise, dass bisher nur wenige Kunstintermediäre konkrete Maßnahmen als Reaktion auf das KGSG ergriffen haben. Ein Kunsthändler berichtet, dass zwar noch keine Anpassungen der Strategie vorgenommen wurden, dass jedoch in Erwägung gezogen wird, hochpreisige Objekte zukünftig in Freilagern aufzubewahren und von dort zu verkaufen. Konsens besteht auch darin, dass die Sorgfalt im Umgang mit Kulturgütern weiter erhöht wurde. Noch konsequenter reagieren einige Kunstintermediäre, die den Handel mit bestimmten Kulturgütern gänzlich unterlassen. Ähnlich rigoros sind die Maßnahmen eines Kunsthändlers: „Alle Auslandsmessen gestoppt, Leihgaben an Museen deutlich reduziert.“ Von 12 Auktionshäusern, die konkrete Maßnahmen ergriffen haben, berichten zwei darüber, dass sie die Einlieferungsverträge angepasst haben. Ein Auktionshaus teilte mit, dass fortan für archäologische Fundstücke eidesstattliche Erklärungen des Eigentümers eingeholt werden. Drei Auktionshäuser geben an, dass der Handel mit Antiken eingestellt wurde. Ein weiteres Auktionshaus berichtet von einer „Konzentration auf kleinpreisigere Massenware“.

Einige Kunstintermediäre berichten von Lagern im Ausland und von geplanten Dependancen. Die Frage, ob aufgrund der Regelungen des KGSG Geschäfte ins Ausland verlagert werden, z.B. durch eine Niederlassung, wurde von den Kunstintermediären folgendermaßen beantwortet:

Tabelle 9: Umfrage-Ergebnis zur Frage, ob eine Verlagerung von Geschäften ins Ausland angedacht ist

	Ja	Nein	Weiß nicht
Kunsthändler (n=44)	15 (34,1%)	21 (47,7%)	8 (18,2%)
Auktionshäuser (n=29)	7 (24,1%)	18 (62,1%)	4 (13,8%)
Gesamt (n=73)	22 (30,1%)	39 (53,4%)	12 (16,4%)

Das Ergebnis der Umfrage offenbart, dass 30% der Kunstintermediäre in Erwägung ziehen, Geschäfte ins Ausland zu verlagern. Aus den Anmerkungen ist zu entnehmen, dass einige eine Geschäftsverlagerung anstreben, dies aber aufgrund ihrer individuellen Gegebenheiten wie z.B. fortgeschrittenes Alter, familiäre Verpflichtungen oder auch einer zu kleinen Unternehmensgröße, nicht tun können. Dies ist insbesondere bei Kunsthändlern zu konstatieren. Auch die Tatsache, dass nur 44 Kunsthändler diese Frage beantwortet haben, obwohl insgesamt 56 Kunsthändler an der Umfrage teilgenommen haben, lässt darauf schließen, dass Auslandsniederlassungen bzw. eine Verlagerung von Geschäften ins Ausland, für nur wenige Kunsthändler eine realistische Alternative darstellen.

Auf die Frage, ob erwogen wird, vor dem Hintergrund der neuen Regelungen des KGSG den Geschäftsbetrieb einzustellen, antworteten die Kunstintermediäre wie folgt:

Tabelle 10: Umfrage-Ergebnis zur Frage, ob die Einstellung des Geschäftsbetriebes in Betracht gezogen wird

	Ja	**Nein**	**Weiß nicht**
Kunsthändler (n=45)	5 (11,1%)	31 (68,9%)	9 (20%)
Auktionshäuser (n=28)	4 (14,3%)	23 (82,1%)	1 (3,6%)
Gesamt (n=73)	9 (12,3%)	54 (74,0%)	10 (13,7%)

Anfänglich erscheint das Ergebnis beruhigend, da nur wenige Kunstintermediäre eine Einstellung des Geschäftsbetriebes in Betracht ziehen; insgesamt lehnen 74,0% der Kunstintermediäre eine Einstellung des Geschäftsbetriebes ab. Andererseits ist der hohe Anteil der Kunstintermediäre, die „Weiß nicht" geantwortet haben mit 14% sehr bedenklich. Dass außerdem immerhin 12% der Kunsthändler und Auktionshäuser überhaupt eine Einstellung des Geschäftsbetriebes in Betracht ziehen, ist ein klares Indiz für den Pessimismus und die Verunsicherung der Kunstintermediäre hinsichtlich der Auswirkungen des KGSG.

7. Einschätzung zu „Gewinnern und Verlierern" des KGSG

Die Kunstintermediäre wurden danach befragt, wer aus ihrer Sicht vom KGSG profitieren wird und welche Akteure als „Verlierer" der Gesetzesnovellierung anzusehen sind. Da davon auszugehen war, dass die Kunstintermediäre mehrere Gewinner und mehrere Verlierer des KGSG identifizieren würden, sind bei dieser Frage Mehrfachnennungen möglich gewesen. Deshalb liegt auch die Anzahl der Nennungen pro Zeile über dem Wert „Befragte Gesamt"; dieser Wert zeigt lediglich, wie viele unterschiedliche Kunstintermediäre insgesamt mindestens einen „Gewinner" oder „Verlierer" identifiziert haben.

Folgende Tabelle stellt das Ergebnis für die Kunsthändler dar:

Tabelle 11: Umfrage-Ergebnis zur Frage, wer aus Sicht der Kunsthändler Gewinner/Verlierer des KGSG sind

	Auktionshäuser und Kunsthändler	Galerien	Sammler	Museen	Die Allgemeinheit	Befragte Gesamt
Gewinner	1	1	0	12	5	n=16
Verlierer	43	40	43	29	32	n=45

Das bei dieser Frage prägnanteste Ergebnis sind die null Nennungen bei Sammlern als „Gewinner" des KGSG. 43 Kunsthändler stufen hingegen Sammler als „Verlierer" der Gesetzesnovellierung ein. Allgemein ist eine pessimistische Meinung der Kunsthändler zu den Regelungen des KGSG deutlich erkennbar. Ein Kunsthändler konstatierte: „Keine der genannten Gruppen gewinnt. Schon gar nicht die Allgemeinheit." Der Pessimismus macht sich vor allem darin bemerkbar, dass 43 Kunsthändler ihren eigenen Berufsstand als „Verlierer" der Gesetzesnovellierung ansehen, während nur ein Kunsthändler sich als „Gewinner" des KGSG sieht. Am wenigsten eindeutig ist das Ergebnis der Kunsthändler hinsichtlich der Einschätzung der Museen, aber auch hierbei spricht sich eine deutliche Mehrheit dafür aus, dass Museen ebenfalls als „Verlierer" des KGSG anzusehen sind. Exemplarisch für eine Anmerkung in diesem Zusammenhang ist folgende Aussage eines Kunsthändlers: „Museen bekommen von uns praktisch keine Leihgaben mehr aus Privatbesitz für Ausstellungen."

Die nachfolgende Tabelle spiegelt das Ergebnis der Auktionshäuser wider:

Tabelle 12: Umfrage-Ergebnis zur Frage, wer aus Sicht der Auktionshäuser Gewinner/Verlierer des KGSG sind

	Auktionshäuser und Kunsthändler	Galerien	Sammler	Museen	Die Allgemeinheit	Befragte Gesamt
Gewinner	0	1	2	7	5	n=12
Verlierer	25	22	23	14	16	n=27

Ähnlich skeptisch zu den Regelungen des KGSG äußern sich die Auktionshäuser. Aussagekräftig ist, dass sich keines der Auktionshäuser als „Gewinner" des KGSG sieht, hingegen 25 Auktionshäuser sich selber als „Verlierer" des KGSG ausmachen. Nach Ansicht der Auktionshäuser sind, ähnlich wie beim Ergebnis der Kunsthändler, auch die Sammler als „Verlierer" des KGSG anzusehen. Eine interessante, wenn auch überspitzte, Anmerkung eines Auktionshauses lautete: „Überregelung schafft hier Verdrossenheit. Der größte Verlierer sind die Kulturgüter selbst, denn wenn Sie keinen Preis als Handelsgut mehr haben, wird auch das Interesse, sie in den lebendigen Sammelkreislauf zu bringen versiegen dann werden diese nicht mehr zirkulieren, nicht mehr von Sammlern bewahrt und schließlich dem Verfall unterliegen." Aus den Anmerkungen der Auktionshäuser war auch zu entnehmen, dass am ehesten der Staat als „Gewinner" der Gesetzesnovellierung gelten kann, „[...] da alle Pflichten und Lasten auf die Sammler/ Sammlungen und Händler abgewälzt wurden." Ein weiteres Auktionshaus hebt den innereuropäischen Wettbewerb als entscheidendes Kriterium hervor: „Verlierer sind die deutschen Marktteilnehmer. Gewinner sind die nichtdeutschen europäischen Marktteilnehmer."

8. Ökonomische Auswirkungen durch Pflichten beim Inverkehrbringen

Aufgrund der Regelung des § 40 Abs. 4 KGSG, dass ein rechtswidriges Inverkehrbringen schon bei einfacher Fahrlässigkeit eine Schadensersatzpflicht begründet, erhöhen sich für die Kunstintermediäre die Anforderungen hinsichtlich der Recherche-Pflichten.[1424] Eine der entscheidendsten Fragen im Kontext mit den Pflichten beim Inverkehrbringen von Kulturgut war jene, ob durch die Sorgfaltspflichten beim gewerblichen Inverkehrbringen gemäß § 42 KGSG ein finanzieller Mehraufwand entsteht. Darauf antworteten die Kunstintermediäre wie folgt:

Tabelle 13: Umfrage-Ergebnis zur Frage, ob aus den Sorgfaltspflichten beim gewerblichen Inverkehrbringen ein finanzieller Mehraufwand entsteht

	Ja	Nein	Weiß nicht
Kunsthändler (n=46)	28 (60,9%)	6 (13,0%)	12 (26,1%)
Auktionshäuser (n=29)	16 (55,2%)	6 (20,7%)	7 (24,1%)
Gesamt (n=75)	44 (58,7%)	12 (16,0%)	19 (25,3%)

Kunsthändler und Auktionshäuser haben diese Frage einheitlich überwiegend bejaht: 59% der Kunstintermediäre befürchten durch die Sorgfaltspflichten

1424 Elmenhorst, in Elmenhorst/Wiese, KGSG – Kulturgutschutzgesetz, § 40, Rn. 24.

beim gewerblichen Inverkehrbringen gemäß § 42 KGSG eine finanzielle Mehrbelastung, und lediglich ca. 16% antizipieren keine finanzielle Mehrbelastung. Beachtlich ist aber auch der hohe Anteil der Kunstintermediäre, die noch nicht einschätzen können, ob sich die Sorgfaltspflichten in höheren Kosten widerspiegeln werden. Dies deutet darauf hin, dass entweder nur wenige Kunstintermediäre von den Sorgfaltsplichten Kenntnis haben, oder dass nur wenige Kunstintermediäre Kulturgüter in Verkehr bringen, bei denen die Erheblichkeitsschwelle von 2.500 Euro relevant ist.

In den Anmerkungen verwiesen die Befragten vor allem auf den erhöhten Zeitaufwand. Ein Kunsthändler schildert, dass jede Provenienzrecherche pro Objekt Kosten i.H.v. mindestens 1.000 Euro verursacht. Ein weiterer Kunsthändler berichtet, dass eine neue Vollzeitstelle für den Bereich der Provenienzforschung eingerichtet werden musste. Auch die Aufbewahrungspflicht von 30 Jahren gemäß § 45 KGSG wird als Belastung angesehen. Ein Auktionshaus bemängelt, dass durch die Sorgfaltspflichten gemäß § 42 KGSG das Erfordernis von Rechtsberatung durch Fachanwälte gestiegen sei. Das gleiche Auktionshaus berichtet zudem: „Nahezu alle unter der Kategorie 1 des KGSG aufgelisteten Kulturgüter (Antiken, Ausgrabungen aus Wasser und Boden etc.) werden nicht mehr gehandelt, da oft die Provenienzen der Sammlungen nicht lückenlos dokumentiert werden können."

Eine Frage, welche an die finanzielle Mehrbelastung durch die Sorgfaltspflichten gemäß § 42 KGSG anknüpft, ist jene, ob die Kunstintermediäre die Zusatzkosten auf den Käufer oder den Verkäufer umlegen, oder dies zumindest planen. Das Umfrage-Ergebnis der Kunstintermediäre fasst folgende Tabelle zusammen:

Tabelle 14: Umfrage-Ergebnis zur Frage, ob die Kunstintermediäre zusätzliche finanzielle Belastungen auf Käufer/Verkäufer umlegen

	Ja	**Nein**	**Weiß nicht**
Kunsthändler (n=47)	9 (19,2%)	25 (53,2%)	13 (27,7%)
Auktionshäuser (n=25)	2 (8,0%)	13 (52,0%)	10 (40,0%)
Gesamt (n=72)	11 (15,3%)	38 (52,8%)	23 (31,9%)

Weniger als jeder fünfte Kunsthändler gab an, die zusätzlichen Kosten auf Käufer oder Verkäufer umzulegen und nicht einmal jedes zehnte Auktionshaus legt die Kosten auf Einlieferer/Ersteigerer um. Einheitlich ist das Ergebnis, dass 53% der Kunsthändler und 52% der Auktionshäuser keine Umlegung der Kosten vornehmen oder dies planen. Eine Begründung für den relativ hohen Anteil der

Kunstintermediäre, die „Weiß nicht“ geantwortet haben, könnte darin liegen, dass aufgrund der bisher kurzen Gültigkeit des KGSG abwartend agiert wird. In den Anmerkungen berichteten viele Kunstintermediäre, dass eine Umlage der Kosten nicht möglich sei, da dies eine Preiserhöhung bewirke, die sich nicht durchsetzen ließe. Ein Kunsthändler formulierte prägnant: „Das können wir nicht umlegen- das gehört in unseren Service.“ Ähnlich markant ist die Aussage eines Auktionshauses: „Dies ist nicht möglich, um Topware buhlt jeder.“

Hinsichtlich der Sorgfaltspflichten beim gewerblichen Inverkehrbringen gemäß § 42 KGSG gilt die Maßgabe des zumutbaren Aufwandes, insbesondere der wirtschaftlichen Zumutbarkeit.[1425] Zudem existiert eine Erheblichkeitsschwelle von 2.500 Euro, sodass für Kulturgüter, deren Wert unterhalb dieser Grenze liegt, die Sorgfaltspflichten des § 42 Abs. 1 KGSG nicht anzuwenden sind.[1426] Allerdings konstituiert § 44 Abs. 1 KGSG eine Ausnahme der Maßgabe des zumutbaren Aufwandes gemäß § 42 Abs. 1 KGSG, wenn für Kulturgüter nachgewiesen wurde oder zu vermuten ist, dass diese zwischen 1933 und 1945 NS-verfolgungsbedingt entzogen wurden. Folglich gilt in diesen Verdachtsfällen weder die Erheblichkeitsschwelle von 2.500 Euro, noch die Maßgabe der wirtschaftlichen Zumutbarkeit. Auf die Frage, ob diese Regelung den Handel mit solchen Werken zum Erliegen bringt, lautete die Antwort der Kunstintermediäre folgendermaßen:

Tabelle 15: Umfrage-Ergebnis zur Frage, ob die Regelung des § 44 Abs. 1 KGSG den Handel mit betroffenen Kulturgütern zum Erliegen bringt

	Ja	**Nein**	**Weiß nicht**
Kunsthändler (n=46)	27 (58,7%)	6 (13,0%)	13 (28,3%)
Auktionshäuser (n=29)	10 (34,5%)	6 (20,7%)	13 (44,8%)
Gesamt (n=75)	37 (49,3%)	12 (16,0%)	26 (34,7%)

Das Umfrage-Ergebnis zeigt, dass 59% der Kunsthändler zur Einschätzung gelangen, dass die Regelung des § 44 Abs. 1 KGSG den Handel mit betroffenen Kulturgütern zum Erliegen bringt. Erstaunlicherweise vertreten lediglich ein Drittel der Auktionshäuser diese Auffassung. Die zu dieser Frage häufigste Antwort der Auktionshäuser war mit 45% „Weiß nicht“. Dies könnte als Optimismus

1425 Zumindest bei den Pflichten nach § 42 Abs. 1 Nr. 3 – 6 KGSG.

1426 Vgl. § 42 Abs. 3 KGSG; ausgenommen von der Erheblichkeitsschwelle sind archäologische Kulturgüter.

der Auktionshäuser interpretiert werden, dass durch umfangreiche Provenienzrecherchen ein Erliegen des Handels vermieden werden könnte. Am einheitlichsten ist das Ergebnis, dass nur wenige Kunstintermediäre ausschließen, dass § 44 Abs. 1 KGSG den Handel mit betroffenen Kulturgütern zum Erliegen bringe; lediglich 13% der Kunsthändler und 21% der Auktionshäuser äußerten diese Meinung. Im Umkehrschluss bedeutet dies, dass 84% der Kunstintermediäre eine Einschränkung durch § 44 Abs. 1 KGSG feststellen oder zumindest befürchten.

In den Anmerkungen betonten die Kunstintermediäre, dass nur selten eine lückenlose Provenienz vorliegt und es wurde kritisiert, dass viele Kunstrichtungen als nicht mehr lohnend angesehen werden. Stellvertretend für ähnliche Anmerkungen gibt der Kommentar eines Kunsthändlers die Einschätzung der Kunstintermediäre zu dieser Thematik wider: „Es bringt den Handel nicht zum Erliegen, aber die Händlerin/der Händler, das Auktionshaus etc. wird ein Objekt, das eine aufwändige Recherche fordert, eher ablehnen.“ Ein Auktionshaus konkretisiert: „Es sind schon mehrere Werke nicht zum Angebot gekommen, weil der Anfangsverdacht zwar nicht bewiesen, aber auch nicht widerlegt werden konnte und trotz langer Recherche keine weiteren Hinweise oder Anspruchsteller zu finden waren.“

Da bereits in der Literaturrecherche erkennbar war, dass die Einhaltung der Sorgfaltspflichten beim gewerblichen Inverkehrbringen als problematisch erachtet werden könnte, stellte sich die Frage, welche Sorgfaltspflichten aus Sicht der Kunstintermediäre nur schwer erfüllbar sind. Dafür wurden den Kunstintermediären alle Sorgfaltspflichten gemäß § 42 KGSG aufgelistet und gefragt, ob diese als erfüllbar eingestuft werden. Die Ergebnisse werden in den folgenden Tabellen verdeutlicht.

Tabelle 16: Umfrage-Ergebnis zur Frage, ob § 42 Abs. 1 Nr. 1 KGSG erfüllbar ist

Sorgfaltspflicht: Feststellung von Name und Anschrift des Veräußerers, des Einlieferers, des Erwerbers oder des Auftraggebers (§ 42 Abs. 1 Nr. 1 KGSG)		
	Ja, diese Sorgfaltspflicht ist erfüllbar	**Nein, diese Sorgfaltspflicht ist nur schwer erfüllbar**
Kunsthändler (n=44)	33 (75,0%)	11 (25,0%)
Auktionshäuser (n=29)	26 (89,7%)	3 (10,3%)
Gesamt (n=73)	59 (80,8%)	14 (19,2%)

Die Feststellung von Name und Anschrift sieht der Großteil der Kunstintermediäre als obligatorische Verpflichtung an. Dies verdeutlicht auch das Umfrage-Ergebnis: Über 80% der Kunstintermediäre halten diese Sorgfaltspflicht für erfüllbar. Erkennbar ist jedoch auch eine Diskrepanz zwischen den Kunsthändlern und den Auktionshäusern, die in der unterschiedlichen Art des Geschäftsmodells begründet sein dürfte. Immerhin hält jeder fünfte Kunstintermediär diese Sorgfaltspflicht für schwer erfüllbar. Zurückhaltend äußert sich beispielsweise folgender Kunsthändler: „Einige Erwerber möchten gern anonym bleiben, vor allem in Bezug auf Mitteilung der Adresse. Ein Verkauf kann dadurch erschwert werden."

Tabelle 17: Umfrage-Ergebnis zur Frage, ob § 42 Abs. 1 Nr. 2 KGSG erfüllbar ist

Sorgfaltspflicht: Anfertigung einer Beschreibung und einer Abbildung, die geeignet sind, die Identität des Kulturgutes festzustellen (§ 42 Abs. 1 Nr. 2 KGSG)		
	Ja, diese Sorgfaltspflicht ist erfüllbar	**Nein, diese Sorgfaltspflicht ist nur schwer erfüllbar**
Kunsthändler (n=44)	40 (90,9%)	4 (9,1%)
Auktionshäuser (n=29)	26 (89,7%)	3 (10,3%)
Gesamt (n=73)	66 (90,4%)	7 (9,6%)

Diese Sorgfaltspflicht ist für die Kunstintermediäre erfüllbar, insbesondere da die Anfertigung einer Beschreibung und einer Abbildung ein intrinsisches verkaufsförderndes Motiv ist. Ein Auktionshaus äußert jedoch die Kritik, dass dies bei Sammlungen zu hohen Aufwänden führen kann. Insbesondere wenn die Sammlung aus vielen Einzelstücken besteht und der Wert der Sammlung nur knapp über der Erheblichkeitsschwelle von 2.500 Euro liegt, wäre die Maßgabe der wirtschaftlichen Zumutbarkeit eine Erleichterung. Dies ist allerdings nicht im KGSG vorgesehen, denn die Sorgfaltspflicht des § 42 Abs. 1 Nr. 2 KGSG ist über die Maßgabe der wirtschaftlichen Zumutbarkeit hinaus zu erfüllen.[1427]

1427 Vgl. § 42 Abs. 1 KGSG.

Tabelle 18: Umfrage-Ergebnis zur Frage, ob § 42 Abs. 1 Nr. 3 KGSG erfüllbar ist

Sorgfaltspflicht: Prüfung der Provenienz des Kulturgutes (§ 42 Abs. 1 Nr. 3 KGSG)		
	Ja, diese Sorgfaltspflicht ist erfüllbar	**Nein, diese Sorgfaltspflicht ist nur schwer erfüllbar**
Kunsthändler (n=44)	15 (34,1%)	29 (65,9%)
Auktionshäuser (n=28)	11 (39,3%)	17 (60,7%)
Gesamt (n=72)	26 (36,1%)	46 (63,9%)

Die teilweise existierende Schwierigkeit der Pflicht, die Provenienz eines Kulturgutes zu prüfen, wurde bereits erläutert. Das Umfrage-Ergebnis unterstreicht die Relevanz dieser Problematik für die Praxis; nur 36% der Kunstintermediäre schätzen diese Sorgfaltspflicht als erfüllbar ein. Ein Auktionshaus merkte an: „Antwort müsste Jein lauten: Wird immer versucht, ist aber oft schlicht nicht möglich, da es einfach keine Informationen gibt. Bei 95% der Objekte.“ Hervorzuheben ist bei dieser Sorgfaltspflicht, dass neben der Erheblichkeitsschwelle von 2.500 Euro auch die Maßgabe der wirtschaftlichen Zumutbarkeit anzuwenden ist.[1428] Vor diesem Hintergrund ist auch die prägnante Anmerkung eines Kunsthändlers in Zusammenhang mit der oben angeführten Sorgfaltspflicht hervorzuheben: „Prüfen ja, lückenlos feststellen: nein.“

Tabelle 19: Umfrage-Ergebnis zur Frage, ob § 42 Abs. 1 Nr. 4 KGSG erfüllbar ist

Sorgfaltspflicht: Prüfung der Dokumente, die eine rechtmäßige Ein- und Ausfuhr belegen (§ 42 Abs. 1 Nr. 4 KGSG)		
	Ja, diese Sorgfaltspflicht ist erfüllbar	**Nein, diese Sorgfaltspflicht ist nur schwer erfüllbar**
Kunsthändler (n=43)	11 (25,6%)	32 (74,4%)
Auktionshäuser (n=27)	9 (33,3%)	18 (66,7%)
Gesamt (n=70)	20 (28,6%)	50 (71,4%)

Ebenso wie bei der vorherigen Sorgfaltspflicht, gilt neben der Erheblichkeitsschwelle von 2.500 Euro auch die Maßgabe der wirtschaftlichen Zumutbarkeit.[1429] Dies ist in Anbetracht des Umfrage-Ergebnisses auch zwingend notwendig, denn mehr als 71% der Kunstintermediäre mahnen an, dass diese Sorgfaltspflicht nur

1428 Vgl. § 42 Abs. 1 KGSG.
1429 Vgl. § 42 Abs. 1 KGSG.

schwer erfüllbar ist. Exemplarisch für eine Anmerkung eines Auktionshauses ist folgende Aussage: „Oftmals sind diese gar nicht (mehr) vorhanden. Zumal es hierfür ehemals nur eine verhältnismäßig kurze Aufbewahrungspflicht gab."

Tabelle 20: Umfrage-Ergebnis zur Frage, ob § 42 Abs. 1 Nr. 5 KGSG erfüllbar ist

Sorgfaltspflicht: Prüfung von Verboten und Beschränkungen zur Ein- und Ausfuhr sowie zum Handel (§ 42 Abs. 1 Nr. 5 KGSG)		
	Ja, diese Sorgfaltspflicht ist erfüllbar	**Nein, diese Sorgfaltspflicht ist nur schwer erfüllbar**
Kunsthändler (n=41)	16 (39,0%)	25 (61,0%)
Auktionshäuser (n=28)	13 (46,4%)	15 (53,6%)
Gesamt (n=69)	29 (42,0%)	40 (58,0%)

Bei dieser Frage ist das Ergebnis der Kunsthändler und der Auktionshäuser ähnlich. Insgesamt 42% der Kunstintermediäre bestätigen, dass diese Sorgfaltspflicht erfüllbar ist; 58% der Kunstintermediäre stufen diese als schwer erfüllbar ein. Auch bei der Prüfung von Verboten und Beschränkungen zur Ein- und Ausfuhr sowie zum Handel gilt die Maßgabe der wirtschaftlichen Zumutbarkeit und die Erheblichkeitsschwelle von 2.500 Euro.[1430] Ein Auktionshaus äußert jedoch Bedenken, dass die Erfüllung dieser Sorgfaltspflicht an der großen Anzahl an Objekten scheitere. Ein weiteres Auktionshaus kritisiert: „Regelungen viel zu komplex. Die oft fremdsprachlichen juristischen Texte sind oft nur für Experten verständlich. Für viele Länder liegen keinerlei Informationen vor. Viele Staaten existieren heute gar nicht mehr oder sind nicht zuzuordnen. Welcher Staat steht denn heute für die KuK Monarchie ein? Angeblich soll man dann das Recht aller 13 Nachfolgestaaten prüfen [...]." Damit nennt das Auktionshaus ein legitimes Argument, denn § 32 Abs. 2 KGSG schreibt tatsächlich vor, dass, sofern keine eindeutige Zuordnung vorgenommen werden kann, ein Kulturgut als unrechtmäßig eingeführt gilt, wenn „[...] das Kulturgut nach dem Recht jedes in Frage kommenden Staates nicht ohne Ausfuhrgenehmigung hätte ausgeführt werden dürfen und eine solche Ausfuhrgenehmigung nicht vorliegt." Dies setzt schlimmstenfalls voraus, dass die Regelungen, die zum Zeitpunkt der Ausfuhr galten, von allen in Frage kommenden Staaten überprüft werden müssen.

1430 Vgl. § 42 Abs. 1 KGSG.

Tabelle 21: Umfrage-Ergebnis zur Frage, ob § 42 Abs. 1 Nr. 6 KGSG erfüllbar ist

Sorgfaltspflicht: Prüfung, ob das Kulturgut in öffentlich zugänglichen Verzeichnissen und Datenbanken eingetragen ist (§ 42 Abs. 1 Nr. 6 KGSG)		
	Ja, diese Sorgfaltspflicht ist erfüllbar	**Nein, diese Sorgfaltspflicht ist nur schwer erfüllbar**
Kunsthändler (n=43)	29 (67,4%)	14 (32,6%)
Auktionshäuser (n=29)	19 (65,5%)	10 (34,5%)
Gesamt (n=72)	48 (66,7%)	24 (33,3%)

Aus Sicht der Kunstintermediäre gilt diese Sorgfaltspflicht als weitestgehend erfüllbar. Das Ergebnis zeigt, dass die Kunsthändler und Auktionshäuser sehr ähnlich geantwortet haben. Zu betonen ist, dass auch bei dieser Sorgfaltspflicht die Maßgabe der wirtschaftlichen Zumutbarkeit anzuwenden ist und die Erheblichkeitsschwelle von 2.500 Euro gilt.[1431] Trotzdem ist auch die Anmerkung eines Auktionshauses nennenswert, dass die Bezeichnung der Objekte oft „abweichend und verschieden darstellbar“ ist und folglich die Verzeichnisse und Datenbanken teilweise nicht zielführend sind. Ein weiteres Auktionshaus bezeichnet die öffentlich zugänglichen Verzeichnisse und Datenbanken sogar als „untauglich, da undifferenziert“ und ein anderes Auktionshaus hebt die Verantwortung der einzelnen Staaten hervor: „Das geht nur wenn weltweit sorgfältige Listen aller relevanten Staaten existieren werden. Illusorisch.“

Tabelle 22: Umfrage-Ergebnis zur Frage, ob § 42 Abs. 1 Nr. 7 KGSG erfüllbar ist

Sorgfaltspflicht: Einholung einer schriftlichen oder elektronischen Erklärung des Einlieferers oder Veräußerers, dass dieser berechtigt ist, über das Kulturgut zu verfügen (§ 42 Abs. 1 Nr. 7 KGSG)		
	Ja, diese Sorgfaltspflicht ist erfüllbar	**Nein, diese Sorgfaltspflicht ist nur schwer erfüllbar**
Kunsthändler (n=43)	28 (65,1%)	15 (34,9%)
Auktionshäuser (n=29)	26 (89,7%)	3 (10,3%)
Gesamt (n=72)	54 (75,0%)	18 (25,0%)

Bei dieser Sorgfaltspflicht ergibt sich ein uneinheitliches Ergebnis. Während 90% der Auktionshäuser diese Sorgfaltspflicht als erfüllbar ansehen, sind die

1431 Vgl. § 42 Abs. 1 KGSG.

Antworten der Kunsthändler weniger eindeutig. Zu erklären ist diese Diskrepanz eventuell auch mit den unterschiedlichen Geschäftsmodellen von Kunsthändlern und Auktionshäusern. Möglich ist nämlich, dass Kunsthändler, die Kulturgüter kaufen und anschließend weiterverkaufen, also nicht auf Kommissionsbasis handeln, solche Berechtigkeits-Erklärungen nicht anfordern. Ein Kunsthändler merkte in diesem Zusammenhang an: „Ich bin ja in vielen Fällen froh, dass ich die Chance habe, die Ware zu kaufen. Je mehr Umstände ich einem Verkäufer mache, desto geringer ist die Chance, dass er mir etwas anbietet."

Als Zwischenfazit in Bezug auf die Pflichten beim gewerblichen Inverkehrbringen kann zusammengefasst werden, dass diese gemäß den Ergebnissen der Umfrage zu einem finanziellen Mehraufwand für die Kunstintermediäre führen; dies erwarten ca. 59% der befragten Kunstintermediäre. Nur 15% der Kunstintermediäre legen diese zusätzlichen Kosten auf Käufer oder Verkäufer um, oder planen dies. Problematisch erscheinen insbesondere die Sorgfaltspflichten des § 42 Abs. 1 Nr. 3 und 4 KGSG. Die Pflicht gemäß § 42 Abs. 1 Nr. 3 KGSG die Provenienz des Kulturgutes zu prüfen, erachten 64% der Kunstintermediäre als nur schwer erfüllbar. Die in § 42 Abs. 1 Nr. 4 KGSG geforderte Prüfung der Dokumente, welche eine rechtmäßige Ein- und Ausfuhr belegen, stufen sogar 71% der Kunstintermediäre als nur schwer erfüllbar ein. Beide Sorgfaltspflichten werden allerdings durch die Maßgabe des zumutbaren Aufwandes abgeschwächt.[1432] Insgesamt ist auf Basis der Umfrage-Ergebnisse eine Erhöhung der Transaktionskosten zu erwarten. Dies wäre wohlfahrtsökonomisch nur gerechtfertigt, wenn die Nachfrager und Anbieter von Kunstwerken einen Nutzenzuwachs, beispielsweise durch die Erhöhung der Rechtssicherheit, verzeichnen würden, der die prognostizierten Transaktionskosten übersteigt.

9. Ökonomische Auswirkungen durch Ausfuhrbeschränkungen

„Nur" 65% der Kunsthändler und 55% der Auktionshäuser handeln mit Kunstwerken, für die eine Ausfuhrgenehmigung benötigt werden würde. 18% der Kunsthändler erklärten, dass die Bearbeitungsfrist für die Erteilung von Ausfuhrgenehmigungen von zehn Tagen nicht eingehalten wird. Bei den Auktionshäusern hat keines ein Überschreiten der Bearbeitungsfrist angemerkt. Allerdings merkt ein großes Auktionshaus an: „In der Regel wird vorab schon sehr viel per Telefon und Email abgeklärt, bevor der offizielle Antrag überhaupt

1432 Vgl. § 42 Abs. 1 KGSG.

gestellt wird. Die reine Bearbeitungszeit des Antrages ist also kein Indikator für die gesamte Bearbeitungszeit. Der Aufwand auf Seiten des Auktionshauses ist sehr viel höher als auf Seiten der Behörde. Wenn der Antrag dann korrekt und sachgemäß gestellt ist, ist die Bearbeitungszeit auf Seiten der Behörde i.d.R. schnell."

Eine weitere Frage zielte auf die im KGSG verankerten Altersuntergrenzen für eine Genehmigungspflicht der Ausfuhr ab. Die Literaturrecherche ergab, dass die Ausfuhrbeschränkungen für Kulturgüter durch Anwendung von Wert- und Altersuntergrenzen den entgegengesetzten Effekt haben könnten, nämlich eine Abwanderung bewirken könnten. Es stellte sich demnach die Frage, ob es denkbar sei, dass Eigentümer ihre Kulturgüter ausführen, um einer Genehmigungspflicht zu entgehen, sobald sich das Alter ihrer Kulturgüter der für eine Genehmigungspflicht relevanten Altersuntergrenze nähert.

Die Antworten der Kunstintermediäre lauteten:

Tabelle 23: Umfrage-Ergebnis zur Frage, ob Kulturgüter vor Erreichen der Altersuntergrenze ausgeführt werden, um einer Eintragung zu entgehen

	Ja	**Nein**	**Weiß nicht**
Kunsthändler (n=54)	46 (85,2%)	2 (3,7%)	6 (11,1%)
Auktionshäuser (n=29)	23 (79,3%)	0 (0,0%)	6 (20,7%)
Gesamt (n=83)	69 (83,1%)	2 (2,4%)	12 (14,5%)

Die Umfrage hat die Ergebnisse der Literaturrecherche bestätigt, denn ein Großteil der Kunstintermediäre stimmt zu, dass ein Abwanderungsrisiko besteht, sofern sich das Alter der jeweiligen Kulturgüter dem für eine genehmigungspflichtige Ausfuhr relevanten Mindestalter nähert. Über 83% der Kunstintermediäre sehen dies als realistisch an und nur 2% der Kunstintermediäre halten dies für abwegig. Die Aussagekraft der Ergebnisse ist nicht nur wegen der deutlichen Verteilung groß, sondern auch, weil das Ergebnis der Kunsthändler und der Auktionshäuser sehr einheitlich sind.

Ein für die Kunstintermediäre relevantes Instrument ist die Laissez Passer-Regelung gemäß § 24 Abs. 8 KGSG, wonach die Genehmigungspflicht für die Ausfuhr entfällt, sofern sich das Kulturgut nachweisbar nur vorübergehend (bis zu zwei Jahre) im Bundesgebiet befindet. Auf die Frage, ob das Instrument in der derzeitigen Ausgestaltung wirksam sei, um Kulturgüter aus dem Ausland zu erwerben und in Deutschland zu verkaufen, bzw. um Einlieferungen aus dem Ausland zu erhalten, antworteten die Kunstintermediäre folgendermaßen:

Tabelle 24: Umfrage-Ergebnis zur Frage, ob die Laissez Passer-Regelung ein wirksames Instrument ist

	Ja	Nein	Weiß nicht
Kunsthändler (n=53)	10 (18,9%)	28 (52,8%)	15 (28,3%)
Auktionshäuser (n=29)	2 (6,9%)	19 (65,5%)	8 (27,6%)
Gesamt (n=82)	12 (14,6%)	47 (57,3%)	23 (28,0%)

Nur wenige Kunstintermediäre schätzen die Laissez Passer-Regelung als wirksames Instrument ein. Während nur knapp jeder fünfte Kunsthändler die Laissez Passer-Regelung als hilfreich einstuft, ist das Umfrage-Ergebnis der Auktionshäuser noch deutlicher: Lediglich 7% der Auktionshäuser beurteilen die Laissez Passer-Regelung als wirksam, um Einlieferungen aus dem Ausland zu erhalten. Ein großes Auktionshaus kritisierte: „Grundsätzlich eine gute Regelung, die aber durch die trotzdem mögliche Eintragung relativiert wird. Auch gilt die Regelung nicht, wenn das Kulturgut innerhalb der zwei Jahre in ein Drittland exportiert wird."

Ob der Zeitraum von zwei Jahren ausreichend sei, beantworteten die Kunstintermediäre wie folgt:

Tabelle 25: Umfrage-Ergebnis zur Frage, ob der Zeitraum von zwei Jahren für die Laissez Passer-Regelung ausreichend ist

	Ja	Nein	Weiß nicht
Kunsthändler (n=52)	8 (15,4%)	28 (53,9%)	16 (30,8%)
Auktionshäuser (n=29)	2 (6,9%)	9 (31,0%)	18 (62,1%)
Gesamt (n=81)	10 (12,3%)	37 (45,7%)	34 (42,0%)

Lediglich 12% der Kunstintermediäre beurteilen den Zeitraum von zwei Jahren für die Laissez Passer-Regelung als ausreichend. Ein Auktionshaus wies darauf hin: „Im Kunstmarkt sind die Prozesse bis zu einem Verkauf teils längerfristiger. Zwei Jahre sind besser als nichts, aber ein länger bemessener Zeitraum würde manche Verkaufsprozesse weiter vereinfachen." Ein Kunsthändler kritisierte, dass niemand bedeutende Werke nach Deutschland einführen würde, da „Probleme mit dem Kulturgutschutzgesetz" drohten. Diese eher allgemeine Aussage unterstreicht die Unsicherheit des Kunsthandels und der Auktionshäuser. Auffällig ist beim Umfrage-Ergebnis zur Laissez Passer-Regelung der hohe prozentuale Anteil der Kunstintermediäre, die mit „Weiß nicht" geantwortet haben. Jeder vierte Kunstintermediär, der die Frage zur Wirksamkeit der Laissez Passer-Regelung beantwortet hat, war nicht in der Lage, diese zu bewerten. Ob der Zeitraum von zwei Jahren ausreiche, konnten sogar 42% der Kunstintermediäre nicht beurteilen.

Als Zwischenfazit der Umfrage-Ergebnisse zu den Auswirkungen der Ausfuhrbeschränkungen ist zu konstatieren, dass ein adverser Effekt der Gesetzesnovellierung darin bestehen könnte, dass Kulturgüter systematisch ausgeführt werden, bevor diese die für eine Genehmigungspflicht der Ausfuhr jeweils relevante Altersuntergrenze erreichen. Von den befragten Kunstintermediären halten 83% dies für denkbar. Eine solche Auswirkung ist nicht im Interesse des Gesetzgebers, der nämlich mit den erweiterten Ausfuhrbeschränkungen des KGSG den Abwanderungsschutz verbessern wollte. Die Laissez Passer-Regelung gemäß § 24 Abs. 8 KGSG sollte den deutschen Kunsthandelsstandort stärken, indem die Genehmigungspflicht der Ausfuhr für Kulturgüter entfällt, die sich nur bis zu zwei Jahre im Bundesgebiet befinden. Nur 15% der Kunstintermediäre sehen die Laissez Passer-Regelung als wirksames Instrument an, um Kulturgüter aus dem Ausland in Deutschland zu veräußern. Auch der Zeitraum von zwei Jahren wird nur von 12% der befragten Kunstintermediäre als ausreichend erachtet. Allerdings muss im Zusammenhang mit den Ausfuhrbeschränkungen auch nochmals betont werden, dass von den befragten Kunstintermediären „nur" 65% der Kunsthändler und 55% der Auktionshäuser überhaupt mit Kulturgütern handeln, für die eine Genehmigungspflicht der Ausfuhr verpflichtend wäre.

10. Ökonomische Auswirkungen durch Einfuhrbeschränkungen

Auf die Frage, ob den Kunsthändlern weniger Werke aus dem Ausland zum Kauf angeboten, bzw. bei Auktionshäusern eingeliefert werden, antworteten die Kunstintermediäre wie folgt:

Tabelle 26: Umfrage-Ergebnis zur Frage, ob weniger Werke aus dem Ausland eingeführt werden

	Ja	**Nein**	**Weiß nicht**
Kunsthändler (n=50)	21 (42,0%)	17 (34,0%)	12 (24,0%)
Auktionshäuser (n=29)	18 (62,1%)	5 (17,2%)	6 (20,7%)
Gesamt (n=79)	39 (49,4%)	22 (27,8%)	18 (22,8%)

Bei den Kunsthändlern ist die „Ja"/„Nein"-Verteilung relativ ausgeglichen, während sich bei den Auktionshäusern ein uneinheitlicheres Bild abzeichnet. Eine große Diskrepanz zwischen Kunsthändlern und Auktionshäusern ist festzustellen. Während nur 42% der Kunsthändler in der Umfrage angaben, dass ihnen weniger Kunstwerke aus dem Ausland zum Kauf angeboten wurden, bestätigten 62% der Auktionshäuser, dass die Anzahl der Einlieferungen aus dem Ausland seit Inkrafttreten des KGSG abgenommen hat. Ein renommiertes Auktionshaus berichtete: „Die Verunsicherung ist sehr groß, vor allem im Ausland. Ständig muss man Kunden die Sachlage erklären. Gerade bei besonders hochwertigen Objekten wird dann auch deshalb manchmal von einem Angebot abgesehen." Die Diskrepanz zwischen Kunsthändlern und Auktionshäusern könnte darauf zurückzuführen sein, dass Auktionshäuser tendenziell internationalisierter sind. Vor allem dürfte die Diskrepanz auch darin begründet sein, dass Auktionshäuser eher hochpreisigere Kunstwerke anbieten, bei denen beispielsweise eher Eintragungen in ein Verzeichnis national wertvollen Kulturgutes befürchtet werden könnten. Der relativ hohe Anteil der Kunstintermediäre deren Antwort „Weiß nicht" lautete, ist eventuell darauf zurückzuführen, dass grundsätzlich nur wenige Werke aus dem Ausland eingeliefert bzw. erworben werden.

Eine weitere Frage zu den Einfuhrbeschränkungen des KGSG zielte auf § 30 KGSG ab, der einen „Nachweis der Rechtmäßigkeit der Einfuhr" des Herkunftsstaates fordert, wenn es sich um Kulturgüter handelt, die von einem Mitgliedstaat der EU oder einem Vertragsstaat des UNESCO Übereinkommens als *nationales Kulturgut* eingestuft wurden. Die daraus resultierende Frage, ob die Kunstintermediäre wissen, welche Kulturgüter unter diese Regelung fallen würden, wurde folgendermaßen beantwortet:

Tabelle 27: Umfrage-Ergebnis zur Frage, ob bekannt ist, für welche Kulturgüter ein „Nachweis der Rechtmäßigkeit der Einfuhr" erforderlich ist

	Ja	**Nein**	**Weiß nicht**
Kunsthändler (n=47)	14 (29,8%)	27 (57,5%)	6 (12,8%)
Auktionshäuser (n=29)	9 (31,0%)	16 (55,2%)	4 (13,8%)
Gesamt (n=76)	23 (30,3%)	43 (56,6%)	10 (13,2%)

Weniger als ein Drittel der Kunstintermediäre wissen, für welche Kulturgüter bei der Einfuhr ein „Nachweis der Rechtmäßigkeit der Einfuhr" erforderlich ist. Das Umfrage-Ergebnis ist sehr einheitlich und unterstreicht die mangelhafte Kenntnis bzw. die unzureichende Informationsbereitstellung. Ein Auktionshaus weist auf die mangelnde Unterstützung des Staates hin: „Die Regelungen sind teils sehr komplex und in jedem Land anders. Anders als vom Ministerium verlautbart sind die entsprechenden Informationen auf dem Internetportal oft kaum hilfreich und kaum oder nur schwer zu verstehen.“[1433]

Daran anknüpfend sollten die Befragten mitteilen, ob sie der folgenden Aussage zustimmen: „Einen Nachweis der Rechtmäßigkeit der Einfuhr gemäß § 30 KGSG zu erbringen, ist in den meisten Fällen unmöglich.“

Tabelle 28: Umfrage-Ergebnis zur Frage, ob die Erbringung des „Nachweises der Rechtmäßigkeit der Einfuhr“ in den meisten Fällen unmöglich ist

	Ja, ich stimme zu	**Nein, ich stimme nicht zu**	**Weiß nicht**
Kunsthändler (n=49)	39 (79,6%)	2 (4,1%)	8 (16,3%)
Auktionshäuser (n=29)	21 (72,4%)	0 (0,0%)	8 (27,6%)
Gesamt (n=78)	60 (76,9%)	2 (2,6%)	16 (20,5%)

77% der Kunstintermediäre stimmen der Aussage zu. Es handelt sich um ein einheitliches und sehr aussagekräftiges Ergebnis, welches sich auch mit den Erkenntnissen aus der Literaturrecherche deckt.[1434] Sehr prägnant ist auch, dass keines der Auktionshäuser und nur 4% der Kunsthändler die Aussage ablehnen. Als Anmerkung zu dieser Frage schrieb ein großes Auktionshaus: „In 95% der Fälle! Vor allem bei Kulturgut, dass sich schon länger in Deutschland befindet. Aber auch in anderen Ländern. [...] Wie die ursprüngliche Ausfuhr stattgefunden hat, ist heute nicht mehr zu klären. Ausserdem sind nur in Ausnahmefällen Dokumente über den letzten Kauf noch vorhanden, geschweige denn über die Käufe und Provenienzen davor. Oft werden Kunstwerke an die Kinder und Enkel weitergegeben ohne, dass man noch weiß, wie sie mal in die Familie gekommen sind.“

Hinsichtlich der Einfuhrbeschränkungen des KGSG ist zusammenzufassen, dass die Hälfte der befragten Kunstintermediäre angibt, dass weniger Kunstwerke aus dem Ausland zum Kauf angeboten bzw. eingeliefert werden. In Anbetracht der Tatsache, dass die Umfrage nur ca. 1,5 Jahre nach Inkrafttreten des KGSG durchgeführt wurde, ist dies beachtlich. Schwierigkeiten scheint insbesondere der in § 30 KGSG geforderte „Nachweis der Rechtmäßigkeit der Einfuhr“ zu bereiten; nur 30% der Kunstintermediäre wissen, für welche Kulturgüter

1433 Damit ist das Internetportal zum Kulturgutschutz der BKM gemeint: http://www.kulturgutschutz-deutschland.de/DE/Home/home_node.html.

1434 Siehe dazu Kapitel § 5 IV 1.

dieser überhaupt vorgelegt werden müsste. Zudem bestätigen 77% der befragten Kunstintermediäre, dass die Erbringung eines solchen Nachweises in den meisten Fällen unmöglich ist. Insgesamt ist damit eine deutliche Verschärfung der Einfuhrbeschränkungen festzustellen, die das Inverkehrbringen von Kulturgütern aus dem Ausland im Bundesgebiet erschwert.

III. Erreichen des Telos

In der vorliegenden Arbeit wurden die Grundlagen des Kulturgüterschutzes beschrieben und die Regelungen des KGSG erläutert. Davon konnte die Zielsetzung des Gesetzgebers abgeleitet werden, welche als Maßstab für die Regelungen des KGSG herangezogen wird. Nachdem die empirischen Ergebnisse der Umfrage vorgestellt wurden, wird nun das Erreichen des Telos bewertet.

1. Beschränkung des illegalen Handels mit Kulturgut

Die Beschränkung des illegalen Handels mit Kulturgut war eines der obersten Anliegen des Gesetzgebers; insbesondere der illegale Handel mit archäologischen Kulturgütern aus Kriegs- und Krisengebieten stand im Vordergrund der Gesetzesnovellierung. Eine der zentralen Regelungen in diesem Zusammenhang ist § 42 Abs. 3 KGSG, welcher besagt, dass die Sorgfaltspflichten beim gewerblichen Inverkehrbringen bei archäologischen Kulturgütern auch dann anzuwenden sind, wenn deren Wert unterhalb der Erheblichkeitsschwelle von 2.500 Euro liegt.

Positiv hervorzuheben in Bezug auf das Ziel den illegalen Handel mit Kulturgut zu unterbinden, sind auch die Einfuhrbeschränkungen des KGSG. Hierbei ist insbesondere das Einfuhrverbot des § 28 KGSG zu betonen. Daran angelehnt ist die akzessorische Regelung des § 40 KGSG, der ein Verbot des Inverkehrbringens von abhandengekommenen, rechtswidrig ausgegrabenen oder unrechtmäßig eingeführten Kulturgütern normiert. Gestärkt werden die Einfuhrbeschränkungen auch aufgrund deren Strafbewehrtheit; wer entgegen § 28 KGSG Kulturgut einführt, von dem er weiß, dass es unrechtmäßig ausgeführt wurde, dem droht eine Freiheitsstrafe von bis zu fünf Jahren oder eine Geldstrafe.[1435] Im Zusammenhang mit den Einfuhrbeschränkungen ist vor allem auch der in § 30 KGSG geforderte „Nachweis der Rechtmäßigkeit der Einfuhr" erwähnenswert; demnach dürfen Kulturgüter, welche in einem Mitglied- oder Vertragsstaat als *nationales Kulturgut* klassifiziert sind, nur eingeführt werden,

1435 Vgl. § 83 Abs. 1 Nr. 3 KGSG.

wenn die Rechtmäßigkeit der Ausfuhr aus dem Herkunftsstaat belegt werden kann. Diese Regelung stellt die Kunstintermediäre vor erhebliche Herausforderungen; die Umfrage zeigte, dass nur wenige Kunstintermediäre wissen, für welche Kulturgüter ein solcher „Nachweis der Rechtmäßigkeit der Einfuhr" vorzulegen wäre und 77% der Kunstintermediäre vertreten die Auffassung, dass dieser Nachweis in den meisten Fällen unmöglich ist.

Fraglich ist im Kontext mit solch restriktiven gesetzlichen Regelungen, inwieweit diese dazu führen, dass Transaktionen auf den Schwarzmarkt verlagert werden. Dies ist zwar denkbar, jedoch kann dies mit der für diese Arbeit gewählten Methodik nicht erforscht werden. Grundsätzlich sind die deutlich verschärften Einfuhrbeschränkungen und die Pflichten beim Inverkehrbringen als wirksame Mittel zur Bekämpfung des illegalen Handels mit Kulturgut anzusehen.

2. Stärkung des Abwanderungsschutzes

Nach dem Wegfall der Grenzkontrollen innerhalb des Binnenmarktes wurde die Notwendigkeit von Ausfuhrbeschränkungen auch innerhalb der EU offensichtlich. Schließlich könnten anderenfalls Kulturgüter innerhalb der EU, also beispielsweise nach London, ausgeführt werden, da sie dort nicht als *nationale Kulturgüter* gelten. Von dort könnten diese Kulturgüter anschließend in einen Drittstaat ausgeführt werden, und damit würde der deutsche Abwanderungsschutz leerlaufen. Seit Inkrafttreten des KGSG regelt § 24 Abs. 2 KGSG, dass auch die Ausfuhr innerhalb des Binnenmarktes genehmigungspflichtig ist, sofern bestimmte Alters- und Wertuntergrenzen erreicht sind. Dadurch wurde der Abwanderungsschutz durch das KGSG zweifellos gestärkt.

Problematisch ist allerdings die Erkenntnis der Umfrage, dass die Kunstintermediäre es für möglich halten, dass Kulturgüter vorsätzlich kurz vor Erreichen der relevanten Altersuntergrenze ausgeführt werden, um damit einer Genehmigungspflicht zu entgehen. 85% der Kunsthändler und 79% der Auktionshäuser halten dies für denkbar. Es stellt sich demnach die Frage, ob ein Festhalten an Altersuntergrenzen zielführend ist.

3. Schließung von Gesetzeslücken

Die größte Gesetzeslücke, die es zu schließen galt, ist die soeben erläuterte Ausfuhrbeschränkung auch innerhalb des Binnenmarktes. Der Abwanderungsschutz innerhalb des Binnenmarktes wird nun durch § 24 Abs. 2 KGSG erreicht.

Daneben ist vor allem das Beschädigungsverbot gemäß § 18 KGSG zu nennen. Erstmalig ist im KGSG der Substanzschutz für Kulturgüter, welche in einem Verzeichnis national wertvollen Kulturgutes eingetragen sind, gesetzlich normiert.

Eine wesentliche Neuerung ist auch die Möglichkeit der nachträglichen Eintragung von Kulturgut gemäß § 8 KGSG. Während vor Inkrafttreten des KGSG keine nachträgliche Eintragung von Kulturgütern in deutschen Gesetzgebungen verankert war, kann Kulturgut nun auch nachträglich in ein Verzeichnis national wertvollen Kulturgutes eingetragen werden, sofern es entgegen der Regelungen des § 24 KGSG ausgeführt wurde und die Eintragungsvoraussetzungen des § 7 Abs. 1 und 2 KGSG erfüllt sind.

4. Stärkung der Rechtssicherheit

Die Rechtssicherheit wird im KGSG dadurch gestärkt, dass die Kriterien dafür, was als national wertvoll angesehen wird, präzisiert wurden.[1436] Auch die Verfahrensregeln, welche besagen, dass über eine Eintragung eines Kulturgutes innerhalb von sechs Monaten entschieden werden muss, tragen zur Stärkung der Rechtssicherheit bei.[1437] Allerdings enthält § 14 Abs. 6 KGSG Hemmungstatbestände, wie Verhandlungen oder die Zuhilfenahme von Rechtshilfe seitens des Eigentümers, welche die Frist verlängern können.[1438] Die Rechtssicherheit wird aber auch dadurch gestärkt, dass ein Überschreiten der Sechsmonatsfrist eine Fiktion der Nichteintragung bewirkt. Andere Verfahrensregelungen bleiben allerdings unpräzise. Beispielsweise ist für die Ausstellung von Negativattesten keine zeitliche Bearbeitungsfrist vorgesehen. Der Rechtssicherheit dienlich wäre zudem eine Genehmigungsfiktion der Ausfuhr, wenn der im KGSG verankerte Bearbeitungszeitraum von zehn Arbeitstagen überschritten wird.[1439]

Das KGSG erhöht für Sammler die Rechtssicherheit, indem gesetzliche Sorgfaltspflichten beim Inverkehrbringen von Kulturgut normiert wurden.[1440] Durch die erhöhten Pflichten zur Prüfung von Provenienzen ergibt sich für Sammler eine erhöhte Rechtssicherheit, da das Risiko sinkt mit Rückgabeforderungen konfrontiert zu werden.[1441] Dennoch sind die Sorgfaltspflichten nicht als pareto-effizient anzusehen, denn auf Seiten der Kunstintermediäre führen diese zu Belastungen. Den finanziellen Mehraufwand durch die Sorgfaltspflichten beim gewerblichen

1436 Vgl. § 7 KGSG.

1437 Vgl. § 14 Abs. 6 KGSG.

1438 Garbers-von Boehm, in Elmenhorst/Wiese, KGSG – Kulturgutschutzgesetz, § 14, Rn. 98 kommt zu dem Entschluss, dass aufgrund der Hemmungstatbestände „[…] die Sechsmonatefrist selten zum Tragen kommen dürfte."

1439 Vgl. § 24 Abs. 7 KGSG.

1440 Vgl. §§ 41 – 44 KGSG.

1441 Elmenhorst, in Elmenhorst/Wiese, KGSG – Kulturgutschutzgesetz, § 41, Rn. 2.

Inverkehrbringen bestätigen laut der Umfrage 61% der Kunsthändler und 55% der Auktionshäuser. Die Sorgfaltspflichten beim gewerblichen Inverkehrbringen würden trotz der finanziellen Mehrbelastung das *Kaldor-Hicks-Kriterium* erfüllen, wenn Sammler bereit wären, für die Kosten der erhöhten Rechtssicherheit zu zahlen, sodass der finanzielle Mehraufwand an die Sammler weitergereicht wird und trotzdem auf Seiten der Sammler ein Nutzenzuwachs entsteht. Dies würde eine Wohlstandserhöhung bedeuten. Dass dies nicht der Fall ist, belegen die Ergebnisse der Umfrage, wonach nur 19% der Kunsthändler und sogar nur 8% der Auktionshäuser den finanziellen Mehraufwand auf Sammler umlegen bzw. dies in Erwägung ziehen. Hinzu kommt die pessimistische Meinung der Kunstintermediäre, dass die Sorgfaltspflichten nicht den deutschen Kunsthandelsstandort stärken. Keines der Auktionshäuser und nur 11% der Kunsthändler sehen in den Sorgfaltspflichten eine Stärkung des Kunsthandelsstandortes.

5. Schutz öffentlicher Sammlungen

Der Schutz öffentlicher Sammlungen wird durch die Regelungen des KGSG zweifellos erhöht. § 6 Abs. 1 Nr. 2 – 4 KGSG stellt öffentliche Sammlungen durch eine pauschale Klassifizierung als *nationales Kulturgut* unter Schutz. Durch die damit einhergehende Genehmigungspflicht der dauerhaften Ausfuhr gemäß § 23 Abs. 1 KGSG sollen Abwanderungen von Kulturgütern im öffentlichen Eigentum, wie dies beispielsweise im Fall der Veräußerung der Warhol-Werke durch die Landesregierung von Nordrhein-Westfalen geschah, zukünftig verhindert werden. Damit wird ein Kulturgutschutz nach „Kassenlage der Länder" wirksam unterbunden.

Fraglich ist allerdings, warum sich das Beschädigungsverbot gemäß § 18 KGSG lediglich auf Kulturgüter bezieht, welche in einem Verzeichnis national wertvollen Kulturgutes eingetragen sind und nicht auch öffentliche Sammlungen von dieser Unterschutzstellung profitieren.

6. Zugang der Allgemeinheit zu Kulturgütern

Das KGSG enthält verschiedene Regelungen, welche einen Zugang der Allgemeinheit zu Kulturgütern fördern sollen. Beispielhaft sei die in § 10 KGSG verankerte Rückkehrklausel angeführt, welche sich auf Leihgaben aus dem Ausland bezieht. Sie besagt, dass bezüglich der Rückkehr von jenen Kulturgütern, welche vor Inkrafttreten des KGSG mindestens fünf Jahre im Ausland aufbewahrt wurden, und welche ehemals im Bundesgebiet aufbewahrt wurden, auch dann keine Eintragung in ein Verzeichnis national wertvollen Kulturgutes droht, wenn die

Eintragungskriterien nach § 7 KGSG zutreffen.[1442] § 10 KGSG unterscheidet sich von der in §§ 73 – 76 KGSG geregelten rechtsverbindlichen Rückgabezusage darin, dass die Rückkehrklausel nicht auf zwei Jahre begrenzt ist, sondern auf längerfristige Leihgaben ausgelegt ist. Für Leihgaben aus dem Inland sollen Negativatteste die notwendige Sicherheit bieten.[1443] Die Zusicherung der Ausnahme zur Eintragung von Kulturgut bei Leihgaben aus dem Ausland ist an die Bedingungen nach § 10 Abs. 1 und 2 KGSG geknüpft, welche besagen, dass „[...] der Eigentümer die Gewähr dafür bietet, dass das Kulturgut für mindestens fünf Jahre

1. sich ohne Unterbrechung im Bundesgebiet befinden wird und
2. bei der antragstellenden Einrichtung als Leihgabe öffentlich ausgestellt oder für die Forschung zugänglich gemacht wird." Wenn rückgeführtes Kulturgut entgegen dieser Bedingungen frühzeitig, also vor Erreichen der fünf Jahre, ausgeführt wird, dann gilt die Ausfuhr als unrechtmäßig.[1444] Mit dieser Regelung wird die Einhaltung der obigen Bedingungen forciert. Des Weiteren besagt § 10 Abs. 7 KGSG, dass Kulturgüter, welche von Verleihern mit nicht nur vorübergehendem Wohnsitz oder Sitz im Ausland an eine Kulturgut bewahrende Einrichtung im Bundesgebiet entliehen werden, nicht innerhalb von sechs Monaten nach Ablauf der Leihvertrages in ein Verzeichnis national wertvollen Kulturgutes eingetragen werden dürfen. Auch die Ausfuhr der jeweiligen Kulturgüter ist in diesen Fällen innerhalb von sechs Monaten nicht genehmigungspflichtig.

Hinsichtlich des Zugangs der Allgemeinheit zu Kulturgütern ist auch die rechtsverbindliche Rückgabezusage gemäß §§ 73 – 76 KGSG positiv zu erwähnen.[1445] Rückgabezusagen sind im internationalen Leihverkehr ein essenzielles Instrument, und für viele Leihgeber eine Grundvoraussetzung für die Bereitstellung einer Leihgabe. Wenn Kulturgüter aus dem Ausland von Kulturgut bewahrenden Einrichtungen öffentlich ausgestellt werden sollen, kann gemäß § 73 KGSG eine rechtsverbindliche Rückgabezusage von der zuständigen Landesbehörde erteilt werden. Bereits in § 20 KultgSchG war dieses Rechtsinstrument verankert.

1442 Vgl. § 10 Abs. 1 KGSG.

1443 Czernik, in Elmenhorst/Wiese, KGSG – Kulturgutschutzgesetz, § 10, Rn. 2.

1444 Vgl. § 10 Abs. 6 KGSG.

1445 Die Erteilung der rechtsverbindlichen Rückgabezusage erfolgt von der obersten Landesbehörde im Benehmen mit der für Kultur und Medien zuständigen obersten Bundesbehörde; vgl. § 73 Abs. 1 KGSG.

Im novellierten KGSG sind die Regelungen detaillierter und präzisieren nun auch die Erteilungsdauer; die rechtsverbindliche Rückgabezusage ist für einen Zeitraum von zwei Jahren gültig und auf Antrag auf bis zu vier Jahre verlängerbar. Dem Entleiher wird damit ein umfangreicher Schutz zuteil, denn während der Belegenheit des Kulturgutes in Deutschland können Dritte keine Rechte am entliehenen Kulturgut geltend machen und kein Eintragungsverfahren in ein Verzeichnis national wertvollen Kulturgutes kann eingeleitet werden.[1446] Rechtssicherheit ergibt sich für Leihgeber auch durch das Aufhebungsverbot während der Aufenthaltsdauer des Kulturgutes im Bundesgebiet gemäß § 76 Abs. 1 KGSG, wonach die rechtsverbindliche Rückgabezusage weder aufgehoben, noch zurückgenommen oder widerrufen werden kann.[1447] Die daraus resultierende Rechtssicherheit für internationale Leihgeber kommt den Kulturgut bewahrenden Einrichtungen zugute, die damit offensiv um Leihgaben aus dem Ausland werben können. Insgesamt haben sich jedoch die Fallzahlen für die rechtsverbindliche Rückgabezusage innerhalb der ersten beiden Jahre seit Inkrafttreten der neuen Regelungen des KGSG nicht verändert; es werden jährlich durchschnittlich 340 Anträge erfasst und dies entspricht auch dem Durchschnitt der vergangenen Jahre.[1448]

Auch das „Ankaufsprüfungsmodell" gemäß § 23 Abs. 6 – 8 KGSG ist vor dem Hintergrund der Schaffung eines Zugangs der Allgemeinheit zu Kulturgütern zu betrachten, da es sich um einen potenziellen Ankauf für oder durch eine Kulturgut bewahrende Einrichtung handelt, die das Kulturgut der Öffentlichkeit zugänglich machen soll. Allerdings ist die im KGSG verankerte Regelung kritisch zu betrachten: „So ist die Ankaufsoption in Deutschland nur Kosmetik. Sie wird keine große praktische Bedeutung haben, weil sie keine echte Verpflichtung beinhaltet."[1449] Dieser Aussage ist bislang zuzustimmen; schließlich wurde während der ersten beiden Jahre seit Inkrafttreten des KGSG kein einziges

1446 Vgl. § 76 KGSG.

1447 So stellt auch der Bundesrat Drs. 538/15, Entwurf eines Gesetzes zur Neuregelung des Kulturgutschutzrechts, S. 137, Online fest: „Der Vertrauensschutz und das Schutzinteresse des Entleihers sind im internationalen Leihverkehr höher zu gewichten als das zeitlich auf den Zeitraum der Gültigkeit der rechtsverbindlichen Rückgabezusage eingeschränkte Rechtsschutzinteresse."

1448 Deutscher Bundestag, Bericht zum Umfang des Verwaltungsaufwandes von Bund und Ländern – Zwei Jahre Kulturgutschutzgesetz (BT-Drs. 19/7145), S. 37, Online.

1449 Hartung, Das neue Kulturgutschutzgesetz, S. 19, Online.

Ankaufsprüfungsverfahren eingeleitet.[1450] Ein Vorkaufsrecht oder ein staatliches Angebot zum Ankauf, welches zweifelsohne den Zugang der Allgemeinheit zu Kulturgütern erhöhen würde, wurde indes nicht im KGSG berücksichtigt.

7. Identitätsstiftung

Die Stärkung der Identitätsstiftung war ein zentrales Argument der BKM während des Gesetzgebungsverfahrens. Ein Eintragungskriterium gemäß § 7 Abs. 1 KGSG lautet, dass Kulturgüter „identitätsstiftend für die Kultur Deutschlands" sein müssen. Gleichzeitig ist die Identitätsstiftung auch die Zielsetzung des KGSG, welche am schwersten zu erfassen ist. Dies liegt auch daran, dass sie eng mit anderen Gesetzeszielen verbunden ist. Vor allem der Abwanderungsschutz sorgt dafür, dass Identitätsstiftung erreicht werden kann. Ausfuhrbeschränkungen schaffen die Grundlage für einen Zugang der Allgemeinheit, welcher wiederum die Voraussetzung für eine Möglichkeit der Identitätsstiftung darstellt. Wichtig im Kontext der Identitätsstiftung ist zudem der Substanzschutz sowie das in diesem Zusammenhang im KGSG verankerte Beschädigungsverbot für Kulturgüter, welche in einem Verzeichnis national wertvollen Kulturgutes eingetragen sind.[1451]

1450 Deutscher Bundestag, Bericht zum Umfang des Verwaltungsaufwandes von Bund und Ländern – Zwei Jahre Kulturgutschutzgesetz (BT-Drs. 19/7145), S. 15, Online.

1451 Vgl. § 18 KGSG.

§ 8 Potenzielle Maßnahmen zum Erreichen des Telos

Das vorherige Unterkapitel offenbarte, dass die Ziele des Gesetzgebers mit den gesetzlichen Regelungen des KGSG weitestgehend erreicht werden. Allerdings sind Tendenzen einer Überregulierung erkennbar, und die Umfrage hat ergeben, dass adverse Effekte zu erwarten sind, welche nicht mit den Zielen des Gesetzgebers vereinbar sind. Deshalb werden im Folgenden Vorschläge zum Erreichen des Telos unterbreitet. Die Vorschläge zielen insbesondere darauf ab, bei gleichbleibendem Schutzniveau für Kulturgüter, die Akteure des Sekundärmarktes zu entlasten und die Marktmechanismen zu stärken, sodass ein effizienter Handel mit Kulturgütern gewährleistet wird.

I. Anpassung der Regelungen zur Ausfuhr

Die Ausfuhrbeschränkungen des KGSG stellen aus Sicht der Kunstintermediäre eine der relevantesten Neuerungen dar. Insbesondere die neue Genehmigungspflicht für die Ausfuhr auch innerhalb des Binnenmarktes ist hervorzuheben. Diese ist zwar grundsätzlich angebracht und auch zur Wirksamkeit des Abwanderungsschutzes notwendig, doch trotzdem existieren hinsichtlich der Beschränkungen der Ausfuhr diskussionswürdige Verbesserungspotenziale. Diese sind vor allem auch vor dem Hintergrund zu analysieren, dass Ausfuhrbeschränkungen für Kulturgüter ökonomisch nicht legitimiert sind.[1452] Insbesondere wenn es sich um Kulturgüter in Privateigentum handelt, welche nicht öffentlich ausgestellt werden, ist es schwer nachvollziehbar, dass eine Ausfuhr jener Kulturgüter einen Nutzenverlust für die Allgemeinheit bewirkt. In den meisten Fällen dürfte der durch ein Ausfuhrverbot resultierende Nutzenverlust des Eigentümers höher sein, als der Nutzenzuwachs der Allgemeinheit durch die Bewahrung des Kulturgutes für das Inland.

1. Genehmigungsfiktion der Ausfuhr bei Überschreitung des Bearbeitungszeitraumes

§ 24 Abs. 7 KGSG besagt, dass innerhalb von zehn Arbeitstagen über einen Antrag auf Erteilung einer Ausfuhrgenehmigung zu entscheiden ist. Jedoch hat

1452 Siehe dazu Kapitel § 5 III 4 g).

eine Überschreitung dieser Bearbeitungszeit keine Rechtsfolgen; eine Genehmigungsfiktion der Ausfuhr existiert nicht.

In diesem Zusammenhang ist jedoch erwähnenswert, dass ein Kulturgut gemäß § 8 Abs. 4 KGSG bereits als *nationales Kulturgut* gilt, wenn lediglich ein Eintragungsverfahren eingeleitet wurde. Dies bedeutet auch, dass sich die zuständige Landesbehörde in ein Eintragungsverfahren „flüchten" könnte, wenn keine schnelle Entscheidung über die Erteilung einer Ausfuhr getroffen werden kann. In diesem Fall hätte die oberste Landesbehörde gemäß § 14 Abs. 6 KGSG bis zu sechs Monate Zeit, um über eine Eintragung in ein Verzeichnis national wertvollen Kulturgutes zu entscheiden.[1453] Während dieses Zeitraumes darf das Kulturgut nicht ausgeführt werden. Die Regelung ist vor dem Hintergrund der Rückgabeansprüche relevant. Schließlich greifen Rückgabeansprüche gemäß Rückgaberichtlinie 2014/60/EU nur, wenn das unrechtmäßig ausgeführte Kulturgut als *nationales Kulturgut* eingestuft wurde. § 14 Abs. 6 KGSG ist daher zweckmäßig und verhältnismäßig. Hilfreich wäre dennoch eine Verankerung einer Genehmigungsfiktion der Ausfuhr, beispielsweise nach einer Bearbeitungsfrist von einem Monat. Selbst wenn sich die zuständige Landesbehörde in ein Eintragungsverfahren „flüchtet", würde über die Erteilung einer Ausfuhrgenehmigung spätestens nach insgesamt sieben Monaten entschieden werden. Dies ist zwar weiterhin ein langer Zeitraum, trotzdem wäre immerhin eine maximale Bearbeitungszeit verankert und dadurch die Rechtssicherheit gestärkt.[1454]

2. Möglichkeit der Ausfuhrgenehmigung mit Nebenbestimmungen

Das Ziel des Zugangs der Allgemeinheit zu Kulturgütern ist insbesondere im Kontext der Ausfuhrbeschränkungen diskussionswürdig. Neben der Schaffung eines Zugangs im Inland, ist nämlich auch die Schaffung eines Zugangs im Ausland nicht zu unterschätzen. Schließlich stiftet ein solches Szenario für die Allgemeinheit deutlich mehr Nutzen, als die Aufbewahrung von Kulturgütern in privaten Sammlungen im Inland. Angeraten sei hier, dass Ausfuhrgenehmigungen mit Nebenbestimmungen versehen werden können. Wenn eine

1453 Kritisch dazu auch Schmidt-Thomé in Die Welt, Jetzt erst Recht, Online.

1454 Gleichwohl existieren weiterhin die Hemmungstatbestände des § 14 Abs. 6 KGSG, die ein Überschreiten der Sechsmonatsfrist legitimieren. Dazu zählen: „Verhandlungen des Eigentümers mit der zuständigen obersten Landesbehörde, Rechtsmittel des Eigentümers im Verfahren sowie in begründeten Ausnahmefällen bei der Einholung externen Sachverstands [...]."

Nebenbestimmung das öffentliche Interesse am deutschen Kulturbesitz ausreichend berücksichtigt, sollte die BKM vor dem Hintergrund des Verhältnismäßigkeitsgebots eine Ausfuhrgenehmigung nicht verweigern.[1455] Exemplarisch für eine solche Ausgestaltung der Nebenbestimmung könnte vereinbart werden, dass sich der Erwerber aus dem Ausland verpflichtet, die jeweiligen Kulturgüter öffentlich zugänglich zu machen und die jeweiligen Kulturgüter regelmäßig zu Zwecken von öffentlichen Ausstellungen oder für wissenschaftliche Zwecke zurück nach Deutschland zu bringen.[1456] Insbesondere wenn der potenzielle Erwerber eine Kulturgut bewahrende Einrichtung im Ausland ist, sollte eine liberale Auslegung der Ausfuhrbeschränkungen in Erwägung gezogen werden. Dadurch ließe sich der Zugang der Allgemeinheit zu Kulturgütern verbessern, auch wenn diese im Ausland aufbewahrt werden.

3. Einschaltung eines Sachverständigenausschusses bei Verweigerung von Ausfuhrgenehmigungen

Im KGSG sind in drei Szenarien Sachverständigenausschüsse relevant. Erstens darf gemäß § 14 Abs. 3 KGSG Kulturgut nur im Benehmen mit einem Sachverständigenausschuss in ein Verzeichnis national wertvollen Kulturgutes eingetragen werden. Zweitens werden Sachverständigenausschüsse gemäß § 23 Abs. 4 KGSG angehört, wenn ein Eigentümer die dauerhafte Ausfuhr von *nationalem Kulturgut* beantragt. Drittens können Sachverständigenausschüsse auch von den jeweils zuständigen obersten Landesbehörden bei der Ausstellung von Negativattesten beteiligt werden.[1457] Dies geschah laut *Bericht zum Umfang des Verwaltungsaufwandes des KGSG* innerhalb der ersten beiden Jahre nach Inkrafttreten des KGSG in 85% der Verfahren.[1458]

Dass Ausfuhrgenehmigungen abgelehnt werden, sollte äußerst selten vorkommen. Zur Erinnerung sei in diesem Kontext erneut die Aussage der BKM angeführt: „In den wenigen Fällen, in denen Kulturgüter emblematisch sind für unsere Geschichte und Identität, muss es möglich sein, diese wenigen Stücke vor Abwanderung ins Ausland und vor Zerstörung zu schützen."[1459] Wie bereits erläutert, wurden in den ersten beiden Jahren nach Inkrafttreten des

1455 So argumentiert Moll, Ausfuhrverbote für NS-Raubkunst, S. 79 f.

1456 Moll, Ausfuhrverbote für NS-Raubkunst, S. 80.

1457 Vgl. Art. 14 Abs. 7 KGSG.

1458 Deutscher Bundestag, Bericht zum Umfang des Verwaltungsaufwandes von Bund und Ländern – Zwei Jahre Kulturgutschutzgesetz (BT-Drs. 19/7145), S. 26, Online.

1459 BKM, Schutz von Kulturgütern wird verbessert, Online.

KGSG tatsächlich lediglich fünf Kulturgüter in ein Verzeichnis national wertvollen Kulturgutes eingetragen und damit deren Ausfuhr unabhängig vom Alter und Wert des Kulturgutes unter einen Genehmigungsvorbehalt gestellt.[1460] Als weitere Kontrollinstanz sollte es daher in diesen „wenigen Fällen“ auch möglich sein, einen Sachverständigenausschuss anzuhören, bevor eine Verweigerung von Ausfuhrgenehmigungen beschlossen wird. Zwar obliegt die finale Entscheidungsgewalt über die Erteilung von Ausfuhrgenehmigungen weiterhin der obersten Landesbehörde des Bundeslandes, in dem sich das Kulturgut zum Zeitpunkt der Antragstellung befindet, doch ergibt sich durch die Anhörung des Sachverständigenausschusses ein erhöhter Begründungsdruck, insbesondere wenn das Ergebnis der Sachverständigenausschüsse veröffentlicht werden würde. Dadurch würden politisch motivierte Entscheidungen minimiert werden und das kulturelle Interesse würde maßgeblich sein.

4. Ausfuhr ohne Altersuntergrenze innerhalb des Binnenmarktes

Die Umfrage ergab, dass es 83% der Kunstintermediäre als denkbar ansehen, dass Eigentümer von wertvollen Kulturgütern diese gezielt vor Erreichen der jeweiligen Altersuntergrenze ausführen, um einer Genehmigungspflicht der Ausfuhr zu entgehen. Damit kreiert das KGSG einen adversen Effekt, der dem Interesse des Gesetzgebers an der Bewahrung von identitätsstiftenden und besonders bedeutsamen Kulturgütern innerhalb Deutschlands diametral gegenübersteht. In diesem Kontext sind jedoch zwei Anmerkungen angebracht. Erstens ist eine Eintragung von Kulturgütern in ein Verzeichnis national wertvollen Kulturgutes unabhängig vom Alter des Kulturgutes möglich. Dadurch kann der Staat auch dann eine Ausfuhr von Kulturgütern verbieten, wenn deren Alter unterhalb der für eine genehmigungspflichtige Ausfuhr relevanten Altersuntergrenze liegt. Zweitens gilt für eine Ausfuhr in Drittstaaten die unmittelbar geltende Verordnung (EG) Nr. 116/2009, sodass der deutsche Staat keinen Einfluss auf die Kriterien zur Genehmigungspflicht der Ausfuhr in Drittstaaten hat.

Vor dem Hintergrund der Ergebnisse der Umfrage und der Literaturrecherche (z.B. in Bezug auf die *Arte Povera* Kunst aus Italien[1461]), drängt sich trotzdem die Frage auf, ob zumindest für die Ausfuhr innerhalb des Binnenmarktes

---

1460 Deutscher Bundestag, Bericht zum Umfang des Verwaltungsaufwandes von Bund und Ländern – Zwei Jahre Kulturgutschutzgesetz (BT-Drs. 19/7145), S. 6, Online.

1461 Siehe dazu Kapitel § 5 III 4 d).

ein Festhalten an Altersuntergrenzen zielführend ist. Zudem ignoriert eine Orientierung an Altersuntergrenzen, dass auch jüngere Werke vor Abwanderung geschützt werden sollten und dass üblicherweise ein Überschreiten einer Altersgrenze nur sehr bedingt mit der kulturellen Bedeutung des jeweiligen Kulturgutes korreliert.[1462]

Denkbar wäre es daher, das Kriterium der Altersuntergrenze für die Genehmigungspflicht der Ausfuhr innerhalb des Binnenmarktes aufzugeben. Indes ist ein Festhalten an Wertuntergrenzen als Kriterium für die Pflicht der Beantragung von Ausfuhrgenehmigungen weiterhin im Sinne der Rechtssicherheit empfehlenswert und im Sinne des Kulturgüterschutzes auch geboten. Zur Verhinderung des Bürokratieanstieges durch Aufgabe des Kriteriums der Altersuntergrenze für die Ausfuhr innerhalb des Binnenmarktes, könnten die Wertuntergrenzen erhöht werden. Durch das Verzichten auf Altersuntergrenzen für die Ausfuhr innerhalb des Binnenmarktes würde zwar eine logische Inkonsistenz entstehen, da sich die Genehmigungspflicht für Ausfuhr in Drittstaaten gemäß Verordnung (EG) Nr. 116/2009 weiterhin an Alters- und Wertgrenzen orientiert, dies ist aber zum Erreichen des Telos und zur Stärkung des deutschen Kunsthandelsstandortes verkraftbar.

5. Anpassung der Laissez Passer-Regelung

Die Laissez Passer-Regelung des KGSG besagt, dass die Genehmigungspflicht für die Ausfuhr innerhalb des Binnenmarktes „[...] entfällt, wenn das Kulturgut sich nachweisbar nur vorübergehend bis zu zwei Jahre im Bundesgebiet befindet.“[1463]

Die Umfrage-Ergebnisse bestätigen, dass die derzeitige Ausgestaltung der Laissez Passer-Regelung für die Kunstintermediäre kein wirksames Instrument darstellt. Nur 19% der Kunsthändler und 7% der Auktionshäuser halten die Laissez Passer-Regelung für ein wirksames Instrument. Geschmälert wird die Vorteilhaftigkeit der Regelung insbesondere dadurch, dass eine Eintragung

---

1462 Fechner, Prinzipien des Kulturgüterschutzes, S. 24 f.; auch Abele, Ist das Verhältnis von Kulturgüterschutz und Eigentum ein Finanzierungsproblem?, S. 79 und Schuschke-Nehen, Kulturgüterschutz in Deutschland und der Europäischen Union, S. 118 kritisieren die Einordnung von Kulturgütern anhand von Wert- und Altersuntergrenzen; von Schorlemer, Internationaler Kulturgüterschutz, S. 74 mahnt: „Nicht auszuschließen ist, daß einzelne Objekte, obgleich erhaltenswert, ungeschützt bleiben, weil sie das Alterserfordernis nicht erfüllen.“

1463 Vgl. § 24 Abs. 8 KGSG.

in ein Verzeichnis national wertvollen Kulturgutes jederzeit möglich ist, sobald sich das Kulturgut im Bundesgebiet befindet. Hieraus ergibt sich eine logische Inkonsistenz. Wenn nämlich die Ausfuhrgenehmigungspflicht gemäß der Laissez Passer-Regelung entfällt, dann ist nicht ersichtlich, dass trotzdem eine Eintragung in ein Verzeichnis national wertvollen Kulturgutes möglich sein sollte. Schließlich zielt eine Eintragung vor allem darauf ab, dass eine Abwanderung verhindert werden soll.

Eine Mindestbelegenheit innerhalb des Bundesgebietes als Eintragungskriterium wurde im KGSG nicht verankert. Trotzdem ist anerkannt, dass sich eine kulturelle Bindung zu Deutschland regelmäßig erst entfalten kann und damit Ausfuhrbeschränkungen legitimieren würde, wenn sich das Kulturgut nicht nur vorübergehend in Deutschland befindet. In diesem Zusammenhang beschwichtigt auch die BKM, dass ein Kulturgut während der Laissez Passer-Phase „[...] aufgrund der geringen Verweildauer in Deutschland (unter zwei Jahren) in der Regel noch gar nicht die Eintragungsvoraussetzung nach § 7 erfüllen kann; eine „identitätsstiftende" Wirkung setzt eine gewisse Verweildauer und Rezeptionsgeschichte in Deutschland voraus."[1464] Der Grund dafür, dass Kulturgüter trotz der Laissez Passer-Regelung während des Zeitraumes von zwei Jahren in ein Verzeichnis national wertvollen Kulturgutes eingetragen werden dürfen und sich daraus faktisch paradoxerweise eine Genehmigungspflicht der Ausfuhr ergibt, welche in den meisten Fällen sogar eher einem Ausfuhrverbot gleicht, besteht wohl darin, dass auch Kulturgüter als identitätsstiftend für Deutschland angesehen werden können, obwohl sich diese nur kurz im Bundesgebiet befinden. Aufgrund der Tatsache, dass dies in Einzelfällen zutreffend sein könnte und insbesondere aufgrund der zu erwartenden restriktiven Handhabung der Eintragung von Kulturgütern, ist die Laissez Passer-Regelung mit der einschränkenden Möglichkeit, dass trotzdem Kulturgüter in ein Verzeichnis national wertvollen Kulturgutes eingetragen werden können, weiterhin tragbar und verhältnismäßig.

Zur Stärkung des deutschen Kunsthandelsstandortes ist trotzdem eine Erweiterungsoption denkbar. Analog zum Negativattest gemäß § 14 Abs. 7 KGSG sollte auch im Kontext der Laissez Passer-Regelung die Möglichkeit bestehen, bereits vor der Einfuhr des Kulturgutes verbindlich feststellen zu lassen, dass die Voraussetzungen der Eintragung in ein Verzeichnis national wertvollen Kulturgutes nicht vorliegen. Ein Zurückgreifen auf die derzeitige Regelung des Negativattests wäre nicht möglich, weil zur Beantragung eines Negativattests das jeweilige Kulturgut die Alters- und Wertuntergrenzen gemäß Anhang der Verordnung

1464 BKM, Das neue Kulturgutschutzgesetz – Handreichung für die Praxis, S. 179, Online.

(EG) Nr. 116/2009 übersteigen muss. Dass dies regelmäßig nicht zutrifft, ist offensichtlich. Daher sollte diese Voraussetzung im Kontext der vorgeschlagenen modifizierten Laissez Passer-Regelung entfallen. Um eine missbräuchliche Verwendung dieser modifizierten Laissez Passer-Regelung zu verhindern, sollte vom jeweiligen Antragsteller ein begründetes Interesse glaubhaft belegt werden müssen, dass sich das Kulturgut nur vorübergehend im Bundesgebiet befindet, beispielsweise anlässlich einer Auktion.

Eine weitere Schwachstelle der derzeitigen Laissez Passer-Regelung offenbarte das Umfrage-Ergebnis, wonach nur 15% der Kunsthändler und 7% der Auktionshäuser den Zeitraum von zwei Jahren als ausreichend erachten. Auch hier sollte der Gesetzgeber prüfen, ob eine Verlängerung der Frist den Kunsthandelsstandort Deutschland stärken würde, ohne dadurch den Abwanderungsschutz zu gefährden.

Eine Ausweitung der Laissez Passer-Regelung auch auf Drittstaaten ist aufgrund der Verordnung (EG) Nr. 116/2009 nicht möglich. Hier sollte aber auf europäischer Ebene bei der nächsten Novellierung angeregt werden, eine Laissez Passer-Regelung auch europarechtlich zu verankern.

II. Anpassung der Regelungen zur Einfuhr

Die Einfuhrbeschränkungen stellen Kunsthändler und Auktionshäuser des Sekundärmarktes vor enorme Schwierigkeiten. Insbesondere die akzessorischen Regelungen, dass die Ausfuhr von Kulturgut verboten ist, wenn dieses unrechtmäßig eingeführt wurde und dass auch das Inverkehrbringen im Inland verboten ist, wenn das Kulturgut unrechtmäßig eingeführt wurde, können erhebliche ökonomische Folgen für die Kunstintermediäre des Sekundärmarktes implizieren und den Kunsthandelsstandort schwächen. Folgende Anpassungen sind diskussionswürdig.

1. Entschärfung des § 30 KGSG

Die Umfrage ergab, dass nur 30% der Kunstintermediäre wissen, für welche Kulturgüter überhaupt ein „Nachweis der Rechtmäßigkeit der Einfuhr“ gemäß § 30 KGSG erbracht werden muss. Dies verdeutlicht den Klärungsbedarf hinsichtlich dieser Regelung und begründet Zweifel an der Praktikabilität. 77% der befragten Kunstintermediäre bestätigten zudem, dass die Erbringung des in § 30 KGSG geforderten „Nachweises der Rechtmäßigkeit der Einfuhr“ in den meisten Fällen unmöglich ist. Schließlich wurden weder in der Vergangenheit noch werden heutzutage in jedem Staat Ausfuhrgenehmigungen für Kulturgüter erteilt.

Folglich ist es oftmals auch unmöglich einen „Nachweis der Rechtmäßigkeit der Einfuhr" zu erbringen, weil de facto solche Nachweise häufig nicht existieren. Selbst wenn diese beispielsweise in Form von Ausfuhrgenehmigungen vorliegen, besteht eine Schwierigkeit darin, die unterschiedlichen Sprachen und ggf. sogar unterschiedlichen Schriftzeichen zu übersetzen und die Echtheit der Ausfuhrgenehmigung zu verifizieren. Erschwerend kommt hinzu, dass für ältere Ausfuhrgenehmigungen nur in den seltensten Fällen Bildmaterial vorhanden ist.

Denkbar und zweckmäßig wäre eine Entschärfung der Regelung des erforderlichen „Nachweises der Rechtmäßigkeit der Einfuhr", sodass lediglich alle verfügbaren und relevanten Unterlagen mitzuführen sind, und gleichzeitig eine Pflicht besteht die Provenienzen tiefergehend zu prüfen, sofern in Anbetracht der Gesamtumstände ein Verdacht besteht, dass die Kulturgüter aus dem Herkunftsstaat unrechtmäßig ausgeführt wurden.

2. Abmilderung der Maßgeblichkeit des Herkunftsstaates

Auch die Maßgeblichkeit des Herkunftsstaates sollte kritisch hinterfragt werden. Eine für die Kunstintermediäre deutlich handelsfreundlichere Rechtslage sollte in Erwägung gezogen werden, wonach ein Belegenheitsprinzip gilt, sodass lediglich zu prüfen wäre, ob das Kulturgut gemäß der Rechtslage des Staates der letzten Belegenheit rechtmäßig ausgeführt wurde. Um eine missbräuchliche Nutzung dieser Regelung zu verhindern, sollte das Belegenheitsprinzip jedoch nicht gelten, wenn nachgewiesen werden kann, dass sich das Kulturgut am letzten Belegenheitsort nur befunden hat, um dadurch Ausfuhrbeschränkungen des Herkunftsstaates zu umgehen.[1465]

3. Anpassung des § 29 KGSG

Die Betrachtung der Einfuhrregelungen des KGSG suggeriert, dass für Eigentümer von Kulturgut Schwierigkeiten hinsichtlich der Beweislast auftreten können. Im Kontext der Ausnahme des Einfuhrverbots gemäß § 29 KGSG stellt sich nämlich die Frage, wie der Nachweis erbracht werden soll, dass sich ein Kulturgut zum Stichtag[1466] rechtmäßig im Bundesgebiet befand. Häufig ist die Erbringung solcher Nachweise unrealistisch, da eine Einfuhr mitunter schon viele Jahrzehnte zurückliegen kann, oder weil aufgrund verschiedener Eigentumsübertragungen,

1465 Diesen Vorschlag äußert auch Garbers-von Boehm, in Elmenhorst/Wiese, KGSG – Kulturgutschutzgesetz, § 28, Rn. 15.

1466 Der Stichtag ist der 6. August 2016 – der Tag des Inkrafttretens des KGSG.

u.a. durch Erbschaften, keine geeigneten Dokumente mehr vorliegen. Da eine unrechtmäßige Einfuhr an das Verbot des Inverkehrbringens gemäß § 40 KGSG gekoppelt ist, würde dadurch riskiert werden, dass eine große Zahl an Kulturgütern nicht mehr zirkulieren kann.[1467] Hilfreich wäre daher die Verankerung der Option, den Nachweis der rechtmäßigen Belegenheit im Bundesgebiet zum Inkrafttreten des KGSG durch eidesstattliche Versicherung[1468] zu erbringen. Nach aktueller Rechtslage enthält § 52 Abs. 2 KGSG bereits die Möglichkeit, per eidesstattlicher Versicherung den Nachweis der Einfuhr von Kulturgut aus einem Vertragsstaat des UNESCO Übereinkommens zu erbringen. Es liegen keine Gründe vor, diese Möglichkeit für Kulturgüter aus dem Binnenmarkt nicht zuzulassen.[1469] Insofern ist anzuraten, die Möglichkeit der eidesstattlichen Versicherung als Nachweis dafür, dass sich ein Kulturgut zum Zeitpunkt des Inkrafttretens des KGSG rechtmäßig im Bundesgebiet befand, als zulässig anzusehen, und dies auch explizit als Ergänzung des § 29 KGSG zu verankern.

III. Heraufsetzen der Erheblichkeitsschwelle für Sammlungen in Bezug auf § 42 KGSG

Gemäß § 42 Abs. 3 KGSG gilt, dass die Sorgfaltspflichten beim gewerblichen Inverkehrbringen gemäß § 42 Abs. 1 KGSG nicht anzuwenden sind, wenn es sich um Kulturgut handelt, dessen Wert unterhalb der Erheblichkeitsschwelle von 2.500 Euro liegt. Diese Erheblichkeitsschwelle gilt ebenfalls für Sachgesamtheiten, also Sammlungen. Insbesondere bei Sachgesamtheiten ist allerdings häufig anzunehmen, dass die Erheblichkeitsschwelle überschritten wird und der Inverkehrbringer demnach nicht von den zusätzlichen Sorgfaltspflichten des § 42 Abs. 1 KGSG befreit wird. Dass ein „Auseinanderreißen" von Sachgesamtheiten denkbar ist, haben die Umfrage-Ergebnisse unterstrichen. Aus wohlfahrtsökonomischer Perspektive ist diese niedrige Erheblichkeitsschwelle für Sachgesamtheiten daher weder für den Eigentümer, noch für die Allgemeinheit erstrebenswert. Die Beibehaltung von Sammlungszusammenhängen ist nämlich gesellschaftlich wünschenswert. Mit Blick auf die Erkenntnisse der Behavioral Economics ist in diesem Kontext das Phänomen des zunehmenden

---

1467 Garbers-von Boehm, in Elmenhorst/Wiese, KGSG – Kulturgutschutzgesetz, § 29, Rn. 6 befürchtet, dass „Zehntausende von Kulturgütern" nicht mehr in Verkehr gebracht werden dürften.

1468 Gemäß § 27 Abs. 1 VwVfG.

1469 Garbers-von Boehm, in Elmenhorst/Wiese, KGSG – Kulturgutschutzgesetz, § 29, Rn. 6.

Grenznutzens im Zusammenhang mit Sammlungen anzuführen. Es wurde bereits dargelegt, dass der aus Musik-Konsum gewonnene Nutzen positiv mit früherem Musik-Konsum korreliert.[1470] Dieses Phänomen der „rational addiction" ist auch auf Kunstwerke übertragbar. Falls das Inverkehrbringen einer Sachgesamtheit dazu führt, dass diese zukünftig öffentlich ausgestellt wird, erlangen die Betrachter einen höheren Nutzen, falls der Sammlungszusammenhang bestehen bleibt. Auch wenn die Sachgesamtheit an einen privaten Dritten veräußert wird, wäre die Bewahrung des Sammlungszusammenhangs zumindest für den Inverkehrbringer erstrebenswert, da anzunehmen ist, dass mit Sachgesamtheiten höhere Preise realisiert werden können. Ein „Auseinanderreißen" von Sachgesamtheiten, um Sorgfaltspflichten oder Ausfuhrbeschränkungen zu vermeiden, senkt daher den Nutzen des Inverkehrbringers, da der Marktwert der Sachgesamtheit reduziert wird und auch der Nutzen für die Allgemeinheit sinkt. Ratsam wäre daher die Einführung einer zusätzlichen, höheren Erheblichkeitsschwelle für Sachgesamtheiten.

IV. Ausweitung des Beschädigungsverbots auf nationale Kulturgüter

Zum Schutz öffentlicher Sammlungen wäre eine Ausweitung des Beschädigungsverbots auf *nationale Kulturgüter* ratsam. Nach derzeitiger Rechtslage beschränkt sich das Beschädigungsverbot gemäß § 18 KGSG auf Kulturgüter, welche in einem Verzeichnis national wertvollen Kulturgutes eingetragen sind. Da sich jene *nationalen Kulturgüter*, welche nicht explizit in ein Verzeichnis national wertvollen Kulturgut eingetragen wurden, per definitionem ohnehin im öffentlichem Eigentum befinden oder zumindest Teil des Eigentums von Kulturgut bewahrenden Einrichtungen sind, welche überwiegend durch Zuwendungen der öffentlichen Hand finanziert werden[1471], sollte der Substanzschutz durch Ausweitung des Beschädigungsverbots gestärkt werden.

V. Anpassung der Regelungen zu Negativattesten

Negativatteste können vom Eigentümer beantragt werden, sofern das jeweilige Kulturgut die Alters- und Wertuntergrenzen der Verordnung (EG) Nr. 116/2009 übersteigt. Die zuständige Behörde kann verbindlich feststellen lassen, dass die

---

1470 Siehe dazu Kapitel § 2 III 1.

1471 Vgl. § 6 Abs. 1 KGSG.

Eintragungsvoraussetzungen des § 7 KGSG nicht zutreffen.[1472] Diese Regelung ermöglicht es beispielsweise im Vorfeld einer Auktion potenziellen Erwerbern Rechtssicherheit zu bieten und impliziert damit einen wertrelevanten Aspekt.

Ein Negativattest für Kulturgut, welches sich im Ausland befindet, kann nur ausgestellt werden, wenn eine konkrete Inaugenscheinnahme nicht erforderlich ist – „[...] die Sachlage also unzweifelhaft gegen das Vorliegen der Eintragungsmerkmale nach § 7 Absatz 1 KGSG spricht."[1473] Diese restriktive Regelung ist zwar nachvollziehbar, da für Kulturgut, welches möglicherweise die Eintragungsmerkmale erfüllt, kein Negativattest ohne ausführliche Prüfung (z.B. eines Sachverständigenausschusses) ausgestellt werden sollte. Allerdings sollte, sofern ein berechtigtes Interesse des Eigentümers vorliegt, eine Ausweitung des § 14 Abs. 7 KGSG in Erwägung gezogen werden. Beispielsweise könnte ergänzt werden, dass auf Kosten des Eigentümers das in Frage stehende Kulturgut zur Inaugenscheinnahme nach Deutschland eingeführt werden darf. Stellt die zuständige oberste Landesbehörde fest, dass das Kulturgut in ein Verzeichnis national wertvollen Kulturgutes eingetragen werden müsste, sollte der Eigentümer innerhalb eines bestimmten Zeitraumes befugt sein, das Kulturgut wieder auszuführen, ohne dass es eingetragen wird. Ferner ist denkbar, diese zusätzliche Regelung an die Bedingung zu knüpfen, dass sich der Eigentümer verpflichten muss, das Kulturgut für einen bestimmten Zeitraum in Deutschland öffentlich auszustellen oder der wissenschaftlichen Erforschung zur Verfügung zu stellen, bzw. einer Kulturgut bewahrenden Einrichtung dies anzubieten. Diese Bedingung könnte als Gatekeeper für eine missbräuchliche Verwendung der modifizierten Regelung der Negativatteste für im Ausland befindliches Kulturgut fungieren. Mit dieser Anpassung würde auch der Zugang der Allgemeinheit zu Kulturgütern gestärkt werden.

Eine weitere Schwäche der aktuellen Regelung zu Negativattesten ist die fehlende zeitliche Bearbeitungsfrist, innerhalb welcher die Entscheidung über die Ausstellung eines Negativattests getroffen werden muss. Insbesondere für Kunsthändler und Auktionshäuser ist dies notwendig, damit um Einlieferungen geworben werden kann. Das beschriebene Beispiel des *Hofer*-Werkes[1474] offenbart die Konsequenz von langen Wartezeiten für Negativatteste. Schlimmstenfalls werden nämlich Transaktionen dadurch verhindert, und Kooperationsgewinne können nicht realisiert werden. Dies ist wohlfahrtsökonomisch nicht

1472 Vgl. § 14 Abs. 7 KGSG.

1473 BKM, Das neue Kulturgutschutzgesetz – Handreichung für die Praxis, S. 155, Online.

1474 Siehe dazu Kapitel § 5 I 2 c).

erstrebenswert. Eine zeitliche Frist, beispielsweise von drei Monaten ab Antragstellung, würde den deutschen Kunsthandelsstandort stärken.

Zuletzt sei im Kontext von Negativattesten angeraten, dass eine zeitliche Gültigkeit festgelegt werden sollte. Da ein Eintragungsverfahren zu einem späteren Zeitpunkt trotz eines Negativattests eingeleitet werden kann, falls sich die Umstände wesentlich geändert haben, besteht Rechtsunsicherheit.[1475] Eine Mindestgültigkeit, beispielsweise von 15 Jahren, würde die Rechtssicherheit und die Wirksamkeit des Instruments des Negativattests steigern.

Wie bereits erläutert, wurden innerhalb der ersten beiden Jahre nach Inkrafttreten des KGSG lediglich 73 Anträge auf Ausstellung eines Negativattests gestellt. Der jährliche Erfüllungsaufwand für diese Fälle belief sich laut *Bericht zum Umfang des Verwaltungsaufwandes des KGSG* auf 24.000 Euro zuzüglich 3.000 Euro Beratungsaufwand pro Jahr. Damit wird den Sammlern und Kunstintermediären mit geringem Mitteleinsatz ein Instrument zur Verfügung gestellt, welches die Rechtssicherheit für die Anwender erhöht und damit die Effizienz des Sekundärmarktes für Kunst steigert.

1475 Das Eintragungen trotz Negativattest vollzogen werden können betont auch Garbers-von Boehm, in Elmenhorst/Wiese, KGSG – Kulturgutschutzgesetz, § 14, Rn. 120.

§ 9 Ergebnis, Reflexion und Ausblick

In der vorliegenden Arbeit wurden bewusst inhaltliche Einschränkungen vorgenommen. Untersucht wurden primär die zu erwartenden ökonomischen Implikationen des KGSG auf die Akteure des Sekundärmarktes, welche mit Kulturgütern handeln, die sich der Kategorie „Bilder und Gemälde" gemäß dem Anhang der Verordnung (EG) Nr. 116/2009 zuordnen lassen. Andere Akteure, insbesondere jene, die mit archäologischen Kulturgütern handeln, sind in einem anderen Maße von den Auswirkungen des KGSG betroffen.

Für Kulturgüter, die im Fokus dieser Arbeit stehen, gilt das Ausschlussprinzip und das Rivalitätsprinzip. Sie sind daher marktfähige Güter, die global auf einem Wettbewerbsmarkt gehandelt werden. Zwar sind Kulturgüter aufgrund ihrer besonderen Bedeutung nicht als rein private Güter anzusehen, aber zweifelsfrei sind Kulturgüter auch keine öffentlichen Güter. Sie sind als Mischgüter[1476] zu klassifizieren, und der Schutz dieser Güter liegt im Interesse der Allgemeinheit.

Kunstintermediäre nehmen auf dem Sekundärmarkt für Kunst die Rolle wahr, diese Mischgüter effizient demjenigen zukommen zu lassen, der ihnen den höchsten Wert beimisst. Dadurch kreieren Kunstintermediäre pareto-optimale Güterallokationen.

Die Transaktionskostentheorie lehrt, dass die Höhe der Transaktionskosten maßgeblich von drei Dimensionen abhängt: Der *Faktorspezifität*, der *Unsicherheit* und der *Häufigkeit*. Die *Faktorspezifität* ist auf dem Sekundärmarkt für Kunst stark ausgeprägt, da jedes gehandelte Werk einzigartig ist. Kunstintermediäre als Spezialisten auf ihrem Teilbereich sind in der Lage die hohe *Faktorspezifität*, z.B. aufgrund der Notwendigkeit von individuellen Provenienzrecherchen, zu bewältigen und dadurch Transaktionskosten einzusparen. Auch die *Unsicherheit* ist auf dem Sekundärmarkt hoch. Zwar ist die Gefahr begrenzt, dass sich die Akteure des Sekundärmarktes opportunistisch verhalten. Risiken, beispielsweise durch Fälschungen oder durch Provenienzlücken, sind dennoch präsent. Kunstintermediäre können durch ihre Erfahrung und Expertise diese *Unsicherheit* minimieren. Sie fungieren als Gatekeeper, indem sie eine Vorselektion durchführen. Zum Schluss sei auch angeführt, dass die *Häufigkeit* der Transaktionen auf dem Sekundärmarkt für Kunst sehr gering ist. Einzelne veräußerungswillige Eigentümer von Kulturgütern wären deswegen nicht in der Lage

1476 Ebker, Politische Ökonomie der Kulturförderung, S. 81.

economies of scale zu realisieren und es ist anzunehmen, dass prohibitiv hohe Such- und Informationskosten, z.B. für Geschäftsanbahnungen, Markttransaktionen erheblich erschweren bzw. verteuern würden. Dadurch wäre eine effiziente marktwirtschaftliche Zuordnung von Kulturgütern gefährdet. Zur Realisierung von Kooperationsgewinnen sind Kunstintermediäre daher ökonomisch legitimierte Marktteilnehmer. Dies wurde in der vorliegenden Arbeit u.a. auch durch den Baligh-Richartz-Effekt veranschaulicht.

Es wurde allerdings auch darauf hingewiesen, dass aufgrund der Regelungen des KGSG eine deutliche Erhöhung der Transaktionskosten zu erwarten ist, welche Preise am Kunstmarkt verzerren könnte, sodass ein Erreichen des „maximalen Effizienzgrades“ unwahrscheinlich erscheint. Insbesondere die ex-ante Transaktionskosten haben sich durch das Inkrafttreten des KGSG verändert. Vor allem die Sorgfaltspflichten beim gewerblichen Inverkehrbringen, die Pflicht in bestimmten Fällen einen „Nachweis der Rechtmäßigkeit der Einfuhr“ vorzuhalten, und die Pflicht Ausfuhrgenehmigungen für bestimmte Kunstwerke auch für eine Ausfuhr innerhalb des Binnenmarktes beantragen zu müssen, sind als Beispiele für den erhöhten Aufwand anzuführen.

Die Ausfuhrbeschränkungen limitieren zwar die Verfügungsfreiheit, jedoch ist diese grundsätzlich weiterhin gegeben. Schließlich handelt es sich bei Kulturgut nicht um ein *res extra commercium*, sondern um ein weiterhin im Inland frei handelbares Gut. Auch nach deutschem Verfassungsrecht können Gesetze, welche eine erhebliche Wertminderung einer Ressource zur Folge haben, im Allgemeinen als Inhaltsbestimmung des Eigentums angesehen werden und nicht als Enteignung; folglich ist eine Entschädigungspflicht auch nicht geboten.[1477] Dies gilt auch für die Ausfuhrbeschränkungen des KGSG. Die Verhältnismäßigkeit der Ausfuhrbeschränkungen wurde in Kapitel § 5 III 2 a) anhand der Gebote des *legitimen Zwecks*, der *Geeignetheit*, der *Erforderlichkeit* und der *Angemessenheit* geprüft und die Regelungen wurden als verhältnismäßig und verfassungskonform gewertet.[1478]

Hinsichtlich der Eintragung von Kulturgut sind gemäß § 7 KGSG Prüfungsmaßstäbe vorhanden, welche für die Eintragung von Kulturgut in ein Verzeichnis

1477 Schäfer/Ott, Lehrbuch der ökonomischen Analyse des Zivilrechts, S. 632.

1478 Auch Elmenhorst/Heimann, in Elmenhorst/Wiese, KGSG – Kulturgutschutzgesetz, § 24, Rn. 5 gelangen zu diesem Entschluss: „Der Schutz deutschen Kulturgutes gegen Abwanderung in das Ausland wird so zum Gegenstand bundesgesetzlicher Fürsorge. Die gesetzliche Umsetzung des Ziels erscheint auch im Hinblick auf den Eingriff in das Eigentumsgrundrecht nach Art. 14 Abs. 1 GG verfassungsgemäß.“

national wertvollen Kulturgutes herangezogen werden, und zusätzlich werden gemäß § 14 Abs. 2 KGSG Sachverständigenausschüsse angehört, sodass Willkürlichkeit weitestgehend ausgeschlossen wird.

Die weitreichenden Regelungen des KGSG greifen dennoch in den Markt ein und haben das Potenzial, die Allokationseffizienz zu schmälern. Beispielsweise ist es denkbar, dass ein ausländischer Käufer eine höhere Zahlungsbereitschaft aufweist, als jegliche Käufer im Inland, doch wenn aufgrund eines Ausfuhrverbots ein Kulturgut nicht ausgeführt werden kann, wird es nicht demjenigen mit der höchsten Zahlungsbereitschaft zugewiesen. Es entsteht ein Effizienzverlust.

Tatsächlich wurden seit Inkrafttreten des KGSG lediglich fünf Eintragungen in ein Verzeichnis national wertvollen Kulturgutes vollzogen. Laut *Bericht zum Umfang des Verwaltungsaufwandes des KGSG* ist dies auf zwei Gründe zurückzuführen. Erstens werden nunmehr die Sammlungsbestände öffentlich finanzierter Kulturgut bewahrender Einrichtungen pauschal als nationale Kulturgüter geschützt. Vor Inkrafttreten des KGSG wurden jährlich im Durchschnitt ca. 30 Eintragungsverfahren positiv von den Ländern entschieden wurden, und davon entfielen rund zwei Drittel auf Kulturgüter in öffentlichem Eigentum.[1479] Die pauschale Eintragung von Kulturgütern der öffentlichen Hand verringert den Verwaltungsaufwand dadurch deutlich. Die niedrige Anzahl an Eintragungen in ein Verzeichnis national wertvollen Kulturgutes ist zweitens auch darin begründet, dass während der Anlaufphase die bundesweite Institutionalisierung neuer Sachverständigenausschüsse durchgeführt werden musste. Demnach ist zwar von einem Anstieg der jährlichen Eintragungen auszugehen, jedoch erwartet der *Bericht zum Umfang des Verwaltungsaufwandes des KGSG* keine hohen Fallzahlen: „Aufgrund der unverändert strengen Eintragungskriterien, die durch das Kulturgutschutzgesetz entsprechend der bisherigen Praxis der Länder gesetzlich festgeschrieben und inhaltlich geschärft worden sind, werden die Eintragungszahlen von Kulturgut in privater Hand jedoch voraussichtlich nicht über das Niveau hinausreichen, welches dem diesbezüglichen Durchschnitt der jahrzehntelangen Praxis von ca. 10 vollzogenen Eintragungen pro Jahr entspricht [...].“

Dennoch wurde vor Inkrafttreten des KGSG befürchtet, dass die neuen Regelungen einen hohen Verwaltungsaufwand verursachen würden. Der *Bericht zum Umfang des Verwaltungsaufwandes des KGSG* offenbarte, dass den Ländern jährlich ein Aufwandszuwachs von ca. 324.000 Euro durch das KGSG entsteht;

1479 Deutscher Bundestag, Bericht zum Umfang des Verwaltungsaufwandes von Bund und Ländern – Zwei Jahre Kulturgutschutzgesetz (BT-Drs. 19/7145), S. 21, Online.

die Zusatzkosten für den Bund belaufen sich auf 268.000 Euro.[1480] Zu betonen sei hierbei jedoch, dass dieser Bericht keine Bestandsaufnahme des Verwaltungsaufwandes des Bereiches Kulturgutschutz als Ganzes beinhaltet, und auch keine Einmalaufwände berücksichtigt; analysiert wird nur „[...] der laufende Erfüllungsmehr- bzw. Erfüllungsminderaufwand („Saldo"), der Bund und Ländern durch die Vollziehung des Kulturgutschutzgesetzes im Vergleich zur vorhergehenden Rechtslage entsteht."[1481] Mitunter präsentiert der *Bericht zum Umfang des Verwaltungsaufwandes des KGSG* die Vorgangszahlen zu den Anträgen auf Ausfuhrgenehmigungen. Wie bereits erläutert wurden bundesweit nur 1.883 Ausfuhranträge für die Ausfuhr innerhalb des EU-Binnenmarktes beantragt. Dabei entfielen auf das erste Jahr nach Inkrafttreten des KGSG ca. 1.100 Ausfuhranträge und auf das zweite Jahr ca. 800.[1482] Im Regierungsentwurf wurden damals sogar 2.000 Vorgänge pro Jahr prognostiziert. Damit liegt die Realität nur knapp bei der Hälfte der prognostizierten Vorgangszahlen und der *Bericht zum Umfang des Verwaltungsaufwandes des KGSG* geht sogar von einer weiteren Reduktion aus: „Aufgrund der sich im Berichtszeitraum bereits abzeichnenden Tendenz sinkender Vorgangszahlen, erklärlich durch die vermehrte Nutzung von Dauergenehmigungen (Allgemeine offene Genehmigung, § 25 KGSG und Spezifische offene Genehmigung, § 26 KGSG), ist zu vermuten, dass die jährlichen Anträge auf Einzelausfuhrgenehmigungen künftig noch weiter sinken werden [...]."[1483] Diese Vorgangszahlen sind auch im Kontext der niedrigen Anzahl an Eintragungen von Kulturgut in ein Verzeichnis national wertvollen Kulturgutes zu betrachten; während der ersten beiden Jahre nach Inkrafttreten des

---

1480 Deutscher Bundestag, Bericht zum Umfang des Verwaltungsaufwandes von Bund und Ländern – Zwei Jahre Kulturgutschutzgesetz (BT-Drs. 19/7145), S. 4, Online.

1481 Deutscher Bundestag, Bericht zum Umfang des Verwaltungsaufwandes von Bund und Ländern – Zwei Jahre Kulturgutschutzgesetz (BT-Drs. 19/7145), S. 4, Online.

1482 Zudem ist eine regionale Antragshäufung erkennbar. Knapp 90% der Antragsverfahren wurden von nur drei Ländern bearbeitet: Bayern (46%), Baden-Württemberg (28%) und Nordrhein-Westfalen (13%). Dieses hohe Antragsvolumen ist laut Bericht zum Umfang des Verwaltungsaufwandes des KGSG einerseits in der Präsenz der großen Auktionshäuser in diesen Regionen begründet und andererseits in der Tatsache, dass im süddeutschen Raum der Handel mit archäologischen Kulturgütern weit verbreitet ist (diese sind wertunabhängig einem Genehmigungsvorbehalt unterworfen); Deutscher Bundestag, Bericht zum Umfang des Verwaltungsaufwandes von Bund und Ländern – Zwei Jahre Kulturgutschutzgesetz (BT-Drs. 19/7145), S. 29, Online.

1483 Deutscher Bundestag, Bericht zum Umfang des Verwaltungsaufwandes von Bund und Ländern – Zwei Jahre Kulturgutschutzgesetz (BT-Drs. 19/7145), S. 5, Online.

KGSG wurden schließlich lediglich fünf Eintragungen vorgenommen.[1484] Diese Zahlen entkräften die häufig geäußerte Befürchtung, dass mit dem Erreichen einer Alters- und Wertuntergrenze bereits eine Vorbewertung hinsichtlich der Eignung des Kulturgutes als national wertvolles Kulturgut vollzogen wird. Zwar wirken diese Zahlen auf den ersten Blick „beschwichtigend" und signalisieren den Akteuren am Sekundärmarkt für Kunst, dass nur ein verschwindend geringer Teil der Kulturgüter eintragungsfähig sind. Zunächst ist in diesem Kontext allerdings kritisch zu hinterfragen, inwieweit es tatsächlich als Erfolg gewertet werden kann, dass nur 0,27% der Ausfuhranträge zu einer Eintragung eines Kulturgutes in ein Verzeichnis national wertvollen Kulturgutes führten. Zwangsläufig drängt sich nämlich die Frage der Verhältnismäßigkeit zwischen Aufwand (administrativer Aufwand auf Seiten der zuständigen Landesbehörden und der Kunstintermediäre) und Ertrag (Eintragungen von Kulturgütern in die Verzeichnisse national wertvollen Kulturgutes) auf. Zudem können aus den Zahlen nur bedingt Prognosen über die zukünftige Entwicklung der Ausfuhrbeschränkungen in der Praxis abgeleitet werden. Erstens könnte die geringe Zahl an Ausfuhranträgen darauf zurückzuführen sein, dass tatsächlich viele Eigentümer vor Inkrafttreten des KGSG ihre von einer Eintragung bedrohten Kulturgüter aus Deutschland abgezogen haben. Zweitens ist es auch nicht auszuschließen, dass die Länder aufgrund der vor Inkrafttreten des KGSG intensiv geführten Debatte eine zurückhaltende Eintragungspolitik wählten, um dadurch die Debatte zu enthärten. Inwieweit sich die Eintragungspraxis langfristig tatsächlich ändern wird, bleibt abzuwarten. Drittens kann ein Ausfuhrantrag mehrere Objekte umfassen und demnach ist unbekannt, für wie viele einzelne Objekte tatsächlich Ausfuhranträge gestellt wurden.

Eine beachtliche Statistik des *Berichtes zum Umfang des Verwaltungsaufwandes des KGSG* ist die unerwartet hohe Zahl an Ausfuhranträgen für die Ausfuhr von Kulturgut in Drittstaaten außerhalb der EU. Die Anzahl ist mit ca. 1.200 Ausfuhranträgen konstant geblieben, obwohl der Regierungsentwurf aufgrund der Verankerung der *allgemeinen offenen Genehmigung* im KGSG von einer deutlichen Verminderung der Anzahl an Ausfuhranträgen für die Ausfuhr von Kulturgut in Drittstaaten ausging.[1485] Bemerkenswert ist in diesem Zusammenhang nämlich, dass bereits vor Inkrafttreten des KGSG die Ausfuhr bestimmter

1484 Deutscher Bundestag, Bericht zum Umfang des Verwaltungsaufwandes von Bund und Ländern – Zwei Jahre Kulturgutschutzgesetz (BT-Drs. 19/7145), S. 6, Online.

1485 Deutscher Bundestag, Bericht zum Umfang des Verwaltungsaufwandes von Bund und Ländern – Zwei Jahre Kulturgutschutzgesetz (BT-Drs. 19/7145), S. 6, Online.

Kulturgüter bei Überschreitung von Wert- und Altersuntergrenzen gemäß der Verordnung (EG) 116/2009 genehmigungspflichtig war – diese Rechtslage besteht nunmehr seit über 25 Jahren und dennoch bewirkt die *allgemeine offene Genehmigung* keine Reduzierung der Vorgangszahlen. Der *Bericht zum Umfang des Verwaltungsaufwandes des KGSG* erklärt in diesem Zusammenhang, dass insbesondere die „[...] Zahl der Anträge außerhalb des internationalen Ausstellungsbetriebes und Leihverkehrs stark gestiegen ist, sodass die durch die Einführung der Allgemeinen offenen Genehmigung insoweit eingesparten Anträge von Kulturgut bewahrenden Einrichtungen durch Anträge anderer Antragstellergruppen ersetzt wurden."[1486] Die Begründung für diese Entwicklung sieht der *Bericht zum Umfang des Verwaltungsaufwandes des KGSG* in der Bewusstseinsschärfung infolge der öffentlichen Debatte um das KGSG. Während vor Inkrafttreten des KGSG die Verordnung (EG) 116/2009 scheinbar weitestgehend ignoriert wurde, führte die Diskussion über das KGSG zu einer Sensibilisierung der Akteure des Kunstmarktes, sodass vermehrt rechtskonform gemäß den bestehenden Ausfuhrbestimmungen gehandelt wurde.[1487]

Neben diesen positiven Effekten der Gesetzesnovellierung existieren dennoch Schwierigkeiten für die Kunstintermediäre. Mehrere Kunstintermediäre mahnten in der Umfrage an, dass keine vollständige Liste von geschützten Kulturgütern der Mitglied- und Vertragsstaaten existiert. Allerdings muss betont werden, dass eine solche Liste lediglich eine illusorische Rechtssicherheit erstellen könnte. Schließlich ist in vielen Ländern, ähnlich wie in Deutschland, die Ausfuhr von bestimmten Kulturgütern genehmigungspflichtig, sofern bestimmte Alters- und Wertuntergrenzen überschritten sind. Kunstintermediäre könnten sich demnach ohnehin nicht nur auf eine solche Liste aller geschützter Kulturgüter der Mitgliedstaaten der EU und Vertragsstaaten des UNESCO Übereinkommens verlassen und Kulturgüter ohne weitere Prüfung der Rechtslage der jeweiligen Staaten einführen. Vor diesem Hintergrund ist hervorzuheben, dass einige der befragten Kunstintermediäre die Lückenhaftigkeit der Staateninformationen im *Internetportal zum Kulturgutschutz* kritisierten. Häufig verweist dieses lediglich auf nationale Gesetzgebungen der jeweiligen Mitglied- und Vertragsstaaten, die allerdings nur in den Landessprachen verfügbar sind. Oft werden sogar lediglich der Konsularische Kontakt und Exportverantwortliche Stellen bekannt gegeben.

1486 Deutscher Bundestag, Bericht zum Umfang des Verwaltungsaufwandes von Bund und Ländern – Zwei Jahre Kulturgutschutzgesetz (BT-Drs. 19/7145), S. 6, Online.

1487 Deutscher Bundestag, Bericht zum Umfang des Verwaltungsaufwandes von Bund und Ländern – Zwei Jahre Kulturgutschutzgesetz (BT-Drs. 19/7145), S. 6, Online.

Für international agierenden Kunstintermediäre ist die Möglichkeit der Kenntnisnahme von Rechtslagen der jeweiligen Mitglied- und Vertragsstaaten unabdingbar. Hier ist die BKM in der Pflicht, Rechtssicherheit durch zusätzliche Informationen hinsichtlich der Rechtslage in den jeweiligen Mitglied- und Vertragsstaaten zu schaffen. Auch eine globale Liste aller geschützter Kulturgüter wäre trotz der erheblichen bürokratischen Belastung u.a. daher wünschenswert, weil § 30 KGSG einen „Nachweis der Rechtmäßigkeit der Einfuhr" des Herkunftsstaates fordert, sofern das jeweilige Kulturgut von einem Mitgliedstaat oder einem Vertragsstaat als *nationales Kulturgut* eingestuft wurde. Die Umfrage der Kunstintermediäre hat ergeben, dass nur 30% der Kunstintermediäre Kenntnis darüber haben, welche Kulturgüter unter diese Regelung fallen würden. Dieses deutliche Ergebnis der Umfrage unterstreicht die existierende Unsicherheit und den erheblichen Handlungsbedarf.

Im Hinblick darauf, wie der Staat zukünftig definiert, welche Kulturgüter als national wertvoll gelten und welchen Kulturgütern die Ausfuhr verboten wird, um diese im Inland zu bewahren, sollte stets auch die politische Integration Europas berücksichtigt werden, mit der auch eine Bildung einer kulturellen europäischen Identität einhergeht. Schließlich bleiben deutsche oder französische Kulturgüter weiterhin deutsch oder französisch, unabhängig davon, in welchem Land sie ausgestellt werden.[1488] In diesem Kontext ist eine weitere geplante Rechtsharmonisierung anzuführen, die derzeit auf europäischer Ebene diskutiert wird. Es handelt sich dabei um eine Verordnung zur Regulierung der Einfuhr von Kulturgut aus Drittländern in die EU.[1489] Die Verordnung soll gewährleisten, dass an den Außengrenzen der EU eine einheitliche Handhabung der Einfuhr stattfindet. Im Vordergrund steht bei der geplanten Verordnung, dass für die Einfuhr von bestimmten Kulturgütern[1490] eine Einfuhrlizenz beantragt werden muss.[1491] Offizielles Ziel ist gemäß der Begründung des Gesetzesvorhabens die

---

1488 Zu dieser Thematik, siehe auch Wissenschaftlicher Dienst des Bundestages, Einführung eines staatlichen Vorkaufsrechtes für Kulturgüter in Deutschland, S. 7, Online.

1489 Siehe den Vorschlag für eine Verordnung des Europäischen Parlaments und des Rates über die Einfuhr von Kulturgütern: https://ec.europa.eu/transparency/regdoc/rep/1/2017/DE/COM-2017-375-F1-DE-MAIN-PART-1.PDF.

1490 Zum Beispiel für „Ergebnisse archäologischer Ausgrabungen", die älter sind als 250 Jahre; siehe Anhang des Vorschlags für eine Verordnung des Europäischen Parlaments und des Rates über die Einfuhr von Kulturgütern.

1491 Vgl. Art. 4 des Vorschlags für eine Verordnung des Europäischen Parlaments und des Rates über die Einfuhr von Kulturgütern; dies ähnelt dem Vorschlag von Lenski, siehe dazu Kapitel § 5 IV 3.

Unterbindung des illegalen Handels mit Antiken, insbesondere auch vor dem Hintergrund der Terrorismusfinanzierung. Würde diese Verordnung in Kraft treten, wäre eventuell eine erneute Gesetzesnovellierung des KGSG erforderlich.[1492] Zwar wäre der Großteil der auf dem deutschen Sekundärmarkt gehandelten „Bilder und Gemälde“ nicht von der geplanten Verordnung betroffen, sehr wohl aber andere Kulturgüter, vor allem Antiken.

Die vorliegende Arbeit berücksichtigt Rechtsprechung bis April 2018, also ca. 1,5 Jahre nach Inkrafttreten des KGSG. Die Unsicherheit der Akteure am Sekundärmarkt spiegelt sich möglicherweise auch in den Ergebnissen der Umfrage wider. Viele der neuen Regelungen müssen sich zudem erst in der Rechtspraxis bewähren und die Schaffung der notwendigen Rahmenbedingungen muss vorangetrieben werden. Im April 2018 sind beispielsweise im *Internetportal zum Kulturgutschutz* für die Bundesländer Thüringen, Saarland, Bremen und Brandenburg noch keine Sachverständigenausschüsse veröffentlicht.

Die Auswirkungen des KGSG auf den deutschen Kunstmarkt sind nur schwer vorhersehbar. Hinsichtlich der Überlegung zu einem staatlichen Vorkaufsrecht bzw. einem staatlichen Angebot zum Ankauf von Kulturgütern, müssten die hypothetischen Kosten für Ankäufe mit dem gestiegenen Bürokratieaufwand durch die Ausfuhrbeschränkungen innerhalb des Binnenmarktes verglichen werden. Der jährliche Erfüllungsaufwand für die Bearbeitung von Anträgen zur Ausfuhr von Kulturgütern innerhalb der EU beläuft sich wie in Kapitel § 5 III 3 b) dargestellt auf 59.000 Euro zuzüglich 4.000 Euro jährliche Beratungsaufwände. Ökonomisch legitimiert wäre ein staatliches Vorkaufsrecht bzw. ein staatliches Angebot zum Ankauf von Kulturgütern, sofern der Wert aller Kulturgüter, denen eine Ausfuhr innerhalb des Binnenmarktes versagt wurde, unterhalb des Bürokratieaufwandes für die Ausfuhrbeschränkungen innerhalb des Binnenmarktes liegt. Zumindest das Argument, dass ein Vorkaufsrecht bzw. ein staatliches Angebot zum Ankauf von Kulturgütern gegen den „Grundsatz des sparsamen Umgangs mit öffentlichen Mitteln“ verstößt, wäre in diesem Fall obsolet. Auch die Zielsetzung des Gesetzgebers der Stärkung der Identitätsstiftung und der Verbesserung des Zugangs der Allgemeinheit zu Kulturgütern würde durch ein staatliches Vorkaufsrecht bzw. ein staatliches Angebot zum Ankauf von Kulturgütern gestärkt werden.

Im Kontext der Ausfuhrbeschränkungen wäre insbesondere der Verzicht auf Altersuntergrenzen als Kriterium für die Genehmigungspflicht innerhalb des

---

1492 Garbers-von Boehm, in Elmenhorst/Wiese, KGSG – Kulturgutschutzgesetz, Vorbemerkung zu §§ 28 – 30, Rn. 6.

Binnenmarktes vielversprechend. Dies könnte eine systematische Abwanderung von Kulturgütern vor Erreichen der für die Genehmigungspflicht relevanten Altersuntergrenzen verhindern. Fünf Jahre nach Inkrafttreten des KGSG ist die BKM verpflichtet den Bundestag und den Bundesrat über die Anwendung des Gesetzes zu unterrichten.[1493] Dies wäre ein geeigneter Anlass, um Anpassungen des KGSG in Erwägung zu ziehen, sofern die prognostizierten adversen Effekte tatsächlich eintreten.

Zusammenfassend lässt sich feststellen, dass die Regelungen des KGSG den Zielen des Gesetzgebers in vielerlei Hinsicht gerecht werden. Es ist anzunehmen, dass der illegale Handel mit Kulturgut beschränkt wird, dass öffentliche Sammlungen besser geschützt sind, dass der Substanzschutz gestärkt ist, dass Gesetzeslücken geschlossen wurden und vor allem, dass der Abwanderungsschutz durch die Genehmigungspflicht auch innerhalb des Binnenmarktes verbessert wurde. Andererseits stören einige Regelungen die Marktmechanismen und verhindern eine Allokationseffizienz. Die erarbeiteten Handlungsempfehlungen dieser Arbeit[1494] erscheinen geeignet, bei gleichbleibendem Schutzniveau für Kulturgüter, den deutschen Kunsthandelsstandort zu stärken, und eine pareto-optimale Verteilung von Kulturgütern zu gewährleisten.

1493 Vgl. § 89 KGSG.
1494 Siehe dazu Kapitel § 8.

Literaturverzeichnis

Monographien, Sammelbände und Zeitschriftenbeiträge

Abbing, Hans, Why Are Artists Poor – The Exceptional Economy of the Arts, Amsterdam: Amsterdam University Press, 2002 (zitiert: Abbing, Why Are Artists Poor?).

Abele, Klaus, Ist das Verhältnis von Kulturgüterschutz und Eigentum ein Finanzierungsproblem?, in: Fechner/Oppermann/Prott, Prinzipien des Kulturgüterschutzes – Ansätze im deutschen, europäischen und internationalen Recht, Berlin: Duncker & Humblot, 1996, S. 67 – 90 (zitiert: Abele, Ist das Verhältnis von Kulturgüterschutz und Eigentum ein Finanzierungsproblem?).

Adam, Georgina, Big Bucks – The Explosion of the Art Market in the 21st Century, Farnham: Lund Humphries, 2014 (zitiert: Adam, Big Bucks).

Adams, Michael, Ökonomische Theorie des Rechts – Konzepte und Anwendungen, 2. Auflage, Frankfurt am Main: Peter Lang Verlag, 2004 (zitiert: Adams, Ökonomische Theorie des Rechts).

Akerlof, George, The Market for „Lemons": Quality and the Market Mechanism, The Quarterly Journal of Economics, Vol. 84, 1970, S. 488 – 500, verfügbar unter: https://www.jstor.org/stable/1879431 (zitiert: Akerlof, The Market for „Lemons").

Alparslan, Adem, Strukturalistische Prinzipal-Agent-Theorie – Eine Reformulierung der Hidden-Action-Modelle aus der Perspektive des Strukturalismus, Wiesbaden: Deutscher Universitätsverlag, 2006 (zitiert: Alparslan, Strukturalistische Prinzipal-Agent-Theorie).

Anton, Michael, Handbuch Kulturgüterschutz und Kunstrestitutionsrecht, Band 3: Internationales Kulturgüterprivat- und Zivilverfahrensrecht, Berlin: Walter De Gruyter Verlag, 2010 (zitiert: Anton, Internationales Kulturgüterprivat- und Zivilverfahrensrecht).

ders., „Kunstvertrieb" – Absatzmittlung von Kunstwerken in Recht und Praxis, in: Odendahl/Weber (Hrsg.), Kulturgüterschutz – Kunstrecht – Kulturrecht: Festschrift für Kurt Siehr zum 75. Geburtstag, Baden-Baden: Nomos Verlagsgesellschaft, 2010, S. 331 – 365 (zitiert: Anton, „Kunstvertrieb" – Absatzmittlung von Kunstwerken in Recht und Praxis).

Ashenfelter, Orley / Graddy, Kathryn, Art auctions, in: Towse (Hrsg.), A Handbook of Cultural Economics, 2. Auflage, Cheltenham: Edward Elgar Publishing Limited, 2011, S. 19 – 27 (zitiert: Ashenfelter/Graddy, Art auctions).

Baligh, Helmy / Richartz, Leon, An Analysis of Vertical Market Structures in: Management Science, Vol. 10, 1964, S. 667-689, verfügbar unter: https://www.jstor.org/stable/2627512 (zitiert: Baligh/Richartz, An Analysis of Vertical Market Structures).

ders. / ders., Vertical Market Structures, Boston, Allyn and Bacon Inc., 1967 (zitiert: Baligh/Richartz, Vertical Market Structures).

Barone, Arnaldo, A New Economic Theory of Public Support for the Arts – Evolution, Veblen and the predatory arts, Abington: Routledge, 2016 (zitiert: Barone, A New Economic Theory of Public Support for the Arts).

Baumol, William, Unnatural Value: Or Art Investment as Floating Crap Game, The American Economic Review, Vol. 76, 1986, S. 10 – 14, verfügbar unter: https://www.jstor.org/stable/1818726 (zitiert: Baumol, Unnatural Value).

Beckmann, Michael, Ökonomische Analyse deutscher Auktionen, Wiesbaden: Deutscher Universitäts-Verlag und Gabler Verlag, 1999 (zitiert: Beckmann, Ökonomische Analyse deutscher Auktionen).

Bellingham, David, The Auction Process, in: Hackforth-Jones/Robertson (Hrsg.), Art Business Today – 20 Key Topics, London: Lund Humphries, 2016, S. 148 – 156 (zitiert: Bellingham, The Auction Process).

Bendixen, Peter / Weikl, Bernd, Einführung in die Kultur- und Kunstökonomie, 3. Auflage, Wiesbaden: VS Verlag, 2011 (zitiert: Bendixen/Weikl, Einführung in die Kultur- und Kunstökonomie).

Benkert, Wolfgang, Die wohlorganisierte Führungslosigkeit – Zur Kultur des Managements im Kulturmanagement, in: Korn/Lehmann/Vogt (Hrsg.), Kunst, Kulturen, Kapital: Spannungsfeld zwischen Wirtschaft und Kultur, Münster: LIT Verlag, 1996, S. 121 – 125 (zitiert: Benkert, Die wohlorganisierte Führungslosigkeit).

Berndt, Joachim, Internationaler Kulturgüterschutz – Abwanderungsschutz, Regelungen im innerstaatlichen Recht, im Europa- und Völkerrecht, Köln: Carl Heymanns Verlag, 1998 (zitiert: Berndt, Internationaler Kulturgüterschutz).

Bernhard, Eric, Kunst als Kapitalanlage – Kunstmarktfonds als Verbindung zwischen Kunst und Kapitalmärkten, Wiesbaden: Deutscher Universitäts-Verlag, 2005 (zitiert: Bernhard, Kunst als Kapitalanlage).

Bialynicka-Birula, Joanna, Determinants of International Trade in Art from System Theory Perspective, International Journal of Business and Management, Vol. 2, 2014, S. 192 – 206, verfügbar unter: http://www.iises.net/download/Soubory/soubory-puvodni/pp192-206_ijobmV2N3.pdf (zitiert: Bialynicka-Birula, Determinants of International Trade in Art).

Bicskei, Marianna / Bizer, Kilian / Gubaydullina, Zulia, Der Schutz kultureller Güter: Die Ökonomie der Identität, in: Bendix et al. (Hrsg.), Die Konstituierung von Cultural Property: Forschungsperspektiven, Göttingen: Universitätsverlag Göttingen, 2010, S. 135 – 153, (zitiert Bicskei/Bizer/Gubaydullina, Der Schutz kultureller Güter).

Blume, Arvid, Nationalität von Kulturgut – Eine internationale Betrachtung, Hamburg: Verlag Dr. Kovac, 2007 (zitiert: Blume, Nationalität von Kulturgut).

Boll, Dirk, ABC der Kunstmärkte, Ostfildern, Hatje Cantz Verlag, 2013 (zitiert: Boll, ABC der Kunstmärkte).

ders., Distributionssystem und Ereignis: Die Auktion auf dem internationalen Kunstmarkt, in: Hausmann (Hrsg.): Handbuch Kunstmarkt – Akteure, Management und Vermittlung, Bielefeld: transcript Verlag, 2014, S. 177 – 197 (zitiert: Boll, Distributionssystem und Ereignis).

ders., Kunst ist käuflich – Freie Sicht auf den Kunstmarkt, Ostfildern: Hatje Cantz Verlag, 2011 (zitiert: Boll, Kunst ist käuflich).

Bonus, Holger / Ronte, Dieter, Glaubwürdigkeit von Kunst und Künstlern, in: Pues et al. (Hrsg.), Art-Investor – Handbuch für Kunst und Investment, München: Finanzbuch Verlag GmbH, 2002, S. 41 – 49 (zitiert: Bonus/Ronte, Glaubwürdigkeit von Kunst und Künstlern).

ders. / ders., Transaktionen, Konventionen, Kunst, in: Tietzel (Hrsg.), Kunst und Ökonomie – Homo Oeconomicus IX (2), München: Accedo, 1992, S. 195 – 227 (zitiert: Bonus/Ronte, Transaktionen, Konventionen, Kunst).

Boos, Sabine, Kulturgut als Gegenstand des grenzüberschreitenden Leihverkehrs, Berlin: Duncker & Humblot, 2006 (zitiert: Boos, Kulturgut als Gegenstand des grenzüberschreitenden Leihverkehrs).

Caldoro, Stefano, Nationaler Kulturgüterschutz und Freizügigkeit der Unionsbürger, Berlin: Walter De Gruyter Verlag, 2009 (zitiert: Caldoro, Nationaler Kulturgüterschutz).

Chanel, Olivier, Is art market behavior predictable? in: European Economic Review, Vol. 39, 1995, S. 519 – 527, verfügbar unter: https://www.sciencedirect.com/science/article/pii/0014292194000588 (zitiert: Chanel, Is art market behavior predictable?).

Christopherson, Tom, Art market risk and complexity: An insider's view, in: Dempster (Hrsg.), Risk and Uncertainty in the Art World, London: Bloomsbury Publishing Plc, 2014, S. 47 – 66 (zitiert: Christopherson, Art market risk and complexity).

Conrad, Niklas, Öffentliche Kulturförderung und Welthandelsrecht – WTO UNESCO und das Recht des Staates zur Förderung der Künste, Köln: Carl Heymanns Verlag, 2008 (zitiert: Conrad, Öffentliche Kulturförderung und Welthandelsrecht).

Cornu, Marie, France, in: Nafziger/Paterson, Handbook on the Law of Cultural Heritage and International Trade, Cheltenham: Edward Elgar Publishing Limited, 2014, S. 126 – 159 (zitiert: Cornu, France).

Czernik, Ilja, KGSG – Kulturgutschutzgesetz, Kommentar, in: Elmenhorst/Wiese, KGSG – Kulturgutschutzgesetz, Kommentar, München: C.H. Beck Verlag, 2018 (zitiert: Czernik, in Elmenhorst/Wiese, KGSG – Kulturgutschutzgesetz).

Dahrendorf, Ralf, Homo Sociologicus – Ein Versuch zur Geschichte, Bedeutung und Kritik der Kategorie der sozialen Rolle, Wiesbaden: VS Verlag für Sozialwissenschaften, 16. Auflage, 2006 (zitiert: Dahrendorf, Homo Sociologicus).

Damm, Sebastian, Kollisionsrechtlicher Erwerberschutz im internationalen Kunsthandel, in: Hoeren/Holznagel/Ernstschneider (Hrsg.), Handbuch Kunst und Recht, Frankfurt am Main: Peter Lang Verlag, 2008, S. 243 – 278 (zitiert: Damm, Kollisionsrechtlicher Erwerberschutz im internationalen Kunsthandel).

Demsetz, Harold, Toward a Theory of Property Rights, The American Economic Review, Vol. 57, 1967, S. 347 – 359, verfügbar unter https://www.jstor.org/stable/1821637 (zitiert: Demsetz, Toward a Theory of Property Rights).

Dossi, Piroschka, Hype! Kunst und Geld, München: Deutscher Taschenbuch Verlag, 5. Auflage, 2011 (zitiert: Dossi, Hype!).

Dreier, Thomas, Fotographie im rechtlichen Diskurs – Kunst oder Ware?, in: Weller et al. (Hrsg.), Kunst im Markt – Kunst im Recht, Tagungsband des Dritten Heidelberger Kunstrechtstags am 09. und 10. Oktober 2009, Baden-Baden: Nomos Verlagsgesellschaft, 2010, S. 31 – 55, (zitiert: Dreier, Fotographie im rechtlichen Diskurs).

Driesch, Michael, Kunst und ökonomische Theorie, 2. Auflage, Düsseldorf: MAXLIN Verlag, 2013 (zitiert: Driesch, Kunst und ökonomische Theorie).

Drinkuth, Friederika Sophie, Der moderne Auktionshandel – Die Kunstwissenschaft und das Geschäft mit der Kunst, Köln: Böhlau Verlag, 2003 (zitiert: Drinkuth, Der moderne Auktionshandel).

Ebker, Nikola, Politische Ökonomie der Kulturförderung – Entwicklungen zwischen Staat, Markt und 3. Sektor, Bonn: ARCult Media, 2000 (zitiert: Ebker, Politische Ökonomie der Kulturförderung).

Eidenmüller, Horst, Effizienz als Rechtsprinzip, 3. Auflage, Tübingen: Mohr Siebeck, 2005 (zitiert: Eidenmüller, Effizienz als Rechtsprinzip).

Eisenbeis, Markus, Die Zukunft des Auktionsmarktes, in: Pues et al. (Hrsg.), Art-Investor – Handbuch für Kunst und Investment, München: Finanzbuch Verlag GmbH, 2002, S. 370 – 377 (zitiert: Eisenbeis, Die Zukunft des Auktionsmarktes).

Eissenhauer, Michael, Schutzstatus für wertvolles Kulturgut, in: Zimmermann/ Geißler (Hrsg.), Altes Zeug: Beiträge zur Diskussion zum nachhaltigen Kulturgutschutz. Berlin: Deutscher Kulturrat e.V., 2016, S. 151 – 153 (zitiert: Eissenhauer, Schutzstatus für wertvolles Kulturgut).

El-Bitar, Julia, Der deutsche und der französische Kulturgüterschutz nach der Umsetzung der Kulturgüterrückgaberichtlinie – Eine materiellrechtliche und kollisionsrechtliche Untersuchung, Frankfurt am Main: Peter Lang, 2007 (zitiert: El-Bitar, Der deutsche und der französische Kulturgüterschutz nach der Umsetzung der Kulturgüterrückgaberichtlinie).

dies., Der Schutz von Kulturgut als res extra commercium in Frankreich, in: Koordinierungsstelle für Kulturgutverluste Magdeburg und dem Beauftragten der Bundesregierung für Kultur und Medien, Im Labyrinth des Rechts? Wege zum Kulturgüterschutz, Magdeburg, 2007 (zitiert: El-Bitar, Der Schutz von Kulturgut als res extra commercium in Frankreich).

Elmenhorst, Lucas, KGSG – Kulturgutschutzgesetz, Kommentar, in: Elmenhorst/ Wiese, KGSG – Kulturgutschutzgesetz, Kommentar, München: C.H. Beck Verlag, 2018 (zitiert: Elmenhorst, in Elmenhorst/Wiese, KGSG – Kulturgutschutzgesetz).

Englert, Markus, Verhaltensökonomie, in: Towfigh/Petersen, Ökonomische Methoden im Recht, Tübingen: Mohr Siebeck, 2010, S. 165 – 199 (zitiert: Englert, Verhaltensökonomie).

Falckenberg, Harald, KGSG – Kulturgutschutzgesetz, Kommentar, in: Elmenhorst/Wiese, KGSG – Kulturgutschutzgesetz, Kommentar, München: C.H. Beck Verlag, 2018 (zitiert: Falckenberg, in Elmenhorst/Wiese, KGSG – Kulturgutschutzgesetz).

Fechner, Frank, Prinzipien des Kulturgüterschutzes. Eine Einführung, in: Fechner/Oppermann/Prott, Prinzipien des Kulturgüterschutzes – Ansätze im deutschen, europäischen und internationalen Recht, Berlin: Duncker & Humblot, 1996, S. 11 – 46 (zitiert: Fechner, Prinzipien des Kulturgüterschutzes)

Feddersen, Karl-Sax, Die Umsetzung des UNESCO Übereinkommens von 1970 aus der Sicht des Kunsthandels, in: Weller/Kemle/Lynen (Hrsg.), Kulturgüterschutz – Künstlerschutz – Tagungsband des Zweiten Heidelberger Kunstrechtstags am 5. und 6. September 2008 in Heidelberg, Baden Baden: Nomos Verlagsgesellschaft, 2009, S. 125 – 134 (zitiert: Feddersen, Die Umsetzung des UNESCO Übereinkommens von 1970 aus der Sicht des Kunsthandels).

Fiedler, Wilfried, Vom territorialen zum humanitären Kulturgüterschutz – Zur Entwicklung der Kulturgüterschutzes nach kriegerischen Konflikten, in: Fechner/Oppermann/Prott, Prinzipien des Kulturgüterschutzes – Ansätze im deutschen, europäischen und internationalen Recht, Berlin: Duncker &

Humblot, 1996, S. 159 – 174 (zitiert: Fiedler, Vom territorialen zum humanitären Kulturgüterschutz).

Findlay, Michael, Vom Wert der Kunst, München: Prestel Verlag, 2012 (zitiert: Findlay, Vom Wert der Kunst).

Fleck, Robert, Das Kunstsystem im 21. Jahrhundert – Museen, Künstler, Sammler, Galerien, 2. Auflage, Wien: Passagen Verlag, 2015 (zitiert: Fleck, Das Kunstsystem im 21. Jahrhundert).

Fluhrer, Felicitas, Das neue Kulturgutschutzgesetz – Der Anfang vom Ende des deutschen Kunstmarktes?, Master-Arbeit an der Universität St. Gallen, 2016 (zitiert: Fluhrer, Das neue Kulturgutschutzgesetz).

Frangen, Ute, Ökonomische Analyse des Marktes für Malerei in der Bundesrepublik Deutschland, Frankfurt am Main: Peter Lang, 1982 (zitiert: Frangen, Ökonomische Analyse des Marktes für Malerei).

Franke, Thilo, Die Nationalität von Kunstwerken, Berlin: Walter De Gruyter Verlag, 2012 (zitiert: Franke, Die Nationalität von Kunstwerken).

Frey, Bruno, Arts & Economics – Analysis & Cultural Policy, 2. Auflage, Berlin: Springer Verlag, 2003 (zitiert: Frey, Arts & Economics).

ders. / Oberholzer-Gee, Felix, Public Choice, Cost-Benefit Analysis, and the Evaluation of Cultural Heritage, Peacock, Does the Past Have a Future? The Political Economy of Heritage, Institute of Economic Affairs, 1998, S. 27 – 53, verfügbar unter: https://www.bsfrey.ch/articles/C_311_1998.pdf (zitiert: Frey/Oberholzer-Gee, The Evaluation of Cultural Heritage).

ders., Betriebswirtschaftliche Kunstbewertung, Trier: Gabler Verlag, 2011 (zitiert: Frey, Betriebswirtschaftliche Kunstbewertung).

Garbers-von Boehm, Katharina, KGSG – Kulturgutschutzgesetz, Kommentar, in: Elmenhorst/Wiese, KGSG – Kulturgutschutzgesetz, Kommentar, München: C.H. Beck Verlag, 2018, (zitiert: Garbers-von Boehm, in Elmenhorst/Wiese, KGSG – Kulturgutschutzgesetz).

Gäfgen, Gérard, Die Kunst der Ökonomie am Beispiel der Ökonomie der Kunst, in: Tietzel (Hrsg.), Kunst und Ökonomie – Homo Oeconomicus IX (2), München: Accedo, 1992, S. 171 – 194 (zitiert: Gäfgen, Die Kunst der Ökonomie am Beispiel der Ökonomie der Kunst).

Geiger, Rudolf / Khan, Daniel-Erasmus / Kotzur, Markus, EUV, AEUV – Vertrag über die Europäische Union und Vertrag über die Arbeitsweise der Europäischen Union, Kommentar, 6. Auflage, München: C.H. Beck Verlag, 2010 (zitiert: Geiger et al. EUV, AEUV).

Germelmann, Claas, Kultur und staatliches Handeln – Grundlagen eines öffentlichen Kulturrechts in Deutschland, Tübingen: Mohr Siebeck, 2013 (zitiert: Germelmann, Kultur und staatliches Handeln).

Ginsburgh, Victor, Art markets, in: Towse (Hrsg.), A Handbook of Cultural Economics, Cheltenham: Edward Elgar Publishing, 2003 (zitiert: Ginsburgh, Art markets).

González, Thomas, Kunstinvestment: Geschichte – Marktstruktur – Preisbildung, in: Pues et al. (Hrsg.), Art-Investor – Handbuch für Kunst und Investment, München: Finanzbuch Verlag, 2002, S. 79 – 103 (zitiert: González, Kunstinvestment).

Goodrow, Gérard A., Fluch oder Segen? Die Bedeutung der Kunstmessen für den internationalen Kunstmarkt, in: Hausmann (Hrsg.), Handbuch Kunstmarkt – Akteure, Management und Vermittlung, Bielefeld: transcript Verlag, 2014, S. 199 – 212 (zitiert: Goodrow, Fluch oder Segen?).

Gornig, Gilbert, Der internationale Kulturgüterschutz, in: Gornig/Horn/Murswiek (Hrsg.), Kulturgüterschutz – internationale und nationale Aspekte, Berlin: Duncker & Humblot, 2007, S. 17 – 64 (zitiert: Gornig, Der internationale Kulturgüterschutz).

Gottschalk, Ingrid, Kulturökonomik – Probleme, Fragestellungen und Antworten, 2. Auflage, Wiesbaden: Springer Fachmedien, 2016 (zitiert: Gottschalk, Kulturökonomik).

Grampp, William, Pricing the Priceless – Art, Artists and Economics, New York: Basic Books, Inc, 1989 (zitiert: Grampp, Pricing the Priceless).

ders., Rent-seeking in arts policy, Public Choice, Vol. 60, 1989, S. 113 – 121, verfügbar unter: https://www.jstor.org/stable/30024991 (zitiert: Grampp, Rent-seeking in arts policy).

Graw, Isabelle, Der große Preis – Kunst zwischen Markt und Celebrity Kultur, Köln: DuMont Verlag, 2008 (zitiert: Graw, Der große Preis).

Gräfin von Brühl, Friederike, Kunstexpertisen als Machtfaktor – die Position des Außenstehenden, in: Weller/Kemle/Lynen (Hrsg.), Kulturgüterschutz – Künstlerschutz – Tagungsband des Zweiten Heidelberger Kunstrechtstags am 5. und 6. September 2008 in Heidelberg, Baden-Baden: Nomos Verlagsgesellschaft, 2009 (zitiert: Gräfin von Brühl, Kunstexpertisen als Machtfaktor).

Groth, Markus, Ausschreibungen zur Honorierung von Umweltleistungen – Eine praxisbezogene Analyse am Beispiel ökologischer Leistungen der Landwirtschaft, Göttingen, Dissertation, 2006 (zitiert: Groth, Ausschreibungen zur Honorierung von Umweltleistungen).

Hammer, Felix, Zur Geschichte des rechtlichen Kulturgüter- und Denkmalschutzes, in: Fechner/Oppermann/Prott, Prinzipien des Kulturgüterschutzes – Ansätze im deutschen, europäischen und internationalen Recht, Berlin: Duncker & Humblot, 1996, S. 47 – 66 (zitiert: Hammer, Zur Geschichte des rechtlichen Kulturgüter- und Denkmalschutzes).

Hausmann, Andrea, Der Kunstmarkt. Einführung und Überblick, in: Hausmann (Hrsg.), Handbuch Kunstmarkt – Akteure, Management und Vermittlung, Bielefeld: transcript Verlag, 2014, S. 13 – 34 (zitiert: Hausmann, Der Kunstmarkt).

Heilbrun, James, Baumol's cost disease, in: Towse (Hrsg.), A Handbook of Cultural Economics, 2. Auflage, Cheltenham: Edward Elgar Publishing Limited, 2011, S. 67 – 75 (zitiert: Heilbrun, Baumol's cost disease).

ders. / Gray, Charles, The Economics of Art and Culture, 2. Auflage, Cambridge: Cambridge University Press, 2001 (zitiert: Heilbrun/Gray, The Economics of Art and Culture).

Heimann, Markus, KGSG – Kulturgutschutzgesetz, Kommentar, in: Elmenhorst/Wiese, KGSG – Kulturgutschutzgesetz, Kommentar, München: C.H. Beck Verlag, 2018 (zitiert: Heimann, in Elmenhorst/Wiese, KGSG – Kulturgutschutzgesetz).

Herstatt, Claudia, Fit für den Kunstmarkt, 2. Auflage, Ostfildern: Hatje Cantz Verlag, 2007 (zitiert: Herstatt, Fit für den Kunstmarkt).

Heuer, Carl-Heinz, Darf man Kunst einsperren? Die Regelungen des Gesetzes zum Schutz deutschen Kulturgutes gegen Abwanderung, in: Pues et al. (Hrsg.), Art-Investor – Handbuch für Kunst und Investment, München: Finanzbuch Verlag GmbH, 2002, S. 439 – 452 (zitiert: Heuer, Darf man Kunst einsperren?).

ders., Die Bewertung von Kunstwerken im Steuer-und Erbrechtsstreit, in: Weller et al. (Hrsg.), Kunst im Markt – Kunst im Recht, Tagungsband des Dritten Heidelberger Kunstrechtstags am 09. und 10. Oktober 2009, Baden-Baden: Nomos Verlagsgesellschaft, 2010, S. 121 – 127 (zitiert: Heuer, Die Bewertung von Kunstwerken im Steuer-und Erbrechtsstreit).

Hicks, John R., The Foundations of Welfare Economics, The Economic Journal, Vol. 49, 1939, S. 696 – 712, verfügbar unter: https://www.jstor.org/stable/2225023 (zitiert: Hicks, The Foundations of Welfare Economics).

Hilgers-Sekowsky, Julia, Kooperationen zwischen Museen – Hemmnisse in der Zusammenarbeit und ihre Überweindung, Bielefeld: transcript Verlag, 2015, (zitiert: Hilgers-Sekowsky, Kooperationen zwischen Museen).

Hipp, Anette, Schutz von Kulturgütern in Deutschland, Berlin: Walter De Gruyter Verlag, 2000 (zitiert: Hipp, Schutz von Kulturgütern in Deutschland).

Jaeger, Andrea, Internationaler Kulturgüterschutz – Rechtslage, Rechtspraxis, Rechtsentwicklung, Köln, Berlin, Bonn, München: Carl Heymanns Verlag, 1993 (zitiert: Jaeger, Internationaler Kulturgüterschutz).

Jayme, Erik, Kunstwerk und Nation: Zuordnungsprobleme im internationalen Kulturgüterschutz, Heidelberg: Carl Winter Universitätsverlag, 1991 (zitiert: Jayme, Kunstwerk und Nation).

Jolls, Christine / Sunstein, Cass / Thaler, Richard, A Behavioral Approach to Law and Economics, Stanford Law Review, Vol. 50, 1998, S. 1471 – 1550, verfügbar unter: https://www.jstor.org/stable/1229304 (zitiert: Jolls et al., A Behavioral Approach to Law and Economics).

Kirchmaier, Robert, Kulturgüter zur dauerhaften Überlassung in öffentlichen Einrichtungen, in: Koordinierungsstelle für Kulturgutverluste Magdeburg und dem Beauftragten der Bundesregierung für Kultur und Medien (Hrsg.), Im Labyrinth des Rechts? Wege zum Kulturgüterschutz, Veröffentlichungen der Koordinierungsstelle für Kulturgutverluste, Band 7, Magdeburg, 2007, S. 259 – 285 (zitiert: Kirchmaier, Kulturgüter zur dauerhaften Überlassung in öffentlichen Einrichtungen).

Klein, Armin, Kompendium Kulturmanagement: Handbuch für Studium und Praxis, 4. Auflage, München: Verlag Franz Vahlen, 2017 (zitiert: Klein, Kompendium Kulturmanagement).

Klein, Ulrike, Der Kunstmarkt – Zur Interaktion von Ästhetik und Ökonomie, Frankfurt am Main: Peter Lang Verlag, 1993 (zitiert: Klein, Der Kunstmarkt).

Knebel, Christian, Anomalies in Fine Art Markets – Three Examples of an Imperfect Market for Perfect Goods, Paderborn, 2007 (zitiert: Knebel, Anomalies in Fine Art Markets).

ders., Navigation im Datendschungel – Segmentierung des Kunstmarktes, Vergleichswerte und Preistrends, in: Völcker (Hrsg.), Was kostet Kunst?, Ostfildern: Hatje Cantz Verlag, 2011, S. 12 – 33, (zitiert: Knebel, Navigation im Datendschungel).

Köhler, Thomas, Komplizen – Galeristen und Privatsammler als Partner der Kunstmuseen, in: Hausmann (Hrsg.), Handbuch Kunstmarkt – Akteure, Management und Vermittlung, Bielefeld: transcript Verlag, 2014, S. 167 – 176 (zitiert: Köhler, Komplizen – Galeristen und Privatsammler als Partner der Kunstmuseen).

Kohls, Frank, Kulturgüterschutz – Wirkungen von Verstößen gegen Ausfuhrverbote und Möglichkeiten der Rückführung illegal verbrachter Kulturgüter. Eine vergleichende Untersuchung mit den Rechten Dänemarks, Norwegens und Schwedens, Frankfurt am Main: Peter Lang Verlag, 2001 (zitiert: Kohls, Kulturgüterschutz).

König, Valériane, Der Kauf von Kunstgegenständen im BGB, in: Hoeren/Holznagel/Ernstschneider (Hrsg.), Handbuch Kunst und Recht, Frankfurt am Main: Peter Lang Verlag, 2008, S. 167 – 188 (zitiert: König, Der Kauf von Kunstgegenständen im BGB).

Köstlin, Thomas, Die Kulturhoheit des Bundes – Eine Untersuchung zum Kompetenz- und Organisationsrecht des Grundgesetzes unter Berücksichtigung der Staatspraxis in der Bundesrepublik Deutschland, Berlin: Duncker & Humblot, 1989 (zitiert: Köstlin, Die Kulturhoheit des Bundes).

Kühl, Isabel, Der internationale Leihverkehr der Museen, Köln: Carl Heymanns Verlag KG, 2004 (zitiert: Kühl, Der internationale Leihverkehr der Museen).

Kunze, Carsten, Kunst als Kapitalanlage – Neue Perspektiven für Privatanleger, Norderstedt: BoD – Books on Demand, 2002 (zitiert: Kunze, Kunst als Kapitalanlage).

Kurz, Katharina, Der Kunsthändler als Intermediär – Eine institutionenökonomische Analyse von Markt und Marktteilnehmern, Frankfurt am Main: Peter Lang Verlag, 2014 (zitiert: Kurz, Der Kunsthändler als Intermediär).

Landwehr, Manuela, Kunst und ökonomische Theorie, Wiesbaden: Deutscher Universitäts-Verlag, 1998 (zitiert: Landwehr, Kunst und ökonomische Theorie).

Langenstein, York, Stehen unsere Museen vor dem Ausverkauf – Wie Verkäufe aus Museumsbeständen Finanzlücken stopfen sollen, in: Zimmermann/Geißler (Hrsg.), Altes Zeug: Beiträge zur Diskussion zum nachhaltigen Kulturgutschutz, Berlin: Deutscher Kulturrat e.V., 2016, S. 148 – 150 (zitiert: Langenstein, Stehen unsere Museen vor dem Ausverkauf).

Lankau, Matthias / Bicskei, Marianna / Bizer, Kilian, Der Schutz von Kulturgütern: Zur ökonomischen Legitimation und existierenden Property Rights, in Groth et al. (Hrsg.): Kultur als Eigentum – Instrumente, Querschnitte und Fallstudien, Göttingen: Universitätsverlag Göttingen, 2015 (zitiert: Lankau/Bicskei/Bizer, Der Schutz von Kulturgütern).

Lenski, Sophie-Charlotte, Der uneingestandene Nationalismus des deutschen Kulturgüterschutzes – Warum eine Reform des Abwanderungsschutzes überfällig ist, Die Öffentliche Verwaltung, Ausgabe 16/2015, Zeitschrift für öffentliches Recht und Verwaltungswissenschaft, 68. Jahrgang, S. 677 – 687, (zitiert: Lenski, Der uneingestandene Nationalismus des deutschen Kulturgüterschutzes).

dies., Öffentliches Kulturrecht – Materielle und immaterielle Kulturwerke zwischen Schutz, Förderung und Wertschöpfung, Tübingen: Mohr Siebeck, 2013 (zitiert: Lenski, Öffentliches Kulturrecht).

Lüddemann, Stefan, Kunstmarkt und Kunstkritik: Komplizen, Konkurrenten, Kombattanten, in: Hausmann (Hrsg.), Handbuch Kunstmarkt – Akteure, Management und Vermittlung, Bielefeld: transcript Verlag, 2014, S. 251 – 267 (zitiert: Lüddemann, Kunstmarkt und Kunstkritik).

Lynen, Peter, Kunstrecht 3: Schwerpunkte des Kunstwirtschaftsrechts, in: Hausmann (Hrsg.), Kunst- und Kulturmanagement, Wiesbaden: Springer Fachmedien, 2013 (zitiert: Lynen, Kunstrecht 3: Schwerpunkte des Kunstwirtschaftsrechts).

Martinek, Michael, Die Wiedergutmachung NS-bedingter Kulturgutverluste als Soft Law-Problem, in: Wittinger/Wendt/Ress (Hrsg.), Verfassung – Völkerrecht – Kulturgüterschutz. Festschrift für Wilfried Fiedler zum 70. Geburtstag, Berlin: Duncker & Humblot, 2011, S. 415 – 446 (zitiert: Martinek, Die Wiedergutmachung NS-bedingter Kulturgutverluste).

McAndrew, Clare, An Introduction to Art and Finance, in: McAndrew (Hrsg.), Fine Art and High Finance – Expert Advice on the Economics of Ownership, New York: Bloomberg Press, 2010, S. 1 – 30 (zitiert: McAndrew, An Introduction to Art and Finance).

dies., The Government and the Art Trade, in: McAndrew (Hrsg.), Fine Art and High Finance – Expert Advice on the Economics of Ownership, New York: Bloomberg Press, 2010, S. 161 – 196 (zitiert: McAndrew, The Government and the Art Trade).

McNulty, Tom, Art Market Research – A Guide to Methods and Sources, 2. Auflage, Jeffersen: Mc Farland & Company, Inc., 2014 (zitiert: McNulty, Art Market Research).

Mei, Jianping / Moses, Michael, Vested Interest and Biased Price Estimates: Evidence from An Auction Market, The Journal of Finance, Vol. 60, 2005, S. 2409-2435, verfügbar unter: http://people.stern.nyu.edu/jmei/estimates.pdf, (zitiert: Mei/Moses, Vested Interest and Biased Price Estimates).

Merryman, John, International Art Law: From cultural nationalism to a common cultural heritage, Journal of international law and politics, New York University, Vol. 15, 1983, S. 757 – 763, verfügbar unter: http://heinonline.org/HOL/Page?handle=hein.journals/nyuilp15&div=37&g_sent=1&collection=journals (zitiert: Merryman, International Art Law).

ders., The Public Interest in Cultural Property, California Law Review, Vol. 77, 1989, S. 339 – 364, verfügbar unter: https://www.jstor.org/stable/3480607 (zitiert: Merryman, The Public Interest in Cultural Property).

ders., Two Ways of Thinking About Cultural Property, The American Journal of International Law, Vol. 80, 1986, S. 831 – 853, verfügbar unter: https://www.jstor.org/stable/2202065 (zitiert: Merryman, Two Ways of Thinking About Cultural Property).

Merten, Hans-Lother, Schöner Schein – Hinter den Kulissen der Kunstbranche, Zürich: Midas Verlag, 2017 (zitiert: Merten, Schöner Schein).

Mihatsch, Michael, Öffentliche Kunstsubventionierung – Verfassungs- und verwaltungsrechtliche Probleme, insbesondere bei Einschaltung nicht-staatlicher

Instanzen in das Subventionsverfahren, Berlin: Duncker & Humblot, 1989 (zitiert: Mihatsch, Öffentliche Kunstsubventionierung).

Milgrom, Paul / Weber, Robert, A Theory of Auctions and Competitive Bidding, Econometrica, Vol. 50, 1982, S. 1089 – 1122, verfügbar unter: https://www.jstor.org/stable/1911865 (zitiert: Milgrom/Weber, A Theory of Auctions and Competitive Bidding).

Moll, David, Ausfuhrverbote für NS-Raubkunst, Berlin: Walter De Gruyter Verlag, 2017 (zitiert: Moll, Ausfuhrverbote für NS-Raubkunst).

Müller, Markus, Kulturgüterschutz: Mittel nationaler Repräsentation oder Wahrung des Gemeinsamen Erbes der Menschheit? in: Fechner/Oppermann/Prott, Prinzipien des Kulturgüterschutzes – Ansätze im deutschen, europäischen und internationalen Recht, Berlin: Duncker & Humblot, 1996, S. 257 – 276 (zitiert: Müller, Kulturgüterschutz: Mittel nationaler Repräsentation oder Wahrung des Gemeinsamen Erbes der Menschheit?).

Müller-Katzenberg, Astrid, Internationale Standards im Kulturgüterverkehr und ihre Bedeutung für das Sach- und Kollisionsrecht, Berlin: Duncker & Humblot, 1996 (zitiert: Müller-Katzenberg, Internationale Standards im Kulturgüterverkehr und ihre Bedeutung für das Sach- und Kollisionsrecht).

Obenaus, Maria, Für die Nation gesichert? Das „Verzeichnis der national wertvollen Kunstwerke“: Entstehung, Etablierung und Instrumentalisierung 1919 – 1945; Berlin: Walter De Gruyter Verlag, 2016 (zitiert: Obenaus, Für die Nation gesichert?).

Oberender, Peter / Zerth, Jürgen, Eine Einführung in die Mikroökonomie der Kunst unter Berücksichtigung der wachsenden Bedeutung von Informationsmärkten, in: Pues et al. (Hrsg.), Art-Investor – Handbuch für Kunst und Investment, München: Finanzbuch Verlag GmbH, 2002, S. 67 – 75 (zitiert: Oberender/Zerth, Eine Einführung in die Mikroökonomie der Kunst).

Odendahl, Kerstin, Kulturgüterschutz – Entwicklung, Struktur und Dogmatik eines ebenenübergreifenden Normensystems, Tübingen: Mohr Siebeck, 2005 (zitiert: Odendahl, Kulturgüterschutz).

dies. / Weber, Peter Johannes (Hrsg.), Kulturgüterschutz – Kunstrecht – Kulturrecht: Festschrift für Kurt Siehr zum 75. Geburtstag, Baden-Baden: Nomos Verlagsgesellschaft, 2010 (zitiert: Odendahl/Weber, Kulturgüterschutz – Kunstrecht – Kulturrecht).

Osterloh-Konrad, Christine, Zwischen Kultur und Kommerz: Von der Wertschätzung der Kunst durch das Steuerrecht, KUR – Kunst und Recht, Jahrgang 18, Ausgabe 6, 2016, S. 189 – 197, verfügbar unter: https://doi.org/10.15542/KUR/2016/6/6 (zitiert: Osterloh-Konrad, Zwischen Kultur und Kommerz).

Pabst, Friederike, Kulturgüterschutz in nicht-internationalen bewaffneten Konflikten, Berlin: Duncker & Humblot, 2008 (zitiert: Pabst, Kulturgüterschutz in nicht-internationalen bewaffneten Konflikten).

Peacock, Alan, Welfare Economics and Public Subsidies to the Arts, Journal of Cultural Economics, Vol. 18, 1994, S. 151 – 161, verfügbar unter: http://individual.utoronto.ca/diep/c/peacock.pdf (zitiert: Peacock, Welfare Economics and Public Subsidies to the Arts).

Peters, Jana, Ist das Kulturgutschutzgesetz mit dem Grundgesetz vereinbar?, München: GRIN Verlag, 2017 (zitiert: Peters, Ist das Kulturgutschutzgesetz mit dem Grundgesetz vereinbar?).

Peukert, Angelika, Folgerecht – Aktueller Stand und letzte Entwicklungen in Österreich und den Mitgliedstaaten der EU, in: Odendahl/Weber (Hrsg.), Kulturgüterschutz – Kunstrecht – Kulturrecht: Festschrift für Kurt Siehr zum 75. Geburtstag, Baden-Baden: Nomos Verlagsgesellschaft, 2010, S. 335 – 355 (zitiert: Peukert, Folgerecht).

Peya, Andreas, Die Ausfuhr von Kulturgütern im nationalen und Gemeinschaftsrecht, Frankfurt am Main: Peter Lang Verlag, 2002 (zitiert: Peya, Die Ausfuhr von Kulturgütern).

Pfennig, Gerhard, Kunst, Markt und Recht – Einführung in das Recht des Kunstschaffens und der Verwertung von Kunst, 3. Auflage, München: MUR-Verlag, 2016 (zitiert: Pfennig, Kunst, Markt und Recht).

Polinsky, Mitchell, An Introduction to Law and Economics, 2. Auflage, Boston: Little, Brown and Company, 1989 (zitiert: Polinsky: An Introduction to Law and Economics).

Pommerehne, Werner/ Frey, Bruno, Endowment- und Kommerzialisierungseffekt am Kunstmarkt, in: Wirtschaftswissenschaftliches Studium (WiSt), Heft 8, 1987, S. 399 – 401 (zitiert: Pommerehne/Frey, Endowment- und Kommerzialisierungseffekt am Kunstmarkt).

ders. / ders., Kunst: Was sagt der Ökonom dazu?, Swiss Journal of Economics and Statistics, Vol. 121, 1985, S. 139 – 167 (zitiert: Pommerehne/Frey, Kunst: Was sagt der Ökonom dazu?).

ders. / ders., Musen und Märkte – Ansätze einer Ökonomik der Kunst, München: Verlag Franz Vahlen, 1993 (zitiert: Pommerehne/Frey, Musen und Märkte).

Posner, Richard, Economic analysis of law, 8. Auflage, New York: Aspen Publishers, 2011 (zitiert: Posner, Economic analysis of law).

Pownall, Rachel, Art price risk, emotional and aesthetic value: Investing in boutique art funds, Dempster, Anne (Hrsg,), Risk and Uncertainty in the Art

World, London: Bloomsbury Publishing Plc, 2014, S. 165 – 185 (zitiert: Pownall, Art price risk).

Priddat, Birger, Wirtschaft durch Kultur, Marburg: Metropolis, 2009 (zitiert: Priddat, Wirtschaft durch Kultur).

Quadt, Edgar, Kunst als Institution – Eine transaktionsökonomische Analyse, Lohmar: Josef Eul Verlag, 1997 (zitiert: Quadt, Kunst als Institution).

ders., Moden und Märkte – eine Betrachtung aus Sicht der Neuen Institutionenökonomik, in: Pues et al. (Hrsg.), Art-Investor – Handbuch für Kunst und Investment, München: Finanzbuch Verlag, 2002, S. 52 – 60, (zitiert: Quadt, Moden und Märkte).

Radloff, Jörn, Kulturgüterrecht – Unter besonderer Berücksichtigung der Außenhandelsbeschränkungen und Mitnahmeverbote von Kunst- und Kulturgut in Privateigentum, Berlin: Duncker & Humblot, 2013 (zitiert: Radloff, Kulturgüterrecht).

Raue, Benjamin, Vom Bettvorleger zum „teuersten Teppich der Welt" – Die vertragliche Risikoverteilugn von Informationsungleichgewichten im Kunsthandel, KUR – Kunst und Recht, Jahrgang 18, Ausgabe 6, 2016, S. 173 – 181, verfügbar unter: https://doi.org/10.15542/KUR/2016/6/3 (zitiert: Raue, Vom Bettvorleger zum „teuersten Teppich der Welt").

Reinhardt, Volker, Blutiger Karneval, Der Sacco di Roma 1527 – eine politische Katastrophe, Darmstadt: Wissenschaftliche Buchgesellschaft, 2009 (zitiert: Reinhardt, Blutiger Karneval).

Ricketts, Martin, Welfare Economics and Public Policy: A Re-examination, in: Rizzo/Towse (Hrsg.), The Artful Economist – A New Look at Cultural Economics, Cham: Springer International Publishing, 2016, S. 31 – 50 (zitiert: Ricketts, Welfare Economics and Public Policy).

Robertson, Iain, Globalisation of the art markets, in: Hackforth-Jones/Robertson (Hrsg.), Art Business Today – 20 Key Topics, London: Lund Humphries, 2016, S. 30 – 38 (zitiert: Robertson, Globalisation of the art markets).

Rodi, Michael, Ökonomische Analyse des Öffentlichen Rechts, Berlin: Springer Gabler, 2014 (zitiert: Rodi, Ökonomische Analyse des Öffentlichen Rechts).

Rössel, Jörg, Der Kunstmarkt: Die Perspektive der Kunstsoziologie, in: Hausmann (Hrsg.), Handbuch Kunstmarkt – Akteure, Management und Vermittlung, Bielefeld: transcript Verlag, 2014, S. 57 – 74 (zitiert: Rössel, Der Kunstmarkt).

Rozovskaya-Lampey, Anna, Kulturgüterschutz in Deutschland mit den Instrumenten des Privatrechts – Der Beitrag des nationalen Rechts unter Einschluss zukünftigen Einheitsrechts sowie verbleibende Schutzdefizite, Frankfurt am Main: Peter Lang, (zitiert: Rozovskaya-Lampey, Kulturgüterschutz in Deutschland).

Sagot-Duvauroux, Dominique, Art prices, in: Towse (Hrsg.), A Handbook of Cultural Economics, 2. Auflage, Cheltenham: Edward Elgar Publishing, 2011, S. 43 – 48 (zitiert: Sagot-Duvauroux, Art prices).

Schack, Haimo, Kunst als Herausforderung für das Recht (und umgekehrt), KUR – Kunst und Recht, Jahrgang 18, Ausgabe 6, 2016, S. 181 – 183, verfügbar unter: https://doi.org/10.15542/KUR/2016/6/4 (zitiert: Schack, Kunst als Herausforderung für das Recht).

ders., Kunst und Recht, 3. Auflage, Tübingen: Mohr Siebeck, 2017 (zitiert: Schack, Kunst und Recht).

Schäfer, Hans-Bernd / Ott, Claus, Lehrbuch der ökonomischen Analyse des Zivilrechts, 5. Auflage, Berlin: Springer Gabler, 2012 (zitiert: Schäfer/Ott, Lehrbuch der ökonomischen Analyse des Zivilrechts).

Schaffrath, Christina, Die Rückführung unrechtmäßig nach Deutschland verbrachten Kulturguts an den Ursprungsstaat, Frankfurt am Main: Peter Lang Verlag, 2007 (zitiert, Schaffrath, Die Rückführung unrechtmäßig nach Deutschland verbrachten Kulturguts an den Ursprungsstaat).

Schiefer, Silke, Funktionen von Kunstintermediären, Köln: Hochschulschrift, 1998 (zitiert: Schiefer, Funktionen von Kunstintermediären).

Schivelbusch, Wolfgang, Eine Ruine im Krieg der Geister. Die Bibliothek von Löwen , August 1914 bis Mai 1940, Frankfurt: Fischer Taschenbuch Verlag, 1993 (zitiert: Schivelbusch, Eine Ruine im Krieg der Geister).

Schneidewind, Petra, Betriebswirtschaft für das Kulturmanagement – Ein Handbuch, Bielefeld: transcript Verlag, 2006 (zitiert: Schneidewind, Betriebswirtschaft für das Kulturmanagement).

Schnelle, Michael, Der Abwanderungsschutz von Kulturgütern im Lichte der Freihandelsordnungen von AEUV und GATT – Zur Notwendigkeit einer Bereichsaufnahme für national wertvolles Kulturgut, Baden-Baden: Nomos Verlagsgesellschaft, 2016 (zitiert: Schnelle, Der Abwanderungsschutz von Kulturgütern).

Schultheis, Franz, On the price of priceless goods. Sociological observations on and around Art Basel, Journal for Art Market Studies Vol. 1, 2017, S. 68 – 82, verfügbar unter: https://fokum-jams.org/index.php/jams/article/view/7/11 (zitiert: Schultheis, On the price of priceless goods).

Schulze, Günther, International trade, in: Towse (Hrsg.), A Handbook of Cultural Economics, 2. Auflage, Cheltenham: Edward Elgar Publishing, 2011, S. 236 – 244 (zitiert: Schulze, International trade).

ders., International Trade in Art, Journal of Cultural Economics Vol. 23, 1999, S. 109 – 136, verfügbar unter: https://www.jstor.org/stable/41810690 (zitiert: Schulze, International Trade in Art).

Schumann, Jochen / Meyer, Ulrich / Ströbele, Woflgang, Grundzüge der mikroökonomischen Theorie, 9. Auflage, Berlin: Springer Verlag, 2011 (zitiert: Schumann/Meyer/Ströbele, Grundzüge der mikroökonomischen Theorie).

Schuschke-Nehen, Laura, Kulturgüterschutz in Deutschland und der Europäischen Union, Köln: Hundt Druck, 2008 (zitiert: Schuschke-Nehen, Kulturgüterschutz in Deutschland und der Europäischen Union).

Seegers, Ulli, Galerien und ihre Bedeutung im Kunstmarkt, in: Hausmann (Hrsg.): Handbuch Kunstmarkt – Akteure, Management und Vermittlung, Bielefeld: transcript Verlag, 2014, S. 135 – 150 (zitiert: Seegers, Galerien und ihre Bedeutung im Kunstmarkt).

Seidl-Hohenveldern, Ignaz, Kulturgüterschutz durch die Europäische Union versus Warenverkehrsfreiheit, in: Fechner/Oppermann/Prott, Prinzipien des Kulturgüterschutzes – Ansätze im deutschen, europäischen und internationalen Recht, Berlin: Duncker & Humblot, 1996, S. 113 – 122 (zitiert: Seidl-Hohenveldern, Kulturgüterschutz durch die Europäische Union versus Warenverkehrsfreiheit).

Siehr, Kurt, Die Schweiz und der Kulturgüterschutz in Europa, in: Fechner/Oppermann/Prott, Prinzipien des Kulturgüterschutzes – Ansätze im deutschen, europäischen und internationalen Recht, Berlin: Duncker & Humblot, 1996, S. 145 – 158 (zitiert: Siehr, Die Schweiz und der Kulturgüterschutz in Europa).

ders., Die Umsetzung des UNESCO-Übereinkommens von 1970 in Deutschland aus Sicht der Wissenschaft, in: Weller/Kemle/Lynen (Hrsg.): Kulturgüterschutz – Künstlerschutz – Tagungsband des Zweiten Heidelberger Kunstrechtstags am 5. und 6. September 2008 in Heidelberg, Baden-Baden: Nomos Verlagsgesellschaft, 2009 (zitiert: Siehr, Die Umsetzung des UNESCO-Übereinkommens von 1970 in Deutschland aus Sicht der Wissenschaft).

Söllner, Albrecht, Einführung in das Internationale Management – Eine institutionenökonomische Perspektive, Wiesbaden: Gabler Verlag, 2008 (zitiert: Söllner, Einführung in das Internationale Management).

Splettstößer, Anne / Taşdelen, Alper, Der Schutz beweglicher materieller Kulturgüter auf internationaler Ebene, in: Groth et al. (Hrsg.), Kultur als Eigentum – Instrumente, Querschnitte und Fallstudien, Göttingen: Universitätsverlag Göttingen, 2015 (zitiert: Splettstößer/Taşdelen, Der Schutz beweglicher materieller Kulturgüter auf internationaler und nationaler Ebene).

Sprecher, Jörg, Beschränkungen des Handels mit Kulturgut und die Eigentumsgarantie, Berlin: Walter de Gruyter Verlag, 2004 (zitiert: Sprecher, Beschränkungen des Handels mit Kulturgut).

Stigler, George / Becker, Gary, De Gustibus Non Est Disputandum, The American Economic Review, Vol. 67, 1977, S. 76 – 90, verfügbar unter: https://www.jstor.org/stable/1807222 (zitiert: Stigler/Becker: De Gustibus Non Est Disputandum).

Stoll, Peter / Missling, Sven, Cultural Property und das Völkerrecht: Prinzipien des Kulturvölkerrechts, in: Groth et al. (Hrsg.), Kultur als Eigentum – Instrumente, Querschnitte und Fallstudien, Göttingen: Universitätsverlag Göttingen, 2015 (zitiert: Stoll/Missling, Cultural Property und das Völkerrecht).

Strebel, Helmut, Die Haager Konvention zum Schutze der Kulturgüter im Falle eines bewaffneten Konfliktes vom 14. Mal 1954, Zeitschrift für ausländisches öffentliches Recht und Völkerrecht (ZaöRV), Vol. 16, 1955, S. 35 – 75, verfügbar unter: http://www.zaoerv.de/16_1955_56/16_1955_1_a_35_75.pdf (zitiert: Strebel, Die Haager Konvention zum Schutze der Kulturgüter im Falle eines bewaffneten Konfliktes vom 14. Mal 1954).

Strobl, Henrike, Kulturgüterrelevante Verhaltenskodizes – Bestand, Analyse und rechtliche Bedeutung, Baden-Baden: Nomos Verlagsgesellschaft, 2017 (zitiert: Strobl, Kulturgüterrelevante Verhaltenskodizes).

Sturm, Aspekte der Novellierung des Kulturgutschutzes aus Sicht des Kunsthandels und der Sammler, KUR – Kunst und Recht, Jahrgang 18, Ausgabe 3-4, 2016, S. 73 – 79, verfügbar unter: https://doi.org/10.15542/KUR/2016/3-4/4 (zitiert: Sturm, Aspekte der Novellierung des Kulturgutschutzes).

Talkenberg, Andrea, Die Ökonomie des Bildermarktes – Eine informationsökonomische Analyse, Göttingen: Vandenhoeck & Ruprecht, 1992 (zitiert: Talkenberg, Die Ökonomie des Bildermarktes).

Taşdelen, Alper, Das völkerrechtliche Regime der Kulturgüterrückführung, in: Groth et al. (Hrsg.), Kultur als Eigentum – Instrumente, Querschnitte und Fallstudien, Göttingen: Universitätsverlag Göttingen, 2015 (zitiert: Taşdelen, Das völkerrechtliche Regime der Kulturgüterrückführung).

TEFAF Art Market Report 2016, The European Fine Art Foundation, Rachel A.J. Pownall, 2017 (zitiert: TEFAF Art Market Report 2016).

TEFAF Art Market Report 2017, The European Fine Art Foundation, Rachel A.J. Pownall, 2017 (zitiert: TEFAF Art Market Report 2017).

Thompson, Don, The $12 Million stuffed shark – The curious economics of contemporary art, New York: St. Martin's Griffin, 2008 (zitiert: Thompson, The $12 Million stuffed shark).

Throsby, David, Economics and Culture, Cambridge: Cambridge University Press, 2001 (zitiert: Throsby, Economics and Culture).

ders., The Economics of Cultural Policy, Cambridge: Cambridge University Press, 2010 (zitiert: Throsby, The Economics of Cultural Policy).

Thurnhofer, Hubert, Die Kunstmarkt Formel, Norderstedt: BoD – Books on Demand, 2014 (zitiert: Thurnhofer, Die Kunstmarkt Formel).

Towfigh, Emanuel / Petersen, Niels, Ökonomische Methoden im Recht, Tübingen: Mohr Siebeck, 2010 (zitiert: Towfigh/Petersen, Ökonomische Methoden im Recht).

Towse, Ruth, A Textbook of Cultural Economics, Cambridge: Cambridge University Press, 2010 (zitiert: Towse, Cultural Economics).

Uhl, Antje-Katrin, Der Handel mit Kunstwerken im europäischen Binnenmarkt – Freier Warenverkehr versus nationaler Kulturgutschutz, Berlin: Duncker & Humblot, 1993 (zitiert: Uhl, Der Handel mit Kunstwerken im europäischen Binnenmarkt).

Uibeleisen, Sibylle, Kulturgutschutz und Handelsliberalisierung – Das UNESCO-Übereinkommen über den Schutz und die Förderung der Vielfalt kultureller Ausdrucksformen, Baden-Baden: Nomos Verlagsgesellschaft, 2012 (zitiert: Uibeleisen, Kulturschutz und Handelsliberalisierung).

Ullrich, Wolfgang, Die Kunst der Preise. Wie der Markt die Kunst macht, in: Weller et al. (Hrsg.), Kunst im Markt – Kunst im Recht, Tagungsband des Dritten Heidelberger Kunstrechtstags am 09. und 10. Oktober 2009, Baden-Baden: Nomos Verlagsgesellschaft, 2010, S. 17 – 25 (zitiert: Ullrich, Die Kunst der Preise).

Unfricht, Edda, Kunst und Markt – Die Rolle der Auktionshäuser am Kunstmarkt, Saarbrücken: Akademiker Verlag, 2012 (zitiert: Unfricht, Kunst und Markt).

Van Delden, Friederike, Kunstberater und ihr Wirkungsspektrum auf dem Kunstmarkt, in: Hausmann (Hrsg.), Handbuch Kunstmarkt – Akteure, Management und Vermittlung, Bielefeld: transcript Verlag, 2014, S. 213 – 235 (zitiert: Van Delden, Kunstberater und ihr Wirkungsspektrum auf dem Kunstmarkt).

Varian, Hal, Grundzüge der Mikroökonomik, 8. Auflage, München: Oldenbourg Verlag, 2011 (zitiert: Varian, Grundzüge der Mikroökonomik).

Velthuis, Olav, Art dealers, in: Towse (Hrsg.), A Handbook of Cultural Economics, 2. Auflage, Cheltenham: Edward Elgar Publishing Limited, 2011, S. 28 – 32 (zitiert: Velthuis, Art dealers).

ders., Art markets, in: Towse (Hrsg.), A Handbook of Cultural Economics, 2. Auflage, Cheltenham: Edward Elgar Publishing Limited, 2011, S. 33 – 42 (zitiert: Velthuis, Art markets).

ders., Talking Prices – Symbolic Meanings of Prices on the Market for Contemporary Art, Princeton: Princeton University Press, 2005 (zitiert: Velthuis, Talking Prices).

Von der Groeben, Hans / Schwarze, Jürgen / Hatje, Armin, Europäisches Unionsrecht – Vertrag über die Europäische Union / Vertrag über die Arbeitsweise der Europäischen Union / Charta der Grundrechte der Europäischen Union, Kommentar, 7. Auflage, Baden-Baden: Nomos Verlagsgesellschaft, 2015 (zitiert: Von der Groeben et al., Europäisches Unionsrecht).

Von Saint André-von Arnim, Ferdinand, Der Wert des Kulturerbes für die Gesellschaft – Genesis und Gegenstand der Europarats-Rahmenkonvention von 2005, Hamburg: Dr. Kovač, 2007 (zitiert: Saint André-von Arnim, Der Wert des Kulturerbes für die Gesellschaft).

Von Schorlemer, Sabine, Internationaler Kulturgüterschutz – Ansätze zur Prävention im Frieden sowie in bewaffneten Konflikten, Berlin: Duncker & Humblot, 1992 (zitiert: Von Schorlemer, Internationaler Kulturgüterschutz).

Völcker, Wolfram (Hrsg.), Was kostet Kunst?, Ostfildern: Hatje Cantz Verlag, 2011 (zitiert: Völcker, Was kostet Kunst?).

Wantuch-Thole, Mara, Cultural Property in Cross-Border Litigation – Turning Rights into Claims, Berlin: Walter de Gruyter Verlag, 2015 (zitiert: Wantuch-Thole, Cultural Property in Cross-Border Litigation).

Weber, Marc, Unveräusserliches Kulturgut im nationalen und internationalen Rechtsverkehr, Berlin: Walter de Gruyter Verlag, 2002 (zitiert: Weber, Unveräusserliches Kulturgut).

ders., Der schweizerische Kunsthandel und seine rechtlichen Rahmenbedingungen, in: Jaccard/Guex, Le marché de l'art en Suisse. Du XIXe siècle à nos jours, Zürich / Lausanne: SIK-ISEA, 2011, S. 327 – 340 (zitiert: Weber, Der schweizerische Kunsthandel und seine rechtlichen Rahmenbedingungen).

Weidner, Amalie, Kulturgüter als res extra commercium im internationalen Sachenrecht, Berlin: Walter de Gruyter Verlag, 2001 (zitiert: Weidner, Kulturgüter als res extra commercium im internationalen Sachenrecht).

Widmer, Benno, Die Umsetzung der UNESCO-Konvention 1970 durch das Kulturgütertransfergesetz in der Schweiz, in: Gemnetti/Jauslin, Die UNESCO-Konvention 1970 und ihre Anwendung: Standortbestimmung und Perspektiven, Baden-Baden: Nomos Verlagsgesellschaft, 2011, S. 35 – 49 (zitiert: Widmer, Die Umsetzung der UNESCO-Konvention 1970).

Williamson, Oliver, Die ökonomischen Institutionen des Kapitalismus, Tübingen: Mohr Siebeck, 1990 (zitiert: Williamson, Die ökonomischen Institutionen des Kapitalismus).

ders., Transaction-Cost Economics: The Governance of Contractual Relations, Journal of Law and Economcs, Ausgabe 22, 1979, S. 233 – 261, verfügbar unter: https://www.jstor.org/stable/725118?origin=JSTOR-pdf (zitiert: Williamson, Transaction-Cost Economics).

Winands, Günter / List, Melanie, Das neue Kulturgutschutzgesetz, KUR – Kunst und Recht, Jahrgang 18, Ausgabe 6, 2016, S. 198 – 206, verfügbar unter: https://doi.org/10.15542/KUR/2016/6/7 (zitiert: Winands/List, Das neue Kulturgutschutzgesetz).

Wyss, Martin Philipp, Kultur als eine Dimension der Völkerrechtsordnung – Vom Kulturgüterschutz zur internationalen kulturellen Kooperation, Zürich: Schulthess Polygraphischer Verlag AG, 1992 (zitiert: Wyss, Kultur als Dimension der Völkerrechtsordnung).

Zimmer, Elke, Die Zusammenarbeit Künstler – Galerie. Knotenpunkt im Netzwerk des Kunstbetriebs, Pues et al. (Hrsg.), Art-Investor – Handbuch für Kunst und Investment, München: Finanzbuch Verlag GmbH, 2002, S. 343 – 347 (zitiert: Zimmer, Die Zusammenarbeit Künstler – Galerie).

Zimmermann, Olaf / Geißler, Theo (Hrsg.), Altes Zeug: Beiträge zur Diskussion zum nachhaltigen Kulturgutschutz, Berlin: Deutscher Kulturrat e.V., 2016 (zitiert: Zimmermann/Geißler, Altes Zeug).

Onlinequellen

Aktionsbündnis Kulturgutschutz, Forderungskatalog zum „Regierungsentwurf eines Gesetzes zur Neuregelung des Kulturgutschutzrechts“, 2016, verfügbar unter: http://www.kulturgutschutz.info/unsere-forderungen/ (zitiert: Aktionsbündnis Kulturgutschutz, Forderungskatalog zum „Regierungsentwurf eines Gesetzes zur Neuregelung des Kulturgutschutzrechts“) (Abruf: 02.02.2017).

Art in Words, Peter Paul Rubens Biografie, 2017, verfügbar unter: https://artinwords.de/peter-paul-rubens-biografie/ (zitiert: Art in Words, Peter Paul Rubens Biografie) (Abruf: 11.12.2018).

Artnet, Can Crowdfunding Save French Museums?, 2014, verfügbar unter: https://news.artnet.com/art-world/can-crowdfunding-save-french-museums-125831 (zitiert: Artnet, Can Crowdfunding Save French Museums?) (Abruf: 15.02.2018).

Artnet, Strong Sales in London for Italian Postwar Market, 2014, verfügbar unter: https://news.artnet.com/market/strong-sales-in-london-for-italianpostwar-market-137061 (zitiert: Artnet, Strong Sales in London for Italian Postwar Market) (Abruf: 30.10.2016).

Artprice, Jahresbilanz: der Kunstmarkt tritt in eine neue Ära ein, 2018, verfügbar unter: https://de.artprice.com/artprice-reports/der-kunstmarkt-2017/jahresbilanz-der-kunstmarkt-tritt-in-eine-neue-ara-ein/ (zitiert: Artprice, Jahresbilanz) (Abruf: 19.10.2018).

Artprice, THE ART MARKET IN 2015, 2016 verfügbar unter: http://imgpublic.artprice.com/pdf/rama2016_en.pdf (zitiert: Artprice.com, THE ART MARKET IN 2015) (Abruf: 06.12.2016).

Art History News, Art Fund to stop saving works from export, 2016, verfügbar unter: https://www.arthistorynews.com/articles/3785_Art_Fund_to_stop_saving_works_from_export_ (zitiert: Art History News, Art Fund to stop saving works from export) (Abruf: 09.04.2018).

Arts Council England, UK Export Licensing for Cultural Goods, 2016, verfügbar unter: https://www.artscouncil.org.uk/sites/default/files/download-file/Guidance_for_exporters_issue_1_2016.pdf (zitiert: Arts Council England Notice) (Abruf: 24.09.2018).

Beauftragte der Bundesregierung für Kultur und Medien („BKM"), Das neue Kulturgutschutzgesetz – Handreichung für die Praxis, 2016, verfügbar unter: http://www.kulturgutschutz-deutschland.de/SharedDocs/Downloads/DE/HandreichungKGSG.html (zitiert: BKM, Das neue Kulturgutschutzgesetz – Handreichung für die Praxis) (Abruf: 29.05.2017).

Beauftragte der Bundesregierung für Kultur und Medien („BKM"), Fragen und Antworten zum neuen Kulturgutschutzgesetz, 2016, verfügbar unter: https://www.bundesregierung.de/Webs/Breg/DE/Bundesregierung/BeauftragtefuerKulturundMedien/kultur/kulturgutschutz-neu2/kurzgefasst/_node.html;jsessionid=B109E51E4B3F03FA61E3EAA0109F82F2.s3t2 (zitiert: BKM, Fragen und Antworten zum neuen Kulturgutschutzgesetz) (Abruf: 22.09.2016).

Beauftragte der Bundesregierung für Kultur und Medien („BKM"), Rechtsgrundlagen des Kulturgutschutzes, 2017, verfügbar unter: http://www.kulturgutschutz-deutschland.de/DE/1_Aufgaben/1_aufgaben_node.html (zitiert: BKM, Rechtsgrundlagen des Kulturgutschutzes) (Abruf 17.02.2017).

Beauftragte der Bundesregierung für Kultur und Medien („BKM"), Schutz von Kulturgütern wird verbessert, 2017, verfügbar unter: https://www.bundesregierung.de/Content/DE/Artikel/2016/06/2016-06-23-kulturgutschutzrecht.html?nn=811092 (zitiert: BKM, Schutz von Kulturgütern wird verbessert) (Abruf: 16.02.2017).

Berking, Christina, Kulturgutschutz in Deutschland, 2017, verfügbar unter: http://buse.de/wp-content/uploads/Kulturgutschutz.pdf (zitiert: Berking, Kulturgutschutz in Deutschland) (Abruf: 22.11.2017).

Bundesministerium für Wirtschaft und Energie, Monitoringbericht Kultur- und Kreativwirtschaft 2017, 2018, verfügbar unter: http://www.kultur-kreativ-wirtschaft.de/KUK/Redaktion/DE/Publikationen/2017/monitoring-wirtschaftliche-eckdaten-kuk-2017.pdf?__blob=publicationFile&v=14 (zitiert: Bundesministerium für Wirtschaft und Energie, Monitoringbericht Kultur- und Kreativwirtschaft 2017) (Abruf: 18.03.2018)

Bundesrat, Entwurf eines Gesetzes zur Neuregelung des Kulturgutschutzrechts; Drucksache 538/15, 06.11.15, verfügbar unter: https://www.bundesrat.de/SharedDocs/drucksachen/2015/0501-0600/538-15.pdf?__blob=publicationFile&v=1 (zitiert: Bundesrat Drs. 538/15, Entwurf eines Gesetzes zur Neuregelung des Kulturgutschutzrechts) (Abruf: 21.07.2017).

Bundesrechnungshof, 2013 Leitsatz 02/01 Grundsatz der Selbstdeckung gemäß Nr. 11 der VV zu § 34 BHO, verfügbar unter: https://www.bundesrechnungshof.de/de/veroeffentlichungen/leitsaetze-der-externen-finanzkontrolle/leitsatzsammlung/alt/wirtschaftlichkeit-wirtschaftlichkeitsuntersuchungen/pdf/02-01-grundsatz-der-selbstdeckung-gemaess-nr-11-der-vv-zu-ss-34-bho (zitiert: Bundesrechnungshof, Grundsatz der Selbstdeckung) (Abruf: 13.06.2017).

Bundesregierung, Bericht der Bundesregierung zum Kulturgutschutz in Deutschland, 2013, verfügbar unter: http://dipbt.bundestag.de/dip21/btd/17/133/1713378.pdf (zitiert: Bundesregierung, Bericht der Bundesregierung zum Kulturgutschutz) (Abruf: 16.11.2016).

Bundesregierung, Novellierung des Kulturgutschutzrechts, 2015, verfügbar unter: https://www.bundesregierung.de/breg-de/aktuelles/novellierung-des-kulturgutschutzrechts-253184 (zitiert: Bundesregierung, Novellierung des Kulturgutschutzrechts) (Abruf: 04.03.2017).

Bundesregierung, Rede von Kulturstaatsministerin Grütters bei der Präsentation der deutschen Fassung der „Roten Liste Irak", 2016, verfügbar unter: https://www.bundesregierung.de/Content/DE/Rede/2016/01/2016-01-18-gruetters-rote-liste-irak.html (zitiert: Bundesregierung, Rede von Kulturstaatsministerin Grütters) (Abruf: 21.11.2017).

Bundesverband Deutscher Galerien und Kunsthändler e. V., Fragenkatalog – Öffentliche Anhörung am 13. April 2016, 2016, verfügbar unter: https://www.bundestag.de/blob/418262/a89e54264db7f1cb1f87130f01b3bf0d/andreas-data.pdf (zitiert: Bundesverband Deutscher Galerien und Kunsthändler e. V., Fragenkatalog – Öffentliche Anhörung) (Abruf: 03.09.2017).

Bundesverband deutscher Kunstversteigerer e.V., Verhaltenskodex für den internationalen Handel mit Kunstwerken, 2018, verfügbar unter: http://www.kunstversteigerer.de/verhaltenskodex-des-bdk (zitiert: Bundesverband deutscher Kunstversteigerer e.V., Verhaltenskodex) (Abruf: 14.01.2018).

Bundesverfassungsgericht, Übersicht für das Jahr 2018, 2018, verfügbar unter: https://www.bundesverfassungsgericht.de/DE/Verfahren/Jahresvorausschau/vs_2018/vorausschau_2018_node.html (zitiert: Bundesverfassungsgericht, Jahresvorschau) (Abruf: 05.12.2018).

CINOA, About CINOA, 2017, verfügbar unter: https://www.cinoa.org/cinoa/aboutus (zitiert: CINOA, About CINOA) (Abruf: 09.04.2018).

CINOA, Code of Ethics, 2017, verfügbar unter: https://www.cinoa.org/cinoa/codeofethics (zitiert: CINOA, Code of Ethics) (Abruf: 09.04.2018).

Department for Culture, Media and Sport, EXPORT CONTROLS ON OBJECTS OF CULTURAL INTEREST, 2015, verfügbar unter: http://www.artscouncil.org.uk/sites/default/files/download-file/Export_criteria_March_2015.pdf (zitiert: DCMS Handreichung) (Abruf: 09.04.2018).

Department for Culture, Media and Sport („DCMS"), Export of Objects of Cultural Interest 2015-16, 2017, verfügbar unter: http://www.artscouncil.org.uk/sites/default/files/download-file/Export%20Objects%20Cultural%20Interest%202015-16.pdf (zitiert: DCMS, Export of Objects of Cultural Interest 2015-16) (Abruf: 09.04.2018).

Department for Culture, Media and Sports („DCMS"), Export of Objects of Cultural Interest 2006-07, 2019, verfügbar unter: https://assets.publishing.service.gov.uk/government/uploads/system/uploads/attachment_data/file/250596/9780118404464.pdf (zitiert: DCMS, Export of Objects of Cultural Interest 2006-07). (Abruf: 22.02.2019).

Der Standard, Deutscher Kulturgutschutz: Eigentor mit Anlauf, 2017, verfügbar unter: http://derstandard.at/2000063493737/Deutscher-Kulturgutschutz-Eigentor-mit-Anlauf (zitiert: Der Standard, Deutscher Kulturgutschutz: Eigentor mit Anlauf) (Abruf: 14.09.2017).

Der Tagesspiegel, Kunst ohne Quitting, 2012, verfügbar unter: https://www.tagesspiegel.de/kultur/posse-um-watteau-gemaelde-kunst-ohne-quittung/7421176.html (zitiert: Der Tagesspiegel, Kunst ohne Quitting) (Abruf: 11.10.2018).

Der Tagesspiegel, Und das soll keine Enteignung sein?, 2015, verfügbar unter: http://www.tagesspiegel.de/kultur/peter-raue-zum-neuen-kulturgutschutzgesetz-und-das-soll-keine-enteignung-sein/12045352.html (zitiert: Der Tagesspiegel, Und das soll keine Enteignung sein?) (Abruf: 16.09.2016).

Deutsche Gesellschaft für Ur und Frühgeschichte e.V., Stellungnahme, 2015, verfügbar unter: https://www.dguf.de/fileadmin/user_upload/dguf_und_gesellschaft/Regelungen_und_Gesetzgebungsverfahren/DGUF-Dok_2015-10-07_Kulturgutschutzrecht.pdf (zitiert: Stellungnahme der Deutschen Gesellschaft für Ur und Frühgeschichte e.V. vom 7.10.2015) (Abruf: 12.02.2019).

Deutsche Wirtschafts Nachrichten, Deutschland beschränkt Handel mit Münzen, Briefmarken, Gemälden, 2015, verfügbar unter: https://deutsche-wirtschafts-nachrichten.de/2015/12/28/deutschland-beschraenkt-handel-mit-muenzen-briefmarken-gemaelden/ (zitiert: Deutsche Wirtschafts Nachrichten, Deutschland beschränkt Handel mit Münzen, Briefmarken, Gemälden) (Abruf: 15.02.2018).

Deutscher Anwaltverein, Stellungnahme des Deutschen Anwaltsvereins durch die Ausschüsse Zivilrecht und Geistiges Eigentum – zum Regierungsentwurf eines Gesetzes zur Neuregelung des Kulturgutschutzes, 2016, verfügbar unter: https://anwaltverein.de/de/newsroom/sn-23-16-rege-zur-neuregelung-des-kulturgutschutzrechts?file=files/anwaltverein.de/downloads/newsroom/stellungnahmen/2016/DAV-SN%2023-16%20%28RegE%20Kulturgutschutzrecht%29.pdf (zitiert: Deutscher Anwaltverein, Stellungnahme des Deutschen Anwaltsvereins zum Regierungsentwurf) (Abruf: 06.10.2017).

Deutscher Bundestag, Bericht zum Umfang des Verwaltungsaufwandes von Bund und Ländern – Zwei Jahre Kulturgutschutzgesetz (BT-Drs. 19/7145, Vorabfassung, 2019, verfügbar unter: http://dipbt.bundestag.de/dip21/btd/19/071/1907145.pdf (zitiert: Deutscher Bundestag, Bericht zum Umfang des Verwaltungsaufwandes von Bund und Ländern – Zwei Jahre Kulturgutschutzgesetz (BT-Drs. 19/7145). (Abruf: 11.02.2019).

Deutscher Bundestag, Bundestag verabschiedet Kulturgutschutzgesetz, 2016, verfügbar unter: https://www.bundestag.de/dokumente/textarchiv/2016/kw25-de-kulturgutschutzrecht/428764 (zitiert: Deutscher Bundestag, Bundestag verabschiedet Kulturgutschutzgesetz) (Abruf: 29.05.2017).

Deutscher Kulturrat e.V., „Gesetz zur Neuregelung des Kulturgutschutzrechts": Stellungnahme des Deutschen Kulturrates zum Gesetzesentwurf der Bundesregierung, 2016, verfügbar unter: https://www.kulturrat.de/positionen/gesetzesentwurf-der-bundesregierung-des-gesetzes-zur-neuregelung-des-kulturgutschutzrechts/ (zitiert: Deutscher Kulturrat e.V., Stellungnahme des Deutschen Kulturrates zum Gesetzesentwurf) (Abruf: 23.09.2016).

Deutscher Museumsbund, Museumsaufgaben, 2017, verfügbar unter: http://www.museumsbund.de/museumsaufgaben/ (zitiert: Deutscher Museumsbund, Museumsaufgaben) (Abruf: 08.10.2017).

Die Welt, Denn die Gesetzgeber wissen nicht, was sie tun, 2015, verfügbar unter: https://www.welt.de/kultur/kunst-und-architektur/article143806716/Denn-die-Gesetzgeber-wissen-nicht-was-sie-tun.html (zitiert: Die Welt, Denn die Gesetzgeber wissen nicht, was sie tun) (Abruf: 12.12.2017).

Die Welt, „Ein Trauerspiel", 2016, verfügbar unter: https://www.welt.de/print/die_welt/kultur/article156046806/Ein-Trauerspiel.html (zitiert: Die Welt, „Ein Trauerspiel") (Abruf: 07.11.2016).

Die Welt, Jetzt erst Recht, 2015, verfügbar unter: https://www.welt.de/print/wams/kultur/article148563167/Jetzt-erst-recht.html (zitiert: Die Welt, Jetzt erst Recht) (Abruf: 01.03.2018).

Die Welt, Nur Angela Merkel kann unsere Kultur noch retten, 2015, verfügbar unter: https://www.welt.de/kultur/kunst-und-architektur/article149322805/Nur-Angela-Merkel-kann-unsere-Kultur-noch-retten.html (zitiert: Die Welt, Nur Angela Merkel kann unsere Kultur noch retten) (Abruf: 10.09.2016).

Die Welt, Ottheinrich-Bibel wieder vollständig in Bayern, 2008, verfügbar unter: https://www.welt.de/regionales/muenchen/article1614446/Ottheinrich-Bibel-wieder-vollstaendig-in-Bayern.html (zitiert: Die Welt, Ottheinrich-Bibel wieder vollständig in Bayern) (Abruf: 17.04.2018).

Die Welt, Paris und Amsterdam kaufen Rembrandts gemeinsam, 2015, verfügbar unter: https://www.welt.de/kultur/kunst-und-architektur/article147164933/Paris-und-Amsterdam-kaufen-Rembrandts-gemeinsam.html (zitiert: Die Welt, Paris und Amsterdam kaufen Rembrandts gemeinsam) (Abruf: 31.01.2017).

Die Welt, „So haben wir uns das nicht gedacht", 2017, verfügbar unter: https://www.welt.de/print/die_welt/kultur/article165894226/So-haben-wir-uns-das-nicht-gedacht.html (zitiert: Die Welt, „So haben wir uns das nicht gedacht") (Abruf: 14.09.2017).

Die Welt, Was ist national wertvoll? Jetzt wird wieder verhandelt, 2017, verfügbar unter: https://www.welt.de/kultur/article167254142/Was-ist-national-wer-tvoll-Jetzt-wird-wieder-verhandelt.html (zitiert: Die Welt, Was ist national wertvoll?) (Abruf: 13.09.2017).

Englerth, Markus, Behavioral Law and Economics: eine kritische Einführung, verfügbar unter: https://www.econstor.eu/bitstream/10419/19893/1/2004_11online.pdf (zitiert: Englerth, Behavioral Law and Economics) (Abruf: 04.03.2018).

Europäische Kommission, Bericht der Kommission an das Europäische Parlament den Rat und den Europäischen Wirtschafts- und Sozialausschuss über die Durchführung der Verordnung (EG) Nr. 116/2009 des Rates vom 18. Dezember 2008 über die Ausfuhr von Kulturgütern, 2015, verfügbar unter: http://eur-lex.europa.eu/resource.html?uri=cellar:29af03a2-d856-11e4-9d

e8-01aa75ed71a1.0010.02/DOC_1&format=PDF; Anhänge verfügbar unter: http://eur-lex.europa.eu/resource.html?uri=cellar:29af03a2-d856-11e4-9de8-01aa75ed71a1.0010.02/DOC_2&format=PDF (zitiert: Bericht der Kommission an das Europäische Parlament, den Rat und den Europäischen Wirtschafts- und Sozialausschuss über die Durchführung der Verordnung (EG) Nr. 116/2009 des Rates vom 18. Dezember 2008 über die Ausfuhr von Kulturgütern) (Abruf: 21.07.2017).

Eurostat, Culture statistics, 2016, verfügbar unter http://ec.europa.eu/eurostat/documents/3217494/7551543/KS-04-15-737-EN-N.pdf/648072f3-63c4-47d8-905a-6fdc742b8605 (zitiert: Eurostat, Culture statistics) (Abruf: 17.01.2018).

Falckenberg, Harald, Fragenkatalog – Öffentliche Anhörung am 13.4.2016, 2016, verfügbar unter: https://www.bundestag.de/blob/418272/806b53a8ea6a2526b41abb65c3d8a472/falckenberg-data.pdf (zitiert: Falckenberg, Fragenkatalog – Öffentliche Anhörung am 13.4.2016) (Abruf: 01.11.2016).

Frankfurter Allgemeine Zeitung, Baselitz zieht Leihgaben aus Museen ab, 2015, verfügbar unter: http://www.faz.net/aktuell/feuilleton/kunst/kulturgutschutzgesetz-baselitz-zieht-leihgaben-aus-museen-ab-13700326.html (zitiert: FAZ, Baselitz zieht Leihgaben aus Museen) (Abruf: 20.09.2016).

Frankfurter Allgemeine Zeitung, Deutschlands teuerstes Kunstwerk, 2011, verfügbar unter: http://www.faz.net/aktuell/feuilleton/kunst/holbein-madonna-deutschlands-teuerstes-kunstwerk-12823.html (zitiert: FAZ, Deutschlands teuerstes Kunstwerk) (Abruf: 18.07.2017).

Frankfurter Allgemeine Zeitung, Die Jahre der wilden Sammelwut, 2005, verfügbar unter: http://www.faz.net/aktuell/feuilleton/kunst/museen-in-deutschland-die-jahre-der-wilden-sammelwut-1253235.html (zitiert: FAZ, Die Jahre der wilden Sammelwut) (Abruf: 03.07.2017).

Frankfurter Allgemeine Zeitung, Heimführung der Pokale, 2009, verfügbar unter: http://www.faz.net/aktuell/feuilleton/kunstmarkt/auktionen/kulturstiftung-als-eingreiftruppe-heimfuehrung-der-pokale-1802178.html (zitiert: FAZ, Heimführung der Pokale) (Abruf: 05.05.2018).

Frankfurter Allgemeine Zeitung, Mit allen guten und schlechten Geistern, 2017, verfügbar unter: http://www.faz.net/aktuell/nationales-kulturgut-mit-allen-guten-und-schlechten-geistern-15276081-p2.html (zitiert: FAZ, Mit allen guten und schlechten Geistern) (Abruf: 14.02.2018).

Gabler Wirtschaftslexikon, Ceteris Paribus, 2018, verfügbar unter: https://wirtschaftslexikon.gabler.de/definition/ceteris-paribus-annahme-31028 (zitiert: Gabler Wirtschaftslexikon, Ceteris Paribus) (Abruf: 09.04.2018).

Gabler Wirtschaftslexikon, Economies of Scale, 2018, verfügbar unter: https://wirtschaftslexikon.gabler.de/search/content?keys=economies+of+scale

&sort_by=search_api_relevance&sort_order=DESC (zitiert: Gabler Wirtschaftslexikon, Economies of Scale) (Abruf: 09.04.2018).

Handelsblatt, „Tabubruch mit fatalen Folgen", 2014, verfügbar unter: http://www.handelsblatt.com/politik/deutschland/versteigerung-von-warhol-bildern-tabubruch-mit-fatalen-folgen/10861020.html (zitiert: Handelsblatt, „Tabubruch mit fatalen Folgen") (Abruf: 12.12.2017).

Handelsblatt, Fragwürdige Zugkraft der Zahlen, 2018, verfügbar unter: http://www.handelsblatt.com/panorama/kultur-kunstmarkt/arts-n-drafts/auktions umsaetze-fragwuerdige-zugkraft-der-zahlen/20840542.html (zitiert: Handelsblatt, Fragwürdige Zugkraft der Zahlen) (Abruf: 18.01.2018).

Hartung, Hannes, Das neue Kulturgutschutzgesetz – Ein Leitfaden für die Praxis, 2017, verfügbar unter: https://axa-art.cdn.axa-contento-118412.eu/axa-art%2F7ec6f6ae-b89c-4a0b-9e91-5767d1e899be_axaart_kulturgut schutzgesetz.pdf (zitiert: Hartung, Das neue Kulturgutschutzgesetz) (Abruf: 23.11.2017).

Heißner, Stefan, et al., Caliphate in Decline: An Estimate of Islamic State's Financial Fortunes, 2017, verfügbar unter: http://www.ey.com/Publica tion/vwLUAssets/EY_-_IS_Research_Paper_finance_report/$FILE/ey-is-research-paper-finance-report.pdf (zitiert: Heißner et al., Caliphate in Decline) (Abruf: 21.11.2017).

Herzog August Bibliothek Wolfenbüttel, Jubiläumsausstellung – 30 Jahre Evangeliar Heinrichs des Löwen, 2013, verfügbar unter: http://www.hab.de/de/home/museum-kulturprogramm/ausstellungen/ausstellungsarchiv/jubilaeumsausstellung---30-jahre-evangeliar-heinrichs-des-loewen.html (zitiert: Herzog August Bibliothek Wolfenbüttel, Jubiläumsausstellung) (Abruf: 17.04.2018).

ICOM, Code of Ethics, 2017, verfügbar unter: http://icom.museum/the-vision/code-of-ethics/ (zitiert: ICOM, Code of Ethics) (Abruf: 07.03.2017).

ICOM, Ethische Richtlinien für Museen von ICOM, 2010, verfügbar unter: http://www.icom-deutschland.de/client/media/570/icom_ethische_richt linien_d_2010.pdf (zitiert: ICOM, Ethische Richtlinien für Museen) (Abruf: 22.09.2017).

Institut für Museumsforschung, Statistische Gesamterhebung an den Museen der Bundesrepublik Deutschland für das Jahr 2015, Heft 69, verfügbar unter: https://www.smb.museum/fileadmin/website/Institute/Institut_fuer_Museumsforschung/Publikationen/Materialien/mat69.pdf (zitiert: Institut für Museumsforschung, Statistische Gesamterhebung an den Museen der Bundesrepublik Deutschland für das Jahr 2015) (Abruf: 11.11.2017).

Institut für Museumsforschung, Statistische Gesamterhebung an den Museen der Bundesrepublik Deutschland für das Jahr 2016, Heft 71, verfügbar unter: https://www.smb.museum/fileadmin/website/Institute/Institut_fuer_Museumsforschung/Publikationen/Materialien/mat71.pdf (zitiert: Institut für Museumsforschung, Statistische Gesamterhebung an den Museen der Bundesrepublik Deutschland für das Jahr 2016) (Abruf: 12.06.2017).

Kirstein, Roland, Ökonomische Analyse des Rechts, 2003, verfügbar unter: https://www.econstor.eu/bitstream/10419/23037/1/2003-06_oear.pdf (zitiert: Kirstein, Ökonomische Analyse des Rechts). (Abruf: 06.04.2018).

Kulturstiftung der Länder, Das neue Kulturgutschutzgesetz, verfügbar unter: http://www.kulturstiftung.de/das-neue-kulturgutschutzgesetz/ (zitiert: Kulturstiftung der Länder, Das neue Kulturgutschutzgesetz) (Abruf: 09.01.2018).

Kulturstiftung der Länder, Noten für Diabelli, 2009, verfügbar unter: http://www.kulturstiftung.de/die-originalhandschrift-der-diabelli-variationen-op-120-von-ludwig-van-beethoven/ (zitiert: Kulturstiftung der Länder, Noten für Diabelli) (Abruf: 17.04.2018).

Kultusministerkonferenz, Empfehlung der Kultusministerkonferenz für Eintragungen in das Verzeichnis national wertvollen Kulturgutes und das Verzeichnis national wertvoller Archive nach dem Gesetz zum Schutz deutschen Kulturgutes gegen Abwanderung, 2010, verfügbar unter: https://www.kmk.org/fileadmin/veroeffentlichungen_beschluesse/2010/2010_04_29-Verzeichnis-Kulturgut-Archive.pdf (zitiert: Kultusministerkonferenz, Empfehlung der Kultusministerkonferenz für Eintragungen in das Verzeichnis national wertvollen Kulturgutes) (Abruf: 23.04.2018).

Lenski, Sophie, Fragenkatalog – Öffentliche Anhörung am 13.4.2016, 2016, verfügbar unter: https://www.bundestag.de/blob/418286/18856eb4972db9e772533a1fa68e5e2c/lenski-data.pdf (zitiert: Lenski, Fragenkatalog – Öffentliche Anhörung) (Abruf: 04.09.2017).

Lenski, Sophie, Verfassungsmäßigkeit eines Abwanderungsschutzes von Kulturgütern ohne Regelungen zu Ankauf und öffentlicher Zugänglichmachung, 2016, verfügbar unter: https://static1.squarespace.com/static/56d9a61c27d4bdab5359a5fc/t/5744486c40261d8f09974c92/1464092781813/Gutachten+Prof.+Lenski+zum+Abwanderungsschutz.pdf (zitiert: Verfassungsmäßigkeit eines Abwanderungsschutzes von Kulturgütern) (Abruf: 22.07.2017).

Monopol, Grütters will Millionenfonds für Kunstankauf, 2016, verfügbar unter: http://www.monopol-magazin.de/gr%C3%BCtters-will-millionenfonds-f%C3%BCr-kunstankauf (zitiert: Monopol, Grütters will Millionenfonds für Kunstankauf) (Abruf: 03.12.2016).

Nationaler Normenkontrollrat, Stellungnahme des Nationalen Normenkontrollrates gem. § 6 Abs. 1 NKRG – Entwurf eines Gesetzes zur Neuregelung des Kulturgutschutzrechts (NKR-Nr. 3358), 2015, verfügbar unter: https://

www.normenkontrollrat.bund.de/Webs/NKR/Content/DE/Download/2015-11-10_download_kulturgutschutzrecht.pdf?__blob=publicationFile&v=2 (zitiert: Nationaler Normenkontrollrat, Stellungnahme des Nationalen Normenkontrollrates) (Abruf: 22.10.2016).

Odendahl, Kerstin, Fragenkatalog – Öffentliche Anhörung am 13. April 2016, 2016, verfügbar unter: https://www.bundestag.de/blob/418290/b2132f2c42ab394bfcf67638aa3c6f92/odendahl-data.pdf (zitiert: Odendahl, Fragenkatalog – Öffentliche Anhörung) (Abruf: 09.04.2018).

Pfeiffer-Poensgen, Isabel, Fragenkatalog – Öffentliche Anhörung am 13.4.2016, 2016, verfügbar unter: https://www.bundestag.de/blob/418292/4056168c05fb68870651e9dd27a77e57/pfeiffer-poensgen-data.pdf (zitiert: Pfeiffer-Poensgen, Fragenkatalog – Öffentliche Anhörung) (Abruf: 04.09.2017).

Schäfer, Hans-Bernd, Ökonomische Analyse des Rechts, für das Lexikon des Staatsrechts 2017, verfügbar unter: https://papers.ssrn.com/sol3/papers.cfm?abstract_id=2979197 (zitiert: Schäfer, Ökonomische Analyse des Rechts) (Abruf: 15.01.2018).

Schmidtchen, Dieter / Kirstein, Roland, Die EU-Richtlinie zum Folgerecht. Eine ökonomische Gesetzesfolgenanalyse, 2001, verfügbar unter: https://www.researchgate.net/publication/45131269_Die_EU-Richtlinie_zum_Folgerecht_Eine_okonomische_Gesetzesfolgenanalyse (zitiert: Schmidtchen / Kirstein, Die EU-Richtlinie zum Folgerecht) (Abruf: 10.10.2018).

Schweizerisches Bundesamt für Kultur, Merkblatt "Ein-, Durch- und Ausfuhr von Kulturgütern“, 2018, verfügbar unter: https://www.bak.admin.ch/dam/bak/de/dokumente/kulturguetertransfer/merkblatt_hinweis/merkblatt_ein-_durch-undausfuhrvonkulturguetern.pdf.download.pdf/merkblatt_ein-_durch-undausfuhrvonkulturguetern.pdf (zitiert: Schweizerisches Bundesamt für Kultur, Merkblatt "Ein-, Durch- und Ausfuhr von Kulturgütern“) (Abruf: 12.02.2018).

Spiegel Online, Warhol-Bilder bringen 150 Millionen Dollar, 2014, verfügbar unter: http://www.spiegel.de/kultur/gesellschaft/westspiel-versteigert-andy-warhol-bilder-fuer-rekordsumme-a-1002625.html (zitiert: Spiegel Online, Warhol-Bilder bringen 150 Millionen Dollar) (Abruf: 12.12.2017).

Stiftung Deutsches Zentrum Kulturgutverluste, Grundsätze zur Eintragung und zur Löschung von Meldungen zu Kulturgütern in www.lostart.de einschl. Checkliste Plausibilitätsprüfung, 2018, verfügbar unter: https://www.kulturgutverluste.de/Content/08_Downloads/DE/Grundsaetze-Eintragung-Loeschung-Lost-Art.pdf?__blob=publicationFile&v=3 (zitiert: Stiftung Deutsches Zentrum Kulturgutverluste, Grundsätze zur Eintragung und zur Löschung von Meldungen zu Kulturgütern in www.lostart.de einschl. Checkliste Plausibilitätsprüfung) (Abruf: 07.03.2018).

Stuttgarter Nachrichten, Oskar Schlemmers „Familie" zurück in Stuttgart, 2016, verfügbar unter: https://www.stuttgarter-nachrichten.de/inhalt.1-95-millionen-euro-fuer-schlemmer-bild-oskar-schlemmers-familie-zurueck-in-stuttgart.d00a1cb2-a528-4040-9d5a-553c5b615e61.html (zitiert: Stuttgarter Nachrichten, Oskar Schlemmers „Familie" zurück in Stuttgart) (Abruf: 15.02.2018).

Süddeutsche Zeitung, Ein Goldpokal entschwindet, 2015, verfügbar unter: http://www.sueddeutsche.de/kultur/kulturpolitik-ein-goldpokal-entschwindet-1.2594652 (zitiert: Süddeutsche Zeitung, Ein Goldpokal entschwindet) (Abruf: 09.06.2017).

Süddeutsche Zeitung, Import ohne Export, 2016, verfügbar unter: http://www.sueddeutsche.de/kultur/debatte-ueber-das-kulturgutschutzgesetz-import-ohne-export-1.2844159 (zitiert: Süddeutsche Zeitung, Import ohne Export) (Abruf: 26.09.2016).

Süddeutsche Zeitung, Kunst auf der Flucht, 2017, verfügbar unter: http://www.sueddeutsche.de/kultur/das-kulturgutschutzgesetz-und-die-folgen-kunst-auf-der-flucht-1.3678384 (zitiert: Süddeutsche Zeitung, Kunst auf der Flucht) (Abruf: 27.11.2017).

Süddeutsche Zeitung, Privatsache – Wie Deutschland die Aufarbeitung des Nazi-Kunstraubs an Sammler und Auktionshäuser delegiert – und die Erben der beraubten Juden weiterhin leer ausgehen lässt, 2018, verfügbar unter: http://www.sueddeutsche.de/kultur/ns-raubkunst-privatsache-1.3822657 (zitiert: Süddeutsche Zeitung, Privatsache) (Abruf: 25.01.2018).

Taskforce Schwabinger Kunstfund, Fact Sheet, 2016, verfügbar unter: http://www.taskforce-kunstfund.de/fileadmin/_downloads/factsheet_de.pdf (zitiert: Taskforce Schwabinger Kunstfund, Fact Sheet) (Abruf: 08.03.2018).

The Guardian, £35m Rembrandt could have export licence application withdrawn, 2015, verfügbar unter: https://www.theguardian.com/artanddesign/2015/oct/24/35m-rembrandt-could-have-export-licence-application-withdrawn (zitiert: The Guardian, £35m Rembrandt could have export licence application withdrawn) (Abruf: 04.09.2017).

UNESCO, Illegaler Handel mit Kulturgut, 2017, verfügbar unter: https://www.unesco.de/kultur/kulturgutschutz.html (zitiert: UNESCO, Illegaler Handel mit Kulturgut) (Abruf: 16.02.2017).

Van Ham, Auktionsergebnis der 401. Auktion, 2017, verfügbar unter: https://www.van-ham.com/datenbank-archiv/datenbank/guenther-uecker/both.html (zitiert: Van Ham, Auktionsergebnis der 401. Auktion) (Abruf: 18.01.2018).

Weltkunst, Abverkaufsland Deutschland, 2016, verfügbar unter: https://www.weltkunst.de/kunstwissen/2016/05/kulturgutschutzgesetz (zitiert: Weltkunst, Abverkaufsland Deutschland) (Abruf: 02.02.2017).

Weltkunst, Kulturgutschutzgesetz ohne Grundlage?, 2017, verfügbar unter: https://www.weltkunst.de/kunsthandel/2017/02/kulturgutschutzgesetz-ohne-grundlage (zitiert: Weltkunst, Kulturgutschutz ohne Grundlage?) (Abruf: 21.11.2017).

Wissenschaftlicher Dienst des Bundestages, Abwanderungsschutz für Kulturgüter in ausgewählten EU-Staaten, 2016, verfügbar unter: https://www.bundestag.de/blob/414072/b43f1957e5d993f3c78d1bd57b87a97c/wd-10-003-16-pdf-data.pdf (zitiert: Wissenschaftlicher Dienst des Bundestages, Abwanderungsschutz für Kulturgüter in ausgewählten EU-Staaten) (Abruf: 10.04.2018).

Wissenschaftlicher Dienst des Bundestages, Einführung eines staatlichen Vorkaufsrechtes für Kulturgüter in Deutschland – Ein Vergleich mit dem französischen System des Abwanderungsschutzes, 2016, verfügbar unter: https://www.bundestag.de/blob/417990/d4a0e54cb29f3a01bd5eeca5026eb3ba/wd-10-012-16-pdf-data.pdf (zitiert: Wissenschaftlicher Dienst des Bundestages, Einführung eines staatlichen Vorkaufsrechtes für Kulturgüter in Deutschland) (Abruf: 20.12.2017).

Wissenschaftlicher Dienst des Bundestages, Kulturgüterschutz in Deutschland – Regelungen und Problembereiche vor dem Hintergrund eines künftigen Kulturgutschutzgesetzes, 2015, verfügbar unter: https://www.bundestag.de/blob/481340/0d310d7d1b5f9227cd33197e7fc4485a/wd-10-071-15-pdf-data.pdf (zitiert: Wissenschaftlicher Dienst des Bundestages, Kulturgüterschutz in Deutschland) (Abruf: 15.01.2018).

Wissenschaftlicher Dienst des Bundestages, Vorkaufsrecht des Staates im Rahmen des Kulturgutschutzes in Deutschland, 2016, verfügbar unter: https://www.bundestag.de/blob/417984/3b9ee7861b29d7106e17591375556180/wd-10-009-16-pdf-data.pdf (zitiert: Wissenschaftlicher Dienst des Bundestages, Vorkaufsrecht des Staates) (Abruf: 16.01.2018).

Zeit Online, Ein Fonds muss her, 2015, verfügbar unter: http://www.zeit.de/2015/33/monika-gruetters-kulturschutzgesetz-finanzielle-mittel (zitiert: Zeit Online, Ein Fonds muss her) (Abruf: 15.02.2018).

Zeit Online, Wer hat kassiert? Ein Blick auf die Bilanzen der deutschen Auktionshäuser, 2018, verfügbar unter: http://www.zeit.de/2018/02/km-haupttext-bilanz-d-auktionsjahrs-2017-in-deutschland/komplettansicht (zitiert: Zeit Online, Wer hat kassiert?) (Abruf: 18.01.2018).

Zeit Online, Wie sich Auktionshäuser in Galerien verwandeln, 2007, verfügbar unter: http://www.zeit.de/2007/31/Wie_sich_Auktionshaeuser_in_Galerien (zitiert: Zeit Online, Wie sich Auktionshäuser in Galerien verwandeln) (Abruf: 23.10.2017).

Zeit Online, Wie teuer ist Picasso?, 1968, verfügbar unter: https://www.zeit.de/1968/01/wie-teuer-ist-picasso (zitiert: Zeit Online, Wie teuer ist Picasso?). (Abruf: 12.06.2018).

Zimmermann, Karin / Effinger, Maria, Die Bibliotheca Palatina, 2012, verfügbar unter: https://digi.ub.uni-heidelberg.de/de/bpd/bibliotheca_palatina/geschichte.html (zitiert: Zimmermann/Effinger, Die Bibliotheca Palatina) (Abruf 01.12.2018).

Anhänge

Anhang I: Liste der Kunstintermediäre, die an der Umfrage teilgenommen haben[1495]

Tabelle 29: Teilnehmer der Umfrage

Auktionshäuser	Kunsthändler	
A. Klittich - Pfankuch GmbH + Co.	Andre Kirbach Kunsthandel	Galerie Terminus GmbH
Ahrenshooper Kunstauktionen GmbH	art edition-fils gmbh	Galerie Thomas
Allgaeuer Auktionshaus Kühling e.K.	ARTE GIANI	Galerie Valentien
Arnold	Beck & Eggeling	Galerie Vayhinger
Auktionshaus Bloss	Boisseree	Goyert
Auktionshaus Die Eiche	Daxer&Marschall	Gronert Kunsthandel
Auktionshaus Kiefer	Denes Szy	Hachmeister Galerie
auktionshaus mehlis gmbh	Dr, Bernhard Decker Kunsthandlung GbR	Hagemeier
Auktionshaus Peter Bamberger	Dr. Nöth Kunsthandel und Galerie	Kunkel Fine Art
Auktionshaus Wendl	galen galerie	Kunsthandel Brigitte Martini
Christian Hesse Auktionen	Galerie Am Elisengarten	Kunsthandel Dr. Schmitz-Avila
Doebele Kunstauktionen	Galerie Barbara Giesicke	Kunsthandel Franke
Dr. Andreas Sturies • Moderne Kunst & Auktionen	Galerie Berndt	Kunsthandel Jörg Maaß
Dr. Irene Lehr Kunstauktionen GmbH	Galerie Brusberg	Kunsthandel Seidel u. Sohn
Eppli am Markt	Galerie Gabelsberg GmbH	Kunstkabinett Strehler
Galerie Gerda Bassenge	Galerie Gronert	KUNSTKONTOR WESTNERWACHT
Georg Rehm Augsburg	Galerie Hanna Bekker vom Rath GmbH	Le Claire Kunst

(wird fortgeführt)

1495 Die Namen wurden nicht manuell angepasst.

Tabelle 29: Fortsetzung

Auktionshäuser	Kunsthändler	
Grisebach GmbH	Galerie Joseph Fach GmbH	Maier & Co. Fine Art
Hargesheimer Kunstauktionen Düsseldorf GmbH	Galerie Koch-Westenhoff	Metz de Nenito
Jens Scholz Kunstauktionen in Köln	Galerie Ludorff	Nathan Fine Art GmbH
Kunstauktionshaus Günther in Dresden GmbH	Galerie Magnus P. Gerdsen	Schürenberg
Lempertz KG	Galerie Michael Haas	STOCKEBRAND + UEKERMANN GbR
Leo Spik	Galerie Michael Hasenclever KG	Thole Rotermund Kunsthandel
Nagel Auktionen GmbH & Co. KG, Stuttgart	Galerie Michael Werner	Utermann KG
NEUMEISTER	Galerie Nagel Draxler GmbH	Walentowski Galerien
Peege	Galerie Peter Zimmermann	Wenzel Kunsthandel Bamberg
Reiss & Sohn	Galerie Ritthaler	Anonym[a]
Venator & Hanstein KG	Galerie Rother Winter	
Von Zengen	Galerie Schwarzer	

[a] Dieser Kunsthändler hat schriftlich mitgeteilt, dass der Name der Kunsthandlung nicht veröffentlicht werden soll.

Anhang II: Überblick der steuerlichen Begünstigungen

Die folgende Auflistung ist wortgleich übernommen aus der „Handreichung für die Praxis" für das KGSG.[1496]

National wertvolle Kulturgüter:

- § 10g Einkommensteuergesetz: Erhöhte Abzugsmöglichkeiten bei Aufwendungen für Herstellungs- und Erhaltungsmaßnahmen an eigenen schutzwürdigen Kulturgütern, worunter national wertvolles Kulturgut fällt, wenn dessen Erhaltung wegen seiner Bedeutung für Kunst, Geschichte oder Wissenschaft im öffentlichen Interesse liegt und es der Öffentlichkeit zugänglich gemacht wird.

1496 BKM, Das neue Kulturgutschutzgesetz – Handreichung für die Praxis, S. 377, Online.

… Absatz 1 Nummer 2 Erbschaft- und Schenkungsteuergesetz: Schenkungen oder Erbschaften von Kulturgütern können von Erbschaft- und Schenkungsteuer befreit werden, wenn das Kulturgut als national wertvoll eingetragen ist, seine Erhaltung wegen seiner Bedeutung für Kunst, Geschichte oder Wissenschaft im öffentlichen Interesse liegt, die jährlichen Kosten in der Regel die erzielten Einnahmen übersteigen und der Gegenstand den Zwecken der Forschung oder Volksbildung nutzbar gemacht wird.

Kulturgüter generell:

- § 12 Absatz 2 Nummer 12/13 Umsatzsteuergesetz: Ermäßigter Mehrwertsteuersatz für die Einfuhr von Kunstgegenständen und für Lieferungen durch den Urheber oder dessen Rechtsnachfolger sowie bei bestimmten Gelegenheitsverkäufen.
- § 25a Absatz 3 Umsatzsteuergesetz: Anwendbarkeit der pauschalierten Marge bei der Differenzbesteuerung im Kunsthandel, wenn der Einkaufspreis unbedeutend oder nicht ermittelbar.
- § 224a Abgabenordnung: Schuldet ein Steuerpflichtiger Erbschaftsteuer, kann zugelassen werden, dass an Zahlungs statt bestimmte Kulturgüter übertragen werden, wenn an deren Erwerb wegen ihrer Bedeutung ein öffentliches Interesse besteht.
- § 32 Absatz 2 Grundsteuergesetz: Grundsteuererleichterungen, wenn der Rohertrag für Grundbesitz, in dessen Gebäuden Gegenstände von künstlerischer Bedeutung dem Zweck der Forschung oder Volksbildung nutzbar gemacht sind, durch die Benutzung nachhaltig gemindert ist.
- § 32 Absatz 2 Sonstige Begünstigungen, Gemeinnützigkeit: Eigentümer oder Besitzer von Kulturgütern können zumindest mittelbar davon profitieren, dass es zahlreiche steuerliche Begünstigungen für den Kulturbereich gibt, insbesondere indem die Förderung von Kunst und Kultur als gemeinnütziger Zweck anerkannt ist (§ 52 Absatz 2 Satz 1 Nummer 5 Abgabenordnung). So kann etwa die Zuwendung eines Kulturgutes an eine gemeinnützige Einrichtung als Spende einkommensteuerlich geltend gemacht werden (§ 10b Einkommensteuergesetz).

Anhang III: Statistik der Europäischen Kommission zu den erteilten Ausfuhrgenehmigungen von den Mitgliedstaaten zwischen 2011 und 2013.[1497]

Tabelle 30: Erteilte Ausfuhrgenehmigungen von den Mitgliedstaaten zwischen 2011 und 2013

Mitgliedstaat	Jahr			Gesamtzahl	Anteil an
	2011	2012	2013	(2011 – 2013)	Gesamtzahl
BE	261	229	313	803	1%
BG	0	1	0	1	0%
CZ	56	171	141	368	1%
DK	38	36	42	116	0%
DE	1.138	1.081	1.181	3.400	5%
EE	-	-	-	-	-
IE	14	12	10	36	0%
EL	-	-	-	-	-
ES	281	620	548	1.449	2%
FR	2.863	3.003	2.907	8.773	13%
HR	-	-	3	3	0%
IT	7.904	9.455	9.682	2.7041	39%
CY	2	4	1	7	0%
LV	3	2	4	9	0%
LT	0	0	10	10	0%
LU	0	5	0	5	0%
HU	32	33	13	78	0%
MT	13	13	10	36	0%
NL	282	260	276	818	1%
AT	516	553	475	1.544	2%
PL	69	61	76	206	0%
PT	247	347	279	873	1%
RO	0	0	0	0	0%
SI	30	24	35	89	0%
SK	1	4	4	9	0%
FI	0	1	2	3	0%

1497 Statistik aufrufbar unter: http://eur-lex.europa.eu/resource.html?uri=cellar:29af03a2-d856-11e4-9de8-01aa75ed71a1.0010.02/DOC_2&format=PDF.

		ahr		Gesamtzahl	Anteil an
		12	2013	(2011 – 2013)	Gesamtzahl
		2	330	503	1%
		56	8.222	23.715	34%
Gesamt	**21.498**	**23.833**	**24.564**	**69.895**	**100**

www.ingramcontent.com/pod-product-compliance
Ingram Content Group UK Ltd.
Pitfield, Milton Keynes, MK11 3LW, UK
UKHW021925290926
8980IPUK00016B/1463